陕西师范大学中国语言文学“世界一流学科建设”成果

神木方言研究

（增订本）

上　册

邢向东◎著

中华书局

图书在版编目(CIP)数据

神木方言研究/邢向东著.—增订本. —北京:中华书局,2020.5
ISBN 978-7-101-14462-8

Ⅰ.神…　Ⅱ.邢…　Ⅲ.西北方言-方言研究-神木县
Ⅳ.H172.2

中国版本图书馆 CIP 数据核字(2020)第 044666 号

本书所用插图,审图号为:榆 S(2020)001 号

书　　名　神木方言研究(增订本)(全二册)
著　　者　邢向东
责任编辑　张　可
出版发行　中华书局
　　　　　(北京市丰台区太平桥西里 38 号　100073)
　　　　　http://www.zhbc.com.cn
　　　　　E-mail:zhbc@zhbc.com.cn
印　　刷　北京市白帆印务有限公司
版　　次　2002 年 11 月北京第 1 版
　　　　　2020 年 5 月北京第 2 版
　　　　　2020 年 5 月北京第 2 次印刷
规　　格　开本/850×1168 毫米　1/32
　　　　　印张 25½　插页 4　字数 650 千字
印　　数　2001-3500 册
国际书号　ISBN 978-7-101-14462-8
定　　价　98.00 元

献给钱曾怡教授

目 录

上 册

词 汇 篇

下册

语法篇

序

钱曾怡

在我的印象中,西北是一个十分神秘的地方。从前的感觉,那里离我们是多么的遥远。如今,虽说现代化大大地缩短了来往于各地之间的距离,我也曾去过西北的几个地方,但我对西北却仍然所知甚少。对我这个方言专业方向的教学研究工作者来说,尤其糟糕的还是缺少对于西北方言的了解,偶尔听到西北民歌,只觉得歌词中的有些字音挺怪的。罗常培先生1933年出版了《唐五代西北方音》,根据汉藏对音《千字文》、藏文译音《金刚经》残卷等历史材料,参考《切韵》音系和现代西北方音,构拟了唐五代西北方言的音系。罗先生现代西北方音的材料取自高本汉的《中国音韵学研究》。《中国音韵学研究》中译本出版于1940年,离现在已经有六十多年了。那么,现在西北地区的方言又是什么样子,跟唐五代比较,跟六十多年前比较,又是怎样的发展关系?我常为这些知识的欠缺深感遗憾。

神木县在陕西北端,长城根下,夹在山西和内蒙古的中间。方言属于陕北晋语,具有陕北晋语、山西晋语、内蒙古晋语的过渡特点。神木是邢向东的故乡,经过多年的调查、读书、思索,向东写出了一部洋洋六十余万言的博士论文《神木方言研究》。直到今天,我还没有见过这么详细的汉语方言单点调查的研究报告。正如作者所说,"方言的宝藏深藏于社会的末梢地带",想不到偏远的神木县方言竟蕴含着如此丰厚的内容!李荣师曾说,方言比之于语言是"麻雀虽小,五脏俱全",虽然我们过去单点的方言调查工作做了不少,多数情况却是"解剖麻雀"不够细致。《神木方言研究》将方言的单点研究推进到一个新的高度,树立了一个很好的样板。

但是《神木方言研究》决不是单纯的现状描写,而是将神木一个县方言的微观研究置于晋语乃至整个汉语的宏观格局之中,将描写和分析、共时和历时、材料和理论结合起来,不仅对神木方言有许多新的发现,而且能从研究过程中总结出不少有益于深入汉语方言研究的新的理论和方法,并用之于本文的具体描写和分析,从而使文章达到既全面反映神木方言的现状和历史,又有理性探索的深度。

一个一个具体的方言点的调查是方言宏观研究的基础,对我来说,《神木方言研究》使我对西北方言能够有所认识,文中所提供的许多鲜活的语料,也为我对汉语方言的一些问题的论述提供了重要的依据。拙文《从汉语方言看汉语声调的发展》(《语言教学与研究》2000年第2期)通过对方言声调现象的比较和分析,探讨汉语声调简化的趋势,其中轻声一节,有的就是取自于神木的材料,记得当时向东读了文章的初稿,主动向我提供了神木的情况。神木方言的轻声现象跟北京的轻声存在明显不同,超出了通常以北京话为基准的对于轻声的解释,文章认为不能用北京话的轻声标准来衡量其他的方言,神木方言的轻声是"重轻式语音词中读得较轻的后一音节","这种轻声化的模式,是重轻式语音词的调位中和现象",而神木方言这种后字调位中和的强弱又是与某些调类的调值及它们在连调中的稳定性密切相关的。本文对神木方言轻声性质和关于轻声的声调条件的讨论,扩大了我们对于汉语轻声的视野,丰富了轻声的理论。

本文忠实地遵循了“一切以语言事实为准”的原则，但是“以事实为准”毕竟是方言研究最起码的条件，对于各种方言事实的合理解释，应是我们追求的更高的目标。神木方言有些语音现象初看起来像是违背了古今演变的一般性规律。例如在汉语声调的古今演变中，通常走的是“入声——舒声”的道路，但是神木却有一些《切韵》音系的去声字今读为入声的。这样的字在保留入声的吴、湘、赣、闽、粤、客家及官话等方言中也不同程度地存在，我的母语浙江嵊县话“咳、鼻、秘”等字也读入声；即使已经消失了入声的方言，这部分字的读音仍然符合入声演变的规律，像北京“鼻”读阳平、“秘”读去声。文章通过充分论证，认为这些所谓的“舒声促化字”实际上是上古汉语长入调的遗留：“当大批长入字丢失塞音韵尾变作去声时，在一些方言中，这些字却没有丢失韵尾，而是混到短入中去了。”类似的例子如，神木山曲、酒曲的押韵，主要元音相同或相近的阴声韵和入声韵可以相押，这跟《诗经》和谐声中阴声韵和入声韵关系比较密切的现象相似。文中的解释是“曲”是“唱”的，旋律的延长使入声的塞音韵尾实际上发不出来，模糊了入声韵和阴声韵的界限。文章认为，在考察《诗经》的用韵问题时也不可忽略“唱”的因素。以上几点都是论据翔实，很有说服力的。

本文对神木方言其他许多现象的研究，例如分音词和圪头词、重叠式和儿化名词、人称代词的“数”和“格”、时制助词“来”和“也”等重要问题，也都能做到不囿于旧说，提出诸如方音系统整合提取“最大公约数”的语音演变模式、方言中语言成分的历史层次等等新的见解和理论，充分显示了向东善于思考、勇于创新的能力和信心。我们提倡创新精神，但是创新并不是一蹴而就的，创新更不是对以往成果的一概摈弃，创新的前提是丰富的知识的积累。十年磨一剑，向东对母语神木方言的研究又何止十年！本文以长期实地调查的积累为基础，还注意收集了当地的人文历史和民间曲艺材料，掌握大量相关的古代历史文献，并认真研读国内外语言学的各种理论，于是融会贯通，才达到预期的“在理论上、方法上有所突破”的目标。学习和深思，这也许正是向东学术研究的一个“诀窍”，至少是我在读《神木方言研究》时的一点体会。

我初次见到邢向东是在1991年11月南京的全国方言学会第六届年会上，但是知道他的名字却在南京的见面之前，我看到过他写的文章，可以说，认识他是从他的文章开始的。我渴望了解西北地区的方言，更关注中华文化发祥地之一的陕西方言，可是那里的专业研究人员并不多。1996年，我已经跟一位很合我心意的陕西考生失之交臂，每每想起都免不了感慨惋惜。1997年考博之前，邢向东突然来信，劈头一句话说：“钱老师，你还记得南京会上的那个邢向东吗？”邢向东也是陕西人，这次得知他要来山东大学报考，我很高兴，赶快回信，第一句话回答说：“那个邢向东，我还记得很清楚。”三年磨砺，向东没有辜负我的期望，终于写成了极有分量的博士论文《神木方言研究》。

经过几番波折，向东终于回到了他的母校陕西师范大学，我为他的这一最后决定感到欣慰，因为在我看来，西北正是他施展才华的沃土。全面开发西部，是我国具有历史性意义的重要决策。对于西北方言的开发，肯定将是西北开发中社会科学学科建设的重要组成部分。陕西师范大学的“西北方言与民俗研究中心”在多方面的关心支持下已于2002年4月12日宣布成立，作为这个研究中心的主任，向东迎来了大展鸿图的良机，相信他会一往无前。

钱曾怡

2002年6月22日于山东大学

导论

一 人文历史与方言的形成

1.1 地理、行政和人口

神木县（现称神木市。本次修订，此类行政区划调整产生的地名变更不作改动——编者注）位于黄河中游，长城沿线，陕西省榆林地区北部，约在北纬38°27'至39°27'、东经109°40'至110°54'之间。东临黄河与山西省兴县相望，北连内蒙古伊金霍洛旗，东北与府谷县接壤，西接榆林，南邻佳县。著名的神府煤田就在神木北部。县城神木镇位于县境中心略偏东南的窟野河东岸。

到1999年，全县共有10镇12乡，即神木、店塔、大柳塔、中鸡、尔林兔、大保当、高家堡、万镇、贺家川、马镇；瑶镇、孙家岔、麻家塔、永兴、西沟、解家堡、栏杆堡、瓦罗、沙峁、乔岔滩、花石崖、太和寨。

据1998年统计结果，神木县人口共352,230人，全部是汉族。

1.2 历史沿革

县境内新石器时代的古村落遗址有30多处，分布在窟野河、秃尾河流域，属仰韶文化和龙山文化遗址。据此推断，四五千年以前,神木境内已有人类居住。

夏朝县境属雍州地,为熏育占据。商代为龙州地。西周时,为猃狁占据。春秋战国时期为白狄故地(一说为林胡族地)。秦为上郡北境,后改属九原郡,称新秦。汉元朔二年(前127)置五原郡。元狩三年(前120)又置朔方,称新秦中。后又在秃尾河下游置圁阳、圁阴、鸿门三县,属西河郡,秃尾河上游置白土县,属上郡。三国、西晋时期,为羌胡占据。东晋十六国时期,先后为后赵、前秦、后秦、夏政权属地。南北朝时期先后属北魏(石城,后改名为银城县,属上郡)、西魏、北周(归真郡)。隋代置银城县,属雕阴郡。唐开元十二年(724)置麟州(治所在今店塔镇杨家城),天宝元年(742)改新秦郡,乾元元年(758)复为麟州,领新秦、连谷、银城三县。五代时,仍置麟州,先后属唐、晋、汉地域,周、北汉时期,麟州与胜州自立,周旋于周汉两大政权之间。宋仍置麟州,属河东路,领新秦、连谷、银城三县。乾德五年(967)升麟州为建宁军,后复还旧制。端拱二年(989)改麟州为镇西军。政和四年(1114)废银城、连谷两县,并入新秦县。金、夏为镇西军,后撤销镇西军,改为神木寨。元置云州于神木寨。至元六年(1269),废州为神木县,以葭州所领的太和县(今太和寨)并入。明洪武六年(1373),改神木县为神木堡,属榆林卫,洪武十四年(1381)复置神木县,属葭州。隆庆间,置东路神木道于神木,辖葭州及神木、府谷、吴堡三县。清雍正九年(1731)神木道改为延绥府道,移驻绥德,神木县属葭州,后属榆林府。民国神木县属榆林道。

1936年4月,共产党领导的神府特区抗日人民委员会成立,统辖县城以南及府谷、佳县、榆林的部分地区,1937年改为神府特区苏维埃政府,同年改为神府县政府,与国民党统治的神木县并存。1947年神木县城解放,与高家堡神府县政府并存,1950年合并为神木县,县治在神木城。1958年神木、府谷合并为神木县，县治在神木城，1961年又分为神木、府谷两县。

历史上神木和山西的关系甚为密切。如东汉时属山西并州刺史部西河郡，东晋十六国为后赵、夏属地，南北朝先后属山西的少数民族政权北魏、西魏、北周，唐僖宗中和四年（884）麟州隶属于河东道，五代时属山西的少数民族政权周、北汉，宋代仍属河东路。据《神木县志·文物古迹》载："麟州在唐宋时代是西北边防大镇。北宋时期，麟州处于契丹、西夏、北宋三大政权之间……该城虽孤悬河西一隅，与延州（今延安）等地联系还得西渡黄河，一切军需物资都须由河东辗转供应，成为北宋朝廷的巨大负担，但由于军事形势的需要，北宋一直不惜付出重大代价固守麟州。"这一记载说明两点：第一，麟州与山西关系密切；第二，麟州是军事重镇，战事频发，居民不会很多。

1.3 历史上的民族和现居人口的来源

北宋以前，神木县境多次长期被少数民族占据。即使是北宋，麟州一带的居民恐怕也以少数民族为主。《神木县志》有两条记载可以说明这一点，一条是："太宗雍熙二年（985），西夏李继迁进攻麟州，副将王侁出银州北，破悉利诸寨，麟州各番部，请纳马赎罪，助讨继迁。宋廷准允，王侁遂入浊龙川，斩杀5,000余人，继迁大败逃去。"另一条是："仁宗景祐元年（1034），诏令麟州赈济番汉饥民。"上述记载说明，北宋时神木地区的居民还是番汉杂居。其中的番民，当指内附的党项人（葛建雄等1993：275）。我们推断，由秦至元，该地区的居民一直是少数民族和汉族杂居，而以少数民族为主。

明长城自西南由榆林入高家堡境向东北延伸，横贯解家堡、西沟、神木镇、麻家塔，由店塔出境。神木境内现居人口的来源，可以分长城以南、长城以北、县城三方面来谈。

第一，长城以南。居住在长城以南的神木人，大多是明代以来入住的。说到祖籍，他们几乎众口一词：来自大槐树。例如：

《贾家沟村志》："我村立业者，叫贾治。历代相传，祖籍系山西省洪洞县大槐树村。……据此推断，我村立业者不一定就是大槐树村人，但经由此处移来则是肯定的。……据初村遗址分析及至今二十三代历史推算，建村有500—600年历史，符合前述迁民之年代。……从这里迁出后已新形成的完整村庄就有三个。"

《刘家坡村史》："相传刘姓祖先是由山西洪洞县大槐树下移民而来。……经考证是由洪洞县沙蓬逃荒而来，并非移民而来。据史料记载，明朝成化十八年至二十二年（1482—1486），山西平阳府各县遭大旱，饥民四出逃荒，刘姓祖先刘伯祥、刘伯瑞兄弟携带家小，逃荒至此地。……从祖先西迁至今凡五百年，已超十六代。……形成神木县南乡享有盛名的刘姓大家族。"

《温氏家谱》："相传温氏家族之祖——温大，自明初来自山西洪洞大槐树下，至今已有六百年的历史……现有1,500多人口。……从大考起，有宗可查，自大到永已过十七世。"

万镇的刘百旺称，万镇刘姓是从洪洞大槐树迁入万户峪。现居地除万镇外，还有四个村子以刘姓为主。

贺家川的贺万海称，贺姓相传是从大槐树迁来，现上推十六代线索中断。贺姓除居住在贺家川以外，还有八个新村。从贺姓新村分布如此之广的情况来看，他们迁来神木也有五六百年了。

只有少数家族能够明确地说出祖籍。如：

《张家塔村志》："张家塔张姓祖籍山西省紫金山下，沙篷宊村。明朝末年，山西遭灾，祖先张毕川带六个儿子逃荒到神木。"

以上各家族都是南乡地区的。通过村志、家谱的记载，联系史书、县志的有关记录，可以看出，神木境内元代以前尽管很早就设州、县，但居民并不固定，其中少数民族当占多数。明代开始，汉族移民才大量入住。长城以南的人口绝大多数当为山西籍，具体来源难以详考。有的可能是集中在洪洞后迁来，有的则可能是从其他地方（包括陕北其他县）辗转迁来。由于人口来源驳杂，山大沟深，交通极为不便，虽经五六百年时间，且已形成三个大的方言区域，但村与村之间的方音差异仍然存在，有的还很严重。

第二，长城以北。明代长城以北地区为蒙古人所占据。清初实行蒙汉分治，长城以北为禁留地。康熙三十六年（1697），批准陕北沿边各县边墙外直北禁留地50里内，蒙汉民均可耕种，五十八年（1719）又令边外50里内，有沙者以30里立界，无沙者以20里立界，准汉人耕种。乾隆八年（1743）议定沿边各县禁留地章程，准汉人照旧纳租耕种，立定界牌。这样，现属陕北六县的长城以北地区，就成为“伙盘地”，行政归各县管辖。所谓“伙盘地”，即汉人春天来租种蒙旗土地，秋天收获后离去，不得长期居留。长城以北沿线不少以“伙盘”命名的地名，就是这一段历史的见证。其实在清廷批准以前，这些地方（包括今内蒙古境内的大片土地）已有汉人在私租蒙旗土地了。“弛禁”只不过大大加快了汉人的移民速度。光绪二十九年（1903）确定陕蒙边界。1950年将榆林的大保当划归神木，神木的西北界就最终确定下来了。

从南乡的村史、家谱都载有移民到北乡的情况推断，长城以北的神木人有相当一部分就来自南乡，此外，还当有不少是从陕北其他县、山西辗转迁移来的。北乡方言的形成，当在清初以后。

第三，县城。神木城始建于明正统八年（1443），距今已五百余年。早期的人口构成，当主要是官吏、士兵、商人、工匠等，其中商人和工匠肯定是以山西籍为主。在神木建城后的五百多年间，有几件事值得提起。

神木为明王朝的边防重地，蒙古部落曾多次来进犯、骚扰神木、高家堡等地。宪宗成化八年（1472），陕西巡抚余子俊督修边墙,在神木县境内自东北向西南,绵延二百五十余里。

明毅宗崇祯十七年(1644),李自成起义军制将军李过率部攻占神木城。

清顺治六年(1649)二月,农民高有才起义,攻占神木城,八月起义失败。

康熙十四年(1675),绥德人周济民、定边守将朱龙等起义,东进神木,守将孙崇雅开城响应,后被叛徒出卖牺牲。

同治七年(1868)正月,马治和率兵数万攻破高家堡、解家堡、柏林堡,二十日攻入县城。入城后大肆烧杀,建筑物毁为焦土,城乡居民死者逾万,文武官员全部被杀。四五月间,军兵两次去而复来,参将、知县及居民数百人被杀。直到同治十一年(1872)彻底失败后,逃散在外的商民大户才逐渐返回县城,重建街市。这次战乱对神木城的破坏是毁灭性的,对全县的破坏也极其巨大。燕京大学图书馆藏《神木乡土志》称:"今生聚四十余载,元气犹未尽复。较之道咸年间之户口,尚远不逮焉。"这次屠城对神木人心理造成巨大摧残。

关于县城人口的来源和变化,我们也调查了一些家谱和口头材料。

宋氏,始祖宋世官,原为商人,明末到神木城,宋家今存始祖墓碑,上书"明故始祖考妣宋公讳世官刘太君之墓"。道光十二年(1832),世官之七世孙宋良中了会试壬辰恩科第193名,当官后买下神木城东西街房产。据宋氏后裔讲,同治七年屠城时,宋良一族被杀得只剩一男孩儿,由管家带出城去。

《三户王家族谱概要》:"相传王家三兄弟,明初由山西洪洞大槐树迁来。他们分别定居在王家庄、王家窊、王家寨。王家庄……住在神木镇的有六十余户三百余人。牛口王家(王家窊)……王宗基一户因长子王大成由赐进士升到前清御前侍卫,迁至神木城居住,现已有九辈传人。"

王林忠（与三户王家无关）是著名的神木老户，对县城历史十分熟悉，据他称，王家到神木城已十几辈，有十八块坟地（每分出一户，就置一块坟地）。相传祖先也是从大槐树移来，进神木城以前住在太和寨大神塔王西沟。王家在同治七年屠城时，祖院被烧光，丁口几乎被杀尽。另一家刘姓被杀得只剩一人。神木城老户大多是从四乡移来的，其中山西移民占大多数。民国年间有不少山西忻州人，还有河南同乡会，后来大都移居他地，现在各只剩几户了。

通过上述史料、族谱和口头材料可以看出，神木城的人口大概是陆续从四乡迁入的，其中山西籍的占绝大多数。从神木话与南乡方言差异较大、文白异读极少、儿化韵极少的现状来看，神木城的人口一定发生过极其剧烈的变动。同时，神木元代以后归陕西管辖，从神木话的音系、词汇与陕北绥德、榆林等有相当大的一致性来看，神木城及其北部的居民，也应当有不少是从陕北其他县迁入的，只是记载不多而已。

值得特别提出的是：第一，神木境内的人口变动也可能较大。有清一代，仅有记载的大旱灾就有六次，每次都是赤地千里，饿殍遍野。疫病流行三次，其中光绪八年（1882）的疫病死者3,000余人，二十八年（1902）神府两县爆发霍乱，死者6,000余人。同治六年到七年（1867—1868）的回民起义更是给全县人口造成极大的破坏。道光《神木县志》载，道光三年（1823）神木户口109,900余口，《神木乡土志》载，民国三年（1914）神木人口仅96,913口。九十年间，人口反而减少12,900人，下降约11.8%。可见战争和自然灾害的破坏之惨烈。

第二，神木和山西的联系非常密切。神木县沿黄河有九个渡口与山西相连，交通便利，是“走西口”的山西人移民到内蒙古西部地区的主要通道之一。两岸来往频繁，婚嫁相属，人口、文化、经济联系一直不断。在榆林地区，绥德、榆林人唱道情、秦腔，而神木、府谷人唱晋剧、二人台，正是这种联系的集中体现。

1.4 神木方言的形成

神木县居民的主体当为山西移民，但具体来源不详。同时，不能排除有一定数量的陕北其他地方的移民。由于移民杂而纷乱，移民时间先后不一，所以用人口来源解释方言的形成，只能作一个大致的推断。神木方言的形成，大约在明初之后。而长城以北方言的形成，则是在清康熙中叶之后。神木方言的三片之间存在较大的差异，因此，各片的形成历史也当有所不同。

神木在元代起属陕西省，省会西安鞭长莫及，难以对处于末梢的神木的文化、方言产生直接影响。但陕北腹地的方言，即长期作为今榆林地区政治、文化中心的绥德一带的方言，必然以强大的力量向周边扩散，而南有延安，东有黄河，因此，绥德一带方言的主要特征只能向西、向北扩散，尤其是向几个中心城镇扩散。除了少数特点外，神木话的声母、韵母、单字调、连读变调系统与绥德话十分相近，正是强势方言向北扩散的结果。神木话之所以是典型的陕北晋语，基本音系、常用词汇和语法特点的一致性是主要依据。较偏远地区的方言可能比中心地区更有存古的特点。绥德话的入声韵尾和入声调已经消变得十分厉害，咸山宕江及曾一等梗二等摄入声字今归阳平，其余入声字在读单字时也可念成阳平（刘育林 1990），而神木话则保留了几乎全部古入声字。考虑到其特殊的历史背景、人口来源、行政归属、方言地位等，神木城为代表的北部话一定是在几种因素的综合作用下形成的，其中来自政治、文化中心的强势方言的影响不可低估。

西南片从地域看，东与山西临县隔河相望，南与佳县为邻，元代以前一直归葭州（今佳县）管辖。直到20世纪70年代以前，从万镇到佳县的交通仍比到县城方便。因此和佳县具有特殊的联系，许多居民也是从佳县辗转迁入的。如发音人高玉璠家就是百余年前从佳县移民来到万镇的。因此，以万镇话为代表的西南片话同佳县、临县话十分相似。

东南片与黄河对岸的山西兴县话接近。它虽然一直属于神木，但由于交通的原因，历史上与兴县地区的人口、经济联系，显然比同县城密切。因此，西南片方言受到兴县话的强大影响，是十分自然的。

二 神木方言

2.1 归属

1987年版的《中国语言地图集》将神木方言划入晋语五台片。该片方言的共同特点是入声不分阴阳，阴平与上声单字调相同。以此来看神木方言，神木话这两点均符合，南乡方言入声分阴阳，与五台片不合，而与吕梁片相同。

2.2 特点

2.2.1 语音特点

⑴ 部分中古浊塞音、塞擦音仄声字读送气音。

⑵ 鼻音声母有较强的同部位浊塞成分。

⑶ 塞音的送气成分较强。

⑷ 见系开口二等字保留舌根音较多。

⑸ 中古曾摄一等帮组入声字读细音。通摄合口三等精组字读细音。

⑹ 保留入声调类，几乎全部古入声字今读入声调。

⑺ 有一些中古舒声、上古促声字，今仍读促声。

⑻ 有不少舒声促化字。

⑼ 儿化韵简单。

⑽ 有大量重轻式语音词，轻声的表现和北京话不同。

2.2.2 词汇特点

(1) 有分音词、圪头词、卜头词、忽头词、日头词。

(2) 有大量四字格，其中“A眉C眼”式在晋语中有普遍性。

(3) 重叠式名词具有小称义，呈开放性态势；儿化名词的小称义已受到极大的磨损，呈封闭性。

(4) 保留大量古语词。如下面的词在《说文解字》《方言》中已有记载，或在先秦两汉文献中已经使用：

熓烘烤 愊肚胀 幂覆盖，沾满 弥接缝 嫽好 痨使中毒 稺庄稼种得晚，人生月小 稙人生月大 硙磨（动） 绌草草地缝 袒鞋底和鞋帮的连线断开 楼篼装饲料喂马的器具 差病愈 钞用筷子、铲子、羹匙取食 梢树枝 㞞无能；令人鄙视、憎恶的人 挼揉搓 諵絮叨 搞捎为人挑剔 约系 先后妯娌 掬捧 解把圆木锯成板材 揞用手遮住 猾狡猾 沓（圪沓）反复地说 貒猪獾 糁碎粒 葽（地葽）地耳 薤葱头

(5) 常用词汇与晋语共同性强，与北方多数方言差异较大。如下列词语在晋语中普遍使用：

山药土豆 红薯白薯 壁虱臭虫 年时去年 豚子屁股 仰尘顶棚 圪都拳头 圪蹴蹲 风匣风箱 笼甑蒸笼 炭煤 瞭望 闹做，搞 殁死 断⁼追，撵 堲填堵 扌盍扌蚤垃圾 䊢脏污 甜淡 擩伸入 搲抓 抪擦

下列词语在陕北晋语中相当一致：

脑（阳平）头 外后儿大后天 而真⁼（即⁼，直⁼，格⁼）现在 貕黍高粱 栈羊圈养育肥的绵羊 野鹊子喜鹊 恨虎猫头鹰 娘娘祖母 婆姨妇女，妻子 二流子懒汉 引娶 解下懂 山水洪水 木植木头 骨殖骨头 蠓子蚊子 垴畔窑顶 挑担连襟 颔水口水 襄哄帮忙 㞟住 熬累 言喘说话 覷窥视 抬藏 擞抖动 灺熄灭 掮扛 齈多 猴小 熇闷热 鞸遍 月尽儿除夕

也有少数词语只在神木或邻近方言通行。如：

骷子头 (姓+)奶岳母 后园厕所 圪洞胡同，蒙 鸱怪子鸱枭 山蔓菁儿土豆 窠婆下崽儿的母猪 木猴陀螺 姐爷外祖父 姐婆外祖母 姐家家舅家 门户狐臭 超=贱骂 叨什调皮，蒙 乌兰忽少没买卖，蒙

2.2.3 语法特点

(1) 人称代词“咱”表复数。人称代词复数后缀，神木话用“每”，读促声，南乡方言用“弭”。

(2) 表处所的指示代词后缀是“搭儿”，与陕北其他方言、关中方言一致。

(3) 表事物的疑问代词“甚”与“什摩”并行，表状态的疑问代词是“咋”。

(4) 动词不能重叠，用“给下儿 / 给阵儿”表示短时和尝试的语法意义。

(5) 结构助词“的(底)”和“地”读音有别，分工明确，“的”用作定语的标志，构成的字结构，还可组成亲属称谓的被领属形式；“地”用在状态形容词和个别副词之后，作谓语、补语、状语、定语。

(6) 结构助词“得”可带趋向补语“来 / 去”，不能带可能补语。

(7) 体貌助词“得”可表持续体、完成体。

(8) 有将来时助词“也”和过去时助词“来”，构成神木方言的时制范畴。

(9) 没有语气词“吗、呢、啊、的”，有语气词“来、去、着、嘞”，有一套表虚拟的语气词。

(10) 反复问用“VO不 / 没”结构。

(11) 有几种特殊语序，如“VO着”式：“看电影着嘞｜当老师着嘞｜承包工地着嘞”。“VO得”式：“念书得了该上学了｜快揙麦子得了快拔麦子了｜快种黑豆得了快种黑豆了｜快撵上哥哥得

了快赶上哥哥了”。

(12) 有些语法现象在唐五代、元代口语中十分常用,而在宋代和明清以后消失了,或唐宋元口语中十分常用,在明清文献中很少出现,但在神木方言中仍然常用。如助词“得来 / 来”,现留存在吴语、西南官话和神木等晋语中。助词“的(底)”和“地”的分工;代词“甚”“这底 / 那底”;助词“来”表过去时,等等。详见各有关章节。

2.3 内部区划

神木方言内部分歧严重,尤以语音为最。本书选取下列四项语音特点作为内部分区的标准:①入声是否分阴阳;②是否存在成系统的文白异读;③中古复韵母是否单元音化;④果合一、宕合一、山合一二韵母的分混。神木方言几个代表点的反映见表d-1。

表d-1

	阴阳入	文白异读	复韵母单化	果合一、宕合一、山合一二
神木	−	−	+	果≠宕≠山
万镇	+	+	−	果＝宕＝山
贺家川	+	+	+	果＝宕≠山

根据对①②条的反应,首先可以把神木方言分为南北两片,再根据对③④条的反应,把南部方言分为东西两片。这样,神木方言可以分为以下三个小片:北部话,包括神木、高家堡、大保当、瑶镇、大柳塔、孙家岔、中鸡、尔林兔、麻家塔、店塔、永兴、解家堡、西沟、栏杆堡及乔岔滩北部,以神木话为代表,本书称神木话。其中高家堡音系与神木相同,但轻声、儿化、词汇有一定的差异,过去在南乡人中的威信超过神木话。故必要时也将高家堡列为一点,和其他几个代表点进行比较。北部话的大保当、尔林兔话接近榆林话,永兴、栏杆堡各有一部分方言接近府谷话。

西南部话，包括万镇、花石崖大部、乔岔滩南部，以万镇话为代表，本书称万镇话。东南部话，包括贺家川、瓦罗、马镇、沙峁、太和寨及花石崖东北角，以贺家川话为代表，本书称贺家川话。其中马镇话具有府谷话的某些特点。必要时，本书将万镇、贺家川话合称南乡方言。

词汇的内部差异与根据语音标准划分的区划相一致，如下面三个词的说法：

	神木	万镇	贺家川
厕所	后园	茅子	后楼圈儿
洋葱	葱蓮子	洋葱	蓮
筐	筐子	卜篮儿	栲栳

神木话是神木方言的代表。因此，本书只在必要时才分别注出各点的读音，一般情况下只标注神木音。

神木方言的内部区划见图一。

三 本课题的意义、原则和理论、方法

3.1 意义

作为晋语重要组成部分的陕北晋语，无论是语音、词汇还是语法，都有自己的鲜明特色，不仅与属于中原官话的关中方言存在很大差异，与山西晋语、内蒙古晋语也是既有共性，又有差异。“陕北方言有入声，就整个地区而言，古入声字今读入声的从北到南，从西到东，逐步递减。这现象充分说明方言在地理上的渐变性，因此陕北可以说是‘有入声’到‘无入声’的过渡地带。”（李荣，刘育林1990序）这一特点使陕北方言、陕北晋语具有了独特的研究价值。

神木方言以至整个陕北方言与唐五代西北方音关系密切。然而，罗常培在研究唐五代西北方音的时候，引用了不少山西方言、关中方言的材料，而极其重要的陕北方言的材料却很少。材料的缺乏自然会限制共时比较和历时探源的全面和深入，尤其是对唐五代西北方音在今方言中的流变，无法作出清晰的勾勒。

就晋语研究来看，大多数学者在讨论晋语的特点、晋语能否独立成为一大方言这样重大的学术问题时，极少引用陕北晋语的材料，这就难免出现以偏概全的缺憾，客观上降低了所持结论的说服力。

上述三个方面说明，对陕北方言、陕北晋语开展深入研究无疑具有重要的意义。但是，除了《陕北方言志》《延川县方言志》和刘勋宁、刘育林、张崇、邢向东等的单篇论文，迄今尚未出版一部对某一陕北方言进行系统研究的专著，这与它在晋语和整个汉语方言中的重要地位是很不相称的。

神木地处晋陕蒙交界地带，是历代中央政权和少数民族政权相互争夺的地区，是清代旅蒙商和山西、陕北人向内蒙古移民的重要通道和中间站。神木话和府谷话是内蒙古晋语伊盟、巴盟方言的主要来源之一，同时，它也受到蒙古语的些微影响。神木城自建城以来居民变化颇大，所以，以神木话为代表的北部话带有一定的过渡性和混合性特点。

神木方言保留了全部古入声字，这在陕北晋语中是极为典型的。而南乡方言所保留的许多古老的语言特征，则可以和山西晋语、唐五代西北方音的特征相互比较、映证、补充，大大丰富晋语研究的内容，进一步加深人们对晋语及其历史的认识。神木所处的特殊地理位置，神木话的特殊历史背景，神木方言内部的较大差异，又可以为方言研究提供一个带有过渡性和混合性特点的方言标本。随着20世纪80年代以来神府煤田的大规模开发和文化教育事业的迅速发展，神木方言正在发生剧烈的变化，一些古老的方言成分在逐渐消失。从以上诸方面来看，对神木方言进行系统深入的调查研究，既是非常必要的，又是十分迫切的。

本人祖籍神木县高家堡镇，在神木城长大。从1985年开始调查神木方言，积累了大量原始资料，陆续发表过十余万字的论文。基于以上认识和自身条件，选定《神木方言研究》作为博士论文的题目，拟深入地描写神木方言的语音、词汇、语法状况及其内部差异，概括基本特点，探讨历史音韵，揭示词汇构成，挖掘语法特点，多侧面地同山西晋语、陕北晋语其他方言、普通话、唐五代西北方音、近代汉语进行比较，使神木方言的基本面貌能够完整、立体地呈现出来。

3.2 原则

本研究的原则是，一切以语言事实为准，语音、词汇、语法并重。

第一，一切以语言事实为准。首先指深入到方言区人民的语言生活中去，作细致、深入的田野调查，最大限度地收集语料。其次指不回避难点，不回避矛盾，不妄下结论，不拘守成说，不用事实迁就理论，不怕修正自己已有的研究结论。比如神木话的单字调，在以前发表的文章里，我将它记为五个：

阴平24　阳平44　上声213　去声53　入声ʔ4

经过反复比字、核实，证明阴平和上声单字调确无分别，连读变调则异大于同，这次做了纠正，单字调记为阳平、阴平上、去声、入声四个，讨论连读调时则将阴平上分为清平和清上、次浊上两个小类。既实事求是，又灵活处理。对神木话的个别韵母，也根据重新调查的结果做了调整。

第二，语音、词汇、语法并重。许多专家已经指出，过去的方言研究有重语音而轻词汇、语法的倾向。这既与方言研究的目的、对方言与普通话关系的认识有关，又与调查研究的难度和深度有关。很长时间以来，方言研究的主要目的被定位在为推广普通话服务上。同时，大家对方言和普通话差异的理解是，语音差异突出，词汇、语法差异不大。两种认识相结合的结果是方音描写、历史音韵比较的细致和词汇、语法描写的粗略。从研究者的角度来说，对某一方言的词汇、语法进行深入的考察，比起对方言语音系统的调查和归纳，难度更大，需要更加细致、深入的调查和长期的积累。因此，轻视词汇和语法，在某种程度上是一种避难趋易的做法。但是，没有对方言词汇和语法的较全面的讨论，就难以揭示这种方言的真实面貌，有时甚至难以确定其归属和地位。因此，本书无论篇幅的安排，还是用力的大小，探讨的深度，都将努力贯彻语音、词汇、语法并重的精神。

3.3 理论和方法

3.3.1 理论背景

本书在研究过程中，除了运用传统的描写法和历史比较法之外，还将吸收音系学、词汇扩散理论、叠置式音变理论等研究方法和研究成果，并根据研究结果提炼具有一定普遍意义的理论观点，以期在理论、方法上有所突破，使研究成果达到晋语单点研究的新水平。

3.3.2 方法

在田野调查的基础上，以共时描写为主，平面比较、历史比较为主要辅助手段，动静结合，点面结合，全面考察与重点挖掘相结合。

第一，调查。表格调查是方言调查的主要方法。本书所用的调查表有中国社会科学院语言研究所编《方言调查字表》和《方言调查词汇表》，自制的《连读变调调查表》、《轻声词调查表》、《儿化词调查表》、《语音差异对照表》（2200字）、《词汇对照表》（1300条）。在表格调查的同时，随时搜集、记录方言词语及各种音变。语法调查主要采取例句调查和随机调查相结合的手段，采集自然语料，在分析的基础上概括方言语法特点。在对各项调查的基础上，编制《专题调查表》，普查30个左右方言点，为绘制方言地图准备材料。书中运用的神木方言的全部语料，均为本人调查所得。

第二，描写。静态描写是地点方言研究的主要方法。语音篇，在对三个代表点的语音系统作细致的描写和讨论的基础上，以《切韵》音系为框架，以山西方言、陕北方言、内蒙古晋语和唐五代西北方音为背景，对其基本音系、文白异读、语流音变等进行比较。词汇篇，除了编制5,000条以上的“分类词表”之外，还将对分音词、圪头词、重叠词、儿化词、四字格、汉蒙语地名等进行描写和讨论。语法篇，对方言代词、副词、各类虚词、独特的句法结构和语气表达方式进行有详有略的描写，揭示它与普通话的差异。

第三，比较。本书将力求做到：立足神木，眼观八方，共时为主，贯穿古今。通过大量的比较动态地揭示神木方言的完整面貌和它在汉语方言横、纵两轴上的独特地位。

内部比较。神木方言内部语音分歧较大，词汇有一定分歧，语法比较一致。因此，只有对各代表点的音系和语流音变加以比较才能反映方言语音的整体面貌。本书以《切韵》音系为框架，结合文白异读，对代表点的音系做比较分析。有些语音特点，如古全浊声母的今读、古浊声母入声字的今声调、儿化韵等，在县境内呈现出渐变性特点，通过比较可能揭示出它的来源和演变方向。尽管方言内部词汇、语法的一致性很高，但仍存在差异，本书在相应的部分也进行或专门或附带的比较。在地域比较的同时，还将在语音、词汇篇做新老派之间的比较。

关于内部比较的详略问题。方言的内部差异具有不平衡性，所以不能各种问题一刀切，平均用力的结果可能是“平均无力”。本书对比较的内容、详略，采取灵活的处理方式。内部差异严重的从详，内部差异不大的从略，基本没有差异的不作比较。这种处理方式在章节安排上就能反映出来。

外部比较。神木方言存在于晋语乃至整个汉语方言的整体之中，是共时的方言链条中的一环，又是历时的方言演变中的一节，是横、纵两轴上的交汇点。而且特殊的地理环境、人文历史还带给它某些独特的过渡性、混合性的特征。有些现象只有通过观照其他方言才能得到合理的解释。因此，本书的研究对象尽管是神木方言，但研究视野涵盖晋语和整个汉语方言。对某些方言特点，通过外部比较反映其范围和地域上的逐渐变化，进而揭示其来源和发展方向。对方言中的例外现象，通过大范围的比较搞清它的来龙去脉。有时还内外结合，加以比较，以揭示形成内部差异的原因。

古今比较。没有纵向的历史眼光，方言研究就会只知其然，不知其所以然。因此，本书加强方言历时演变的纵向比较。如语音篇列专章考察神木音系与《切韵》音系的联系，并解释一部分例外字音。还充分吸收唐五代西北方音的研究成果，讨论神木的几个音系与唐五代西北方音的关系。对一些特殊现象如舒声促化的解释，努力从汉语史的研究成果中寻找论据。词汇篇专章讨论方言中保留的古语词，考察分音词、圪头词在古典文献中的表现，使这两个最能反映晋语词汇特点的现象得到尽可能妥贴的解释。对一些语法现象，如特殊的虚词的讨论，也充分吸收近代汉语的研究成果，并用方言事实将某些似乎中断的线索连接起来。

总之，笔者期望自己在事实的挖掘、理论和方法的运用上，有所深化，有所突破，有所创新，以此项研究成果之一粟，丰富汉语方言研究的理论、实践之沧海。

四 神木方言地图

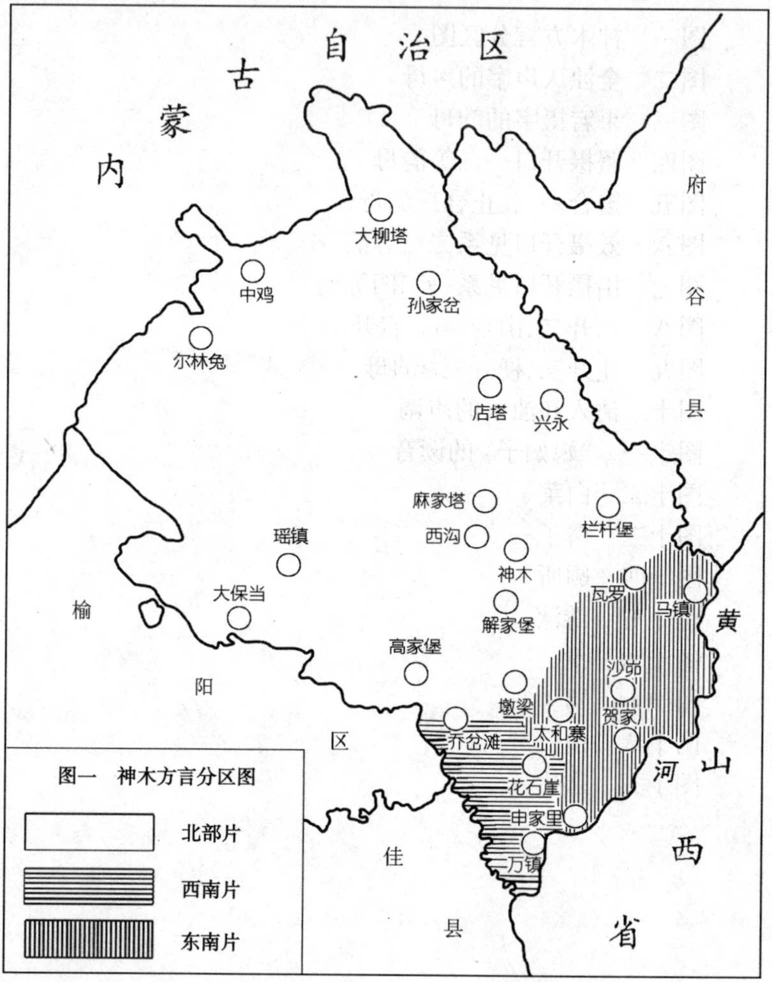
内
蒙
古
自
治
区
府
谷
县
大柳塔
中鸡
孙家岔
尔林兔
店塔
兴永
麻家塔
栏杆堡
瑶镇
西沟
神木
大保当
瓦罗
马镇
榆
解家堡
黄
高家堡
沙峁
阳
墩梁
贺家
乔岔滩
太和寨
区
河
山
花石崖
中家里
西
佳
万镇
县
省
图一 神木方言分区图
北部片
西南片
东南片

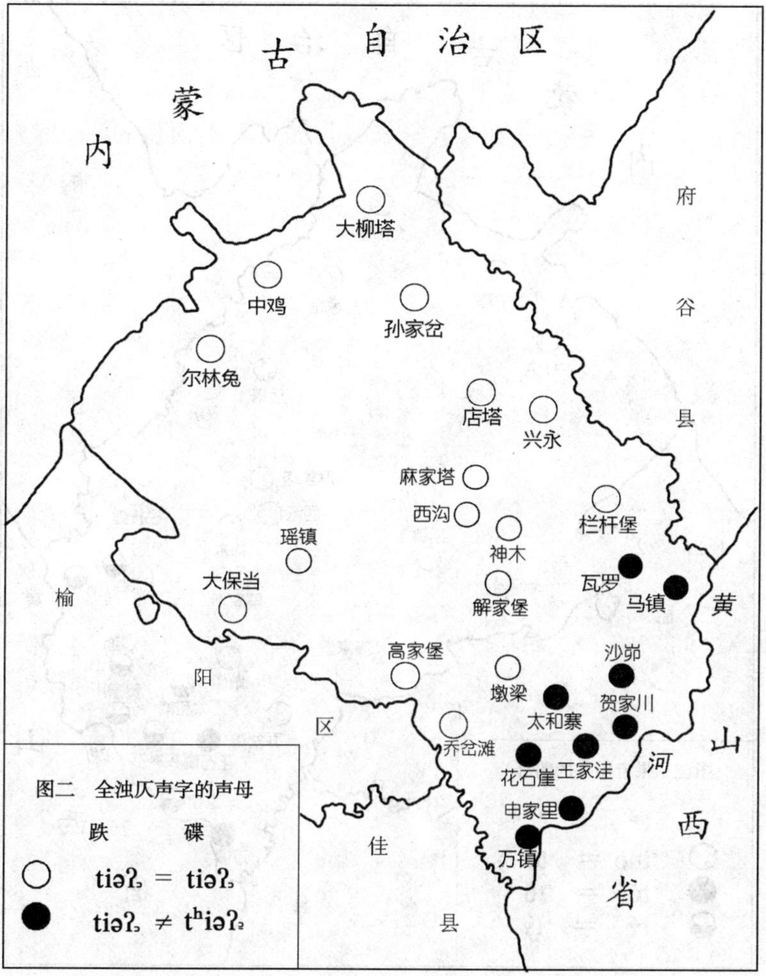

内 蒙 古 自 治 区
府 谷 县
榆 阳 区
佳 县
黄 河
山 西 省
大柳塔
中鸡
孙家岔
尔林兔
店塔
兴永
麻家塔
西沟
栏杆堡
瑶镇
神木
大保当
解家堡
瓦罗
马镇
高家堡
沙峁
墩梁
贺家川
太和寨
乔岔滩
花石崖
王家洼
申家里
万镇
跌 碟
tiəʔ꜀ = tiəʔ꜀
tiəʔ꜀ ≠ tʰiəʔ꜁

图二 全浊仄声字的声母

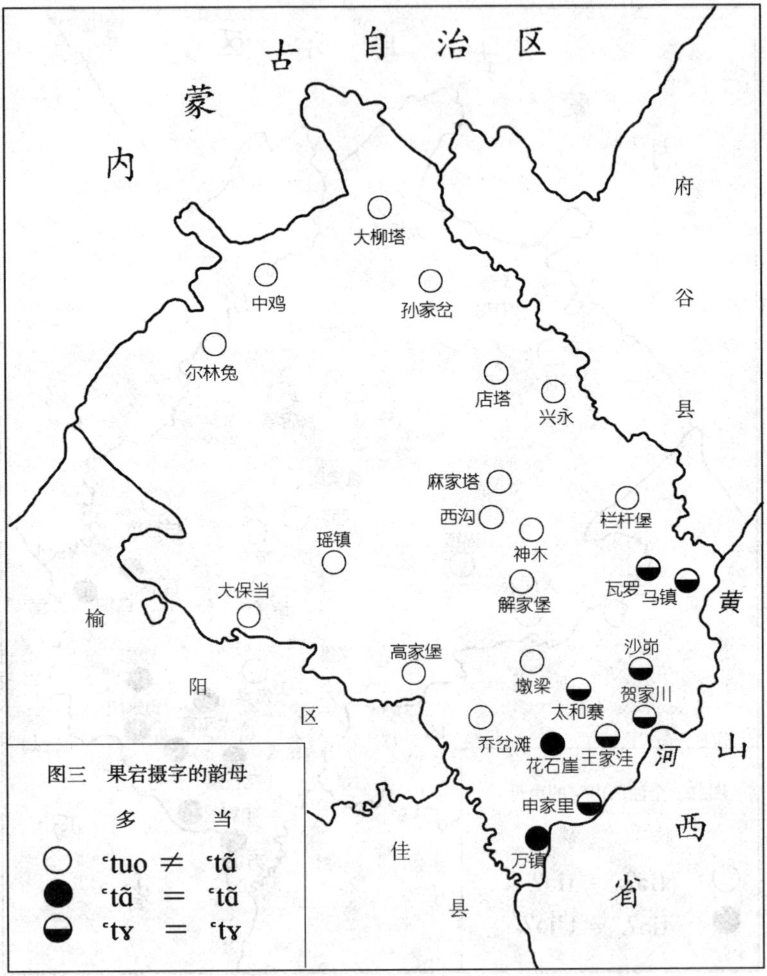
内 蒙 古 自 治 区
府谷县
大柳塔
中鸡
孙家岔
尔林兔
店塔
兴永
麻家塔
西沟
栏杆堡
瑶镇
神木
瓦罗
马镇
大保当
解家堡
黄河
榆阳区
高家堡
沙峁
墩梁
贺家川
太和寨
乔岔滩
花石崖
王家洼
山西省
申家里
万镇
佳县
多 当
˓tuo ≠ ˓tã
˓tã ＝ ˓tã
˓tɤ ＝ ˓tɤ
图三 果宕摄字的韵母

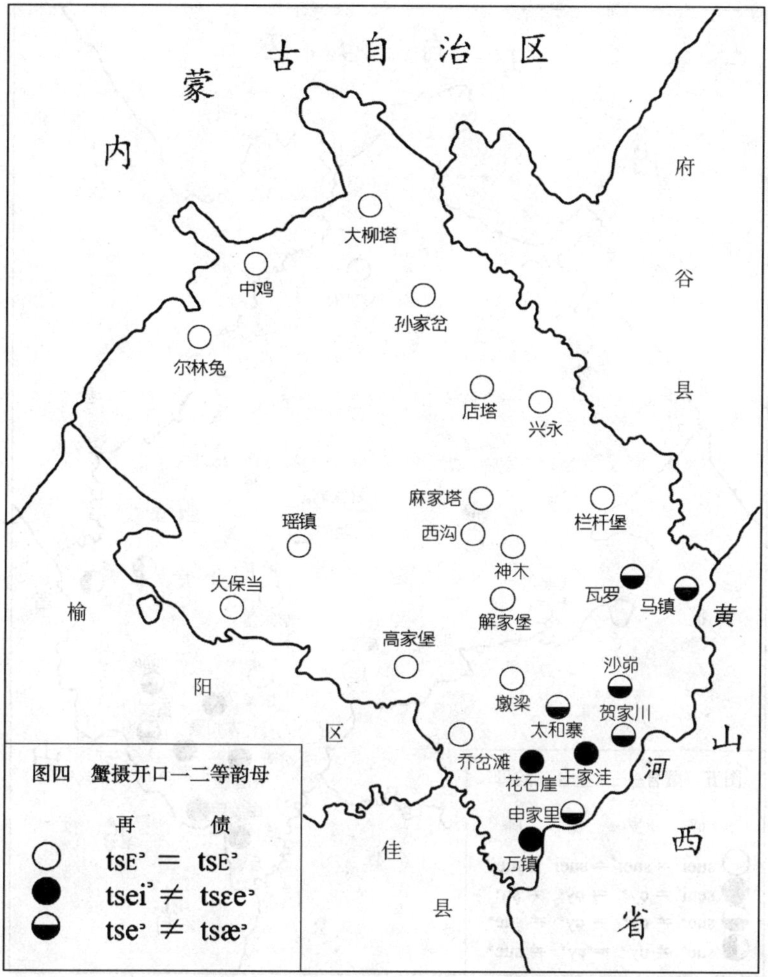

图四 蟹摄开口一二等韵母

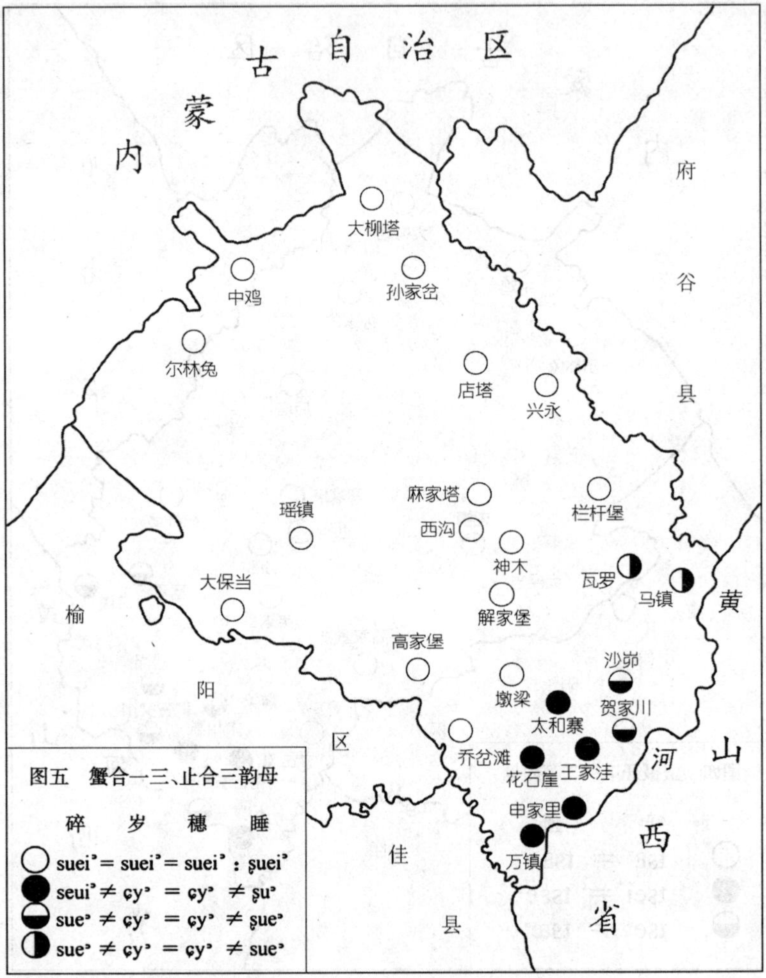

图五　蟹合一三、止合三韵母

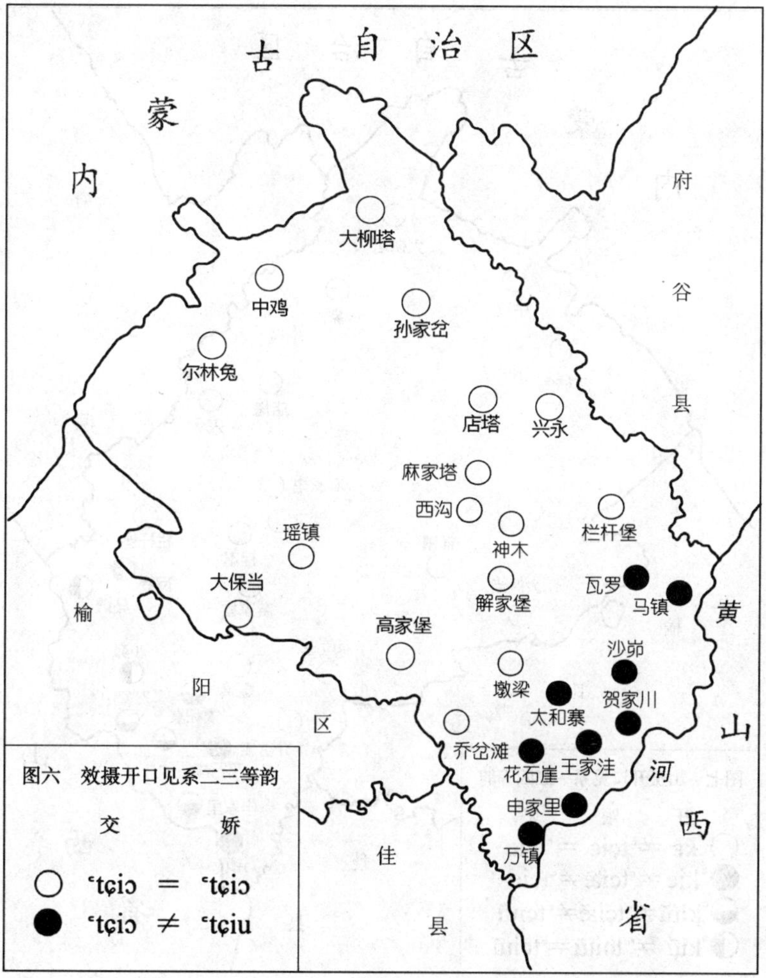

图六 效摄开口见系二三等韵

图七　山摄开口见系一二四等韵

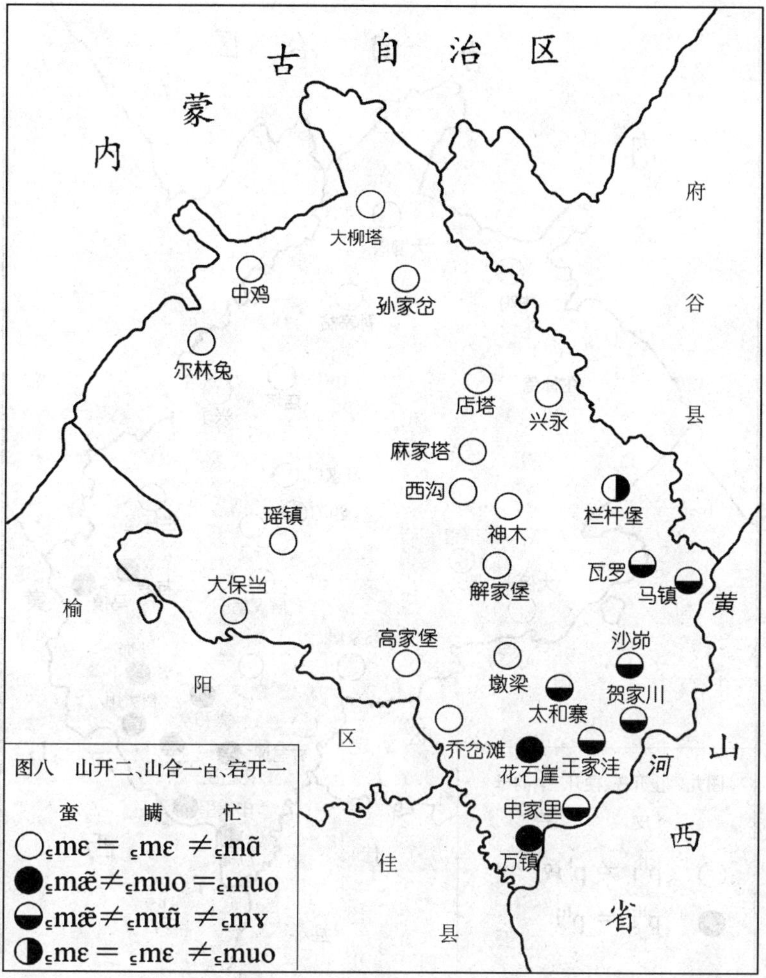

图八 山开二、山合一白、宕开一

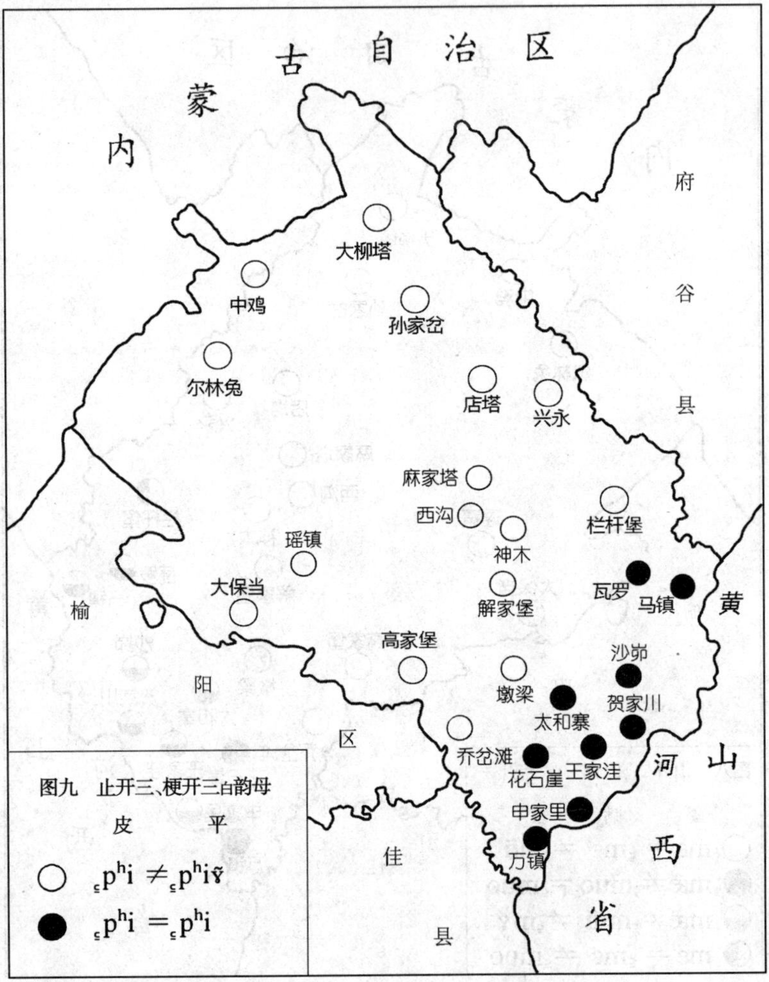

图九　止开三、梗开三白韵母

皮　　　平

○ $_{\varsubsetneq}p^hi \neq {}_{\varsubsetneq}p^hi\tilde{\gamma}$

● $_{\varsubsetneq}p^hi = {}_{\varsubsetneq}p^hi$

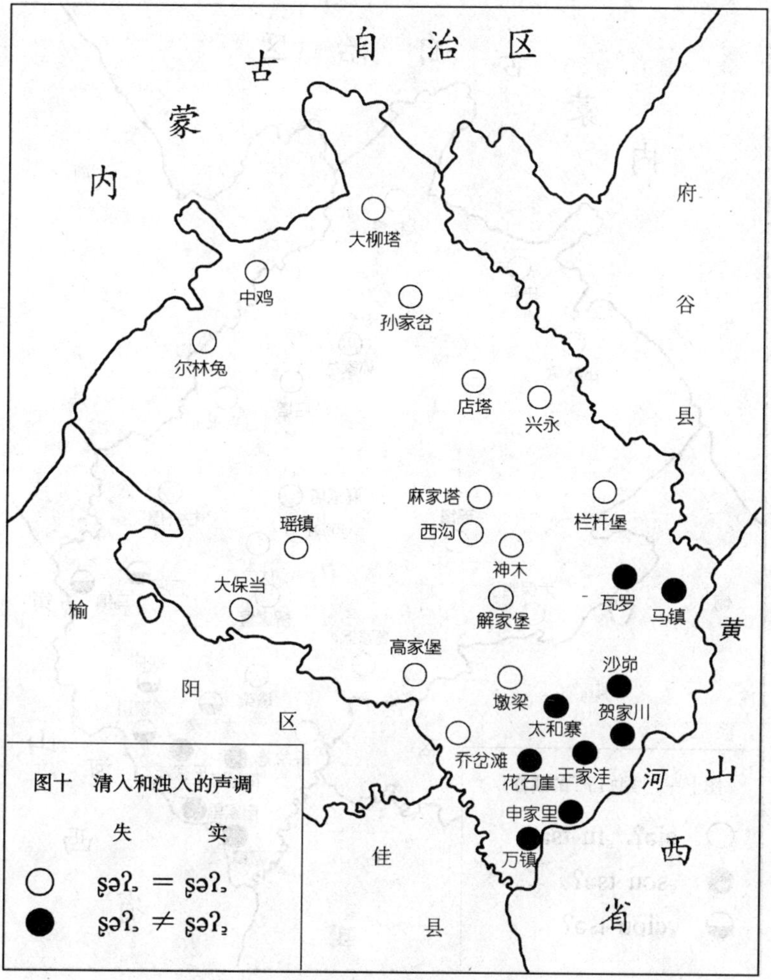
内 蒙 古 自 治 区
府 谷 县
大柳塔
中鸡
孙家岔
尔林兔
店塔
兴永
麻家塔
栏杆堡
瑶镇
西沟
神木
大保当
瓦罗
马镇
榆
解家堡
黄
高家堡
沙峁
阳
墩梁
贺家川
太和寨
区
乔岔滩
王家洼
花石崖
河
山
申家里
万镇
佳
西
县
省
失 实
ʂəʔ꜆ ＝ ʂəʔ꜆
ʂəʔ꜆ ≠ ʂəʔ꜇
图十 清入和浊入的声调

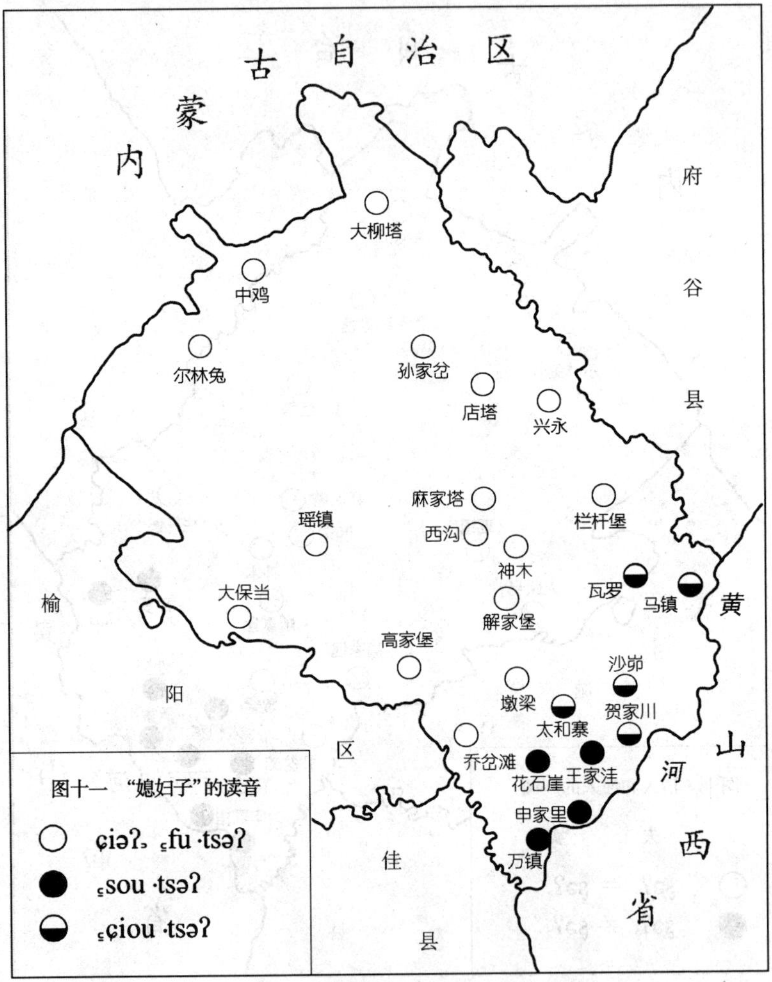

内
蒙
古
自
治
区
府
谷
县
大柳塔
中鸡
尔林兔
孙家岔
店塔
兴永
麻家塔
栏杆堡
瑶镇
西沟
神木
瓦罗
马镇
黄
榆
大保当
解家堡
高家堡
沙峁
阳
墩梁
贺家川
太和寨
山
区
乔岔滩
花石崖
王家洼
河
申家里
万镇
西
佳
省
县
çiəʔ꜆ ꜀fu ·tsəʔ
꜀sou ·tsəʔ
꜀çiou ·tsəʔ

图十一 “媳妇子”的读音

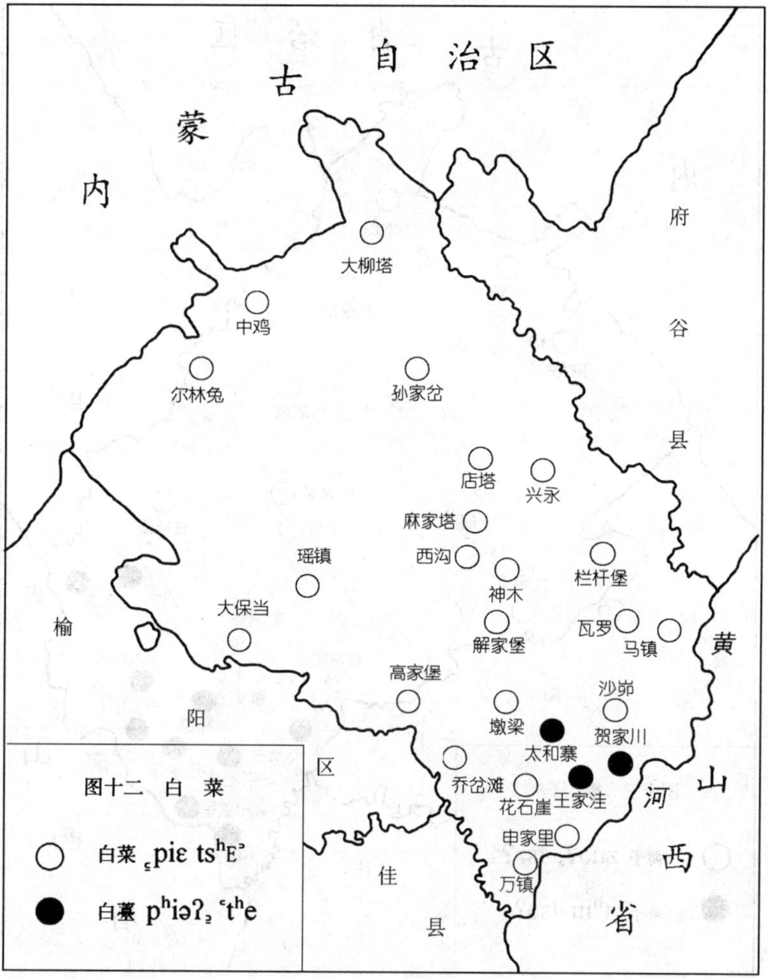
内 蒙 古 自 治 区
府 谷 县
榆 阳 区
佳 县
山 西 省
黄 河
大柳塔
中鸡
尔林兔
孙家岔
店塔
兴永
麻家塔
西沟
瑶镇
神木
栏杆堡
大保当
解家堡
瓦罗
马镇
高家堡
沙峁
墩梁
太和寨
贺家川
乔岔滩
花石崖
王家洼
申家里
万镇
白菜 ꜀piɛ tsʰE꜄
白薹 pʰiəʔ꜂ ꜁tʰe

图十二 白 菜

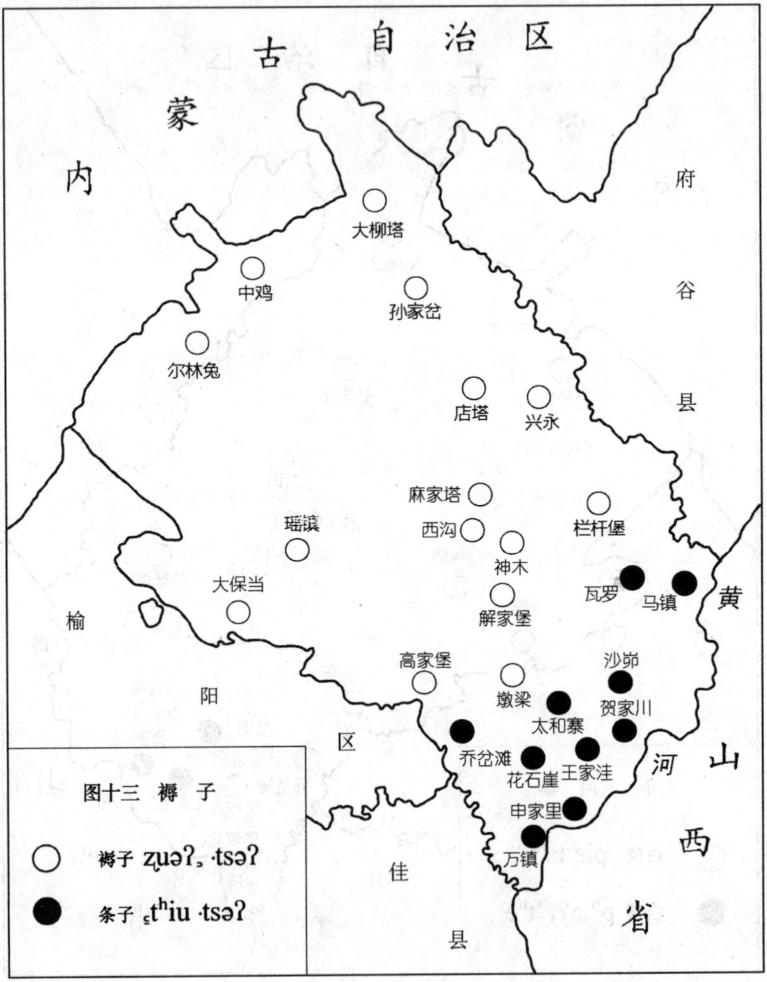
内
蒙
古
自
治
区
府
谷
县
大柳塔
中鸡
孙家岔
尔林兔
店塔
兴永
麻家塔
栏杆堡
瑶镇
西沟
神木
大保当
瓦罗
马镇
黄
解家堡
榆
高家堡
沙峁
阳
墩梁
贺家川
太和寨
区
乔岔滩
河
山
花石崖
王家洼
申家里
西
万镇
佳
省
县
褥子 ʐuəʔ꜀ ·tsəʔ
条子 ꜁tʰiu ·tsəʔ
图十三 褥 子

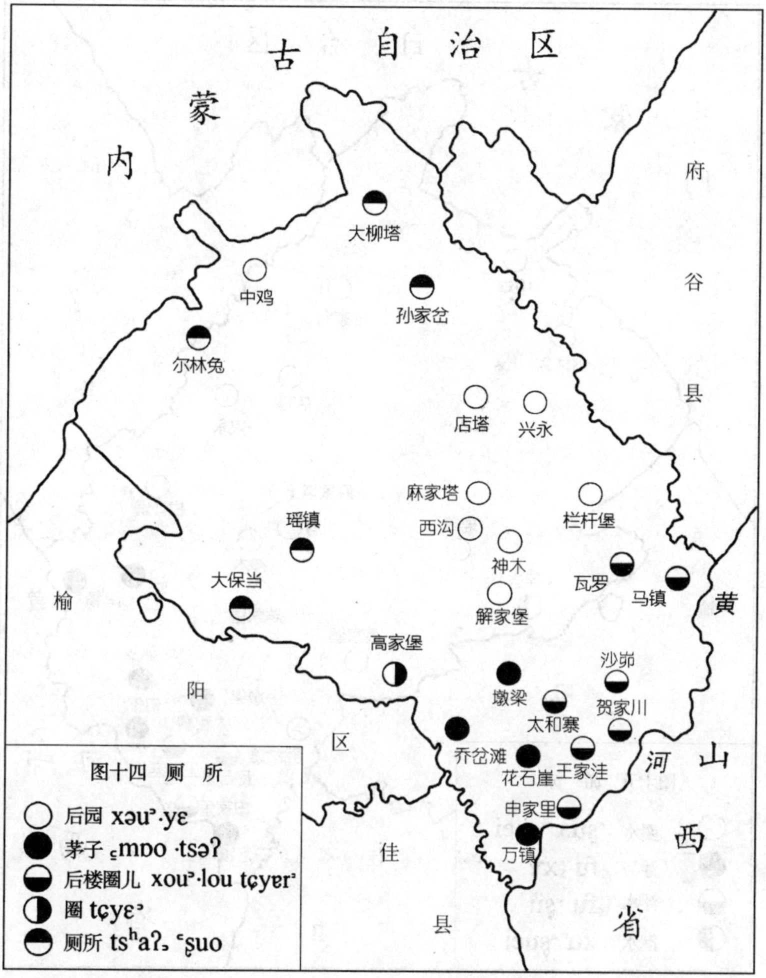
内蒙古自治区
府谷县
黄河
山西省
榆阳区
佳县
大柳塔
中鸡
孙家岔
尔林兔
店塔
兴永
麻家塔
栏杆堡
西沟
瑶镇
神木
瓦罗
马镇
大保当
解家堡
高家堡
沙峁
墩梁
贺家川
太和寨
乔岔滩
王家洼
花石崖
中家里
万镇
后园 xəuᵓ·yɛ
茅子 ꜀mɒo ·tsəʔ
后楼圈儿 xouᵓ·lou tɕyɐrᵓ
圈 tɕyɛᵓ
厕所 tsʰaʔ꜆ ꜂ʂuo
图十四 厕所

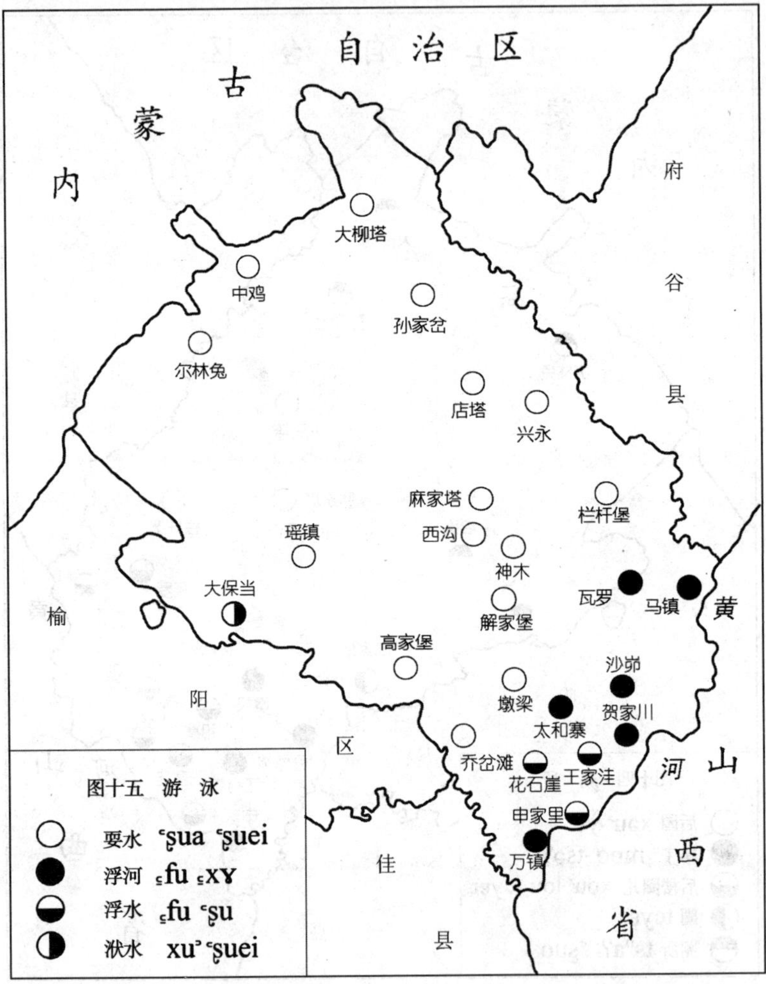
内蒙古自治区
府谷县
榆阳区
佳县
山西省
黄河
大柳塔
中鸡
孙家岔
尔林兔
店塔
兴永
麻家塔
栏杆堡
西沟
瑶镇
神木
大保当
瓦罗
马镇
解家堡
高家堡
沙峁
墩梁
贺家川
太和寨
乔岔滩
花石崖
王家洼
申家里
万镇
耍水 ˓ʂua ˓ʂuei
浮河 ˓fu ˓xɤ
浮水 ˓fu ˓ʂu
泅水 xu˒ ˓ʂuei

图十五 游泳

内 蒙 古 自 治 区
府 谷 县
大柳塔
中鸡
孙家岔
尔林兔
店塔
兴永
麻家塔
栏杆堡
西沟
神木
瑶镇
大保当
瓦罗
马镇
解家堡
榆 阳 区
黄 河
高家堡
沙峁
墩梁
贺家川
太和寨
乔岔滩
花石崖
王家洼
申家里
万镇
佳 县
山 西 省
图十六 拿
拿 ꜀na
荷 ꜂xɤ / xəʔ꜀

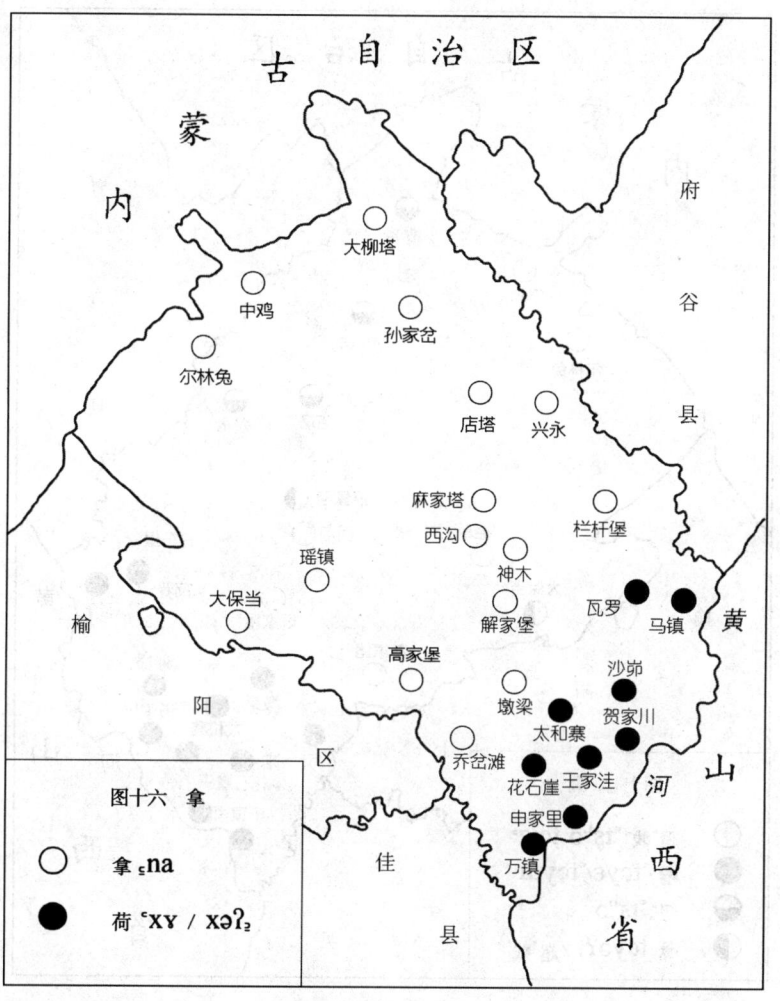

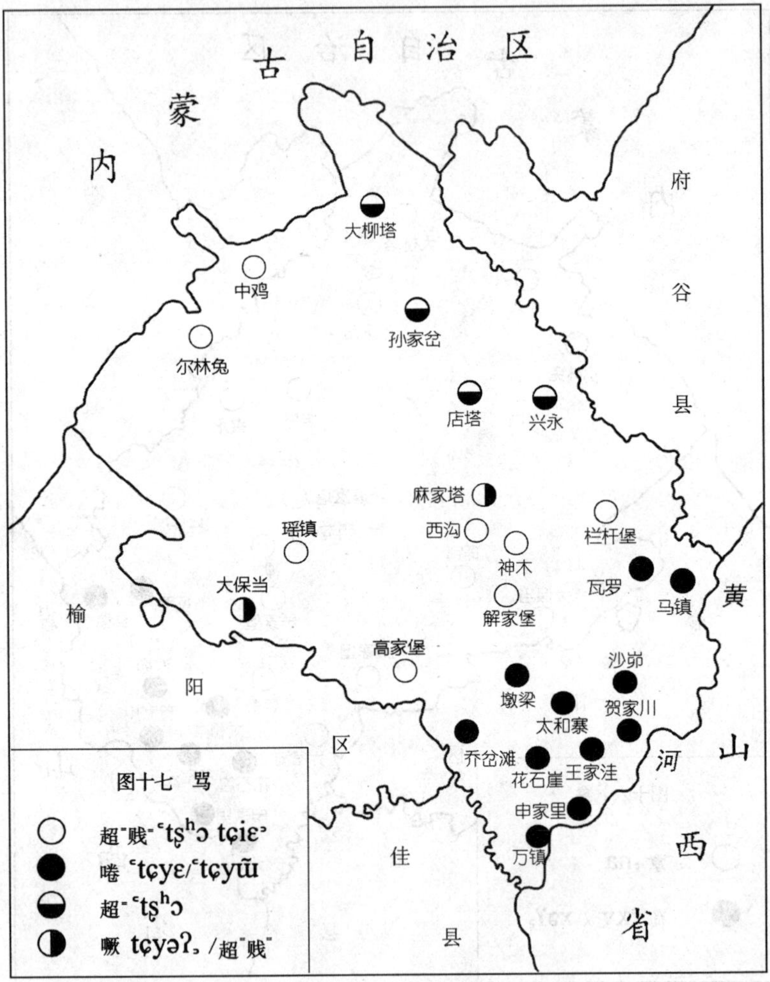
内
蒙
古
自
治
区
府
谷
县
大柳塔
中鸡
孙家岔
尔林兔
店塔
兴永
麻家塔
西沟
栏杆堡
瑶镇
神木
瓦罗
马镇
黄
大保当
解家堡
榆
高家堡
沙峁
阳
墩梁
贺家川
太和寨
区
乔岔滩
王家洼
河
山
花石崖
中家里
万镇
西
佳
省
县
超¯贱¯ ˓tʂʰɔ tɕiɛ˒
啳 ˓tɕyɛ/˓tɕyɯ̃
超¯ ˓tʂʰɔ
嘫 tɕyəʔ˯ /超˭贱˭
图十七　骂

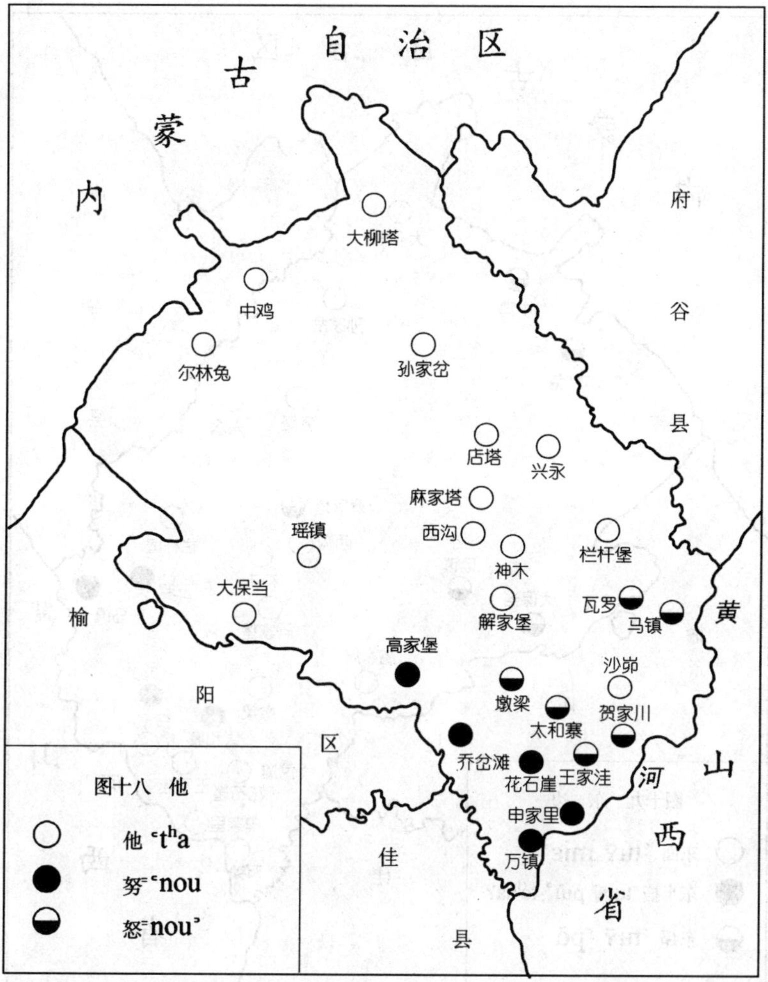
内蒙古自治区
府谷县
榆阳区
佳县
黄河
山西省
大柳塔
中鸡
尔林兔
孙家岔
店塔
兴永
麻家塔
瑶镇
西沟
神木
栏杆堡
大保当
解家堡
瓦罗
马镇
高家堡
沙峁
墩梁
贺家川
太和寨
乔岔滩
花石崖
王家洼
申家里
万镇
他 ᶜtʰa
努⁼ᶜnou
怒⁼nouᵓ

图十八 他

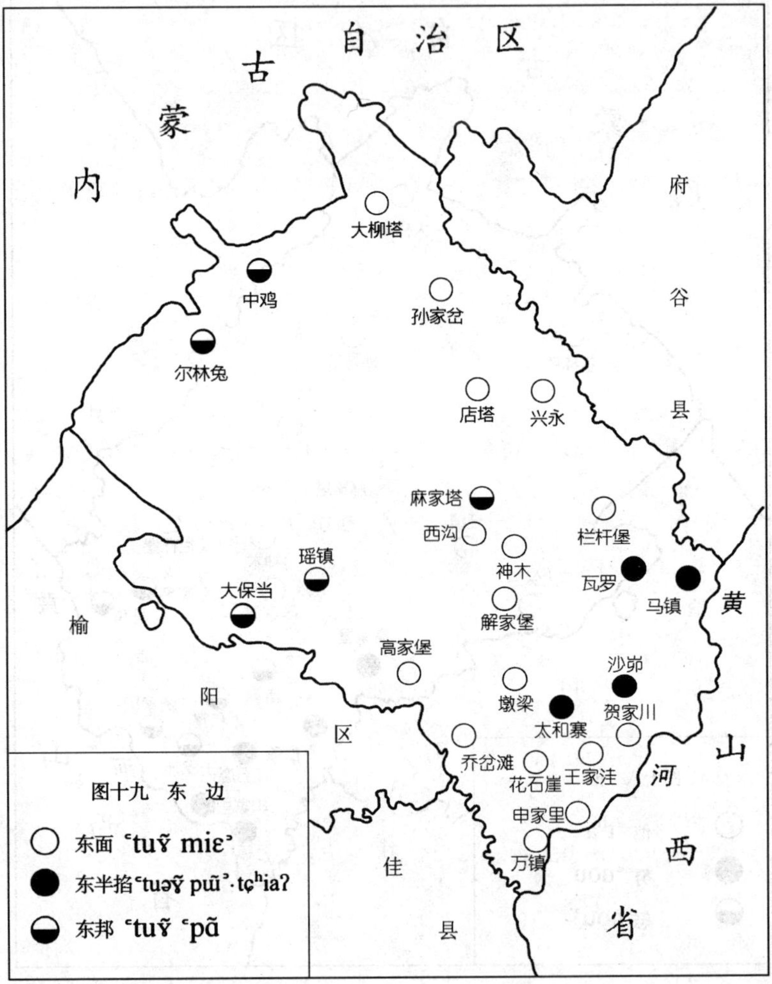
内 蒙 古 自 治 区
府 谷 县
黄 河
山 西 省
榆 阳 区
佳 县
大柳塔
中鸡
孙家岔
尔林兔
店塔
兴永
麻家塔
栏杆堡
西沟
神木
瓦罗
马镇
瑶镇
大保当
解家堡
高家堡
沙峁
墩梁
太和寨
贺家川
乔岔滩
花石崖
王家洼
申家里
万镇
东面 ꜂tuɣ̃ miɛ꜄
东半掐 ꜂tuəɣ̃ puɯ̃꜄·tɕʰiaʔ
东邦 ꜂tuɣ̃ ꜂pɑ̃

图十九 东边

五 发音合作人

5.1 本书的主要发音合作人

本书的主要发音合作人共有7位。

5.1.1 神木话发音合作人

车文蔚，男，调查时76岁，初中文化，原神木中学教导主任。世居神木城，在神木长大、工作，未长期离开过本地，只能讲神木话。

车海斌，男，20岁，神木中学应届高中毕业生。世居神木城，未离开过本地，能讲普通话。

樊慧武，男，17岁，神木中学高二学生，世居神木城，未离开过本地，只能讲神木话。

5.1.2 万镇话发音合作人

高玉璠，男，62岁，中师文化，原万镇中心学校校长。世居万镇镇，后在西安上学三年，53岁时移住神木城。只能讲万镇话。

5.1.3 贺家川话发音合作人

贺万海，男，59岁，中专文化，神木县老干局局长。世居贺家川村，中年以后调入神木城工作，只能讲贺家川话。

5.1.4 高家堡话发音合作人

邢加治，笔者之父，65岁，中师文化，原神木县教育局干部。世居高家堡镇，在高家堡长大，后在神木城工作。曾在西安接受普通话和推普训练，20世纪50年代末为推普积极分子，现能用普通话念单字音。讲地道的高家堡话。

刘月花，笔者之母，61岁，中师文化，原神木县教师进修学校教师。世居高家堡镇，在高家堡长大，在榆林读师范两年，先后在神木镇王家塄、神木城工作。只能讲高家堡话。

5.2 方言地图发音人

方言地图发音人共24位：

王亚军，男，17岁，神木中学高一学生，大柳塔镇人。

武世斌，男，17岁，神木中学高一学生，大保当镇人。

连建平，男，18岁，神木中学高一学生，店塔镇人。

刘波，男，17岁，神木中学高一学生，乔岔滩乡凉水井村人。

张丽，女，16岁，神木中学高一学生，太和寨村人。

边林锋，男，17岁，神木中学高一学生，麻家塔村人。

王刚，男，16岁，神木中学高一学生，瑶镇村人。

越鹏，男，17岁，神木中学高一学生，中鸡镇人。

谢利飞，男，17岁，神木中学高一学生，花石崖村人。

任武升，男，16岁，神木中学高一学生，花石崖乡任念功村人。

刘燕观，男，16岁，神木中学高一学生，沙峁村人。

刘波，男，17岁，神木中学高一学生，尔林兔镇人。

苏冰，男，17岁，神木中学高一学生，解家堡村人。

曹建东，男，17岁，神木中学高一学生，后尔林兔村人。

王剑，男，17岁，神木中学高二学生，马镇镇盘塘村人。

王彦斌，男，18岁，神木中学高二学生，太和寨乡墩梁村人。

孟艳霞，女，18岁，神木中学高二学生，西沟乡黑石崖人。

王胜利，男，17岁，神木中学高二学生，贺家川镇王家窊人。

陈妮，女，17岁，神木中学高一学生，孙家岔村人。

杨晓锋，男，17岁，神木中学高二学生，栏杆堡村人。

刘晓强，男，19岁，神木中学高二学生，瓦罗乡刘山家窊人。

张飞林，男，17岁，神木中学高一学生，永兴乡七里庙村人。

张强，男，17岁，神木中学高一学生，马镇镇人。

李文慧，男，16岁，神木二中初三学生，万镇镇申家里人。

关于神木方言的内部分区及其边界，曾请教过神木中学李怀林和杨建中老师。李老师，男，37岁，乔岔滩乡人。杨老师，男,28岁,马镇杨家山村人。二位老师对文化、语言等学科兴趣浓厚,对南乡方言的情况十分熟悉。

六 特殊符号

"□"代替有音无字的音节,"～"代替例字。字的右上角加"⁼"表示同音代替字。

字下加"—"表示白读音,字下加"═"表示文读音。

举例时,"/"表示"或","|"表示"和","( )"表示可以不出现。

音标中,调值用数码表示。调类用发圈法表示,例如:꜀□平声/阴平,꜁□阳平,꜂□上声/阴平上,□꜄去声,□꜆入声/阴入,□꜇阳入。

语　音　篇

壹　音系

一　神木话（老派）音系

1.1　声母

声母25个，包括零声母在内。

p布帮步薄	p^h怕胖盘败	m门母忙面	f飞赴冯服	v围危微威
t到当道读	t^h太汤同突	n难怒女宜		l兰利罗驴
ts增争自铡	ts^h仓抄茶族		s僧生士时	z吟
tʂ蒸知拽烛	$tʂ^h$超昌锄着		ʂ声梳熟蛇	ʐ认绕闰酿
tɕ精集经及	$tɕ^h$秋齐丘截		ɕ修囚休霞	
k贵官柜街	k^h开葵跪去	ŋ岸昂案恶	x化黑话鞋	
∅而言烟远延				

说明：

（1）p t k是比较紧的塞音，发音时阻塞部位接触面较大，爆破有力；p^h t^h k^h与入声韵相拼时气流较强，除阻后有喉部摩擦成分。

（2）m n ŋ伴有明显的同部位浊塞音成分，实际音值是m^b n^d $ŋ^g$，但不如同音系的高家堡话强烈。其中n在i和y前的音值是ȵ。

（3）开口呼零声母只有“而二扔”等少数古日母字和“啊”等感叹词，没有合口呼零声母字。齐齿呼、撮口呼零声母在i y

韵前带有明显的摩擦成分，实际音值是半元音j ɥ。

(4) k k^h ŋ x在ɛ ᴇ ei韵前音值接近c c^h ɲ ç。

1.2 韵母

韵母39个，不包括儿化韵。

ɿ资滋师支			
ʅ知迟制誓	i第鸡眉地	u补祖猪富	y女娶虚雨
a爬瓦下大	ia家架虾牙	ua花耍画抓	
ʅə车蛇社舌		uo河波过初	yo娘
ɛ胆馅毡半	iɛ姐秸减进	uɛ端官关专	yɛ靴全权横
ᴇ盖摆芥歪		uᴇ怪拐快帅	
ɔ饱保赵贸	iɔ交标条嚼		
ei倍废飞威		uei推桂泪贵	
əu头钩愁收	iəu流揪油纠		
ʌɯ而耳二扔			
ã党张王棒	iã良将强讲	uã光筐装窗	
ɤ̃根崩进风	iɤ̃心新蝇星	uɤ̃魂横红中	yɤ̃群琼穷容
aʔ答杀发剥	iaʔ夹狭胛辖	uaʔ刮滑捉	yaʔ觉角
əʔ割没直木	iəʔ铁笔北百	uəʔ脱作鹿绿	yəʔ绝屈足裕

说明：

(1) ʅə韵的舌尖后音色彩较重，但央元音ə的音值也很稳定。因此，本书将ʅ分析作介音，ə为主要元音。

(2) uo韵可以和非唇音声母、唇音声母拼合。yo韵只能构成nyo^{213}一个音节，用于“娘娘奶奶”一词。

(3) iɛ yɛ的主要元音音值介于e和ᴇ之间①。

① ᴇ uᴇ的主要元音音值就是ᴇ，iɛ yɛ的主要元音音值介于e和ᴇ之间。笔者过去从音值出发，曾将这两韵记作iᴇ yᴇ，与ᴇ uᴇ排列在一起。但从山曲、酒曲的押韵看，iɛ yɛ与ɛ uɛ相押，属于同一韵部，而不与ᴇ uᴇ押韵。因此本书把它们记作iɛ yɛ，与ɛ uɛ列为一行。

(4) ɔ iɔ的主要元音舌位比标准的ɔ高，是ɔ̝，且有微小的动程。

(5) əu iəu在北乡的店塔、孙家岔、中鸡以东地区，韵尾变成ɯ，动程逐渐减小，接近ɯ iɯ。

(6) ʌɯ韵的主要元音是介于ə ʌ ɤ之间的音，韵尾音值不到ɯ的高度，展唇色彩十分明显。高家堡话这个音是ər。该韵是神木话区别于其他陕北话的主要特色之一。

(7) ɑ̃ iɑ̃ uɑ̃韵的主要元音舌位比标准的ɑ略高，实际音值是ɑ̝，鼻音色彩很轻。

(8) ɤ̃ iɤ̃ uɤ̃ yɤ̃韵的主要元音舌位比标准ɤ略前，鼻音色彩很重，且伴有舌根部位的摩擦成分，但没有贺家川明显。

(9) 入声韵喉塞尾很重，但在轻声音节中有所减弱。uəʔ yəʔ两韵受介音影响，主要元音读比ɔ略高略前的圆唇音。

1.3 单字调

单字调4个。

阳平	44	穷平寒才扶舌鹅麻云
阴平上	213	高天婚古口手五染有[①]
去声	53	近厚盖唱饭汉助漏用
入声	4	急出拍食读合纳袜月

说明：

(1) 阳平和入声调高相同，不过入声发音十分短促。如果入声字在语流中出现舒化，往往变成阳平，但历史音变则不遵循这一规律。

(2) 阴平上开头的21只是一个略微下降的弯头，与北京话上声214的前半部分不同。

① 笔者曾将阴平上分别记做阴平24和上声213，以示区别。经过核实，证明它们单字调确无分别。强做区分既不符合事实，也无必要。

(3) 就音长来看，阴平上时值最长，阳平次之，去声又次之，入声最短。

1.4 音位分析

1.4.1 辅音音位

ʨ ʨʰ ɕ与k kʰ x、ʦ ʦʰ s、tʂ tʂʰ ʂ分别互补，可以和其中任何一组合并为一组音位。从来源看，它分别来自k kʰ x和ʦ ʦʰ s的细音，自然与这两组关系更加密切。如果与元音音位统筹考虑，则和k kʰ x合成一组最为合适，可用/k kʰ x/作为代表。z尽管只出现在ᶜzɤ̃中，但这时仍与s构成对立，省ᶜsɤ̃ ≠ 吟ᶜzɤ̃，因此是独立的音位。这样，加上只出现在韵尾的喉塞音ʔ，神木话就有下列22个辅音音位：/p pʰ m f v t tʰ n l ʦ ʦʰ s z tʂ tʂʰ ʂ ʐ k kʰ ŋ x ʔ/。其中/k kʰ x/在i y前为ʨ ʨʰ ɕ，在ɛ ᴇ e前为c cʰ ç，在其他元音前为k kʰ x。其他音位的变体不再描写。

1.4.2 元音音位

元音可以归纳成9个音位。这9个元音音位及其主要变体和语音条件如下：

/ɿ/------ [ɿ] (ts-)
------ [ʅ] (tʂ-，-ə)
/i/------ [i]
/u/------ [u]
------ [ɯ] (ʌ-)
/y/------ [y]
/a/------ [a] (a，-ʔ)
------ [ɑ] (-～)
/ɔ/------ [ɔ̢]
------ [ʌ] (-ɯ)
/ɛ/------ [ɛ]
------ [ẹ] (i-，y-)

------［e］（-i）

/ᴇ/------［ᴇ］（ᴇ，u-）

/ə/------［ə］（-u，-ʔ，ʅ-）

------［o］（u-，y-）

------［ɤ］（-～）

元音音位系统结构如图：

ʅ i y　　　　　　u

ᴇ　　　　ə

ɛ　　ɔ

a

说明：/ɔ/有一个变体ʌ和/u/的变体ɯ互为出现条件，即当/ɔ/为ʌ时，/u/的变体是ɯ，反之亦然。

元音音位分析反映出两个事实：第一，元音音位较多，尤其是中元音音位较多。这是复韵母单元音化的必然结果。第二，aʔ组入声韵跟a组阴声韵部分相配（yaʔ韵只有两个字），əʔ组入声韵则跟ɣ̃组阳声韵相配（但不押韵）。也就是说，由于阳声韵和入声韵发展的不平衡，中古音系阳入相配的局面已经被打破。

1.4.3　调位

阴平上的字分别来自古清平和清上、次浊上，单念时同音，部分连调行为不同，构成对立，如亲人tɕ^{h}iɣ̃$^{213-24}$ ʐɣ̃^{44} ≠ 请人tɕ^{h}iɣ̃$^{213-21}$ ʐɣ̃^{44}。从音位的观点出发应当分属两调。这样，四个单字调就分为五个调位：

阴平213　阳平44　上声213　去声53　入声ʔ4

不过，考虑到它们单念时完全相同，而且合为一个单字调有利于古今调类关系的分析考察，本书仍然把它们合为一调，必要时加以分述。详见第叁章。

1.5　文白异读

神木话的文白异读种类不多，字数较少。分别见表1–1、

1–2、1–3。

表1–1

	见开二							
	解	下	陷	闲	项	限	懈	行
文 tɕ- ɕ-	ᶜtɕiɛ	ɕiaᵓ	ɕiɛᵓ	꜁ɕiɛ	ɕiɑ̃ᵓ	ɕiɛᵓ	ɕiɛᵓ	꜁ɕiɤ̃
白 k- x-	ᶜkᴇ	xaᵓ	xɛᵓ	꜁xɛ	xɑ̃ᵓ	xɛᵓ	xᴇᵓ	꜁xɤ̃

文读音产生的时间显然较晚，方言中大部分字还保留舌根音，没有文读。

表1–2

	少数梗开二三等舒声								
	棚	迸	蹦	绷	耕	打	横	影	映
文 -ɤ̃	꜁pʰɤ̃	pɤ̃ᵓ	pɤ̃ᵓ	ᶜpɤ̃	ᶜkɤ̃	ᶜta	꜁xuɤ̃	ᶜiɤ̃	iɤ̃ᵓ
白 -iɛ -yɛ -i	꜁pʰiɛ	piɛᵓ	piɛᵓ	ᶜpiɛ	ᶜtɕiɛ	ᶜtiɛ	꜁ɕyɛ	ᶜi	iᵓ

该组字文读音的历史很长，白读只是残存形式，已经和字形失去联系。值得注意的是，“打”的白读音与德冷切（白读）对应，只能单用；文读音与北方话相同，不读德冷切，与其他字的文读来源不同。从白读有介音i的情况看，梗二入帮组字的读音属于早期的层次：

百piəʔ　　拍pʰiəʔ　　擘piəʔ　　白piəʔ　　麦miəʔ

表1–3

	少数入声舒化字										
	辖	给	渴	泄	落	墨	白	六	削	约	缩
文　入声	ɕiaʔ	tɕiəʔ	kʰəʔ	ɕiəʔ	luəʔ	miəʔ	piəʔ	luəʔ	ɕyəʔ	iəʔ	ʂuaʔ
白　舒声	꜁ɕia	ᶜkei	kʰuoᵓ	ɕiɛᵓ	lɔᵓ	꜁mei	꜁piɛ	liəuᵓ	꜁ɕiəu	ᶜiɔ	ᶜʂuɑ̃

该组字中，文读属于较早的层次，白读属于较晚的层次，跟表1–1、表1–2的情况相反。

此外，还有一些零星的字有文白读，如“殖植”文读tʂ母，白读ʂ母；“堡毛”文读ɔ韵（“堡”无文读），白读u韵；“也”文读iɛ，白读ia，等等。

1.6　舒声字的入声化

《广韵》的不少舒声字神木话读入声。其共同特点是：第一，几乎全部是中古的阴声韵字。第二，今音只有əʔ组韵母，没有aʔ组韵母。这些字可以大致分为两类。下面举例时入声一律省略调值，“？”表示用法不详。

一类只在多音节词中出现，其中有的是分音词。如：

提 tiəʔ ～溜 / tʰi^{44} ～包	货 xuəʔ～郎子 / xuo^{53}杂～铺
腻 niəʔ ～嘞 / ni^{53} 油～	蚱 tsəʔ 叫蚂～ / tsa^{53} ？
指 tsəʔ ～头儿 / tsɿ^{213} 中～	锢 kuəʔ ～露锅 / ku^{53} 禁～
孩 xəʔ～伢儿 / xᴇ^{44} ～～气气	葫 xuəʔ ～芦 / xu^{44} ？
稼 tɕiəʔ 庄～ / tɕia^{213} 庄～	喉 xuəʔ ～咙 / xəu^{44} 咽～
蝙 piəʔ夜～蝠儿 / pʰiɛ^{213} ～蝠	

另一类做语法或构词成分，如方位词、副词、介词、助词、后缀等。如：

这 tʂəʔ ～么/tʂᴇ^{213} ～也那也	嘞 ləʔ 大～
只 tʂəʔ ～怕 / tsɿ^{213} ～好	么 məʔ 这～ / ma^{213} 怎～
可 kʰəʔ ～好嘞 / kʰuo^{213} ～以	子 tsəʔ 房～ / tsɿ^{213} ～女
往 vəʔ ～东走 / vɑ̃^{213} 来～	每 məʔ我～ / mei^{213} ～家～户
里 ləʔ 这～ / li^{213} ～头	家 tɕiəʔ 各儿～ / tɕia^{213} ～里
了 ləʔ 吃～饭 / liɔ^{213} ～事	来 ləʔ 夜～ / lᴇ^{44} ～回

不少学者认为，舒声促化字的形成主要与轻声有关。就神木话来看，“指、货、喉、葫、可、往”促读的原因用轻声无法解释，恐怕与该字的位置、词语的语法功能和使用频率关系更密切。“蚱、稼、了、子、里、嘞、每、么、家、来”等的形成与轻声有关，但在共时平面上的表现跟一般入声字没有区别。

1.7 单字音表

见表1–4，表中黑体字和用代码替代的音节在表后加注。

表1–4　之一

	ɿ	ʅ	i	u	y	a	ia	ua	ʅə
	平上去	平上去	平上去	平上去	平上去	平上去	平上去	平上去	平上去
p			比闭	补布		巴坝			
pʰ			皮批屁	蒲普部		爬　怕			
m			迷米媚	模母幕		麻妈骂			
f				浮夫副					
v				无五误		娃挖洼			
t			**嘀**低地	**嘟**都度		打大			
tʰ			题梯替	图土兔		他嗒			
n			泥你溺	努怒	女	拿哪那			
l			梨里利	**芦**　①	驴	剌拉拉	②		
ʦ	**吱**支自			组		杂渣诈			
ʦʰ	瓷此刺			**靓**粗醋		茶叉岔			
s	匙斯是			苏素		沙沙			
z									
tʂ		知制		猪住				抓	遮蔗
tʂʰ		池痴		除杵处				④⑤	车
ʂ		**嘘**　世		书树				耍唰	蛇赊社
ʐ				如乳擩				**挼**	惹
tɕ			鸡记		举句		家架		
tɕʰ			齐起气		渠娶去		③**搭**		
ɕ			西细		徐虚叙		虾　夏		
k				古故		嘎尬		瓜褂	
kʰ				苦裤		卡		垮跨	
ŋ									
x				胡虎护		**匣**瞎下		铧花化	
ø			移以艺		鱼雨遇	啊	牙哑亚		

吱 ʦɿ^{44}　开门等的声音。

嘘 ʂʅ^{44}　把婴儿小便声。

嘀 ti^{44}　汽车喇叭声。

嘟 tu^{44}　喇叭声。

芦 lu^{44}　葫芦。

靓 ʦʰu^{44}　隔着缝隙看；偷看。

擩 ʐu^{53} 将手或棍子伸进孔洞里。
去 tɕ^{h}y^{53} ～皮。
嗒 t^{h}a^{53} 忽～～：人跑动的声音。
拉 la^{53} ～话。
沙 sa^{53} 挑拣。
叵 xa^{44} 又读。
瞎 xa^{213} 坏：～偨。
搭 tɕ^{h}ia^{53} ～死。
挼 ʐua^{44} 揉搓；纠缠。
①□lu^{53} 忽～：失去知觉。
②□lia^{44} ～么：赶快。
③□tɕ^{h}ia^{213} 抱。
④□tʂ^{h}ua^{213} 抢夺。
⑤□tʂ^{h}ua^{53} 整齐、有力的步伐声。

表1-4 之二

	uo	yo	ɛ	iɛ	uɛ	yɛ	E	uE	ɔ
	平上去	平上去	平上去	平上去	平上去	平上去	平上去	平上去	平上去
p	薄波播		班半	白边变			摆拜		包抱
p^{h}	婆坡破		盘攀盼	棚偏骗			排丕败		袍跑炮
m	馍抹磨		瞒满慢	棉免面			埋买卖		毛卯冒
f			凡反饭						
v	我卧		完晚万				歪外		
t	多垛		单蛋	碟点垫	短断		呆带		刀到
t^{h}	驮拖唾		谈滩探	田天③	团貒		抬胎太		桃讨套
n	挪 懦	娘娘	南腩难	年捻念	暖		崖奶耐		挠脑闹
l	罗裸摞		蓝懒烂	连脸炼	栾卵乱	联⑤孌	来⑥赖		劳老涝
ts	左坐		攒站		钻钻		贼灾在		⑨早灶
ts^{h}	矬搓错		残产骣		攒撺篡		材猜菜		曹草造
s	锁		三散		酸算		腮晒		睄嫂燥
z			①②						
tʂ			毡占		砖转			拽	招照
tʂ^{h}	锄初		缠		船穿串			揣坠	潮超
ʂ	数数		闪善		拴涮			摔帅	韶少少
ʐ			黏染秫		软④			⑦	饶扰绕
tɕ				价姐借		卷圈			
tɕ^{h}				前浅欠		全圈劝			
ɕ				嫌先线		玄选楦			
k	歌过		赶干		关罐		该盖	拐怪	高告
k^{h}	科骒		砍看		宽		开慨	块快	考靠
ŋ	讹我饿		严揞岸				哀爱		熬袄傲
x	和火祸		寒喊汉		还缓换		鞋海害	怀⑧坏	壕好号

续表

	uo	yo	ɛ	iɛ	uɛ	yɛ	ᴇ	uᴇ	ɔ
	平上去	平上去	平上去	平上去	平上去	平上去	平上去	平上去	平上去
∅				盐眼咽		圆远院			

抹 muo^{213} ～墙，～灰。

娘 nyo^{44} 老～：曾祖母。

娘 nyo^{213} ～～：奶奶。

腩 nɛ^{213} 圪～：吃肥肉时发腻的感觉。

秫 ʐɛ^{53} 和泥用的麦秸。

严 ŋɛ^{44} 严实，没有缝隙。

揞 ŋɛ^{213} 用手蒙住。

棚 p^{h}iɛ^{44} 房～：房檐。

价 tɕiɛ^{44} 助词：这么～，咋～。

貒 t^{h}uɛ^{213} ～子：獾。

攒 ts^{h}uɛ^{44} 全。

撺 ts^{h}uɛ^{213} 催促。

黐 lyɛ^{53} 稀粥等略稠而有黏性的样子。

圈 tɕ^{h}yɛ^{213}（把家畜、家禽）关住。

坠 tʂ^{h}uᴇ^{53} 赖～～：不求上进的人。

睄 sɔ^{44} 瞟。

①□ zɛ^{213} 屁～～：戏称爱哭的小孩儿。

②□ zɛ^{53} 小孩儿的哭声。

③□ t^{h}iɛ^{53} 圪～～：讨好、逢迎的样子。

④□ ʐuɛ^{53} ～，～：用力嚼东西的样子。

⑤□ lyɛ^{213} 窟～：“圈”的分音词。

⑥□ lᴇ^{213} 卜～：“摆”的分音词。

⑦□ ʐuᴇ^{53} 脸蛋胖嘟嘟的样子。

⑧□ xuᴇ^{213} 哄。

⑨□ tsɔ^{44} ～眼子：眼睛斜视的人。

表1-4　之三

	iɔ	ei	uei	əu	iəu	ʌɯ	ã	iã	uã
	平上去	平上去	平上去	平上去	平上去	平上去	平上去	平上去	平上去
p	标鳔	杯倍					帮棒		
p^h	瓢飘票	赔坯配					旁胖胖		
m	苗秒妙	媒美妹					忙莽		
f		肥飞费					房方放		
v		围伟喂					王网忘		
t	刁掉		堆对	抖豆	②丢		③当挡		
t^h	条挑跳		①腿退	头偷透			糖躺烫		
n	牛鸟尿		内	奴努怒	牛扭谬		囊攮囔	娘仰	
l	撩燎撂		雷垒类	楼鲁漏	流柳六		狼④浪	凉两亮	
ts			嘴最	走皱			脏葬		
ts^h			催脆	愁瞅凑			藏仓⑤		
s			遂髓岁	搜嗽			桑丧		
z									

续表

	iɔ	ei	uei	əu	iəu	ʌɯ	ã	iã	uã
	平上去	平上去	平上去	平上去	平上去	平上去	平上去	平上去	平上去
tʂ			追缀	周咒			张账		装壮
tʂʰ			捶吹	稠丑臭			长场唱		床窗创
ʂ			谁水睡	仇手受			尝伤上		霜双
ʐ			蕊锐	揉　肉			瓤嚷让		
tɕ	嚼交叫				九旧			将酱	
tɕʰ	桥敲翘				求秋			强枪呛	
ɕ	学小笑				囚修秀			详想象	
k		给给	规柜	沟够			钢杠		光逛
kʰ			亏愧	口叩			康炕		狂筐况
ŋ				欧沤			肮		
x			回灰会	猴吼后			行　巷		黄荒晃
ø	摇腰要				油有又	儿耳二	⑥⑦	羊养样	

牛 $niɔ^{44}$ 穿戴讲究；表情神气。
燎 $liɔ^{213}$ 烧（毛发一类东西）。
给 kei^{53} 给～。
仇 $ʂəu^{44}$ ～人。
囚 $ɕiəu^{44}$ ～犯。
胖 $p^hã^{213}$ ～肿。
仰 $niã^{213}$ 圪～：仰卧；稍事休息。
双 $ʂuã^{53}$ ～生儿。

① □ t^huei^{44} ～～：蒲公英。
② □ $tiəu^{44}$ “提溜”的合音，提。
③ □ $tã^{44}$ 敲金属的声音。
④ □ $lã^{213}$ 壳～：“腔”的分音词。
⑤ □ $ts^hã^{53}$ 生吃蔬菜的声音。
⑥ □ $ã^{213}$ 表反问的感叹词。
⑦ □ $ã^{53}$ 表答应的感叹词。

表1-4　之四

	ɤ̃	iɤ̃	uɤ̃	yɤ̃	aʔ	iaʔ	uaʔ	yaʔ	əʔ	iəʔ	uəʔ	yəʔ
	平上去	平上去	平上去	平上去	入	入	入	入	入	入	入	入
p	本笨	兵并			八				拨	别		
pʰ	盆喷碰	平品聘			⑤				扑	撇		
m	门猛梦	民抿命			抹				末	灭		
f	缝风凤				发				佛			
v	文稳问				握				物			

续表

	ɤ̃	iɤ̃	uɤ̃	yɤ̃	aʔ	iaʔ	uaʔ	yaʔ	əʔ	iəʔ	uəʔ	yəʔ
	平上去	平上去	平上去	平上去	入	入	入	入	入	入	入	入
t	等凳	顶定	懂动		答				得	跌	掇	
t^{h}	疼吞①	停听	同桶痛		踏				托	铁	脱	
n	能	拧 硬	脓 脓		纳				那	捏	诺	
l	楞冷愣	林领另	龙拢弄	轮	辣				里	力	绿	捋
ts	②增赠		总纵		扎				则		卒	
ts^{h}	层碜衬		存葱寸		擦				测		促	
s	寻省渗		倯损送		杀				虱		索	
z	吟③											
tʂ	真阵		肿重				捉		哲		拙	
tʂ^{h}	沉逞秤		唇春冲				戳		吃		出	
ʂ	神婶剩		吮顺				朔		摄		说	
ʐ	人忍认		绒冗润						热		褥	
tɕ		紧静		军俊		夹		觉		急		绝
tɕ^{h}		琴请庆		群焪④		恰				七		缺
ɕ		形醒性		雄胸训		辖				吸		雪
k	跟更		工共				刮		搁		骨	
k^{h}	坑肯		捆困						磕		哭	
ŋ	恩								恶			
x	衡狠杏		红哄混		瞎		滑		合		活	
ø	嗯嗯	银因应		云永用		鸭				叶		月

吟 zɤ̃^{213} 呻吟。

肯 k^{h}ɤ̃^{53} ～心：合心意。

嗯 ɤ̃^{213} 表回声问的感叹词。

嗯 ɤ̃^{53} 表同意、答应的感叹词。

脓 nuɤ̃^{53} 软～～：（东西）太软。

倯 suɤ̃^{44} 软弱无能。

冲 tʂ^{h}uɤ̃^{53}（性格、语气）急躁。

轮 lyɤ̃^{44} ～上你了：该你了。

焪 tɕ^{h}yɤ̃^{213} 闷热。

那 nəʔ^{4} 又音。

里 ləʔ^{4} 后缀：这～，乡～。

① □ t^{h}ɤ̃^{53} 唆使。

② □ tsɤ̃^{44} 形容吃的动作和手的动作之快。

③ □ zɤ̃^{53} 小孩啼哭的声音。

④ □ tɕ^{h}yɤ̃^{53}（油、肉汤）凝结。

⑤ □ p^{h}aʔ^{4} ～娃：胖娃娃。

二　万镇话音系

2.1　声母

声母25个，包括零声母在内。

p布帮步笔	p^h怕胖盘脖	m门母忙沫	f夫赴扶福	v围危微窝
t到当道敌	t^h拖汤同特	n难怒牙鱼		l兰利罗吕
ʦ增争自贼	$ʦ^h$操巢茶族		s丝诗士寻	z吟仍
ʈʂ蒸知住捉	$ʈʂ^h$超池锄侄		ʂ声梳蛇勺	ʐ认绕闰酿
ʨ精集街及	$ʨ^h$秋截丘齐		ɕ修详休学	
k盖桂革共	k^h开葵跪去	ŋ岸昂案恶	x化黑话鞋	
ø而椅言远延				

说明：

(1) 同1.1节说明(1)(2)。

(2) v与u相拼时摩擦较重，与其他韵母相拼时摩擦较轻。

(3) x的摩擦较重。k k^h ŋ x与ie韵拼合时实际音值是c c^h ɲ ç。

(4) 齐齿呼、撮口呼零声母带有摩擦成分，发i时稍重。

2.2　韵母

韵母42个，不包括儿化韵。

ɿ紫纸师支			
ʅ制智绳声			
ər而二扔日	i第地蝇井	u故猪富水	y居雨嘴兄
a巴拿下他	ia家芽佳两	ua瓜耍画抓	ya曰
ɿə车惹沾闪	ie姐敢甜棚	uo波过官光	ye靴全权横
ɒo保饱捎诏	iɒo交敲效标		
ᵊu超招烧绕	iu膘小乔条		
ou斗丑努祖	iou纽流酒纠		
ɛe排奶债挨	iɛe阶谐街解	uɛe怪拐快帅	

ei抬在倍飞		uei推雷脆柜	
æ̃胆站馅反	iæ̃减岩艰限	uæ̃拴关还患	
ɒ̃多歌党张	iɒ̃娘将羊江		
ɤ̃根真灯棚	iɤ̃心新冰明	uɤ̃婚横东红	yɤ̃均群琼穷
aʔ答发瞎握	iaʔ夹鸭辖鹊	uaʔ刮滑捉朔	yaʔ觉角
əʔ合直舌窄	iəʔ接急北百	uəʔ括落鹿绿	yəʔ绝屈镢足

说明：

(1) a ia ua aʔ iaʔ uaʔ yaʔ的主要元音是ʌ，比神木话明显偏后。

(2) ər的卷舌度很高。

(3) u韵在与t tʰ拼合时有时舌头打滚儿，带有“嘟噜”的色彩。

(4) ɒo iɒo的ɒo动程不大，起点是ɒ̝；ɛe iɛe中的ɛe动程也不大。

(5) ᵊu中的ə是个过渡音，时值很短。在iu韵中完全消失。

(6) æ̃ iæ̃ uæ̃鼻音色彩明显。ɒ̃ iɒ̃的鼻音色彩不重。

(7) ɤ̃ iɤ̃ uɤ̃ yɤ̃主要元音后有舌根摩擦的音，但不如贺家川重，所以仍记作ɤ̃。

(8) 入声韵的喉塞尾在阴入调中较强，在阳入调中较弱。uəʔ yəʔ的主要元音受介音影响，唇形较圆，实际音值是o̝。

2.3 单字调

单字调5个。

阳平	44	穷唐寒才扶人麻鹅云
阴平上	213	高抽三古口手五老有
去声	53	是厚父醉汉饭病让用
阴入	<u>34</u>	急曲割局毒拔入纳约
阳入	<u>13</u>	宅十食杂舌麦袜辣月

说明：

(1) 阴入的调值接近阳平而开头略低，儿化时变读阳平，或与阳平一样变读去声。阳入调值接近阴平上，儿化时变读阴平上。

(2) 阳入调只保留一部分古全浊、次浊入声字，另一部分已并入阴入。如：发 faʔ^{34} ≠罚 faʔ^{13}，失 ʂəʔ^{34} ≠实 ʂəʔ^{13}，八 = 拔 paʔ^{34}，督 = 毒 tuəʔ^{34}。其中全浊入（塞音、塞擦音）读阳入的往往读送气声母。

2.4　单字音表

见表 1–5。

表 1–5　之一

	ɿ	ʅ	ər	i	u	y	a	ia	ua
	平上去	平上去	平上去	平上去	平上去	平上去	平上去	平上去	平上去
p				比蔽	补布		巴霸		
p^h				皮批屁	蒲普部		爬　怕		
m				迷米媚	谋母幕		麻妈骂		
f					夫斧付				
v					吴五雾		蛙挖瓦		
t				提低地	嘟都杜		爹爹爹		
t^h				题体替	图土兔		他嗒		
n				泥你腻		女	拿哪那	牙哑压	
l				离里利	②	驴吕累	拉拉拉	⑤两	
ts	吱支自						砸渣诈		
ts^h	瓷雌次						茶叉岔		
s	匙死赐						沙沙		
z							④		
tʂ		①知制			猪著				抓
$tʂ^h$		池痴秤			除初拃				⑥⑦
ʂ		绳升世			谁书树		傻		耍唰
ʐ					如汝擩				挼　⑧
tɕ				几祭		③举句		家架	
$tɕ^h$				齐起气		渠取去		卡搭	
ɕ				肥西细		徐许叙		虾　夏	

续表

	ɿ	ʅ	ər	i	u	y	a	ia	ua
	平上去	平上去	平上去	平上去	平上去	平上去	平上去	平上去	平上去
k					咕古故		乍		瓜挂
kʰ					苦库		卡咔		挎跨
ŋ									
x					胡呼户		哈吓		铧花化
ø			儿耳二	移医艺		鱼语遇	啊	衙雅亚	

吱 tsɿ^{44} 圪～：象声词。
嘟 tu^{44} ～～：汽车喇叭声。
擩 ʐu^{53}（手或棍子）伸进孔洞里。
咕 ku^{44} 叫鸡鸭的声音。
累 ly^{53} 连～。
去 tɕʰy^{53} ～皮。
爹 ta^{44} 你～～：用于指别人的父亲，含不满意味。
爹 ta^{213} 父亲的面称。
爹 ta^{53} 我～：父亲的背称。
嗒 tʰa^{53} 忽～～：人跑动的声音。
那 na^{53} 又读。
拉 la^{44} ～开门。
拉 la^{213} 牵：～驴。
拉 la^{53} ～话。
沙 sa^{53} 挑拣。
乍 ka^{213} ～渣子：指地痞。
咔 kʰa^{53} 象声词。
哈 xa^{213} ～痰：把喉咙里的痰用力吐出来。
搳 tɕʰia^{53} ～死。
挼 ʐua^{44} 揉搓；纠缠。
① □tʂʅ^{44} 秋蝉等的叫声。
② □lu^{53} 忽～：失去知觉。
③ □tɕy^{44} ～～：鸟叫声。
④ □za^{53} 小孩儿的哭声。
⑤ □lia^{44} ～么：赶快。
⑥ □tʂʰua^{213} 扒掉（衣服）。
⑦ □tʂʰua^{53} 象声词，形容快。
⑧ □ʐua^{53} ～出去：豁出去。

表1-5　之二

	ya	ʅə	ie	uo	ye	ɒo	iɒo	ᵊu	iu
	平上去	平上去	平上去	平上去	平上去	平上去	平上去	平上去	平上去
p			鞭变	波半		包报	标摽		膘鳔
pʰ			便篇骗	婆颇破		袍跑泡	瓢飘漂		瓢飘票
m			绵免面	魔满磨		毛卯帽	秒妙		苗藐庙
f				房方放					
v				完碗卧					

续表

	ya	ɿə	ie	uo	ye	ɒo	iɒo	ᵊu	iu
	平上去	平上去	平上去	平上去	平上去	平上去	平上去	平上去	平上去
t			①点店	端剁		刀到			刁钓
tʰ			甜添	团妥唾		淘讨套			条挑跳
n			拈撵念	暖		铙恼闹	鸟		尿
l			廉敛练	罗裸乱	联 䊼	劳老涝	辽		疗燎料
ts				钻坐		②早灶			
tsʰ				矬汆错		曹操躁			
s				蓑酸算		睄扫扫			
z						挠			
tʂ		遮占		专转		昭兆		朝赵	
tʂʰ		缠扯		椽喘串		朝超		潮超	
ʂ		蛇陕射		霜双		绍 少		烧少	
ʐ		黏惹䆎		软		扰绕		饶绕绕	
tɕ			尖借		卷眷		交较		嚼焦轿
tɕʰ			茄歼欠		瘸圈劝		敲俏		桥 窍
ɕ			邪仙泻		玄选镟		晓校		削小笑
k			敢	锅锅过		高告			
kʰ			砍看	狂科课		考靠			
ŋ			安暗			熬袄傲			
x			寒憨汉	和欢货		耗好号			
ø	曰		爷也夜		圆远院		肴 耀		摇妖要

䆎 ʐɿə⁵³ 麦～：和泥用的麦秸。

双 ʂuo⁵³ ～生儿。

锅 kuo⁴⁴ 烟～子：烟袋。

䊼 lye⁵³（稀粥等）稠而有黏性。

睄 sɒo⁴⁴ 瞟。

朝 tʂʰɒo⁴⁴ ～代。

超 tʂʰɒo²¹³ ～额。

少 ʂɒo⁵³ ～年。

绕 ʐɒo⁵³ 新派的读音。

摽 piɒo⁵³ 别住；绑住。

瓢 pʰiɒo⁴⁴ 新派的读音。

飘 pʰiɒo²¹³ ～～然。

漂 pʰiɒo⁵³ ～亮。

妙 miɒo⁵³ 巧～。

鳔 piu⁵³ 粘住。

燎 liu²¹³ ～毛。

① □ tie⁴⁴ 这～个：这样。

② □ tsɒo⁴⁴ ～一家伙：（重重地）打一下。

表1-5　之三

	ou	iou	εe	iεe	uεe	ei	uei	æ̃	iæ̃
	平上去	平上去	平上去	平上去	平上去	平上去	平上去	平上去	平上去
p			白摆拜			杯贝		班扮	
pʰ			排派败			培胚沛		攀盼	
m			埋买卖			梅每妹		蛮　慢	
f						非废		凡翻泛	
v			歪			为伪外		玩弯万	
t	抖斗	②丢	呆戴			呆戴	堆对	⑥胆担	
tʰ	头偷透		台　态			抬胎	腿退	潭毯探	
n	奴努怒	牛纽谬	崖奶奈			耐	内	南⑦难	岩眼雁
l	卢鲁路	流柳六	④赖			来	雷屡虑	蓝揽滥	
ts	组奏		宰债			贼灾再	最	⑧斩暂	
tsʰ	愁粗醋		柴彩			才踩菜	催脆	蚕参韂	
s	①苏素		⑤腮晒			赛	虽碎	三散	
z									
tʂ	周昼				拽		赘缀		
tʂʰ	稠丑臭				揣		垂炊		
ʂ	仇收受				衰帅		瑞		
ʐ	柔　肉						锐		
tɕ		揪就		解介					减鉴
tɕʰ		求秋③		揩					鸽嵌
ɕ		囚修秀		谐　懈					咸　陷
k	狗够		概		乖怪	该盖	诡贵	感干	
kʰ	扣叩		凯慨		块快	开	盔跪	堪	
ŋ	欧构		碍艾			爱		案	
x	猴吼后		鞋海解		怀　坏	海害	回灰贿	含喊撼	
ø		尤有又							

仇 ʂou44 ～人。

白 pεe44 ～拿，～吃。

呆 tεe213 新派的读音。

戴 tεe53 爱～。

解 xεe53 ～下了；姓。

案 ŋæ̃53 文章出～了。

鸽 tɕʰiæ̃213 啄。

咸 ɕiæ̃44 ～阳。

① □sou44 “媳妇”的合音。

② □tiou44 ～□tæ̃44：象声词。

③ □tɕʰiou53 表示不满的感叹词。

④ □lεe213 卜～：“摆”的合音。

⑤ □sεe44 因疼痛而龇牙咧嘴；显能。

⑥ □tæ̃44 □tiou44 ～：象声词。

⑦ □ næ̃^{213} 圪～：表达不清。　⑧ □ tsæ̃^{44} 打钟、摇铃的声音。

表1-5　之四

	uæ̃	ɒ̃	iɒ̃	ɤ̃	iɤ̃	uɤ̃	yɤ̃	aʔ		iaʔ	
	平上去	平上去	平上去	平上去	平上去	平上去	平上去	阴	阳	阴	阳
p				嘣本蹦	禀并			八			
p^h				盆喷碰	贫品聘			⑤	脖		
m				门猛梦	民闽命			抹			
f				坟粉粪				发	乏		
v				文稳问				握	袜		
t		多舵		噔灯凳	丁锭	咚懂动		答			
t^h		驼躺烫		疼吞②	停厅听	同桶痛		踏			
n		挪攮囔	娘仰	能	银　硬	农　嫩		纳		鸭	
l		郎　浪	良蜋亮	楞冷愣	林檩赁	仑　论		乐	拉		
ts		脏葬		③增憎		尊纵		扎			
ts^h		藏搓锉		层铲衬		存村寸		插	杂		
s		桑丧		寻参渗		㞞损送		萨			
z				吟							
tʂ	转赚	张帐		针枕		钟仲					
tʂ^h		长厂唱		沉称趁		唇蠢铳					
ʂ	拴疝	尝赏上		神身甚		顺					
ʐ		瓤壤让		壬纫任		戎冗闰					
tɕ			将酱		今进		均俊			夹	
tɕ^h			墙抢呛		琴侵吣		群焀④			恰	
ɕ			详想象		行心信		巡熏逊			狭	
k	观贯	歌杠		跟更		公棍					
k^h		糠抗		坑吭		捆困					
ŋ		蛾我饿		恩							
x	桓缓焕	河呵贺		痕哼恨		魂哄混		瞎	匣		
∅		阿①	羊养样	嗯嗯嗯	淫因窨		云雍熨			虐	

转 tʂuæ̃^{213} 新派的读音。
观 kuæ̃^{213} 新派的读音。
呵 xɒ̃^{213} 熘。
蜋 liɒ̃^{213} 圪～：物体表面裂开、卷起。
嘣 pɤ̃^{44} 圪～～：咬豆子的声音。

噔 tɤ̃^{44} 圪～～：水滚开的声音。
铲 ts^{h}ɤ̃^{213} ～饭。
纫 ʐɤ̃^{213} 缝～。
吭 k^{h}ɤ̃^{53} 抽泣的声音。
嗯 ɤ̃^{44} 应答声。

嗯 ɤ̃^{213} 表回声问的感叹词。

嗯 ɤ̃^{53} 表同意、答应的感叹词。

㞞 suɤ̃^{44} 软弱无能：人～。

熐 tɕ^{h}yɤ̃^{213} 闷热。

① □ õ^{53} 应答声。

② □ t^{h}ɤ̃^{53} 怂恿：～憨狗咬石狮子。

③ □ tsɤ̃^{44} 快速拾取东西的声音。

④ □ tɕ^{h}yɤ̃^{53} 油、肉汤凝结。

⑤ □ p^{h}aʔ^{34} 粗、壮。

表 1-5　之五

	uaʔ		yaʔ		əʔ		iəʔ		uəʔ		yəʔ	
	阴	阳	阴	阳	阴	阳	阴	阳	阴	阳	阴	阳
p					拨		别					
p^h					泼	薄	撇	鼻				
m					末	沫	秘	蜜				
f					佛	佛						
v					物							
t					得		跌		掇			
t^h							帖	碟	脱	犊		
n					那		孽	镊				
l							立	猎	律	捋		
ts					指				作			
ts^h					策				促	卒		
s					涩				速			
z												
tʂ	桌				摺				拙			
tʂ^h	戳	①			彻	侄			出	碡		
ʂ	刷				摄	十			说	勺		
ʐ					热	②			入	褥		
tɕ			觉				接				绝	
tɕ^h			确				妾	截			缺	
ɕ							胁	席			雪	俗
k	聒				鸽	圪			骨			
k^h					去				括			
ŋ					鄂							
x		滑			黑	合			豁	活		
ø							缢	叶			悦	月

佛 fəʔ^{34} 仿～。

佛 fəʔ^{13} 信～。

① □ tʂ^{h}uaʔ^{13} 冲,水急:过河把人～得。 ② □ ʐəʔ^{13} 表惊奇的感叹。

三 贺家川话音系

3.1 声母

声母25个,包括零声母在内。

p 布帮步别	p^{h} 怕胖盘脖	m 门母忙沫	f 夫麸扶福	v 围危微窝
t 到当道敌	t^{h} 拖汤同特	n 难怒牙女		l 兰利锣吕
ts 增争自贼	ts^{h} 草巢茶族		s 丝诗士寻	z 吟
tʂ 证知住逐	tʂ^{h} 超昌锄侄		ʂ 声梳蛇勺	ʐ 认绕闰酿
tɕ 精集经及	tɕ^{h} 秋截丘齐		ɕ 修囚休贤	
k 盖贵柜革	k^{h} 开葵跪去	ŋ 岸昂案恶	x 化黑话鞋	
ø 而椅言远缘				

说明:

(1) 同1.1节说明(1)(2)。

(2) 发v时上齿与下唇的接触较松,在ɤ韵前最松,几乎发成ʋ。

(3) k k^{h} ŋ x 与 iũ 韵拼合时的实际音值是 c c^{h} ɲ ç。

(4) 齐齿呼、撮口呼零声母带有摩擦成分。i单独成音节时摩擦最重。

3.2 韵母

韵母44个,不包括儿化韵。

ɿ 资支师时			
ʅ 制知蒸声			
ər 耳二扔日	i 第地蝇井	u 故赌富水	y 虚雨嘴兄
a 爬拿下他	ia 架牙佳两	ua 瓜要画抓	
æ 排揩摆债	iæ 介谐街解	uæ 怪拐快帅	
ɤ 河卧党张	iɛ 姐野讲棚	uə 过火床撞	yɛ 瘸靴横
ʅə 生			

e猜盖倍妹		ue雷桂类归	
ɔ保饱召剖	iɔ交咬孝疗		
ᵊu赵烧少饶	iu膘桥条晓		
ou斗丑鲁祖	iou纽流酒纠		
æ̃胆站馅慢	iæ̃减监艰雁	uæ̃幻拴关患	
ɯ̃闪缠半瞒	iɯ̃廉竿建莲	uɯ̃短酸官船	yɯ̃全权元玄
əɣ̃温根庚灯	iəɣ̃心新冰兵	uəɣ̃魂东红横	yəɣ̃均群琼穷
aʔ答发瞎握	iaʔ夹鸭辖鹊	uaʔ刮滑捉朔	yaʔ觉角
əʔ合直舌窄	iəʔ接急北百	uəʔ括落鹿绿	yəʔ绝屈镢足

说明：

(1) 同2.2节说明(1)(2)(8)。

(2) iɛ yɛ的主要元音音值是ᴇ。

(3) ɔ iɔ的主要元音比标准的ɔ低，是ɔ̞。

(4) æ̃ iæ̃ uæ̃的鼻音色彩较重。ɯ̃ iɯ̃ uɯ̃ yɯ̃ 的主要元音比标准的ɯ略低，鼻音色彩较重。

(5) əɣ̃ iəɣ̃ uəɣ̃ yəɣ̃ 的主要元音舌位略前略低，其后带鼻音的舌根部位摩擦比神木、万镇要重，因此记作əɣ̃。贺家川话处在ŋ尾韵向鼻化韵过渡的阶段。

3.3 单字调

单字调5个。

阳平	44	穷陈寒神扶鹅龙麻云
阴平上	213	高开飞古手口染老有
去声	53	近是厚帐汉共树岸用
阴入	4	急屈黑拔毒局纳陆入
阳入	13	十实杂盒舌麦袜辣月

说明：

(1) 阴入调值接近阳平，儿化后变读阳平或与阳平一样变读去声，阳入调值接近阴平上，儿化后变读阴平上。

（2）同2.3节说明（2）。

3.4　单字音表

见表1-6。

表1-6　之一

	ɿ			ʅ			ər			i			u		
	平	上	去	平	上	去	平	上	去	平	上	去	平	上	去
p											比	蔽		补	布
pʰ										皮	批	屁	蒲	普	铺
m										迷	米	命	模	母	暮
f													敷	斧	付
v													无	五	雾
t										嘀	低	第	嘟	堵	肚
tʰ										提	体	替	图	土	兔
n										泥	你	泥		努	①
l										梨	李	利	芦		②
ts	吱	紫	至												
tsʰ	瓷	此	刺												
s	匙	斯	赐												
z															
tʂ					知	制								猪	住
tʂʰ				池	痴	秤							除	初	处
ʂ				绳	升	世							谁	梳	庶
ʐ													如	汝	擩
tɕ											鸡	济			
tɕʰ										齐	起	气			
ɕ										肥	西	细			
k													咕	古	故
kʰ														苦	库
ŋ															
x													胡	虎	护
ø							儿	尔	二	移	医	意			

	y			a			ia			ua		
	平	上	去	平	上	去	平	上	去	平	上	去
p					把	霸						
pʰ				爬		怕						
m				麻	马	骂						
f												
v				娃	挖	瓦						
t					打	大						
tʰ					他	嗒						
n		女		拿			牙	哑	压			
l	驴	吕	滤		哪	哪		两				
ts					渣	诈						
tsʰ				茶	衩	岔						
s					沙	沙						
z												
tʂ											抓	④
tʂʰ												
ʂ											耍	唰
ʐ										挼		
tɕ		举	锯					家	假			
tɕʰ	渠	取	去					③	搭			
ɕ	徐	许	絮				虾		夏			
k					尬						瓜	卦
kʰ					卡						夸	挎
ŋ												
x					哈	下				铧	花	化
ø	余	于	预				涯	鸦	亚			

吱 tsɿ^{44} 圪～：象声词。

嘀 ti^{44} ～～：汽车喇叭声。

嘟 tu^{44} ～～：汽车喇叭声。

芦 lu^{44} 忽～。

擩 ʐʯ^{53}（手或棍子）伸进孔洞里。
咕 ku^{44} 叫鸡鸭的声音。
去 tɕʰy^{53} ～皮。
嗒 tʰa^{53} 忽～～：频率较快的脚步声。
哪 la^{213} 哪 la^{53} 意义相同。
沙 sa^{53} 挑拣。
掐 tɕʰia^{53} ～死。
唰 ʂua^{53} ～～：形容脚步整齐、利落。
挼 ʐua^{44} 揉搓，纠缠。
① □nu^{53} 圪～圪～：形容人不善表达，无能。
② □lu^{53} 忽～：失去知觉。
③ □tɕʰia^{213} 抱。
④ □tʂua^{53} 形容动作飞快：～地跳起来。

表1-6　之二

	æ	iæ	uæ	ɤ	iɛ	uə	yɛ	e	ue
	平上去	平上去	平上去	平上去	平上去	平上去	平上去	平上去	平上去
p	摆拜			不波簸	揙进			杯辈	
pʰ	排派败			婆坡破	棚			培胚配	
m	埋买卖			磨没磨	⑥			梅每妹	
f				房方放				肥非废	
v	歪			亡网卧				为煨喂	
t	贷			党大		朵剁		呆戴	堆对
tʰ	太			驼拖烫		妥唾		台胎	⑨腿退
n	崖乃			挪攮	娘			那	内
l	①②赖			郎⑤浪	粮　量	罗裸摞	⑧劣	来	雷儡累
ts	宰载			脏左		阻坐		贼灾再	罪
tsʰ	豺踩③			藏搓挫		矬　错		才彩菜	⑩催脆
s	腮赛			嗓丧		锁			遂虽碎
z									
tʂ			拽	者帐		庄壮			追缀
tʂʰ			揣坠	常车唱		床闯创			垂吹
ʂ			衰帅	佘舍社		所双			瑞
ʐ				瓤惹让					锐
tɕ		皆介			⑦姐借				
tɕʰ					茄且笡		瘸		
ɕ		谐　懈			邪写泻		横靴		
k			拐怪	歌个		锅果过		该盖	诡桂
kʰ	揩慨		块快	康抗		狂科课		开	盔刽
ŋ	哀碍			蛾我饿				艾	
x	鞋　亥		怀④坏	河荷贺		和火祸		海害	回灰汇

续表

	æ	iæ	uæ	ɤ	iɛ	uə	yɛ	e	ue
	平上去	平上去	平上去	平上去	平上去	平上去	平上去	平上去	平上去
ø					爷也夜		哕		

坠 tʂʰuæ^{53} 赖～～ :不求上进的人。

不 pɤ^{44} 单用时的读音。

没 mɤ^{213} 单用时的读音。

个 kɤ^{53} ～人。

荷 xɤ^{213} 拿。

搧 piɛ^{213} 用巴掌打。

笡 tɕʰiɛ^{53}（平面）斜。

双 ʂuə^{53} ～生。

锅 kuə^{44} 烟～子。

哕 yɛ^{213} 吐。

①□læ^{44} 卜～四古:形容东西体积、人的动作过大,碍事。

②□læ^{213} 卜～ :“摆”的分音词。

③□tsʰæ^{53} ～满:使劲往满装。

④□xuæ^{213} ～人:哄人。

⑤□lɤ^{213} 壳～ :“腔”的分音词。

⑥□miɛ^{53} 牛～子:牛犊。

⑦□tɕiɛ^{44} 咋～ :怎么样。

⑧□lyɛ^{44} 骨～炮掌:鼓鼓囊囊的样子。

⑨□tʰue^{44} ～～ :蒲公英。

⑩□tsʰue^{44} ～住:揍住。

表1-6　之三

	ɔ	iɔ	ᵊu	iu	ou	iou	æ̃	iæ̃	uæ̃
	平上去	平上去	平上去	平上去	平上去	平上去	平上去	平上去	平上去
p	保报	表		膘鳔			班扮		
pʰ	袍跑炮			瓢飘票			攀盼		
m	毛卯冒	藐		苗杳庙			蛮 慢		
f							凡反范		
v							顽晚④		
t	刀到			刁钓	抖斗	丢	⑤胆担		
tʰ	桃讨套			条挑跳	头偷透		潭贪探		
n	挠脑闹	②咬		尿	奴努怒	牛纽谬	南⑥难	颜眼雁	
l	劳老涝	燎		撩燎料	卢鲁路	流柳六	蓝览滥		鸾卵
ts	早灶				租做		簪暂		
tsʰ	曹操糙				愁瞅醋		蚕掺灿		
s	睄扫扫				苏素		三散		
z							⑦		

续表

	ɔ	iɔ	ᵊu	iu	ou	iou	æ̃	iæ̃	uæ̃
	平上去	平上去	平上去	平上去	平上去	平上去	平上去	平上去	平上去
tʂ			招赵		周昼				撰
tʂʰ	朝		潮超		绸丑臭		蟾		
ʂ	①		烧少		仇手兽				闩涮
ʐ	邵		饶扰绕		柔 肉		冉		
tɕ		交教		嚼焦醮		酒救		减鉴	
tɕʰ		樵敲窍		乔 窍		求秋		鸽嵌	
ɕ		宵孝		③小笑		囚修秀		咸 陷	
k	高告				狗够		感干		关惯
kʰ	考靠				口扣		堪		
ŋ	熬袄傲				藕构				
x	豪好号				侯吼候		含喊撼		还缓幻
ø		肴		摇舀鹞		尤有右		岩阉晏	

睄 $sɔ^{44}$ ～见:无意中看见。

杳 miu^{213} ～无音讯。疑为“渺”的训读,但韵母不合。

燎 liu^{213} ～毛。

醮 $tɕiu^{53}$ 打～。

窍 $tɕ^hiu^{53}$ 七～。

做 $tsou^{53}$ ～饭。

仇 $ʂou^{44}$ ～人。

鸽 $tɕ^hiæ̃^{213}$ 啄。

① □ $ʂɔ^{53}$ ～狗:嗾狗。

② □ $niɔ^{44}$ 厉害。

③ □ $ɕiɔ^{44}$ ～起:撩起。

④ □ $væ̃^{53}$ 歪;脚～了。

⑤ □ $tæ̃^{44}$ ～～鬼:不管有理无理,喋喋不休的人。

⑥ □ $næ̃^{213}$ 圪～鬼:说话不利索的人。

⑦ □ $zæ̃^{53}$ 不管有理无理,喋喋不休。

表1-6　之四

	ũ	iũ	uũ	yũ	əɣ̃	iəɣ̃	uəɣ̃	yəɣ̃	aʔ	
	平上去	平上去	平上去	平上去	平上去	平上去	平上去	平上去	阴	阳
p	般半	鞭变			本笨	彬殡			剥	
pʰ	盘 判	便偏骗			盆捧碰	贫品聘			樸	脖
m	瞒满漫	绵免面			门猛闷	民闽命				
f					坟分粪				发	罚
v	碗腕				文稳瓮				握	袜

续表

	ũ	iũ	uũ	yũ	əỹ	iəỹ	uəỹ	yəỹ	aʔ
	平上去	平上去	平上去	平上去	平上去	平上去	平上去	平上去	阴　阳
t		点店	短断		等凳	顶钉	咚墩顿		答
tʰ		甜添	团貒		腾吞②	停挺听	同通痛		踏
n		拈碾醶	暖		能	银　凝	脓　嫩		纳
l		廉敛练	圝　乱	联①䊪	楞冷愣	林檩赁	龙拢论		拉　腊
ts			钻钻		增赠		尊纵		扎
tsʰ			窜		层碜衬		存村寸		插　杂
s			酸算		寻省渗		㞞松送		杀
z					吟　吟				
tʂ	沾占		专转		针枕		中重		
tʂʰ	缠		传喘串		沉称趁		唇蠢铳		
ʂ	膻善				神深胜		顺		
ʐ	黏染䅟		软		人忍任		绒冗润		
tɕ		尖渐		卷卷		今浸		均俊	
tɕʰ		钱浅欠		全圈劝		琴侵吣		群焺③	
ɕ		嫌险线		玄选旋		行心信		荀熏训	
k		杆	官灌		跟更		公棍		
kʰ		砍看	宽		坑肯		捆困		
ŋ		严揞暗			恩				
x		寒憨旱	欢换		痕很恨		魂哄混		瞎　匣
ø		盐魇验		员远院		寅引饮		云允用	

䅟 ʐũ^{53}　和泥用的麦秸。

严 ŋũ^{44}　严实，没有缝隙。

貒 tʰuũ^{213} ～子：獾。

圝 luũ^{44} 揉成团儿。

䊪 lyũ^{53} 稀粥略稠而带黏性的样子。

吟 zəỹ^{53}　咿咿～～：呻吟的样子。

肯 kʰəỹ^{53}　～心：合心意。

听 tʰiəỹ^{53} ～任。

咚 tuəỹ^{44}　鼓声。

㞞 suəỹ^{44}　软弱无能。

焺 tɕʰyəỹ^{213}　闷热。

镤 pʰaʔ^{4} ～牛：公牛。

① □lyũ^{213}　窟～：“圈”的分音词。

② □tʰəỹ^{53}　怂恿。

③ □tɕʰyəỹ^{53}（油或肉汤）凝固。

表1-6　之五

	iaʔ		uaʔ		yaʔ		əʔ		iəʔ		uəʔ		yəʔ	
	阴	阳	阴	阳	阴	阳	阴	阳	阴	阳	阴	阳	阴	阳
p							不		笔					
p^h							扑	饽	匹	白				
m							没		密	麦				
f							福	佛						
v							物							
t							得		滴		铎			
t^h									踢	叠	突	犊		
n	鸭								匿					
l									栗	力	律	绿		
ts							则				作			
ts^h							测	宅			族	卒		
s							虱				速			
z														
tʂ			桌				质				拙			
$tʂ^h$			戳				饬	侄			出	妯		
ʂ			刷				失	实			说	勺		
ʐ							热				入	褥		
tɕ	夹				觉				疾				绝	
$tɕ^h$	恰								七	截			缺	橛
ɕ	狭								悉	席			雪	续
k			刮				鸽				骨			
k^h							磕	去			窟			
ŋ							鄂							
x			滑				喝	盒			忽	活		
ø	岳								乙	药			悦	月

四　神木山曲、酒曲的押韵

神木是山曲、酒曲之乡，流传着许多脍炙人口的山曲和酒曲，而在民间的各种酒宴上，即兴唱曲更是当地老百姓的拿手好戏。在音系分析的基础上描写山曲、酒曲的韵部，不仅可以更深入地认识该方言的语音特点，而且或许可以对解决汉语语音史上的某些有争论的问题提供有益的帮助。

4.1 山曲、酒曲的韵部

山曲、酒曲属于信天游一类，一般两句一韵，或四句一韵。尽管神木方言内部语音分歧较大，但各地的人唱山曲、酒曲时，则大致以神木话作为押韵的标准。所以，本书以神木话音系为基础讨论山曲、酒曲的押韵问题。

神木话共有39个韵母，其中ʌɯ不入韵。根据山曲、酒曲的押韵情况，可以将其韵母归纳为下列10个韵部。韵部名称沿用十八韵。

麻韵：a ia ua aʔ iaʔ uaʔ yaʔ　　模韵：u əu iəu

歌韵：uo əʔ iəʔ uəʔ yəʔ　　开韵：ᴇ uᴇ

寒韵：ɛ iɛ uɛ yɛ ʅə　　豪韵：ɔ iɔ

支韵：ɿ ʅ　　唐韵：ɑ̃ iɑ̃ uɑ̃

齐韵：i y ei uei　　庚韵：ɤ̃ iɤ̃ uɤ̃ yɤ̃

4.1.1 麻韵

共a ia ua aʔ iaʔ uaʔ yaʔ 7个韵母。由于aʔ组韵母字数很少，所以未发现该组韵母内部押韵的例子。a ia ua相押的如：

红碱淖海水乌审的沙 sa，喝过头也不说那些不喝的话 xua

唱得不好不要害怕 pʰa，酒曲儿越唱越胆大 ta

三叔你给我爹妈捎上句话 xua，就说我和那灰女婿离婚也 ia

舒声字和入声字相押的如：

青砖房房柳篱笆 pa，新兴煤城是大柳塔 tʰaʔ

塞上煤海正在开发 faʔ，精煤公司是开天辟地的第一家 tɕia

我爹我妈你不要害怕 pʰa，谁叫他们养我十七大八 paʔ

4.1.2 歌韵

共uo əʔ iəʔ uəʔ yəʔ 5个韵母。其中uo和əʔ组分别押韵的如：

家又大来人又多 tuo，眼睛好比蜘蛛窝 vuo

沙滩上飞来一对对鹅 ŋuo，一对对毛眼眼瞭哥哥 kuo

前半夜想你睡不着 tʂʰəʔ，后半夜想你枕头上哭 kʰuəʔ

你走哪里不给我说 ʂuəʔ，我清早靠在阳婆落 luəʔ

你要干事你齐干去 kəʔ，心心里常记妹妹着 tʂəʔ

uo 和 əʔ 组相押的如：

一个两个三四个 kəʔ，弟兄们请在锅头坐 tsuo

淘了些麦子要推磨 muo，架河瞭见了三哥哥 kuo，赶忙抱回些毛毛柴 tsʰɛ，悄悄儿给哥哥把饭做 tsuəʔ

你唱曲儿是图红火 xuo，我喝烧酒为快活 xuəʔ

4.1.3 寒韵

共 ɛ iɛ uɛ yɛ ʅə 5 个韵母。其中 ɛ 组相押的如：

毛腿腿公鸡当院站 tsɛ，咱二人吊眼它看见 tɕiɛ

大砭窑的炭疙瘩拉不断 tuɛ，和哥哥你相好不是三天两天 tʰiɛ

只要见了哥哥的面 miɛ，口吃粗糠满情愿 yɛ

ɛ 组和 ʅə 韵相押的只搜集到一例：

轟字三个车 tʂʰʅə，余斗字成斜 ɕiɛ，车车车 tʂʰʅə，远上寒山石径斜 ɕiɛ

4.1.4 支韵

共 ɿ ʅ 两个韵母。由于 ʅ 韵字很少，目前只看到 ɿ 韵押韵的例子：

大雁回家排下字 tsɿ，想你就是心中事 sɿ

一碗凉水一片纸 tsɿ，谁卖良心谁先死 sɿ

白生生墙上写大字 tsɿ，咱俩喝酒是头一次 tsʰɿ

4.1.5 齐韵

共 i y ei uei 4 个韵母。例如：

站在烟洞瞭不见你 ni,泪蛋蛋好比连阴雨 y

未娶媳妇咱先嫁女 ny,这盅盅烧酒你先喝起 tɕʰi

胡燕燕落在树根底 ti,直想你想成黄脸脸鬼 kuei

瓶瓶里倒出了辣水水 ʂuei,我双手端起敬给你 ni

刮了几天南风没下过一滴雨 y,交了一回朋友没亲过一回嘴 tsuei

二郎山高来神木城川低 ti,窟野河桥流水瞭不见哥哥你 ni

4.1.6 模韵

共 u əu iəu 3 个韵母。例如:

你要走,不想叫你走 tsəu,卜刺刺扯烂哥哥的袄袖袖 ɕiəu

叫声哥哥你不要发愁 tsʰəu,我给你到机子上补一补 pu

石榴花开在石榴树 ʂu,实心留朋友留不住 tʂu

黄风风刮倒了小杨树 ʂu,撂不下妹妹我哭上走 tsəu

4.1.7 开韵

共 ᴇ uᴇ 两个韵母。例如:

路上路下你常常来 lᴇ,我给你做上双牛鼻子鞋 xᴇ

前三天知道你后四天来 lᴇ,一碗碗羊肉直放坏 xuᴇ

汽车不如那火车快 kʰuᴇ,捎书也不如你回来 lᴇ

4.1.8 豪韵

共 ɔ iɔ 两个韵母。例如:

长长的豆面软软的糕 kɔ,哥哥不和你好和谁好 xɔ

一对对白鹅水上漂 pʰiɔ,人家都说咱两个好 xɔ

哥哥走了妹妹我瞭 liɔ,泪蛋蛋由不得往下抛 pʰɔ

4.1.9 唐韵

共 ã iã uã 3 个韵母。例如:

想你想得上不了炕 kʰã,墙上画下个人模样 iã

你叫我唱曲我就唱 tʂʰã,一唱就是两三筐 kʰuã

想妹妹想得我脸发黄 xuã,石头堆看成卧的一只狼 lã

4.1.10 庚韵

共ɤ̃ iɤ̃ uɤ̃ yɤ̃ 4个韵母。例如：

想哥哥想得害上了病 piɤ̃，没个人探望没个人问 vɤ̃
为朋友打伙计一场空 kʰuɤ̃，娶下老婆扎下一条根 kɤ̃
当天生起一片云 yɤ̃，心上就看中你一个人 ʐɤ̃

4.2 山曲、酒曲的押韵特点

第一，押韵较宽。只有10个韵部，主要元音舌位高低、前后相同的单元音韵母或韵尾与之相同的复元音韵母，都可以相押。如齐韵的i y ei uei，模韵的u əu iəu，但舌尖元音不与舌面元音押韵。韵部之间通押的也很少见，目前只见到ã与uo əʔ通押的两例：

妹妹你有人管出去不得 təʔ，咱两个咋好也见不上 ʂã
骂一声媒人鬼嘴长 tʂʰã，拍打住我爹妈害了我 ŋuo

第二，主要元音相同或相近的阴声韵和入声韵可以相押。如aʔ组入声韵由于字数较少，只能和a组韵母相押，əʔ组内部押韵较多，但如果考虑到uo只是一个韵母，那么əʔ组与uo韵相押的比例并不小。因此，它们并不是通押，而是属于同一个韵部。这一点似乎应当引起汉语史专家们的注意。不少上古汉语史家在拟测阴声韵的音值时，根据阴声韵与入声韵在《诗经》和谐声中关系比较密切的事实，为阴声韵拟测了浊塞尾，以与清塞尾对应。这种拟测受到了王力的批评（1985：46—48）。从神木话的情况看，入声韵与主元音相同的阴声韵相押是十分平常的。在内蒙古西部的爬山歌中也有同样的情况，a组和aʔ组押韵十分常见。如（音系根据呼和浩特话，其韵母系统与包头、乌盟方言基本相同）：

八岁上放羊到人家家 ˛tɕia，没吃没喝没鞋袜 vaʔ˛
你给哥哥缝上个倒衩衩 ˛tsʰa，放牛摘上两个豆荚荚 tɕiaʔ˛
人家有家咱没家 ˛tɕia，无根沙蓬往哪里落 luaʔ˛

秃嘶怪子叫唤秋呱呱 ꜀kua，掏心挖髓咋叫人活 xuaʔ꜀

半山坡长的一苗五梅花 ꜀xua，娘老子害下俺们个没成色 saʔ꜀

不过əʔ组与ɤ uɤ相押的很少，在韩燕如所编的《爬山歌选》中只发现两例：

再不要哭流擦水想哥哥 kɤ，谁家的朋友常守着 tʂəʔ

老毛驴跌在卤汤锅 kuɤ，财主舒服得脱了骨 kuəʔ

这两组韵母不押韵的原因可能是内蒙古晋语əʔ韵的主要元音舌位普遍靠前（包头、巴盟方言尤甚），听感上与ɤ组相差较远。

第三，值得注意的是，元音韵尾、鼻化色彩在区别不同韵部中所起的作用，大大超过了入声韵尾。如前所述，只要复元音韵母的韵尾与单元音舌位相同就可以押韵。而ɤ̃组韵母则不能与主要元音舌位相同的uo组相押。可见元音尾和鼻化色彩在押韵中的重要作用。那么，反观上古汉语，元音韵尾、鼻音韵尾区别不同韵部的作用，是不是也可能比入声韵尾更重要呢？

第四，关于韵脚字的声调。神木山曲、酒曲中的韵脚字，基本倾向是阳平、阴平上、去声各自押韵，入声字内部押韵或与其他调的字相押。也有相当数目的韵脚字单字调不同。我们随机抽取294节山曲、酒曲进行统计，同声调相押的193节，阳平、阴平上与去声相押的47节，约占16%，阳平与阴平上相押的51节，约占17.3%，舒声与入声相押的3节，约占1%，几项合起来，异调相押约占总数的34.3%。在不同声调之间，阳平、阴平上相押的比例超过这两个调与去声押韵的总和，说明语感上去声与阳平、阴平上的差异要大于阳平和阴平上之间的差异。这个比例也显示出，就神木山曲、酒曲来说，同调相押只是一个基本倾向，而不是严格的规定。如果以为山曲、酒曲的创作者（有许多是即兴创作）也像文人雅士吟诗作词那样受到诸多限制，那就大错特错了。

那么，是什么因素造成山曲、酒曲中阴声韵和入声韵相押、异调相押呢？我们认为主要有两点。其一，山曲、酒曲是民间创作，其中许多是即兴创作，唱曲的人对音节的舒促、声调的异同（曲词的旋律）只有直觉，没有理论的认识，也没有人规定必须如何如何，只要唱出来顺口、听起来悦耳就行。其二，山曲、酒曲都是唱的，不是说的。乐曲本身的旋律一方面对韵脚字的声调有一定的制约性，另一方面也可以临时改造韵脚字的声调，模糊不同调的字调值的界限。旋律的延长又使入声字的喉塞尾实际上发不出来，或在该字所占音段停止时才做紧喉动作，这就大大模糊了主要元音相同的阴声韵和入声韵之间、不同声调之间的界限，例如：

起酒曲

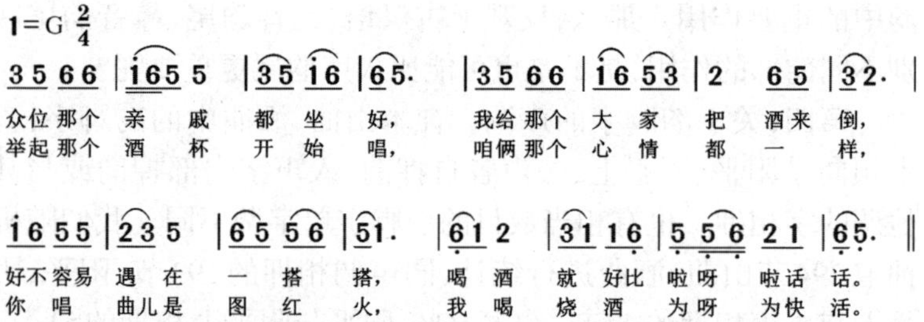
1=G 2/4
众位那个亲戚都坐好，我给那个大家把酒来倒，
举起那个酒杯开始唱，咱俩那个心情都一样，
好不容易遇在一搭搭，喝酒就好比啦呀啦话话。
你唱曲儿是图红火，我喝烧酒为呀为快活。

由于各句结尾的旋律都是下降的，所以，从听感效果来看，“好”和“倒”、“搭”和“话”、“火”和“活”基本上是相同的，没有丝毫别扭的感觉。下降、略长的旋律“软化”了促声韵尾，消弭了不同声调造成的听感上的差异。舒促相押、异调相押对山曲、酒曲的美感没有什么影响。再如：

心里头想哥哥口难开

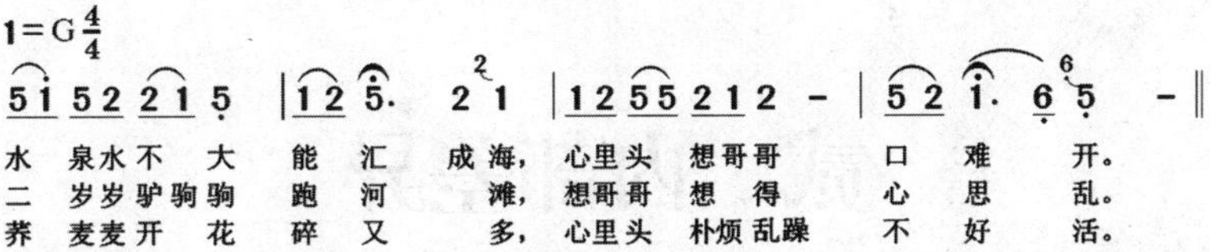

全曲自由奔放而流畅，每句的结束音前都有倚音，使韵脚字自然地形成一个降调，因此，无论是唱的人还是听的人，都不会觉得其中“滩、乱”“多、活”相押对这首山曲的美感有什么损害。因此，我们说，同调相押，只是基于创作者对方言音系特点的内在理解和自然运用，并不是刻意的追求，更不是硬性规定。这一点启发我们，在考察《诗经》（尤其是其中的国风）的用韵问题时，千万不能忘记它是“唱”出来的天籁，而不是文人在某些条条框框限制下的案头创作。

贰　内部差异

一　三点之间的差异

1.1　古浊塞音、塞擦音的读音（参见图二）

中古全浊声母今读塞音、塞擦音的字，北方话基本上是平声读送气清音，仄声读不送气清音。神木方言的全浊平声字也读送气音，仄声字则是部分送气，部分不送气。其中读送气的字内部也有差异，见表2-1。

表2-1

	同读送气	神木	万镇	贺家川
並	耙部败佩避叛勃饽雹辟仆瀑	钹簿傍	鼻垺薄白	鼻薄白簿稗焙拔
定	沓突特艇挺叠		碟犊	碟犊
从	造族捷截疾		杂嚼凿宅	杂凿宅集
澄	辙着撞直	坠秩	值侄掷	值侄秩
崇	镯		炸铡	炸铡
群	跪掘倔		橛	橛
总计	31	31 + 5	31 + 16	31 + 19

据统计，剔除方言不用的字（下文同，不再说明），《方言调查字表》中共520个古浊塞音、塞擦音字，有仄声字267个，其中

入声字73个。各点读送气音的比例见表2–2。

表2–2

总　数	仄　声　267		全　浊　入　声　73	
神　木	36	13.5%	24	32.9%
万　镇	47	17.6%	37	50.7%
贺家川	50	18.7%	40	54.8%

万镇、贺家川的全浊仄声送气字比神木话多，其中大多是入声字。它们保留送气音的入声字，绝大多数读阳入调。下面比字：

	部	稗	鼻	杂	拔	侄	嚼	着	白	犊
神　木	pʰu꜄	pᴇ꜄	piəʔ꜆	꜁tsa	paʔ꜆	tʂəʔ꜆	꜁tɕiɔ	tʂʰəʔ꜆	꜀piɛ	꜂tu
万　镇	pʰu꜄	pɛe꜄	pʰiəʔ꜇	tsʰaʔ꜇	pʰaʔ꜇	tʂʰəʔ꜇	tɕʰyəʔ꜇	tʂʰəʔ꜇	pʰiəʔ꜇	tʰuəʔ꜇
贺家川	pʰu꜄	pʰæ꜄	pʰiəʔ꜇	tsʰaʔ꜇	pʰaʔ꜇	tʂʰəʔ꜇	꜁tɕiu	tʂʰəʔ꜇	pʰiəʔ꜇	tʰuəʔ꜇

1.2　疑母今齐齿呼字的读音

中古疑影母字，神木方言今洪音普遍读ŋ母，个别如“崖挨”读n母，差别不大。疑母今齐齿呼字，各点均有一部分读n母，见表2–3。

表2–3

	同读n母	神　木	万　镇	贺家川
二　等	研咬硬		牙芽岩眼颜雁	牙芽眼颜雁
三四等	倪宜拟牛孽仰逆凝		银	银谊疑酽凝去声
总　计	11	11	11 + 7	11 + 10
附：合口读n			鱼	
附：影母读n	压		哑淹鸭押	哑淹鸭揖
附：今读ŋ			砚	

在今读齐齿呼的44个疑母字中，神木话读n母的约占26.8%；万镇话约占41%（此外，“鱼”读꜁ny，“砚”读ŋie꜄）；贺家川约占47.7%。下面比字：

	宜	牙	咬	眼	酽	砚	鱼	哑影
神　木	꜁ni	꜁ia	ᶜniɔ	ᶜiɛ	iɛᵓ	iɛᵓ	꜁y	ᶜia
万　镇	꜁ni	꜁nia	ᶜniɒo	ᶜniæ̃	ieᵓ	ŋieᵓ	꜁ny	ᶜnia
贺家川	꜁ni	꜁nia	ᶜniɔ	ᶜniæ̃	niɯ̃ᵓ	iɯ̃ᵓ	꜁y	ᶜnia

1.3　果摄一等字的读音（参见图三）

果摄一等字在神木方言中的读音分歧颇大，并且跟山摄合口、宕江摄字有纠缠。

神木话果摄一等字不论开合口一律读uo韵（个别读a韵），多＝朵，罗＝骡，歌＝锅，河＝和。万镇话开合口有区别，开口字除来母读uo外，一律读õ韵，与宕开一、江开二的端见系字合流，合口字除“糯”读nõᵓ外，一律读uo韵，多≠朵，歌≠锅，河≠和。贺家川则是开口字（来母除外）和合口帮组字读ɤ韵，其余合口字以及开口来母字读uə韵，多≠朵，歌≠锅，河≠和，罗＝骡，南乡方言果摄与山宕江摄的关系，将在1.9节详细说明。下面比字：

	多	大	挪	罗	歌	波	朵	骡	坐	过	讹	和
神　木	ᶜtuo	taᵓ	꜁nuo	꜁luo	ᶜkuo	ᶜpuo	ᶜtuo	꜁luo	tsuoᵓ	kuoᵓ	꜀ŋuo	꜁xuo
万　镇	ᶜtõ	tõᵓ	꜁nõ	꜁luo	ᶜkõ	ᶜpuo	ᶜtuo	꜁luo	tsuoᵓ	kuoᵓ	꜁ŋõ	꜁xuo
贺家川	ᶜtɤ	tɤᵓ	꜁nɤ	꜁luə	ᶜkɤ	ᶜpɤ	ᶜtuə	꜁luə	tsuəᵓ	kuəᵓ	꜁ŋɤ	꜁xuə

1.4　遇摄字的读音

中古遇摄字，神木方言内部的差异有三点。

第一，一等字神木话除来母读əu韵外，一律读u韵，炉＝楼，组≠走，醋≠凑，素≠嗽。万镇、贺家川帮端组见系读u韵，泥精组读ou韵，与流摄一等合流，炉＝楼，组＝走，醋＝凑，素＝嗽。从历时的角度看，万镇、贺家川泥精组以及神木话来母的读音当是模韵高化后进一步复元音化的结果。

第二，三等庄组字神木话读uo韵，与知章组不同韵，跟果摄合流，助≠著＝注，锄≠除，梳≠书，万镇、贺家川读u韵，与知章组同韵，助＝著＝注，锄＝除，梳＝书。万镇“所”读ᶜʂuo，贺家川“阻”读ᶜtsuə，当是受神木话影响所致。

第三，三等来母字神木话读uei韵，万镇、贺家川白读y韵（万镇：驴吕旅滤屡，贺家川：驴吕旅滤缕屡），少数字文读uei或ue韵。文读当是受神木话影响所致。

遇摄韵母的分合情况见表2–4。

表2–4

	一等			三等			
	帮端组见系	泥母精组	来母	精组见系	来母	非知章日组	庄组
神　木	u		əu	y	uei	u	uo
万　镇	u	ou		y	y uei	u	
贺家川	u	ou		y	y ue	u	

下面比字：

	补	都	努	炉	租	姑	滤	初	数	居
神　木	ᶜpu	ᶜtu	ᶜnu	꜀ləu	ᶜtsu	ᶜku	lueiᵓ	ᶜtʂʰuo	ᶜʂuo	ᶜtɕy
万　镇	ᶜpu	ᶜtu	ᶜnou	꜀lou	ᶜtsou	ᶜku	lueiᵓ/lyᵓ	ᶜtʂʰu	ᶜʂu	ᶜtɕy
贺家川	ᶜpu	ᶜtu	ᶜnou	꜀lou	ᶜtsou	ᶜku	lyᵓ	ᶜtʂʰu	ᶜʂu	ᶜtɕy

万镇、贺家川遇摄字的分合类型，与佳县，山西方言中区的文水、孝义等4点，西区的方山、柳林、兴县等12点相同。

1.5　蟹摄一二等字的读音（参见图四）

中古蟹摄一二等字在神木方言中的读音可以分两方面来说。

第一，神木话除帮组和部分见系字外，一二等合流，读ᴇ韵，该＝街，害＝解～下：懂了。

万镇话一等文读与二等合流，读ɛe韵，见晓组声母腭化的读iɛe韵；白读一等读ei韵，与二等ɛe分立，与合口字uei对应。文白读实际上也是新老的不同，文读作为新派的读音，已明显占上风。主要发音合作人原来是中学语文教师，记音时一再强调有些白读音“快死了”“七八十岁的老人才说”。在统计的63字中，保留白读的32字，约占50.8%，其中11字文白异读。列举如下：

只有白读：贝peiᵓ　沛pʰeiᵓ　代teiᵓ　抬꜀tʰei　胎ᶜtʰei　来꜀lei　灾栽ᶜtsei　才材裁꜀tsʰei　猜ᶜtsʰei　菜蔡tsʰeiᵓ　赛seiᵓ　该改ᶜkei　盖keiᵓ　开ᶜkʰei　爱ŋeiᵓ　害xeiᵓ

文白异读：呆ᶜtɛe/ᶜtei　戴带袋tɛeᵓ/teiᵓ　台꜀tʰɛe/꜀tʰei　耐nɛeᵓ/neiᵓ　在再tsɛeᵓ/tseiᵓ　财꜀tsʰɛe/꜀tsʰei　艾ŋɛeᵓ/ŋeiᵓ　海ᶜxɛe/ᶜxei ～吃

贺家川文读一二等也已合流，读æ韵；白读一二等分立，一等读e韵，与合口字对应。而且白读比较稳定。在统计的62字中，白读36字，约占58%。列举如下：贝沛呆～子戴带胎台苔抬袋耐奈来灾栽再猜彩采睬菜才材财裁在该改盖丐开硙艾海害爱。

第二，神木话大部分二等见晓组字读iɛ韵，与假开三精组以母字合流，姐＝解，斜＝谐。万镇、贺家川该组字均不与假开三合流，姐≠解，借≠介，斜≠谐。

从音值看，万镇话文读蟹摄开口一二等是复元音韵母，与相邻的佳县、临县话相同，神木、贺家川已经单元音化。不过贺家川开口度较大，神木话开口度较小，三地之间呈渐变状态。

关于蟹摄开口一二等字的文白异读，陕北方言还没有同类报道，山西方言只有孝义、文水、永和、隰县、石楼有同类现象。

蟹摄一二等韵的分合及其条件见表2-5。

表2-5

	开一			开二		合一		合二
	帮组	端见系		帮泥庄组	见晓组	帮影组 疑母	端系 见晓组	
		文	白					
神木	ei	ᴇ		ᴇ	iɛ ᴇ	ei	uei	uᴇ ua
万镇	ei	ɛe	ei	ɛe	iɛe ɛe	ei	uei	uɛe ua
贺家川	e	æ	e	æ	iæ æ	e	ue	uæ ua

下面比字：

	贝	胎	代	来	灾	该	海	哀	拜	奶	街	鞋
神　木	peiᵓ	ᶜtʰᴇ	tᴇᵓ	꜀lᴇ	ᶜtsᴇ	ᶜkᴇ	ᶜxᴇ	ᶜŋᴇ	pᴇᵓ	ᶜnᴇ	ᶜkᴇ	꜀xᴇ
万　镇	peiᵓ	ᶜtʰei	tɛeᵓ/teiᵓ	꜀lei	ᶜtsei	ᶜkei	ᶜxɛe/ᶜxei	ᶜŋɛe	pɛeᵓ	ᶜnɛe	ᶜtɕiɛe	꜀xɛe
贺家川	peᵓ	ᶜtʰe	tæᵓ	꜀le	ᶜtse	ᶜke	ᶜxe	ᶜŋæ	pæᵓ	ᶜnæ	ᶜtɕiæ	꜀xæ

1.6　蟹合三、止合三韵母的读音（参见图五）

神木话蟹合三、止合三“随慰遗尾”白读y i韵，非影组读ei韵，其他一律读uei韵。例如：肺喂累嘴追归。

万镇话有文白异读。文读ei uei韵，与神木话相同；白读个别非组字读i韵，知系字读u韵，端见系字读y韵。白读列举如下：

蟹　合　三：岁ɕyᵓ　税ʂuᵓ

止合三端见系：累lyᵓ连～　嘴ᶜtɕy　随꜀ɕy　髓ᶜɕy　垒ᶜly～墙
　　泪lyᵓ　醉tɕyᵓ　围꜀y～脖　慰yᵓ

知　　　系：吹ᶜtʂʰu～牛　睡ʂuᵓ　追（个别）ᶜtʂu　槌锤꜀tʂʰu
　　水ᶜʂu　谁꜀ʂu

非　　　组：肥꜀ɕi　尾ᶜi

贺家川也有文白读。文读e ue韵，白读i u y韵，文白异读的语音条件和万镇话相同，但字数较少：岁ɕyᵓ|嘴ᶜtɕy　髓ᶜɕy　随꜀ɕy　醉tɕyᵓ　慰yᵓ|水ᶜʂu　谁꜀ʂu|肥꜀ɕi　尾ᶜi。

万镇、贺家川“肥、尾”的读音与山西方言中非组混入晓组的方言有关，其变化过程当为：肥*bĭwəi→fi→xi→ɕi，尾ɱĭwəi→vi→ɣi→i。

万镇、贺家川白读韵母的类型，与山西方言南区23点，中区平遥、孝义等7点，西区方山、临县等9点相同。也与清涧、延川相同，只是这两地都已高化为舌尖元音了。

1.7 效摄字的读音（参见图六）

中古效摄字的读音及条件见表2-6[①]。

表2-6

	一等		二等	三四等			
				文		白	
	文	白		知系	其他	知系	其他
神 木	ɔ	u	ɔ	ɔ	iɔ		
万 镇	ɒo	u	ɒo	ɒo	iɒo	ᵊu	iu
贺家川	ɔ	u	ɔ	ɔ	iɔ	ᵊu	iu

效摄三四等，万镇话在统计的115字中，有白读的95字，约占82.6%，有文读的42字，约占36.5%。只有文读的列举如下：

标ᶜpiɒo 漂pʰiɒoᵓ 燎ᶜliɒo 蕉ᶜtɕiɒo 销ᶜɕiɒo 剿ᶜtsʰɒo 骄ᶜtɕiɒo 嚣ᶜɕiɒo 昭沼诏ᶜtʂɒo 韶邵꜀ʂɒo 耀iɒoᵓ 貂ᶜtiɒo 鸟ᶜniɒo 辽寥꜀liɒo 侥ᶜtɕiɒo 萧ᶜɕiɒo

有文白读的又分两种情况。一种是文读用于新词、书面语词，白读用于口语词，如：

表 ᶜpiɒo 代～/ᶜpiu ～示
飘 ᶜpʰiɒo ～～然/ᶜpʰiu ～起来
妙 miɒoᵓ 美～/miuᵓ 巧～
疗 ꜀liɒo 治～/꜀liu ～治
超 ᶜtʂʰɒo ～额/ᶜtʂʰᵊu ～过
兆 tʂɒoᵓ 先～/tʂᵊuᵓ ～头
少 ʂɒoᵓ ～年/ʂᵊuᵓ 老～
晓 ᶜɕiɒo 家喻户～/ᶜɕiu ～得

另一种是文读用于年轻人和文化水平较高的人，白读用于老年人和文化水平较低的人。发音人认为，有的已经是"旧读法""很少了"。列举如下（括弧内所注为发音人的意见）：

	新	老		新	老
瓢嫖	ᶜpʰiɒo	ᶜpʰiu（旧）	嚣	ᶜɕiɒo	ᶜɕiu（少）
消宵霄硝	ᶜɕiɒo	ᶜɕiu（旧）	耀	iɒoᵓ	iuᵓ（少）

① 神木话一等字"堡毛"有白读，万镇、贺家川"抱菢堡毛"有白读。

朝	꜂tʂɒo	꜂tʂᵊu（旧）	侥	꜂tɕiɒo	꜂tɕiu
召	꜂tʂɒo	꜂tʂᵊu	尧	꜀iɒo	꜀iu
绕	zɒo꜄	zᵊu꜄	缴	꜂tɕiɒo	꜂tɕiu

以上情况表明，虽然白读仍占多数，但文读可能在年轻一代中以较快的速度扩散开来。

贺家川在统计的116字中，有白读的91字，约占78.4%，有文读的28字，约占24.1%，其中3字文白异读。文读列举如下：

表꜂piɔ　藐渺秒꜂miɔ　燎疗꜀liɔ　剿꜂tsʰɔ　樵瞧꜀tɕʰiɔ　俏tɕʰiɔ꜄　宵霄销꜀ɕiɔ　朝召꜂tʂɔ　招꜂tʂɔ ～兵买马/꜂tʂᵊu ～呼　沼诏꜂tʂɔ　韶绍꜀ʂɔ　耀iɔ꜄　鸟꜂niɔ　聊辽寥꜀liɔ　萧꜂ɕiɔ新/꜂ɕiu旧　缴꜂tɕiɔ　窍tɕʰiɔ꜄/tɕʰiu꜄

下面比字：

	标	燎	超	招	骄	妖	雕	萧	窍
神　木	꜂piɔ	꜂liɔ	꜂tʂʰɔ	꜂tʂɔ	꜂tɕiɔ	꜂iɔ	꜂tiɔ	꜂ɕiɔ	tɕʰiɔ꜄
万　镇	꜂piɒo	꜂liu	꜂tʂʰɒo/꜂tʂʰᵊu	꜂tʂᵊu	꜂tɕiɒo	꜂iu	꜂tiɒo	꜂ɕiɒo/꜂ɕiu	tɕʰiɒo꜄/tɕʰiu꜄
贺家川	꜂piu	꜂liu	꜂tʂʰᵊu	꜂tʂɔ/꜂tʂᵊu	꜂tɕiu	꜂iu	꜂tiu	꜂ɕiɔ/꜂ɕiu	tɕʰiu꜄

效摄字存在文白异读，山西孝义、文水、祁县、汾阳、岚县、兴县，陕北吴堡有同类报道。

1.8　咸山摄舒声字的读音（参见图七、八）

中古咸山摄舒声字，神木、万镇话部分独立，部分与阴声韵合流，贺家川全部独立，分化、合并相当复杂。可以分开口、合口两方面来看。

1.8.1　开口字

神木话一二等和三等知系字（二等见系除外）合流，读纯口韵ɛ，独立成韵。见系二等和三四等读iɛ韵，与假开三、蟹开二见系合流，借＝介＝鉴＝剑。

万镇话文读一二等合流,读鼻化韵æ̃。二等见系字仍独立成韵,读iæ̃。白读一等见系字与三四等同韵,读ie韵,三四等也当属于白读层。不过咸山摄白读所占比例不同:

咸开一:甘泔敢꜂kie　砍꜂kʰie　揞꜂ŋie　暗ŋie꜄　憨꜂xie(33.3%)

山开一:干肝竿杆擀赶꜂kie　看kʰie꜄　安鞍꜂ŋie　岸按案ŋie꜄
　　寒韩꜁xie　鼾汉旱汗xie꜄(76%)

贺家川文读一二等合流,读鼻化韵æ̃,二等见系仍独立,读iæ̃韵。三四等只有个别字产生文读音,知系字读æ̃韵,其他读iæ̃韵:贬瞻占蟾冉淹阉(咸)谚轩(山)。白读见系一二等分立,一等读iɯ̃韵,与三四等相同。三四等白读ɯ̃韵(知系)和iɯ̃韵,一等保留白读的字比万镇话多。列举如下:

咸开一:甘泔看庵揞暗憨(33.3%)

山开一:干(阴平上)肝竿乾杆秆擀赶看岸鼾汉寒韩汗焊翰安鞍
　　按案(84.6%)

1.8.2　合口字

神木话山合一帮组与开口一二等合流,读ɛ韵,半＝扮,瞒＝蛮,端知见系与二等合流,读uɛ韵,官＝关,合口三四等读yɛ韵,与果合三合流,喧＝靴。

万镇话山合一文读帮组与山开二、山合三非组合流,读æ̃韵,般＝班,其他与山合二合流,读uæ̃韵,观＝关,桓＝还。白读山合一及山合三知系字与果合一合流,读uo韵,般＝波,端＝朵,官＝锅。白读甚至影响到合口二等字,"撰篡闩"老派也读uo韵。合口三四等读ye韵,与果合三合流,喧＝靴。从读音看,三四等(非组除外)是白读音。一等有文读的仅17字,列举如下(下划双线表示有文白两读):般搬判叛漫幔观贯冠~军欢桓完丸玩缓皖焕。

贺家川话山合一文读帮组与山开二、山合三非组合流,读æ̃韵,馒＝蛮,搬＝班,端知见系及知系三等与二等合流,读uæ̃

韵，观＝关。山合一、山合三知系字白读仍独立，读ɯ̃ uɯ̃韵，半≠扮，官≠关，换≠患。合口三四等也独立，读yɯ̃韵。有文读的仅16字，其中8个字与万镇重合：搬潘馒幔鸾卵攒观冠衣～贯冠～军玩桓缓皖焕。

咸山摄的读音及其分化条件见表2–7。

表2–7

	开口					合口					
	一等		二等	三四等		一等		二等	三四等		
	文	见白		知系	其他	文	白		知系	非组	其他
神　木	ε		ε iε	ε	iε	uε ε			uε	ε	yε
万　镇	æ̃	ie	æ̃ iæ̃	ʅə	ie	æ̃ uæ̃	uo	uæ̃ æ̃	uo	æ̃	ye
贺家川	æ̃	iɯ̃	æ̃ iæ̃	ɯ̃	iɯ̃	æ̃ uæ̃	ɯ̃ uɯ̃	uæ̃ æ̃	uɯ̃	æ̃	yɯ̃

下面比字：

	单	肝	艰	肩	鞭	缠	颜	言	天	半	扮	官	关
神　木	ᶜtε	ᶜkε	ᶜtɕiε	ᶜtɕiε	ᶜpiε	꜀tʂʰε	꜀iε	꜀iε	ᶜtʰiε	pεᵓ	pεᵓ	ᶜkuε	ᶜkuε
万　镇	ᶜtæ̃	ᶜkie	ᶜtɕiæ̃	ᶜtɕie	ᶜpie	꜀tʂʰʅə	꜀niæ̃	꜀ie	ᶜtʰie	puoᵓ	pæ̃ᵓ	ᶜkuo	ᶜkuæ̃
贺家川	ᶜtæ̃	ᶜkiɯ̃	ᶜtɕiæ̃	ᶜtɕiɯ̃	ᶜpiɯ̃	꜀tʂʰɯ̃	꜀niæ̃	꜀iɯ̃	ᶜtʰiɯ̃	pɯ̃ᵓ	pæ̃ᵓ	ᶜkuɯ̃	ᶜkuæ̃

	换	幻	篆	撰	豌	湾	反	恋	全	圆	玄
神　木	xuεᵓ	xuεᵓ	tʂuεᵓ	tʂuεᵓ	ᶜvε	ᶜvε	ᶜfε	꜀lyε	꜀tɕʰyε	꜀yε	꜀ɕyε
万　镇	xuoᵓ	xuæ̃ᵓ	tʂuoᵓ	tʂuæ̃ᵓ/tʂuoᵓ	ᶜvuo	ᶜvæ̃	ᶜfæ̃	꜀lye	꜀tɕʰye	꜀ye	꜀ɕye
贺家川	xuɯ̃ᵓ	xuæ̃ᵓ	tʂuɯ̃ᵓ	tʂuæ̃ᵓ	ᶜvɯ̃	ᶜvæ̃	ᶜfæ̃	꜀luɯ̃	꜀tɕʰyɯ̃	꜀yɯ̃	꜀ɕyɯ̃

咸山摄白读的韵类分合，万镇话与山西方言西区的方山、柳林、临县等相同，贺家川则与中区的文水、祁县、太谷、忻州，西区的兴县，陕北的延川话相同。

1.9　宕江摄舒声字的读音

中古宕江摄舒声字在神木方言中有不同的分化。

神木话宕江摄舒声韵独立，读ã iã uã韵。万镇部分独立，部分与果合一、山合一合流，读ɒ̃ iɒ̃ uo韵，帮＝波＝搬，光＝锅＝官，装＝专。贺家川全部与果摄合流，读ɤ iɛ uə韵，帮＝波，杭＝夯＝河，强＝腔＝茄＝且（不计声调），旷＝况＝课。具体读音和分合条件见表2–8。

表2–8

	宕开一		宕开三			宕合		江开二			
	帮组	端见系	知章日组	端见系	庄组	见晓组	非影组	帮组	泥组	见晓组	知庄组
神木	ã		ã	iã	uã	uã	ã	ã		ã iã	uã
万镇	uo	ɒ̃	ɒ̃	iɒ̃	uo	uo		uo	ɒ̃	ɒ̃ iɒ̃	uo
贺家川	ɤ		ɤ	iɛ	uə	uə	ɤ	ɤ		ɤ iɛ	uə

下面比字：

	帮	当	凉	张	装	疆	光	筐	方	绑	桩	江	巷
神木	ᶜpã	ᶜtã	꜁liã	ᶜtʂã	ᶜtʂuã	ᶜtɕiã	ᶜkuã	ᶜkʰuã	ᶜfã	ᶜpã	ᶜtʂuã	ᶜtɕiã	xãᵓ
万镇	ᶜpuo	ᶜtɒ̃	꜁liɒ̃	ᶜtʂɒ̃	ᶜtʂuo	ᶜtɕiɒ̃	ᶜkuo	ᶜkʰuo	ᶜfuo	ᶜpuo	ᶜtʂuo	ᶜtɕiɒ̃	xɒ̃ᵓ
贺家川	ᶜpɤ	ᶜtɤ	꜁liɛ	ᶜtʂɤ	ᶜtʂuə	ᶜtɕiɛ	ᶜkuə	ᶜkʰuə	ᶜfɤ	ᶜpɤ	ᶜtʂuə	ᶜtɕiɛ	xɤᵓ

宕江摄舒声字的韵类分合，万镇话接近佳县和山西方言西区的离石、方山、柳林、临县等，贺家川接近兴县话。

万镇、贺家川宕江摄舒声韵同果、假、咸山摄发生不同程度的纠缠。下面分别用两个表显示几个韵母的不同来源。万镇话uo ʅə ie ye韵的来源见表2–9。表左是方言韵母，表端是中古韵摄，中间相交处是今韵母的条件。

表2–9

	果	假	咸山	宕	江
uo	合一		山合一，山合三知系	开一帮，开三庄，合口	帮知系
ʅə		开三章日	开三知章日		
ie	开三	开三精	开二见，开三四		
ye	合三		山合三四		

贺家川ɤ iɛ uə yɛ韵的来源见表2-10，体例同上。

表2-10

	果	假	宕	江
ɤ	开一，合一帮影	开三章日	开一，开三知章日，合三非影	帮泥见晓
iɛ	开三	开三精以	开三端见系	见晓
uə	合一端见系（除影）		开三庄，合口见晓	知庄
yɛ	合三			

1.10　曾梗摄舒声韵的读音（参见图九）

中古曾梗摄舒声韵在神木方言中的差异主要有两点。

第一，梗摄二等的文白读基本相同，但万镇、贺家川“生”白读ʅə韵，“杏”白读ie韵（万镇）、iɛ韵（贺家川）。

第二，曾开三、梗开三四、梗合三的文白异读。神木话除个别字（如“影～住了”）以外没有文白异读。万镇、贺家川有且比较一致。以万镇话为例，文读ɣ̃ iɣ̃韵，白读ʅ i韵，有的异读有词汇条件，有的没有。白读列举如下：

曾开三：秤tʂʰʅ꜄　绳꜁ʂʅ　剩ʂʅ꜄　蝇꜁i

凭꜁pʰiɣ̃/꜁pʰi　凌꜁liɣ̃/꜁li流～　蒸꜂tʂɣ̃/꜂tʂʅ　称꜂tʂʰɣ̃/꜂tʂʰʅ

升꜂ʂɣ̃/꜂ʂʅ　扔꜂ʐɣ̃/꜂ər

梗开三：坪꜁pʰi　镜tɕi꜄　睛井꜂tɕi　清꜂tɕʰi　晴꜁tɕʰi　省꜂ɕi～得了

逞꜂tʂʰʅ　正꜂tʂʅ～月　声꜂ʂʅ　赢꜁i

平评꜁pʰiɣ̃/꜁pʰi　明名꜁miɣ̃/꜁mi　命miɣ̃꜄/mi꜄　领꜂liɣ̃/꜂li

景精睛꜂tɕiɣ̃/꜂tɕi　静净tɕiɣ̃꜄/tɕi꜄　轻꜂tɕʰiɣ̃/꜂tɕʰi　影꜂iɣ̃/꜂i

整꜂tʂɣ̃/꜂tʂʅ　正tʂɣ̃꜄/tʂʅ꜄

梗合三：兄꜂ɕy

梗开四：瓶꜁pʰi　钉꜂ti　听꜂tʰi

顶꜂tiɣ̃/꜂ti　零铃翎꜁liɣ̃/꜁li　另liɣ̃꜄/li꜄　青꜂tɕʰiɣ̃/꜂tɕʰi

星腥醒꜂ɕiɣ̃/꜂ɕi

万镇话曾开三32字，有白读的10字，占31.2%，梗开三四

123字,有白读的38字,占31%。贺家川话大致相同。白读的比例大大低于蟹咸山等摄。

曾开三梗摄有文白异读是山西晋语的普遍现象,万镇、贺家川和山西晋语有极大的一致性。陕北方言只见到清涧、延川有同类报道。

1.11 中古浊入字的归调(参见图十)

神木话只有一个入声调,中古浊入字与清入同调。万镇、贺家川都保留了阳入调,不过只有部分中古浊入字读阳入,其余并入阴入。阳入字在浊入字中的比例见表2-11。

表2-11

	全浊入		次浊入		合计		备注
总数	126		103		229		剔除生僻字和舒化字
万镇	46	36.5%	29	28.2%	75	32.8%	
贺家川	43	34.1%	14	13.6%	57	24.9%	

两点的阳入字列举如下。

万镇　全浊入:鼻乏伐筏罚杂炸铡匣滑猾获薄侄着直值宅十什拾舌折~了实食蚀植殖石圪合盒白碟截席犊卒勺芍熟赎活掘橛嚼俗续

次浊入:袜拉腊蜡镴辣蜜麦脉聂镊蹑猎力叶页药钥亦捋落烙洛络鹿禄绿褥月

贺家川　全浊入:鼻杂合盒炸侠捷叠碟乏十什拾拔铡舌折截滑猾伐筏罚掘橛侄实勃饽佛薄凿着勺直值殖植白宅席石犊赎

次浊入:腊蜡镴镊辣袜月落药钥力麦脉绿

两相比较,无论是浊入字今读阳入的总数,还是全浊入、次浊入分别读阳入的比例,万镇都比贺家川高。除“叠拔勃饽佛”外,贺家川的阳入字万镇都读阳入。这反映出阳入字向阴入的归并是逐步、零散地进行的，是一种离散式的音变过程。

二　神木话新老派之间的主要语音差异

第一，疑母、影母今洪音，老派读ŋ母，新派一部分读开口呼零声母，如“碍哀爱傲奥偶欧恩”。个别字产生文白异读，例如：

	艾	矮	袄	案	恶
新文	ᴇᵓ	ᶜᴇ	ᶜɔo	ɛᵓ	ɣ̃ᵓ
新白	ŋᴇᵓ	ᶜŋᴇ	ᶜŋɔo	ŋɛᵓ	ŋəʔ꜆

第二，全浊仄声老派读送气音的字，凡是与普通话不同的，新派一律不送气，如“部簿败坠撞掘秩族”。个别字产生文白异读，如“跪造”。

第三，部分见系开口二等字，老派有文白异读的，新派只有文读；老派只有白读的，新派产生文白异读。例如：

	吓	下	芥	懈	陷	闲	项	巷	杏
老文				ɕiɛᵓ	ɕiɛᵓ	꜁ɕiɛ			
老白	xaᵓ	xaᵓ	kᴇᵓ	xᴇᵓ	xɛᵓ	꜁xɛ	xɑ̃ᵓ	xɑ̃ᵓ	xɣ̃ᵓ
新文	ɕiaᵓ～唬	ɕiaᵓ	tɕieᵓ	ɕiɛᵓ	ɕiɛᵓ	꜁ɕiɛ	ɕiɑ̃ᵓ	ɕiɑ̃ᵓ	ɕiɣ̃ᵓ银～
新白	xaᵓ～一跳	xaᵓ～雨	kᴇᵓ沙～					xɑ̃ᵓ	xɣ̃ᵓ

第四，部分果摄开口一等字，老派读uo韵，新派产生文白异读。文读ɤ韵，与普通话相同，白读与老派相同。列举如下：

	歌	哥	个	可	河	科	课	和
文	ᶜkɤ唱～	ᶜkɤ	kɤᵓ～人	ᶜkʰɤ	꜁xɤ	ᶜkʰɤ	kʰɤᵓ	꜁xɤ我～你
白	ᶜkuo秧～	ᶜkuo～～	kuoᵓ	ᶜkʰuo	꜁xuo	ᶜkʰuo	kʰuoᵓ	꜁xuo～气

第五，假开三章组字老派读ʅə韵，新派读ɤ韵，没有文白异读；效摄字老派读ɔ iɔ韵，新派读ɔo iɔo韵。因此，新派有ɤ ɔo iɔo韵，无ʅə ɔ iɔ韵。例如：

	遮	车	蛇	社	惹	保	闹	交	刁	吆
老	ᶜtʂʅə	ᶜtʂʰʅə	꜀ʂʅə	ʂʅəᵓ	ᶜʐʅə	ᶜpɔ	nɔᵓ	ᶜtɕiɔ	ᶜtiɔ	ᶜiɔ
新	ᶜtʂɤ	ᶜtʂʰɤ	꜀ʂɤ	ʂɤᵓ	ᶜʐɤ	ᶜpɔo	nɔoᵓ	ᶜtɕiɔo	ᶜtiɔo	ᶜiɔo

第六，止开三帮组（部分）、来母字，老派读i韵，新派读ei韵或ei、i两读，但没有文白之分。例如：

	备	眉	媚	梨	利	厘	李	吏
老	piᵓ	꜀mi	꜀mi	꜀li	liᵓ	꜀li	ᶜli	liᵓ
新	peiᵓ	꜀mei	meiᵓ	꜀lei	leiᵓ	꜀lei	ᶜlei	leiᵓ
				꜀li	liᵓ			

对其中的帮组字，可以用普通话的影响来解释。但来母字则不能用同样的目光看待。因为，神木县城的中年人也有这样发音的，而神木话与普通话不同的“类泪”等反倒不读lei。同时，内蒙古晋语的土默特左旗方言中也存在类似的现象。但是也不能用保存止摄的古读来解释。这种发音恐怕跟高元音i在l母后发音比较费力有关，是为省力而造成的高元音复元音化。在神木话中，lei音节似乎是一种省力而又略微时髦的发音习惯。

第七，少数入声字老派读aʔ组，新派读əʔ组。这些字主要集中在咸山江三摄，也有个别曾梗摄字：掐甲|抹聒滑刷刮|桌戳捉镯觉角握|塞|窄。这说明，神木话的aʔ组入声韵有向əʔ组归并的趋向。事实上，随着“觉角”读作tɕyəʔ，新派已经没有yaʔ韵了。例如：

	甲	抹	滑	刮	桌	戳	觉
老	tɕiaʔ	maʔ	xuaʔ	kuaʔ	tʂuaʔ	tʂʰuaʔ	tɕyaʔ
	tɕiəʔ				tʂuəʔ		
新	tɕiəʔ	məʔ ～一把	xuəʔ	kuəʔ	tʂuəʔ	tʂʰuəʔ	tɕyəʔ
		maʔ单字音					

第八，有些字的四呼，老派与普通话不同，新派与普通话趋向一致，而不顾及历史来源。也有个别相反的变化。其中最多

的是①老派读齐齿呼、新派读撮口呼：癣缘讯迅允孕却约怯穴略鹊却岳乐学。其他类型如②老开新合：吞托弱；③老合新开：横～横蛮～；④老撮新合：荣融肃宿足俗；⑤老合新撮：轮律；⑥老开新齐：秦；⑦老撮新齐：联萤。试比较：

	迅	孕	学	吞	横	荣	肃	轮	秦	联
	臻合三	曾开三	江开二	臻开一	梗合二	梗合三	通合三	臻合三	臻开三	山开三
老	ɕiɤ̃ᵓ	iɤ̃ᵓ	ɕiəʔ꜆	ᶜtʰɤ̃	xuɤ̃ᵓ	꜁yɤ̃	ɕyəʔ꜆	꜁luɤ̃ 车～ ꜁lyɤ̃～你了	꜁tsʰɤ̃	꜁lyɛ
新	ɕyɤ̃ᵓ	yɤ̃ᵓ	ɕyəʔ꜆	ᶜtʰuɤ̃	xɤ̃ᵓ蛮～ xuɤ̃ᵓ～山	꜁ʐuɤ̃	suəʔ꜆	꜁lyɤ̃	꜁tɕʰiɤ̃	꜁liɛ

第九，少数古入声字，老派读入声，新派舒化，有的存在异读。这些大多是书面语用字。例如：狭押妾法辖泄撇匹戌倔博洛烙乐索凿鹤霍脉辟卜瀑屋沃郁嘱触狱旭。试比较：

	猎	渴	恶	塞	拍	惜	壁	剔	酷	绿
老	liəʔ	kʰəʔ kʰuoᵓ	ŋəʔ	səʔ saʔ	pʰiəʔ	ɕiəʔ tɕʰiəʔ 可～	piəʔ	tʰiəʔ	kʰuəʔ	luəʔ
新	liɛᵓ 打～ liəʔ ～枪	ᶜkʰɤ kʰuoᵓ	ɤᵓ ～毒 ŋəʔ	꜁sE ～子 saʔ ～住	꜁pʰE 打～子 pʰiəʔ ～手	꜁ɕi 珍～ ɕiəʔ 可～	piᵓ piəʔ	tʰiᵓ tʰiəʔ	kʰuᵓ kʰuəʔ	lyᵓ ～色 luəʔ ～的

第十，部分字老派与普通话调类不同，新派趋向一致。例如①：

	惭	枕	钦	诞	餐	拼	朗	撞	卿	雍
老	tsʰɛᵓ	tʂɤ̃ᵓ	꜁tɕʰiɤ̃	ᶜtɛ	tsʰɛᵓ	pʰiɤ̃ᵓ	lɑ̃ᵓ	ᶜtʂʰuɑ̃	꜁tɕʰiɤ̃	꜁yɤ̃
新	꜁tsʰɛ	ᶜtʂɤ̃	ᶜtɕʰiɤ̃	tɛᵓ	ᶜtsʰɛ	ᶜpʰiɤ̃	ᶜlɑ̃	tʂuɑ̃ᵓ	ᶜtɕʰiɤ̃	ᶜyɤ̃

① 钦餐拼朗卿雍，新派在连读中读清平，与普通话调类相同。

综上所述，神木新派读音与老派的差异涉及声、韵、调三个方面，表现形式多种多样。有的表现为音值的改变，如疑影母洪音字声母的脱落，假开三章组字ʅ介音的脱落。有的表现为音类的变化，如少数古浊塞音、塞擦音仄声字的声母，果摄开口一等字的韵母。尽管变化形式不同，但总趋势十分清楚，那就是向普通话靠拢。事实上，近几十年来，随着教育水平的不断提高，流动人口的迅速增加，神木话正在受到普通话的强烈影响，笔者20世纪八九十年代上小学、中学的时候，老师上课很少使用普通话，学生更是无从谈起。而现在小学生上课已经必须用普通话回答教师的提问了，使用普通话教学也成为对青年教师的基本要求。上面所看到的语音变化，还只是在某些音类上发生的小心翼翼的改变，随着使用普通话的环境逐渐形成，普通话对神木话的影响一定会更加强烈。

三 从内部差异看神木方言的语音特点

通过内部比较，我们可以看到，神木方言语音的内部差异相当严重，万镇、贺家川话比神木话要复杂、古老得多。概括起来，神木方言（尤其南乡方言）语音具有如下特点。

3.1 古浊塞音、塞擦音仄声字读送气音的较多

古浊塞音、塞擦音仄声字读送气音的较多，全浊入声字尤为突出。说明神木南乡方言属于全浊入声字保留送气音的系统，与山西方言西区离石片相同。

不过，我们并不认为神木南乡和山西离石等在更早的时期仅仅属于只有入声字保留全浊送气声母的方言。在更早时期，它们应当属于古浊塞音塞擦音不论平仄都读送气音的方言，与山西方言南区以及西区的隰县、永和，陕北的延川、清涧、延安等相同。这样推断的根据是：第一，有部分入声以外的全浊仄声字

读送气音，如万镇话“部败佩避叛艇挺造坠撞跪”等11字读送气音（其中4字与北京话相同）。第二，保留送气音的入声字和保留送气音的其他全浊仄声字都是方言的高频字。第三，全浊入声字中保留送气音的，也往往保留阳入调，也就是说，阳入和送气音是互相制约、互相支持的现象。这一点似乎可以说明，万镇等方言保留古浊塞音、塞擦音送气音与保留阳入调密切相关，都是属于“最保守”的一类字。

张崇（1993a：9）指出：“陕西方言中这种读音的地域分布较广。如若我们从关中渭南地区东部的大荔一带沿着黄河上溯，经合阳、韩城继续往北到陕北的宜川、延长、延川乃至清涧，则会发现从南到北上述字（步倍病地稻道导调蛋杜动概柜跪字在皂造旧舅件匠轿柱直赵丈状——引者）的声母读音完全相同。”陈庆延（1996）指出：“古全浊声母不论平仄今读一律为送气清音是河东方言的重要特征。……在晋语里，类似河东方言的这一类型也有发现。晋语的西部，吕梁山区的离石、中阳、柳林、临县、方山、岚县、兴县、石楼和隰县、大宁、蒲县成南北一线走向，其南端和河东方言相接。这一地区，石楼以北（含石楼），古全浊声母入声字今读送气（而不是全部仄声字）。”可见，在这一片广大地区的方言中，古全浊声母今读音与其他北方方言并不相同，是属于全浊声母今不论平仄（或入声字）均读送气的方言。这一特点可与罗常培《唐五代西北方音》根据汉藏对音所作的结论相印证。在《大乘中宗见解》中，“全浊声母的字除去奉母的‘凡梵’，定母的‘怠道第大地盗定达’，澄母的‘着’等十一字以外，其余的都变成次清，我们得到这个时地相近的有力旁证，非单可以不再犹豫就决定其它三种藏音里的全浊声母应该读作送气音，并且全浊声母在现代西北方音中跟大部分官话里所以平声变次清，仄声变全清的现象也可以得到解释了。因为《大乘中宗见解》里保持浊声本读的一共才有十一个字，其中倒有两个上声六个去声，上声去声所以不完全变成次清一定是送气的成素受声调的影响渐渐变弱的缘故；并且《千字文》跟《大乘中宗见解》里的全清上去声字所以同全浊的上去声字相混也恰好可以拿同样的理由来解释：可见全浊平声变次清，仄声变全清的趋势从那时候已经开始了”（罗常培1961：28—29）。反映12世纪末西北方音的汉夏对译字典《番汉合时掌中珠》，“从对音资料观察，中古汉语的浊塞音与浊塞擦音，不分声调，均变成送气的清塞音与清塞擦音。浊擦音则变成清擦音”（龚煌城1981：47—48）。唐五代宋西北方音和现代方言的比较，至少说明在山西、陕西的广大地域中，全浊仄声送气的情况是一直存在的，不过这一方言的地域在一千余年的历史中逐渐萎缩了。

至于为什么山西离石片和神木南乡方言主要在入声字中保留了送气成分，罗常培的推论极富启发性。这一片方言大多数上去声字由送气转读不送气，不同声调的特点可能是最重要的因素，同时，权威方言的强大影响也不能低估。入声字发音急促，有利于保留送气成分。神木方言塞音的送气成分在入声音节中强于其他音节（晋语不少方言同此），就是证明。万镇话“嚼”读阳平꜁tɕiu不送气，读阳入tɕʰyəʔ꜆送气；神木话“薄白碟杂宅凿炸铡”等舒化不送气，南乡方言读阳入送气，这些事实都明白无误地告诉我们，保留全浊送气和保留阳入是相辅相成，互为因果的。在这一片方言中，入声（阳入）是全浊仄声保留送气音的最后阵地。全浊上去声字转读不送气声母当是发生在后期的演变，是典型的词汇扩散的结果。

3.2 疑母齐齿呼读n母，南乡方言表现比神木话突出

南乡方言疑母齐齿呼保留n母，与中古韵等的关系非常密切。在它们读n母的字中，“拟倪牛孽凝～固凝～成冻逆”7字（均为三等）北京话也读n母。除此之外，南乡方言读n母的大多是二等字。其中咸山开二字均读n母。在《方言调查字表》

的15个疑母开口二等字中，万镇话有11个读n母（“衙伢雅涯”除外），读零声母的4字均为书面语用字（5个影母字除“淹”外也是开口二等）。可以说，万镇、贺家川口语中，疑母开口二等字完整地保留了n母。这一点反映出，神木方言（尤其是南乡方言）早期曾经有过疑母开口二三四等字读n母的阶段，后来三四等字的n母大部分脱落了，二等字却保留至今。这是它不同于北京话的一个特点。

和周围的方言比较，总的倾向是，疑母字在齐齿呼韵母前保留n母的，陕北其他方言比神木南乡少，山西方言离石片比神木南乡多。如：

吴堡：牙伢咬眼硬

延川：牙芽疑硬颜眼砚雁咬

临县话不仅二等字完整地保留了n母，而且三四等字以及影母读n母的也多于神木南乡，如“严言砚亚”及撮口呼的“鱼渔语”。

可见，疑母今细音（尤其开口二等字）保留n母是这一片方言的共同特点。这一事实也证实，离石片和陕北方言的疑母细音字在变成零声母以前，曾经过n母的阶段。即ŋ→n→∅。万镇话“砚”读ŋ母，是最古老的形式。

至于影母开口细音字读n母（洪音开口读ŋ母），则说明这一带方言的疑母和影母一二等字在较早的时期就合流了，因此才有相同的变化轨迹。

3.3 神木话与南乡方言的文白异读存在较大差异

神木话和万镇、贺家川话文白异读的比较见表2-12。

表2-12

		神木	万镇	贺家川			神木	万镇	贺家川
见开二	文	tɕ ɕ	tɕ ɕ	tɕ ɕ	咸山开一见	文	iɛ	æ̃	æ̃
	白	k x	k x	k x		白		ie	iɯ̃

续表

<table>
<tr><th></th><th></th><th>神木</th><th>万镇</th><th>贺家川</th><th></th><th></th><th>神木</th><th>万镇</th><th>贺家川</th></tr>
<tr><td rowspan="2">遇三来</td><td>文</td><td rowspan="2">uei①</td><td>uei</td><td>uei</td><td rowspan="2">梗二</td><td>文</td><td>ɣ̃ uɣ̃</td><td>ɣ̃ uɣ̃</td><td>əɣ̃ uəɣ̃</td></tr>
<tr><td>白</td><td>y</td><td>y</td><td>白</td><td>iɛ yɛ</td><td>ie ye</td><td>iɛ yɛ</td></tr>
<tr><td rowspan="2">蟹开一</td><td>文</td><td rowspan="2">ᴇ</td><td>ɛe</td><td>æ</td><td rowspan="2">梗三四</td><td>文</td><td rowspan="2">ɣ̃ iɣ̃ yɣ̃</td><td>ɣ̃ iɣ̃ yɣ̃</td><td>əɣ̃ iəɣ̃ yəɣ̃</td></tr>
<tr><td>白</td><td>ei</td><td>e</td><td>白</td><td>ʅ i y</td><td>ʅ i y</td></tr>
<tr><td rowspan="2">蟹合三
止合三</td><td>文</td><td rowspan="2">uei②</td><td>uei</td><td>uei</td><td rowspan="2">曾开三</td><td>文</td><td rowspan="2">ɣ̃ iɣ̃③</td><td>ɣ̃ iɣ̃</td><td>əɣ̃ iəɣ̃</td></tr>
<tr><td>白</td><td>u y</td><td>u y</td><td>白</td><td>ʅ i</td><td>ʅ i</td></tr>
<tr><td rowspan="2">效三四</td><td>文</td><td rowspan="2">ɔ iɔ</td><td>ɒo iɒo</td><td>ɔ iɔ</td><td rowspan="2"></td><td rowspan="2"></td><td rowspan="2"></td><td rowspan="2" colspan="2"></td></tr>
<tr><td>白</td><td>^{ə}u iu</td><td>^{ə}u iu</td></tr>
</table>

神木话基本不存在文白读的叠置,音系的层次较单一。而南乡方言的韵母系统则明显叠置着文白两个层次。白读的韵母系统比较古老,保留了《切韵》音系的不少音类区别。主要表现在以下几点。

第一,蟹摄一、二等分立,一等韵主要元音舌位高于二等,与合口一、二等的分立完全对应。见表2-13。

表2-13

	蟹开一	蟹开二	蟹合一	蟹合二
万镇	ei	ɛe iɛe	uei	uɛe
贺家川	e	æ iæ	ue	uæ

第二,山(咸)摄开口见系一、二等韵分立,与合口一、二等分立相对应,一等字与三四等字主要元音相同。见表2-14。

① "驴"读y韵。
② "随慰"白读y韵。
③ "影映"白读i韵。

表2-14

	山开一见	山开一端	山开二见	山开二其他	山合一	山合二	山开三四	山合三四
万　镇	ie	æ̃	iæ̃　æ̃	æ̃	uo	uæ̃	ie　ʅə	ye　uo
贺家川	iɯ̃	æ̃	iæ̃　æ̃	æ̃	uɯ̃　ɯ̃	uæ̃	iɯ̃　ɯ̃	yɯ̃　uɯ̃

一等见系白读的i介音值得注意，它显然产生在二等见系字腭化之后和一二等其他声母字合流之前。如果i介音产生在二等见系字腭化之前，一等见系字就会同二等见系字一同腭化，不可能有差别了。这样，三者的时间先后可以表示为（“>”表示早于）：见开二腭化>见开一滋生i介音>一二等其他声母字的韵母合流。

第三，效摄一二等主要元音不同，一等读u，二等读ɒo ɔ；三四等与二等主要元音不同，三等知系字读ᵊu韵，三四等其他字读iu韵。看表2-15，为了能反映一二等早期的读音特点，加入孝义、祁县两点的白读音韵母（二等文白不分）：

表2-15

	一　等	二　等	三等知系	三等其他	四　等
万　镇	u	ɒo　iɒo	ᵊu	iu	iu
贺家川	u	ɔ　iɔ	ᵊu	iu	iu
孝　义	ɤ	aɔ	ɤ	yɔ	yɔ
祁　县	o	au	o	io	io

上述方言效摄一等白读韵母正好解释了许多方言“堡”读ᶜpu的原因。

第四，除了上述三点以外，部分止合三、蟹合三韵母白读u y韵，曾梗摄韵母白读ie ye i ʅ ʅə韵（万镇）、iɛ yɛ i ʅ ʅə韵（贺家川），也都反映出南乡方言的古老面貌。

总之，就现有资料来看，万镇、贺家川蟹摄一二等分立，效摄三四等保留白读，这两个特点与山西方言西区离石片，中区孝义、文水、祁县同样古老。它们在整体上十分接近离石片。更具体地说，万镇话接近方山、柳林、临县，贺家川话接近兴县。可以说，南乡方言与上述山西方言的关系，比跟任何陕北方言都近。

造成神木话和南乡方言文白异读的较大差异有两个可能的因素。

第一，方言系属。神木话与绥德、榆林等方言一样，属于陕北晋语系统，该片方言除清涧、延川等少数外，文白异读普遍较少，声、韵、调系统一致性很强（刘育林1990，刘勋宁1983，张崇1990）。而上文已经显示，南乡方言与山西离石片存在很大的一致性，从语音看当属于这一片方言。

第二，人口来源和文化特点。神木县位于陕北最北部，人口来源复杂而凌乱。县城居民曾有过大规模的替换，经商者众而读书取士者寡，又地处陕蒙交界地带，是陕北人移民内蒙古的必经之地和旅蒙商的辏集之所，不同方言杂处一地，居民变动不居，使方言在演变中很容易提取大家的“最大公约数”，对音系进行剧烈的整合，从而形成层次较为单一、接近强势方言的语音系统，只有少数例外字透露了它所受到的特殊影响的消息。而万镇、贺家川一方面地处僻远，相对封闭，与外界往来较少，另一方面又有重视文化教育的传统，即使穷人，也要竭尽全力让子女读书识字，因此，很容易形成文白音系的叠置。

不过，南乡方言已经并且正在受到神木音系的强烈影响，最明显的是蟹开一、效开三四的文读音与神木话十分接近。尽管文读还处于少数，但扩散的速度很快，白读音在有文化的年轻人中迅速萎缩，正在成为“旧”的读音。

3.4 神木话和南乡方言白读阳声韵鼻音尾的脱落次序不同

神木话和万镇、贺家川白读阳声韵的表现见表2-16，“+”表示鼻尾韵，“±”表示鼻化韵，“－”表示纯元音韵。

表2-16

	宕江		曾开三 梗		咸山		深臻		曾开三以外		通
	开	合	开	合	开	合	开	合	开	合	合
神木	±	±	±	±	–	–	±	±	±	±	±
万镇	±	–	–	–	–	–	±	±	±	±	±
贺家川	–	–	–	–	±	±	+	+	+	+	+

神木话阳声韵的表现形式，反映出咸山摄舒声的鼻韵尾最早脱落，其次是宕江摄，最晚的是深臻曾梗通五摄。这是陕北、山西方言文读系统中分布最广的一种类型（王洪君1991），而且与吴语阳声韵的表现一致。钱乃荣（1992）的研究显示，吴语“前、低元音韵容易鼻化以至失落鼻音，后、高元音韵则反之。各地吴语表现出高度一致的规则性”（19）。它们都符合张琨总结的汉语阳声韵演变的规律，“即①低元音后的鼻尾较高元音后的鼻尾易消变，②前鼻音的-n较后鼻音的-ŋ易消变”（王洪君1992a）。

南乡方言白读层的反映则与神木话不同，表现为，宕江梗曾开三鼻尾消变最早，其次是咸山摄，最后是深臻曾其他通摄。这个次序与王洪君（1991，1992a）考察山西方言阳声韵的演变所得出的结论相同，“很明显，山西白读层阳声韵鼻尾的消变规律只符合汉语方言的一般规律第一条，即低元音后的鼻尾较高元音后的鼻尾易消变（梗、宕［江］、山［咸］>臻［深］曾通）。此外它还有另一个显著的特点：低元音后舌根鼻尾-ŋ的消变快于舌尖鼻尾-n（梗、宕［江］>山［咸］）”（1992a）。不过，晋语的曾开三比较特殊，在梗开三的阳声韵尾完全脱落以前就与它合流了，因此，白读韵往往与梗开三相同。

南乡方言及山西白读阳声韵的演变，与唐五代宋西北方音阳声韵的表现相吻合。罗常培（1961）已经证明，唐五代西北方音中，宕梗摄鼻尾发生消变，与模韵“对转”，此外，“《大乘中宗见解》里的'言ge','免mye','天de'三个对音,-n收声也露了消变的朕兆"(53)。据龚煌城(1989),"十二世纪的宋西北方音中梗、宕(江)已完全失去鼻音成分,成为纯元音韵;山咸臻深失落了鼻尾,但仍是鼻化韵;曾通摄则完全保留-ŋ尾"(转引自王洪君1992a)。王洪君据此认为,"梗、宕江的-ŋ尾的消变快于山(咸)的-m、-n尾,是唐宋西北系方音异于其它系汉语方音的重要特点。这一系方言后来为势力强大的中原音挤压、覆盖,上述特点在如今的西安等陕西方言中已不大看得出(个别词音还留有痕迹),而在山西白读层中还系统地保存着"(1992a)。在这一点上,南乡方言同样是近于山西晋语而远于其他陕北方言。

3.5 南乡方言的文白异读存在不同的历史层次

万镇、贺家川遇蟹止效咸山曾梗八摄韵母有文白异读。从历史记载和方言现状看,其文白读至少可以分为两个不同的历史层次。

以万镇为例,蟹合三、止合三、梗摄、曾开三文白异读,可能已经存在了千年左右。唐五代西北方音中梗摄字已与齐韵"对转"(罗常培1961),宋代陆游的《老学庵笔记》中也有"秦人讹青字则谓青为萋,谓经为稽"的记载。从共时的表现来看,白读音十分稳定,均为使用频率极高的字,而且分布较广,有的字音扩散较远,如神木话"随慰"读y韵,"尾"读i(这个字音甚至扩散到北京话),都是其反映。梗二的"棚蹦绷迸"白读iɛ韵,"横"白读yɛ韵,白读音甚至已经和字形失去了联系。再如内蒙古晋语和银川方言"精明"读tɕi mi,"扔"读ˍɚr等。这些都说明,上述文白异读发生的时间已经很早了,属于较早的层次。

而蟹开一、效开三四、咸山开一见系字的文白异读,文读音当产生在比较晚近的时期。就数量来看,白读音不是"残存",而是有相当大的比例,有的尚未产生文读。山西文水、祁县、兴县咸山摄一等没有文读,可为旁证(王洪君1991,1992a)。就其表象看，有些固然表现为同一字在口语词中用白读，书面语词用文读，但同时也表现为年龄大、文化水平低的人多用白读，年龄小、文化水平较高的人多用文读。因此，文白异读又与新老差异纠缠在一起，有时很难分清是新老差异，还是文白异读，甚至同一发音人都摇摆不定。说明这类文白异读的发生时期，一定不会离现在太远。

如上所述，咸山摄一等见系白读的i介音的产生和一二等其他声母字的合流均在二等见系声母腭化之后，那么，它们的文白异读发生的时间也当在二等见系声母腭化之后。

文读音所占的比例，也可以证明文白异读有历史层次。比如，曾梗摄文白异读，曾开三白读在万镇同类字中占31.2%，梗开三占31%。贺家川比例大致相同。而蟹开一白读，万镇约占同类字的50.8%，贺家川占58%，万镇效开三四有白读的字约82.6%，有文读的约36.4%，贺家川白读78.4%，文读24.1%，两地均有较大的差异。白读音比例较高，说明文读产生的时间比较晚近。

上面所说的文白异读的历史层次，和徐通锵（1991）、王洪君（1987）所说文白竞争的几个阶段有联系，但是两回事。它主要是就文读音产生的时间早晚而言的。

叁　语流音变及其内部差异

本章以神木话为主,讨论神木方言的连读变调、轻声、儿化及其他音变。

一　连读变调

本节主要讨论神木话的两字组、三字组连读变调和儿化变调,限于不包括轻声的两字组和三字组。

神木话阴平上来自古清平的字和古清上、次浊上的字,连调行为有同有异。为了行文方便,有时径直称“清平、清上”。第二部分要专门讨论阴平上内部在不同条件下的表现。列表和举例时,用1、2、3、4代表阳平、阴平上、去声、入声,用2a代表古清平字,用2b代表古清上、次浊上字。X表示任何调类。

1.1　两字组连读变调

神木话的两字组,前字与后字各4个调类。作为前字,阴平上和入声发生变调,作为后字,阴平上发生变调。阳平和去声作为前后字都不变调。神木话两字组连读变调规律见表3-1。表左标明前字的调类和代码,表端标明后字的调类和调值。空格表示不发生变调。

表3-1

前字 \ 后字		阳平44	阴平上213 a	阴平上213 b	去声53	入声ʔ4
1阳平44						
2阴平上213	a	24+44	24+213	24+213	24+53	24+4
	b	21+44	21+24	24+213	21+53	21+4
3去声53						
4入声ʔ4			2+24			

如表所示，神木话的25个两字组可以根据前后字变调的情况分为三类：⑴14组前后字都不变调。⑵9组前字变调。⑶2组前后字都变调。变调的11组中有3组合并。因此共9组连调方式。

连读中产生3种新调值，即24调、21调和ʔ2调。

阴平上在阳平、阴平上、去声、入声前都有两种变调方式，在入声后或者变2+24，或者不变，都与来源有关。

下面举例，调类代码排黑体表示有变调。方言词统一在举例后解释。

第一字阳平

1　1　44+44　来源lᴇ yɛ　爬场pʰa tʂʰɑ̃
爬墙pʰa tɕʰiɑ̃　头疼tʰəu tʰɣ̃
1　2a　44+213　牛筋niəu tɕiɣ̃　床单tʂʰuɑ̃ tɛ
成心tʂʰɣ̃ ɕiɣ̃　钱多tɕʰiɛ tuo
1　2b　44+213　淘米tʰɔ mi　骑马tɕʰi ma
寻死sɣ̃ sɿ　流水liu ʂuei
1　3　44+53　颜道iɛ tɔ　粮站liɑ̃ tsɛ
还帐xuɛ tʂɑ̃　脑大nɔ ta
1　4　44+4　名额miɣ̃ ŋəʔ　常识tʂʰɑ̃ ʂəʔ
胡说xu ʂuəʔ　流血liu ɕyəʔ

第一字阴平上

2a　1　24+44　真⁼年tʂɣ̃ niɛ　安排ŋɛ pʰᴇ

			花钱 xua tɕʰiɛ	心齐 ɕiɤ tɕʰi
2a	2a	24+213	飞机 fei tɕi	声音 ʂɤ iɤ
			操心 tsʰɔ ɕiɤ	山高 sɛ kɔ
2a	2b	24+213	浇水 tɕiɔ ʂuei	张眼 tʂɑ̃ iɛ
			烧火 ʂɔ xuo	天冷 tʰiɛ lɤ
2a	3	24+53	公道 kuɤ tɔ	车票 tʂʰʅə pʰiɔ
			新旧 ɕiɤ tɕiəu	鸡叫 tɕi tɕiɔ
2a	4	24+4	猪血 tʂu ɕyəʔ	钢笔 kɑ̃ piəʔ
			开学 kʰᴇ ɕiəʔ	心急 ɕiɤ tɕiəʔ
2b	1	21+44	起来 tɕʰi lᴇ	水桐 ʂuei tʰuɤ
			响雷 ɕiɑ̃ luei	眼红 iɛ xuɤ
2b	**2a**	21+24	起身 tɕʰi ʂɤ	好心 xɔ ɕiɤ
			手松 ʂəu suɤ	眼花 iɛ xua
2b	2b	24+213	满酒 mɛ tɕiəu	耍水 ʂua ʂuei
			打闪 ta ʂɛ	手紧 ʂəu tɕiɤ
2b	3	21+53	手气 ʂəu tɕʰi	老汉 lɔ xɛ
			赌气 tu tɕʰi	胆大 tɛ ta
2b	4	21+4	眼力 iɛ liəʔ	口泼 kʰəu pʰəʔ
			扁食 piɛ ʂəʔ	碾子 niɛ tsəʔ

第一字去声

3	1	53+44	地图 ti tʰu	外行 vᴇ xɑ̃
			拜年 pᴇ niɛ	看门 kʰɛ mɤ
3	2a	53+213	旱天 xɛ tʰiɛ	让开 ʐɑ̃ kʰᴇ
			跳高 tʰiɔ kɔ	气粗 tɕʰi tsʰu
3	2b	53+213	送礼 suɤ li	下雨 xa y
			泄火 ɕiɛ xuo	命苦 miɤ kʰu
3	3	53+53	趁晃 tʂʰɤ xuɑ̃	半路 pɛ ləu
			看戏 kʰɛ ɕi	地震 ti tʂɤ

3	4	53+4	计策 tɕi tsʰəʔ	爱吃 ŋᴇ tʂʰəʔ
			性急 ɕiɣ̃ tɕiəʔ	自学 tsɿ ɕiəʔ
			第一字入声	
4	1	4+44	作文 tsuəʔ vɣ̃	石头 ʂəʔ tʰəu
			刷牙 ʂuaʔ ia	剥皮 paʔ pʰi
4	**2a**	2+24	圪蹴 kəʔ tɕiəu	赎身 ʂuəʔ ʂɣ̃
			结婚 tɕiəʔ xuɣ̃	骨香 kuəʔ ɕiɑ̃
		4+213	客厅 kʰəʔ tʰiɣ̃	律师 luəʔ sɿ
			雪花儿 ɕyəʔ xuʌɯ	
4	2b	4+213	失礼 ʂəʔ li	入土 zʅuəʔ tʰu
			出丑 tʂʰuəʔ tʂʰəu	瞎眼 xaʔ iɛ
4	3	4+53	出气 tʂʰuəʔ tɕʰi	尺寸 tʂʰəʔ tsʰuɣ̃
			识字 ʂəʔ tsɿ	力大 liəʔ ta
4	4	4+4	黢黑 tɕʰyəʔ xəʔ	骨折 kuəʔ tʂəʔ
			墨汁 miəʔ tʂəʔ	瞎说 xaʔ ʂuəʔ

爬场：学坏；沦为乞丐、小偷等。流水：出汗。颜道：颜色。脑大：骄傲自满。真⁼年：今年。张眼：睁眼。烧火：生火。水桐：杨树。口泼：不挑食。扁食：水饺。泄火：下火。趁晃：怂恿。赎身：给孩子过十二岁生日，似为成年礼。骨香：好看，俊美。

1.2　清平和清上、次浊上

上文已经显示，阴平上有两个来源：古平声的清声母字和上声的清声母、次浊声母字。来源不同的阴平上字，在阳平、去声后连调行为相同，而在阳平、阴平上、去声、入声前和阴平上、入声后连调行为不同。下面扩大范围，通过比字看看这两类字在语流中的同与异。

1.2.1　清平与清上在两字组中的分合

清平与清上单字调完全相同，都读213调，诗＝使，梯＝体，衣＝椅，灯＝等。清平在阳平、清上、去声、入声前变24调，在清上、入声后变24调（少数不变调），在其他情况下不变调；清上在阳平、清平、去声、入声前变21调，作为两字组的后字一律不变调。具体情况见表3–2、3–3。表中调类排黑体表示有变调。

表3–2

清平作为两字组的前一字			清上作为两字组的前一字		
调　类	调　值	例　词	调　类	调　值	例　词
2a　1	24+44	天河 tʰiɛ xuo	**2b**　1	21+44	口才 kʰəu tsʰᴇ
2a　2a	24+213	天空 tʰiɛ kʰuɣ̃	**2b**　**2a**	21+24	口音 kʰəu iɣ̃
2a　2b	24+213	天理 tʰiɛ li	**2b**　2b	24+213	口苦 kʰəu kʰu
2a　3	24+53	天旱 tʰiɛ xɛ	**2b**　3	21+53	口袋 kʰəu tᴇ
2a　4	24+4	天毒 tʰiɛ tuəʔ	**2a**　4	21+4	口泼 kʰəu pʰəʔ

表3–3

清平作为两字组的后一字			清上作为两字组的后一字		
调　类	调　值	例　字	调　类	调　值	例　字
1　2a	44　213	蓝天 lɛ tʰiɛ	1　2b	44　213	黄狗 xuɑ̃ kəu
2a　2a	24　213	阴天 iɣ̃ tʰiɛ	**2a**　2b	24　213	拴狗 ʂuɛ kəu
2b　**2a**	21　24	好天 xɔ tʰiɛ	**2b**　2b	24　213	打狗 ta kəu
3　2a	53　213	冻天 tuɣ̃ tʰiɛ	3　2b	53　213	喂狗 vei kəu
4　**2a甲**	2　24	八天 paʔ tʰiɛ	4　2b	4　213	杀狗 saʔ kəu
4　2a乙	4　213	雪花 ɕyəʔ xua			

表3–2显示，清平和清上作为前字，除了在清上前面外，都不同调。表3–3显示，清平和清上作为后字，除了在清上和入声后面外，都同调。下面再举几组声韵相同的例词，来对比清平和清上连调调值的异同及其调类环境。先比前字：

2a　1　［24+44］≠ 2b　1　［21+44］：亲人≠请人 tɕʰiɣ̃ ʐɣ̃
精神≠井绳 tɕiɣ̃ ʂɣ̃
2a　2a　［24+213］≠ 2b　2a　［21+24］：猪肝≠煮干 tʂu kɛ
多开≠躲开 tuo kʰᴇ

2a 2b	[24+213]	=	2b 2b	[24+213]	:	交手 = 铰手 tɕiɔ ʂəu
						浇水 = 搅水 tɕiɔ ʂuei
2a 3	[24+53]	≠	2b 3	[21+53]	:	燍气 ≠ 死气 sɿ tɕʰi
						干面 ≠ 擀面 kɛ miɛ
2a 4	[24+4]	≠	2b 4	[21+4]	:	官吃 ≠ 管吃 kuɛ tʂʰəʔ
						阶级 ≠ 简洁 tɕiɛ tɕiəʔ

对比显示，清平和清上作为前字，只在清上前相混，此外一律不同调。再比后字：

1 2a	[44+213]	=	1 2b	[44+213]	:	平摊 = 平坦 pʰiɤ̃ tʰɛ
						扬沙 = 扬洒 iɑ̃ sa
2a 2a	[24+213]	=	2a 2b	[24+213]	:	三包 = 三保 sɛ pɔ
						丰收 = 分手 fɤ̃ ʂəu
2b 2a	[21+24]	≠	2b 2b	[24+213]	:	五更 ≠ 武警 vu tɕiɤ̃
						滚开 ≠ 公开 kuɤ̃ kʰᴇ
3 2a	[53+213]	=	3 2b	[53+213]	:	大姑 = 大鼓 ta ku
4 2a	[2+24]	≠	4 2b	[4+213]	:	失真 ≠ 湿疹 ʂəʔ tʂɤ
						作风 ≠ 做粉 tsuəʔ fɤ̃

对比显示，清平和清上作为后字，在阳平、清平、去声后相混，在清上、入声后不混。同时还应注意，入声作为前字，在清平和清上前的调值也不相同，在清平前绝大多数变ʔ2调，个别组合不变调；在清上前不变调。

总之，在两字组中，清平和清上的表现可以说是分大于合。

1.2.2 清平和清上在其他条件下的分合

第一，清平和清上在儿化词中完全合并，连调的表现与清平相同。从来源看，可以认为是清上合于清平。下面只举在两字组中调值不同的例子，观察两类字的合并情况：

2a（儿） 1 24+44　　花儿红 xuʌɯ xuɤ̃

2b（儿） 1 24+44　　枣儿排 tsʌɯ pʰᴇ（比较：枣排 tsɔ^{21} pʰᴇ^{44}）

雀儿毛tɕʰiʌɯ mɔ

2a(儿) 2 24+213 蜂儿窝fʌɯ vuo

2b(儿) 2 24+213 籽儿多tsʌɯ tuo

2a(儿) 3 24+53 瓜儿饭 kuʌɯ fɛ

2b(儿) 3 24+53 领儿大liʌɯ ta 板儿厚pʌɯ xəu

2a(儿) 4 24+4 葱儿薤子tsʰuʌɯ xᴇ tsəʔ

2b(儿) 4 24+4 枣儿棚(子)tsʌɯ kuəʔ(比较:枣棚儿tsɔ^{21} kuʌɯ^{44})

4 2a(儿) 2+24 别针儿piəʔ tʂʌɯ

4 2b(儿) 2+24 吃枣儿tʂʰəʔ tsʌɯ

由于神木话的儿化名词不多,而且清上字儿化后往往读轻声,所以不容易找到作为前字的两字组。但是,上面的例子仍然可以证明,清平和清上在儿化词中是完全合并了。

第二,清平和清上在轻声字前合并(关于轻声,见下节),都读24调,例如:

箍□糊弄 = 古董 ku^{24} tuɤ̃^{21} 揪去 = 九个 tɕiəu^{24} kəʔ^{21}

但是它们对后字是否变读轻声的制约能力有差别。相同之处在于,都不能使后面的阳平、去声字变读轻声,都能使后面的清上字变读轻声;不同之处在于,清平字还可以使后面的清平、入声字变读轻声,清上字则除了个别以外,不能使后面的清平、入声字变读轻声。因此,机子tɕi^{24} tsəʔ^{21} ≠ 虮子tɕi^{21} tsəʔ^{4},签子竹签 tɕʰiɛ^{24} tsəʔ^{21} ≠ 浅子一种矮粗的缸 tɕʰiɛ^{21} tsəʔ^{4}。

下面将清平和清上字与轻声的组合各举两例(调值均为24+21,不再标出)。

2a 2a 春天tʂʰuɤ̃ tʰiɛ 当中tɑ̃ tʂuɤ̃

2a 2b 春起tʂʰuɤ̃ tɕʰi 牲口sɤ̃ kʰəu

2a 4 乡里ɕiɑ̃ ləʔ 山药sɛ iəʔ/iɛ/i

2b 2b 早起tsɔ tɕʰi 赶紧kɛ tɕiɤ̃

2b 4　五个 vu kəʔ　走了 tsəu ləʔ（仅“个、了”等少数字变读轻声）。

第三，清平和清上的叠字组连调不同。清平叠字组读24+21，清上叠字组读21+24。详见本章第二节。例如：

清平叠字：24+21	蛛蛛 tʂu tʂu	三三 sɛ sɛ
	蛊蛊 tʂuɤ̃ tʂuɤ̃	亲亲 tɕʰiɤ̃ tɕʰiɤ̃
清上叠字：21+24	颗颗 kʰuo kʰuo	祖祖 tsu tsu
	婶婶 ʂɤ̃ ʂɤ̃	水水 ʂuei ʂuei

1.2.3　清平、清上字在连读中的“窜调”现象

清平和清上在两字组连调中分大于合，界限还是比较清楚的。不过，由于单字调和儿化变调相同，有些字的连读变调还是受到了影响，出现了连读中的“窜调”现象，即本该按清平变调的字读了清上，本该按清上变调的字读了清平。下面先列举“窜调”的字，然后举例。例词中箭头前的调值指按来源应读的连调方式，箭头后的调值指实际的连调方式。

清平字变调如清上29字：哥梭唆于恢煨丕脂~肪嬉熙希萎挥膏兜衫刊煎先又音宣昆昌扛称~呼侦征倾攻充。例如：

24+44→21+44	宣传 ɕyɛ tʂʰuɛ	挥毫 xuei xɔ	煎熬 tɕiɛ ŋɔ
24+213→21+24	脂肪 tsɿ fɑ̃	称呼 tʂʰɤ̃ xu	刊登 kʰɛ tɤ̃
24+21→21+24	哥哥 kuo kuo	兜兜 təu təu	
24+53→21+53	希望 ɕi vɑ̃	先前儿 ɕiɛ tɕʰiʌɯ	充分 tʂʰuɤ̃ fɤ̃
24+4→21+4	萎缩 vei ʂuəʔ	攻击 kuɤ̃ tɕiəʔ	征伐 tʂɤ̃ faʔ

清上变调如清平29字：哪朵椭颗一~米剐组褚所几始轨癸匪狡表手~沼矫缴叟闪遣跗犬诊蒋奖谎哽丙。例如：

21+44→24+44	椭圆 tʰuo yuɛ	剐柴 kua tsʰᴇ	闪人 ʂɛ zɤ̃
21+24→24+213	始终 sɿ tʂuɤ̃		
21+53→24+53	诊断 tʂɤ̃ tuɛ	谎话 xuɑ̃ xua	矫正 tɕiɔ tʂɤ̃
21+4→24+4	沼泽 tʂɔ tsəʔ	组织 tsu tʂəʔ	哪里 na ləʔ

24+213→21+24 五朵 vu tuo 土匪 t^hu fei 手表 ʂəu piɔ

4+213→2+24 铁轨 t^hiəʔ kuei 一颗 iəʔ k^huo

由此看来,清平和清上字不仅单字调已经合流,而且连读中的混并也比较严重。儿化词中两类字完全合流,可能是单字调相混的结果,同时,它也进一步促使这两类字在语流中互相影响,逐渐合而为一。从周围的方言看,绥德、子洲、子长话清平和清上单字调同读213,作为前字,在阳平、去声、清上、轻声前同样变读21调,只在清平、入声前有区别,清平变读24调,清上变读21调。作为后字,清平和清上都不变调。上述方言中这两类字混并的程度比神木话更高。从发展趋向来看,如果没有北京话的强大影响,清平和清上字可能会完全合流。神木人学说普通话时,经常把上声字说成阴平,或把阴平字说成上声,正是清平和清上字互相纠缠的反映。

综上所述,清平和清上、次浊上之间单字调相同,儿化变调相同,在轻声前的变调相同;连读变调有同有异,对后字控制能力不同,叠字组连调方式不同。这种现象是单字调系统和连读变调系统发展不平衡的结果。即单字调的演变速度快于连读变调的演变速度。那么,是根据单字调相同(包括其他相同点)的事实,将它们合为一个调呢?还是根据连读变调分大于合(包括其他不同点)的事实,将它们分成两个调类呢?刘育林(1990)采取分的处理办法,笔者以前也倾向于分。温端政《忻州方言志》则把单字调相同,分别来源于清平和清上、次浊上的字根据连调分成阴平、上声、阴平上声三个单字调。这样处理的理由是,"把在判别式可以区别出来的阴平字、上声字分开来,对于语言的历史研究和平面的比较研究,特别是对普通话教学有许多好处"(14)。不过,正如王福堂(1999)所指出的:"变调一般是由单字调生成的,但它们属于不同的语音层面,有着性质上的不同"(163);"由于单字调系统和变调系统的分合方向和变化速度可能不同,汉语方言中变调有别而单字调混同的现象虽然少见,却属正常。忻州话目前阴平、上声有不同变调,固然反映它们早期的单字调曾经是不同的。但作为共时的声调系统,目前已经合流的声调再加区别,不仅否定了调类演变的事实,也削弱了声调系统的合理性”(168),这样处理“造成的混乱将是显而易见的”(167)。我们认为,既然单字调和连读变调属于不同的语音层面,各有自己的系统和变化速度、分合方向,那么,在归纳单字调系统时,当然还是要以单字读音为依据的。在讨论连读变调和声调的历史演变时,完全可以根据其来源和连调方式不同,在一个单字调下分出次类来,以便讨论。这样处理对声调的历史演变的研究可能更有好处,更有利于深入揭示单字调和连读变调演变的复杂性。

基于以上认识,本书把分别来源于清平和清上、次浊上的213调合为一类,定名为阴平上,以暗示其来源不同。

值得一提的是,来源于古清平和清上、次浊上的字单字调相同,是晋语方言五台片的共同特征,据侯精一(1986b),五台片共包括山西北部、陕西北部、内蒙古河套地区30个市县旗。据笔者了解的情况,实际范围比这个数字还大。如内蒙古清水河、东胜、准格尔、伊金霍洛、五原等,清平和清上、次浊上单字调显然已经合流了。此外,属于吕梁片的佳县、吴堡、临县,阴平与上声的调值也十分接近,只是高低有别。对上述方言清平和清上、次浊上的单字调和连读变调进行区域性研究,将是一个很有意义的课题。

1.3　万镇、贺家川话的两字组连调变读

1.3.1　万镇话

万镇话共5个单字调。两字组连读变调见表3-4。格式同表3-1。

表3-4

前字＼后字		阳平44	阴平上213 a	阴平上213 b	去声53	阴入ʔ34	阳入ʔ13
1阳平44							
2阴平上213	a	21+44			21+53	21+34	24+13
	b	42+44	42+213		42+53	42+34	
3去声53							
4阴入ʔ34			21+213				
5阳入ʔ13		21+44	21+213		21+53	21+34	

在36个两字组中，一共有13组发生变调，“阴入+清平”和“阳入+清平”合并，因此有12种变调方式。连读中产生4个新调值，即21调、42调、24调、ʔ21调。

万镇话与神木话连读变调的差异主要有两点：

第一，万镇话分阴阳入，阳入在阳平、清平、去声、阴入前都变读ʔ21调，清平在阳入前变读24调，因此，万镇话比神木话多出5组有阳入参加的连调式。但神木话在“阴平上+阴平上”比万镇话多出的3组连调合并，所以万镇话总共比神木话多4组连调形式。

第二，万镇话清平在阳平、去声、阴入前变读21调，清上在阳平、清平、去声、阴入前变读42调，均为降调，但高低不同。这两个连调调值，分别接近佳县、临县话的阴平、上声（佳县阴平213，上声412；临县阴平24，上声312），说明万镇话阴平上合为一个单字调的历史不长。

下面给有变调的13个两字组举例。

2a	1	21+44	天鹅 t^hie ŋõ	高楼 kɒo lou
2b	1	42+44	口粮 k^hou liõ	老成 lɒo $tʂ^h$ɤ̃
2b	2a	42+213	口音 k^hou iɤ̃	老师 lɒo sʅ
2a	3	21+53	兄弟 ɕy ti	鸡叫 tɕi tɕiu

2b	3	42+53	口袋k^{h}ou tei	老汉lɒo xie
2a	4	21+4	升级ʂɤ̃ tɕiəʔ	天黑t^{h}ie xəʔ
2b	4	42+4	小雪ɕiɒo ɕyəʔ	起色tɕ^{h}i saʔ
2a	5	24+$\underline{13}$	腰直iu tʂ^{h}əʔ	取药tɕ^{h}y iəʔ
4	2a	$\underline{21}$+213	结婚tɕiəʔ xuɤ̃	一般iəʔ pæ̃
5	1	$\underline{21}$+44	药房iəʔ fuo	石油ʂəʔ iou
5	2a	$\underline{21}$+213	实心ʂəʔ ɕiɤ̃	铡刀ts^{h}aʔ tɒo
5	3	$\underline{21}$+53	木匠məʔ tsɒ̃	活命xuəʔ mi
5	4	$\underline{21}$+$\underline{34}$	袜子vaʔ tsəʔ	活的xuəʔ təʔ

1.3.2　贺家川话

贺家川话共5个单字调。两字组连读变调见表3-5。

表3-5

前字＼后字		阳平44	阴平上213 a	阴平上213 b	去声53	阴入ʔ4	阳入ʔ13
1阳平44							
2阴平上213	a		24+213	24+213			24+$\underline{13}$
	b	21+44	21+24	24+213	21+53	21+4	
3去声53							
4阴入ʔ4			$\underline{21}$+24				
5阳入ʔ13		$\underline{21}$+44	$\underline{21}$+24		$\underline{21}$+53	$\underline{21}$+4	

在36个两字组中,共有13组发生变调。但有几组合并,实际上共10种连调方式。连读中产生3个新调值,即24调、21调、ʔ21调。

贺家川与神木话连读变调的差异主要有以下两点:

第一,贺家川话分阴入和阳入,阳入在阳平、清平、去声、阴入前都变作ʔ21调,清平在阳入前变读24调,“阳入+清平”与“阴入+清平”连调方式一致,因此比神木话多4组有阳入参加的连调方式。

第二，贺家川话清平在阳平、去声、阴入前不变调。因此，除了“阴平上+阴平上”有两种变调方式外，阴平上在其他声调前只有一种变调方式，这就比神木话又少了3组连调方式。总之，从数量看，贺家川话共有10种连读变调方式，比神木话多1种。不过发生变调的两字组和具体的变读方式，与神木话存在较大的差异。

贺家川话连读变调与万镇话的差异集中在阴平上作前字的4组字上。具体见表3-6。

表3-6

	万镇	例词	贺家川	例词
清平+阳平	21+44	帮忙		
清上+阳平	42+44	响雷	21+44	响雷
清平+清平			24+213	伤心
清上+清平	42+213	口轻	21+24	口轻
清平+去声	21+53	天气		
清上+去声	42+53	狗叫	21+53	狗叫
清平+阴入	21+34	中级		
清上+阴入	42+34	小学	21+4	小学

下面给贺家川发生连读变调的11个两字组举例。

2a	2a	24+213	开车 kʰe tʂʰɤ	手巧 ʂou tɕʰiu
2b	2a	21+24	口音 kʰou iəɣ̃	尾巴 i pa
2a	2b	24+213	浇水 tɕiu ʂu	枪响 tɕʰiɤ ɕiɤ
2b	2b	24+213	胆小 tæ̃ ɕiu	举手 tɕy ʂou
2b	1	21+44	口粮 kʰou liɛ	老成 lɔ tʂʰəɣ̃
2b	3	21+53	口袋 kʰou te	老汉 lɔ xiɯ̃
2b	4	21+4	小学 ɕiu ɕiəʔ	礼节 li tɕiəʔ
2a	5	24+13	腰直 iu tʂʰəʔ	取药 tɕʰy iəʔ
4	2a	21+24	结婚 tɕiəʔ xuəɣ̃	说书 ʂuəʔ ʂu

5	1	21+44	值钱 tʂ^{h}əʔ tɕ^{h}iɯ̃	石油 ʂəʔ iou
5	2a	21+24	炸糕 ts^{h}aʔ kɔ	罚款 faʔ k^{h}uɯ̃
5	3	21+53	绿豆 luəʔ tou	活命 xuəʔ mi
5	4	21+4	拾掇 ʂəʔ tuəʔ	活的 xuəʔ təʔ

1.4　神木话三字组连读变调

三字组在两字组的基础上进行变调。基本规律是，第二字与第三字先组合，然后第一字才与第二字（已根据与第三字的连调关系变调）组合，即第一步：A+B+C，第二步：A+B’+C。如清平+清平+清平：213+213+213→213+24+213→24+24+213。但是，X+入声+清平、清上+清上+清上、入声+清上+清上则因组合关系不同而有不同的变调方式：1+2是A+（B+C），2+1是（A+B）+C（第三字对第二字没有影响），前者如“开药方”24+2+24，后者如“公积金”24+4+213，不过有些词不遵循这个规律。

由于神木话两字组连读变调中没有甲类的变调值等于乙类的单字调值的现象，所以三字组的变调规律并不复杂。复杂之处主要在包含阴平上的三字组大多有两种以上变调方式。

三字组变调规律见表3–7。表左是前两字的调类代码和调值，表端是第三字的调类和调值。横竖相交处是该三字组的变调方式。空格表示没有变调。

由表中可以看出，在64组三字组中，共有31组发生变调。阴平上作为第一字、第二字全部发生变调；作为第三字只在阳平和去声后不变，其他条件下都变。由于阴平上来历不同，加上几组结构方式对变调产生不同的影响。因此，共生成66种连调方式。

表后举例，先以第一字代码1、2a、2b、3、4为序，再以第二字1、2a、2b、3、4为序，再以第三字1、2a、2b、3、4为序。注音只注变调。调类排黑体表示有变调。

表3-7

	阳平44	阴平上213	去声53	入声ʔ4
1 1 44+44				
1 2a 44+213 1 2b 44+213	(1)44+24+44 (5)44+21+44	(2)44+24+213 (6)44+21+24 (2)44+24+213	(3)44+24+53 (7)44+21+53	(4)44+24+4 (8)44+21+4
1 3 44+53				
1 4 44+4		(9)44+2+24		
2a 1 213+44 2b 1 213+44	(10)24+44+44 (14)21+44+44	(11)24+44+213 (15)21+44+213	(12)24+44+53 (16)21+44+53	(13)24+44+4 (17)21+44+4
2a 2a 213+213 2a 2b 213+213 2b 2a 213+213 2b 2b 213+213	(18)24+24+44 (22)24+21+44 (26)21+24+44 (22)24+21+44	(19)24+24+213 (23)24+21+24 (27)21+24+213 (23)24+21+24 (19)24+24+213 (27)21+24+213	(20)24+24+53 (24)24+21+53 (28)21+24+53 (24)24+21+53	(21)24+24+4 (25)24+21+4 (29)21+24+4 (25)24+21+4
2a 3 213+53 2b 3 213+53	(30)24+53+44 (34)21+53+44	(31)24+53+213 (35)21+53+213	(32)24+53+53 (36)21+53+53	(33)24+53+4 (37)21+53+4
2a 4 213+4 2b 4 213+4	(38)24+4+44 (43)21+4+44	(39)24+2+24 (40)24+4+213 (44)21+4+213 (39)24+2+24	(41)24+4+53 (45)21+4+53	(42)24+4+4 (46)21+4+4
3 1 53+44				
3 2a 53+213 3 2b 53+213	(47)53+24+44 (51)53+21+44	(48)53+24+213 (52)53+21+24 (48)53+24+213	(49)53+24+53 (53)53+21+53	(50)53+24+4 (54)53+21+4
3 3 53+53				
3 4 53+4		(55)53+2+24 (56)53+4+213		
4 1 4+44				
4 2a 4+213 4 2b 4+213	(57)2+24+44 (61)4+21+44	(58)2+24+213 (62)4+21+24 (63)4+24+213 (58)2+24+213	(59)2+24+53 (64)4+21+53	(60)2+24+4 (65)4+21+4
4 3 4+53				
4 4 4+4		(66)4+2+24		

第一字阳平

1 1 1	44+44+44	皮鞋油 pʰi xᴇ iəu	难为人 nɛ vei ʐɤ̃
1 1 2a	44+44+213	长明灯 tʂʰɑ̃ miɤ̃ tɤ̃	
1 1 2b	44+44+213	秦皇岛 tsʰɤ̃ xuɑ̃ tɔ	
1 1 3	44+44+53	洋蔓菁 iɑ̃ mɛ tɕiɤ̃	毛蚰蜒 mɔ iəu iɛ
		缝棉裤 fɤ̃ miɛ kʰu	
1 1 4	44+44+4	和平鸽 xuo pʰiɤ̃ kəʔ	
1 2a 1	44+24+44	鱼肝油 y kɛ iəu	缝衣裳 fɤ̃ i ʂɑ̃
		迎新娘 iɤ̃ ɕiɤ̃ niɑ̃	
1 2a 2a	44+24+213	羊羔儿风 iɑ̃ kʌɯ fɤ̃	螺丝钉 luo sɿ tiɤ̃
		提工资 tʰi kuɤ̃ tsɿ	
1 2a 2b	44+24+213	连阴雨 liɛ iɤ̃ y	挨刀鬼 nᴇ tɔ kuei
		脓胶屎 nuɤ̃ tɕiɔ sɿ	
1 2a 3	44+24+53	留裆裤 liəu tɑ̃ kʰu	航空信 xɑ̃ kʰuɤ̃ɕiɤ̃
		查车票 tsʰa tʂʰɿə pʰiɔ	
1 2a 4	44+24+4	元宵节 yɛ ɕiɔ tɕiəʔ	抬书桌 tʰᴇ ʂu tʂuəʔ
1 2b 1	44+24+44	头几年 tʰəu tɕi niɛ	埋死人 mᴇ sɿ ʐɤ̃
		寻保人 sɤ̃ pɔ ʐɤ̃	
1 2b 2a	44+21+24	平板车 pʰiɤ̃ pɛ tʂʰɿə	麻捣灰 ma tɔ xuei
		捶死猪 tʂʰuei sɿ tʂu	
1 2b 2b	44+24+213		
1 2b 3	44+21+53	红小豆 xuɤ̃ ɕiɔ təu	流水帐 liəu ʂuei tʂɑ̃
		学手艺 ɕiɔ ʂəu i	
1 2b 4	44+21+4	蛇鼠子 ʂɿə ʂu tsəʔ	猴小子 xəu ɕiɔ tsəʔ
1 3 1	44+53+44	王字旁 vɑ̃ tsɿ pʰɑ̃	前半年 tɕʰiɛ pɛ niɛ
1 3 2a	44+53+213	文化宫 vɤ̃ xua kuɤ̃	提货单 tʰi xuo tɛ
		存现金 tsʰuɤ̃ ɕiɛ tɕiɤ̃	
1 3 2b	44+53+213	图画纸 tʰu xua tsɿ	文化馆 vɤ̃ xua kuɛ

				时气好 sɿ tɕʰi xɔ	
1	3	3	44+53+53	杂和菜 tsa xuo tsʰᴇ	前半夜 tɕʰiɛ pɛ iɛ
				提意见 tʰi i tɕiɛ	
1	3	4	44+53+4	邮电局 iəu tiɛ tɕyəʔ	麻醉药 ma tsuei iəʔ
1	4	1	44+4+44	留客人 liəu kʰəʔ ʐɤ̃	亡国奴 vɑ̃ kuəʔ nəu
1	4	2a	44+2+24	门圪塄 mɤ̃ kəʔ lɔ	贼忽拉 tsᴇ xuəʔ la
				寻石灰 sɤ̃ ʂəʔ xuei	
			44+4+213	寻律师 sɤ̃ luəʔ sɿ	
1	4	2b	44+4+213	储蓄所 tʂʰu ɕyəʔ ʂuo	瞄不准 miɔ pəʔ tʂuɤ̃
1	4	3	44+4+53	油漆匠 iəu tɕʰiəʔ tɕiɑ̃	原则性 yɛ tsəʔ ɕiɤ̃
				量尺寸 liɑ̃ tʂʰəʔ tsʰuɤ̃	
1	4	4	44+4+4	穷吃喝 tɕʰyɤ̃ tʂʰəʔ xəʔ	排节目 pʰᴇ tɕiəʔ məʔ
				第一字阴平上	
2a	1	1	24+44+44	天文台 tʰiɛ vɤ̃ tʰᴇ	真能行 tʂɤ̃ nɤ̃ ɕiɤ̃
2a	1	2a	24+44+213	星期三 ɕiɤ̃ tɕʰi sɛ	西洋参 ɕi iɑ̃ sɤ̃
				包红包 pɔ xuɤ̃ pɔ	
2a	1	2b	24+44+213	阴阳水 iɤ̃ iɑ̃ ʂuei	星期五 ɕiɤ̃ tɕʰi vu
2a	1	3	24+44+53	山蔓菁儿 sɛ mɛ tɕiʌɯ	交流会 tɕiɔ liəu xuei
				当裁判 tɑ̃ tsʰᴇ pʰɛ	
2a	1	4	24+44+4	星期一 ɕiɤ̃ tɕʰi iəʔ	新同学 ɕiɤ̃ tʰuɤ̃ ɕiəʔ
				清明节 tɕʰiɤ̃ miɤ̃ tɕiəʔ	
2a	2a	1	24+24+44	双脸儿鞋 ʂuɑ̃ liʌɯ xᴇ	天安门 tʰiɛ ŋɛ mɤ̃
				穿衣裳 tʂʰuɛ i ʂɑ̃	
2a	2a	2a	24+24+213	收音机 ʂəu iɤ̃ tɕi	双胞胎 ʂuɑ̃ pɔ tʰᴇ
2a	2a	2b	24+24+213	天花板 tʰiɛ xua pɛ	
2a	2a	3	24+24+53	腰弯下 iɔ vɛ xa	新书记 ɕiɤ̃ ʂu tɕi
				冲鸡蛋 tʂʰuɤ̃ tɕi tɛ	
2a	2a	4	24+24+4	中秋节 tʂuɤ̃ tɕʰiəu tɕiəʔ	搬书桌 pɛ ʂu tʂuəʔ

2a	2b	1	24+21+44	圈脸胡 tɕʰyɛ liɛ xu	双眼皮 ʂuɑ̃ iɛ pʰi
				当演员 tɑ̃ iɛ yɛ	
2a	2b	2a	24+21+24	抽水机 tʂʰəu ʂuei tɕi	挖耳朵 va ʌɯ tuo
				开火车 kʰᴇ xuo tʂʰʅə	
2a	2b	2b	24+24+213	哥俩好 kuo liɑ̃ xɔ	千里马 tɕʰiɛ li ma
2a	2b	3	24+21+53	新女婿 ɕiɤ̃ ny ɕi	吼口号 xəu kʰəu xɔ
				吹口哨 tʂʰuei kʰəu sɔ	
2a	2b	4	24+21+4	锅底黑 kuo ti xəʔ	鸡爪子 tɕi tʂua tsəʔ
				当主席 tɑ̃ tʂu ɕiəʔ	
2a	3	1	24+53+44	通信员 tʰuɤ̃ ɕiɤ̃ yɛ	开后门 kʰᴇ xəu mɤ̃
				千字文 tɕʰiɛ tsɿ vɤ̃	
2a	3	2a	24+53+213	鸡蛋汤 tɕi tɛ tʰɑ̃	三字经 sɛ tsɿ tɕiɤ̃
				遭旱灾 tsɔ xɛ tsᴇ	
2a	3	2b	24+53+213	鞭炮响 piɛ pʰɔ ɕiɑ̃	
2a	3	3	24+53+53	瓜儿闷饭 kuʌɯ mɤ̃ fɛ	豇豆饭 tɕiɑ̃ təu fɛ
				修电器 ɕiəu tiɛ tɕʰi	
2a	3	4	24+53+4	山货业 sɛ huo iəʔ	登记册 tɤ̃ tɕi tsʰəʔ
				揩饭桌 kʰᴇ fɛ tʂuəʔ	
2a	4	1	24+4+44	高圪梁 kɔ kəʔ liɑ̃	订合同 tiɤ̃ xəʔ tʰuɤ̃
				开食堂 kʰᴇ ʂəʔ tʰɑ̃	
2a	4	2a	24+2+24	锅圪巴 kuo kəʔ pa	花圪都 xua kəʔ tu
				背黑锅 pei xəʔ kuo	
			24+4+213	公积金 kuɤ̃ tɕiəʔ tɕiɤ̃	钢笔尖儿 kɑ̃ piəʔ tɕiʌɯ
2a	4	2b	24+4+213	三角板 sɛ tɕyəʔ pɛ	
2a	4	3	24+4+53	锅黑=浪= kuo xəʔ lɑ̃	关岳庙 kuɛ iəʔ miɔ
				交学费 tɕiɔ ɕiəʔ fei	
2a	4	4	24+4+4	收发室 ʂəu faʔ ʂəʔ	交作业 tɕiɔ tsuəʔ iəʔ
2b	1	1	21+44+44	死爬场 sɿ pʰa tʂʰɑ̃	紫罗兰 tsɿ luo lɛ

2b	1	2a	21+44+213	美人蕉mei ʐɤ̃ tɕiɔ	手提箱ʂəu t^{h}i ɕiɑ̃
				底朝天ti tʂ^{h}ɔ t^{h}iɛ	
2b	1	2b	21+44+213	海南岛xᴇ nɛ tɔ	舀⁼回走iɔ xuei tsəu
2b	1	3	21+44+53	水桐树ʂuei t^{h}uɤ̃ ʂu	走时气tsəu sɿ tɕ^{h}i
				耍麻架ʂua ma tɕia	
2b	1	4	21+44+4	点名册tiɛ miɤ̃ ts^{h}əʔ	小人国ɕiɔ ʐɤ̃ kuəʔ
2b	2a	1	21+24+44	五间尘vu tɕiɛ tʂ^{h}ɤ̃	锁丫环suo ia xuɛ
				打官司ta kuɛ sɿ	
2b	2a	2a	21+24+213	好多天xɔ tuo t^{h}iɛ	水晶宫ʂuei tɕiɤ̃ kuɤ̃
				打金枝ta tɕiɤ̃ tsɿ	
2b	2a	2b	21+24+213	五魁首vu k^{h}uei ʂəu	小花脸ɕiɔ xua liɛ
2b	2a	3	21+24+53	小锅儿饭ɕiɔ kuʌɯ fɛ	祖师庙tsu sɿ miɔ
				捆铺盖k^{h}uɤ̃ p^{h}u kᴇ	
2b	2a	4	21+24+4	主心骨tʂu ɕiɤ̃ kuəʔ	摆资格pᴇ tsɿ kəʔ
2b	2b	1	24+21+44	往每年vɑ̃ mei niɛ	保管员pɔ kuɛ yɛ
				拣起来tɕiɛ tɕ^{h}i lᴇ	
2b	2b	2a	24+21+24	打火机ta xuo tɕi	保险箱pɔ ɕiɛ ɕiɑ̃
				打饱声ta pɔ ʂɤ̃	
2b	2b	2b	24+24+213	洗脸水ɕi liɛ ʂuei	写纺纸ɕiɛ fɑ̃ tsɿ
				手写体ʂəu ɕiɛ t^{h}i	
			21+24+213	打草稿ta ts^{h}ɔ kɔ	打水井ta ʂuei tɕiɤ̃
2b	2b	3	24+21+53	老掌柜lɔ tʂɑ̃ kuei	暖水袋nuɛ ʂuei tᴇ
				打粉线ta fɤ̃ ɕiɛ	
2b	2b	4	24+21+4	老女子lɔ ny tsəʔ	写小说ɕiɛ ɕiɔ ʂuəʔ
2b	3	1	21+53+44	老汉儿lɔ xɛ ʌɯ	打字员ta tsɿ yɛ
				掌大权tʂɑ̃ ta tɕ^{h}yɛ	
2b	3	2a	21+53+213	礼拜三li pᴇ sɛ	韭菜花儿tɕiəu ts^{h}ᴇ xuʌɯ
				解放军tɕiɛ fɑ̃ tɕyɤ̃	

2b	3	2b	21+53+213	狗尿腿 kəu niɔ tʰuei	礼拜五 li pᴇ vu
				买卖好 mᴇ mᴇ xɔ	
2b	3	3	21+53+53	扁豆饭 pɛ təu fɛ	礼拜二 li pᴇ ʌɯ
				写报告 ɕiɛ pɔ kɔ	
2b	3	4	21+53+4	两个月 liɑ̃ kuo yəʔ	礼拜一 li pᴇ iəʔ
				好政策 xɔ tʂɤ̃ tsʰəʔ	
2b	4	1	21+4+44	主席团 tʂu ɕiəʔ tʰuɛ	写作文 ɕiɛ tsuəʔ vɤ̃
2b	4	2a	24+2+24	土圪堆 tʰu kəʔ tuei	
			21+4+213	补习班 pu ɕiəʔ pɛ	小客厅 ɕiɔ kʰəʔ tʰiɤ̃
				纺织机 fɑ̃ tʂəʔ tɕi	
2b	4	2b	21+4+213	绷的手 pɤ̃ təʔ ʂəu	舀$^{=}$出走 iɔ tʂʰuəʔ tsəu
2b	4	3	21+4+53	李子树 li tsəʔ ʂu	打嗝□ ta kəʔ ləu
				娶媳妇儿 tɕʰy ɕiəʔ fʌɯ	
2b	4	4	21+4+4	抢的吃 tɕʰiɑ̃ təʔ tʂʰəʔ	手术室 ʂəu ʂuəʔ ʂəʔ
				第一字去声	
3	1	1	53+44+44	幼儿园 iəu ʌɯ yɛ	卖油条 mᴇ iəu tʰiɔ
3	1	2a	53+44+213	自行车 tsɿ ɕiɤ̃ tʂʰʅə	定盘星儿 tiɤ̃ pʰɛ ɕiʌɯ
				报平安 pɔ pʰiɤ̃ ŋɛ	
3	1	2b	53+44+213		
3	1	3	53+44+53	二羊棒 ʌɯ iɑ̃ pɑ̃	细杂烩 ɕi tsa xuei
				剃头铺儿 tʰi tʰəu pʰʌɯ	
3	1	4	53+44+4	教研室 tɕiɔ iɛ ʂəʔ	变魔术 piɛ muo ʂuəʔ
3	2a	1	53+24+44	正方形 tʂɤ̃ fɑ̃ ɕiɤ̃	寄生虫 tɕi sɤ̃ tʂʰuɤ̃
				浆衣裳 tɕiɑ̃ i ʂɑ̃	
3	2a	2a	53+24+213	半山腰 pɛ sɛ iɔ	落窝鸡 lɔ vuo tɕi
				破伤风 pʰuo ʂɑ̃ fɤ̃	
3	2a	2b	53+24+213	大花脸 ta xua liɛ	二花脸 ʌɯ xua liɛ
				搿开腿 liɔ kʰᴇ tʰuei	

3	2a	3	53+24+53	烂锅盖 lɛ kuo kᴇ	放花儿炮 fɑ̃ xuʌɯ pʰɔ
				串商店 tʂʰuɛ ʂɑ̃ tiɛ	
3	2a	4	53+24+4	办公室 pɛ kuɤ̃ ʂəʔ	过春节 kuo tʂʰuɤ̃ tɕiəʔ
3	2b	1	53+21+44	受苦人 ʂəu kʰu ʐɤ̃	站起来 tsɛ tɕʰi lᴇ
				判死刑 pʰɛ sɿ ɕiɤ̃	
3	2b	2a	53+21+24	爆米花儿 pɔ mi xuʌɯ	四点钟 sɿ tiɛ tʂuɤ̃
				练体操 liɛ tʰi tsʰɔ	
3	2b	2b	53+24+213	效果好 ɕiɔ kuo xɔ	
3	2b	3	53+21+53	望远镜 vɑ̃ yɛ tɕiɤ̃	进口货 tɕiɤ̃ kʰəu xuo
				坐禁闭 tsuo tɕiɤ̃ pi	
3	2b	4	53+21+4	柿饼子 sɿ piɤ̃ tsəʔ	太可惜 tʰᴇ kʰuo tɕʰiəʔ
				叫蚂蚱 tɕiɔ ma tsəʔ	
3	3	1	53+53+44	上半年 ʂɑ̃ pɛ niɛ	雇店员 ku tiɛ yɛ
3	3	2a	53+53+213	意见箱 i tɕiɛ ɕiɑ̃	后燕儿窝 xəu iʌɯ vuo
				卖信封 mᴇ ɕiɤ̃ fɤ̃	
3	3	2b	53+53+213	税务所 ʂuei vu ʂuo	背转手 pei tʂuɛ ʂəu
3	3	3	53+53+53	和菜饭 xuo tsʰᴇ fɛ	豆瓣儿酱 təu pʌɯ tɕiɑ̃
				后半夜 xəu pɛ iɛ	
3	3	4	53+53+4	纪念册 tɕi niɛ tsʰəʔ	上半月 ʂɑ̃ pɛ yəʔ
3	4	1	53+4+44	磨卜脐 muo pəʔ tɕʰi	外国人 vᴇ kuəʔ ʐɤ̃
3	4	2a	53+2+24	墓圪堆 mu kəʔ tuei	树圪桩 ʂu kəʔ tʂuɑ̃
				唱国歌 tʂʰɑ̃ kuəʔ kuo	
			53+4+213	向日葵 ɕiɑ̃ ʐəʔ kʰuei	建筑师 tɕiɛ tʂuəʔ sɿ
3	4	2b	53+4+213	树圪揽 ʂu kəʔ lɛ	
3	4	3	53+4+53	下湿地 xa ʂəʔ ti	万佛洞 vɛ fəʔ tuɤ̃
				暴发户 pɔ faʔ xu	
3	4	4	53+4+4	睡不着 ʂuei pəʔ tʂʰəʔ	会客室 xuei kʰəʔ ʂəʔ
				四百八 sɿ piəʔ paʔ	

第一字入声

4	1	1	4+44+44	一毛钱iəʔ mɔ tɕ^{h}iɛ	十来年ʂəʔ lᴇ niɛ
				捏泥人niəʔ ni ʐɤ̃	
4	1	2a	4+44+213	说明书ʂuəʔ miɤ̃ ʂu	十来天ʂəʔ lᴇ t^{h}iɛ
				刮台风kuaʔ t^{h}ᴇ fɤ̃	
4	1	2b	4+44+213	托儿所t^{h}əʔ ʌɯ ʂuo	
4	1	3	4+44+53	脚梁面tɕiəʔ liɑ̃ miɛ	出洋相tʂ^{h}uəʔ iɑ̃ ɕiɑ̃
				足球队tɕyəʔ tɕ^{h}iəu tuei	
4	1	4	4+44+4	吃零食tʂ^{h}əʔ liɤ̃ ʂəʔ	出勤率tʂ^{h}uəʔ tɕ^{h}iɤ̃ luəʔ
				出题目tʂ^{h}uəʔ t^{h}i məʔ	
4	2a	1	2+24+44	出家人tʂ^{h}uəʔ tɕia ʐɤ̃	黑心肠xəʔ ɕiɤ̃ tʂ^{h}ɑ̃
				脱衣裳t^{h}uəʔ i ʂɑ̃	
4	2a	2a	2+24+213	肋肢窝luəʔ tsɿ vuo	一分钟iəʔ fɤ̃ tʂuɤ̃
4	2a	2b	2+24+213	铁丝网t^{h}iəʔ sɿ vɑ̃	
4	2a	3	2+24+53	不中用pəʔ tʂuɤ̃ yɤ̃	结婚证tɕiəʔ xuɤ̃ tʂɤ̃
				择豌豆tsəʔ vɛ təu	
4	2a	4	2+24+4	一刀切iəʔ tɔ tɕ^{h}iəʔ	抹书桌maʔ ʂu tʂuəʔ
4	2b	1	4+21+44	十几年ʂəʔ tɕi niɛ	圪扭渠kəʔ niəu tɕ^{h}y
				吃苦头tʂ^{h}əʔ k^{h}u t^{h}əu	
4	2b	2a	4+21+24	一两天iəʔ liɑ̃ t^{h}iɛ	十几天ʂəʔ tɕi t^{h}iɛ
				吃小亏tʂ^{h}əʔ ɕiɔ k^{h}uei	
4	2b	2b	4+24+213	复写纸fəʔ ɕiɛ tsɿ	落水狗luəʔ ʂuei kəu
				一眼井iəʔ iɛ tɕiɤ̃	
			2+24+213	吃早点tʂ^{h}əʔ tsɔ tiɛ	
4	2b	3	4+21+53	秃宝盖儿t^{h}uəʔ pɔ kʌɯ	不讲价pəʔ tɕiɑ̃ tɕia
				做买卖tsuəʔ mᴇ mᴇ	
4	2b	4	4+21+4	谷莠子kuəʔ iəu tsəʔ	药膏子iəʔ kɔ tsəʔ
				捏扁食niəʔ piɛ ʂəʔ	

4	3	1	4+53+44	铁匠炉 tʰiəʔ tɕiɑ̃ ləu	服务员 fəʔ vu yɛ
				蒺藜儿苗 tsəʔ liʌɯ miɔ	
4	3	2a	4+53+213	绿豆汤 luəʔ təu tʰɑ̃	喝面汤 xəʔ miɛ tʰɑ̃
4	3	2b	4+53+213	出嫁女 tʂuəʔ tɕia ny	
4	3	3	4+53+53	捷径路 tɕʰiəʔ tɕiɣ̃ ləu	绿豆饭 luəʔ təu fɛ
				拍电报 pʰiəʔ tiɛ pɔ	
4	3	4	4+53+4	一个月 iəʔ kuo yəʔ	国庆节 kuəʔ tɕʰiɣ̃ tɕiəʔ
				擦课桌 tsʰaʔ kʰuo tʂuəʔ	
4	4	1	4+4+44	不识闲 pəʔ ʂəʔ xɛ	踢足球 tʰiəʔ tɕyəʔ tɕʰiəu
4	4	2a	4+2+24	不搭腔 pəʔ taʔ tɕʰiɑ̃	吃不多 tʂəʔ pəʔ tuo
				跌一跤 tiəʔ iəʔ tɕiɔ	
4	4	2b	4+4+213	不识耍 pəʔ ʂəʔ ʂua	滑石粉 xuaʔ ʂəʔ fɣ̃
				吃黑枣 tʂʰəʔ xəʔ tsɔ	
4	4	3	4+4+53	铁业社 tʰiəʔ iəʔ ʂʅə	不答应 pəʔ taʔ iɣ̃
				七佛洞 tɕʰiəʔ fəʔ tuɣ̃	
4	4	4	4+4+4	不及格 pəʔ tɕiəʔ kəʔ	一桌席 iəʔ tʂuəʔ ɕiəʔ

洋蔓菁:洋姜。脓胶屎:眼屎。蛇鼠子:一种蜥蜴。猴小子:小儿子。杂和菜:用肉、豆腐、粉条、白菜、土豆等烩的菜。门圪塄:门后。山蔓菁儿:土豆。锅黑⁼浪⁼:连接锅和炕沿的地方。舀⁼回走:往回走。五间尘:室内房顶、墙上的灰尘。锁丫环:锁骨。老掌柜:父亲的谑称。老汉儿:老年所生的儿子。打嗝□ləu^{53}:打冷嗝。二羊棒:胫骨。坐禁闭:坐监狱。后燕儿窝:后脑窝。和菜饭:和菜的稀饭。下湿地:地下水位较高的耕地。万佛洞:神木城的庙宇。圪扭渠:臂弯。吃黑枣:挨枪子儿。七佛洞:神木城的庙宇。

1.5 儿化变调

神木方言三个代表点的儿化词都发生变调。

单音节形容词重叠,重叠部分必须儿化,后字一律变读53调(同去声):

44+53 凉凉儿 liɑ̃ liʌɯ　匀匀儿 iɣ̃ iʌɯ　强强儿 tɕʰiɑ̃ tɕʰiʌɯ

24+53　清清儿 tɕʰiɤ̃ tɕʰiʌɯ　高高儿 kɔ kʌɯ　端端儿 tuɛ tuʌɯ

21+53　软软儿 ʐuɛ ʐuʌɯ　紧紧儿 tɕiɤ̃ tɕiʌɯ　好好儿 xɔ xʌɯ

53+53　俊俊儿 tɕyɤ̃ tɕyʌɯ　硬硬儿 niɤ̃ niʌɯ　快快儿 kʰuᴇ kʰuʌɯ

4+53　直直儿 tʂəʔ tʂʌɯ　密密儿 miəʔ miʌɯ

神木话儿化名词变调。阳平变读53调（同去声）。例如：

孩伢儿 xəʔ^{4} iʌɯ^{53}　瓢儿 pʰiʌɯ^{53}

反文儿 fɛ^{21} vʌɯ^{53}　眼睛仁儿 iɛ^{21} tɕiɤ̃^{24} ʐʌɯ^{53}

七成儿 tɕʰiəʔ^{4} tʂʰʌɯ^{53}　环儿 xuʌɯ^{53}

沙渠儿地名 sa^{24} tɕʰyʌɯ^{53}　先前儿 ɕiɛ^{21} tɕʰiʌɯ^{53}

脑门儿 nɔ^{21} mʌɯ^{53}　桃儿 tʰʌɯ^{53}

酒壶儿 tɕiəu^{21} xuʌɯ^{53}　河儿畔地名 xuʌɯ^{53} pɛ^{53}

入声字儿化大都变读44调（同阳平），有的进一步随阳平变53调，形成异读。例如：

夹克儿 tɕiaʔ^{4} kʰʌɯ^{44}　赤脚儿 tʂʰəʔ^{4} tɕiʌɯ^{44}

各儿家 kʌɯ^{44} tɕiəʔ^{21}　跌色儿 tiəʔ^{4} sʌɯ^{44}/sʌɯ^{53}

角儿 tɕyʌɯ^{44}　月儿 yʌɯ^{44}/yʌɯ^{53}

折叶儿 tʂəʔ^{4} iʌɯ^{44}　豌饦儿 vɛ^{21} tʰuʌɯ^{44}/tʰuʌɯ^{53}

吃碟儿 tʂʰəʔ^{4} tiʌɯ^{44}　鹿儿 luʌɯ^{44}/luʌɯ^{53}

阴平上儿化单字调不变，但清上字儿化后连调值与清平相同。例如：

疮儿 tʂʰuʌɯ^{213}　蜂儿 fʌɯ^{213}　花儿 xuʌɯ^{213}

瓜儿 kuʌɯ^{213}　枣儿 tsʌɯ^{213}　雀儿 tɕʰiʌɯ^{213}

狗儿 kʌɯ^{213}　籽儿 tsʌɯ^{213}　籽儿稠 tsʌɯ^{24} tʂʰəu^{44}

雀儿蛋 tɕʰiʌɯ^{24} tɛ^{53}　张板儿崖地名 tʂã^{24} pʌɯ^{24} nᴇ^{44}

方块儿K fã^{24} kʰuʌɯ^{24} kʰɛ^{53}　袄儿襟襟 ŋʌɯ^{24} tɕiɤ̃^{24} tɕiɤ̃^{21}

鼻窟窿儿细 piəʔ^{4} kʰuəʔ^{4} luʌɯ^{24} ɕi^{53}

部分阴平上和入声字儿化变读轻声，见下文。

万镇、贺家川名词儿化，阳平、阴平上、去声、阴入的变调跟

神木话相同,阳入字儿化变读213调(同阴平上)。万镇话如:

月儿yər²¹³ 鹿儿luər²¹³ 卒儿tsʰuər²¹³

侄儿tʂʰər²¹³ 叶儿iər²¹³

贺家川如:

树叶儿ʂu⁵³ iər²¹³ 月儿yər²¹³ 侄儿tʂʰər²¹³

盒儿xər²¹³

二 轻声及其性质

本书的轻声指“重轻”式语音词中的后一音节。神木方言的轻声字,声母一般不发生音变,个别字声母脱落,与前字合音,如“男子汉” nɛ⁴⁴ tsəʔ²¹ xɛ²¹→nɛ⁴⁴ tsʰɛ²¹。有的入声字在轻声字中舒声化,如“山药” sɛ²⁴ iəʔ²¹/iɛ²¹/i²¹。

轻声字的调值,除了清上的叠字组表现特殊外,一律是轻而短的21调。轻声对前字的声调有影响:阴平上在轻声前变读24调。

2.1 神木话轻声词的调式

2.1.1 非叠字组中的轻声

神木话轻声词数量很多。非叠字组变读轻声的声调条件和调式见表3-8。表左是前字调类,表端是轻声字的原调类和调值。前字一律标实际调值,轻声标21调,空格表示无轻声,“( )”表示只有个别轻声词。

表3-8

	阳平 44	阴平上 213	去声 53	入声 4
阳平	44+21	44+21	(44+21)	44+21
阴平上	(24+21)	24+21		24+21
去声	53+21	53+21	53+21	53+21
入声		4+21		4+21

上表显示,神木话轻声词的声调条件,跟双音词前后字都有

关系。从前字看，阳平、去声字后的轻声多，阴平上（主要是清上）、入声字后的轻声少。从后字看恰恰相反，阴平上（主要是清上）、入声字读轻声多，阳平、去声字读轻声少。

下面以前字的单字调为序举例，包括非叠字组、儿化词和地名，不包括叠字组和个别只读轻声的虚词。轻声调值仍按变调标注，统一放在例词前面。

前字阳平 44+21

后字阳平	城墙 tʂʰɤ̃ tɕʰiɑ̃	长城 tʂʰɑ̃ tʂʰɤ̃	明年 miɤ̃ niɛ
	裁缝 tsʰᴇ fɤ̃	盘缠 pʰɛ tʂʰɛ	绵羊 miɛ iɑ̃
	榆钱儿 y tɕʰiʌɯ	南房 nɛ fɑ̃	皮鞋 pʰi xᴇ
	围脖儿 vei pʌɯ	油茶 iəu tʂʰa	媒人 mei ʐɤ̃
	婆姨 pʰuo i	榆林 y liɤ̃	咸阳 ɕiɛ iɑ̃
	河南 xuo nɛ		
后字清平	洋钉 iɑ̃ tiɤ̃	镰刀 liɛ tɔ	棉花 miɛ xua
	茅坑 mɔ kʰɤ̃	调羹儿 tʰiɔ kʌɯ	茴香 xuei ɕiɑ̃
	神仙 ʂɤ̃ ɕiɛ	姨夫 i fu	连襟 liɛ tɕiɤ̃
	秧歌 iɑ̃ kuo	营生 iɤ̃ sɤ̃	延安 iɛ ŋɛ
	铜川 tʰuɤ̃ tʂʰuɛ	南京 nɛ tɕiɤ̃	兰州 lɛ tʂəu
	台湾 tʰᴇ vɛ		
后字清上	云彩 yɤ̃ tsʰᴇ	前晌 tɕʰiɛ ʂɑ̃	洋火 iɑ̃ xuo
	皮袄 pʰi ŋɔ	儿马 ʌɯ ma	狐狸 xu li
	苹果 pʰiɤ̃ kuo	凉粉 liɑ̃ fɤ̃	眉眼 mi iɛ
	长短 tʂʰɑ̃ tuɛ	吴堡 vu pu	
后字去声	前面 tɕʰiɛ miɛ		
后字入声	城里 tʂʰɤ̃ ləʔ	寒食 xɛ ʂəʔ	房子 fɑ̃ tsəʔ
	丸药 vɛ iəʔ	咱们 tsʰa məʔ	勤饰 tɕʰiɤ̃ ʂəʔ
	人家 ʐɤ̃ tɕiəʔ	凉席 liɑ̃ ɕiəʔ	神木 ʂɤ̃ məʔ

前字清平 24+21

后字清平	春天 tʂuɤ̃ t^{h}iɛ	秋分 tɕ^{h}iəu fɤ̃	公鸡 kuɤ̃ tɕi
	沙蒿 sa xɔ	沙锅 sa kuo	花生 xua sɤ̃
	清汤 tɕ^{h}iɤ̃ t^{h}ɑ̃	医生 i sɤ̃	高跷 kɔ tɕ^{h}iɔ
	东西 tuɤ̃ ɕi	金针 tɕiɤ̃ tʂɤ̃	当中 tɑ̃ tʂuɤ̃
	腰花儿 iɔ xuʌɯ	西安 ɕi ŋɛ	关中 kuɛ tʂuɤ̃
	山西 sɛ ɕi		
后字清上	春起 tʂ^{h}uɤ̃ tɕ^{h}i	牲口 sɤ̃ k^{h}əu	莴笋 vuo suɤ̃
	酸枣 suɛ tsɔ	烧酒 ʂɔ tɕiəu	肩膊 tɕiɛ puo
	凶砍 ɕyɤ̃ k^{h}ɛ	沙虎儿 saxuʌɯ	搓板儿 tʂ^{h}uo pʌɯ
	乡佬儿 ɕiɑ̃ lʌɯ		
后字入声	冬里 tuɤ̃ ləʔ	正月 tʂɤ̃ yəʔ	针脚 tʂɤ̃ tɕiəʔ
	山药 sɛ iəʔ	三十 sɛ ʂəʔ	舒脱 ʂu t^{h}uəʔ
	约莫 iɔ məʔ	敁敠 tiɛ tuəʔ	绥德 suei təʔ
	甘肃 kɛ ɕyəʔ		

前字清上 24+21

后字阳平	早晨 tsɔ ʂɤ̃		
后字清上	老虎 lɔ xu	早起 tsɔ tɕ^{h}i	打早 ta tsɔ
	雨伞 y sɛ	滚水 kuɤ̃ ʂuei	古董 ku tuɤ̃
	赶紧 kɛ tɕiɤ̃	口齿 k^{h}əu ts^{h}ɿ	
后字入声	五个 vu kəʔ	九个 tɕiəu kəʔ	

前字去声 53+21

后字阳平	后年 xəu niɛ	簸箕 puo tɕ^{h}i	叫驴 tɕiɔ ly
	大门 ta mɤ̃	栈羊 tsɛ iɑ̃	正房 tʂɤ̃ fɑ̃
	枕头 tʂɤ̃ t^{h}əu	笊篱 tsɔ li	大黄 ta xuɑ̃
	上头 ʂɑ̃ t^{h}əu	丈人 tʂɑ̃ ʐɤ̃	事情 sɿ tɕ^{h}iɤ̃
	跳皮 t^{h}iɔ p^{h}i	太原 t^{h}ᴇ yɛ	济南 tɕi nɛ
后字清平	夏天 ɕia t^{h}iɛ	旋风儿 ɕyɛ fʌɯ	汽车 tɕ^{h}i tʂ^{h}ʅə

	臭蒿tʂ^{h}əu xɔ	双生儿ʂuɑ̃ sʌɯ	旱烟xɛ iɛ
	意思i sɿ	竖心儿ʂu ɕiʌɯ	定边tiɤ̃ piɛ
	横山xuɤ̃ sɛ	郑州tʂɤ̃ tʂəu	四川sɿ tʂ^{h}uɛ
后字清上	后晌xəu ʂɑ̃	下头xa t^{h}əu	灶火tsɔ xuo
	案板儿ŋɛ pʌɯ	豆腐təu fu	下水ɕia ʂuei
	屁股p^{h}i ku	骒马k^{h}uo ma	丈母tʂɑ̃ mu
	稻黍t^{h}ɔ ʂu	试打sɿ ta	
后字去声	夏上ɕia ʂɑ̃	大尽ta tɕiɤ̃	地下ti xa
	鼾睡xɛ ʂuei	上面ʂɑ̃ miɛ	糊弄xu luɤ̃
	解下xᴇ xa	笑话ɕiɔ xua	
后字入声	玉石y ʂəʔ	二月ʌɯ yəʔ	铺子p^{h}u tsəʔ
	熨铁yɤ̃ t^{h}iəʔ	喷嚏p^{h}ɤ̃ t^{h}iəʔ	拜识pᴇ ʂəʔ
	大学ta ɕiəʔ	睡着ʂuei tʂ^{h}əʔ	
		前字入声 4+21	
后字清平	菊花tɕyəʔ xua	学生ɕiəʔ sɤ̃	北京piəʔ tɕiɤ̃
后字清上	圪扭儿kəʔ niʌɯ	夹袄儿tɕiaʔ ŋʌɯ	月饼儿yəʔ piʌɯ
	跌打tiəʔ ta	扑砍p^{h}əʔ k^{h}ɛ	桌椅tʂuəʔ i
	节省tɕiəʔ sɤ̃	做果tsuəʔ kuo	
后字入声	吸铁ɕiəʔ t^{h}iəʔ	腊月laʔ yəʔ	疙瘩kəʔ taʔ
	壁虱piəʔ səʔ	麦子miəʔ tsəʔ	拾掇ʂəʔ tuəʔ
	木植məʔ ʂəʔ	骨殖kuəʔ ʂəʔ	撁搔ŋəʔ saʔ
	甲掐儿tɕiəʔ tɕ^{h}iʌɯ		

婆姨:已婚妇女,妻子。眉眼:脸。勤饰:整洁。金针:黄花儿。凶砍:发火。沙虎儿:蜥蜴的一种。冬里:冬天。滚水:热水。栈羊:家养育肥的绵羊。丈人:岳父的背称。下水:牲畜的内脏。丈母:岳母的背称。试打:试试。稻黍:高粱。解下:懂了。笑话:嘲笑。熨铁:烙铁。拜识:结拜兄弟。圪扭儿:蝌蚪。扑砍:跃跃欲试。做果:杀死。木植:木头。骨殖:骨头。撁搔:垃圾。

2.1.2 名词叠字组的轻声

神木话重叠式名词很多，有AA式、ABB式和少数AAB式、AABB式。

AA式名词变读轻声的调值和非叠字组基本相同。除清上外，后字一律读轻声。清上叠字组比较特殊，前字变读21，后字变读24，与“清上＋清平”的连调方式相同，而且后字读得比前字重且长。下面举例：

阳平叠字44+21	绳绳ʂɤ̃ ʂɤ̃	牛牛niəu niəu	猴猴xəu xəu
	神神ʂɤ̃ ʂɤ̃	行行xɑ̃ xɑ̃	须须suei suei
清平叠字24+21	爹爹ta ta	摊摊tʰɛ tʰɛ	羔羔kɔ kɔ
	蛛蛛tʂu tʂu	亲亲tɕʰiɤ̃ tɕʰiɤ̃	糁糁sɤ̃ sɤ̃
清上叠字21+24	爷爷iɛ iɛ	娘娘nyo nyo	哥哥kuo kuo
	嫂嫂sɔ sɔ	草草tsʰɔ tsʰɔ	饼饼piɤ̃ piɤ̃
去声叠字53+21	舅舅tɕiəu tɕiəu	褂褂kua kua	穗穗suei suei
	缝缝fɤ̃ fɤ̃	镚镚pɤ̃ pɤ̃	架架tɕia tɕia
入声叠字4+21	叔叔ʂuəʔ ʂuəʔ	洦洦pəʔ pəʔ	刷刷ʂuaʔ ʂuaʔ
	箅箅pʰiəʔ pʰiəʔ	窟窟kʰuəʔ kʰuəʔ	

猴猴：排行最小的孩子，同类东西中最小。须须：织物、饰物末端吊的条状须子。爹爹：爸爸。羔羔：小孩儿的昵称。糁糁：粮食碾碎、过罗后所剩的碎渣。褂褂：半袖衫。架架：汗衫。洦洦：小坑儿。箅箅：高粱秆儿编成的锅盖、箅子。

关于清上字构成的叠字组，须要特别说明几句。清上字相叠，调式如同“清上＋清平”，而且听感上后字并不“轻、短”，似乎与轻声的定义相矛盾。笔者认为，这其实是阴平上的调型覆盖了整个叠字组，即前后字分用了前字的调值，与北京话的“奶奶｜姐姐｜好了”等的调式相同。石汝杰（1988）称之为“分用型”轻声语音词。这种轻声的表现在北方地区的方言中十分普遍，如博山、钟祥、安庆（钱曾怡1993，石汝杰1988），内蒙古临河、东胜等。同时，轻声既是语音现象，又是词汇和语法现象。从重叠词中语素的地位来衡量，叠字组后字显然比前字“轻”，清上叠字组的后字当然也不例外。从语音与词汇、语法的互相制约、互相影响的关系来看，把AA式名词的后字统一处理成轻声，有利于语音、词汇、语法描写的协调一致，是比较合适的。因此，尽管它表面上与“清上+清平”的连调形式相同，并且后字不“轻”也不“短”，我们仍然把它归入轻声。个别其他晋语方言后字轻读的双音词，如“晌午”，同样是这样变读，也说明把清上叠字组处理成轻声语音词是有道理的。

ABB式和AAB式名词，大部分仍然是重叠部分的后字轻读，调式同AA式。同时，ABB式的A受B（已变）的影响，按照非叠字组的规律变调，AAB式的B（A是清上者除外）则按前字为上声的规律变调。如：

ABB式　（BB阳平）　指头头 tsəʔ^{4} tʰəu^{44} tʰəu^{21}
　　　　　　　　　豁唇唇 xuəʔ^{4} tʂʰuɣ̃^{44} tʂʰuɣ̃^{21}
　　　（BB清平）　扎根根头绳 tsəʔ^{2} kɣ̃^{24} kɣ̃^{21}
　　　　　　　　　挨身身挨肩儿的兄弟姊妹 ŋᴇ^{24} ʂɣ̃^{24} ʂɣ̃^{21}
　　　（BB清上）　倒衩衩 tɔ^{53} tsʰa^{21} tsʰa^{24}
　　　　　　　　　嫩水水很嫩的蔬菜 nuɣ̃^{53} ʂuei^{21} ʂuei^{24}
　　　（BB去声）　圪磴磴 kəʔ^{4} tʰɣ̃^{53} tʰɣ̃^{21}
　　　　　　　　　豆瓣瓣 təu^{53} pɛ^{53} pɛ^{21}
　　　（BB入声）　豆角角 təu^{53} tɕyaʔ^{4} tɕyaʔ^{21}
　　　　　　　　　锅刷刷 kuo^{24} ʂuaʔ^{4} ʂuaʔ^{21}
AAB式　（AA阳平）　人人书 ʐɣ̃^{44} ʐɣ̃^{21} ʂu^{24}
　　　（AA清平）　坡坡地 pʰuo^{24} pʰuo^{21} ti^{53}
　　　（AA清上）　颗颗药 kʰuo^{21} kʰuo^{24} iəʔ^{4}
　　　　　　　　　嘴嘴烟 tsuei^{21} tsuei^{24} iɛ^{213}
　　　（AA去声）　和和饭 xuo^{53} xuo^{21} fɛ^{53}

（AA入声） 蹅蹅饭ts^{h}əʔ^4 ts^{h}əʔ^{21} fɛ^{53}

也有少数ABB式（包括AB子式）名词，BB（B子）都读轻声，第三字的实际调值比第二字更低，也记作21。例如：

头首首t^{h}əu^{44} ʂəu^{21} ʂəu^{21}　榆钱钱y^{44} tɕ^{h}iɛ^{21} tɕ^{h}iɛ^{21}

算盘盘suɛ^{53} p^{h}ɛ^{21} p^{h}ɛ^{21}　圪瘩瘩kəʔ^4 taʔ^{21} taʔ^{21}

吃嗑嗑tɕiəʔ^4 k^{h}əʔ^{21} k^{h}əʔ^{21}　秃舌舌t^{h}uəʔ^4 ʂəʔ^{21} ʂəʔ^{21}

香瓜子ɕiɑ̃^{24} kua^{21} tsəʔ^{21}　围脖子vei^{44} puo^{21} tsəʔ^{21}

下巴子xa^{53} p^{h}a^{21} tsəʔ^{21}

与AA式名词关系密切的ABB式动词，重叠部分的后字轻读，调式同AA式：

打能能ta^{21} nɤ̃^{44} nɤ̃^{21}　弹脑脑t^{h}ɛ^{44} nɔ^{44} nɔ^{21}

起高高tɕ^{h}i^{21} kɔ^{24} kɔ^{21}　摆家家pᴇ^{21} tɕia^{24} tɕia^{21}

跳方方t^{h}iɔ^{53} fɑ̃^{21} fɑ̃^{24}　戏耍耍ɕi^{53} ʂua^{21} ʂua^{24}

逛面面只会说虚话，不付诸行动kuɑ̃^{53} miɛ^{53} miɛ^{21}

打转转ta^{21} tʂuɛ^{53} tʂuɛ^{21}

2.1.3　重叠式和带叠音后缀的形容词中的轻声

AABB式重叠形容词，BB的后字一律轻读。轻化的规律是，阳平、清平、去声、入声往往变作21调，清上充当BB时，一律变读24+21调，充当AA时，或读24+21，或读21+24：

恓恓惶惶ɕi^{24} ɕi^{21} xuɑ̃^{44} xuɑ̃^{21}

洋洋误误iɑ̃^{44} iɑ̃^{21} vu^{53} vu^{21}

齐齐楚楚tɕ^{h}i^{44} tɕ^{h}i^{21} tʂ^{h}u^{24} tʂ^{h}u^{21}

拴拴整整ʂuɛ^{24} ʂuɛ^{21} tʂɤ̃^{24} tʂɤ̃^{21}

鬼鬼捣捣kuei^{21} kuei^{24} tɔ^{24} tɔ^{21}

摆摆打打pᴇ^{24} pᴇ^{21} ta^{24} ta^{21}

勤勤饰饰tɕ^{h}iɤ̃^{44} tɕ^{h}iɤ̃^{21} ʂəʔ^4 ʂəʔ^{21}

愊愊衍衍piəʔ^4 piəʔ^{21} iɛ^{24} iɛ^{21}

单音节形容词在“不”后重叠，后字一律读轻声，例如：

不长长 $pəʔ^{4}$ $tʂɑ̃^{44}$ $tʂɑ̃^{21}$　　不高高 $pəʔ^{2}$ $kɔ^{24}$ $kɔ^{21}$

不远远 $pəʔ^{4}$ $yɛ^{21}$ $yɛ^{24}$　　不大大 $pəʔ^{4}$ ta^{53} ta^{21}

ABB式形容词，叠音后缀的调式与词根的调类有关，规律性比较强。不论BB是何种调式，后字总是轻声；A则根据B的表现，按AB两字组的规律变调。具体见表3-9。表左是A的单字调，表端是BB的调式。“+”表示有此调式，空白表示无此调式，加“（ ）”表示有个别词例。

表3-9

	53+21	24+21	4+21
阳平+BB	+	+	
清平+BB	+	(+)	(+)
清上+BB	+		
去声+BB		+	(+)
入声+BB	+		

下面依次举例：

1　BB　44+53+21　红更更 xuɤ̃ kɤ̃ kɤ̃　沉腾腾 $tʂ^{h}ɤ̃$ $t^{h}ɤ̃$ $t^{h}ɤ̃$

潮溻溻 $tʂ^{h}ɔ$ $t^{h}a$ $t^{h}a$

44+24+21　阳丹丹 iɑ̃ tɛ tɛ　晴湛湛 $tɕ^{h}iɤ̃$ tsɛ tsɛ

明纠纠 miɤ̃ tɕiəu tɕiəu

2a BB　24+53+21　灰塌塌 xuei $t^{h}a$ $t^{h}a$　松懈懈 suɤ̃ xᴇ xᴇ

酸溜溜 suɛ liəu liəu

24+24+21　翻然然皮肤划破后肉翻出来的样子 fɛ zɛ̢ zɛ̢

新丹丹 ɕiɤ̃ tɛ tɛ

24+4+21　光抹抹 kuɑ̃ maʔ maʔ

2b BB　21+53+21　恼汹汹 nɔ ɕyɤ̃ ɕyɤ̃　死搭搭 sɿ $tɕ^{h}ia$ $tɕ^{h}ia$

滚呼呼 kuɤ̃ xu xu

3　BB　53+24+21　俊扁扁 tɕyɤ̃ pɛ pɛ　硬洼洼 niɤ̃ va va

脆铮铮 $ts^{h}uei$ tsɤ̃ tsɤ̃

		53+4+21	乱插插luɛ tsʰaʔ tsʰaʔ	
4	BB	4+53+21	涩练练səʔ liɛ liɛ	黑洞洞xəʔ tuɤ̃ tuɤ̃
			秃竖竖tʰuəʔ ʂu ʂu	

与此相关的圪BB、卜BB、忽BB式形容词、象声词，因为前字都是入声字，所以调式均为4+53+21，例如：

圪晃晃kəʔ xuã xuã	圪噌噌kəʔ tsʰɤ̃ tsʰɤ̃
圪炸炸kəʔ tsa tsa	卜哈哈pəʔ xa xa
卜噌噌pəʔ tsʰɤ̃ tsʰɤ̃	卜呲呲pəʔ tsʰɿ tsʰɿ
忽撼撼xuəʔ xɛ xɛ	忽嗵嗵xuəʔ tʰuɤ̃ tʰuɤ̃
忽跳跳xuəʔ tʰiɔ tʰiɔ	

一部分ABB式形容词可加中缀"格｜不｜忽"，构成四字格，这时中缀总是读轻声，BB的调式一律为24+21，不过还没有发现A为清上字的词例。例如（中缀用Z代表）：

1	Z	BB	44+21+24+21	甜忽腩腩tʰiɛ xuəʔ nɛ nɛ
				洋不张张iã pəʔ tʂã tʂã
2	Z	BB	24+21+24+21	端格铮铮tuɛ kəʔ tsɤ̃ tsɤ̃
				轻忽缭缭tɕʰiɤ̃ xuəʔ liɔ liɔ
3	Z	BB	53+21+24+21	俊格丹丹tɕyɤ̃ kəʔ tɛ tɛ
				臭不腾腾tʂʰəu pəʔ tʰɤ̃ tʰɤ̃
4	Z	BB	4+21+24+21	绿格铮铮luəʔ kəʔ tsɤ̃ tsɤ̃
				活格灵灵xuəʔ kəʔ liɤ̃ liɤ̃

2.1.4 虚词和词缀的轻声

神木话完全读轻声的虚词和词缀极少，目前只发现下面几例。其中"个｜了$_1$｜家"是舒声促化字。举例时前字按单字调次序排列，省去注音：

个量词kəʔ^{21}	十来个	三个	五个	六个	八个
种量词tʂuɤ̃^{21}	三种	五种	六种	七种	
了$_1$助词ləʔ^{21}	藏了一阵儿		吹了一口气		跑了十里

忘了做饭　吃了饭

了$_{2}$语气词lɛ^{21}　藏了　多了　跑了　忘了　没了

地后缀tɕi^{21}　红红儿地　好好儿地　凉荫荫地　涩铮铮地

打后缀ta^{21}　捎打　挤打　碰打　说打

砍后缀kʰɛ^{21}　凶砍　碰砍　扑砍

家后缀tɕiəʔ^{21}　人家　妻家　□niɛ^{213}你家　亲家　小舅儿家

下儿短时补语xʌɯ^{21}/ʌɯ^{21}　煮给下儿　看给下儿

阵儿短时补语tʂʌɯ^{21}　仰给阵儿　晾给阵儿

格中缀kəʔ^{21}　卜中缀pəʔ^{21}　忽中缀xuəʔ^{21}　例见前。

此外，还有一些虚词、词缀，只是在声调条件允许的前提下才读轻声，在清上字（个别清平字）后头不能轻读。这些字大多是舒声促化字。列举如下（轻声例略去注音）：

	轻声				非轻声
的助词təʔ	红的	青的	大的	黑的	扁的pɛ^{21} təʔ^{4}
得助词təʔ	拿得来	灰得伤哩		说得好听	走得去tsəu^{21} təʔ^{4} kʰəʔ^{4}
着助词tʂəʔ	忙着	听着	看着	吃着	养着iɑ̃^{21} tʂəʔ^{4}
嘞语气词ləʔ	忙嘞	多嘞	大嘞	黑嘞	冷嘞lɣ̃^{21} ləʔ^{4}
去虚化的趋向动词kəʔ	拿去	听去	看去	吃去	请去tɕʰiɣ̃^{21} kəʔ^{4}
里方位词ləʔ	城里	秋里	地里	黑里	乡里ɕiɑ̃^{24} ləʔ^{4}
子后缀tsəʔ	房子	墩子	盖子	沫子	黍子ʂu^{21} tsəʔ^{4}

上面的舒声促化字值得注意。它们少数固定读轻声，大多只是在声调条件允许的情况下读轻声，说明“舒声字由于轻读而促化”的观点是有道理的。不过也应当看到，在共时平面上，这些字大多已经按照入声字的轻化规律来发音了。也就是说，一

旦变成了入声字，就要遵循入声字的连读变调规则，并非在任何条件下都读轻声。不过，它们毕竟同一般的入声字不同。那就是，只要声调条件允许，就要读轻声。因此，“舒声字因轻读而促化”的理论只在历时平面上可以成立。

2.2 神木方言轻声的性质和内部差异

2.2.1 轻声的性质和声调条件

《现代汉语词典》对“轻声”的解释是：“说话的时候有些字音很轻很短，叫做‘轻声’。……”这个解释和目前通行的现代汉语教材中“轻声”的定义基本相同，用它来说明北京话的轻声是很确切的。

从上文可以看出，神木话的轻声，不论其调值还是出现的词汇、语法环境，都和一般所谓的轻声有较大的不同。它的音高不受原声调的制约，调值是固定的，并且有一定的调域，并没有弱化到完全由前字的调值来决定轻声字的高低，不能“处理成没有起头和终点、没有音高变化的音点”（王福堂1999：162）。从共时平面来看，神木话也不完全合于有的方言“轻声化即是入声化”的规律。那么，神木话的轻声到底是一种什么性质的轻声呢？

如前所述，神木话的轻声是重轻式语音词中读得较轻的后一音节，以及个别说话时固定读得较弱的语法成分。它的语音表现，比如弱化程度、对声韵母的影响、调值等，都比北京话的轻声程度较弱，而数量、范围则比北京话轻声词要大。因此，可能有人不同意把它叫作轻声。我们认为，“轻”是和“重”相比较而言的，只要有重轻式的词，就会有轻声字，这是给轻声定性的问题，即关于轻声的质的问题。至于“轻”的程度，则属于量的范畴。北京话的轻声固然弱化程度很高，但是神木话重轻式语音词的后字统一读较弱的21调，显然同样是音节弱化的结果，而且也有轻声字弱化到被前一音节吞没的程度，如“男子汉”读

nɛ^{44} tsʰɛ^{21}。同时，神木话的轻声同北京话一样，在一些声韵母相同的词、词组之间，具有区别意义和词性的作用，例如：

行李 ɕiɤ̃^{44} li^{21} ≠行礼 ɕiɤ̃^{44} li^{213}

早起早晨 tsɔ^{24} tɕʰi^{21} ≠早起 tsɔ^{24} tɕʰi^{213}

暴水开水 pɔ^{53} ʂuei^{21} ≠暴水烧水 pɔ^{53} ʂuei^{213}

流俗习俗 liəu^{44} ɕyəʔ^{21} ≠流血 liəu^{44} ɕyəʔ^{4}

把这种重轻式语音词中说得较轻的音节看作轻声，是能够成立的。我们不能用北京话的轻声作为标准来衡量其他方言。看待这一问题的出发点应当是整个现代汉语，而不仅仅是北京话。

从声调条件来看，神木话的单字调类、两字组的连调模式对轻声的出现有一定的控制作用。出现不出现轻声，既跟前字有关，又跟后字有关。不过，从轻声的调值来看，除了清上的叠字组 21+24 比较特殊以外，其余轻声字的调值都是较轻较短的 21 调。从音位学的观点看，这种轻声化的模式，是重轻式语音词中的调位中和现象，它的中心显然是清上字轻化的 21 调。也就是说，在重轻式语音词中，原来不同的声调因轻读而趋同，由不同的调位变为同一个调位，从而失去了辨义功能。从调类看，作为后字，高降的去声对这种中和具有极为强烈的抵制倾向，次高平的阳平也有相当大的抵抗力；作为前字，恰恰是这两种声调后头的轻声范围最大，换句话说，它们使后字的调位发生中和的力量最强大。而阳平和去声正是在连读中从不发生变调的两个调类。从这一点出发，我们可以把神木话的阳平和去声称作“强势声调”。四个单字调（阴平上分为清平和清上）对后字的控制能力和抵抗轻化的能力依次是：去声 > 阳平 > 清平 > 入声 > 清上。联系到单字调调值和连读变调的情况，可以得出一个结论：神木话中使后字的调位中和的力量和对抗中和的力量的强弱，与某些调类的调值和它们在连调中的稳定性具有密切关系。

下面来看一个与神木地域较为接近的方言——山西临县话。根据李小平(1991),临县话也存在这种调位中和现象。只是该书将它作为连读变调来处理,也没有引入调位中和的概念。表3–10摘引的是临县话发生中和的非叠字组连调表。

表3–10

	阴平	阳平	上声	去声	阴入	阳入
阴平24	24+21		24+21		24+$\underline{21}$	24+$\underline{21}$
阳平44	44+21	44+21	44+21		44+$\underline{21}$	44+$\underline{21}$
上声312			24+21			24+$\underline{21}$
去声53	53+21	53+21	53+21	53+21	53+$\underline{21}$	53+$\underline{21}$
阴入ʔ$\underline{44}$			$\underline{44}$+21		$\underline{44}$+$\underline{21}$	$\underline{44}$+$\underline{21}$
阳入ʔ$\underline{24}$						$\underline{24}$+$\underline{21}$

临县话入声分阴阳,阴平与上声调值不同。拿表3–10与表3–8相比较,该方言单字调使后字发生调位中和的力量与抗拒调位中和的力量,其强弱规律跟神木话几乎完全相同。临县话“非叠字组的连读变调,与语法结构有明显的关系。体词结构一般情况下都按规律发生变调(指后字调位中和——引者),述宾结构除常用而结构紧密的个别双音节词以外一般不发生变调,即使是结合紧密的这一部分双音节词,也往往有变与不变两种读法,所以说述宾结构具有相对的稳定性”(李小平1991:8)。我们知道,述宾结构中宾语读得比动词重。临县话述宾结构后字不被中和的事实正好说明,发生调位中和的双音词是重轻式语音词。同时,神木话和临县话的比较也表明,神木话重轻式语音词的声调条件并不是偶然的、孤立的现象,而是具有一定的普遍性和规律性。

2.2.2 万镇、贺家川话双音词读轻声的规律

万镇、贺家川的入声分阴入、阳入。所以,从声调条件来看,

南乡方言与神木话轻声词之间的差异主要是:阳入字在阴入、阳入后头一律读轻声ʔ21调。

万镇、贺家川非叠字组后字读轻声的规律见表3-11。表左是前字的调类及轻声词的调式,表端是后字的调类,中间相交处是例词。

表3-11

		阳平	阴平上	去声	阴入	阳入
阳平	44+21	城墙	营生		头发	寒食
阴平上	24+21		西瓜		生铁	膏药
去声	53+21	笊篱	灶火	笑话	教室	睡着
阴入	ʔ4+ʔ21		学生		吸铁	骨殖
阳入	ʔ4+ʔ21		月饼儿			毒辣

万镇和贺家川的叠字组有一点不同,即阴平上中的清上字构成的叠字组,如"姐姐、水水"等,万镇是42+213,贺家川是21+24。其他的相同,不再赘述。

2.2.3 双音节复合词的结构、使用频率与轻声

神木话中,双音节复合词的结构对轻声有一定的制约作用。主要表现为支配式、陈述式动词、形容词的后字不能读轻声。其他结构对是否出现轻声没有限制。也就是说,轻声只发生在并列式、偏正式、补充式复合词以及支配式、陈述式的名词中,但并非上述结构的双音词后字就一定读轻声。这一限制在清上作后字的词中反应最为整齐:支配式、陈述式动词、形容词一律不读轻声,其他结构的词以及这两种结构的名词后字一律读轻声,没有例外。如:

滚水名词 $\mathrm{ku\tilde{ɤ}^{24}}$ $\mathrm{ʂuei^{21}}$ ≠滚水动词 $\mathrm{ku\tilde{ɤ}^{24}}$ $\mathrm{ʂuei^{213}}$

裹腿名词 $\mathrm{kuo^{24}}$ $\mathrm{t^{h}uei^{21}}$ ≠裹腿动词 $\mathrm{kuo^{24}}$ $\mathrm{t^{h}uei^{213}}$

滴水名词 $\mathrm{tiəʔ^{4}}$ $\mathrm{ʂuei^{21}}$ ≠滴水动词 $\mathrm{tiəʔ^{4}}$ $\mathrm{ʂuei^{213}}$

值得一提的是,万镇话以及神木话新派的轻声已经突破了

这一规律。个别支配式、陈述式动词、形容词后字也可以读轻声，如“起火|手巧|胆小”等词的后字万镇、神木新派读轻声，“中暑|放手|见面|看戏|骑马|摇手”等词的后字万镇话读轻声，“跳高”的后字神木新派读轻声。神木老派、高家堡、贺家川还没有这种情况。

轻声词大都是方言常用词，但同样常用的词往往并不都出现轻声。复合词的运用频率对轻声没有制约作用。下面举一些阳平字和去声字，先就神木话的情况进行比较。从这些例词来看，在结构允许的范围内，制约轻声的主要是声调条件。举例中，“ / ”前的是轻声词，“ / ”后的是非轻声词。

人 ʐɣ̃^{44}　男人 nɛ^{44} ʐɣ̃^{21} / 女人 ny^{21} ʐɣ̃^{44}

壶 xu^{44}　茶壶 tsʰa^{44} xu^{21}　夜壶 iɛ^{53} xu^{21} / 温壶 vɣ̃^{24} xu^{44}　暖壶 nuɛ^{21} xu^{44}

糖 tʰɑ̃^{44}　白糖 piɛ^{44} tʰɑ̃^{21} / 冰糖 piɣ̃^{24} tʰɑ̃^{44}

年 niɛ^{44}　明年 miɣ̃^{44} niɛ^{21}　后年 xəu^{53} niɛ^{21}　前年 tɕʰiɛ^{44} niɛ^{21} / 真年 tʂɣ̃^{24} niɛ^{44}

羊 iɑ̃^{44}　绵羊 miɛ^{44} iɑ̃^{21}　栈羊 tsɛ^{53} iɑ̃^{21} / 山羊 sɛ^{24} iɑ̃^{44}

房 fɑ̃^{44}　正房 tʂɣ̃^{53} fɑ̃^{21}　南房 nɛ^{44} fɑ̃^{21} / 东房 tuɣ̃^{24} fɑ̃^{44}　西房 ɕi^{24} fɑ̃^{44}

夫 fu^{44}　姨夫 i^{44} fu^{21}　妹夫 mei^{53} fu^{21} / 姑夫 ku^{24} fu^{44}　姐夫 tɕiɛ^{21} fu^{44}

面 miɛ^{53}　豆面 təu^{53} miɛ^{21}　挂面 kua^{53} miɛ^{21} / 白面 piɛ^{44} miɛ^{53}　荞麦 tɕʰiɔ^{44} miɛ^{53}　散面杂粮面粉，主要指玉米面 sɛ^{21} miɛ^{53}

匠 tɕiɑ̃^{53}　画匠 xua^{53} tɕiɑ̃^{21}　泥匠 ni^{53} tɕiɑ̃^{21} / 木匠 məʔ^{4} tɕiɑ̃^{53}　铁匠 tʰiəʔ^{4} tɕiɑ̃^{53}　铜匠 tʰuɣ̃^{44} tɕiɑ̃^{53}

杖 tʂɑ̃^{53}　担杖 tɛ^{53} tʂɑ̃^{21} / 擀杖儿 kɛ^{21} tʂʌɯ^{53}

帚 tʂu^{53}　扫帚 sɔ^{53} tʂu^{21} / 笤帚 tʰiɔ^{44} tʂu^{53}

地名读音的反应和常用词也是一致的。榆林地区十二县是神木人所熟知的，但不符合声调条件的府谷、佳县、清涧、米脂、子州五县后字不读轻声，符合声调条件的榆林、神木、绥德、吴堡、横山、定边、靖边七县读轻声。同样常用的合称，神府（神木府谷）、绥米（绥德米脂）读轻声，定靖（定边靖边）则不读轻声。从全国的省市区名称来看，北京、天津、上海、山西、山东、甘肃、河南、云南、贵州、安徽、台湾读轻声，其余（包括陕西）则不读轻声，其中内蒙、宁夏都是本地人极为熟悉的地名。显然，词语的常用程度对轻声词几乎没有制约作用。

2.3　神木方言轻声词的内部差异

什么词读轻声，什么词不读轻声，在神木方言内部存在一定的差异。下面在神木老派、神木新派、高家堡、万镇、贺家川话之间进行比较。

我们共选择了114个声调条件和结构关系都允许读轻声的词进行比较，结果发现，神木老派读轻声的58个（其中“半夜”两读），约占50.9%，神木新派读轻声的62个，约占53.5%（具体词例与老派有较大差异），高家堡读轻声的68个，约占59.6%，万镇读轻声的80个，约占70.2%，贺家川读轻声的74个，约占64.9%。其中各地都读轻声的有下列25个词，只占21.9%：

踏实　门窗　名声　南方　头前　长城　牛马　男女
颜色　电灯　病人　壮年　外省　世界　芥菜　半夜
宪法　炸药　认识　言语　妻哥　侄女　汽车　旗袍
溃疡

都不读轻声的有下列7个词，约占6.1%：

提高　常识　名额　民族　半路　建筑　事业

都读轻声和都不读轻声的词加起来只有32个，比例约为28.1%。可见，神木方言轻声词之间的差异是相当大的。从读轻声的比例来看，万镇 > 贺家川 > 高家堡 > 神木新 > 神木老。万镇话的轻声词比例最高，与万镇话少数支配式、陈述式动词、形容词后字读轻声的事实正相吻合，这一点说明，万镇话中双音词后字轻化的速度高于其他方言。

如果仅仅在神木话老派和新派之间进行比较，结果显示两者数量差别不大，年轻一代的口语中轻声词只有少量增加。但有差别的词在风格上有所不同。只有新派读轻声的词显然比只有老派读轻声的词要“新”一些。一些老派轻读的日常用词，新派已不轻读，而一些老派不读轻声的新词新派则读轻声。说明新派在丢失旧的轻声词的同时，又发展了一批新的轻声词。当然，这一结论只能说是大致的情形。

上述情况表明，神木方言双音词中的轻声词，不但各点之间存在很大差异，而且神木话内部也不稳定，还处在不断的变化之中。这种变化的拉力主要来自三个方面：第一，土语内部轻声的发展规律。第二，县境内各方言之间的互相影响。20世纪80年代以来，县境内外人口流动显著增加，县城人口成倍增长，各个小方言对神木话、神木话对各个小方言都产生了很大的影响。第三，普通话的影响。新派方言在语音、词汇等方面明显地受到普通话的影响（见第贰章），在轻声词上自然会有反映。由于造成变化的原因多种多样并且互相交叉、互相制约，所以变化的态势也就显得十分复杂，我们还看不出它的明确方向。如果没有普通话的强大影响的话，神木方言重轻式语音词发展的总趋势可能是不断扩散。

无论如何，大量轻声词的存在表明，声调作为词的主要区别性韵律特征的地位，正在悄悄地受到另一种韵律特征——轻重音的侵蚀。尽管有些连调模式和词的语法结构对后字的调位中和具有强烈的抵制倾向，但声调在双音词中的作用还是在逐渐消减。这正是不少晋语方言表现出来的一个共同倾向。

神木方言轻声语音词的异同见表3-12，表中划“+”表示后字读轻声，空格表示不读轻声，划“±”表示两可。

表3-12

词目	神木老	神木新	高家堡	万镇	贺家川	词目	神木老	神木新	高家堡	万镇	贺家川
姑夫			+	+		教员			+	+	+
笤帚				+	+	壮年	+	+	+	+	+
圆桌	+		+	+	+	地球			+	+	+
方桌	+		+	+	+	气体		+	+	+	+
前面	+	+	+			外省	+	+	+	+	+
牛筋			+			碎炭			+		+
砂眼		+		+		世界	+	+	+	+	+
踏实	+	+	+	+	+	芥菜	+	+	+	+	+
老实	+			+	+	变化		+		+	
五十				+	+	半夜	+	+	+	+	+
日食	+		+	+	+	性命		+		+	
月食	+		+	+	+	态度				+	+
梅花	+		+	+	+	半路					
床单	+		+			运动		+		+	
名声	+	+	+	+	+	梦话	+	+	+	+	
南方	+	+	+	+	+	课桌	+		+		
平安	+		+	+		宪法	+	+	+	+	+
提高						计策				+	+
头前	+	+	+		+	透彻				+	
来源						建筑					
门窗	+	+	+	+	+	病痛		+		+	+
羊毛	+		+	+	+	教室		+		+	+
银行		+	+		+	顾客	+				+
长城	+	+	+	+	+	汉族				+	+
团圆	+		+			炸药	+	+	+	+	+
鞋底				+		继续		+	+	+	+
牛马	+	+	+	+	+	字帖					
男女	+	+	+	+	+	大雪	+			+	+
颜色	+	+	+	+	+	外国			+	+	+
迎接	+		+		+	利益		+			
常识						认识	+	+	+	+	+
名额						艺术		+		+	+
民族						事业					

续表

词目	神木老	神木新	高家堡	万镇	贺家川	词目	神木老	神木新	高家堡	万镇	贺家川
提拔	+	+		+	+	冬里			+		+
半天				+	+	大豆			+		+
电灯	+	+	+	+	+	丝瓜		+	+	+	+
病人	+	+	+	+	+	赃官		+	+	+	
自然	+	+	+	+	+	清官		+	+	+	
戏台	+	+				告示			+	+	+
太平	+		+	+	+	围棋	+	+	+		+
大戏	+		+			蔓菁				+	+
大粪	+	+			+	瓜子儿	+	+			+
前台		+				黄鼬			+	+	+
金针			+		+	房檐				+	
补丁	+		+	+	+	妻哥	+	+	+	+	+
栈羊	+	+	+	+	+	侄女	+	+	+	+	
菊花	+	+	+	+		调和				+	+
阴天				+	+	汽车	+	+	+	+	+
案板	+	+	+		+	毛笔			+	+	
文章	+		+	+	+	逗哄		+		+	+
言语	+	+	+	+	+	好活				+	
农业				+		异气		+		+	+
眼力				+	+	驾驶		+			
双生	+	+	+		+	旗袍	+	+	+	+	+
石板	+	+		+	+	胳膊	+	+	+		
墨水		+		+	+	床铺		+	+	+	+
我妈	+	+				溃疡	+	+	+	+	+

三　儿化韵及其内部差异

神木方言的儿化韵，不论数量还是发音特点，都有很大的差异。

3.1　神木话儿化韵

神木话共4个儿化韵，分别按四呼同基本韵母相对应。39

个基本韵母中，除ʌɯ yo外，其余均可儿化。列举如下：

ʌɯ ＜ ɿ ʅ a ɛ ᴇ ɔ ʅə ei əu ɑ̃ ɤ̃ aʔ əʔ uo（p pʰ m f）

iʌɯ ＜ i ia iɛ iɔ iəu iɑ̃ iɤ̃ iaʔ iəʔ

uʌɯ ＜ u ua uɛ uᴇ uo uei uɑ̃ uɤ̃ uaʔ uəʔ

yʌɯ ＜ y yɛ yɤ̃ yaʔ yəʔ

下面给每个基本韵母对应的儿化韵举一个例子：

ʌɯ 籽儿 tsʌɯ²¹³（ɿ）　迟迟儿 tʂʰʅ⁴⁴ tʂʰʌɯ⁵³（ʅ）

响圪叭儿 ɕiɑ̃²¹ kəʔ⁴ pʌɯ⁵³（a）　一半儿 iəʔ⁴ pʌɯ⁵³（ɛ）

牌儿 pʰʌɯ⁵³（ᴇ）　桃儿 tʰʌɯ⁵³（ɔ）

巧舌儿家畜的小舌 tɕʰiɔ²¹ ʂʌɯ⁵³（ʅə）　味儿 vʌɯ⁵³（ei）

小镢头儿 ɕiɔ²¹ tɕyəʔ⁴ tʰʌɯ⁵³（əu）　海棠儿 xᴇ²¹ tʰʌɯ⁵³（ɑ̃）

顶针儿 tiɤ̃²¹ tʂʌɯ²⁴（ɤ̃）　法儿 fʌɯ⁴⁴（aʔ）

色儿 sʌɯ⁴⁴（əʔ）　老婆儿 lɔ²¹ pʰʌɯ⁵³（uo）

iʌɯ 鸡儿 tɕiʌɯ²¹³（i）　孩伢儿 xəʔ⁴ iʌɯ⁵³（ia）

先前儿 ɕiɛ²¹ tɕʰiʌɯ⁵³（iɛ）　雀儿 tɕʰiʌɯ²¹³（iɔ）

牛儿 niʌɯ⁵³（iəu）　样儿 iʌɯ⁵³（iɑ̃）

围巾儿 vei⁴⁴ tɕiʌɯ²¹（iɤ̃）　甲掐儿 tɕiəʔ⁴ tɕʰiʌɯ²¹（iaʔ）

圪截儿 kəʔ⁴ tɕʰiʌɯ²¹（iəʔ）

uʌɯ 酒壶儿 tɕiəu²¹ xuʌɯ⁵³（u）　瓜儿 kuʌɯ²¹³（ua）

官儿 kuʌɯ²¹³（uɛ）　方块儿 fɑ̃²⁴ kʰuʌɯ²¹³（uᴇ）

陀儿捻线陀螺 tʰuʌɯ⁵³（uo）　小竖柜儿 ɕiɔ²¹ ʂu⁵³ kuʌɯ²¹（uei）

时光儿 sɿ⁴⁴ kuʌɯ²¹（uɑ̃）　冰棍儿 piɤ̃²⁴ kuʌɯ⁵³（uɤ̃）

一划儿 iəʔ⁴ xuʌɯ⁴⁴（uaʔ）　杏棚儿 xɤ̃⁵³ kuʌɯ²¹（uəʔ）

yʌɯ 麦鱼儿 miəʔ⁴ yʌɯ⁵³（y）　花卷儿 xua²⁴ tɕyʌɯ²¹（yɛ）

佮群儿 kəʔ⁴ tɕʰyʌɯ⁵³（yɤ̃）　牛角儿 niəu⁴⁴ tɕyʌɯ⁴⁴（yaʔ）

月儿 yʌɯ⁴⁴（yəʔ）

神木话儿化韵的发音在周围的方言中十分独特，构成了该方言的一大特色。

就发音特点来看，儿化韵只有很整齐的四个，没有任何卷舌动作。不过，从它的韵腹接近央元音ə、韵尾后高不圆唇的音值判断，显然是从卷舌韵母演化来的。钱曾怡（1995）、王福堂（1999）把儿化韵分为四种类型，神木话儿化韵属于舌面元音式。王洪君（1994b）把儿化韵的发展分为八个阶段，神木话显然属于第七个阶段——与基本韵母同模的阶段。如果仅仅从发音着眼，完全可以把它和基本韵母排列在一起。但是，儿化韵属于音变的层面，和基本韵母属于不同的系统，把两者混在一起既不利于说明音系特点，也不利于说明音变特点，并进行内外比较，而且，对于神木话儿化韵所具有的极强的使元音音位对立受到中和的作用，对于儿化韵和基本韵母演变速度的差异，都无法作出揭示。所以，应当把儿化韵独立出来，作为音变现象进行描写和比较。

由于儿化韵数量极少，所以对基本韵母的元音对立具有强大的中和作用。不论基本韵母主要元音的高低、前后，不论纯口韵还是鼻化韵、塞尾韵，只要四呼相同，儿化后就变为同韵（uo韵特殊，在唇音声母后变为开口呼儿化韵）。元音音位对立的中和导致神木话的不少儿化名词难以找到确切的本字。如一种形似猫耳的荞麦面食品 kəʔ^{4} tʰuʌɯ^{53}，当地人多写作"圪团儿"，单就神木话难以确定用字是否正确，只有参订高家堡等地的儿化韵才可确定为"圪陀儿"。再如"婉妖儿说话娇声娇气、表情过于丰富（的女人）vɛ^{21} iʌɯ^{24}、响圪叭儿吹着吧吧响的玩具 ɕiã^{21} kəʔ^{4} pʌɯ^{53}、阴儿山 iʌɯ^{24} sɛ^{21}"，当地人都无法判定该用什么字。神木民间更是经常以写出儿化字相互诘难取乐。

儿化还引起声调趋同，见第一节，也有部分儿化字读轻声，见第二节。

3.2 高家堡话儿化韵

神木话儿化韵只能代表神木城南约四十里以北地区的儿化韵，高家堡话的儿化韵，则代表其他神木北部方言的儿化韵。

高家堡是神木第二大城镇，地处榆林和神木之间，历史悠久。高家堡话的基本音系和神木话几无差别，但儿化韵则相差甚远。

高家堡话共14个卷舌的儿化韵，分别对应37个基本韵母，列举如下。基本韵母下加浪线表示暂未找到词例，有疑问，下同。

ɐr < a ɛ aʔ	竹马儿 tʂuəʔ^{4} mɐr^{213} (a)	蛋儿 tɐr^{53} (ɛ)
	方法儿 fɑ̃^{24} fɐr^{21} (aʔ)	
iɐr < ia iɛ iaʔ	相片儿 ɕiɑ̃^{53} pʰiɐr^{53} (iɛ)	甲掐儿 tɕiəʔ^{4} tɕʰiɐr^{21} (iaʔ)
uɐr < ua uɛ uaʔ	瓜儿 kuɐr^{213} (ua)	官儿 kuɐr^{213} (uɛ)
yɐr < yɛ yaʔ	手绢儿 ʂəu^{21} tɕyɐr^{53} (yɛ)	牛角儿 niəu^{44} tɕyɐr^{44} (yaʔ)
ər < ɿ ʅ ʅə ᴇ ei ɤ̃ əʔ	枪子儿 tɕʰiɑ̃^{24} tsər^{213} (ɿ)	
	迟迟儿 tʂʰʅ^{44} tʂʰər^{53} (ʅ)	
	巧舌儿 tɕʰiɔ^{21} ʂər^{53} (ʅə)	牌儿 pʰər^{53} (ᴇ)
	尿盆儿 niɔ^{53} pʰər^{53} (ɤ̃)	色儿 sər^{44} (əʔ)
iər < i iɤ̃ iəʔ	鸡儿 tɕiər^{213} (i)	镜儿 tɕiər^{53} (iɤ̃)
	圪节儿 kəʔ^{4} tɕiər^{21} (iəʔ)	
uər < u uᴇ uɤ̃ uəʔ	裤儿 kʰuər^{53} (u)	方块儿 fɑ̃^{24} kʰuər^{213} (uᴇ)
	丢盹儿 tiəu^{24} tuər^{213} (uɤ̃)	
	碗饦儿 vɛ^{21} tʰuər$^{44/53}$ (uəʔ)	
yər < y yɤ̃ yəʔ	毛驴儿 mɔ^{44} lyər^{53} (y)	韵儿 yər^{53} (yɤ̃)
	酒曲儿 tɕiəu^{21} tɕʰyər$^{44/53}$ (yəʔ)	
uor < uo	蛾儿 ŋuor^{53} (uo)	
ɔr < ɔ əu	桃儿 tʰɔr^{53} (ɔ)	红豆儿 xuɤ̃^{44} tɔr^{53} (əu)
iɔr < iɔ iəu	雀儿 tɕʰiɔr^{213} (iɔ)	碓臼儿 tuei^{53} tɕiɔr^{21} (iəu)
ɑ̃r < ɑ̃ uo	擀杖儿 kɛ^{21} tʂɑ̃r^{53} (ɑ̃)	歌儿 kɑ̃r^{213} (uo)
	大个儿 ta^{53} kɑ̃r^{53} (uo)	
iɑ̃r < iɑ̃	羊儿 iɑ̃r^{53} (iɑ̃)	
uɑ̃r < uɑ̃	石床儿 ʂəʔ^{4} tʂʰuɑ̃r^{53} (uɑ̃)	

高家堡儿化韵有两点值得注意。第一，平舌韵 əu iəu 儿化后

归入ɔr iɔr组，反映这两个基本韵母的主要元音较早时期舌位应当比现在低，否则儿化韵就应该归入ər iər组。第二，“歌｜个”不儿化读uo韵，儿化却读ɔ̃r韵，可能的原因是，要么该地方言曾有果合于宕的历史，要么这两个儿化词是从外方言渗入的。这两点都反映出，基本韵母和儿化韵母其实并不在同一个时间平面上。

3.3 万镇话儿化韵

万镇话共21个卷舌的儿化韵，分别与39个基本韵母对应，ᵊu ər ya不儿化。列举如下：

ɐr < a ɛe æ̃ aʔ	哪儿lɐr^{53}（a）	牌儿pʰɐr^{53}（ɛe）
	蚕儿tsʰɐr^{53}（æ̃）	搭儿这儿tɐr^{213}（aʔ）
iɐr < ia iɛe iæ̃ iaʔ	豆芽儿tou^{53} niɐr^{44}（ia）	黄芥儿xuo^{44} tɕiɐr^{53}（iɛe）
	麻子眼儿黄昏ma^{44} tsəʔ^{21} niɐr^{213}（iæ̃）	
	甲掐儿tɕiaʔ^{4} tɕʰiɐr^{21}（iaʔ）	
uɐr < ua uɛe uæ̃ uaʔ	瓜儿kuɐr^{213}（ua）	一块儿iəʔ^{4} kʰuɐr^{213}（uɛe）
	环儿xuɐr^{53}（uæ̃）	
yɐr < yaʔ	角儿tsyɐr^{44}（yaʔ）	
ər < ɿ ʅ ʅə ei ɤ̃ əʔ	瓜子儿kua^{24} tsər^{213}（ɿ）	展展儿tʂʅə^{42} tʂər^{53}（ʅə）
	趣味儿tsʰuei^{53} vər^{53}（ei）	份儿fər^{53}（ɤ̃）
	壳儿kʰər^{44}（əʔ）	
iər < ie iɤ̃ iəʔ	夜儿iər^{53}（ie）	电影儿tie^{53} iər^{214}（iɤ̃）
	抓髻儿tʂua^{24} tɕiər^{21}（iəʔ）	
uər < uei uɤ̃ uəʔ	兴趣儿ɕiɤ̃^{53} tsʰuər^{53}（uei）	
	墩儿tuər^{213}（uɤ̃）	鹿儿luər^{213}（uəʔ）
yər < yɤ̃ yəʔ	韵儿yər^{53}（yɤ̃）	月儿yər^{213}（yəʔ）
uor < uo	膜儿muor^{44}（uo）	官儿kuor^{213}（uo）
	疮儿tʂʰuor^{213}（uo）	
yor < ye	圆圈儿yue^{44} tɕʰyor^{213}（ye）	
	手绢儿ʂou^{42} tɕyor^{53}（ye）	

ɒor < ɒo　枣儿tsɒor^{213}（ɒo）　桃儿tʰɒor^{53}（ɒo）

iɒor < iɒo　鸟儿niɒor^{213}（iɒo）

iur < iu　雀儿tɕʰiur^{213}（iu）　面条儿mie^{53} tʰiur^{53}（iu）

our < ou　指头儿tʂəʔ^{34} tʰour^{53}（ou）

iour < iou　秋儿tɕʰiour^{213}（iou）

ɒ̃r < ɒ̃　歌儿kɒ̃r^{213}（ɒ̃）　巷儿xɒ̃r^{53}（ɒ̃）

iɒ̃r < iɒ̃　栈羊儿tsæ̃^{53} iɒ̃r^{21}（iɒ̃）

ur < u　兔儿tʰur^{53}（u）　夜蝙虎儿ie^{53} pʰiəʔ^{34}xur^{213}（u）

ɾɜr < i əʔ　抽屉儿tsʰou^{42} tʰɾɜr^{53}（i）

　忒儿形容鸟飞的声音tʰɾɜr^{53}（əʔ）

iɾɜr < i　畦儿tɕʰiɾɜr^{53}（i）　星儿ɕiɾɜr^{213}（i）

yɾɜr < y　鱼儿nyɾɜr^{53}（y）

万镇话的儿化韵有以下几点值得注意：第一，数量在神木方言中是最多的。第二，主要元音舌位靠前的韵母儿化时，卷舌动作与原韵母的融合程度较高，对元音音值的改变较大。主要元音或韵尾舌位偏后的韵母基本上是在原韵母的基础上加卷舌动作，音值变化不大。第三，有3个带闪音的儿化韵。它们所对应的基本韵母都是舌面前高元音，闪音的产生显然是由于卷舌动作和舌体位置相冲突，因而加了一个过渡的闪音。其中"抽屉儿"和"畦儿|星儿"的发音差异很有意思，说明闪音ɾ正在"吞掉"本韵的介音。实际上，"鱼儿"中的y介音也不是标准的y，而是较低的ʏ了。这种儿化韵和山西平定，山东即墨、利津、金乡方言的儿化韵应当属于同一类型（徐通锵1981，钱曾怡1995，赵日新等1991），只是万镇话的闪音ɾ还没有引起声母的变化。

3.4　贺家川话儿化韵

贺家川共16个卷舌的儿化韵，分别与40个基本韵母对应。ʅə ᵊu ər ɯ̃没有相应的儿化韵。列举如下：

ɐr < a æ ɤ æ̃ a̰ʔ　钯儿pʰɐr^{53}（a）　牌儿pʰɐr^{53}（æ）

	神婆儿ʂɣ̃^{44} p^{h}ɐr^{21}（ɤ）	案板儿ŋiɯ̃^{53} pɐr^{21}（æ̃）
iɐr < ia iæ iɛ iæ̃ iaʔ	黄芥儿xuə^{44} tɕiɐr^{53}（iæ）	
	夜儿iɐr^{53}（iɛ）	眼儿niɐr^{213}（iæ̃）
	甲掐儿tɕiaʔ^{4} tɕ^{h}iɐr^{21}（iaʔ）	
uɐr < ua uæ uə uæ̃ uaʔ	甜瓜儿t^{h}iɯ̃^{44} kuɐr^{21}（ua）	
	方块儿fɤ^{24} k^{h}uɐr^{213}（uæ）	
	疮儿tʂ^{h}uɐr^{213}（uə）	环儿xuɐr^{53}（uæ̃）
yɐr < yɛ yaʔ	角儿tɕyɐr^{44}（yaʔ）	
ər < ɿ ʅe əɣ̃ əʔ	抓子儿tʂua^{24} tsər^{213}（ɿ）	份儿fər^{53}（əɣ̃）
	盒儿xər^{213}（əʔ）	
iər < iəɣ̃ iəʔ	劲儿tɕiər^{53}（iəɣ̃）	蝴蝶儿xu^{44} tiər^{44}（iəʔ）
uər < ue uəɣ̃ uəʔ	葱儿ts^{h}uər^{213}（uəɣ̃）	撮儿tsuər^{44}（uəʔ）
yər < yəɣ̃ yəʔ	韵儿yər^{53}（yəɣ̃）	月儿yər^{213}（yəʔ）
ɔr < ɔ	装袄儿棉袄 tʂuə^{53} ŋɔr^{21}（ɔ）	
iɔr < iɔ	鸟儿niɔr^{213}（iɔ）	
iur < iu	树苗儿ʂu^{53} miur^{44}（iu）	
our < ou	指头儿tsəʔ^{4} t^{h}our^{53}（ou）	
iour < iou	小舅儿ɕiu^{21} tɕiour^{53}（iou）	
ur < u uɯ̃	裤儿k^{h}ur^{53}（u）	水船儿旱船 ʂu^{21} tʂ^{h}ur^{53}（uɯ̃）
iɾɜr < i iɯ̃	鞋底儿xæ^{44} tiɾɜr^{213}（i）	钱儿癣tɕ^{h}iɾɜr^{53} ɕiɯ̃^{21}（iɯ̃）
yɾɜr < y yɯ̃	蛆儿tɕ^{h}yɾɜr^{213}（y）	
	后楼圈儿厕所 xou^{53} lou^{21} tɕyɾɜr^{53}（yɯ̃）	

贺家川话儿化词很少，所以可疑的韵母较多。贺家川儿化韵正处在万镇和高家堡的过渡阶段，它的iɾɜr yɾɜr跟万镇话相同，除了有iur our iour而没有ɒ̃r iɒ̃r uɒ̃r以及两个带闪音的韵母外，大致和高家堡相同。

3.5 各点儿化韵的比较

从万镇话出发，列表对照4个点的儿化韵，可以看出儿化韵在神木方言中演变的不同阶段。见表3–13。为了方便比较，儿化韵按四呼排列。

表3–13

万镇	贺家川	高家堡	神木	万镇	贺家川	高家堡	神木
ɐr	ɐr	ɐr	ʌɯ	uɐr	uɐr	uɐr	uʌɯ
ɒ̃r		ɒ̃r		uor		uor	
ər	ər	ər			ur	uɒ̃r	
ɒor	ɔr	ɔr		ur		uər	
our	our			uər	uər		
iɐr	iɐr	iɐr	iʌɯ	yɐr	yɐr	yɐr	yʌɯ
iɒ̃r		iɒ̃r		yər	yər	yər	
iər	iər	iər		yor	yɾɜr		
iɾɜr	iɾɜr			yɾɜr			
ɾɜr							
iɒor	iɔr	iɔr					
iour	iour						
iur	iur						

比较表显示，从万镇到贺家川到高家堡，儿化韵的合并是渐变的，并且有个别分化。从高家堡到神木则发生了突变，但两地的基本音系并没有差别。基本韵母差别甚微，儿化韵相差颇大，再次说明本音和变音各自属于不同的系统，演变速度并不一致。

单就神木话内部来说，儿化韵减少为4个，不卷舌，从而完全混同于基本韵母，受基本韵母的吸引当然是重要因素。但是，发生这样的突变恐怕不是自身的直线演变的结果，而是跟神木话经过比较剧烈的变动、整合有关。这样推断的根据是，第一，和神木同样处于晋陕蒙过渡地带的府谷话，也是4个儿化韵。第二，内蒙古晋语是山西、陕北晋语北移的结果（侯精一1986a，邢向东1998c），是以某一区域的方言为主、融合其他相近方言的特点而形成的，显然属于经过整合的方言。就笔者掌握的材料，内蒙古晋语的绝大多数方言点都只有4个儿化韵。它的文白异读极少,也跟神木、府谷话十分相似。看来,变音音类发生较大的归并,文白异读减少,可能是属于同一大方言的某些小方言融合以后的共同特点。考虑到神木话所处的特殊地理位置和独特经历,这一点是很容易理解的。

四 其他音变

本节描写神木方言的声调类化、弱化、合音等特殊的语流音变。

4.1 亲属称谓的声调类化

括号内注本调或一般变调值。

神木话:

哥哥 kuo^{21} kuo^{24}(清平 24 + 21,比较:姐姐 tɕiɛ^{21} tɕiɛ^{24}),爷爷 iɛ^{21} iɛ^{24}(阳平 44 + 21),娘娘 nyo^{21} nyo^{24}(阳平),婆婆外祖母,面称 pʰuo^{21} pʰuo^{24}(阳平)。

姊妹 tsɿ^{21} mei^{44}(去声 53),媳妇子 ɕiəʔ^{4} fu^{44} tsəʔ^{21}(去声)。其他点同。

高家堡:

妈叙称 ma^{44} 妈妈叙称 ma^{44} ma^{21}(比较面称:妈 ma^{213} 妈妈 ma^{24} ma^{21}),爹叙称 ta^{44} 爹爹叙称 ta^{44} ta^{21}(清平,比较面称:爹 ta^{213}),姑姑 ku^{44} ku^{21}(清平 24 + 21),姑夫 ku^{44} fu^{21}(清平),公公 kuɤ̃^{44} kuɤ̃^{21}(清平,比较:婆婆 pʰuo^{44} pʰuo^{21})。

万镇、贺家川(注万镇音):

弭爹 mi^{21} ta^{53}(徒可切,比较面称:爹 ta^{213}),弭妈 mi^{21} ma^{53}(比较面称:妈 ma^{213})。

4.2 弱化与合音

4.2.1 弱化

神木话:

上趋向动词 ʂɑ̃^{53} → xɑ̃^{53}(声母受“下 xa^{53}”类化)→ ɑ̃^{53} → ɑ̃^{21}。

下趋向动词xa^{53}→a^{53}→a^{21}。

里方位词ləʔ^{4}→əʔ^{4}，如：乡里ɕiã^{24} əʔ^{21}，城里tʂ^{h}ɤ̃^{44} əʔ^{21}。

4.2.2　合音

合音词放在【 】内。

神木话：

"上／下"在"不"字后，"下｜下儿"在助词"给"后头，均可与前字合音。如：吃【不上】tʂ^{h}əʔ^{4} pã^{53}，解【不下】xᴇ^{53} p^{h}a^{53}（"下"的擦音保留为送气成分），看【给下】k^{h}ɛ^{53} kei^{21} a^{21}→k^{h}ɛ^{53} ka^{21}，洗【给下儿】ɕi^{21} kei^{53}ʌɯ^{21}→ɕi^{21} kʌɯ^{53}。

和连词，介词xa^{53}→a^{53}，介词有时和前面的字合音，如：【就和】tsa^{53}（【就和】根木桩子样地）。

男【子汉】nɛ^{44} tsəʔ^{21} xɛ^{21}→nɛ^{44} ts^{h}ɛ^{21}（"汉"的擦音保留为送气成分）。

□【家行】你们家niɛ^{24} tɕiəʔ^{21} xɔ^{21}→niɛ^{24} tɕ^{h}iɔ^{21}（比较高家堡：你【家行】niɛ^{24} tɕ^{h}iɑ̃^{21}，"行"的擦音保留为送气成分）。

【不应】不用pəʔ^{42} iɤ̃^{53}→piɤ̃^{53}，如：【不应】去了。

【这一】tʂᴇ^{24} iəʔ^{4}→tʂei^{213}→tɕi^{213}/tʂʅ^{213}，如：【这一】个，【这一】种，【这一】号儿。

【那一】na^{53} iəʔ^{4}→nei^{53}→ni^{53}，如：【那一】个，【那一】种，【那一】号儿。

万镇：

【媳妇】子ɕiəʔ^{4} fu^{44} tsəʔ^{21}→sou^{44} tsəʔ^{21}（保留腭化前的声母s）。

【白夜】儿白天p^{h}iəʔ^{13} iər^{53}→p^{h}iər^{53}。

贺家川：

【媳妇】子ɕiəʔ^{4} fu^{44} tsəʔ^{21}→ɕiou^{44} tsəʔ^{21}。

肆　历史音韵

一　古音与今音的比较

古音指以《切韵》为代表的中古音系，本书主要指《广韵》音系。今音指神木老派音系。尽管我们不能认为神木音系就是从《切韵》音系直接发展、演变而来，但仍然可以通过古音、今音的比较，反映从中古音到现代神木话的发展脉络，从而揭示语音发展演变中的一些规律。为了方便起见，古音分类以中国社会科学院语言研究所编的《方言调查字表》为准。

1.1　声母的比较

古今声母的分合及其条件见表4–1、4–2。表4–1从古音出发看今音的分合。表4–2从今音到古音，看今声母的来源，表左是今声母，表端是古声母，横竖相交处是该声母的例字。

1.2　韵母的比较

古今韵母的演变与古韵母的摄、等、开合口、韵、声母类型有关。本书以中古韵十六摄为序，列表比较古今韵母的关系及其条件。表4–3从古音出发看今音，表左是韵摄、开合口，表端是韵等和声母组系。咸深山臻宕江曾梗通九摄先列舒声韵，后列入声韵。

表4–4从今音出发看它的来源。表左是今韵母，表端是古韵摄、开合口、等，中间相交处是该韵母的例字。39个今韵母中，

yo韵只有“娘”1字，因此未列在表上，曾合三只有1个“域”字，神木读yəʔ，也未列入。

附：入声舒化字表

入声字今读舒声的共84字。以今韵母为序列举如下。舒入两读的字注出今读舒声的例词。

i　揖逸溢益利～亿忆翼僻译易疫役
u　幕牧
y　剧郁育玉
a　杂拉闸炸匣又铡挖栅
ia　掐～死峡三门～匣又压轧辖～住了
ua　划
ʅə　舌～头射扫～
uo　嗑渴～了钵～子抹～泥阔～气薄摸～揣骆错昨
ɛ　眨
iɛ　腌碟茶泄～火白～吃液腋

yɛ　唦撧曰
ᴇ　贼陌
uᴇ　率蟀
ɔ　落～窝鸡烙～饼酪凿焯雹
iɔ　屑雀嚼约～给下跃饺学～会了
ei　给～东西墨磨～
əu　轴粥肉
iəu　削～铅笔六～个
uɑ　缩～回去
ɣ̃　饽面～掷

1.3　声调的比较

古今声调的关系见表4-5。表左是古声调和声母的清浊，表端是今声调。

表4-5

		阳平 44	阴平上 21 3	去声 53	入声 4
平声	清		包刀招骄		
	次浊	毛挠饶熬			
	全浊	袍桃巢乔			
上声	清		保祷吵考		
	次浊		秒脑扰咬		
	全浊			抱造赵浩	
去声	清			报到灶告	
	次浊			冒涝绕傲	
	全浊			暴导骤轿	
入声	清				八铁杀割
	次浊				灭辣热月
	全浊				拔达辙杰

表4-1

		清				全浊			次浊				清		全浊				
							平	仄								平	仄		
帮组		帮	p	滂	p^h	并	p^h	p	明	m									帮组
非组		非	f	敷	f	奉	f		微	v									非组
端组		端	t	透	t^h	定	t^h	t	泥	n	来	l							端组
精组	今洪	精	ts	清	ts^h	从	ts^h	ts					心	s	邪	ts^h s	s	今洪	精组
	今细		tɕ		tɕ^h		tɕ^h	tɕ						ɕ		tɕ^h ɕ	ɕ	今细	
知组	二今开	知	ts	彻	ts^h	澄	ts^h	ts										二今开	知组
	其他		tʂ		tʂ^h		tʂ^h	tʂ										其他	
庄组	今开	庄	ts	初	ts^h	崇	ts^h	ts					生	s				今开	庄组
	今合		tʂ		tʂ^h		tʂ^h	tʂ						ʂ				今合	
章组	止今开	章	ts	昌	ts^h	船		s					书	s	禅	s		止今开	章组
	其他		tʂ		tʂ^h		tʂ^h ʂ	ʂ						ʂ		tʂ^h ʂ	ʂ	其他	
日母	止今开								日	∅								止今开	日母
	其他									ʐ								其他	
见晓组	今洪	见	k	溪	k^h	群	k^h	k	疑	v ŋ			晓	x	匣	x		今洪	见晓组
	今细		tɕ		tɕ^h		tɕ^h	tɕ		n ∅				ɕ		ɕ		今细	
影组	今洪	影	v ŋ						云	v	以	v ʐ						今洪	影组
	今细		∅							∅		∅						今细	

表 4-2

	帮滂并明	非敷奉微	端透定	泥来	精清从心邪	知彻澄	庄初崇生	章昌船书禅	日	见溪群疑	晓匣影云以	
p	波 步											p
p^h	坡婆											p^h
m	魔											m
f		夫麸扶										f
v		无								卧	乌卫维	v
t			多 驮									t
t^h			拖驼									t^h
n				挪						崖		n
l				罗								l
ts					左 坐	罩 绽	渣 乍	支				ts
ts^h					搓矬 词	撑茶	叉茬	齿				ts^h
s					锁似		沙	示施匙				s
z										吟		z
tʂ						猪 住	捉 状	遮				tʂ
$tʂ^h$						痴除	初锄	车唇 垂				$tʂ^h$
ʂ							梳	蛇佘殊				ʂ
ʐ									惹		锐	ʐ
tɕ					姐 剂					家 技		tɕ
$tɕ^h$					且齐					区渠		$tɕ^h$
ɕ					些斜						虚霞 熊	ɕ
k										歌 柜		k
k^h										可葵		k^h
ŋ										艾	哀	ŋ
x											火胡	x
∅									儿	牙	鸦有爷	∅

表4-3

		一等			二等				三四等									
		帮系	端系	见系	帮系	泥组	知庄组	见系	帮系	端组	泥组	精组	庄组	知章组	日母	见系		
果	开		uo 多 a 大	uo 歌												iɛ 茄	开	果
果	合	uo 波	uo 朵	uo 锅												yɛ 靴	合	果
假	开				a 巴	a 拿	a 茶	ia 家				iɛ 姐		ʅə 蛇	ʅə 惹	iɛ 爷	开	假
假	合						ua 耍	ua 瓜 a 瓦									合	假
遇	合	u 补	u 都 əu 路	u 姑					u 夫		y 女 uei 吕	y 蛆	uo 初	u 猪	u 如	y 举	合	遇
蟹	开	ei 贝	ᴇ 胎	ᴇ 该	ᴇ 排	ᴇ 奶	ᴇ 豺	ᴇ 芥 iɛ 械 ia 佳	i 闭	i 低	i 礼	i 挤		ʅ 制		i 鸡	开	蟹
蟹	合	ei 杯	uei 堆	uei 灰 uᴇ 块 ei 煨			uᴇ 拽	uᴇ 乖 ua 挂 ᴇ 歪 a 蛙	ei 废			uei 脆		uei 缀	uei 芮	uei 桂 ei 卫	合	蟹
止	开								i 比 ei 婢		i 尼	ɿ 资	ɿ 师	ʅ 知 ɿ 支	ʌɯ 儿	i 奇	开	止
止	合								ei 飞		uei 泪	uei 嘴	uᴇ 衰	uei 锥	uei 蕊	uei 规 ei 为	合	止
效	开	ɔ 保	ɔ 刀	ɔ 高	ɔ 包	ɔ 闹	ɔ 抄	iɔ 教	iɔ 标	iɔ 刁	iɔ 尿	iɔ 焦		ɔ 超	ɔ 绕	iɔ 骄	开	效
流	开	u 某 ɔ 茂	əu 斗	əu 狗					u 否	iəu 丢	iəu 纽	iəu 秋	əu 邹	əu 稠	əu 柔	iəu 九	开	流
咸舒	开		ɛ 耽	ɛ 感			ɛ 站	ɛ 馅 iɛ 减	iɛ 贬	iɛ 掂	iɛ 拈	iɛ 尖		ɛ 沾	ɛ 染	iɛ 剑	开	咸舒
咸舒	合								ɛ 泛								合	咸舒

续表

		一等			二等				三四等									
		帮系	端系	见系	帮系	泥组	知庄组	见系	帮系	端组	泥组	精组	庄组	知章组	日母	见系		
深舒	开								iɤ̃ 禀		iɤ̃ 林	iɤ̃ 侵	ɤ̃ 森	ɤ̃ 针	ɤ̃ 任	iɤ̃ 今	开	深舒
山舒	开		ɛ 单	ɛ 干	ɛ 扮		ɛ 盏	iɛ 艰	iɛ 鞭	iɛ 颠	iɛ 碾	iɛ 箭		ɛ 展	ɛ 燃	iɛ 建	开	山舒
山舒	合	ɛ 般	uɛ 端	uɛ 官 ɛ 碗			uɛ 拴	ɛ 湾	ɛ 反		yɛ 恋	yɛ 全		uɛ 转	uɛ 软	yɛ 卷	合	山舒
臻舒	开		ɤ̃ 吞	ɤ̃ 根					iɤ̃ 宾		iɤ̃ 邻	iɤ̃ 亲	ɤ̃ 榛	ɤ̃ 珍	ɤ̃ 人	iɤ̃ 巾	开	臻舒
臻舒	合	ɤ̃ 本	uɤ̃ 墩	uɤ̃ 滚 ɤ̃ 温					ɤ̃ 分		uɤ̃ 伦	uɤ̃ 遵 yɤ̃ 俊		uɤ̃ 春	uɤ̃ 润	yɤ̃ 均	合	臻舒
宕舒	开	ɑ̃ 帮	ɑ̃ 当	ɑ̃ 纲							iɑ̃ 娘	iɑ̃ 将	uɑ̃ 装	ɑ̃ 张	ɑ̃ 让	iɑ̃ 姜	开	宕舒
宕舒	合			uɑ̃ 光 ɑ̃ 汪					ɑ̃ 方							uɑ̃ 眶 ɑ̃ 王	合	宕舒
江舒	开				ɑ̃ 棒	ɑ̃ 攮	uɑ̃ 桩	ɑ̃ 港 iɑ̃ 江									开	江舒
曾舒	开	ɤ̃ 崩	ɤ̃ 灯	ɤ̃ 恒					iɤ̃ 冰		iɤ̃ 陵			ɤ̃ 征	ɤ̃ 仍	iɤ̃ 兴	开	曾舒
曾舒	合			uɤ̃ 弘													合	曾舒
梗舒	开				ɤ̃ 棚 iɛ 棚	ɤ̃ 冷	ɤ̃ 生	ɤ̃ 坑 iɤ̃ 茎	iɤ̃ 兵	iɤ̃ 丁	iɤ̃ 领	iɤ̃ 精		ɤ̃ 逞		iɤ̃ 京	开	梗舒
梗舒	合							uɤ̃ 横 yɛ 横								yɤ̃ 兄 iɤ̃ 倾	合	梗舒
通舒	合	ɤ̃ 蓬	uɤ̃ 东	uɤ̃ 工 ɤ̃ 翁					ɤ̃ 风		uɤ̃ 龙	uɤ̃ 从	uɤ̃ 崇	uɤ̃ 忠	uɤ̃ 绒	uɤ̃ 供 yɤ̃ 胸	合	通舒

续表

		一等			二等				三四等									
		帮系	端系	见系	帮系	泥组	知庄组	见系	帮系	端组	泥组	精组	庄组	知章组	日母	见系		
咸入	开		aʔ搭	əʔ鸽			aʔ扎	iaʔ夹 iəʔ甲		iəʔ跌	iəʔ聂	iəʔ接		əʔ褶		iəʔ劫	开	咸入
	合								aʔ法								合	
深入	开										iəʔ立	iəʔ缉	əʔ涩	əʔ执	uəʔ入	iəʔ级	开	深入
山入	开		aʔ达	əʔ割	aʔ八		aʔ札	aʔ瞎 iaʔ辖	iəʔ别	iəʔ铁	iəʔ烈	iəʔ节		əʔ哲	əʔ热	iəʔ结	开	山入
	合	əʔ拨	uəʔ掇	uəʔ括			uaʔ刷	uaʔ刮 a挖	aʔ伐		yəʔ劣	yəʔ绝		uəʔ拙		yəʔ决	合	
臻入	开								iəʔ笔		iəʔ栗	iəʔ七	əʔ虱	əʔ侄	əʔ日	iəʔ吉	开	臻入
	合	əʔ没	uəʔ突	uəʔ骨					əʔ物		uəʔ律	yəʔ戌		uəʔ出		yəʔ屈	合	
宕入	开	əʔ博	uəʔ诺	əʔ各							iəʔ略	iəʔ鹊		əʔ酌	əʔ弱	iəʔ脚	开	宕入
	合			uəʔ郭					əʔ缚							yəʔ镢	合	
江入	开				aʔ驳 əʔ朴		uaʔ捉 uəʔ桌	yaʔ觉 aʔ握 iəʔ学									开	江入
曾入	开	iəʔ北	əʔ德	əʔ刻					iəʔ逼		iəʔ力	iəʔ即	əʔ侧	əʔ织		iəʔ极	开	曾入
	合			uəʔ国												yəʔ域	合	

续表

		一等			二等				三四等									
		帮系	端系	见系	帮系	泥组	知庄组	见系	帮系	端组	泥组	精组	庄组	知章组	日母	见系		
梗入	开				iəʔ 柏		əʔ 拆	əʔ 格	iəʔ 碧	iəʔ 的	iəʔ 历	iəʔ 积		əʔ 赤		iəʔ 戟	开	梗入
梗入	合							uəʔ 获								i 疫	合	梗入
通入	合	əʔ 扑	uəʔ 毒	uəʔ 哭 əʔ 屋					əʔ 福		uəʔ 陆	yəʔ 肃	uəʔ 缩	uəʔ 竹	uəʔ 辱	yəʔ 菊 y 玉	合	通入

表 4-4

	果		假		遇	蟹		止		效	流	咸	
	开	合	开	合	合	开	合	开	合	开	开	开	合
	一三	一三	二三	二	一三	一二三四	一二三四	三	三	一二三四	一三	一二三四	三
ɿ								紫					
ʅ						制		知					
i						际批		比					
u					补猪						某否		
y					女								
a	大		巴	洼		罢	蛙						
ia			家			佳							
ua				瓜			挂						
ʅə			车										
uo	多	波			梳								
ɛ												胆站占	凡
iɛ	茄		姐			阶						减尖甜	
uɛ													
yɛ		靴											
ᴇ						胎排	歪						
uᴇ							怪		揣				
ɔ										保包招	剖		
iɔ										交膘叫	彪		
ei						贝	杯 废	碑	非				
uei							堆 脆桂		泪				
əu					路						抖肘		
iəu											揪		
ʌɯ								儿					
ã													
iã													
uã													
ɤ̃													
iɤ̃													
uɤ̃													
yɤ̃													
aʔ												塔扎	法
iaʔ												掐	
uaʔ													
yaʔ													
əʔ												喝 摄	
iəʔ						箅		臂				恰接跌	
uəʔ													
yəʔ													

续表

	深	山								臻				宕				江	曾				梗						通	
	开	开				合				开		合		开		合		开	开		合		开			合			合	
	三	一	二	三	四	一	二	三	四	一	三	一	三	一	三	一	三	二	一	三	一	三	二	三	四	二	三	四	一	三
ɿ																														
ʅ																														
i																														
u																														
y																														
a																														
ia																														
ua																														
əɭ																														
uo																														
ɛ		丹	扮	毡		搬	顽	反																						
iɛ			艰	鞭	边			沿	县														棚							
uɛ						端	幻	专																						
yɛ								恋	玄																	横				
E																														
uE																														
ɔ																														
iɔ																														
ei																														
uei																														
əu																														
iəu																														
ʌɯ																														
ɑ̃														帮	张		方	邦												
iɑ̃															娘			讲												
uɑ̃															庄	光	狂	窗												
ɤ̃	沉									吞	珍	奔	分						崩	征			彭	整					篷	风
iɤ̃	林										彬									冰			硬	兵	瓶		倾	萤		
uɤ̃												嫩	春								弘					横			东	隆
yɤ̃													俊														兄	迥		胸
aʔ		达	八					伐										剥												
iaʔ			辖																											
uaʔ							滑											捉												
yaʔ																		觉												
əʔ	涩	割		哲		拨					侄	勃	佛	博	着		缚	朴	得	直			拆	适					扑	福
iəʔ	缉			别	铁						笔				略			学	北	逼			百	碧	滴					
uəʔ	入					夺		说				突	律	作		郭		桌			国					获			秃	陆
yəʔ								劣	决				橘				镢													肃

1.4 例外字表

1.4.1 声母例外字表

古全浊声母仄声字今塞音、塞擦音读送气的，也暂列表中。括号内注明按规律今音当读的声母。

帮：谱ᶜpʰu 箅pʰiəʔ꜆ 鄙ᶜpʰi 秘泌miəʔ꜆ 庇痹ᶜpʰi 蝙扁ᶜpʰiɛ 迫pʰiəʔ꜆（p）

滂：玻ᶜpuo 怖puᵓ 泊piəʔ꜆（pʰ）

并：耙꜀pʰa 部簿pʰuᵓ 埠fuᵓ 败pʰᴇᵓ 佩pʰeiᵓ 避ᶜpʰi 叛pʰɛᵓ 勃pʰəʔ꜆ 饽pʰɤ̃ 傍꜀pʰɑ̃ 雹pʰɔᵓ 辟pʰiəʔ꜆ 仆瀑pʰəʔ꜆（p）

明：戊vuᵓ 谬niəuᵓ（m）

非：脯果～ᶜpʰu（f）

敷：捧ᶜpʰɤ̃（f）

微：尾ᶜi（v）

端：堤꜀tʰi 鸟ᶜniɔ（t）

透：贷tᴇᵓ（tʰ）

定：提～溜tiəʔ꜆ 屯饨tuɤ̃ᵓ（tʰ） 沓tʰaʔ꜆ 突tʰuəʔ꜆ 特tʰəʔ꜆ 艇挺ᶜtʰiɤ̃ 叠tʰiəʔ꜆（t）

泥：粘꜀ʐɛ 赁liɤ̃ᵓ 酿ᶜʐɑ̃/ʐɑ̃ᵓ 农꜀luɤ̃（n）

来：辇ᶜniɛ（n）

精：躁tsʰɔᵓ（ts） 剿ᶜtsʰɔ 歼ᶜtɕʰiɛ 雀ᶜtɕʰiɔ（tɕ）

从：蹲ᶜtuɤ̃ 造tsʰɔᵓ 族tsʰuəʔ꜆ 截捷疾tɕʰiəʔ꜆（ts）

心：玺徙ᶜɕi 伺tsʰɿᵓ 粹tsʰueiᵓ 燥tsʰɔᵓ（s） 惜tɕʰiəʔ꜆（ɕ）

知：爹ᶜta/ᶜtiɛ（tʂ）

彻：抽ᶜtsʰəu 侦ᶜtʂɤ̃（tʂʰ）

澄：赚tʂuɛᵓ（ts） 痔tsɿᵓ 坠tʂʰuᴇᵓ 辙秩tʂʰəʔ꜆ 瞪tɤ̃ᵓ 着睡～tʂʰəʔ꜆ 撞ᶜtʂʰuɑ̃ 直副词tʂʰəʔ꜆（tʂ）

庄：楂꜀tsʰa（ts） 阻ᶜtsuo（tʂ）

初：篡tsʰuɛᵓ（tʂʰ）

崇:助 tsuoᵓ　镯 tʂʰuaʔ꜆（ts）　士仕柿俟事 sʅᵓ（ts）
生:产ᶜtsʰɛ（s）
章:震 tsɤ̃ᵓ（tʂ）
昌:枢ᶜʂu　触 tʂuəʔ꜆（tʂʰ）
船:盾 tuɤ̃ᵓ（tʂ）
书:暑ᶜtʂʰu（ʂ）　翅 tsʰʅᵓ
禅:植殖 tʂəʔ꜆　蜀 tʂuəʔ꜆（tʂʰ）
日:饶姓꜀nɔ　扔ᶜʌɯ（ʐ）
见:概溉 kʰᴇᵓ 会~计ᶜkʰuᴇ　刽 kʰuᴇᵓ　愧 kʰueiᵓ　构购 ŋəuᵓ　昆崑ᶜkʰuɤ̃
　矿 kʰuɑ̃ᵓ　挂 kʰuaᵓ　扛ᶜkʰɑ̃　巩ᶜkʰuɤ̃　括 kʰuəʔ꜆（k）　懈 çiɛᵓ/xᴇᵓ
　酵 çiɔᵓ　脸ᶜliɛ　讫 tɕʰiəʔ꜆（tɕ）
溪:枯ᶜku　恢ᶜxuei（kʰ）　墟ᶜɕy　吃 tʂʰəʔ꜆（tɕʰ）
群:跪 kʰueiᵓ（k）　瞿 tɕyᵓ　鲸ᶜtɕiɤ̃（tɕʰ）　掘倔 tɕʰyəʔ꜆（tɕ）
疑:呆ᶜtᴇ　硙꜀vei（ŋ）　讹꜀ŋuo（v）　捱崖꜀nᴇ（ŋ）　吟ᶜʐɤ̃（∅）
晓:歪ᶜvᴇ（x）
匣:械 tɕiɛᵓ　畦꜀tɕʰi　肴淆꜀iɔ　舰 tɕiɛᵓ　萤荧ᶜiɤ̃　迥ᶜtɕyɤ̃（ɕ）　完
　丸꜀vɛ　皖ᶜvɛ　棚杏~儿 kuəʔ꜆　核~桃 kəʔ꜆（x）
影:矮ᶜnᴇ（ŋ）　秽 xueiᵓ（v）　杳ᶜmiɔ　压 niaᵓ（∅）
云:汇 xueiᵓ　熊雄꜀ɕyɤ̃（∅）
以:铅ᶜtɕʰiɛ　捐ᶜtɕyɛ̃（∅）

1.4.2　韵母例外字表

括号内注明该字的古韵（举平声以赅上去）和今音的一般读音，“？”表示一般读音不详。

果摄:荷 xɔᵓ（歌 uo）　薄 pɔᵓ（戈 uo）　倭ᶜvei（戈 uo）和介词,连词 xaᵓ（uo）
假摄:爹ᶜta（麻 iɛ）　傻ᶜsa（麻 ua）
遇摄:做 tsuəʔ꜆（模 u）　措 tsʰəʔ꜆（模 u）　错 tsʰuoᵓ（模 u）　锢 kuəʔ꜆（模 u）　瓠 xuəʔ꜆（模 u）　庐꜀ləu（鱼 y）　稆ᶜliəu（鱼 y）　楚础ᶜtʂʰu（鱼 uo）　疏蔬ᶜʂu（鱼 uo）　去 kʰəʔ꜆（鱼 y）　雏ᶜtʂʰu（虞 uo）

裕yəʔ꜆(虞y)

蟹摄:咳kʰəʔ꜆(哈ᴇ) 孩~伢儿<u>xəʔ꜆</u>(哈ᴇ) 硙꜀vei(哈ᴇ) 箅pʰiəʔ꜆(齐i) 髻tɕiəʔ꜆(齐i) 携꜂ɕi(齐uei) 畦꜀tɕʰi(齐uei) 罢pa꜄(佳ᴇ)

止摄:臂piəʔ꜆(支i) 荔liəʔ꜆(支i) 玺徙꜂ɕi(支ʅ) 筛꜂sᴇ(脂ʅ) 秘泌miəʔ꜆(脂i) 丕꜂pʰᴇ(脂i ei) 鼻piəʔ꜆(脂i ei) 腻niəʔ꜆(脂i) 指tsəʔ꜆(脂ʅ) 滓꜂tsᴇ(之ʅ) 厕tsʰəʔ꜆(之ʅ) 祈tɕʰiəʔ꜆(微i) 坠tʂuᴇ꜄/tʂʰuᴇ꜄(脂uei) 季tɕi꜄(脂uei) 遗꜀i(脂ei)

效摄:抓꜂tʂua(肴ɔ) 爪꜂tʂua(肴ɔ) 搞꜂kɔ(肴iɔ) 剿꜂tsʰɔ(宵iɔ)

流摄:矛꜀miɔ(尤iəu) 廖꜀liɔ(尤iəu) 就tsəu꜄(尤iəu) 漱su꜄(尤əu) 鼬iɔ꜄(尤iəu) 彪꜂piɔ(尤iəu)

咸舒:痰꜀tʰuɛ(谈ɛ) 赚tʂuɛ꜄(咸ɛ) 粘꜀zɛ(盐iɛ) 魇꜂iɤ(盐iɛ)

深舒:寻꜀sɤ̃(侵iɤ̃) 岑꜀tɕʰiɤ̃(侵ɤ̃) 甚꜂ɕiɤ̃(侵ɤ̃)

山舒:疝ʂuɛ꜄(删ɛ) 联꜀lyɛ(仙iɛ) 轩掀꜂ɕyɛ(元iɛ) 蝙piəʔ꜆(先iɛ) 拼pʰiɤ̃꜄(桓ɛ) 攒꜂tsɛ(桓uɛ) 还꜀xɛ(删uɛ) 缘沿꜀iɛ(仙yɛ) 铅꜂tɕʰiɛ(仙yɛ) 兖꜂iɛ(仙yɛ) 阮꜂zuɛ(元yɛ) 宛꜂vɛ(元yɛ) 县ɕiɛ꜄(先yɛ)

臻舒:啃꜂kʰuɤ̃(痕ɤ̃) 秦꜀tsʰɤ̃(真iɤ̃) 逊ɕyɤ̃꜄(魂uɤ̃) 轮꜀lyɤ̃(谆uɤ̃) 遵꜂tsuɤ̃(谆yɤ̃) 皴꜂tsʰuɤ̃(谆yɤ̃) 笋榫꜂suɤ̃(谆yɤ̃) 迅ɕiɤ̃꜄(谆yɤ̃) 匀<u>꜀iɤ̃</u>(谆yɤ̃) 尹꜂iɤ̃(谆yɤ̃) 荤꜂xuɤ̃(文yɤ̃)

宕舒:酿꜂zɑ̃/zɑ̃꜄(阳iɑ̃) 饷꜂ɕiɑ̃(阳ɑ̃) 逛跑kɑ̃꜄(阳uɑ̃)

曾舒:扔꜂<u>ʌɯ</u>(蒸ɤ̃)

梗摄:盲꜀mɑ̃(庚ɤ̃) 打꜂ta(庚ɤ̃) 蚌pɑ̃꜄(耕ɤ̃) 盟꜀mɤ̃(庚iɤ̃) 矿kʰuɑ̃꜄(庚uɤ̃)

通舒:熥꜂tʰɤ̃(东uɤ̃) 粽tɕyɤ̃꜄(东uɤ̃)

咸入:眨꜂tsɛ(洽aʔ a) 恰tɕʰiəʔ꜆(洽iaʔ) 甲tɕiəʔ꜆(狎iaʔ) 睫tsəʔ꜆(叶iəʔ) 挟tɕiaʔ꜆(帖iəʔ)

深入：入ʐuəʔ꜆（缉əʔ） 给꜂kei（缉iəʔ i）

山入：屑꜂çiɔ（屑iəʔ） 捋lyəʔ꜆（末uəʔ） 聒kuaʔ꜆（末uəʔ） 越iəʔ꜆（月yəʔ） 穴çiəʔ꜆（屑yəʔ）

臻入：饽pʰɤ̃（没əʔ） 率蟀ʂuɛ꜄（术uəʔ？）

宕入：泊piəʔ꜆（铎əʔ） 幕mu꜄（铎əʔ？） 削꜀çiəu（药iəʔ？）

曾入：北piəʔ꜆（德əʔ） 墨默miəʔ꜆（德əʔ） 勒luəʔ꜆（德əʔ） 啬saʔ꜆（职əʔ）

梗入：陌mᴇ꜄（陌iəʔ？） 剧tɕy꜄（陌iəʔ？） 脊tsəʔ꜆（昔iəʔ） 掷tʂɤ̃꜄（昔əʔ）

通入：缩꜂ʂuɑ̃（屋uəʔ？） 促tsʰuəʔ꜆（烛yəʔ）

1.4.3 声调例外字表

阴平上根据连调不同用“|”隔开。

古清平

读阳平（29字）：楂tsʰa 虾çia 奢ʂʅə 蛙va 肤敷俘孵fu 须需çy 台tʰᴇ 堤tʰi 雌tsʰʅ 眵tsʰʅ 妃fei 滔tʰɔ 薅xɔ 爊ŋɔ 胞pʰɔ 荀çyɤ̃ 渊yɛ 勋çyɤ̃ 滂pʰɑ̃ 襄çiɑ̃ 夯xɑ̃ 亨xɤ̃ 从~容tsʰuɤ̃ 雍痈yɤ̃

读去声（18字）：洼va 瑰kuei 钞tsʰɔ 飕səu 嵌tɕʰiɛ 餐tsʰɛ 鼾xɛ 篇pʰiɛ 笺tɕiɛ 眶kʰuɑ̃ 欣çiɤ̃ 憎tsɤ̃ 胜~任ʂɤ̃ 应~当iɤ̃ 筝睁又tsɤ̃ 姘pʰiɤ̃ 纵tsuɤ̃

古浊平

读阴平上（45字）：妈ma 华xua 麸fu 雏tʂʰu 殊ʂu 苔tʰᴇ 奚兮çi 携çi 疵tsʰʅ 夷i 危vei 葵逵kʰuei 违vei 肴淆iɔ 悠iəu 潜tɕʰiɛ 填tʰiɛ 铅tɕʰiɛ 蹲tuɤ̃ 浑xuɤ̃ 焚fɤ̃ 昂ŋɑ̃ 腾藤tʰɤ̃ 鲸tɕiɤ̃ 亭廷庭蜓tʰiɤ̃ | 脾pʰi 而ʌɯ 跑pʰɔ 燃ʐɛ 捐tɕyɛ 闽miɤ̃ 偿赔~ʂɑ̃ 乘~法tʂʰɤ̃ 惩tʂʰɤ̃ 扔ʐɤ̃/ʌɯ 仍ʐɤ̃ 筒tʰuɤ̃ 吟zɤ̃

读去声（12字）：符fu　巫诬vu　瞿tɕy　虞娱y　跳t^{h}iɔ　惭ts^{h}ɛ　酣xɛ　屯饨tuɣ̃　乘上～，～车tʂ^{h}ɣ̃

读入声（3字）：孩xəʔ　提tiəʔ　祈tɕ^{h}iəʔ

古清上、次浊上

读阳平（7字）：虏ləu　愈y　杞tɕ^{h}i　唯vei　剖p^{h}ɔ　俨iɛ　冗zʅuɣ̃

读去声（18字）：擩zʅu　载年～tsᴇ　贿xuei　企tɕ^{h}i　纪年～tɕi　漂～白粉p^{h}iɔ　瞭liɔ　叩k^{h}əu　帚tʂu　诱iəu　枕～头tʂɣ̃　阮yɛ　忖ts^{h}uɣ̃　挡tã　朗lã　港kã　境tɕiɣ̃　影i　矿k^{h}uã

读入声（4字）：指～头儿tsəʔ　子tsəʔ　了ləʔ　每我～məʔ

古全浊上

读阳平（2字）：绍ʂɔ　窘tɕ^{h}yɣ̃

读阴平上（18字）：婢pei　臼咎tɕiəu　菌tɕyɣ̃ ｜釜腐辅fu　蟹ɕiɛ　葚ɕiɣ̃　诞tɛ　仅tɕiɣ̃　艇挺t^{h}iɣ̃　汞kuɣ̃　缓xuɛ　皖vɛ　很xɣ̃　俭tɕiɛ

古去声

读阳平（17字）：帕p^{h}a　耙p^{h}a　暇ɕia　谜mi　屉t^{h}i　卫vei　谊i　遂隧穗耳朵～子suei　疗liɔ　邵ʂɔ　玩vɛ　恋lyɛ　眩ɕyɛ　傍～晚p^{h}ã　行品～ɕiɣ̃

读阴平上（52字）：厦sa　稼tɕia　吐t^{h}u　输运～ʂu　蔼ŋᴇ　饲sʅ　翡fei　稍sɔ　召tʂɔ　诏tʂɔ　勾～当kəu　究tɕiəu　柩tɕiəu　荫iɣ̃　郡tɕyɣ̃　订tiɣ̃　径tɕiɣ̃　统t^{h}uɣ̃　综tsuɣ̃｜骆ʂʅə　捕pu　署薯ʂu　屡luei　趣tɕ^{h}y　芋y　碍ŋᴇ　派～出所p^{h}ᴇ　隘ŋᴇ　蒯k^{h}uᴇ　避p^{h}i　庇痹p^{h}i　饵ʌɯ　伪vei　纬vei　缆lɛ　殓liɛ　纫缝～zʅɣ̃　振tʂɣ̃　韧zʅɣ̃　酿酝～zʅã　辆liã　饷ɕiã　访fã　撞tʂ^{h}uã　虹tɕiã　柄piɣ̃　泳咏yɣ̃　中打～tʂuɣ̃　讽fɣ̃

读入声（12字）：锢~露锅kuəʔ　裕yəʔ　咳k^{h}əʔ　髻tɕiəʔ　箅p^{h}iəʔ　臂piəʔ　荔liəʔ　秘泌miəʔ　鼻piəʔ　腻niəʔ　厕ts^{h}əʔ

二　例外字成因的分析

李荣（1965a）指出："语音演变规律有些零碎的例外。例外考验规律。通过例外的分析研究，可以帮助我们进一步掌握规律。"分析例外字形成的原因，不仅可以更好地掌握规律，而且可以以此为切入点，深入认识各种语言的、非语言的因素对语音演变的影响，以揭示神木话形成、发展的道路。

迄今对古今语音演变中例外字的成因进行过分析的论著，主要有李荣（1965a，1965b），王力（1985），杨荣祥（1997），刘太杰、张玉来（1998）等。李荣认为语音演变的例外主要有以下6个原因：1.连音变化；2.感染作用；3.回避同音字；4.字形的影响；5.误解反切；6.方言借字。杨荣祥认为变例产生的原因有以下8种：1.汉字谐声的类化；2.今音另有所承；3.口语日常用字保存古音；4.字音的避讳；5.字的通假与合并；6.中古辨义多音字今存一音；7.方言、俗读的影响；8.回避同音字，寻补空位。这些主要是从普通话与古音的比较中得出的结论，但对某一方言也有意义。尤其是分析的方法和概括的类型，对我们有很大的指导和启发作用。下文把神木话与中古音对应中的部分例外字按照形成原因分为6类，逐类探讨其成因，并专门讨论"扔"字的读音。其中少数结论是从已有成果中吸收的。

2.1　韵书无记载或韵书中为多音多义字

方言字音韵书没有记载，或在韵书中有几个读音分别表示不同的义项，今神木话只用其中一个音表达几个意义。

某一字音《广韵》无记载，一种可能是漏记，一种可能是方言读音另有来源。例如：

触 tʂuəʔ꜀《广韵》"尺玉切"，声母不合。但北京（又读）、济南、西安、太原、成都、合肥（又读）、广州等方言均读不送气，范围如此之广，应当另有来源。

昆崑 ꜂kʰuɤ̃《广韵》"古浑切"，声母不合。但现代各方言均读送气音，当来自溪母。

翅 tsʰʅ꜄《广韵》"施智切"，声母不合，但现代各方言都读送气的塞擦音，提示来自昌母。

块 ꜂kʰuᴇ **堤** ꜀tʰi **蟹** ꜂ɕiɛ《广韵》"块"字"苦对、苦怪"二切，声调不合；"堤"字"都奚切"，声母不合："蟹"字"胡买切"，声调不合。以上3字讨论见李荣（1965b）。

括 kʰuəʔ꜀ **叛** pʰɛ꜄ **迫** pʰiəʔ **统** ꜂tʰuɤ̃《广韵》"括"字"古活切"，声母不合；"叛"字"薄半切"，声母不合；"迫"字"薄陌切"，声母不合；"统"字"他综切"，声调不合。以上4字讨论见杨荣祥（1997）。

有些字在《切韵》系韵书中有两个以上读音，大多是音异义别的多音多义字，但神木话只保留了其中一读，用来负载多个意义，因而造成例外。

从 ꜁tsʰuɤ̃《广韵》"七恭"从容、"疾容"跟从二切，神木音与"疾容切"对应，表示两义。

应 iɤ̃꜄《广韵》"于陵"应当、"于证"应对二切，神木音与"于证切"对应，表示两义。

胜 ʂɤ̃꜄《广韵》"识蒸"胜任、"诗证"胜负二切，神木音与"诗证切"对应，表示两义。

纵 tsuɤ̃꜄《广韵》"即容"纵横、"子用"放纵二切，神木音与"子用切"对应，表示两义。

载 tsɛ꜄《广韵》"作亥"年载、"作代"装载二切，神木音与"作代切"对应，表示两义。

枕 tʂɤ̃꜄ 《广韵》“章荏”名词、“之任”动词二切，神木音与“之任切”对应，表示两义，而高家堡则与“章荏切”对应，表示两义。

输 ꜂ʂu 《广韵》“式朱”运送、“伤遇”所送之物二切，神木话保留了第一切的音义。

勾 ꜂kəu 《广韵》“勾，古侯切”，“句当”的“句”为“古候切”。后来“句当”的“句”也写作“勾”。神木话把后者也读作阴平，与“古侯切”对应。

行 ꜀ɕiɤ̃ 《广韵》“户庚”行走、“下更”品行二切，神木音与“户庚切”对应，表示两义。

播 puo꜄ 《广韵》“补过切”，《集韵》“补过、逋禾”二切，后一切指水名，在豫州域。北京话读꜀po，与后一切对应，神木话则保留了“补过切”的读音。

稍 ꜂sɔ 《广韵》：“所教切，均也，小也。”无又音。《集韵》：“渐也，山巧切。”又：“税也，师交切。”神木话和北京话的读音均与“师交切”对应，但意义则与《广韵》“所教切”、《集韵》“山巧切”对应。

2.2 词语较早时期读音的反映

有些字今音与《切韵》音系不符，或者是更早时期语音特点的反映，或者本来与《切韵》相合，但在后来的发展中没有与同地位的字一起演变，是某些历史音变在扩散过程中受到阻碍而留下的遗迹，是中断的变化的反映。

2.2.1 部分所谓“舒声促化字”的来源

神木话有些入声字是《广韵》的去声字。不少学者用“舒声促化”来解释这类字读入声的原因。但我们认为，其中一部分可能是中古的舒声字，上古的促声字。换句话说，它们是上古汉语促声字的遗留，而不是真正的舒声促化。如下面六个字：

裕 yəʔ꜀	遇合三去虚以	咳 kʰəʔ꜀	蟹开一去咍溪

臂piəʔ꜆ 止开三去支帮 秘miəʔ꜆ 止开三去脂帮

鼻piəʔ꜆ 止开三去脂并 厕tsʰəʔ꜆ 止开三去之初

下面先列表表示这些字在部分方言中的读音。为了讨论充分起见,加上“蔗譬”二字。表中略去非促声的读音和异读,“?”表示读音不详。西安话、成都话无入声,但这些字部分表现特别,也列在上面。见表4–6。

表4–6

	裕	咳	臂	秘	鼻	厕	蔗	譬
西安	꜀y	꜀kʰɯ	꜀pi	꜀mi	꜁pi	꜀tsʰei	꜀tʂɤ	
成都		꜁kʰe		꜁mi新	꜁pi	꜁tsʰe		
太原		kʰəʔ꜆		mieʔ꜆	pieʔ꜆	tsʰaʔ꜆		
获嘉				miəʔ꜆		?	tsɐʔ꜆	pʰiəʔ꜆
呼市	yəʔ꜆	kʰaʔ꜆	piəʔ꜆	miəʔ꜆	piəʔ꜆	tsʰaʔ꜆	tsaʔ꜆	
扬州		kʰəʔ꜆			pieʔ꜆	tsʰəʔ꜆	tɕieʔ꜆	pʰieʔ꜆
苏州		kʰɤʔ꜆			bɤʔ꜇白			
温州		kʰø꜆		pi꜆	bei꜇白	tsʰe꜆		
长沙		kʰɤ꜆			pi꜆			
南昌		kʰiɛt꜆	pit꜆		pʰit꜇白	tsʰɛt꜆		
梅县		kʰɛt꜆				tsʰɛt꜆		pʰit꜆
厦门					pit꜇文			
福州					piʔ꜇文			
建瓯	y꜆	kʰɛ꜆	pʰi꜆	mi꜆		tsʰɛ꜆		pʰi꜆

从表中可以看出,这些字读促声在方言中的分布不均匀,不过范围都很广,如“咳”读促声在晋语、江淮官话、吴语、湘语、赣语、客家话、闽语、粤语(广州亦读入声)中有分布,“臂”读促声在晋语、吴语、湘语、赣语、闽语中有分布,“鼻”读促声在晋语、江淮官话、吴语、湘语、赣语、闽语中有分布,“厕”读促声在江淮官话、晋语、湘语、赣语、客家话、闽语中有分布,其中有的是文读音,或文白读均为促声。它们在西安、成都话中的表现值得注意:“裕咳臂秘蔗厕”西安读阴平,“鼻”西安读阳平,而中古清

入和次浊入字西安话一律读阴平，全浊入字一律读阳平。“咳鼻秘厕”成都读阳平，而中古入声字成都话一律读阳平。也就是说，在入声已经消失的某些官话方言中，这些字是按入声字归类的。北京话“鼻”字读阳平不送气，也符合全浊入归阳平的演变规律。李荣（1957）指出，“‘鼻’字苏州读[bəʔ꜅]阳入，是从古入声来的。北京没有入声，‘鼻’字读[꜁pi]阳平，也表示这是古入声字。《切韵》系韵书里‘鼻’字没有入声读法。可是孙奕《示儿编》卷十八‘声讹’条有‘以鼻为弼’的说法，可见‘鼻’字古代有入声读法。不过《切韵》系韵书没有收这个读音而已。”同一字在众多的大方言中读入声，甚至在已经没有入声的方言中同样按照入声字的今调类归类，这很容易使人想到它们本来就是入声字，而并非由舒声字“促变”形成的。

上述几字在《切韵》音系中都读去声，在今方言中不读入声时也大都读去声，提示我们去观察去声字在上古汉语中的表现。

王力（1985：71）指出：“段氏（指段玉裁——引者）古无去声字之说，可以认为是不刊之论。只是需要补充一点，就是上古有两种入声，即长入和短入。”他又说：“我认为上古汉语有四个声调，分为舒促两类，即：

舒声 → 平声，高长调；上声，低短调

促声 → 长入，高长调；短入，低短调

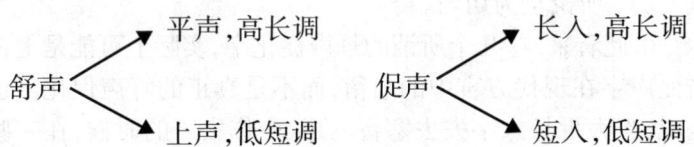

“长入声的字正是由于读音较长，然后把韵尾塞音丢失，变为第三种舒声（去声）了。”（同上：73）许宝华（1984）在评价长入短入之分的例证时指出：“考虑到汉藏语系的现代语言中有以长短元音来区分声调和现代粤语中以元音长短来区分两种阴入调的事实，因而不能把这条历史根据视作孤证而不予重视。……王力先生的两类四调说把上古声调分为舒促两类，每类中的两种在发音上彼此接近，有共同的特点，这就可以解释上古诗韵平上通押、去入通押以及谐声字中平上相通、去入相通的现象。”王力（1985：79）指出：“中古去声与入声发生关系的字，在上古就是入声字。”这里的“发生关系”指的是谐声关系。“鼻”字等的谐声关系恰与此相合：

裕：谷声　咳：亥声　臂譬：辟声　秘：必声

鼻：畀声　厕：则声　蔗：　庶声

其中：“亥、畀”和“庶”《广韵》为去声（见下），其余声旁都是中古入声字。

按照王力的上古音系，这几个字（包括“畀、庶”，“亥”例外）在上古都属长入声，下面的声母和韵部据郭锡良（1986）：

裕 余母屋部　臂 帮母锡部　秘 帮母质部

鼻 并母质部　畀 帮母质部　厕 初母职部

蔗 章母铎部　庶 书母铎部　譬 滂母锡部

至于“咳”字，李荣（1983）曾作过讨论，认为：“多数现代方言‘欬’字来自上古的[kʰək]入声，《切韵》时期也是[kʰək]入声。不过《切韵》失收入声的音。（《释名·释疾病》：‘欬，刻也。’）”所论至为切当。

由此看来，这几个所谓的舒声促化字，实际上可能是上古汉语促声字在现代方言中的遗留，而不是真正的舒声促化。也就是说，当大批长入字失去塞音韵尾、变作去声的时候，在一些方言中，这些字却没有丢失韵尾，而是混到短入中去了，并且一直遗留到今天。我们认为，这样来解释它们在古老的闽语、吴语、晋语等方言中的促读，解释它们在西安、成都甚至北京话中的“例外”字调，才是比较可靠的。

此外，下列5字神木话也读入声，下面再看看它们在上古汉语的归部情况：

箅 帮母职部　　髻 见母质部　　泌 帮母锡部

挚 章母缉部　　帜 章母职部

可见,这几个字也是上古长入字在现代方言中的遗留。

2.2.2 “爹”及其他

“爹”神木话有两读,都和《广韵》不合。一读ᶜta,指父亲,一读ᶜtiɛ,用于“老爹岳父”。“爹”在《广韵》中有两切,意义不同。其一为“陟邪切,羌人呼父也”。论者已经指出,今音꜀tiɛ的声母例外是因为它保留了“古无舌上”的上古音特点。另一切是歌韵上声(举平声以赅上去,下同)的“徒可切,北方人呼父也”。按规律今当读去声。王力为歌韵的拟音是*ɑ,歌韵字神木话大多读uo韵,但高频词“他大那哪”今音仍读a韵。所以,认为“徒可切”的“爹”在神木话中可以读ta当不会太勉强。至于声调,神木城关读阴平上,高家堡面称读阴平上,背称读阳平,贺家川、万镇面称阴平上,背称去声,神木话亲属称谓之间声调类化现象十分严重,“爹”又是极其古老的词,各地声调歧异是很自然的事。但贺家川、万镇仍读去声,与“徒可切”对应。查《陕北方言志》,延长以北19县,除吴堡读꜀tia tia外,其余各地父亲面称均为꜀ta ta。再看《山西方言调查研究报告》,在进行比较的42点方言中,有太原等16点称父亲为꜀ta ta或近似音,其中孝义、岚县又读去声。沁县读taᵓ,阳城称tʌʔ꜄ tʌʔ꜄。“爹”读ta时念阴平跟“陟邪切”的另一个音有关,是语音部分归并的结果。据陈章太、李如龙(1991),闽北方言的建瓯、政和、石陂“父亲”背称꜀ta或꜀tɒ,建阳以及介于闽南和闽东之间的尤溪则把祖父和公公称“爹爹꜀ta ta”(建阳)和“阿爹꜀a ꜀ta”(尤溪),这一点也支持我们把ᶜta确定为“爹”早期的读音。不少方言把“父亲”叫ta类音,岳父叫tiɛ类音,正说明这两个音来源不同。

他大那哪 《广韵》果开一字。神木读a韵,反映的也是中古时期的读音。该韵与先贤对《广韵》歌韵的拟音十分相近,当是由于使用频率极高而没有随大多数歌韵字一起高化，保留了中古音。各方言读音一致，可以说明这一点。

就副词tsəu꜄ 寻꜁sɤ̃ 秦꜁tsʰɤ̃ 睫tsəʔ꜆ 脊tsəʔ꜆白 上述5字都是精组三等字，常规音读tɕ tɕʰ ɕ母。值得注意的是，它们都是常用语素，因此在精组细音字腭化成舌面音时，走了与大部分字不同的道路，声母不变，韵母失去介音，从而保留了较早时期的声母。动词“就、脊文读”读tɕ母，合于常规。

黏꜁ʐɛ 酿꜂ʐɑ̃/ʐɑ̃꜄ 两字都是泥（娘）母开口三等字，按大多数方言的规律当读n母细音。我以为它们是娘母字曾经独立、而后又不规则分化的反映。中上古汉语泥、娘、日母之间的关系十分密切，“酿”与“瓤攘”同声旁，“黏”与“拈”同声旁，正反映了这一事实。高本汉（1954）认为《切韵》时代泥、娘、日有区别，拟音为：泥n 娘ȵ 日ȵʑ。我们不妨认为，在神木话的前身那里，娘母曾经是独立的，后来，大多数字归并到泥母，而少数字则混入日母了。从现代方言来看，“黏”读ʐ母的范围不大，如陕北绥德、吴堡，山西清徐、祁县等。“酿”读ʐ母范围很广，济南、西安、太原、成都、合肥等北方的主要方言，以及绥德、吴堡、临县、朔县、忻州等，都读ʐ类音，武汉尽管读n母，但无介音。此外，万镇话还把“碾”读꜂ʐʅə（平遥读ɳ母，与“黏”同），也是同类现象。特别须要注意的是，平遥话“黏鲇碾”声母为ɳ，与n ʐ均不相同，独立于泥母字和日母字之外，正好是读n母的方言和ʐ母的方言之间的桥梁，更显示娘母字在某些方言中可能有过独立的时期。这些都说明，神木话“黏酿”读ʐ母并非孤立现象，而是中古汉语娘母字不规则变化的残迹。

汇xuei꜄ 雄熊꜁ɕyɤ̃ 《广韵》“汇”字“于贵切”，“雄熊”二字“羽弓切”，均为云母字。神木音与古音对应关系不合，但与北京等地相同。曾运乾《喻母古读考》已经证明“喻三归匣”，即《广韵》的喻母三等字（云母）来自上古的匣母。因此，这三字读x ç母符合上古音，是云母还没有从匣母分化出来的读音的遗留。“汇”今苏州音ɦuᴇ²，双峰音ɣue²，“雄熊”双峰音꜁ɣiɛn，显然与北方话同出匣母。不过，这三字神木话不常用，方言读音当是由权威方言借入的。

逛kãᵓ白，kuãᵓ文 文读指“游逛”的“逛”，不须赘述，白读指“跑”，分布在山西北部、陕北、内蒙古西部。《广韵》有两切：“俱往切，走貌。”又：“居况切，往也，又远行也。”后一切的音义与“游逛”的“逛”相合，不再讨论。前一切释义正与方言义相合。但声调和四呼不合。

“俱”《广韵》“举朱切”，是见母字，“具”《广韵》“其遇切”，属群母字。但《古今字音对照手册》将“具俱惧”排列在“其遇切”下，说明丁声树、李荣先生经考证认为“俱”又可以归入群母。这样，《广韵》的“俱往切”今音当能读作去声。

问题还在于方言“跑”义的“逛”读开口呼，而《广韵》“逛”的“俱往切”今当读合口呼。这就须要证明该字有读开口呼的可能。

值得注意的是，山西、内蒙古晋语中存在着宕江摄韵母不分开合口的情况，其中除个别方言外大都读开口呼韵母。如山西方言中区的文水白、平遥白、介休白、祁县、左权，西区的大宁白、蒲县白，北区的天镇、怀仁、河曲、偏关、保德、岢岚、五寨、浑源，内蒙古境内黄河沿岸的巴盟、伊盟、包头等方言。在宕江摄今韵母读开口呼的方言中，“跑”义的“逛”和“游逛”的“逛”，自然同样读开口呼韵母。同时，“跑”义的“逛”是口语词，“游逛”的“逛”是书面语词，因此，前者的读音有可能渗透到了周围的方言中，而后者的读音则没有渗透进来。

由此看来，神木话表“跑”义的“逛”读kã当是由邻近的山西晋语渗入的。《汉语大字典》用“闲游；游览”来解释《玉篇》的“逛，走貌”，是犯了以今律古的错误。卢芸生等（1995）认为这个词是蒙古语词的“译省”,显然失之草率了。

扁ᶜpɛ白,ᶜpʰiɛ文 《广韵》“方典切”,山开四帮母字。白读韵等不合,文读声母不合。

“扁”指物体厚度小于长度和宽度;平而薄。《诗·小雅·白华》:“有扁斯石,履之卑兮。”《集韵》铣韵:“扁,不圆貌。”今方言意义与之密合。

“扁”是四等字。徐通锵(1997:178)指出:“李荣(1952:104—108)从反切、音理、梵汉对音等证明四等韵的元音为e,没有i介音。近年来,尉迟治平(1982:25—26)、施向东(1983:36)又根据梵汉对音的材料,也认为四等韵无i介音。现代方言也为此提供了有力的支持(李如龙1984)。所以,四等韵没有介音已经成为一种可靠的结论。至于它的元音应该拟测为什么,根据对音提供的线索,它是*e。我们可以维持这种拟测。”四等韵在其后的演变中,“高化为i(如蟹四的齐荠霁各韵)或在e前增生一个i,与三等韵合流”(180)。这就是说,今方言音系中咸山摄四等韵的介音i是后来滋生的。今赣方言高安话蟹摄四等白读ɛi,仍与三等i有别,但文读已与三等合流(同上:176)。

李如龙(1984)列举了《广韵》先韵字在一些闽语中的读音,其中就有“扁”:

福州	宁德	建瓯	永安	莆田	厦门	汕头
ᶜpieŋ	ᶜpen	ᶜpiŋ	ᶜpeŋ	ᶜpɛŋ ᶜpe	ᶜpian ᶜpĩ	ᶜpiaŋ ᶜpĩ

李先生总结道:“先韵字在闽方言基本读为洪音。上表中厦门话读为洪音的例字较少,在厦门附近的同安话和漳州话还有一些字和二等韵一样读为洪音。”(417)他在用闽方言证明四等韵无i介音时说:“第一,从语音的历史层次看,闽方言把四等韵读为洪音往往混同于相应的一、二等韵;带-i-介音的读法则混同于相应的三等韵,这是两个显然不同的语音历史层次。在上古音,好些四等韵与一、二等韵合为一个韵部;在《切韵》的

反切上字中，明显地按一二四等和三等从条件分为两组，这说明前一个层次是离上古音较近，和《切韵》反切上字的分组相一致的。至于三四等的混同则是唐以后的事……

“就文白异读的状况也可以看出有无 -i- 介音这两个语音层次的先后。凡是有文白对立的四等韵，无 -i- 介音的读法总是属于白读音，带 -i- 介音的读法是文读音。……而白读系统则包括着比较复杂的因素，其中有上古音的遗迹，也有中古音的变异……

“第二，从词汇的历史层次看，无 -i- 介音的读法往往保存于一些古老的、常用的、地道的方言口语词里，而带 -i- 介音的读法则表现于后起的、书面的、从普通话转借的新词中……

“显然，和古老的方言词相结合的语音形式是比较古老的音，语音的历史层次和词汇的历史层次是相一致的。”（421—422）

既然某些赣方言和大部分闽方言白读层还保留着四等韵无介音的形式，而且往往保存于古老的、常用的、地道的方言词中，那么，在某些晋语的口语词中保留这种痕迹，也就是可以理解的了。因此，流行在山西、陕北、内蒙古的高频词“扁ᶜpε”，实际上是这个四等字的白读维持了较早时期的读音，并与二等字合流的结果。神木话“扁豆”白读音ᶜpε təuᵓ，文读音ᶜpʰiε təuᵓ，口语词“扁担精灵蝗虫”音ᶜpε tεᵓ，书面语词“扁担”音ᶜpʰiε tεᵓ，“扁”的读音显然是受“篇骗”等字类化而产生的新文读，正好说明ᶜpε是地地道道的方言音。

2.3　受共同语和其他方言影响

2.3.1　受共同语的影响

其中有些字音不一定是直接从北京话借入，而可能是通过其他方言展转进入神木话的。

赚tʂuεᵓ　《广韵》“伫陷切”，咸开二澄。韵母的四呼不合。不过神木话把获得利润叫“挣”,“赚”不是口语常用词,这个字音是从共同语折合进来的。

楚础雏ᶜtʂʰu **疏蔬**ᶜʂu 遇合三鱼韵庄组,常规音为uo韵。不过,它们都不是口语常用字,“疏远|蔬菜|基础|楚汉|鸡雏”等均为书面语词,绥德、榆林话和“锄初数蔬”等常用字一样读uo韵。说明神木音不是本方言原有的,而是来自共同语。

傻ᶜsa 《广韵》“沙瓦切”。韵母的四呼不合。神木话把头脑糊涂、不明事理叫“灰、茶”,口语完全不说“傻”。从它的声母s符合庄组字在神木话中的表现来看,这个字音是从共同语折合过来的。绥德、吴堡与神木话同音,山西临县、朔县读ᶜʂa,都与方言音系不合,来源当与神木相同。

脯ᶜpʰu **捧**ᶜpʰɤ̃ 《广韵》前者“方矩切”,属非母,后者“敷奉切”,属敷母,声母不合。神木以前没有“果脯”之类食品;把用双手托和用于一捧的量词都叫“掬”,所以这两字的读音是从共同语借入的。

庐꜀ləu 《广韵》“力居切”,韵母不合。神木口语中没有“茅庐、草庐”等词,其读音由共同语折合而来。北方话该字的读音大都不合规律,当是受声旁读音类化所致。

蹲ᶜtuɤ̃ 《广韵》“徂尊切”,声母不合。神木话把蹲叫“圪蹴”,“圪蹲”是后起的词,该字的读音是由共同语折合过来的。又北京话的读音也不合规律。

逊ɕyɤ̃ᵓ 《广韵》“苏困切”,臻合一心母,韵母的四呼不合。神木口语中不用“谦逊、逊色”等词,是通过书面语从共同语折合借入的字音。

漱suᵓ 《广韵》“所佑切”,韵母的四呼不合。神木话把“漱口”叫“涮嘴、刷牙”,因此该字音是从共同语借入的。

搞ᶜkɔ **尴尬**ᶜkɛ kaᵓ 见母二等,声母和韵母的四呼均不合。北京话这三个字音是分别从西南官话和吴语中借入的,神木话又从北京话折合借入。

阮ᶜʐuɛ文　《广韵》“虞远切”，声母和韵母的四呼均不合。神木话该读音是通过书面语从共同语折合借入的。该字白读yɛᵓ，用于地名和姓氏，声母、韵母与《广韵》反切相合，声调不合，原因待考。

铅ᶜtɕʰiɛ　《广韵》“与专切”，声母和韵母的四呼均不合。北方话该字读音大多不合古音，成都和武汉旧读꜀yɛn合规律，但受其他北方话影响，都产生了꜀tɕʰiɛn的读音，神木话的读音显然是从共同语折合过来的。

闽ᶜmiɤ̃　《广韵》“武斤切”，明母平声，声调不合。北方话该字均读上声，神木话不常用，读音是通过书面语从北京话折合借入的。

殖植 tʂəʔ꜄文，ʂəʔ꜄白　《广韵》“常职切”，白读符合规律，文读声母不合。tʂəʔ꜄用于“殖民、植树”等，是从共同语折合借入的读音。同时，声旁“直”也可能起了作用。

甲：虾蛙肤敷俘孵须必~须胡~需雌妃滔薅胞文，同~渊勋滂襄夯亨雍痈夷剖（神木阳平）

乙：华中~雏苔奚逵葵违肴淆潜填文，~空焚昂腾文，热气~~藤亭~子廷庭蜓（神木阴平上）

以上43字，甲组古清平，神木读阳平，乙组古浊平，神木读阴平上。不仅与古音调类不同，而且与北京话相反。值得注意的是，神木话的阴平上调值（尤其是古清平的连读变调）近似北京话阳平，阳平调值近似北京话阴平，而这些字绝大多数只用在带书面色彩的双音词中，因此，它们的调值很可能是读书人从北京话字音中直接借入的，而不是通过调类对应折合出来的。有几个字单用时或在方言词中声调合常规，如“胞衣~~、填~窟子、腾~开”，正说明不合常规的读音是直接借了共同语的调值。

2.3.2 受其他方言的影响

矮ᶜnᴇ白，ᶜŋᴇ文 《广韵》“乌蟹切”，文读合常规，白读声母不合。高家堡同音。神木话形容个头矮说“猴、矬”，白读的“矮”用于“肚矮矮|矮子”等词。值得注意的是，榆林话影母开口洪音今读n母，如“矮爱袄安暗”等。神木在明洪武元年（1368）属榆林卫（1381改属葭州），清乾隆元年（1736）又改属榆林府。高家堡正处在榆林和神木之间。因此，神木话通过高家堡接受榆林话的个别影响是自然的。该词的白读音当借自榆林话。

压niaᵓ 高家堡同。《广韵》“乌甲切”，神木话韵母舒化。同属影母细音的“鸭押”等都读零声母，因此声母不合常规音。但贺家川、万镇影母开口细音字今读n母的字较多，如“哑鸭押压”（见第贰章第一节）。所以，这个字音当是由南乡方言进入神木话的。

娘～～，奶奶的面称ᶜnyo 《广韵》“女良切”，前者韵母声调不合。声调当是受其他亲属词类化所致，详见第叁章。又“娘母亲的背称”读꜀niã。

“娘娘”读撮口呼指祖母，陕北话十分普遍，如榆林、横山、靖边、延安、甘泉、安塞、志丹、延长，而绥德、府谷、佳县及神木南乡则读齐齿呼指祖母。本书第贰章曾详细讨论过宕江果摄韵母合流的问题，在山西及神木南部，这是发生较早而较为普遍的现象，因此，神木等的读音当是从宕果合流的方言渗入的。山西方言只有临汾、运城、永济读撮口呼指祖母，陕北话和晋南方言的关系值得深思。ᶜnyo nyo指祖母与꜀niã指母亲属于不同的语音历史层次。就神木话来说，前者较早，是白读，后者较晚近，是文读。

赁liɤ̃ᵓ **农**꜀luɤ̃ 《广韵》均为泥母，按规律当读n母。这两字在其他n l不混的方言中也有读l母的，如“农”西安、厦门、潮州、大同、天镇读l母，陕西方言两字普遍读l母，北京话“赁”读

l母,“农”读n母。各方言的读音参差反映出它们读l是受n l不分的方言影响造成的,与北京话把“弄”读n母原因相同(刘太杰、张玉来1998)。

2.4　受声旁或同声旁字的影响

关于形声字由声旁或同声旁字类推造成不规则字音,前人已多有论述。神木话在这方面也表现得很突出。下面列举错误类推造成的例外,声、韵、调有两方面以上受同化的分别列举,前字是被感染的字。“|”前的字北京话同样类化,“|”后的字北京话没有类化。

2.4.1　声母　前后字同声母

谱—普	肴—爻	墟—虚	溪—奚	恢—灰
玻—波	券—卷	怖—布	泊—伯	贷—代
犇—撵	粹—翠	鲸—京	萤荧—营	捐—绢鹃
盲—忙　|	窘—群裙	岑—芩	歼—千	痹—脾
庇—屁	淆—爻	褚—猪	楂—查	概溉—慨
躁燥—操	蝙扁—篇骗			

2.4.2　韵母　前后字同韵母

攒—赞	饷—向	泊—伯	幕募—墓	剧—锯　|
挟—夹	倭—委	滓—宰	屑—肖	聒—刮
掷—郑				

2.4.3　声调　前后字同声调

境—竟镜	诱—秀	辅—甫	釜—斧	综—宗
缆—览揽	荀—旬	麸—夫	悠—攸	唯—维
荫—阴	咏泳—永	柄—丙　|	疵—此	夷—姨
楂—查	煎—剪	嵌—欠	鼾—汗	篇—骗
笺—贱	憎—赠	偿—赏	符—付	乘$_{\text{上～、～客}}$—剩
虞—娱	愈—榆俞	俨—严	纪—记	挡—当
朗—浪	港—巷	忖—寸	阮—院	婢—卑

窘—群裙　稼—家　召诏—招　郡—君　障—章
订—丁　径—经　暇—霞　耙—钯　谊—宜
眩—玄　傍—旁　殓—脸　辆—两　韧—忍

2.5　其他原因

2.5.1　由词汇因素和音系结构共同造成的例外

吟ᶜzɤ̃ 《广韵》:“鱼今切,叹也,《说文》云呻吟也。”又:“宜禁切,长咏。”两切均为疑母三等。神木话意义与第一切对应,按规律当读꜀iɤ̃或꜀niɤ̃,声母、声调和韵母的四呼不合。而且大多数陕北话都读这个音,其中除吴堡、清涧、子长、延川外,z母只有“吟”一个字(佳县、府谷还有“仍”)。晋语其他方言几乎没有这个读音。这个例外是由于方言词汇和音系结构的共同作用造成的。

“吟”读ᶜzɤ̃在神木话中很孤立,但非常稳定。这显然是由于得到了语音系统的支持。我们认为,它不是真正的“吟”字,而是个有音无字的词。如果它真是来自疑母,那么声调就应当是阳平,而不应当读清平上。神木话本有一个形容呻吟的象声词zɤ̃,同类的象声词还有zɛ,形容小孩子的哭声,并有“屁ᶜzɛ zɛ,狗屎圙蛋蛋”的俗语,嘲笑好哭的小孩儿。这些词都无字可写。由于表示这个动作的需要,原来表呻吟的象声词ᶜzɤ̃逐渐变成了表义稳定、明确的动词。又由于该义恰好与“吟”相近,当地人便用“吟”来记录它。换句话说,ᶜzɤ̃是“吟”的训读音,而不是本音。

神木话ᶜzɤ̃之所以能变成动词,并被当作“吟”字的读音,除了词汇上的原因以外,还由于方言的声母系统所致。看神木话声母表:

p	p^h	m	f	v
t	t^h	n		l
ts	ts^h		s	z
tʂ	$tʂ^h$		ʂ	ʐ
tɕ	$tɕ^h$		ɕ	

k　　　k^h　ŋ　x

ø

擦音中，f v清浊相配，ʂ ʐ相配，s z相配，结构比较稳定。如果没有z，浊擦音系列就会多一个空格，增加音系结构的不稳定性。所以，从音系结构来讲，动词ᶜzɤ̃恰好填补了一个浊擦音系列的空格。佳县、府谷“仍”读z母，也当与此有关。

总之，这是一个词汇和音系结构同时发生作用，造成某些特殊读音的例子。这样解释，可以说明为什么大多数陕北晋语中z母只有“吟”一个字。

2.5.2　受同义词、反义词感染造成的例外

有的字在使用中，读音受同义词、反义词感染，发生类化，甚至造成训读。

欣ɕiɤ̃ᵓ《广韵》“许斤切”，声调不合。神木老派读去声，可能是受方言同声韵的“兴”字感染，把“欣喜”误说成“兴喜”，并逐渐将该字读成去声。

撞ᶜ$tʂ^h$uã《广韵》“直绛切”，声调不合。“撞”读送气音，与“闯”声韵相同，发生纠葛。当地人可能误将“碰撞”的“撞”读作上声。这个字音在邻近方言中并不普遍，绥德、吴堡、延安均读去声送气，临县与神木相同，读上声。

筒ᶜt^huɤ̃《广韵》“徒红切”，声调不合。此字北京、济南、西安、太原、合肥、扬州（又音）等均读上声，显然是受近义词“桶”字感染所致。

浑水～ᶜxuɤ̃《广韵》“户昆切”，声调不合。神木话阳平只用于“浑身”一词。“水浑、浑浊”中的读音很可能是受反义词“清”感染而形成的。

祈$tɕ^h$iəʔ͵《广韵》“渠希切”，韵母、声调不合。方言口语只用于“祈雨”，书面上用于“祈祷”。由于晋语普遍读入声，有人认为它是舒声促化字。《说文》示部：“祈，求福也。”《广雅·释

诂三》:"祈,求也。"其实,它可能是受同义词"乞"的感染而促化的。《说文》无"乞"字。于省吾《甲骨文字释林》:"(甲骨文)之气,俗作乞。……气字之用法有三:一为气求之气,二为迄至之迄,三为终止之讫。"《左传》僖公十三年:"晋荐饥,使乞籴于秦。"《广韵》迄韵:"乞,求也,去讫切。""乞"和"祈"意义相同,"祈"群母微韵,音*gɪəi,"乞"溪母迄韵,音*kʰiət,在全浊声母平声字今送气的方言里,声母变得相同。因此,"祈"受"乞"的感染而促化,或索性用"乞"的音代替"祈",是完全可能的。不妨认为晋语的"祈 tɕʰiəʔ˛"只是"乞"的训读字。

做 tsuəʔ˛　不少人认为是舒声促化字。"做"是后起字,《字汇》"子贺切"。《集韵》暮韵:"作,臧祚切,造也,俗作做,非是。"认为"做"是"作"的俗字。《广韵》"作"字有"臧祚、则个、则落"三切,表"造"义的是"臧祚切"。神木话"作"只有与"则落切"对应的 tsuəʔ˛一读。既然"做"与"作"意义相同,且与后者的一读同音,那么读音受它的感染,变为"作"的另一读 tsuəʔ˛就是非常可能的。所以,晋语将"做"读作入声,并不是这个字本身的促化,而是读了"则落切"的"作"的字音。《汉语方音字汇》认为太原"做"音 tsuəʔ˛是"作"的训读,是很有见地的。目前,神木话和部分晋语"做、作"的意义、用法产生分化,"做"专指"制造、干"之类,表现出文字对语言的反作用。

2.5.3　词语在连读中的同化音变固定下来,造成例外

痰 ˛tʰuɛ　**啃** ˓kʰuɣ̃　《广韵》均为开口字。神木话"痰"主要用于"唾痰 t^huo^{53} $t^hu\varepsilon^{44}$"一词,受"唾"同化变成合口呼。"啃"只用在"啃骨头 $k^hu\tilde{\gamma}^{21}$ $ku\partial ʔ^{4}$ t^hu^{44}、啃骨殖 $k^hu\tilde{\gamma}^{21}$ $ku\partial ʔ^{4}$ $ʂ\partial ʔ^{21}$"的组合中,受"骨"的同化变成合口呼。此外,"头"在"骨头"一词中也读˛tʰu,只是没有在单说时固定下来。

2.5.4　别义变读造成例外

和 连词,介词 xa˒《广韵》有"户戈、胡卧"二切,神木˛xuo、

xuo˞二音与之对应。连词、介词的读音当是为区别于这两个词而形成的。

婆~~,外祖母ˋpʰuo　神木话读作阴平上中的清上,当是为了与阳平的"婆婆"(丈夫的母亲)相区别。高家堡同义词"婆婆"仍读阳平,可以说明这一点。

脑˯nɔ　读阴平上时指脑子。单用指头读阳平,当是为了与读阴平上的音义相区别。

2.5.5　由避讳造成的例外

玺徙ˋɕi《广韵》"斯氏切",声母、韵母不合。因避讳"死"字而改读。

鸟ˋniɔ《广韵》"都了切",声母不合。因避讳男性生殖器而改读。神木话把男性生殖器叫"屌ˋtiəu子",其中"屌"也可能是改读的结果。

入ʐuəʔ˯《广韵》"人执切",韵母的四呼不合。因避讳性交的字眼改读合口字。

以上几字除"屌"字外,前人已有论述。从神木话的角度看,恐怕只是从其他方言借入字音而已。值得一提的是,北京话因避讳而改读的"糙"字,神木话没有改读,而且"造"也读送气音。

2.6　扔ˋʌɯ

据《古今字音对照手册》,"扔"字今有˛ʐəŋ、ˋʐəŋ两读。《古今字音对照手册》在"扔"字下注曰:"《广韵》平声蒸韵'扔,引也',如乘切,音义与今'扔弃'不相合。"因此,把它作为《广韵》中无音韵地位的字来处理。《汉字古音手册》则依《广韵》将"扔"与"仍"等排列在一起:"如乘切,日蒸开三平曾。"尽管《广韵》的"扔"字与今"扔"字音义不合,不过"扔"字属中古曾摄开口三等日母蒸韵还是可以确定的。

下面先看声母:"扔"字是日母字。日母字今声母脱落的现象比较普遍。如北京话和大部分北方方言、晋语止开三日母字声母脱落，读ər类音，即“儿而尔二”等字。东北官话中，除“扔”以外的所有日母字声母均脱落（“扔”读l母）。据罗福腾（1998），胶辽官话止开三日母字除山东半岛的青岛等13市县读l外，均读零声母；其他日母字读零声母（青州、临朐除外），但“扔”一般读l母，“仍”既可读l母，又可读零声母。“日”（《广韵》臻开三入质韵）字本身在西安、武汉、双峰等地读零声母，神木话把“日头儿”说成ᶜʌɯ t^{h}ʌɯ，西安话说成꜀ər t^{h}ou（山西天镇、晋城、新绛、运城类此）。与“扔”同属曾开三日母的“仍”字，双峰、梅县、福州、建瓯等方言均读零声母。从上述日母字在方言中的读音来看，“扔”字在某些北方方言、晋语的口语中声母脱落，变为零声母字是完全可能的。

再看韵母。“扔”是曾开三蒸韵字，值得注意的是，山西方言有17个县，以及贺家川、万镇话，曾梗两摄开口三等舒声字今白读韵母与止开三韵母相同，蒸曾开三,白 = 正梗开三,白,~月 = 知止开三，再如曾开三的“绳、剩”和梗开四的“听”字：

	平遥	文水	孝义	娄烦	岚县	忻州	贺家川
绳文	ʂəŋ	səŋ	ʂəŋ	ʂə̃	səŋ	ʂəŋ	ʂəɣ̃
绳白	ʂʅ	sɿ	ʂʅ	ʂʅ	sɿ	ʂʅ	ʂʅ
剩文	ʂəŋ	səŋ	ʂəŋ	ʂə̃	səŋ	ʂəŋ	ʂəɣ̃
剩白	ʂʅ	sɿ	ʂʅ	ʂʅ	sɿ	ʂʅ	ʂʅ
听文	t^{h}iŋ	t^{h}iəŋ	t^{h}iŋ	$tɕ^{h}$iə̃	$tɕ^{h}$iəŋ	t^{h}iəŋ	t^{h}iəɣ̃
听白	t^{h}i	t^{h}i	t^{h}i	$tɕ^{h}$i	$tɕ^{h}$i	t^{h}i	t^{h}i

这类文白异读在陕北的吴堡、佳县同样存在。因此，“扔”字在上述部分方言（以及其他一些方言）中当有过白读音韵母为ʅ或ɿ的阶段。

事实正是如此。平遥、延安等方言“扔”保留声母，韵母为鼻尾韵或鼻化韵。如：

平遥　忻州　文水　祁县　盂县
ᶜʐəŋ　ᶜʐəŋ文　ᶜzəŋ　ᶜʐə̃　ᶜzə̃
清徐　山阴　万荣　绥德　延安
ᶜzʌ̃　ʐə̃文　ᶜʐʌŋ文　ᶜʐəŋ　ᶜʐəŋ

山西大宁、万荣白、蒲县白的“扔”字保留声母，韵母为舌尖元音，其中大宁、万荣白“耳扔”同音，蒲县不详。如：

大宁　万荣　蒲县
耳扔ᶜzɿ　耳扔ᶜzɿ　扔zɿ

而山阴白、神木等则“耳扔”同音，声母脱落，读ᶜər或类似音。如：

山阴　朔县　忻州　神木
耳扔ᶜər　耳扔ᶜər　饵扔ᶜər　耳扔ᶜʌɯ

我们相信，如果深入调查方言口语，一定可以记录到更多的“扔”字读ʐʅ、ər类音的事实。“扔”的读音在空间上的差异，正好反映了其历史演变轨迹，即（《广韵》拟音据《汉字古音手册》）：

*ɽǐəŋ →ʐəŋ/zəŋ文 →ʐə̃/zə̃文

→ʐʅ/zɿ白 →ər白 →ʌɯ白

也就是说，在一些方言的口语中，“扔”经过与“耳”等止摄开口三等日母字同声、韵（有的与“耳”同调）的阶段，并与它们一起变成了ər类音。

再看声调，“扔”《古今字音对照手册》注明今音有阴平、上声两读，它在现代方言中既有读阴平的，也有读上声或去声的。如山西忻州、山阴、清徐、平遥、盂县、朔县、太谷、祁县、文水、万荣，陕北神木、府谷、绥德，银川、乌鲁木齐、西宁、河北定兴等均读上声，山西天镇话“仍”读上声，“扔”读去声。很巧的是，神木话不但“扔”在连读中按古清上变调，它的反切下字“乘”也读清上乘法、去声乘客，书面语词，而不读阳平。西安、潮州、建瓯“乘”也可读上声。这些情况表明，“扔”读上声并非个别方言的孤立现象。

拿声韵调的比较和“抛掷、丢弃”义在方言中的用词结合起来看，说表该义的ər（ʌɯ）类词是“扔”就更有把握。据有限的了解，山西山阴、忻州、朔县，陕北府谷，内蒙古伊盟（伊盟方言基本上是在神木、府谷方言基础上形成的），以及银川、西宁、乌鲁木齐等都把这个意义说成ˊər、ˊɛ等，与“耳”同音，可见，它们与读ər类音的“扔”意义密合，绝非偶然。

最后我们来看“扔”的意义。《现代汉语词典》对“扔”的解释是：“1.挥动手臂，使拿着的东西离开手。2.抛弃；丢。”这与伊盟、神木、府谷、忻州等方言的ˊʌɯ、ˊər完全吻合。《说文》手部：“扔，捆也。”《广韵》《辞源》《汉语大词典》均据此解释“扔”的本义。如《广韵》平声蒸韵：“扔，引也。”又去声证韵：“而证切，又音仍。强牵引。”《辞源》“扔”字条：“1.牵引，拉。《老子》：‘上礼为之而莫之应，则攘臂而扔之。’2.摧毁。《后汉书·六十·马融传·广成颂》：‘窜伏扔轮，发作梧槽。’注引《声类》曰：‘扔，摧也。’3.抛掷。……4.丢弃。……”义项3、4的书证均引自《红楼梦》。从“牵引、摧毁”到“抛掷、丢弃”，其间的联系不明显，而且有一千多年的空白。因此，《古今字音对照手册》认为《广韵》的“扔”字与今音义不合，是有道理的。不过，“牵引、拉”的动作与“抛掷”的动作有一定的联系。抛掷东西时肩、肘部需要向后侧倾，正与“牵引、拉”的动作类似。因此，孙云鹤《常用汉字详解字典》在说解“扔”字时，解释其甲骨文字形“”为“像以手牵引（或投掷）东西形”。尽管孙先生在下文又说：“又有‘掷’、‘投’义（较晚起），读rēng。”与他上文对甲骨文字形的说解“（或投掷）”有矛盾，但那是由于受到书证的限制所致。曹先擢、苏培成主编《汉字形义分析字典》也解释说：“向相反的方向牵引，使远离，就是抛、投（后起义）。”或许在某些方言的口语中，“扔”早已有了“抛掷、丢弃”的意义

（否则它不可能在北方地区如此通行）。如果可以认为"抛掷"与"牵引、拉"的意义有联系的话，那么这个词在书面语中（不包括韵书、字书）已经消失了一千多年，而完全成为一个口语词了。既然如此，它在一些方言中具有ᶜər、ᶜʌɯ、ᶜɛ类的读音，就不足为怪了。

综上所述，根据读音和意义的比较分析，可以推断，神木话的ᶜʌɯ就是"扔"。从神木话和陕北晋语、山西方言的文白异读所反映的情况来看，这个读音的来源应当是山西方言。

三　从古今比较看神木音系的特点

3.1　声母的特点

第一，微母、疑母合口、影母合口、云母合口、以母合口在今洪音前合流，读作v，无微 = 吴疑 = 乌影vu（不计声调），微微 = 危疑 = 委影 = 为云 = 唯以vei（不计声调），因此没有合口呼零声母。不过，疑、影、云、以四母不是由原声母直接演变为v，当是在原来的声母脱落后，逐步向微母靠拢（微母也有变化），并滋生v母的。陕北话大多数与神木相同，而清涧、子长、延川古微母字读v，其余为合口呼零声母，可以证明这一点。也就是说，它们和北京话的合口呼零声母音值不同，但音韵地位相当。

第二，疑母开口、影母开口在今洪音前合流，读作ŋ，岸=案ŋɛᵓ，傲=奥ŋɔᵓ。结果是除止摄日母字和"扔、阿"以外，没有开口呼零声母。这和大部分山西、陕北方言（榆林、吴旗除外）相同。第贰章已经谈到，疑、影母的洪音字当在较早时期就合流了。

第三，疑母开口今细音（个别洪音）读n母的字比较多。第贰章已经说明，这是陕北、山西西区离石片的共同特点，疑母在细音前读n比读零声母的时间层次要早，即ŋ→n→∅，这些字是n母向∅母的演变在扩散过程中留下的痕迹。

第四，精知庄章组分合关系比较复杂。其中庄组开口、知组开口二等、章组止摄开口字并入精组，读ʦ，其余知庄章组字合流，读tʂ，私＝师＝尸ᶜsʅ，赞＝站＝蘸ʦɛᵓ，张＝章＝庄（不计韵母）。分合情况和其他陕北方言，内蒙古巴盟、伊盟方言，山西平遥、临县、平顺、大同、运城等51点，河南获嘉方言相同，属于北方地区方言分ʦ tʂ类型中的昌徐型（熊正辉1990）。

第五，全浊声母字今读塞音、塞擦音的，古平声今送气（“提~溜屯饨蹲惩鲸”例外），古仄声大部分不送气，但有35个读送气音，其中9个字北方大部分方言也读送气音。详细讨论见第贰章。

第六，见系开口二等字保留较多的舌根音读法，如“下吓芥揩楷骇街解~开懈鞋解姓陷馅匣闲限瞎扛港夯项巷杏行道~”等，其中有的有文白异读，大多数没有异读。

3.2 韵母的特点

第一，复元音韵母单元音化。主要表现在蟹摄开口一二等、止摄合口庄组字读ᴇ uᴇ，效摄韵母读ɔ iɔ。

第二，鼻音韵尾全部脱落。其中咸山摄舒声变成纯元音韵母，洪音独立成韵，读舌位略高的ɛ uɛ，细音则与假开三精组以母、蟹开二见系细音字合流，因此借＝渐＝箭tɕiɛᵓ，界＝剑＝建tɕiɛᵓ，瘸＝权꜀tɕʰyɛ。宕江摄舒声仍然独立，主要元音有圆唇化倾向，带鼻化色彩，但已十分微弱。深臻曾梗通五摄舒声合流，主要元音舌位偏后，鼻化色彩很重。它们显然是先合流，后脱落韵尾的。鼻尾消变的次序为：咸山＞宕江＞深臻曾梗通。

阳声韵的这一分合类型及鼻尾的消变次序，不仅陕北方言（文读）十分一致，还分布在山西雁北、晋东南（除南沿）、晋中（除祁县、平遥）、吕梁大部及忻州北部，是山西方言阳声韵文读系统分布最广的一种类型（王洪君1991）。这也与大部分汉语方言阳声韵表现一致。

第三,入声韵保留喉塞尾,韵尾发音比较稳定。不过合并为aʔ əʔ两组八韵。读aʔ组的只有咸山摄开口一二等(见系一等除外),合口二等、三等非组及江摄部分字,其余都读əʔ组,八 = 剥paʔ꜀,拨 = 不 = 博 = 卜pəʔ꜀,别 = 笔 = 逼 = 百 = 碧piəʔ꜀。王洪君(1990)根据主元音的不同把山西方言入声韵分为四组韵母型、三组韵母型、两组韵母型、一组韵母型四类,其中两组韵母型内部又可分为甲乙两小类。见表4–7。

表4–7

类型 方言及今韵类 / 古韵类	甲类 吕梁、太原文、长治	乙类 雁北、晋中除太原文、晋东南除长治	今韵类
山咸二入	aʔ	aʔ	aʔ
山咸见系宕一三四入,江二入,梗二入	əʔ	aʔ	aʔ/əʔ
曾通臻深入,梗开三四入	əʔ	əʔ	əʔ

参考她的结论,神木话的入声韵属于甲类,与吕梁片相同。此外,神木方言咸山江二入的aʔ韵字有向əʔ组归并的趋势,这一点在神木话新老派、贺家川、万镇的比较中已显示得十分清楚,此不赘述。

在《方言调查字表》所列的入声字中,神木话有84字舒化,其中3个读阳声韵。这些字涉及有入声的各摄,舒化后韵母的系统性也不强。刘勋宁(1998:86)在分析清涧话古入声字的例外时说,“揖忆亿翼译易疫役育玉”等字,“很可能较早地就由入声归入舒声了,因而在今天清涧话里随i、y韵一起变成了zɿ、zʮ韵”;“雹跃削墨核率蟀幕”(与神木读音对应——引者),“这些字在北方话(甚至和北方话临接的一些南方方言)的大多数土语中都是特字,它们的读音也大都对应。这些例外的产生,大概与清涧话处于北方话的环境里不无关系”。对神木话的上述入声舒化字,也当作如是观。其中的大多数读音可能是从共同语或其他北方话借入的。似乎不能把这类字作为入声字具有舒化趋势的证据。

第四,果摄一等开合口合流,读uo韵。蟹摄一二等开口字合流,主要元音是ᴇ,合口字分立,主要元音一等e,二等ᴇ。咸山摄开口一二等(少数见二除外)及山摄合口一等合流,主要元音是ɛ。宕开一与江开二合流,主要元音是ɑ̃。曾开一与梗开二(少数见二除外)文读舒声合流,主要元音是ɤ̃。一二等韵的表现,与山西方言一二等韵母分合的太原型一致,但曾梗入声一二等已基本完成了合并(沈明1999)。

第五,庄组字对韵母的影响与知章组不同。主要表现在遇合三、止合三、宕开三韵母与庄组拼合时与知章组有区别。个别效开二、山开二字也表现特殊。请看下表:

	遇合三	止合三	宕开三
庄	阻tsuo		庄tʂuɑ̃
初	初tʂʰuo	揣tʂʰuᴇ	疮tʂʰuɑ̃
崇	锄tʂʰuo		床tʂʰuɑ̃
生	梳ʂuo	衰ʂuᴇ	霜ʂuɑ̃
知	猪tʂu	追tʂuei	张tʂɑ̃
彻	褚tʂu		畅tʂʰɑ̃
澄	除tʂʰu	槌tʂʰuei	肠tʂʰɑ̃
章	诸tʂu	锥tʂuei	掌tʂɑ̃
昌	处tʂʰu	吹tʂʰuei	厂tʂʰɑ̃
书	书ʂu	水ʂuei	商ʂɑ̃

王力(1985:586—587)指出:"在汉口、长沙、广州、梅县等地方言里,鱼虞韵字的庄系字和知照系字有不同的发展。……在厦门话里,庄系的影响特别明显。庄系和知照系在许多地方分道扬镳,各不相混。"徐通锵(1997:201)说:"李荣在谈到非见系字的合口韵时说过,需要一个一个地进行具体的研究。确

实，合口韵的形成途径可能是多方面的，其中有些是语言演变过程中的产物。……例如……阳韵庄组字（庄床霜创……）在北京一系的方言中念合口韵-uang，这是由于介音i无法与tʂ组声母组合而转化来的……”我们认为，遇摄三等庄组字神木读uo，汉口读ou，长沙读əu，广州读o或ou，厦门读ɔ，都是由于中古*tʂ组声母无法与*iu韵相拼而形成的，在神木话中，它迫使介音后化为u，主要元音低化为o。止合三庄组字主要元音低于知章组，效开三庄组的“抓爪”二字有介音u，也可作同样的解释。以此推断，就神木话的较早时期（或前身）来讲，合口庄组字声母与知章组的合流当在这几组韵母的分化之后。如果声母合流在前，就不会引起相同韵母的分化。

第六，曾摄开口一等入声帮组、三等入声、梗摄开口二等入声帮组、三四等入声同读细音（知系字除外），北＝逼＝百＝碧piəʔ꜀，墨＝麦＝觅miəʔ꜀。晋语中同类现象十分普遍，可分为两种情况。第一类是“北逼”同音。《山西方言调查研究报告》的“字音对照表”中，属于晋语的34点，有太原、大同等22点“北逼”同音，都读piəʔ꜀。河北邯郸“北墨”同读ieʔ韵。吴堡话“北逼”同音，“默”音꜀miə（“墨”失记），都有i介音。内蒙古晋语的巴盟、伊盟、乌海方言“北逼墨默”同韵。这说明，晋语的一部分方言中，曾开一帮组字与其他声母的入声字韵母本来就有区别，而不是孤立现象。中古曾摄一等韵主元音较高，王力（1985：201—202）为隋—中唐音系蒸开一（《切韵》登韵）拟音为*əŋ，蒸开三（《切韵》蒸韵）拟音为*iəŋ，职开一（《切韵》德韵）拟音为*ək，职开三（《切韵》职韵）拟音为*iək。那么，在晋语一系方言中，德韵帮组字可能由于双唇音和入声韵尾的共同作用，增生了介音i，从而变得与职韵相同了。可以作为佐证的是，梗二入帮组字河曲、偏关、方山、临县、兴县、孝义、忻州、汾阳、文水、祁县、太谷、寿阳、怀仁、大同、襄垣、陵川，内蒙古包头以西晋语也读齐齿呼韵母。第二类是“北逼百碧”同音，如太原文、原平、柳林、离石、兴县、绥德、巴盟、伊盟、乌海、张家口（王洪君1990，刘育林1990，侯精一1999a）。看来，唇音声母和舌根塞音（或喉塞音）韵尾对介音i的产生具有关键作用。此外，太原、和顺、清徐、大同、天镇、山阴，内蒙古乌盟、锡盟晋语，“德得德韵端母”也读tiəʔ꜀，与“北逼”同韵，应当属于同类现象。

第七，通合三入精组字读撮口呼，足$tɕyəʔ^4$ ≠ 族$ts^huəʔ^4$（不计声母），肃 = 粟$ɕyəʔ^4$ ≠ 速$suəʔ^4$，这是晋语入声字对内一致、对外排他的一大特点，侯精一（1999a）比较了山西、陕北、河北、河南、内蒙古晋语的13点，结果无一例外。

值得特别强调的是，侯精一（1999a）将上述两点作为晋语入声韵母的区别性特征，认为它们对于晋语分立具有重要意义，这是很有见地的。

3.3 声调的特点

第一，保留入声调，不分阴阳入。不过有84字舒声化，派读情况见表4-8。

表4-8

古声母＼今声调	总数	阳平	阴平上	去声
清	34	1	15	18
次浊	26	3	4	19
全浊	23	14	3	6

上述入声舒化字中，只有12个字分派方式与北京话不同，派读显然缺乏系统性，与绥德、佳县、清涧等入声舒化字归调的规律性形成鲜明对照。说明神木话并没有入声字系统舒化的迹象。

同时，有二十多个中古舒声字读促声，其原因见上文的分析。

第二，古清平与古清上、次浊上单字调合流，但连调形式分大于合。

第三，古去声字最不稳定。共有79字分别读阳平、阴平上、入声。此外，还有14个全浊上字读阴平上（7字同北京话）。

3.4　例外字所反映的几个带规律性的事实

第一，保持较早时期语音特点的字往往是方言的高频词，如“爹、扁、秦、寻、大”等。可见，即使是渐变的语音变化，如介音的增生、声母的腭化，在词汇中也不是一次性地实现的，也有扩散的过程。尽管绝大多数词都实现了这种变化，但并不排除极少数高频词抗拒变化，维持旧读，造成音变规律的例外。“音变规律无例外”的口号在复杂的方言语音变化面前遇到了挑战。必须将它和波浪理论、词汇扩散理论等结合起来，才能解释方言语音变化中令人眼花缭乱的现象。

第二，从周围方言渗透进来的字音，也主要表现在一些口语常用词上，如“扔、压、逛”等。其中从山西方言进入神木话的词，往往在山西、陕北、内蒙古晋语中具有广泛的分布，从而形成某一片晋语的“特征词”，有的还与保持较早时期语音特点的字相交叉。这有两个原因：首先，当地人与周围人的交际，主要是用各自的方言进行的，只有记录高频词的字音，才有可能被借入某方言。其次，由移民带入本方言的词，也往往是口语常用词。

第三，神木话作为一种县城方言，受共同语影响造成的例外字比例较大，这些字音主要表现在书面语词上。方言从共同语借入字音时，借音方式有两类：一是折合，这一点在例外字的声母、韵母上面反映得十分充分。我们在入声舒化字里也可以看出，不少字读了与大多数北方话对应的声调。一是直接借音，这在北京话对神木话调值的影响上反映最为明显。在这两种方式中，前者源于对音系之间关系的内在认识（尽管可能无意识），后者源于简单模仿。我们可以把折合借音称为“深层影响”，把直接借音称为“表层影响”。

第四，因形声字读音类化而形成的例外字，有些是共同语或晋语中的普遍现象,有些则是神木话独有的,其中后者占绝大多数,犹以声调为甚。这说明,不论任何方言,形声字的读音类化都是普遍存在的,而在神木话这样经过剧烈整合的方言中,这种现象可能更加严重。

伍　神木话（老派）同音字汇

说　明

1. 字汇以《方言调查字表》为基础，补充神木话常用而《字表》未列的字，删去方言不用的生僻字。

2. 字汇按照神木话音系排列，先按韵母分部，同韵母的字按声母排列，声韵母相同的字按声调排列。具体次序见第壹章。

3. 写不出字的用"□"代替，后头加小字注释或举例。

4. 举例时用"～"代替该字，字的右上角加"⁼"表示同音代替字，个别没有同音字的直接写音标。

5. 神木话成系统的文白异读很少，因此，只有十分有把握的才在字下加"—"表示白读音，加"＝"表示文读音。其他异读只举例。

6. 只读轻声的字调值标为［21］。

ɿ

ts [44]吱 [213]支枝肢栀资姿咨兹滋辎芝紫纸只姊旨指脂~肪子梓之止趾址 [53]自至字牸~牛稺庄户~了,~生儿痔志痣瘈偺~□清~~□称分量

ts^h [44]雌眵瓷慈磁辞~职词 [213]鸱此呲跐用力踩、踏疵齿指六~儿 [53]刺翅次伺呲卜~垐

s [44]匙辞时莳~务:侍弄鲥偨家~司官~ [213]斯厮撕燍~气施私师狮尸屍司丝思祠饲诗始死矢使史驶嘶~声:喊叫 [53]赐豕是氏四肆示视嗜似祀巳寺嗣士仕柿俟事市恃试时年~侍嗞凉~~

z [53]□麻~~

ʅ

tʂ [213]知蜘这~个 [53]滞制智致雉置治

tʂ^h [44]池弛迟持嗤 [213]痴侈耻

ʂ [44]嘘引小孩儿小便的声音 [53]世势誓逝

ʐ [53]□用力甩绳子发出的声音

i

p [213]蓖彼比秕滗~住药渣子屄女阴 [53]蔽闭敝币陛枇~梳俾被备鞴~鞍子吡咬牙~嘣

p^h [44]皮疲琶枇痞爬~,黑~ [213]批披脾避鄙庇痹僻 [53]屁譬

m [44]迷谜眯~住眼糜弥靡眉楣 [213]米 [53]迷~糊媚昧ma^{21}~:把公家或别人的东西据为己有幂~了一层土

t [213]低羝圪~,未骟的公羊底抵嘀~~叨叨 [53]帝弟第递地□笑得圪~~地

t^h [44]堤题提蹄啼屉 [213]梯体□滑:~了一跤□吃~吃嗒 [53]替涕剃

n [44]泥倪宜适~尼 [213]你拟那~个 [53]腻泥~匠砯~石:过河踩的石头

l [44]犁黎藜离璃玻~梨剺划开狸~猫儿 [213]礼履李里~头理鲤哩~~啦啦□圪~:膈肢 [53]例厉励丽隶璃琉~利痢吏 [21]狸狐~

tɕ [213]鸡稽饥肌几虮基纪~律叽机讥挤己这~个 [53]祭际济剂计继寄技妓冀痣纪记忌既季 [21]地助词:红红儿~髻鬏~儿

tɕ^h [44]齐脐畦奇骑歧祁鳍杞其棋期旗麒气天~,偏~情尽管 [213]妻欺起岂嘁圪~圪呸

[53] 砌企器弃气汽契 [21] 箕簸～

ç [44] □克～：高兴 [213] 西栖犀溪兮携牺恓～惶希稀洗玺徙嬉熙喜 [53] 细婿系戏唏气呵儿留～ [21] 息出～

Ø [44] 仪谊移姨疑饴胰～子遗逸 [213] 伊夷医沂衣依揖蚁倚椅矣已以影～住尾～巴咿～～吟吟 [53] 艺刈缢瞖宜便～义议易肄意异毅忆亿益又音翼影～子映～得看不见亦译疫役□～赶：等到，表时间关系的连词 [21] 蚁蚂～营务～：抚养

u

p [213] 补捕堡 [53] 布佈怖步卜萝～

p^h [44] 蒲菩脯～子 [213] 铺～炕谱普浦脯果～圃苗～ [53] 铺店～部簿

m [44] 模摹毛～蛋蛋谋～划 [213] 某亩母 [53] 暮慕墓幕募牧谋～住甚是甚

f [44] 肤夫姐～敷俘孵扶抚咐安～芙浮妇媳～子 [213] 麸府腑俯甫斧釜腐辅否付凑凑～～ [53] 埠付赋傅赴讣符父附富副妇～女负阜

v [44] 吴蜈吾梧无兀～些务家～事 [213] 乌污五伍午武舞侮鹉 [53] 误悟焐恶厌～巫诬务雾戊□莽撞

t [44] 嘟 [213] 都堵赌肚猪～子 [53] 妒杜肚～皮度渡镀嘟圪～～蠹五～钻心

t^h [44] 徒屠途涂图头骨～ [213] 土吐 [53] 兔

n [213] 努 [53] 怒

l [44] 芦葫～露锢～儿匠 [53] 辘噜忽～～□忽～：失去知觉，糊涂

ts [213] 租组祖阻诅

ts^h [44] 覻隔着缝隙看，偷看 [213] 粗 [53] 醋措～施

s [213] 苏酥 [53] 素诉塑嗉漱簌扑～～：下小雨的声音

tʂ [213] 猪褚诸诛蛛株朱硃珠煮拄主 [53] 著箸驻註柱住注蛀铸帚笤～

$tʂ^h$ [44] 除储厨 [213] 雏楚础处相～杵暑 [53] 处～长杵灰～～拃擦□挑唆 [21] 帚扫～

ʂ [213] 疏～远蔬书舒枢输殊鼠黍署薯 [53] 庶恕竖戍树

ʐ [44] 如儒擩□圪～：手因冷而伸不直茹 [213] 汝乳 [53] 擩

k [213]姑孤箍枯古估牯咕～～ k^hu^{53}：布谷鸟股屁～鼓 [53]故固雇顾菇蘑～咕突～～：斑鸠□酸～～ [21]□尽～

k^h [213]骷～子：头枯～渴苦股屁～，又音 [53]库裤□咕咕～：布谷鸟

x [44]胡湖煳～燸糊狐壶乎呼招～ [213]呼虎浒 [53]户沪互麱(粥、米汤煮得)黏护瓠～子糊～弄

y

n [213]女

l [44]驴

tɕ [213]居车～马炮拘驹俱举矩沮 [53]据锯巨拒距聚句瞿具惧剧～烈，戏～

$tɕ^h$ [44]渠 [213]蛆趋区驱取娶趣 [53]去～皮

ɕ [44]徐须必～，胡～需随～便 [213]墟虚嘘吁许 [53]序叙绪絮续～上

Ø [44]鱼渔余舁愚盂榆逾愉愈 [213]淤迂语予与于雨宇禹羽芋苇纬舆屿 [53]御誉预豫虞娱遇寓喻驭慰郁育玉

a

p [213]巴芭趴圪～八张～李九扒粪～牛把屉～屎 [53]霸把锄～坝爸罢吧叭圪～ [21]□ $xɛ^{44}$～：大概

p^h [44]爬琶杷钯～子耙犁～帕趴马～ [53]怕 [21]巴下～子

m [44]麻痳蟆摩什～马～虎□～虎子 [213]麻～花儿妈马码蚂拇大～指头子摩怎～ [53]骂末老～ [21]么醉～咕咚

v [44]蛙娃哇打～～ [213]瓦名洼硬～～挖搲抓窊 [53]瓦动洼哇老～凹吸～～□狗咬：～了一口

t [213]爹爸爸打 [53]大 [21]搭一～达遛～打动词后缀：吃～，唱～

t^h [213]他 [53]嗒卜～～塌灰～～溻潮～～□ $ʂə^{44}$～～：特别能说 [21]嗒拉～

n [44]拿 [213]哪搭这～儿，那～儿 [53]那与"这"对举时䅟黏～～

l [44]剌～个口子拉门～开一条圪拉啦猪～～□ $xəʔ^4$～～：烟口袋儿 [213]拉～架 [53]拉～话，划～骨儿□圪～□湿～～

ts [44]杂炸用油～铡砸煠～豆芽

[213]渣踏拃咋 [53]喳诈栅~子榨炸乍~开始痄腮~奓①张开：~起胳膊；②竖起：~起耳朵挓~抄：仰面躺倒，四肢张开：斫~骨殖

tsʰ [44]茶搽楂山~茬查碴刬叉~住咱 [213]叉杈衩倒~~：衣服口袋差病情转轻 [53]岔叉把眼~开镲钹：拍~衩~裤儿差错□嘶哑

s [213]砂~糖沙纱痧厦前廊后~洒傻撒~了 [53]沙挑~唼虫子吃 [21]抄挓~

k [213]生~渣子：地痞 [53]尬尴~

kʰ [213]卡~人

x [44]匣~~ [213]呵~气瞎坏：~松 [53]吓下和连词，介词：我~你，就~根木桩子样地

ø [213]阿啊

ia

pʰ [53]啪

n [53]砑碾：~糕面

l [44]□~么：赶快

tɕ [213]家加痂嘉傢~具稼佳假真~贾 [53]假放~架驾嫁价枷连~

tɕʰ [213]卡~住□抱起 [53]搭~死

[21]掐抠~，搜~

ɕ [44]虾霞暇遐匣~~，又音峡三门~辖~住 [53]夏厦下~乡

ø [44]牙芽衙伢孩~儿涯 [213]鸦雅哑 [53]亚压轧 [21]也将来时助词

ua

tʂ [213]髽抓爪~子

tʂʰ [44]□形容快的象声词 [213]欻~马：立刻□用手握着把东西的皮捋下来：~皮

ʂ [213]耍 [53]刷划~

ʐ [44]挼揉搓；折磨

k [213]瓜呱~~艳艳：形容妇女的笑声剐寡趏跑 [53]挂卦褂

kʰ [213]夸侉垮胯 [53]跨挎

x [44]铧划~船，~开 [213]花华中~ [53]化华~山桦画话划计~

ʅə

tʂ [213]遮者 [53]蔗

tʂʰ [213]车扯

ʂ [44]蛇奢佘舌~头 [213]赊舍~得騇~牛 [53]射麝赦舍宿~社

ʐ [213]惹

uo

p [44]薄 [213]波菠玻簸~米钵 [53]簸~箕播 [21]膊肩~,胳~

p^h [44]婆 [213]坡颇□豁出去:~上命 [53]破

m [44]魔磨~刀蘑摩~擦馍膜摸~~揣揣 [213]抹~灰,~黑 [53]磨推~抹~拖

v [213]窝蜗莴~笋搼用力使弯曲午晌~ [53]卧

t [213]多朵躲 [53]舵驮笼~垛剁跺惰□嚼~:不停地说

t^h [44]驼驮~东西陀坨 [213]拖椭~圆妥 [53]唾

n [44]挪 [53]懦

l [44]罗锣萝~卜箩~子啰~唆骡螺 [213]裸□用刀子拉□~动 [53]摞箩孛~饹饸~骆~驼□藏迷~~

ʦ [213]左阻 [53]佐左~膀子坐座助

$ʦ^h$ [44]矬 [213]搓 [53]锉错剉~馅子

s [213]梭唆锁琐挲扑~ [21]嗦

$tʂ^h$ [44]锄 [213]初

ʂ [213]梳所数~数 [53]疏注~数数~

ʐ [213]软~溜:孝顺,细心,和善

k [44]锅烟~子 [213]歌锅戈哥果裹馃 [53]个~人过

k^h [213]科~树,~学窠~婆:老母猪棵颗—~米,~子柯可~以苛稞青~□~量:估量 [53]可~家:满家课骒~马嗑~瓜子儿渴~了阔~气

ŋ [44]蛾鹅俄娥讹 [213]我 [53]饿

x [44]河何荷和~气禾饸~饹 [213]呵~馍馍火伙□试~ [53]贺货祸和~菜饭荒~地火红~

yo

n [44]娘老~:曾祖母 [213]娘~~:祖母

ɛ

p [213]班斑颁扳般搬板版扁压~ [53]扮瓣办半绊伴拌畔

p^h [44]盘 [213]攀潘 [53]盼襻~带带判叛畔无根没~

m [44]蛮瞒馒蔓~菁鞔摱~得远远儿地,~转 [213]满 [53]慢漫幔

f [44]凡帆烦藩樊繁 [213]幡反返 [53]范姓~範模~犯泛贩饭疲圪~~ [21]发头~

v　[44] 玩完丸顽 [213] 豌剜弯湾皖碗晚挽宛惋~麦子，~草腕瞅惋 [53] 腕万蔓瓜~☐没~气：没意思

t　[213] 耽担~筐丹单~独胆疸黄~掸诞 [53] 担~杖淡旦但丹山~~石一~粮食弹~儿蛋☐用粗罗罗

tʰ [44] 潭谭谈檀坛弹~琴 [213] 贪坍滩摊毯瘫坦 [53] 探炭叹菼①伸出（舌头）；②吐出（嘴里的饭）☐圪~~

n　[44] 南男难~不住 [213] 腩圪~：腻 [53] 难有~喃忽~~

l　[44] 蓝篮兰拦栏 [213] 览揽榄缆懒爁轻炒☐得~，圪~，清则~~ [53] 滥烂☐卜~ [21] 了吃~

ʦ　[213] 簪鬢扁~儿湛清~~眨斩盏攒昝☐苍蝇沾☐操~：给人增加负担 [53] 暂錾站湛蘸赞绽祖鞋底和鞋帮的连线断开纽用大针脚缝栈

ʦʰ [44] 蚕谗馋残 [213] 参掺搀惨铲产生~蹍~脊梁马刬一~新惭 [53] 餐灿甑卜~韂动量词：遍绽松开

s　[213] 三杉珊山删衫布~子散~面伞 [53] 钐散解~穇圪~~

z　[213] ☐俗语：屁~~，狗屎圐蛋蛋 [53] ☐小孩子的哭声

tʂ　[213] 沾粘瞻占~卦毡展搌~布 [53] 占~住战颤

tʂʰ [44] 蟾缠禅

ʂ　[44] 蝉 [213] 闪膻扇~扇扇陕 [53] 扇~子骟善单姓苫膳

ʐ　[44] 黏~起来然謆反复地说，纠缠 [213] 染冉燃☐翻~~ [53] 黏~人：小孩儿缠人䅟麦~

k　[213] 甘柑泔疳尴肝竿干~湿感敢橄杆秆擀赶 [53] 干~部 [21] ☐烂~：一团糟

kʰ [213] 堪龛勘看~守坎砍刊 [53] 看~见 [21] 砍动词后缀：扑~，射~

ŋ　[44] 安~心：存心严~裆裤儿 [213] 庵埯~瓜安鞍唵手捧着吃粉粒状食品揞遮住罯~罯：藏好 [53] 暗岸按案

x　[44] 含函咸饭~了闲门~，~事寒韩还~是☐~ pa²¹：大概 [213] 颔~水憨喊罕 [53] 撼憾酣陷~进去馅馯汉汗焊旱翰限~下甚是甚☐苦~~

iɛ

p　[44] 白 [213] 绷~得墙上鞭缏

卷起（裤腿、袖子）揙用手掌打边扁～食贬砭石～瘪［53］辨辩汴便方～辫蹦一～三尺高迸～裂子

p^h ［44］便～宜缏～缝缝棚房～［213］蝙～蝠扁～豆谝～闲传片脚～子蹩半～子［53］篇骗片□叉梁～海

m ［44］绵棉眠乜～斜［213］免勉娩缅渑□买～：讨好［53］面脸～，白～□牛～子：牛犊

t ［44］碟［213］爹老～：岳父的叙称掂战～敠颠咥猛吃点典［53］店踮惦电殿奠佃垫

t^h ［44］田填［213］添天舔［53］□圪～～：巴结的样子

n ［44］鲇拈茶～人年研硌［213］碾撵辇捻眼靦～□“你家”的合音：～妈，～哥哥□油脂裹～［53］念捻纸～子

l ［44］廉镰帘连怜莲裢褡～［213］脸敛殓□卜～：蹦［53］练链□涩～～

tɕ ［44］价代词后缀：咋～［213］皆阶秸监尖兼艰间中～奸犍～牛肩坚趼耕～地姐解讲～减碱检俭捡简裥柬拣煎剪茧□怕～：懒得［53］借藉～故褯介界芥黄～儿疥届戒械鉴舰渐俭勤～：勤快剑间～断谏涧锏箭溅践贱饯件建键健腱笺荐见□$tʂ^hɔ^{213}$～：骂□山药～～：土豆丝儿

$tɕ^h$ ［44］茄钳谦人名钱乾～坤愆～怨虔掮前［213］鹐歼签抽～，～字潜谦迁遣千锨牵铅且浅苴～莲［53］笡～转嵌欠芡淀粉

ɕ ［44］邪斜谐咸～阳衔闲～事鲜拼三～贤弦［213］些杴掀又音：～一把仙鲜藓苔～写蟹险癣显先～前儿［53］泻卸谢懈陷限苋线羡宪献先～后：妯娌现县灺熄灭

ø ［44］爷老～：曾祖父岩盐阎檐严俨颜涎延筵研缘沿芫～荽［213］耶夜黑～饭淹阉腌腌蔫死～焉嫣鄢地名用字烟胭燕～家塔爷～～也野掩眼演衍卜～究［53］夜验炎厌艳焰酽雁晏谚衍～水蜒毛蚰～堰砚燕～子咽宴沿碗～液腋□扁～～

uɛ

t ［213］端短［53］断锻段缎椴□赶：～出去

t^h ［44］痰团［213］貒～子：猪獾

n ［213］暖

l ［44］鸾圞～成圪蛋，一～绳

[213] 卵□突~,骨~,忽~ [53] 乱

ts [213] 钻~进去 [53] 钻~子攥

tsʰ [44] 攒~盘:坐席时点的凉菜,一大盘全人~了 [213] 汆撺~撵攒~在一搭 [53] 窜篡蹿

s [213] 酸 [53] 算蒜

tʂ [213] 专砖转~送 [53] 赚撰转~圈圈篆传~记

tʂʰ [44] 传~话椽船 [213] 川穿喘 䉶给谷类去皮□边干活边学习知识或技术 [53] 串

ʂ [213] 闩拴栓 [53] 疝涮

ʐ [213] 软阮姓 萸地~:地耳□填~:一个劲地给吃□毛~~ [53] □~~:形容咀嚼的样子

k [213] 官棺观~音,道~冠鳏关管馆 [53] 贯灌罐鹳捞鱼~冠惯

kʰ [213] 宽款

x [44] 桓还~东西环 [213] 欢缓 [53] 唤焕换幻患宦还填~:偷偷地给 [21] 话笑~

yɛ

l [44] 联恋□骨~:卷,蜷 [213] □窟~:圈 [53] 糷(米汤、粥)黏□窟~:圈

tɕ [213] 撅使劲拉 撧~断 卷 捐 [53] 眷卷~子绢圈猪~倦券

tɕʰ [44] 瘸全泉旋~子:头发旋儿拳权颧 [213] 犬圈 [53] 劝券~窑

ɕ [44] 玄悬眩横~顺 [213] 靴轩掀~住谖~谎宣选些~须,~微 [53] 旋~吃~做镟揎挑拣楦掏打,踢楦牛鼻~子

ø [44] 圆员元原源袁辕园援渊 [213] 冤鸳~鸯哕曰远 [53] 院阮姓:~寨子愿怨□蓝~~

E

p [213] 摆背~锅儿,~后 [53] 拜鞴稗

pʰ [44] 排牌 [213] 派~出所 丕 [53] 派~人败

m [44] 埋 [213] 买 [53] 卖迈陌

v [213] 歪 [53] 外喂

t [213] 呆逮~住歹 [53] 戴待怠殆贷代袋带大~夫,~例太~和寨呔圪~~

tʰ [44] 台苔青~抬 [213] 胎苔蒜~太~半:一般,通常 [53] 态太泰

n [44] 崖捱~打 [213] 乃奶矮 [53] 耐奈

l [44] 来 [213] 来回~□卜~ [53] 赖癞唻嘞~~

ts [44]贼 [213]灾栽斋宰载~文卜里滓 [53]再载三年五~,~重在债寨

tsʰ [44]才材财裁豺柴 [213]钗差出~搋~糕,~了一顿猜彩采睬踩 [53]菜蔡哚卜~~□扁~~

s [213]腮鳃筛 [53]赛晒□忽~~

tʂ [213]这与“那”对举时

k [213]该街改解~开 [53]盖丐芥~菜介鳖~

kʰ [213]开揩楷凯 [53]概溉慨

ŋ [213]哀埃蔼挨~住碍隘 [53]艾爱

x [44]孩鞋 [213]海~多嘞 [53]亥害解~下,姓~懈松~~薤葱~子和加水和开□喝里倒~:形容动作迅速

uE

l [213]□窟~ [53]卵~子

tʂ [53]拽坠~下

tʂʰ [213]揣~上,~见 [53]坠赖~~

ʂ [213]衰摔 [53]帅率~领蟀□小孩儿或小动物吃东西的样子

k [213]乖拐 [53]怪

kʰ [213]蒯块石头~子会~计 [53]块几~钱快筷

x [44]怀槐淮 [213]□哄 [53]坏

ɔ

p [213]褒包保宝饱 [53]报抱暴菢~鸡儿子包土~子豹爆鲍播又音

pʰ [44]袍脬一~尿胞刨剖抛~转跑~闹 [213]跑~了泡疥圪~ [53]泡灯~子炮雹抛滚,掉

m [44]毛茅猫锚矛~盾 [213]卯牡□撅起(屁股) [53]冒帽貌茂贸搅扔

t [213]刀叨祷岛倒跌~ [53]到倒~水,颠~,~线线道稻盗导

tʰ [44]滔桃逃淘陶啕~气涛洮~米 [213]掏讨搯用拳头打 [53]套韬~黍,金~黍

n [44]脑头铙挠 [213]脑~袋恼挠垴~畔 [53]闹痨(使)药物中毒淖①~住了,②红碱~儿,蒙

l [44]劳捞牢唠痨啰~~~:叫猪的声音 [213]醪~糟老塄圪~□圪~:搅;卜~:拨;得~:头 [53]涝唠尖声吡~烙~饼酪~蛋子落~窝鸡

ts [44]□打,疑为“揍”的音变□~眼子:斜眼儿 [213]遭糟搔~搲早枣澡爪~牙找□~来,~敢 [53]灶蚤圪~皂罩笊焯~沙芥

□副词:已经,就

ts^h [44] 曹槽褿衣物脏:失~巢 [213] 操糙~米抄钞用筷子、铲子、羹匙取食剿草炒吵 [53] 躁燥糙粗~造钞姓

s [44] 睄瞟:~了一眼 [213] 骚臊~气梢捎稍扫嫂 [53] 臊~子燥干~髞高~潲扫~帚哨捎挢~□苗条

tʂ [213] 朝召昭招沼诏 [53] 赵兆照

$tʂ^h$ [44] 朝~代潮嘲 [213] 超□~贱:骂□不戳~,不~毛

ʂ [44] 韶绍苕□唠叨,多心 [213] 烧少多~ [53] 少~年邵烧早~□灰~~□忽~~

ʐ [44] 饶 [213] 扰绕 [53] 绕~线线

k [213] 高篙羔糕稿搞膏~药,药~子 [53] 告

k^h [213] 考烤拷 [53] 靠犒铐□馋

ŋ [44] 熬燶~白菜 [213] 袄□用勺子舀取 [53] 傲鳌奥懊燠~锅水拗撬

x [44] 薅耗豪壕毫嚎 [213] 蒿好~坏□晾 [53] 好喜~浩号 [21] 行名词后缀:亲亲~

iɔ

p [213] 膘标表手~彪表~现婊~子 [53] 鳔

p^h [44] 瓢嫖 [213] 飘漂~起 [53] 漂~亮票

m [44] 苗描矛~子 [213] 藐渺秒 [53] 庙妙喵猫的叫声

t [213] 刁叼貂雕 [53] 钓吊掉调音~,~工作

t^h [44] 条调苕~帚□踩 [213] 挑 [53] 跳粜卖粮食

n [44] 牛(穿着打扮)神气;~牙:厉害 [213] 咬鸟 [53] 尿

l [44] 聊辽撩缭眼花~乱嫽好燎~焦敹~边边□圪~:翘 [213] 燎~毛缭轻忽~~了~事 [53] 撂~转瞭远望镣炝料缭忽~~廖了就~儿□圪~:翘;的~:吊

tɕ [44] 嚼 [213] 交郊胶教~书狡焦蕉椒叫~我去骄娇矫浇激绞铰搅侥饺~子挢~捎:为人挑剔、难处 [53] 教~育校~对较酵~子窖觉睡~轿叫

$tɕ^h$ [44] 樵瞧乔侨桥荞翘银~丸缲 [213] 敲蹻抬腿迈过锹悄劁~猪巧雀 [53] 俏峭捆东西时,插入短棒旋转绞紧愀窍撬~起跷~腿

ç [44]学翘圪~ [213]消宵霄硝销嚣萧箫屑小晓 [53]酵~母片儿孝校学~效笑鞘

ø [44]肴淆摇谣遥窑姚尧 [213]妖邀腰要~求幺吆约~摸舀□往:~东走 [53]靿要想~鹞~子耀鼬跃

ei

p [213]杯背~东西碑卑婢悲 [53]贝辈背背~子,~诵倍焙

pʰ [44]培陪赔裴 [213]胚坯 [53]沛配佩 [21]背后~:后面

m [44]梅枚玫媒煤炭~子妹姊~墨研~ [213]每美穤~子:玉米、小麦的黑穗病 [53]妹昧寐魅

f [44]妃肥 [213]非飞匪翡 [53]废肺吠痱费

v [44]硙~磨,~豆面卫为作~维惟唯微围 [213]危威违桅煨伪萎委尾伟苇纬 [53]喂为~甚位未味魏畏谓胃 [21]猬

n [213]那~个

l [53]利海~:副词

tʂ [213]这~个

k [213]给 [53]给给~

uei

t [213]堆 [53]对碓队兑

tʰ [44]□~~:蒲公英 [213]推腿 [53]退蜕褪煺~猪毛,~肚渣

n [53]内

l [44]驴雷擂~鼓累~赘 [213]吕旅屡儡累积~垒 [53]滤虑擂~台累连~类泪

ts [213]嘴 [53]罪醉

tsʰ [213]催崔摧 [53]脆翠粹

s [44]遂隧须~~穗耳朵~子 [213]髓须圪~□黏性差 [53]碎岁穗荽芫~

tʂ [213]追锥 [53]缀赘坠耳~~

tʂʰ [44]垂槌锤捶 [213]吹炊

ʂ [44]谁 [213]水 [53]税睡瑞

ʐ [213]蕊 [53]芮锐

k [213]圭闺规龟轨癸归诡鬼 [53]瑰玫~刽鳜桂柜贵

kʰ [213]盔魁奎亏窥逵葵傀 [53]跪愧褃~子

x [44]回茴 [213]灰麾辉徽恢悔毁挥 [53]贿晦汇溃~脓会绘秽惠慧讳哙圪~~

əu

t [213]兜篼楼~:喂马草料的器具斗升~抖陡 [53]斗豆逗□~

剥:展开

tʰ　[44]头投[213]偷[53]透

n　[44]奴[213]努~力[53]怒

l　[44]卢炉芦虏庐颅楼篓灯~搂~柴耧[213]鲁橹卤篓~子搂~抱楼~篼□壳~:眍睖□xəʔ² ~儿嗓子[53]路赂露鹭漏陋□圪~:打冷嗝儿

ts　[213]邹掫端:~饭走[53]奏就~走~吃皱绉骤

tsʰ　[44]愁[213]搊~子抽~屉瞅[53]凑

s　[213]叟搜馊擞[53]嗽飕瘦

tʂ　[213]周舟州洲轴粥肘㨋举:~住[53]昼纣宙咒[21]碡碌~

tʂʰ　[44]仇有~绸稠筹酬[213]抽~签丑[53]臭

ʂ　[44]仇~人[213]收手首守[53]兽受寿授售嗾~狗

ʐ　[44]柔揉[53]肉

k　[213]勾钩沟狗苟枸[53]彀够□卜~:打冷嗝儿

kʰ　[213]抠眍口[53]叩~头寇

ŋ　[213]欧瓯藕偶呕殴熰锅~上了[53]构购沤怄

x　[44]侯喉猴瘊后背~[213]吼[53]後厚后候

iəu

t　[44]□提[213]丢屌~子

n　[44]牛[213]纽扭呶~嘴[53]谬

l　[44]流刘留榴硫琉□tiəʔ⁴~[213]稆~生匠人柳绺□圪~:勾[53]流二~子溜遛~达六碌~碡

tɕ　[213]揪鬏鸠阄纠咎究柩蹴圪~酒九久灸韭[53]就~便儿救臼舅旧瘷圪~:畏缩的样子

tɕʰ　[44]求球仇姓俅~相,~势尿男阴裘[213]秋丘蚯邱□扛□歪

ɕ　[44]囚泅削~铅笔宿星~[213]修羞休朽□缩:~瓜蛋子[53]秀绣宿星~,又音锈袖嗅

ø　[44]尤邮由蚰~蜒游犹莜~麦[213]忧优悠幽有友酉莠谷~子[53]又右佑诱釉幼

ʌɯ

ø　[44]儿而~真⁼:现在[213]尔而耳饵扔日~头儿[53]二贰

ã

p　[213]帮邦梆山西~子榜绑膀~子[53]谤棒蚌

pʰ　[44]滂旁螃傍膀虚~卜呲庞

[213]胮浮肿膀~臭 [53]胖

m [44]忙芒茫盲氓流~ [213]莽蟒

f [44]房防 [213]方肪芳妨纺仿访坊 [53]放

v [44]亡芒麦~王 [213]汪一~水;姓网枉往 [53]忘妄望旺

t [213]当应~;不~:可怜裆党 [53]挡当~成荡宕□~笔,~刀子

tʰ [44]堂棠螳唐糖塘溏 [213]汤倘躺 [53]烫趟淌水津~脸□出~:挥霍

n [44]囊 [213]攮儴松~包馕~口 [53]囔齉多齉~鼻子

l [44]郎廊狼 [213]□壳~:腔 [53]朗浪□卜~:棒;黑~:巷

ts [213]赃脏日~ [53]葬藏西~脏五~□狠踢□副词:已经,就

tsʰ [44]藏~起 [213]仓苍菖~蒲 [53]□~,~:咬生菜、水果的声音

s [213]桑丧出~嗓搡 [53]丧~失

tʂ [213]张章樟长~大涨掌 [53]帐账胀丈仗杖瘴障掌巴~,轻声变去

tʂʰ [44]长~短肠场打~常 [213]猖昌厂场~合氅 [53]畅唱倡

ʂ [44]尝裳 [213]商伤墒饱~赏晌偿 [53]上~山,~面绱~鞋尚

ʐ [44]瓤穰 [213]酿酝~壤攘嚷 [53]酿~皮子让

k [213]冈岗刚纲缸□~叨:央求□蝇子~ [53]杠逛跑港□冒烟

kʰ [213]康糠慷扛□正~~:酒宴上的正席 [53]抗炕

ŋ [213]昂肮凮

x [44]行航杭夯 [53]项巷

ø [53]哦

iɑ̃

n [44]娘 [213]仰

l [44]良凉量~尺寸粮梁粱□~面:仰面 [213]两辆□圪~:僵 [53]亮谅量酒~

tɕ [213]将~来浆蒋桨礓~牙卜lᴇ²¹³疆僵薑缰姜江豇奖讲虹东~葫芦西~雨刚才~ [53]酱将大~浆~衣裳匠礓强辩强姓糨~子降~低

tɕʰ [44]墙强 [213]枪戗~风呛吃饭~了羌腔~子抢强勉~ [53]呛烟~框门~腔脖~股

ɕ [44]襄详祥降投~ [213]相~跟箱厢湘镶香乡想饷享响

[53] 相~貌象像橡向

Ø　[44] 秧~歌羊洋佯杨阳扬疡鸯 [213] 央秧~子殃仰~尘养痒 [53] 样漾□甩

uɑ̃

tʂ　[213] 庄装桩妆嫁~ [53] 壮状装~棉袄儿

tʂʰ　[44] 床 [213] 疮窗闯撞 [53] 创

ʂ　[213] 霜孀双爽缩圪~ [53] 双~生儿

k　[213] 光广 [53] 桄逛游~

kʰ　[44] 匡狂 [213] 筐诳 [53] 旷眶框像~子况矿

x　[44] 黄簧潢皇蝗凰隍惶河拔~ [213] 荒慌谎幌~子 [53] 晃 [21] 磺龙~

ɤ̃

p　[213] 奔锛~子崩本绷~开裂子蹦~子 [53] 笨奔~上~不上坋眼~迸蹦一~三尺高镚~子泵嘣圪~~绷严~~

pʰ　[44] 盆朋彭棚篷蓬 [213] 喷~水烹捧 [53] 喷~香碰 [21] 饽面~，又音

m　[44] 门虻恶~萌盟蒙朦圪~ [213] 焖~饭门~儿还没猛懵蠓~子 [53] 闷焖枣儿~饭孟梦濛~糁糁雨 [21] 么语气词

f　[44] 坟冯逢缝~衣裳峰锋 [213] 分芬纷焚风枫疯丰封信~子蜂粉讽 [53] 粪奋愤忿份分~花儿凤封一~信奉俸缝~子

v　[44] 文纹蚊闻嗡苍蝇、蚊子等飞的声音 [213] 温瘟吻刎紊稳 [53] 问璺瓮水~嗡~~：形容步伐有力

t　[213] 登灯蹬~了一脚等戥~子 [53] 扽镫邓澄~泥瞪凳

tʰ　[44] 誊腾~开疼 [213] 吞藤熥馏；烫□灰~：没有根据地乱说 [53] 腾沉~~□怂恿：~憨狗咬石狮子

n　[44] 能

l　[44] 楞棱睖瞪□圪~：埂 [213] 冷□卜~：蹦 [53] 愣楞红~~□ xəʔ⁴ ~：撼

ts　[44] □~~：形容吃的动作、手的动作之快 [213] 榛臻曾姓增赠~给争睁~开 [53] 憎赠缯锃筝睁~得可大嘞怔愣~□涩~~□~~：形容吃的动作和手的动作之快

tsʰ [44]秦曾~经层䁖瞪，又音 [213]铲刮~碜瘆圪~撑铛□~住了：吓住了 [53]衬瘆红~~牚蹭

s [44]寻 [213]森参僧生牲笙甥糁圪~渗冰~省~长，节~ [53]渗

z [213]吟 [53]吟咿咿~~

tʂ [213]针斟珍榛臻真诊砧征~求，~伐蒸贞正~月疹振拯侦整 [53]枕~头，~枕头镇阵震证症郑正政掷

tʂʰ [44]沉陈尘辰这~子晨臣澄~清橙承丞成城诚盛 [213]嗔~恼称惩乘~法逞 [53]趁慎称相~秤乘圪~，~客

ʂ [44]神绳宬住 [213]深身申伸娠辰时~晨早~升声沈审婶 [53]甚肾剩胜~任，~败圣盛兴~

ʐ [44]壬任姓人仁 [213]纫缝~忍韧□腻~~ [53]任责~刃认纫~针

k [213]跟根更半夜三~哽粳庚羹耕春~埂梗耿 [53]亘~古儿更□红~~

kʰ [213]恳垦肯~来：常来 [53]悭老~头肯~心：遂心 [21]跟脚后~

ŋ [213]恩

x [44]痕恒亨衡横一~ [213]很狠恨~人哼 [53]恨仇~杏行道~横凶~~

iɤ̃

p [213]彬宾槟冰兵丙禀秉柄饼 [53]殡鬓病并

pʰ [44]贫频凭平坪评瓶屏萍 [213]品 [53]聘姘拼

m [44]民鸣明名铭 [213]闽悯敏抿皿冥□用指头摁住挤死：~蚂蚁儿 [53]命 [21]氓流~

t [213]丁钉~子靪疔订~婚顶鼎 [53]钉~住饤~碗子锭定

tʰ [44]停 [213]听厅亭廷庭蜓艇挺

n [44]凝宁安~拧 [213]咛~~喃喃 [53]硬宁~可佞

l [44]林淋临邻鳞麟燐陵凌菱绫~罗绸缎灵零铃拎翎 [213]伶 tɕiəʔ² ~檩领岭绫黄~~ [53]赁吝令另□则~~：下大雨的声音 [21]历皇~

tɕ [213]今金禁~不住襟约~裤儿津巾斤筋更五~，打~茎京惊旌荆鲸精晶睛经径锦尽~你吃紧仅谨馑年~景警井颈□怕~：懒得 [53]浸禁~止妗进晋尽近甑

笼~境敬竟镜兢静靖净劲菁蔓~

tɕʰ [44]岑芩琴禽擒噙~在嘴里勤芹卿情晴 [213]侵钦亲清轻青蜻寝擎请倾 [53]吣亲~家庆磬罄

ɕ [44]行~为,品~形型刑邢陉 [213]心芯辛新薪兴~旺星腥馨擤~鼻子省反~醒 [53]囟~门子信讯衅欣迅汛兴高~幸悻性姓 [21]葚桑~

∅ [44]音观~菩萨淫银寅匀~~儿地蝇迎盈赢营茔 [213]音阴荫银水~因姻洇殷萤鹦樱英婴缨饮~酒魇睡~住了引瘾隐繶~被子尹影颖萦~记嘤~~哇哇□圪~:恶心 [53]窨饮~马印应~当孕映 [21]蚓

uɤ̃

t [213]吨敦墩蹾~脚片子蹲东冬董懂湩涉水□圪~:搅□~乱子:闯祸□阴麻圪~ [53]顿屯饨囤沌钝盾遁冻栋动洞咚卜~

tʰ [44]豚臀同桐铜童瞳 [213]通桶捅筒统筩~瓦 [53]彤痛嗵卜~,忽~

n [44]脓浓 [53]嫩脓软~~

l [44]伦沦轮车~子囵囫~笼~头,~子聋农隆龙咙忽~ [213]拢陇垅笼~驮 [53]弄隆忽~~□突~:嗵

ts [213]尊遵棕鬃宗综踪总 [53]纵~横,放~

tsʰ [44]存丛从重~来,~孙子 [213]村皴聪葱囱 [53]忖寸

s [44]倯~人屃精液 [213]孙松~紧,~树嵩损笋榫 [53]送搓毅~:怂恿宋诵颂讼

tʂ [213]中~间,打~忠终钟盅准冢种~子肿 [53]仲众重轻~种~树

tʂʰ [44]唇纯醇虫崇重~复 [213]椿春冲舂蠢充宠 [53]铳

ʂ [53]顺瞬

ʐ [44]仍~然戎绒冗 [213]茸□~扎:软弱 [53]润闰

k [213]公蚣工功弓躬宫恭供~书滚攻汞拱 [53]棍贡供~给共□弄得浑身是土

kʰ [213]昆坤空~虚啃崑捆孔巩恐 [53]困控空~开

x [44]魂馄浑~身弘横~直宏红洪鸿虹 [213]昏婚浑~水荤烘哄 [53]混横~山轰哄起~烘烧~~

yỹ

l [44]轮~你了龙~黄 [213]拢~头发领敛~担胯

tɕ [213]均钧菌君军郡迥 [53]俊骏峻竣粽~子

tɕʰ [44]窘群裙琼穷 [213]焪闷热 [53]□肉汤、油等凝固

ɕ [44]荀旬循巡殉勋熊雄 [213]熏薰兄胸凶 [53]逊差:可~嘞训嗅狗~侚纠缠爋~干馍馍汹恼~~□~根儿甜:特别甜

ø [44]匀云萤荧荣融雍痈容蓉镕溶庸 [213]允永泳咏拥佣甬勇涌蛹 [53]熨韵运晕用

aʔ

p [4]八拔剥驳

pʰ [4]□胖:~娃

m [4]抹

f [4]法乏发伐筏罚

v [4]袜握

t [4]答搭褡~裢,~被子达 [21]瘩圪~

tʰ [4]踏搨沓圪~塔遢塌溻浸(湿)蹋罨罯~獭

n [4]纳捺衲~鞋底子

l [4]拉腊蜡邋~遢辣

ts [4]咂劄札扎师吸,嘬:~奶偺~瓜:形容性格乖张,喜触怒、违拗他人

tsʰ [4]插擦~黑察煠~豆腐,~饼子,~猪食

s [4]撒~欢萨杀刹塞耳~啬煞凶神恶~

x [4]瞎

iaʔ

tɕ [4]夹袷甲胛挟

tɕʰ [4]恰掐

ɕ [4]狭治辖

ø [4]鸭押

uaʔ

tʂ [4]桌做双音词后字:方~,圆~捉

tʂʰ [4]戳镯

ʂ [4]刷朔

k [4]聒~耳朵刮

x [4]滑猾划—~~

yaʔ

tɕ [4]觉角

əʔ

p [4]拨不垺尘土:灰尘~土脖肚~脐儿博搏馎~饼子熚煳~卜钵挰~子:一种食品茇一~树洦水~子布槌~石

pʰ　[4]泼钹勃饽面饽孛~箩悖焞烟~出来,~灶火薄单衣~裳幞~牛醭恶~:①发霉;②糟蹋,使烦恼朴扑曝瀑鬻水沸腾后溢出

m　[4]末沫没殁莫寞木目穆每我~□~ tʂʌɯ²¹:倍

f　[4]佛缚福幅蝠複腹覆服伏復辐

v　[4]物勿屋沃捂兀操弥~拉

t　[4]得德的我~,红~奆~ lɛ²¹³:奆拉

tʰ　[4]讬托特

n　[4]那

l　[4]里乡~嘞可红~ [21]里城~来夜~了吃~饭

ts　[4]蒺~藜儿睫眼~毛泽择宅窄摘责脊~背蚱叫蚂~子名词后缀:女~指~头子趾脚~头子

tsʰ　[4]措拿:把凳子~开擦又音,~脚礤~子侧测拆踖~~:碾碎的豆子、玉米等策册厕呲尖声~唠

s　[4]涩瑟虱塞~住色□袭~:发疹

tʂ　[4]摺褶蛰蜇执汁哲辙折~估侄质着~紧酌直~专稙人生月大:~生儿值织职殖~民植~树只一~,~想吐炙摭~摞,打~挚真~帜旗~这~个□~得:容得下

tʂʰ　[4]彻撤秩着睡~绰饬直副词赤斥尺吃 [21]□丢留忽~

ʂ　[4]摄涉湿十什~摩拾舌嚼~练根设折~腰实失室勺芍食蚀识式饰射猛然跳起适释石 [21]殖骨~植木~

ʐ　[4]热日若弱入性交

k　[4]合升~蛤~蜊鸽佮合得来:~群儿割葛各阁搁胳袼~褙儿格革隔~离嗝~路膈~扭渠核~桃棘~针圪 [21]个五~去吃~

kʰ　[4]磕~碰,~烟锅子瞌嗑吃~子渴壳刻克客溘恰好相合:~~儿地咳~嗽可~大勒去~哪去也

ŋ　[4]鄂恶额扼轭搕~搕:垃圾烩~灶火

x　[4]喝~酒,吆~合蛤~蟆盒郝鹤黑赫吓核审~孩~伢儿□窄~□~喽儿:嗓子发沙

iəʔ

p　[4]别鳖憋笔毕必弼泊北逼愊肚~煏烘烤百柏伯白~葫芦儿帛擘檗碧璧壁鼻~子臂~力蝙夜~蝠儿

pʰ　[4]撇潎~油匹迫拍魄辟开~,复~劈箅甑~子

m　[4]灭篾密蜜墨默麦脉觅苜~

穑秘～书泌分～

t [4]跌叠牒蝶谍的滴嫡笛敌狄籴提～溜

tʰ [4]帖贴铁踢剔提～手儿嚏喷～

n [4]聂镊蹑孽捏逆匿溺腻菜油大：～的

l [4]猎立笠粒列烈捩栗略掠力历荔

tɕ [4]夹～袄儿甲～掐儿：指甲接捷～报劫打～集辑急级给供～及杰揭羯节截～断结洁疾吉爵脚即鲫极积迹脊～梁籍藉绩寂隔～扇戟击激吃～嗑子 [21]家人～稼庄～□没～奈何

tɕʰ [4]妾捷～径路劫打家～道缉～鞋口口泣龅切叱喝～截圪～儿七漆讫乞鹊却确惜可～戚嘁 [21]膝圪～盖儿

ɕ [4]胁协习袭吸歙打：～你两槌薛歇蝎泄楔揳穴悉学～习息熄媳惜昔席夕锡析□～甜□～色：瘆人

ø [4]叶页业噎越～走～远乙一虐疟约大～药钥岳乐音～抑益又音亦～工～农

uəʔ

t [4]掇敠战～，～量夺铎独读牍犊带～儿笃督豚～蛋，或作"启、豖"豛用棍子或指头点击：～一指头子。现通作"厾"嘟～咪咪毒

tʰ [4]脱饦碗～儿突鈯（尖儿）钝炪（分量）少，短

n [4]诺

l [4]捋又音律率落～后烙～了一下骆姓乐快～肋～肢鹿禄陆绿录辘蝼～蛄 [21]轳辘～

ts [4]卒作凿昨做～营生

tsʰ [44]撮猝族促

s [4]索速束

tʂ [4]拙术苍～斀用拳头打：～了一圪都桌～子卓琢啄涿竹筑逐祝垩填堵窟窿烛嘱触蜀

tʂʰ [4]出绌草草地缝畜～牲，詈词搐□不～ tʂə²¹³：不正经

ʂ [4]说术技～述秫缩叔熟塾私～淑赎属

ʐ [4]入深～辱褥

k [4]刮又音，～胡柴骨棡桃～子郭国虢毂～辘儿谷锢～露儿匠□～lyɛ⁴⁴：蜷

kʰ [4]括阔窟廓扩哭酷

x [4]豁活忽霍藿攉劐或惑获斛货～郎子葫～芦囫～囵

yəʔ

l　[4]捋劣掠勒~死

tɕ　[4]绝厥蹶瘚橛又音噘决诀橘倔镢菊掬足局撧扯断，扯，又音

tɕʰ　[4]掘缺駿屈麴曲取洋~灯儿觑近~子

ɕ　[4]雪血戌恤削剥~踅~磨肃宿~舍蓿苜~畜牲~蓄粟旭俗续

∅　[4]悦阅月越~南粤域狱欲浴裕

词　汇　篇

陆 古语词

一 试论方言词汇的历史层次

“每一个词都有它自己的历史。”方言地理学派的这一著名口号,用在语音演变上自有其片面性,如果用到方言词汇上面,则是再恰当不过的了。为方言词语探寻历史,是每一个方言学者乐此不疲的事情。而“方言词汇的历史层次”,就是要为方言词汇整体探寻历史。

“历史层次”是借自方言语音学的概念,指的是某一方言的词汇系统中沉积的、产生在不同历史时期的词汇层。词汇的历史层次鲜明地反映在同义词语的叠置上,同时也表现在词汇系统的整体构成上。方言词汇是一个开放的系统,它随着社会生产、生活的日益发展和人民语言生活的日益丰富而不断地丰富起来。各个时代所产生的新事物、新观念,都会在词汇中留下影子,词汇是社会历史的一面镜子。共时地看,各种类型的词汇成分有系统地共处于一个方言之中。历时地看,处于共时平面的各类词语又是在不同的历史时期产生的,经过历史上操该方言(或其前身)的人民的选择,不同方言之间词汇的竞争、整合,逐渐沉积下来。方言词汇的历史层次研究就是要通过对历史文献的考察,一方面揭示隐藏在共时平面下的方言词汇的历时的累积过程，把平面拉成立体，让它们有层次地呈现出来；另一方面考求古代某一方言的词语在今方言中的遗存，考察古今方言词汇的变迁，进而探究古今方言、现代各方言之间的联系。

有时，语音的历史层次可以帮助确定词汇的历史层次。比如，神木话"打"读$tiɛ^{213}$系《广韵》"打冷切"的白读音，义为"狠揍"，风格极为口语化，音、义均属较早的历史层次；读ta^{213}时意义与北方话一致，音、义均属于较晚的历史层次。又如"爹"指父亲读ta^{213}，指岳父（老爹）读$tiɛ^{213}$，ta^{213}属于较早的语音层次，$tiɛ^{213}$属于较晚的语音层次，与之相应，词汇上，"爹"（父亲）也是较早的历史层次，"老爹"（岳父）则属于较晚的历史层次。"逛"读$k\tilde{a}^{53}$ /$ku\tilde{a}^{53}$也反映了同样的道理（见第肆章）。反过来说，词汇的历史层次也可以印证语音的历史层次。兹不赘述。

汉语词汇的大家庭是由共同语和各个方言的词汇组成的，在词汇发展过程中，不同方言在各个历史时期产生的词语，互相冲突，互相渗透，互相补充，经过整合，组成了各方言词汇的系统。方言词汇历史层次的研究，可以给方言词汇分离出不同的词汇层，使它的面貌立体地呈现出来，反映词汇在历史上的沉积、更替，把方言词汇的平面研究变成立体的研究，更深入地揭示方言词汇的面貌，进一步加深我们对方言词汇和整个汉语词汇的理性认识，因此是很有意义的。

方言学中考本字的工作其实就是在挖掘方言词语的历史，给方言词在汉语词汇史上定位。不过，考本字一般是考求某个方言词在宋代以前的文献中的字形、字义，这种研究通常是零散地进行的。特殊方法的运用当然是由于词汇的特殊性使然。如果把考本字的零散成果系统化，同时借鉴其他方言的研究成果，那么，我们就可能对某方言词汇中宋代以前文言系统的文献、字书、韵书有记载的词汇层形成一个大体的认识，这个词汇层就是古语词。另一方面，自晚唐五代近代白话文始肇其端，大量口语词汇得到记录，其中许多词语一直保留在方言口语中。晚唐五代直至明清是近代汉语时期，产生在这一时期的词语，构成了方言词汇的另一个大的历史层次——近代汉语词汇。

但是，进行方言词汇历史层次的研究难度很大。一方面，给方言词语断代是一件非常困难和冒险的事情，尤其是在整个汉语词汇的断代研究还相对落后的情况下更是如此。另一方面，还有如何处理文献材料的问题。比如，《广韵》《集韵》记录了大量的各种文献著录的字，是探寻古语词的必要工具，应当以它们作为古语词的下限。但是，通常认为，近代汉语是从晚唐五代的变文、笔记发端的，应当以晚唐五代作为上限，这就与把《广韵》《集韵》作为古语词的下限发生矛盾。不过，笔者认为，古代汉语和近代汉语本来就不是划然而分的两个时代，中间有很大的模糊域。同时，古代汉语和近代汉语的划分与汉语书面语体的嬗变有直接关系，近代汉语的标志是晚唐五代变文和笔记，把晚唐五代产生的口语词作为近代汉语词来看待是完全行得通的。因此，本书把见于《广韵》《集韵》的词界定为古语词，把晚唐五代始见记录的口语词作为近代汉语词。

须要指出的是，始见于某一时代文献的词语不一定就是在该时代才产生的，"就多数词语来说，很难断然地确定它们产生的时代，语言的继承性表现在很多词语同用于几个时代，意义变化不大，只不过在使用频率或用法上有所不同而已"（江蓝生、曹广顺1997）。新词语只有在社会上普遍流行开来，才能得到文献的记录。在文字还被少数人所垄断的时代，新词从产生到见于著录有一个不小的"时间差"。不过，既然它不见于前代文献，说明产生的时间即使不是在得到记录的时代，也不会相去太久。而且，我们的目的并不是要给方言词语明确地断代，只是要大致反映方言词汇的历史层次。本着这样的认识和宗旨，本书以《广韵》《集韵》和唐五代划界，凡是见于《说文解字》《尔雅》《方言》《玉篇》《广韵》《集韵》等字书、韵书的词，以及唐五代以前（含唐五代）文言文献有记载的词，都列为古语词，考求部分词的来源。

限于文献和精力，近代汉语词暂付阙如。

二　古语词

下面所讨论的古语词大多是普通话和北方地区不大通行的词。

关于晋语方言词的本字，刘育林、张子刚（1988）、张崇（1993a）、卢芸生（1988a，1988b）分别作过一些考释，其中有的结果比较确切，有的则存在疑问。本节不致力于考释本字，但对前人的考释结果一一作了核对，并且对部分词语重新作了考证，纠正了笔者认为靠不住的结论。同时也考证了一些前人未作考释的词。

古语词在神木方言中的留存有两种形式，一种是仍然作词用，一种是不单用，但作为语素和其他语素构成合成词。下面分别举例说明。有的词只在县境内的某一土话中流传，随文指明，只注神木音。

词语排列以首字的声母为序。词语右下角的数码是为了与"分类词表"照应而设的。

2.1　作为单词使用的古语词

迸$_{1}$ piɛ^{53}　裂开：～裂子开裂。《广韵》诤韵北诤切："散也。"神木话保留白读音。

擘$_{2}$piəʔ^{4}　分开。《广韵》麦韵博厄切："分～。"

揙$_{3}$ piɛ^{213}　用手掌打：～了一打。《集韵》先韵卑眠切："击也。"

煏$_4$ piəʔ^4 又作“爂、憊”。烘烤：烧炉子～家。《说文》火部：“爂，以火干肉。”《方言》卷七：“憊，火干也。凡以火干五谷之类，关西、陇、冀以往谓之憊。”《玉篇》火部：“憊，同～。”又：“～，火干也。”《齐民要术·伐木》：“凡非时之木，水沤一月，或火～取干，虫则不生。”《集韵》弼力切。

馎$_5$ pəʔ^4 烙（饼）。《广韵》铎韵傍各切：“～饼。”

坋$_6$ pɤ̃^{53} 又作“坌”。吹进眼中的尘土：眼里打进～去了。《说文》土部：“～，尘也。”段注：“凡为细末糁物若被物者皆曰～。”《广韵》慁韵蒲懑切：“坌，尘也，亦作～。”《敦煌变文集》卷三《燕子赋》：“正见雀儿卧地，面色恰似坌土。”段成式《酉阳杂俎》前集卷六《器齐》：“何事尚书独不沾尘坌，岂遇异人获至宝乎？”

愊$_7$ piəʔ^4 肚胀：吃得多了，肚～得。《方言》卷六：“～，满也。……腹满曰～。”（愊字据周祖谟校笺）郭璞注：“妨逼反。”《集韵》有拍逼、弼力二切，神木同第二切。《广韵》职韵芒逼切作“皕”：“饱貌。”

枇$_8$ pi^{53} ①细齿的梳子：～梳。②用细齿梳梳（头发）：把头～给下儿。《广韵》至韵毗至切：“细栉。”

滗$_9$ pi^{213} 挡住渣滓或泡着的东西，把液体倒出去：～住药渣子；把水～出去。《广韵》质韵鄙密切：“去滓。”神木方言舒声化。内蒙古呼和浩特话仍读入声。该词吴语普遍使用。

缏$_{10}$ piɛ^{213} 卷起（裤腿、袖子）。《集韵》铣韵补典切：“褰衣。”

缏$_{11}$ pʰiɛ^{44} 把边儿缝住，或把两条边对合缝起来：～扣门子，～缝缝。《说文》系部：“～，緁衣也。”朱骏声《说文通训定声》：“缝缉其边曰～。”《广韵》仙韵房连切。

谝$_{12}$ pʰiɛ^{213} ①聊天：～闲传。②吹牛：瞎～。《广韵》狝韵符蹇切：“巧言。”

鬻$_{13}$ $p^{h}əʔ^{4}$ 水沸腾后溢出。《说文》䰜部："～，炊釜溢也。从䰜孛声。"《广韵》没韵蒲没切。该词吴语普遍使用。

焞$_{14}$ $p^{h}əʔ^{4}$ ①烟从灶火里涌出来。②灶火点燃后往里倒水，用产生的蒸气吹走炕洞、烟囱里的烟煤：～灶火。《广韵》没韵蒲没切："烟起貌。"

潎$_{15}$ $p^{h}iəʔ^{4}$ 在液体表面舀：～油，～葱儿。《广韵》薛韵芳灭切："漂～，又匹蔽切。"唐代文献作"撇"。贾岛《送僧归太白山》诗："夜禅临虎穴，寒潎撇龙泉。"

抛$_{16}$ $p^{h}ɔ^{53}$ ①滚。②掉。《广韵》肴韵匹交切，声调与本方言不合。不过，《后汉书·袁绍传》："操乃发石车击绍楼，皆破，军中呼霹雳车。"李贤注："即今之～车也。～音普孝反。"明示唐代该字有去声一读。抛车发射的石头称"抛石"。

弥$_{17}$ mi^{44} 接缝（一块布）：大襟短了，～上一圪截儿。《方言》卷十三："～，缝也。"

幂$_{18}$ mi^{53} 古又作"冖、冪"。遮盖，沾满：～了一层土，～了一层蝇子屎。《说文》冖部："冖，覆也。"段注："覆者盖也。"《洪武正韵》陌韵："～，《周礼》注：以巾覆物曰～。古作冖。"《集韵》锡韵莫狄切。按神木话当读入声，今舒声化，读与北京话相同。

鞔$_{19}$ $mɛ^{44}$ ①给鞋帮裹上布：～鞋帮子。②蒙鼓皮。《广韵》桓韵母官切："～鞋履。"

摱$_{20}$ $mɛ^{44}$ ①用力扔：～得远远儿地。②把事情放在一边不做：～转。《集韵》元韵模元切："引也。"按该词的引申机制与"扔"同。（见第肆章。北乡。）

妙$_{21}$ $miɔ^{53}$ 苗条：这女女身子可～嘞。《广雅·释诂一》："～，好也。"《汉书·孝武李夫人传》："平阳主因言延年有女弟，上乃召见之，实～丽善舞。"可见"妙"本义是指女性长相娇好的。（高家堡。）

娃$_{22}$ va^{44}　指小孩儿，或用于乳名：～子，二～。《方言》卷二：“～，美也，吴楚湘衡之间曰～。”《广韵》佳韵于佳切：“美女貌。”陕西方言普遍使用。

捥$_{23}$ vɛ^{213}　用手拔取：～麦子，～草。《集韵》缓韵邬管切：“取也。”元张国宾《薛仁贵》四折：“执荠～菜，缝衣补衲，多亏你这柳氏浑家。”用的就是这个意思。

瓮$_{24}$ vɤ̃^{53}　缸：水～，米～。《方言》卷五：“自关而东赵魏之郊谓之～，或谓之甖……甖，其通语也。”《广韵》送韵乌贡切：“～，《说文》罂也。”

硙$_{25}$ vei^{44}　磨（动词）：～磨，～豆面。《说文》石部：“～，𥗊也，石～也。”段注：“𥗊今省作磨。”《方言》卷五：“～或谓之䃺。”郭璞注：“即磨也。”《广韵》该字有五灰、五内两切。神木话只有阳平一读，与五灰切对应。陕北吴堡方言读去声，与五内切对应。

捼$_{26}$ vuo^{213}　①用力使弯曲：～铁丝，～一个锅圈子。②折：～断。《集韵》戈韵乌和切：“手萦也。”

搲$_{27}$ va^{213}　抓：在脸上～了一把，～了一把泥。《集韵》马韵乌瓦切：“吴俗谓手爬物曰～。”该词在今吴语中仍很流行。

战敠$_{28}$ tiɛ^{24} tuəʔ^{21}　连绵词。①称分量。②斟酌。《广韵》添韵丁兼切：“～，称量。”末韵丁括切：“～，度知轻重也。”今多写作“掂掇”，《广韵》丁括切：“掇，拾掇也。”非本字。

蹲$_{29}$ tuɤ̃^{213}　呆在家里，由坐引申而来。《广韵》魂韵徂尊切：“坐也。《说文》：踞也。”按北方地区该字声母、声调普遍例外。

褡$_{30}$ taʔ^{4}　①把被子、毯子等横盖在身上：～被子。②在被子上加盖毯子、衣服等：～棉袄儿。《广韵》合韵都合切：“横～小被。”《集韵》合韵德合切：“被横谓之～，一曰衣敝。”

㪜$_{31}$ tuəʔ^{4}　用棍子或指头点击：拿筷子～，～了一指头，～

打。《说文》殳部：“～，椎击也。”现在一般写作“叾”。

敠搓 $_{32}$ tuəʔ^{4} suɤ^{53}　怂恿：那狗的专门～你嘞。敠，点击；搓，《集韵》董韵损动切：“推也。”由点击、推送引申为怂恿之义。

煺 $_{33}$ t^{h}uei^{53}　①用热水除去猪、禽类的毛。②用热水除去猪羊等的肚渣。《广韵》灰韵他回切：“燖毛。出《字林》。”《集韵》灰韵通回切：“以汤除毛。或从推。”《字汇》又作“煺”，去声。方言去声与《广韵》《集韵》不合，但与《字汇》吻合。《敦煌变文集》卷一《王昭君变文》作“退”：“酝五百瓮酒，杀十万口羊，退犊燖驼。”可见唐五代西北方言中该词读去声。

菼 $_{34}$ t^{h}ɛ^{53}　①伸出（舌头）：把舌头～出来。②吐出（嘴里的饭）：孩伢儿尽管往出～饭嘞。《广韵》阚韵吐滥切：“舚～，舌出。”

洮 $_{35}$ t^{h}ɔ^{44}　洗米。《广韵》豪韵徒刀切：“清汰也。”《集韵》豪韵徒刀切：“盥也。一说淅也。”

粜 $_{36}$ t^{h}iɔ^{53}　卖粮食。《说文》出部：“糶，出谷也。”《广韵》啸韵他吊切：“糶，卖米也。～，俗。”神木方言卖粮说“粜”，但买粮不说“籴”。

稻黍 $_{37}$ t^{h}ɔ^{53} ʂu^{21}　①高粱。②金～儿：玉米。《集韵》皓韵土皓切：“关西呼蜀黍曰～。”按神木方言稻读去声，与《集韵》音声调不合，可能是方言音变使然。

溻 $_{38}$ t^{h}aʔ^{4}　①浸（湿）：出了一身水，把褂褂～得稀湿。②使受寒：关节炎是～下的毛病。《玉篇》水部：“～，他盍切，湿也。”

鈯 $_{39}$ t^{h}uəʔ^{4}　（尖儿）钝：笔尖子～了，～脑子。《集韵》没韵陀没切：“《博雅》：钝也。”

炪 $_{40}$ t^{h}uəʔ^{4}　（分量）少，短：一只羊～了三斤。《广韵》术韵竹律切：“短貌。”《玉篇》矢部：“～，短也。”方言由长短之短引申为短少之义。

熥$_{41}$ t^{h}ɤ̃^{213}　①馏。②（被热气）烫：手叫气～了。《集韵》东韵他东切："以火暖物。"按《集韵》音当读合口呼，但今方言普遍读开口呼。

⿰黍多⿰黍多$_{42}$ na^{53} na^{21}　状态形容词后缀：黏～。《集韵》祃韵乃嫁切："～，黏也。"

衲$_{43}$ naʔ^{4}　用密度很高的麻绳缝鞋帮、鞋底等。《广韵》合韵奴答切："补～，袟也。"

砑$_{44}$ nia^{53}　碾：～糕面。《广韵》祃韵吾驾切："碾～。"今人多用"压"字。

苶$_{45}$ niɛ^{44}　①反应迟钝：～固固。②痴呆。《广韵》薛韵如列切："疲役貌。"

脑$_{46}$ nɔ^{44}　头：～大，～疼。《淮南子·俶真》："云台之高，堕者折脊碎～。"《敦煌变文集》卷四《降魔变文》："舍利即见毒龙到，便现奇毛金翅鸟，头尾偎剉不将难，下口其时先啅～。"《广韵》皓韵奴皓切："头～。"按该字本义当为"脑髓"，陕北方言指"头"读阳平，是由声调曲折构成的词。

痨$_{47}$ nɔ^{53}　（使）药物中毒：～死了，～老鼠药。《方言》卷三："凡饮药、傅药而毒……北燕、朝鲜之间谓之～。"《说文》疒部："～，朝鲜谓药毒曰～。"《广韵》号韵郎到切。按神木话词义与该字密合，读n母当是受"闹"字的牵引所致。

⿰多農$_{48}$ nɑ̃^{53}　多：可～嘞。《集韵》讲韵匿讲切："⿰多邕～，多也。"

剺$_{49}$ li^{44}　用刀划开：慢慢儿拿刀子～。《说文》刀部："～，剥也，划也。"《广韵》之韵里之切："剥也。"

⿰米䜌$_{50}$ lyɛ^{53}　（米汤、粥）黏：～糊糊，～～儿地。《集韵》线韵龙眷切："熬饵黏也。"

爁$_{51}$ lɛ^{213}　轻炒：～肉，～炒面。《广韵》敢韵卢敢切："火～。"

连枷$_{52}$ liɛ^{44} tɕia^{53}　打场的工具。《方言》郭璞注："佥，今连架，所以打谷者。"

嫽$_{53}$ liɔ^{44}　好：海～嘞可好了。《方言》卷二："釥，～，好也，青徐海岱之间曰釥，或谓之～。"《文选·傅毅〈舞赋〉》："貌～妙其妖蛊兮，后颜晔其扬华。"李善注引毛传曰："～，好貌。"《方言》郭璞注："洛夭反。"神木音义与之吻合。

敹$_{54}$ liɔ^{44}　粗略地缝：袄儿襟襟扯烂了，～上几针。《书·费誓》郑玄注："～，谓穿彻之。"《五方元音》獒韵雷母下平声："～，今谓粗略治衣曰～一针。"

瞭$_{55}$ liɔ^{53}　①远望：～见，～哨。②到门外送：～到坡坡底下。《广韵》篠韵卢鸟切："目睛明也。"由形容词转为动词，声调亦由上变去。

睖$_{56}$ lɤ̃^{44}　瞪：～了一眼。《集韵》蒸韵闾承切："～瞪：直视。"按《集韵》音当读齐齿呼，今读开口呼，存疑。此外，该字《广韵》丑升切，神木话一读tsʰɤ̃^{44}，与之吻合。

捩$_{57}$ liəʔ^{4}　①扭伤、扭痛：胳膊～了。②生气、着恼：～转走了。《广韵》屑韵练结切："拗～，《玉篇》。"

楼篼$_{58}$ ləu^{24} təu^{21}　装饲料喂马的器具。俗云：骷子头比～还大。《方言》卷五："飤马橐，自关而西谓之裺囊，或谓之裺篼，或谓之～。"

圝$_{59}$ luɛ^{44}　①团（动词）：～成圪蛋。②团（量词），俗云：瞎汉拾的一～绳。③不停地嚼：嘴里头～得一口肉，咽不下去。④喋喋不休：～上没完，～～匠。《集韵》桓韵卢丸切："圜也。"

捋$_{60}$ lyəʔ^{4}　顺着枝条采树叶、花：～榆钱儿。《说文》手部："～，取易也。"《广韵》末韵郎括切："手～也，取也，摩也。"《集韵》薛韵龙辍切："～，采也。"神木话读音与《集韵》吻合。

奓$_{61}$ tsa^{53}　①张开：～起胳膊。②竖起：～起耳朵。《广韵》祃韵陟驾切："张也，开也。"

袒$_{62}$ tsɛ^{53}　鞋底和鞋帮的连线断开。《说文》衣部："～，衣缝解也。从衣旦声。"《广韵》裥韵丈苋切。

组$_{63}$ tsɛ^{53}　用大针脚缝：～上几针，先～住再说。《说文》系部："～，补缝也。"段玉裁注："补者完衣也。古者衣缝解曰袒，今俗谓绽也。以针补之曰～。"《广韵》裥韵丈苋切："补缝。"

咂$_{64}$ tsaʔ^{4}　吸，嘬：～奶。唐代有"～肤"的用法，指蚊子叮咬皮肤，正合此义。如白居易《蚊蟆》诗："～肤拂不去，绕耳薨薨声。"《集韵》合韵作答切："唼也。"

挓挱$_{65}$ tsa^{53} sa^{21}　仰面躺倒，四肢张开：～下。唐代指张开貌，又作"吒沙、吒叉、觰沙"等。如杜牧《别家》诗："初岁娇儿未识爷，别爷不拜手吒叉。"《集韵》麻韵陟加切："～，开貌。"神木话"挓"与《集韵》音声调不合，但与唐人用字声调相合。

偺瓱$_{66}$ tsaʔ^{4} tsʅ^{53}　形容性格乖张，喜触怒、违拗他人。唐五代文献指触犯、违拗，又作"劄剉、劄劉、劄室"等。如《祖堂集》卷十"长庆和尚"："问：'塞雁衔芦为质，祖代凭何为信？'师云：'莫劄劉！与摩则金口绝谈扬去也。'"《广韵》洽韵竹洽切："～，忽触人也。"

掫$_{67}$ tsəu^{213}　端着：把灯～住，～饭。《广韵》有韵侧九切："持物相著。"

稺$_{68}$ tsʅ^{53}　①庄稼种得晚：真$^{=}$年庄户～了。②人生月小：～生儿。《说文》禾部："～，幼禾也。"段注："《鲁颂》毛传曰：'后种曰～。'……引申为凡幼之称。今字作稚。"《方言》卷二："～，小也。……年小也。"《广韵》直利切。

跐$_{69}$ ts^{h}ʅ^{213}　用力踩、踏：～下来一圪瘩石头。《集韵》纸韵浅氏切："履也。"

差$_{70}$ ts^{h}a^{213}　病情转轻。《方言》卷三："～，间，知，愈也。南楚病愈者谓之～，或谓之间。"又作"瘥"，《说文》疒部："瘥，瘉也。"段注："通作～。……楚懈切，又才他切。"按神木话的声调与这两切均不吻合，但与北京话相同，可见该字读音普遍有例外。

覷$_{71}$ ts^{h}u^{44} ①仔细看：～眼。②偷看。《广韵》御韵七虑切：“～，伺视也。”声调不合。

䟕䟕$_{72}$ ts^{h}əʔ^{4} ts^{h}əʔ^{21} 碾碎的豆子、玉米等：～饭，豌豆～。《广韵》陌韵测戟切：“磨豆。”《集韵》测窄切：“破豆也。”

𪍑$_{73}$ ts^{h}ɛ^{53} 动量词。①碾米过罗的遍数。②洗东西的遍数。《集韵》谏韵初谏切：“米一舂。”按神木话读开口呼不卷舌，正合庄组字的今读音。

䮿$_{74}$ ts^{h}ɛ^{213} ①骡马不鞴鞍：～脊梁马。②仅仅，只：～房子就花了五万多。③后缀：光～～，什么都不剩。《集韵》产韵楚限切：“徒骑也。”

褿$_{75}$ ts^{h}ɔ^{44} 衣被脏污：衣裳～了，失～脏得太厉害，洗不干净了。《集韵》豪韵财劳切：“一曰衣失浣。”

钞$_{76}$ ts^{h}ɔ^{213} 用筷子、铲子、羹匙取食：～扁食，～菜。《说文》金部：“～，叉取也。”段注：“叉者，手指相遣也。手指突入其间而取之，是之谓～。字从金者，容以金铁诸器刺取之矣。”《集韵》肴韵初交切：“～，《说文》叉取也。”唐五代文献作“抄”。如《敦煌变文集》卷六《大目乾连冥间救母变文》：“见饭未能抄入口，见火无端却损伤。”

剉$_{77}$ ts^{h}uo^{53} 剁碎：～馅子。《广韵》过韵尘卧切：“破也。”元杂剧《武王伐纣》卷中：“我妻～为肉酱，教吾食之。”

措$_{78}$ ts^{h}əʔ^{4} 拿：把凳子～开。《说文》手部：“～，置也。从手昔声。”段玉裁注：“立之为置，舍之亦为置，～之义亦如是。经、传多假错为之。”《广韵》暮韵仓故切。同一音韵地位的“错”又有“千各切”，疑“措”也有该切。

撮$_{79}$ ts^{h}uəʔ^{4} 用手或簸箕等取粉、粒、块状物。《广韵》末韵仓括切：“手取也。”

搋$_{80}$ ts^{h}ɛ^{213} ①用拳头和面：～糕。②打：～了狗的一顿。《广韵》皆韵丑皆切：“以拳加物。”按该字为开口二等彻母字，神木音与《广韵》音吻合。

潲$_{81}$ sɔ^{53}　①雨斜着下：雨朝东～嘞。②洒水：给地上～点儿水。③量词，道（水印）：裤儿上洇下一～。④跌～：小瀑布。《广韵》效韵所教切："豕食。又雨溅也。"《集韵》同："水激也。"

梢$_{82}$ sɔ^{213}　树枝：柳～，拿～子喂羊。《说文》木部："～，木也。"《集韵》肴韵师交切。按该字本义并不指树枝末端，方言义正是本义。

㞞$_{83}$ suɣ̃^{44}　①无能：～人，～包。②受人鄙视、憎恶的人：坏～，懒～。《方言》卷三："庸谓之～，转语也。"郭璞注："～，犹保～也。今陇右人名孏为～。"戴震疏证："孏，即古嬾字。"《方言》卷七："倮～，骂也。燕之北郊曰倮～。"郭璞注："羸小可憎之名也。"《广韵》钟韵息恭切："～恭，怯貌。"《集韵》思恭切。按中古音当读阴平上，读阳平可能是受表精液的字眼感染所致。实际上，神木人以为"㞞"就是从精液义引申来的。浙南吴语汤溪方言也有"㞞"字，且同读阳平（见傅根清《汤溪方言本字考》，《方言》2001年3期）。

稙$_{84}$ tʂəʔ^{4}　人生月大：～生儿。由早庄稼引申而来。《说文》禾部："～，早种也。"段注："此谓凡谷者皆有早种者。《鲁颂》传曰：'先种曰～。'谓先种先孰也。《释名》曰：'青徐人谓长妇曰～长，禾苗先生者曰～。'取名于此也。"《广韵》竹力切。

㨖$_{85}$ tʂəu^{213}　①举：把洋蜡～高些儿。②执意要做：～住不行。《集韵》有韵止酉切："执也。"

𡑞$_{86}$ tʂuəʔ^{4}　填堵窟窿：把窟子～住。《集韵》屋韵侧六切："塞也。"

斀$_{87}$ tʂuəʔ^{4}　用拳头打：～了一圪都。《集韵》烛韵朱欲切："击也。"

⿰黍崔$_{88}$ tʂʰuɛ^{213}　给谷类去皮：～米，～糜子。《广韵》产韵初绾切："磨粟。"

绌$_{89}$ tʂʰuəʔ^{4}　草草地缝：～几针。《史记·赵世家》："却冠秫～。"裴骃集解引徐广曰："《战国策》作'秫缝'。～亦缝紩之别名也。"《广韵》术韵竹律切："缝也。"

宬$_{90}$ ʂɤ̃^{44}　①住：在神木～着嘞。②闲呆着：～下没事。③装，容纳：～下～不下。《说文》宀部："～，屋所容受也。"《广韵》是征切。

射$_{91}$ ʂəʔ^{4}　猛然跳起：～起；一～站起：猛地站起。由"射箭"义引申而来。《广韵》昔韵食亦切。

挼$_{92}$ ʐua^{44}　①揉搓：～成一颗圪蛋蛋。②折磨：这病可～人嘞。《说文》手部："～，摧也。一曰两手相切摩也。"唐韩愈《读东方朔传》："瞻相北斗柄，两手自相～。"宋杨万里《冻蝇》："隔窗偶见负暄蝇，双脚～娑弄晓晴。"《广韵》奴禾切："捼……俗作～。"泥母戈韵，神木话当读nuo^{44}。但神木话泥（娘）母字有读ʐ母的，歌韵也有几个高频字读a韵。因此该字读音不违反规律，而是保留了较古的读音。

⿰言冉$_{93}$ ʐɛ^{44}　反复地说，纠缠：～～匠，～上没完。《说文》言部作"詽"："詽詽，多语也。"《广韵》盐韵汝盐切："多言。"《集韵》盐韵如占切："《说文》：詽詽，多语也。"

擩$_{94}$ ʐu^{44}/ʐu^{53}　伸入，塞进：拿棍子～进去掏，手～在袖圪筒儿里头。《集韵》遇韵儒遇切："手进物也。"

挢捎$_{95}$ tɕiɔ^{21} sɔ^{53}　为人挑剔、矫情：这孩伢儿可～嘞，真难伺候。《方言》卷二："～，选也。自关而西秦晋之间凡取物之上者谓之～。"《广韵》"挢"小韵居夭切，"捎"肴韵所交切，后字声调与神木不合。但方言挑剔之义显然是从"选也、取物之上者"引申而来的。

紟$_{96}$ tɕiɤ̃^{213}　亦作衿。系（腰带、鞋带儿等）。《说文》糸部：

"～，衣系也。"段注："联合衣襟之带也……凡结带皆曰～。……今人衿～不别。居音切，又巨禁切。"《礼记·内则》："衿缨，綦屦，以适父母舅姑之所。"郑玄注："衿，犹结也。"《广韵》"紟"巨禁切，"衿"居吟切。

擨97 $tɕyəʔ^{4}/tɕyɛ^{213}$　①扯断。②扯。《广韵》薛韵子悦切："断物也。"又作"𠛼"。

掬98 $tɕyəʔ^{4}$　①捧：～起。②量词：一～。《说文》作"匊"："在手曰匊。"《经典释文》："两手曰～。"段成式《酉阳杂俎·贝编》："上令左右～庭水嗅之，果有檀香气。"《集韵》屋韵居六切："《说文》：在手曰匊。或从手。"

誩99 $tɕiɑ̃^{53}$　强辩：～上没完。《集韵》养韵巨两切："词不屈也。"

怵100 $tɕ^{h}iəu^{44}$　（詈语）①长相难看：～相。②性格乖戾。～势，～脾气，～劲气，二～货。《广韵》尤韵去秋切："戾也。"

擖101 $tɕ^{h}ia^{53}$　卡住（脖子）：～死了。字又作"抲"，唐慧琳《一切经音义》卷七十一"齣颈"条："《字林》丘加反。言以口齣也，大齧也。今以手。颈，项前也。"说的正是这个动作。《集韵》麻韵："抲，扼也。或作～。"与神木话声调不合。但孙锦标《通俗常言疏证》："《通俗编》：髂，枯驾切。《五灯会元》：金山颖偈，有劝人放开髂蛇手句。按《玉篇》本训髂为腰骨，与捕捉略无关系。此但以同音借之，不顾义理。《集韵》自有～字，训持也，音与髂同。"可见，古代"擖"也有去声一读（参姚永铭《〈一切经音义〉与词语探源》，《中国语文》2001年2期）。

笡102 $tɕ^{h}iɛ^{53}$　（使平面）斜：把盆子～转，～坡坡。唐慧琳《一切经音义》卷四十"～步"条："上且夜反。《韵英》云：'柱斜也。'《古今正字》云：'逆枪也。从竹且声也。'"《广韵》祃韵迁谢切："斜逆也。"（参姚永铭《〈一切经音义〉与词语探源》，

《中国语文》2001年2期。）

蹻$_{103}$ tɕ^{h}iɔ^{213}　抬腿迈过（沟渠或障碍物）。《说文》足部："～，举足行高也。"《素问·针解》："巨虚者～足。"《汉书·高帝纪》："亡可～足待也。"《广韵》宵韵去遥切："举足高。"《集韵》宵韵作"跷"："举趾谓之跷。或作～。"

峭$_{104}$ tɕ^{h}iɔ^{53}　捆东西时，插入短棒旋转绞紧。《广韵》笑韵七肖切："～缚。"

屈$_{105}$ tɕ^{h}yəʔ^{4}　（鞋）小，夹脚：鞋～得。《集韵》迄韵渠勿切："《博雅》：短也。"按全浊声母字保留送气音。

芡$_{106}$ tɕ^{h}iɛ^{53}　淀粉：山药～，绿豆～。《说文》艸部："～，鸡头也。"《方言》："～，南楚谓之鸡头。"《广韵》巨险切。芡实可以磨淀粉，所以"芡"引申表示淀粉。

歙$_{107}$ ɕiəʔ^{4}　打：～你两槌，～死你。《集韵》缉韵迄及切："击也，或从手。"

拘$_{108}$ ɕyɛ^{53}　又作"掏"。①打：～了两圪都。②踢：～了两脚。《广雅·释诂三》："～，击也。"《集韵》霰韵许县切："击也，或从訇。"

摝$_{109}$ ɕyɛ^{53}　挑拣：～下挑剩。《集韵》线韵随恋切："手挑物。"

徇$_{110}$ ɕyɣ̃^{53}　死跟着，一刻都不离开（某人）：～在屁股后面。《广韵》问韵许运切："以身从物。"

熏$_{111}$ ɕyɣ̃^{53}　烤：～干馍馍。《广韵》问韵许运切："火干物。"

灺$_{112}$ ɕiɛ^{53}　熄灭：灯～了，火～了。原指灯烛之余烬。《说文》火部："～，烛烬也。从火，也声。"《广韵》马韵徐野切："烛烬。"引申为熄灭。宋袁吉华《思佳客·王宰席上赠歌姬》："银烛～，玉山颓。"

解$_{113}$ kᴇ^{213}　①把圆木锯成板材：～木植。②把系着的东西打开：～圪瘩。《说文》角部："～，判也。从刀判牛角。"《集韵》蟹韵举蟹切："《说文》：判也。"

佮$_{114}$ kəʔ^{4}　合得来：两个～不到一搭，～群儿。《广韵》合韵古合切：“并～，聚。”

聒$_{115}$ kuaʔ^{4}　噪声刺激听觉：铁匙刮锅的声音可～耳朵哩。《说文》耳部：“～，驩语也。”《广韵》末韵古活切：“声扰。”

溘$_{116}$ k^{h}əʔ^{4}　恰好相合：～～儿地。《广韵》合韵口答切：“～合，相当也。”

栲栳$_{117}$ k^{h}əʔ^{2} lɔ^{24}　筐。《敦煌变文集》卷二《韩擒虎话本》：“官健唱喏，改揆衣装，作一百姓装裹，担得一～馒头，直到萧磨呵寨内，当时便卖。”《集韵》晧韵苦浩切：“～，屈竹木为器。”（贺家川。）

娥$_{118}$ ŋuo^{44}　人名用字，多用于女性。《方言》卷一：“～，好也。秦曰～，宋魏之间谓之嫲，秦晋之间凡好而轻者谓之～。”卷二：“秦晋之间美貌谓之～。”《说文》女部：“～，帝尧之女，舜妻。娥皇，字也。”传说中有嫦娥。现在山西、陕北女子喜用“娥”命名，如“娥子、秋娥、娥娥”等。皆取美好、美貌之义，又是古人用“娥”命名习惯的延续。

唵$_{119}$ ŋɛ^{213}　手捧着吃粉、粒状食品：～炒面，～了一口砂糖。《广韵》感韵乌感切：“手进食也。”

揞$_{120}$ ŋɛ^{213}　又作“罯”。①遮住。②蒙住眼睛：～眼骒子。《说文》网部：“罯，覆也。”《方言》卷六：“～，藏也。荆楚曰藏。”《广韵》感韵乌感切：“手覆。”

罯䍇$_{121}$ ŋɛ^{21} t^{h}aʔ^{4}　“罯”又作“揞”（见上条）。藏好：把这点儿肉～了，操心猫儿。引申自“覆盖”义。《说文》网部：“罯，覆也。”《集韵》感韵乌感切：“罯，《说文》：覆也。”合韵遏合切：“～，覆也。”讬合切：“罯，网也，一曰～，覆也。”神木方言“罯”读音与乌感切吻合。

搕𢶍$_{122}$ ŋəʔ^{4} saʔ^{21}　垃圾，引申自“粪”义。《广韵》合韵乌合切：“～，粪也。”苏盍切：“～，粪。”宋代文献即可指垃圾，如

《五灯会元》卷十七“宝峰克文禅师”:“打叠面前～。”

烚$_{123}$ ŋəʔ^{4}　用煤面儿埋火:～灶火。《集韵》合韵遏合切:“藏火也。”《太平广记》卷四引《广古今五行记》:“又析肌刳脏,焚～充膳。”

燠$_{124}$ ŋɔ^{53}　水在锅里煮:添上点儿水叫～着,～干了,～锅水蒸饭后的残水。《广韵》号韵乌到切:“～釜,以水添釜。”

麹$_{125}$ xu^{53}　(粥、米汤煮得)黏:～～儿地。《集韵》莫韵胡故切:“黏也。”

荒$_{126}$ xuo^{53}　土地荒芜:～地。《广韵》宕韵呼浪切:“草多貌。”神木为白读音,反映宕果合流。该词或许是从南乡或其他方言进入神木话的。

猾$_{127}$ xuaʔ^{4}　狡猾:可～嘞,～脑nɔ^{44}。《方言》卷十:“凡小儿多诈而狯……或谓之～。皆通语也。”《韩非子·扬权》:“～民愈众,姦邪满侧。”《史记·高祖本纪》:“项羽为人剽悍～贼。”《广韵》户八切。神木口语不说“狡猾”。

緼$_{128}$ iɤ̃^{213}　绗:～被子,～棉袄儿。《广韵》隐韵于谨切:“缝衣相著。”

2.2　在合成词中充当词根的古语词

有的古语词在今方言中已经不能单用,但可以和其他语素构成复合词或派生词。这类古语词数量很大,只能举例说明。

灰尘埻土$_{129}$ xuei^{24} tʂ^{h}ɤ̃^{44} pəʔ^{4} t^{h}u^{21}　①尘土。②尘起貌。埻,《广韵》没韵蒲没切:“尘起。”唐五代文献“埻土”作词用,指尘土。按万镇话读送气音。

面饽$_{130}$ miɛ^{53} p^{h}əʔ^{21}/p^{h}ɤ̃^{21}　擀面时撒的干面。《广韵》没韵蒲没切:“饽,面饽。”

恶醭$_{131}$ ŋəʔ^{4} p^{h}əʔ^{21}　①发霉:大米～了,一股～气。②糟蹋,使烦恼:一天价亲亲不断,把人～得。醭,醋、酱发霉后所生的白毛儿。《广韵》屋韵普木切:“醭,醋生白醭。”

饤碗子$_{132}$ tiɣ̃^{53} vɛ^{21} tsəʔ^{4} 宴席上置办碗装、蒸熟的肉菜。《玉篇》食部:“饤,贮食也。”唐慧琳《一切经音义》卷七十六:“饤饾,顾野王饤谓置肴馔于盘榻之中也。《考声》:‘施食于器也。’”《六书故·工事四》:“饤,簇食于器也。”《集韵》径韵丁定切:“饤,置食也。”

砅石$_{133}$ ni^{53} ʂəʔ^{21} 过河踩的石头。《说文》水部:“砅,履石渡水也。从水从石。《诗》曰:‘深则砅’。濿,砅或从厲。”《广韵》祭韵力制切。按“砅”字陕北读n母,但关中方言读l母,陕北话当是受n、l不分的方言影响所致。

穤子$_{134}$ mei^{21} tsəʔ^{4} 小麦、玉米的黑穗病。《广韵》海韵莫亥切:“穤,禾伤雨也。”

圪羝$_{135}$ kəʔ^{2} ti^{24} 种公羊。《说文》羊部:“羝,牡羊也。”《广韵》都奚切。

豚子$_{136}$ tuəʔ^{4} tsəʔ^{21} 豚又作“冢、启”,《广韵》屋韵丁木切:“尾下窍也。启俗。”《集韵》屋韵都木切:“《博雅》:臀也。或作冢,俗作启,非是。”

圪沓$_{137}$ kəʔ^{4} tʰaʔ^{21} 反反复复地说:～上没完。《说文》曰部:“沓,语多沓沓也。”《广韵》合韵徒合切。按神木保留送气音。

貒子$_{138}$ tʰuɛ^{24} tsəʔ^{21} 猪獾。《方言》卷八:“獾,关西谓之貒。”《尔雅·释兽》:“貒子,貗。”郭璞注:“貒,豚也,一名獾。”《广韵》桓韵他端切:“獾,似豚而肥。”

稆生$_{139}$ liəu^{21} sɣ̃^{24} 又作“稆生”。①半路学艺的(工匠):～匠人。②私生的(孩子)。《广韵》语韵力举切:“稆,自生稻也。”神木方言的意义显然是通过比喻引申出来的。按遇摄三等字神木话一般读u y韵,但“缕”白读liəu^{213},和“稆”字一样保留了较早的读音。

圪糁$_{140}$ kəʔ^{2} sɣ̃^{24} 碎粒儿:炭～,金稻黍儿～。《说文》米部:

“糂，以米和羹也，一曰粒也。糁，古文糂从参。”《集韵》感韵桑感切。按神木音与《集韵》韵母不合。

地萸$_{141}$ ti^{53} ʐuɛ^{213}　一种草地、灌木中长的菌类，形似木耳而薄、软。《说文》艸部：“萸，木耳也。”《广韵》狝韵而兖切。

摭摞$_{142}$ tʂəʔ^{4} luo^{53}　打扫，收拾：～铺盖，～干净。《广韵》昔韵之石切：“摭，拾也。”又可构成“打摭”，义同。

姐婆$_{143}$ tɕiɛ^{21} p^{h}uo^{44}　外祖母。《说文》女部：“姐，蜀人谓母曰姐。”段注：“方言也，其字当蜀人所制。”《广雅·释亲》：“姐，母也。”《广韵》戈韵薄波切：“婆，老母称也。”神木人还把娘家称为“姐家家 tɕiɛ^{21} tɕia^{24} tɕiəʔ^{21}”。山西盂县、平遥、汾西等方言叙称“妈”曰“姐”，河东方言通用詈词“入他姐”。陈庆延认为呼“娘”为“姐”是蒙古语族借词（《晋语核心词汇研究》，载《语文研究》2001年3期）。又：临近的几个方言及贺家川、万镇话该词前字鼻化，读同咸山开二见系字及文读的三四等精见组字，存疑。

圪瘷$_{144}$ kəʔ^{4} tɕiəu^{53}　畏缩的样子：～鬼。《集韵》宥韵侧救切：“瘷，《博雅》：缩也。”

吃嗑$_{145}$ tɕiəʔ^{4} k^{h}əʔ^{21}　口吃：～子，吃嗑嗑。《说文》口部：“吃，言蹇难也。”《史记·老子韩非列传》：“非为人口吃，不能道说，而善著书。”《广韵》迄韵居乙切：“语难。《汉书》曰：‘司马相如吃而善著书也。’”

甑箅子$_{146}$ tɕiɤ̃^{53} p^{h}iəʔ^{4} tsəʔ^{21}　蒸饭用的箅子。《说文》瓦部：“甑，甗也。”段注：“按甑所以炊烝米为饭者。……子盈切。”《说文》竹部：“箅，蔽也，所以蔽甑底。”段注：“必至切。”神木方言把甑叫“笼甑”。按神木话“箅”的读音与“必至切”声韵调均不合。

踅磨$_{147}$ ɕyəʔ^{4} muo^{53}　①在某地转来转去。②寻寻觅觅。《集韵》薛韵似绝切：“踅，旋倒也。”像围着磨那样转来转去。

棘针 $_{148}$ kəʔ^{2} tʂɤ̃^{24}　荆棘：～把人扎得。《说文》朿部："棘，小枣丛生者。"段注："此言小枣，则上文谓常枣可知。小枣树丛生。今亦在有之。未成则为棘而不实，已成则为枣。"《方言》卷三："凡草木刺人……江湘之间谓之棘。"郭璞注："亦通语耳。"可见晋代"棘"的使用范围已不限于江湘之间。棘针正是指酸枣、枣树以及类似的乔、灌木的刺。"棘"《广韵》纪力切，神木话文读 tɕiəʔ^{4}，白读保留舌根音，未腭化。当地人多写作"圪针"。

解下 $_{149}$ xᴇ^{53} xa^{21}　懂得。《广韵》蟹韵胡买切："解，晓也。"该词陕北话普遍使用。

谷莠子 $_{150}$ kuəʔ^{4} iəu^{21} tsəʔ^{4}　狗尾草。《说文》艸部："莠，禾粟下生莠。"《孟子·尽心下》："恶莠，恐其乱苗也。"《广韵》有韵与久切："莠，草也。"

谖谎 $_{151}$ ɕyɛ^{24} xuɑ̃^{213}　撒谎：～把式。《说文》言部："谖，诈也。"按照颜师古和段玉裁的意见，"诈也"应为"诈词也"。《集韵》许元切。

襀子 $_{152}$ kʰuei^{53} tsəʔ^{21}　绳结，又作"襀襀"：活襀襀，死襀襀。《广韵》至韵丘愧切："襀，纽也。"

圪頳頳 $_{153}$ kəʔ^{4} sɛ^{53} sɛ^{21}　①摇头的样子。②病重时难受的样子。《集韵》勘韵苏绀切："頳，摇首貌。"

圪疲疲 $_{154}$ kəʔ^{4} fɛ^{53} fɛ^{21}　恶心的感觉。《玉篇》疒部："疲，吐疲也。"《集韵》愿韵芳万切："疲，心恶病。"

葱薤子 $_{155}$ tsʰuɤ̃^{24} xᴇ^{53} tsəʔ^{21}　葱头，贺家川单用薤。《礼记·内则》："脂用葱，膏用薤。"《乐府诗集·相和歌辞二·薤露》："薤上露，何易晞。"《广韵》怪韵胡介切："荤菜也，叶似韭。"

鏊子 $_{156}$ ŋɔ^{53} tsəʔ^{21}　烙饼的器具，用铁做成，平面圆形，中心稍凸。《广韵》号韵五到切："鏊，饼鏊。"

衍水 $_{157}$ iɛ^{53} ʂuei^{21}　浮在冰面上的水。卜衍 pəʔ^{4} iɛ^{21}　器皿里

的水溢出。《集韵》线韵延面切：“衍，水溢也。”

一笙笙$_{158}$ iəʔ^{2} sɤ̃^{24} sɤ̃^{21}　一点儿，一丝，一星。《方言》卷二：“自关而西，秦晋之间，凡细貌谓之笙。”《广韵》所庚切。

柒　几种特殊词汇的结构和语义特点

一　分音词

分音词又称“嵌l词、析音词、切脚词”，是一种前字读入声、后字为l母的双音节单纯词，是通过语音手段分离单音词而构成的一种特殊词汇。分音词在晋语中有极大的一致性，在晋语周边的方言中也不同程度地存在。它们大多在古代汉语或现代汉语中有相对应的单音词。“分音词”的名称即暗示它是由对应单音词分音构成的。为了称说方便，下文将分音词对应的单音词叫作“本词”。

1.1　分音词举例

我们在神木话中搜集到较为可靠的分音词五十多条。下面首先列举神木话的分音词及其本词。由于分音词没有书面形式，所以一律采用严格的同音字，没有同音字的用“□”表示。神木话不用的本词下划波浪线表示，并注方言的折合音。有的词尽管没有本词，但结构符合条件，语义和其他分音词有联系，很可能是类化、孳乳出来的，也列在下面，本词打“？”并注意义。

p-l-：

卜浪 $pəʔ^{4}$ $lã^{53}$—棒 $pã^{53}$

卜拉 $pəʔ^{2}$ la^{24}—扒 $paʔ^{4}$

卜□ $pəʔ^{2}$ $lɔ^{24}$—拨 $pəʔ^{4}$

卜烂 pəʔ^{4} lɛ^{53}—绊 pɛ^{53}

卜□ pəʔ^{4} lᴇ^{21}—摆 pᴇ^{213}

卜□ pəʔ^{2} lɤ̃^{24}—蹦 pɤ̃^{213}

卜□ pəʔ^{2} liɛ^{24}—蹦 piɛ^{213}

pʰ-l-：

孛篓 pʰəʔ^{4} luo^{53}—？ 笸篓

孛篮 pʰəʔ^{4} lɛ^{44}—盘 pʰɛ^{44}

t-l-：

得老 təʔ^{2} lɔ^{24}—头 tʰəu^{44}

得□ təʔ^{2} lɛ^{24}—？ 搭拉

的离 tiəʔ^{4} li^{44}—提 tʰi^{44}

的留 tiəʔ^{4} liəu^{44}—□ tiəu^{44}

的料$_{1}$ tiəʔ^{4} liɔ^{53}—吊 tiɔ^{53}

的料$_{2}$～转 tiəʔ^{4} liɔ^{53}—掉～转 tiɔ^{53}

tʰ-l-：

突□把嚼过的东西吐出来 tʰuəʔ^{2} luɛ^{24}—团 tʰuɛ^{44}

突笼 tʰuəʔ^{4} luɤ̃^{44}—？ 脱落

突弄 tʰuəʔ^{4} luɤ̃^{53}—嗵象声词 tʰuɤ̃^{53}

突□ tʰuəʔ^{4} lu^{53}—？ 象声词，喝粥声

k-l-：

圪拉 kəʔ^{4} la^{53}—罅 ɕia^{53}

圪捞 kəʔ^{2} lɔ^{24}—角 tɕyaʔ^{4}

圪榄 kəʔ^{4} lɛ^{21}—杆 kɛ^{213}

圪楞 kəʔ^{4} lɤ̃^{44}—埂 kɤ̃^{213}

圪老 kəʔ^{4} lɔ^{21}—搅 tɕiɔ^{213}

圪路 kəʔ^{4} ləu^{53}—卜够$^{=}$ "卜"是前缀 pəʔ^{4} kəu^{53}

圪撩 kəʔ^{4} liɔ^{44}—翘 ɕiɔ^{44}

圪料 kəʔ^{4} liɔ^{53}—翘 tɕʰiɔ^{53}

圪□ kəʔ^{2} li^{24}—？ 胳肢

圪□ kəʔ^{2} liɑ̃^{24}—僵 tɕiɑ̃^{213}

圪溜 kəʔ^{2} liəu^{24}—勾 kəu^{213}

毂辘 kuəʔ^{4} lu^{53}—毂 kuəʔ^{4}

骨隆 kuəʔ^{4} luɤ̃^{21}—滚 kuɤ̃^{213}

骨联 kuəʔ^{4} lyɛ^{44}—蜷 tɕʰyɛ^{44}

骨□ kuəʔ^{2} lyɛ^{24}—卷 tɕyɛ^{213}

骨露 kuəʔ^{4} lu^{53}—锢 ku^{53}

骨噜 kuəʔ^{4} lu^{53}—咕象声词，咽水声 ku^{53}

骨□ kuəʔ^{2} luɛ^{24}—？ 东西在嘴里嚼过来嚼过去而不咽下

kʰ-l-：

壳□ kʰəʔ^{2} lɑ̃^{24}—腔 tɕʰiɑ̃^{213}

壳髅 kʰəʔ^{2} ləu^{24}—眍 kʰəu^{24}

窟□ kʰuəʔ^{4} luᴇ^{21}—块 kʰuᴇ^{213}

窟窿 kʰuəʔ^{4} luɤ̃^{21}—孔 kʰuɤ̃^{213}

窟□$_{1}$ kʰuəʔ^{2} lyɛ^{24}—圈 tɕʰyɛ^{213}

窟□$_{2}$ kʰuəʔ^{4} lyɛ^{53}—圈 tɕyɛ^{53}

x-l-：

黑拉 xəʔ^{4} la^{44}—匣 xa^{44}

黑浪 xəʔ^{4} lɑ̃^{53}—巷 xɑ̃^{53}

黑楞 xəʔ^{4} lɤ̃^{53}—撼 xɛ^{53}

囫囵 xuəʔ^{4} luɤ̃^{44}—浑 xuɤ̃^{44}

忽咙 xuəʔ^{4} luɤ̃^{44}—？ 喉咙

忽芦 xuəʔ^{4} lu^{44}—壶 xu^{44}

忽□ xuəʔ^{4} lu^{53}—糊 xu^{53}

忽拉 xuəʔ^{4} la^{53}—划 xua^{53}

忽□ xuəʔ^{2} luɛ^{24}/kuəʔ^{2} luɛ^{24}—环 液体浸渍后留下的环状印迹 xuɛ^{44}

ʦ -l-：

蒺藜儿 ʦəʔ^{4} liʌɯ^{53}—茨 ʦʰɿ^{44}

ʨ -l-：

积伶 ʨiəʔ^{2} liɤ̃^{24}—精 ʨiɤ̃^{213}

1.2　分音词的语音特点

(1) 前字的声母绝大多数跟本词声母相同，后字的韵母、声调与本词的韵母、声调相同，如：绊 pɛ^{53}—卜烂 pəʔ^{4} lɛ^{53}、吊 tiɔ^{53}—的料 tiəʔ^{4} liɔ^{53}、巷 xɑ̃^{53}—黑浪 xəʔ^{4} lɑ̃^{53}。但也有不同的情况：

第一，本词今读细音的见组声母字，分音词前字声母仍保留未腭化前的k组读音，其中本词为见系二等字的，分音词后字读洪音，如：搅 ʨiɔ^{213}—圪老 kəʔ^{4} lɔ^{21}、角 ʨyaʔ^{4}—圪捞 kəʔ^{2} lɔ^{24}、腔—壳□ kʰəʔ^{2} lɑ̃^{24}，等等，本词为三四等字的，分音词后字读细音，如：蜷 ʨʰyɛ^{44}—骨联 kuəʔ^{4} lyɛ^{44}、圈 ʨʰyɛ^{213}—窟□ kʰuəʔ^{2} lyɛ^{24}、翘 ʨʰiɔ^{53}—圪料 kəʔ^{4} liɔ^{53}、僵 ʨiɑ̃^{213}—圪□ kəʔ^{2} liɑ̃^{24}，等等。王洪君(1994b)指出：这一点说明"嵌l词定形的时间在尖团合流之前，更在见系开二出现i介音前"。也与文献材料的记载相吻合。这一点与太原话分音词相同。

第二，个别本词为阳平调的，后字不读阳平，而读阴平上，如：头 tʰəu^{44}—得老 təʔ^{2} lɔ^{24}、团 tʰuɛ^{44}—突□ tʰuəʔ^{2} luɛ^{24}、环 xuɛ^{44}—忽□ xuəʔ^{2} luɛ^{24}，等等。但太原等入声分阴阳的方言，前字读阳入，如太原话（阳入调值54）：棒 pɒ꜄—卜浪 pəʔ꜁ lɒ꜄、团 ꜀tʰuæ—突栾 tʰuəʔ꜁ ꜀luæ，而与神木相邻的山西方言及神木南乡方言阳入字调值普遍较低。据此可以推断，这是分音词前字原读阳入调所留下的痕迹。

(2) 前字的声母主要是塞音 p pʰ t tʰ k kʰ 以及擦音 x，只有两个词声母为塞擦音 ʦ ʨ，均属中古精母字。

(3) 前字的韵母均为入声，韵尾是喉塞音 ʔ，韵腹是央元音 ə。后字都是舒声韵，但其中几个后字读阴声韵的，本词是入声韵，如：卜□ləʔ² lɔ²⁴—拨pəʔ⁴、圪塄kəʔ² lɔ²⁴—角tɕyaʔ⁴。不过太原等晋中方言后字读入声。因此，神木话的这部分分音词，后字原来当读入声，由于异化规律的作用，后头的音节变成了阴声韵。

⑷ 只有“的离、的留、的料、积伶”等的前字是齐齿呼（前三个也可读开口呼），其余都是开、合两呼，没有撮口呼。同时，除“划—忽拉”外，前字是合口呼的，后字不读开口呼。

⑸ 少数分音词的后字读音很特别，与神木音系不合，表现在韵母、声调两方面。如音节lu在神木话中没有意义，但“毂辘、忽芦、忽□xuəʔ⁴ lu⁵³”的后一音节却读lu。看来，是由于分音词的特殊结构，它们的后字才没有随着其他遇摄一等来母字读成ləu。再如，以下几个分音词的后字读阴平上中的清平字：卜□pəʔ² liɛ²⁴、卜□pəʔ² lɔ²⁴、圪塄kəʔ² lɔ²⁴、圪□kəʔ² li²⁴、圪□kəʔ² liɑ̃²⁴、窟□kʰuəʔ² lyɛ²⁴。按规律，清平是不与l母搭配的。语音形式的特殊性说明，分音词是通过某种特殊的音节变化产生的词汇形式。

⑹ 前后字连接十分紧密，前字比后字发音短促。如果把整个分音词的发音长度一分为四，那么，前字仅得其一，后字则占其三。在发音较快的时候，前字可以只发略微浊化的声母，省略韵母。前字读合口呼的词则可把声母圆唇化并浊化，省略韵母。这就是所谓“一个半音节”的说法的来历。

⑺ 从响度看，前暗后亮，前字响度小于后字。这一点与太原话一致。但词重音则不一致，大多是前轻后重，也有少数本词为阴平上的分音词，后字读轻声21调，如：滚—骨隆、孔—窟窿、摆—卜□pəʔ⁴ lᴇ²¹、搅—圪老，这一点与太原话不同（王洪君1994b）。不过，这一点可解释为后期发生的变化。因为古清上、次浊上字在神木话中是最容易读轻声的，所以这些词在分音以后，重音模式逐渐由前轻后重变成了前重后轻。

1.3　分音词的语义特点

从意义上看，分音词绝大多数是指称具体事物、动作、状态的，具有强烈的口语色彩。同时，有的词之间具有明显的语义联系，可以根据共同的语义特征划分为几个义群。特别须要注意的是，意义上有联系的词声音也相近。下面分组略作分析。

（1）“卜拉”群　这一组所属均为动词，共同的语义特征是“来回、反复运动”。比如，“卜拉”义为用筷子或棍子左右拨动，如“卜拉给下儿菜|卜拉给下儿面条条”。北京话有“扒拉”与之对应。“卜□pəʔ^{2} lɔ^{24}”与“卜拉”同义，上述两条的本词就是“拨”。“卜□pəʔ^{4} lɛ^{21}”指左右摆动，“卜□pəʔ^{2} liɛ^{24}”指来回滚动，如“疼得卜□过来卜□过去”，“卜□pəʔ^{2} lɤ^{24}”与之同源而产生时代有先后，义为跳动、挣扎或左右甩动，如“把骷子头卜□了几下”。

（2）“的离”群　这一组所属都是动词，共同语义特征是“悬空、下垂”。“的离、的留”意义相同，都指“提”，当是由于音变或方言混合造成读音差异。“的料$_{1}$”义为“吊”，“得□təʔ^{2} lɛ^{24}”义为下垂，与北京话“搭拉”同源，如“骷子得□下来”。

（3）“圪溜”群　这一组大多是动词、形容词，共同语义特征是“卷曲”。其中，“圪溜”义为弯曲，“圪撩”指卷曲，神木农村不少地方把蝎子叫做“圪撩子”，就是取其身体可以卷曲的特点。“圪料”本指弯曲，又引申为心里郁悒不舒。“圪□kəʔ^{2} liã^{24}”指墙皮裂开、卷起。“骨联”指身体或其某一部位蜷缩在一起，如“骨联成一圪蛋|把腿骨联回来”。“骨□kuəʔ^{2} lyɛ^{24}”义为卷（名词）。“骨隆”即打滚儿，北京话叫“骨碌”。“骨□kuəʔ^{2} luɛ^{24}”本指东西在嘴里滚来滚去，引申指说话缠绕不清，与北京话“咕噜”音近义通。

（4）“窟窿”群　这一组与上一组有密切联系，大多是名词，也有个别动词、形容词，共同语义特征是“圆形、中空”。如“窟窿”指孔洞，“窟□$_{1}$ kʰuəʔ^{2} lyɛ^{24}”指圆圈，“窟□$_{2}$ kʰuəʔ^{4} lyɛ^{53}”

指用矮墙围起来的地方。"忽□ xuəʔ² luɛ²⁴" 又作 "骨□",指液体浸渍后留下的环状印迹,如 "油忽□"。"壳□ kʰəʔ² lã²⁴" 指物体内部空的部分,又指宰杀并清除内脏后的羊。"忽咙" 是咽部和喉部的统称,特征依然是中空。"忽芦" 是圆形物,人们常将它挖空作舀水或舀米面的器皿用。"轂轆" 是圆的,"壳瞜" 指眼窝深陷,"囫囵" 指完整,都可归入这一群。

(5) "圪拉" 群 这一组数量不多,都是名词,共同语义特征是 "缝隙"。"圪拉" 有的方言读如 "黑拉",指缝隙,与 "罅" 对应。"黑浪" 指巷,又指狭长的空处,如 "火黑浪|锅黑浪"。"黑拉" 指用兽皮作成的烟袋,形状是扁的。

对分音词之间的语义联系,前人也已经注意到了。齐佩瑢(1984:27—28)曾探讨过元曲中 "乞两" 和 "曲律" 的语源,他说:"单言 '乞两'、'曲律',和复语 '乞量曲律'、'乞留乞良' 的意思是一样的,都是屈曲不伸、怨郁不舒的味道。如以音义求诸古语,则为 '伛偻'、'稽留'、'蛙律' ……等语之遗存于今日者。" 接着,齐氏大量征引古籍,相互系连,稽考它们的 "子孙绳绳繁衍之状"。举凡 "考老"(《说文》考老转注,"盖因老翁背驼而得名")、"耇老"(《国语》)、"耆老"(《孟子》)、"栲栳"(元曲《鱼樵记》)及 "窟窿";"曲偻"(《庄子》)、"痀瘘"(《庄子》)、"伛偻"(《淮南子》)、"拘揼"(《尔雅注》)、"溓㝗"(《方言》)、"㾾㝗"(《说文》)、"阆阆"(扬赋)、"矻落"(《图书集成》)、"阁落"(元曲)及 "拘留"(《汉书》)、"稽留"(《淮南子》)、"拘挛"(《后汉书》)等词语,都有圆曲之意。不过,齐氏是从历时角度探讨这些词的联系的。

认识分音词之间具有语义联系的事实,对于认识分音词的性质和探讨它的来源有一定的帮助。既然声音上有联系的词之间意义也往往有联系,那么,它来源于复辅音的可能就大大减小,而由单音词通过某种方式分音而成的可能就增加了。正因为是由单音词分音而成，才可能由一个词连类而及其他声音和意义上有共同特征的词（感染作用），使它们也变成分音词，或者在长期的使用过程中，不断地孳乳、繁衍，甚至创造少数没有本词的“分音词”，并由于方言的不同而产生读音或意义上的差异，从而形成一个较大的词汇类型。

1.4　关于分音词的来源和性质

1.4.1　文献中记载的分音词

古代的辞书、笔记和文学作品中，有不少关于分音词的记载。见于宋人笔记和元曲的分音词，人们已经列举和分析过（林语堂 1924，邢向东 1992，张崇 1993b），此不赘述。下面只列两条更早的记录，并对元曲中的个别记录作简略的讨论。

《庄子·至乐》：庄子之楚，见空髑髅。

《列子·天瑞》：子列子适卫，食于道，从者见百岁髑髅，攓蓬而指。

以上“髑髅”均指死人头骨。但其原始义当为“头”。《说文》骨部：“髑髅，顶也。”朱骏声《说文通训定声》曰：“髑髅之合音为头字。”王力《同源字典》认为：“朱说甚是。‘髑髅’的初义即‘头’，后来词义分化，‘髑髅’指死人的头骨。”今晋语的“得老”即源于“髑髅”，读音有所变化，而犹指头也。

《尔雅·释草》：茨，蒺藜。

《说文》艸部：荠，蒺藜也。

朱骏声《说文通训定声》曰：“荠即蒺藜之合音。《诗》曰‘墙有荠’，毛本以‘茨’为之。《尔雅》：‘茨，蒺藜。’注：‘布地，蔓生，细叶，子有三角，刺人。’亦以‘茨’为之。……”按《广韵》“茨”（荠）平声脂韵即资切，属从母三等字，不可能是带流音 l- 的复辅音声母字。“蒺藜”不仅在晋语中广泛使用，在整个北方地区也流布甚广。当为分音词无疑。

这两个词例说明，早在先秦时期，分音词就已经产生了，而且很可能不止两个。由于它是一种口语词,故而难以获得书面记载,只在个别文献中有所反映。

下面看几条元曲中的词例。

睢景臣《高祖还乡》:一面旗白胡阑套住个迎霜兔,两面旗红曲连打着个毕月乌。

“胡阑”即“忽□ $xuəʔ^{2}\ luɛ^{24}$”,“曲连”即“窟□ $k^{h}uəʔ^{2}\ lyɛ^{24}$”(“曲”是溪母字,腭化前正是 k^{h} 母),张清常《胡同及其他》认为“胡阑、曲连”是蒙古语借词,不确。

刘时中《上高监司》:吃黄不老胜似熊掌。

王季思等《元散曲选注》云:“依《滚绣球》调句律,‘不老’应是一个字,而且要平声。故‘黄不老’是‘黄檗’的音转。”因而,“不老”是“檗”的分音词。这一例恰好说明,在元代,分音词急读时可以只占一个字的长度。可见分音词的发音特点是古今一致的。

在宋人笔记和元曲的记载中,不少分音词有叠韵的词形,有的字形和词义有联系。如:突圞—团栾,滴溜—提离,拳联(蜷)。而在今北方方言中,更有不少分音词的对应词是叠韵词,例如:卜拉—扒拉,勃篓—筐篓,得拉—搭拉,骨露—錭露,毂辘—轱辘,忽芦—葫芦,圪塄—旮旯,骨隆—骨碌。对这种现象应当如何解释呢?我们认为,这是汉语的叠韵化倾向和汉字根深蒂固的表义原则在起作用。例如,“突圞、团栾”与“团”对应,“的离、提离”与“提”对应,对于运用汉字的作者(记录者)来说,不论其母方言是否有分音词,不论该词实际上读什么,在采用它们的时候,寻找能够表达其意义的“团圞、提离”来记录是很自然的(前字既与本词的音义吻合,又与后字同韵,可谓一举两得),尽管这样做可能不符合这些词在口语中的实际读音。正如林语堂(1924)所说:“‘孔’一语之外既有‘窟笼’,又有‘孔笼’,‘孔笼’就是叠韵语。至于此叠韵语何自而来,逆测当是出于‘窟笼’……中国语喜欢叠韵语，非叠韵语可以变成叠韵，而已成叠韵的似乎不容易把此重叠之韵失去，所以说‘窟笼’变‘孔笼’比‘孔笼’变入‘窟笼’较合理之自然……”林氏的解释是有道理的。今北方话中这些与分音词对应的连绵词必定经过前字读入声的阶段，它们之所以变成现在的词形，是入声韵的消失、汉语的叠韵化倾向（有时甚至只是书面上的）和汉字表义传统共同作用的结果。

从书面记载的情况来看，分音词在先秦时代即已产生，在宋元时代成其大势，并广为流播。在现代汉语中，不仅晋语保留了大量的分音词，而且北方地区的其他方言和普通话也有不少分音词，反映了分音词对汉语词汇的影响。

1.4.2　分音词的性质和来源

关于分音词的来源和性质问题，汉语学界尚无统一的认识。笔者曾在一篇文章中指出（邢向东1998a）：“要对分音词现象作出合理的解释，一方面应当联系它们在汉语史中的表现，一方面应当同其他方言的类似现象进行比较，如福州方言的‘切脚词’，等等。还应当把它同表音词头‘圪’、‘忽’、‘卜’等联系起来，进行通盘考虑。”也就是说，兼顾历时和共时，应当成为解释分音词的来源和性质时必须遵循的一个原则。在这一原则下面，我们来看看几种有代表性的观点。

徐通锵（1981）曾认为分音词与山西平定方言儿化词属于同类性质，发展次序是儿化词早于分音词。徐先生的看法受到了人们的批评（王洪君1994b），后来，徐先生自己也放弃了这种观点（徐通锵1997：408—410）。

赵秉璇等认为，分音词是上古汉语复辅音的遗迹。赵先生还在全州瑶语中找到若干条瑶语复辅音词、太原分音词及前人拟测的上古汉语复辅音字相对应的例证（赵秉璇1987）。笔者以前一直赞成复辅音说，并曾试图利用分音词的发音特点反推上古汉语复辅音的存在。现在看来,复辅音说是难以成立的。主要的困难在于,第一,分音词(包括福州话“切脚词”)词例与汉字谐声系统p—l、t—l、k—l的交替没有重合的例证,因此不能互证。第二,认为上古汉语存在复辅音的学者们比较一致的看法是,带流音-l-或-r-的复辅音字均为中古二等字,但分音词的本词中既有二等字,又有大量的一、三、四等字,因此,用*pl—、*tl—、*kl—型复辅音无法解释全部分音词。

张崇(1993b)认为分音词来源于单音词的缓读分裂。但张文所假设的一个重要环节,即缓读时后字增生的ɣ变成ŋ,实际上是不存在的。他举了一个例子:“‘圪料kəʔ liɔ(翘)’这一分音词陕北人有时就说成kəʔ ŋɔ。”但kəʔ ŋɔ其实是个圪头词,如神木话可以单说ŋɔ53,意义同“翘”,本字当为“拗”,显然不是“圪料”中“料”的又读。王洪君(1994b)认为,张说不如改为两个阶段:“第一阶段形成似断非断、似连非连、中间出现ə ɣ ʔ ʀ等过渡音的长音段。第二阶段长音段正式断为两音节。作为第一阶段的继承者,它应保持前者前弱后强、前暗后亮、两音峰间的音谷跌宕不大的特点。但又应有质的飞跃——前字出现声调、后字出现统一的声母。声母中响度最大且能跟所有介音相配的边音l无疑是满足上述要求的最佳选择。”我们认为,经王洪君修改过的缓读分音说,可能是目前从历时角度解释分音词起源的最接近实际的看法。

共时描写方面,王洪君(1994b)利用非线性音系学的叠音加有定词框架模式来描写分音词的构词机制,把它称为“一生二”式语音构词法。这种分析模式不仅解释了晋语分音词的形成机制,而且可以解释福州话“切脚词”和北京话双音节象声词,有效地说明它们的共性、差异及其原由。王洪君的解释是纯共时的,但也充分注意到分音词、切脚词等存在的历时性,即它们定形的时间问题,用历时的因素来解释造成本词(王文叫词根)与分音词语音不对应的原因,合理地排除掉了作出正确解释的干扰因素。她的描写和经过修正的缓读分音说可以互相印证,把共时和历时统一起来,把分音词和其他同类现象统一起来,因此,具有较强的说服力。

那么,人们为什么要把本词说成分音词呢? 这里的心理原因恐怕是难以说清楚的。值得注意的是,分音词大量涌现在宋元时期,那时正是汉语词汇由单音词占优势向双音词占优势急剧转变的时代。因此,从个体的产生来说,分音词可能是为了避免音节结构简化带来的同音词过多,或者为了分化多义词而创造的。其后,由于词语之间的相互感染和语义的分化,又孳乳出了不少新的分音词。而从根本、整体来看,分音词当是在口语词汇的双音化洪流中出现的、"集体无意识"的产物。分音词虽然大量出现在宋元时期,但它的造词机制,则早在先秦两汉时期就已存在了。

二 圪头词及其同类词语

"圪"音kəʔ⁴,书面上有"圪、硌、纥、疙、扢、虼、仡、忔、屹、肐、咯、胳、阁、砢、吃、乞、骨"等十几种写法。关于"圪"的性质,方言学界的观点比较一致,认为它是一个"表音字词头",没有实际意义,没有标明词性的作用。

首先必须指出的是,不少学者把以"圪"字打头的单纯词和派生词混淆了起来。他们所说的圪头词,其中一部分并非合成词,"圪"也不是真正的词头。如下面这些词都是以"圪"打头的分音词:圪塄、圪老、圪榄、圪撩、圪料、圪溜、圪拉。只有把以"圪"打头的分音词和合成词区分开来,才能正确地认识圪头词的性质和特点,分析它的结构,探讨它的来源。

迄今为止,人们并未就词头"圪"的范围发生过争论。但曾有学者认为,“圪”还可以出现在动词后作补语。这种看法显然是不正确的。这是把作连动结构后段及虚化为助词的“去”与“圪”混淆了。许多晋语的“去”在充当谓语、补语和作连动结构的后段时,读音发生分化,作谓语和补语声母送气,作连动结构的后段及其他虚化用法时声母不送气,读kəʔ˳,恰与“圪”声韵相同,但它是读轻声的。这是“去”的语法功能不同导致语音分化,和“圪”毫无关涉,不可混为一谈。

2.1 圪头词的词性、结构和语义特点

圪头词有名词、量词、动词、形容词、象声词五类。数量以动词最多,量词最少。在已经收集到的二百余条圪头词中,各类所占比例大致为:名词21%,量词5%,动词43%,形容词19%,象声词12%。

圪头词在语义上有什么共同特点呢?如果拘守词类的限制,这个问题是很难回答的。当我们超越词类,把圪头词统一起来考察,它们在语义上的共性就能够显现出来了。那就是:强烈的口语色彩,表现形式不同的指小意味。

下面一边分类列举圪头词,一边描写其语义特点。

名 词:

A 圪瘩 圪蛋 圪都 圪丁 圪节 圪虫
圪糁 圪痂 圪台 圪陀 圪蚤 圪洦
圪桩 圪叉 圪疤 圪渣 圪须 圪梁
圪鸟儿

B 圪尖 圪弯 圪堆 圪卷 圪锥

A组数量较多,由名素加“圪”构成,B组数量很少,由动素、形素加“圪”构成。其中能够单用的词根不多。有人甚至认为“圪瘩、圪蛋”等是单纯词(见下文的讨论)。

圪头名词大都指较小的事物。如“圪痂”指伤口愈合时结的痂儿,“圪台”指台阶儿,“圪虫”是小虫子的统称,“圪糁”指粮食的糁儿，"圪尖"指东西的尖儿，"圪鸟儿"指蝌蚪，有的晋语方言叫"圪蚪子"，"圪洕"指小坑儿，"圪渣"指东西的碎渣儿。由此可见，圪头名词带有一定的指小意味。不过，它们和儿化、重叠等所表示的小称义不同，即词根就指称体积较小的东西，而不是指同类事物中较小的，也不含表爱的色彩，其中有的东西体积虽小，但并不可爱，如"圪虫、圪痂、圪疤"等。所以不能说词头"圪"使圪头名词具有了小称义。

圪头名词都可以重叠词根，变成圪AA式。这时小称义更加明显，不需赘述。

量 词：

圪瘩 圪抓 圪卷 圪都 圪堆儿 圪撮儿 圪截儿

量词大都由名词变来，不过意义已经专门化了。它的小称义和名词有直接联系，如"圪都"用于指蒜的量，"圪抓"用于指葡萄、毛发的量。后边的三个词只能用儿化形式。和名词一样，它们也能变成圪AA式。

动 词：

A　圪搅　圪挤　圪揣　圪夹　圪翘　圪皱　圪绕
　　圪抓　圪低　圪喃　圪超　圪捣　圪抽　圪点
　　圪吵 | 圪伺　圪乘　圪沓　圪囔
B　圪拧　圪蹿　圪凑　圪钻　圪缩　圪歪　圪搐
　　圪拃　圪仰　圪晃　圪挪　圪摇　圪攒　圪蹲
　　圪笪 | 圪且　圪蹴　圪趄

A组是及物动词，B组是不及物动词。

圪头动词的大多数词根可以单用，而且能产性较高。"|"后的词根不单用，约占总数的12%。

圪头动词带有明显的指小意味，以指称幅度较小、持续时间较短的动作为常。例如，"吵"是大声说话、吵闹，"圪吵"则指小声说话、议论，引申为商量，"搅"无所谓幅度大小，"圪搅"则只能指小幅度的搅动,引申为干扰、挑拨,“圪拧”指肚子抽疼,“圪挪”指小幅度挪动,“圪摇”指小幅度摇动,“圪乘”指轻轻一抬,凑一把力,“圪仰”指稍躺一会儿。等等。动词和名词的小称义有一点不同,那就是,圪头动词的小称义表现在和词根的意义、用法的对比之中,而圪头名词的词根本身大都指较小的对象,小称义不是通过对比才表现出来的。这一点似乎反映出圪头动词产生的时间在名词之后。

在晋语其他方言中(如山西陵川、忻州,河南获嘉),有圪头动词表示反复或连续动作的报导,神木方言的圪头动词没有这样的附加意义。

神木方言的圪头动词没有圪A圪A的重叠形式,也不能通过圪圪AA重叠变成形容词。

形容词:

A 圪□$tɕ^{h}iəu^{213}$ 圪瘆 圪渗 圪□$ʐu^{44}$ 圪影
圪瘷$tɕiəu^{53}$ 圪搐 圪腩 圪茶

B 圪探探 圪铮铮 圪晃晃 圪涌涌 圪颡颡
圪腆腆 圪冒冒 圪轰轰 圪洞洞 圪爬爬

C 圪堆堆儿 圪尖尖儿 圪弯弯儿 圪都都儿
圪猴猴儿

三音节词的调式,B组绝大部分是4+53+21,只有“圪爬爬”是4+44+21。C组后头的音节要儿化,调式是2+24+53或4+44+53。

A组的词根绝大多数有实在意义,有的还可单用。B组大部分词根意义比较虚灵。C组似乎是在圪A式名词的基础上构成的,词根都有实在意义。

从表义看,形容词指感觉和状态。其中A组多指感觉,也有小称义,指某种细微的、令人不悦、难受的感觉。如“圪瘆”指心里发瘆的感觉,“圪腩”指发腻的感觉,“圪影”指恶心的感觉。

少数描写状态，如“圪搐”形容皱皱巴巴的样子。B组、C组多描写状态，如“圪探探”指小心巴结的样子，“圪晃晃”指摇摇晃晃的样子，“圪尖尖儿”指很尖的样子，“圪猴猴儿”指发冷时像猴子似的样子。少数指感觉，如“圪颓颓”形容生病时浑身瘫软的感觉。总之，圪头形容词多带有厌恶、不快的感情色彩。

从语法功能看，A组不含量的语法意义，可以受程度副词修饰，或带上程度补语。B、C组包含程度很高的语法意义，不能受程度副词的修饰。

象声词：

A　圪嚓　圪噔　圪吱　圪噌　圪嘣　圪叭　圪咚

B　圪炸炸　圪哒哒　圪哙哙　圪地⁼地⁼　圪嘟嘟
　圪哚哚　圪叭叭

C　圪叭圪叭　圪嚓圪嚓　圪吱圪吱　圪嘣圪嘣
　圪咚圪咚

有的三音节词本字未明，用同音词代替。双音节象声词都可以重叠成三音节词，但并非所有三音节词都是由双音词重叠而成。三音节词的调式一律为4+53+21。四音节词全部是由双音节词重叠而成的。不论几个音节，象声词都不含什么特殊的语义色彩。

总之，名词、量词、动词、圪A式形容词带有小称义，形容词带有厌恶、不快的附加意义，象声词没有特殊的附加意义。就风格色彩来说，圪头词都带有浓烈的口语色彩。

最后，还有一点须要讨论一下。由于晋语各方言的圪头动词都带有明显的小称义，有的带有表反复、连续动作的附加意义，所以，有学者就认为动词中的“圪”具有副词性，或者干脆就是副词。我们认为，这种看法是站不住脚的。第一，“圪”是黏着的，不能单用，而且是定位的，位置固定在词首。有的圪头动词不带“圪”也不能单用，说明“圪”是不自由的。第二，看

"圪"的性质不能只看它在动词中的表现，而应考察在所有圪头词中的作用，从整体来看，"圪"的作用在不同词类之间具有某种不平衡性，但它不带词汇意义和明显的语法意义则是共同的。而且上文已经显示，具有小称义的不仅仅是圪头动词，还有名词、量词及部分形容词。所以，动词中的"圪"和其他词类中的"圪"没有什么两样，只能是同一个表音词头。我们不能被某一种表面现象所迷惑，得出失之简单的结论来。

2.2 关于"圪瘩"等的结构的讨论

大多数圪头名词的结构明确，不会发生疑问。只有"圪瘩"等少数词的结构有不同意见。下面作比较详细的讨论。

"圪瘩"有五个义项：①皮肤上突起的或肌肉上结成的硬块。②小球形或块状的东西。③不易解决的问题。④〈方〉量词。⑤〈方〉麻烦；别扭（《现代汉语词典》）。有下面几种写法：疙疸|圪塔|圪垯|纥縫。胡裕树主编《现代汉语》认为它是个单纯词。这个看法比较普遍。笔者认为它是派生词。下面试着解解这个"圪瘩"。为行文统一起见，下文除了引述之外，一律写作"圪瘩"。

我们先来看"瘩"。"瘩"最早写作"搭"，在唐五代汉语中单用，可以指"块，表示较小的面积"。组成"一搭"，义为"一块，一片"。如卢仝《月蚀》诗："摧环破壁眼看尽，当天一搭如煤炱。"再如《祖堂集》卷四"丹霞和尚"："师曰：'佛殿前一搭草，明晨粥后铲却。'"（江蓝生等1997：77，409）在元代口语中，"搭"可以组成"这搭儿、那nà搭儿、那nǎ搭儿"等词表示地点，还能用在数词前，表示地点或地段的单位，如《梧桐雨》三［驻马听］："隐隐天涯，剩水残山五六搭。"同时，"一搭"又可以表示"一处、一起"的意义。字又作"答、塌、瀨"（李崇兴等1998：60，384）。

今方言中，"搭"仍然可以作量词，指"块、片"，如神木话

"搭"读taʔ²¹："一搭窝窝、两搭石头、一搭布、一搭事情"等。但是，神木话同义量词更常用、更自由的说法是"圪瘩 kəʔ⁴ taʔ²¹"。从其他方言来看，量词"圪瘩"的覆盖面非常广，例如，"相当于北京话'块'的，在山西方言一律用圪瘩（读音略异，如大同：圪蛋）。凡是平展物体如：纸、布、饼子或块状物体如：泥、炭、石头、土、馍等，在不求精确量时，都可以用'圪瘩'。如一～纸，一～泥，一～石头，一～馍等"（侯精一、温端政1993：124）。这说明量词"搭"和"圪瘩"用法是相同的，不过有的方言这两个词可以自由替换，有的方言则只能用其中之一。此外，陕北方言"一搭"普遍可作名词和副词，表示"一块儿"，前者如"在一搭、我们是一搭的"，后者如"一搭走、一搭耍、一搭念书"等。和元代的用法相同。

神木话"搭"也可组成指示代词和疑问代词，指代或提问处所，如"这搭儿/这搭搭""那搭儿/那搭搭""哪搭儿"。同样的用法在西北方言中十分普遍，如西安话"啊搭"（问处所），银川话"这达/这达达"（近指）、"那达/那达达"（中指）、"呶达/呶达达"（远指）、"哪达/哪达达"，山西临汾话"这搭、兀搭"。显然，这里的"搭"都相当于"块"，直接继承了元代的用法。吴语也有用于表处所的指示代词的"搭"，不过钱乃荣认为它是"埲"的俗字。值得注意的是，同样的意思，东北方言要说成"这圪瘩、那圪瘩、哪圪瘩"。这说明，在代词和量词中，"搭"和"圪瘩"除了使用地域的差异之外，意义和用法实际上是相通甚至相同的。可见，这里"瘩（搭）"是词汇意义的主要负载者，是词根。"圪"只是个没有实义的前缀。

"圪瘩"在元代文献中始见著录，它的第一个义项是"形容扭结"，如《西厢记》二本三折［得胜令］："急攘攘因何，扢搭地把双眉锁纳合。"锺嗣成［骂玉郎过感皇恩采茶歌］《四别》之二："子剌地搅断离肠，扑速地淹残泪眼，吃答地锁定愁眉。"

(李崇兴等1998：103—104)用例显示,不论其中的“圪搭”是否名词,但它指眉头皱起以后形成的“圪瘩”则是没有疑问的。不难看出,唐代指“块”的“搭”和元代形容“扭结”的“圪搭”之间,以及和现代汉语的“圪瘩”之间,存在明显的联系。从用字看,元代有“圪搭、圪濑、趷濑、吃答、乞答”等,写法比较纷乱,提示这个词在口语中使用得比较普遍。如果把“圪瘩”和“搭”在唐代、元代、现代汉语中的表现联系起来通盘考察,那么,认为“圪瘩”是词根“搭”加上前缀“圪”组成的派生词,应当是不太勉强的。

再来看几个同“圪瘩”相似的词。“圪堆”,神木读kəʔ$^{4-2}$ tuei$^{213-24}$,指较小的堆子,如“墓圪堆、土圪堆、石头圪堆”等,晋语中普遍存在。这个词始见于著录是在宋代,比“圪瘩”早,当初写作“骨堆”,指坟墓,如《五灯会元》卷十八“百丈以栖禅师”:“若是个惺惺底,终不向空里采花,波中捉月,谩劳心力,毕竟何为? 山僧今日已是平地起骨堆,诸人行时,各自著精彩看。”(袁宾等1997：220)元代文献中有“骨堆、孤堆”两种写法,指“平地上隆起的土堆,特指坟墓”。这个词的特点是,“堆”的写法很固定,“圪”的写法则不统一,这除了反映出不同时代或不同方言中“圪”的读音差异很大以外,还说明“圪”是个没有实义的成分。既然如此,把“骨堆”和“圪堆”看作是同一个词,把“堆”分析成词根,把“圪”认定为前缀,当是能够成立的。

“骨朵”,晋语方言材料记作“圪都”,神木话读kəʔ$^{4-2}$ tu$^{213-24}$。北京话指花蕾,方言中意义比较宽,指一切分瓣儿的小圆形物,如神木话的“槌头圪都、花儿圪都、蒜圪都”等。指花蕾的“骨朵”见于著录是在元代,但唐代就有“榾柮”一词,又写作“骨黜”,《辞源》将“榾柮”释作“柴块,树疙瘩”,将“骨黜”释作“树的节瘤”,江蓝生等(1997)释作“树根疙瘩”,总之是圆形的东西。宋代有一种“长柄圆头”的兵器叫做“骨朵”,《辞源》还给它画了一幅图,其圆头正像一个花骨朵或蒜头。这几种东西的形状都相似,那就是小的圆形物,而且大都有瓣儿。在神木话中,数量词“一圪都”又可以说成“一都”,如“一都蒜”。有的方言把噘嘴叫“嘟起嘴”,而晋语则叫作“圪嘟起嘴”,可以作为“圪都”是派生词的旁证。尽管我们还缺乏更有力的直接的语言事实作根据,但认为它和“圪瘩”类似并不勉强。

除了有文献记录的词以外,方言中还有两个词与“圪瘩”结构相同。一是“圪蛋”,也作“疙疸”,神木话读kəʔ^{4} tɛ^{53},意义和“圪瘩”的义项①②⑤相同,如“脸上长了圪蛋了”“眉搐成一颗圪蛋”“咸菜圪蛋”等,《现代汉语词典》把它作为“圪瘩”的异形词。“蛋”可以单用或重叠,如北方许多方言的“坷拉蛋儿”,神木方言的“杏儿蛋蛋、石头蛋蛋”。一是“圪丁kəʔ$^{4-2}$ tiɣ̃$^{213-24}$”,指附着在平面上的圆形小突出物,如“粉刺圪丁”“墙皮上有圪丁丁嘞”等,也可只说“丁丁”。北京话“肉丁儿”的“丁”应当就是这个“丁”。

跟“圪瘩”意义有联系而最早有文献记载的是“扢秃”。《淮南子·齐俗》:“亲母为其子治扢秃,而血流至耳,见者以为其爱之至也。”《辞源》释“扢秃”为“突起的头疮”,并认为“扢”通“疙”。这等于承认“扢秃”和“疙瘩”是有联系的(在神木话中,头疮只说“秃”,而不用“圪秃”,可为一证)。如果此说能够成立的话,就可以把前缀“圪”的出现上推至汉代,并可以作为“圪瘩”是派生词的有力证据。

“圪瘩、圪蛋、圪堆、圪都、圪丁”等词,意义有相通的地方,都指体积较小的圆形物。“搭”和“堆”不带“圪”单用时,既可指大,也可指小,因此,这个指小的意义恐怕跟前面的“圪”有关。上文已经讨论过,“圪”是个带有指小意味的前缀。由于这些词都是口语词,加上方音差异,因此,书面形式出现歧异是很正常的,尤其是其中的“圪”,更是因为没有实在意义而有多种写法。

综上所述,“圪瘩”不是单纯词,而是派生词。只是由于产生的年代久远,两个语素凝固得很紧,又主要是在口语中流传,所以,在现代汉语的层面上显得难以分析,写法也多种多样。但是,如果我们把近代汉语和现代方言联系起来看问题,还是可以对它进行分析的。

2.3 圪头词的并存现象——卜头词和忽头词

卜头词和忽头词是圪头词的并存现象。下面先分别对这两类词作简单的描写,必要时要与圪头词进行对照。

2.3.1 卜头词

“卜”的本字不明,有“不、薄、勃”等写法。卜头词也应注意区分单纯词和派生词。单纯词是以“卜”打头的分音词,已见上文。卜头词有四类,举例如下,个别词本字不明,用同音字代替,用上角标“⁼”表示:

名　词　卜脐　卜滩　卜甗 $ts^h\varepsilon^{53}$　卜吊儿　卜鬏

量　词　卜滩　卜溜　卜链

动　词　卜结　卜诱　卜衍　卜咂　卜拃　卜够⁼打冷嗝

卜搔　卜搅　卜董⁼

象声词　卜嘶　卜嗵　卜咚　卜嗒　卜菜　卜嘶嘶

卜嗒嗒　卜嗵嗵　卜哚哚

卜头名词、量词、动词具有小称义。名词指体积较小的事物,如“卜滩”指小滩,“卜脐”指肚脐。量词指体积较小的量,如“卜溜”指串儿。动词指幅度较小、延续时间较短的动作,如“卜董⁼”指小幅度地搅(水),“卜咂”指轻轻咂嘴,“卜衍”指器皿中的液体稍稍溢出,等等。

据贺巍(1989),获嘉方言卜头动词可以表示同一动作的重复和连续,与圪头词情况相同。

2.3.2　忽头词

“忽”同样本字不明。应注意区分以“忽”打头的分音词和真正的忽头词。忽头词有三类,举例如下。

动　词　忽扇　忽闪　忽搅　忽点　忽摇　忽摆　忽蹋　忽兴

形容词　忽沙沙　忽赛赛　忽跳跳　忽撼撼　忽少$^{=}$少$^{=}$　忽喃喃　忽缭缭　忽□□tʂʰu^{53} tʂʰu^{53}

象声词　忽嗤　忽嗵　忽嗒嗒

忽头词没有名词和量词,象声词数量很少,是它和圪头词、卜头词的主要差别。动词具有小称义,则是和其他两类相同的,如“忽扇”指轻轻扇动,“忽点”指小幅度地点(头)。

圪头词、卜头词和忽头词之间存在“同根异缀”现象,即同样的词根,既可用“圪”作词头,又可用“卜、忽”作词头。这种现象集中表现在动词和象声词上,例如:

圪搅	圪拃	圪董$^{=}$	圪摇	圪点	圪嚓	圪嗵嗵	圪哚哚	
卜搅	卜拃	卜董$^{=}$			卜嚓	卜嗵嗵	卜哚哚	卜嗒嗒
忽搅		忽董$^{=}$	忽摇	忽点		忽嗵嗵		忽嗒嗒

这一点尤其说明,卜头词、忽头词和圪头词是并存现象。当然,它们有一点很大的不同,那就是能产性大大低于后者,反映了同类成分发展的不平衡性。

圪头词、卜头词、忽头词并存的事实提示我们,它们可能是通过同样的构词机制创造出来的。如果联系到“圪、卜、忽”都可作为中缀的现象,那么,这样的可能性就更大。

2.4　圪头词的来源

2.4.1　圪头词的来源及其演化

文献资料表明,圪头词可能在汉代萌芽,宋元时期已经大量产生。宋金的记载如:

吕居仁《轩渠录》:

族婶陈氏……因口授云:"孩儿要劣妳子,阒阒霍霍地,且买了一把小剪子来,要剪脚上骨茁儿肐胝儿也。"……因说京师有营妇,其夫出戍,尝以数十钱托一教学秀才写书寄夫云:"窟赖儿娘传语窟赖儿爷,窟赖儿自爷去后,真是忔憎儿,没日根(入声——原注)特特地笑,勃腾腾地跳,天色汪囊,不要吃温吞蠖托底物事。"

金董解元《西厢记诸宫调》:

费尽身心,终是难逢忔戏种。

扯住那半扇云衲,屹搭搭地直趋来马直下。

一双儿心意两相投,夫人白甚闲疙皱。

上面的例子说明,宋金时期圪头词(甚至卜头词)在口语中已经十分流行了,而且有名词、动词、形容词、象声词。也就是说,圪头词在开始盛行之初,就有了词类多样的特点。不过,这时的记载还不如分音词多。

那么,圪头词的"圪"是从何而来的呢?我们认为,圪头词是在晋语词汇双音化的洪流中,在以"圪"打头的分音词影响下,通过对分音词的重新分析,由后者类推产生的。

古代汉语以单音词占绝对优势,缺少词形变化。这样,日益纷繁的口语交际就逐渐受到一些局限。而汉语语音结构的简单化,又促成许多新的同音词的产生,使上述局限性更为突出。交际功能与符号系统之间的这种矛盾,促使汉语词汇向多音化(主要是双音化)方向发展。在书面语中,由于言文分家和汉字的表义性,人们通过大量创造形声字而延缓了这一进程,但在口语中,词汇双音化却成为势不可挡的洪流。双音化的途径,一是复合法,一是派生法,前者占主导地位,后者也起了很大作用,在晋语口语中尤其如此。我们设想,在近代晋语的单音词多音化的过程中,造成较多分音词和使用频率极高的kəʔ可能给人们留下了深刻的印象,从而对创造新词产生影响。人们很可能注意到了分音词中这个十分活跃而位置固定在词首、既不表义、又不标类的kəʔ（以及pəʔ、xuəʔ），为了某种区别作用，或是表达某种附加色彩的需要，于是，就给一些同音词较多的单音词或义项较多、使用频率较高的多义词加上没有什么实际意义的前缀kəʔ，从而构成了圪头词。至于其中的圪AA式形容词、象声词，在产生过程中还受到了ABB式形容词的类化，是受到双重影响而形成的。这种“挪借”分音词的前字做词头的构词方式，可以理解为一种广义的类推作用的结果。它把一个双音节单纯词中的音节语法化为具有构词能力的词头。这种构词方式一旦产生并被方言区的广大群众所认可，就获得了强大的生命力，同类词语成倍增长，终于形成了今天这样庞大的圪头词家族。

作出上述推断的理由如下：

(1) 分音词和圪头词的“圪”读音相同。在入声分阴阳的方言中，“圪”大多读阳入（侯精一、温端政1993：74—75，98），字形也多相混。许多学者之所以不能区分以“圪”打头的分音词和圪头词（卜头词、忽头词亦然），首先是因为二者读音相同的缘故。

(2) 分音词和圪头词的词重音、响度形式相同，大都是前暗后亮，前轻后重。王洪君（1994b）据此认为它们都是单纯词。我们并不同意这种说法，但把分音词和前字相同的圪头词等联系起来则是丝毫也不勉强的。神木方言分音词中，“圪、卜、忽”为前字的最多，它们与圪头词、卜头词、忽头词的存在，关系绝非偶然。

(3) 两类词都盛行于宋元之后，而宋代分音词的记录多于圪头词。提示先有分音词，后有圪头词。

(4) 尽管大多数词类的圪头词有一定的附加意义，但总的来说“圪”是没有什么意义可言的。正因为“圪”无义可求，人们才相当一致地把它叫做表音词头。

(5) 词类多样的情况十分相似。分音词有名词、动词、形容词、象声词等，圪头词也有上述各类。这不能不使人把两者从起源上联系起来。但它们又确实不是由相同的构词机制所创造的。因此，似乎只能把分音词当作圪头词的“原型”，除此之外没有更好的解释。

(6) 晋语既有圪头词，又有类似的卜头词、忽头词等，在圪头词、卜头词和忽头词之间，甚至存在“同根异缀”现象，这无疑反映了其来源上的一致性。在表音词头发达的方言中（如获嘉），同样的表音字往往是既有分音词，又有派生词，尤其体现了这种一致。

(7) 如果反过来问，不承认圪头词的“圪”借自分音词，那么，它是从哪里来的呢？迄今为止，只看到马文忠（1996）的一种推测。他说：“作为虚语素的圪$_2$，我们也找不到它是由哪一个汉字发展而来的，而圪$_2$在晋方言里有阴入、阳入不统一的读音也说明它不是来源于古时的某一个汉字。我们推测圪$_2$是古晋方言的遗存，圪$_2$当初应是从少数民族语言吸收进来的，圪$_2$是古晋地随着民族融合而进行的语言融合的产物。”由于找不到汉语中的来源，马先生于是推测词头“圪”是借自少数民族语言的成分。把圪头词、卜头词、忽头词等统一起来看，这种推测几乎没有任何可能性。相比之下，说圪头词的“圪”借自分音词的“圪”，理由就显得充分多了。

2.4.2 A格（不、忽）BB式四字格的形成

与存在大量圪头词、卜头词、忽头词相呼应，神木方言（整个晋语均如此）还有许多带中缀“格、不、忽”（写法遵从习惯）的形容词。三者的出现频率为：格＞不＞忽。其中带“格”的多含褒义，带“不、忽”的多含贬义。例如：

红格丹丹　绿格蓁蓁　端格铮铮　晴格湛湛　明格纠纠
齐格铮铮　俊格丹丹

奓不楞楞　茶不憨憨　洋不张张　凉不洼洼　臭不腾腾
粉不耐⁼耐⁼　灰不塌塌

薄忽扇扇　轻忽缭缭　甜忽腩腩

我们认为,中缀“格、不、忽”其实就是词头“圪、卜、忽”的变异,它们是在ABB式形容词和圪(卜、忽)AA式形容词、象声词共同作用下,在方言区人民创造四字格的过程中被嵌入ABB式形容词中变成中缀的。具体描述如下。

晋语方言既有ABB式形容词,又有圪(卜、忽)AA式形容词、象声词,ABB式形容词的叠音后缀意义比较虚灵,圪AA等的重叠部分虽然是词根,但大部分的意义也不实在,这一点它们基本相同。于是,在四字格框架已定的前提下,选择方言中非常活跃而又不表义的词头“圪(卜、忽)”,将它们填入ABB式的词根和重叠后缀之间。创造的心理过程可能是:

A　BB	A　BB	A　BB
+　圪BB	+　卜BB	+　忽BB
A格BB	A不BB	A忽BB

可以说,A格(不、忽)BB式四字格是在四音节化的倾向作用下,在ABB式和圪(卜、忽)AA式“协同动作”下创造的。由是,前缀“圪、卜、忽”也变异为中缀“格、不、忽”。这种格式的创造,用某种“有定词框架模式”来描写是再合适不过了。

至于包含圪头词等的其他四字格,那是圪头词(卜头词、忽头词)以整体身份参加了四字格的创造,不必专门讨论。

圪头词的词族谱系,可以简略示意如下:

* 以“圪”打头的分音词

↓

* 圪A式、圪AA式派生词

↓

* A格BB式形容词

三 重叠式名词和儿化名词

重叠式名词是晋语词汇的另一大特点。神木方言的重叠名词在周围的方言中又是十分突出的。同时,神木方言还有不少具有同样表义功能的儿化名词。本节对这两类词进行简略的描写和比较。词例以神木话为准。

3.1 重叠名词

有AA、ABB、AAB、AABB四种形式,都是指称具体事物的。

AA式:

A 蛛蛛 胡胡 琉琉 牛牛 颗颗 窝窝
搊搊 □□$t^hue i^{44}$ $t^hue i^{44}$蒲公英

B 窟窟 肚肚 把把 钵钵 面面 脑脑
羔羔 嘴嘴 岔岔 蛋蛋 丁丁 坡坡
馍馍 小小 女女 儿儿 影影 爹爹
虫虫 匙匙

C 铲铲 衬衬 摞摞 罩罩 搐搐 盖盖 栽栽

D 三三 大大 猴猴 尖尖

从语素性质看,A、B两组由名素构成,C、D两组由动素、形素及数词构成,A、C、D三组数量不多。D组大都指排行,老七以后不能用数词重叠表示排行(“尖尖”指“尖儿”,不是排行),“猴猴”指最小的,是例外。A组语素义和词义没有联系,有的甚至可能是单纯词,如“琉琉小圆球儿、胡胡二胡”的语素义都不清楚。B组大部分和C、D两组的语素,可以不重叠而单用,如“脑、嘴、盖、铲、猴”。

ABB式:

A 豆角角 倒衩衩 灯瓜瓜 单爪爪 豁唇唇
媳妇妇 秃舌舌 脚片片 奴人人 毛褂褂
老命命 指头头 牵牛牛 头首首 垫窝窝

粉糊糊

B　突螺螺　忽芦芦　圪榄榄　圪拉拉　卜浪浪

黑浪浪　骨联联

C　圪瘩瘩　圪蛋蛋　圪丁丁　圪须须　圪台台

卜滩滩　卜鬏鬏

A组是偏正式结构,即前面的单音节语素修饰后头的重叠语素,大都不能缩合为AB式,只有个别可以缩合,如“指头、老命”。说明它不是AB式的重叠。但部分可以不加A使用,如“角角、爪爪、褂褂”等。B组是分音词重叠后字,大部分是名词重叠后字,个别由形容词重叠后字构成名词。C组是圪头词、卜头词重叠词根。B、C两组与不重叠时的区别在于,重叠式具有明显的指小、表爱意义。

AAB式:

諵諵匠　牛牛车　和和饭　节节草　颗颗药　坡坡地

人人书　碗碗草　瓶瓶酒　把把烟　重重炮　搐搐裤儿

该式是偏正式结构,前面重叠的语素修饰后头的语素,除“牛车”外不能缩合为AB式,说明它不是AB式的重叠。有的AA可以单独使用,如“颗颗、坡坡、瓶瓶、搐搐”,有的不行,如“黏黏、和和、重重”。

AABB式:

水水浆浆　根根由由　琉琉蛋蛋　眼眼窟窟　头头点点

瓶瓶罐罐　渠渠道道

该式是并列结构,数量不多,其中有的可以缩合为AB式,如“根由、渠道”。

不管是那一种结构,也不论语素能否单用,重叠式名词一律有小称义,并伴随有表爱的附加色彩,多指称体积较小或令人喜爱的对象。

能够说明重叠式名词具有小称义的最明显证据,就是AA

式和ABB式大多有相应的子尾式。AAB式和AABB式由于结构特殊,没有子尾式。例如:

A 颗子 搊子 窟子 钵子 影子 小子 罩子
铲子 尖子

B 倒衩子 单爪子 秃舌子 头首子 突螺子
圪榄子 黑浪子 圪瘩子

重叠式和子尾式之间,基本意义完全相同,只是附加色彩不同。子尾式绝大多数是中性,少数含厌恶色彩,重叠词显然具有小称义,大多数含有表爱色彩。少数词如"老命命小孩儿的爱称|奴人人小孩儿的昵称|垫窝窝母亲所生的最后一个孩子|蛋蛋小的圆形物|猴猴排行最小的孩子|肚肚兜肚"等,或者只能指最小的对象,或者是专门表示疼爱的称呼,就没有相应的子尾式。

在运用环境上,重叠式名词有下列特点:第一,妇女——尤其是文化水平较低的妇女更喜欢使用。农村女性特别爱用重叠词起名字,如"花花、翠翠、娥娥、英英、改改"之类。第二,在儿童语言或对儿童说话的场合使用特别频繁。第三,在山曲、酒曲等民歌中运用频率极高。第四,偶发重叠词多,尤其是在第二、第三种语言环境下,几乎所有的单音节名词、偏正式名词都可以用AA式、ABB式重叠。

3.2 儿化名词

神木方言儿化名词较多,其性质和读音特点见第叁章。本节以神木话为主,从语义、用法的角度加以分析。先看例词:

A 日头儿 麻花儿 顶针儿 枕巾儿 折叶儿 吃碟儿
小舅儿 鹿儿 猫儿 鸡儿 秋蝉儿 羊儿 蛾儿
雀儿 蚂蚁儿 葱儿 瓜儿 桃儿 梨儿 枣儿
碗饦儿 样法儿 眼圈儿 眉儿 手腕儿 血管儿
抓髻儿 划拉骨儿

B 疮儿 蛆儿 活脚狗儿贬称喜欢到处乱跑的人 乡佬儿

六指儿　七成儿贬称不精明的人

C　真⁼儿　明儿　后儿　外后儿　夜儿　前儿　先前儿　月尽儿　白儿里

D　这搭儿　这搭儿搭儿　这儿这儿　搭儿搭儿（以上均指这儿）　那搭儿　那儿那儿

E　水磨河儿　张板儿崖　阴儿山　沙渠儿　王家畔儿

儿化词可以指称各种对象，如天文地理、人体部位、日常用品、动植物、人物、食品、时间、处所、地名等等。A、B两组是普通名词，C组是时间名词，D组是表处所的指示代词，E组是地名。

部分儿化词具有小称义，如A、B两组的大部分词。

具有小称义的儿化名词，它们的感情色彩并不统一。如B组都指令人不快的对象，或有贬损意味，却仍用儿化形式，“蛆儿、圪虫儿”尚有小称义，而“乡佬儿、六指儿、七成儿”只表示蔑称，如果蔑称也算指小的话，可以说这些词具有小称义。同时，一部分普通名词可能在产生之初具有小称义，现在小称义已经受到极大磨损，读儿化完全是习惯使然，从词义到运用环境，都看不出指小的作用了。如“葱儿|镜儿|秤儿|劲儿|赤脚儿|红豆儿豆角|抽屉儿|脸盆儿|表儿汽笛或广播电台的报时信号|老本儿”等。

表时间的儿化名词和表处所的指示代词另有来源，不含小称义。地名在命名时可能有小称义，但现在已很难觉察，当地人甚至不知道有的地名该用什么字记录，如“张板儿崖、阴儿山”。

3.3　重叠名词和儿化名词的比较

就它们在整个方言词汇系统中的地位来看，儿化名词属于封闭类，读儿化的名词是固定的，儿化、非儿化两读的词很少，有的儿化词已经不含小称义。重叠名词属于开放类，有不少词只能用重叠形式，更有大量的名词只在表义需要的时候才重叠，从而使重叠名词的指小、表爱的意味显得特别明显、强烈。此外，还有下列重要区别：

(1) 从数量看，儿化词数量有限，神木话有200条左右。重叠词不可记数。

(2) 从范围看，分音词中名词的后字可以重叠，但不能儿化。圪头名词、卜头名词的词根全部可以重叠，但只有少数圪头名词的词根可以儿化，如"圪虫儿、圪节儿、圪洄儿"。单音节名词大都可以重叠，表示事物的偏正式名词可以重叠后字，变成ABB式，但能够儿化的较少。

(3) 从使用的语言环境看，儿童口语（包括对幼儿说话）多用重叠名词，不用儿化名词。山曲、酒曲中创造的偶发重叠名词很多，没有偶发的儿化词。

(4) 从所包含的小称义看，重叠名词的指小意义比儿化名词明显、强烈得多。这可以从下面两个事实得到证明。

第一，几个既可儿化、又能重叠的名词。比如，"圪节儿 / 圪节节"，前者一般指玉米、高粱秆儿的较短的段儿，后者则指特别碎的段儿，可以用"短|碎"等形容词修饰，前者不可。"媳妇儿 / 媳妇妇"，都指结婚不久的年轻妇女，但前者用于一般的称说和丈夫对妻子的叙称，不含特别的喜爱色彩，后者用于长辈对晚辈的叙称，含有较强的喜爱色彩。丈夫绝不可以称自己的"媳妇儿"为"媳妇妇"。"板凳儿 / 板凳凳"，前者不一定是最小的，长条凳、较高的凳子都可以叫"板凳儿"，后者一定是最小的，主要指矮腿的小方凳儿。"榆钱儿 / 榆钱钱"，前者对语言环境没有特别的选择，后者多用于儿童语言。

第二，一些儿化名词（包括量词"下、阵"）可以再重叠，如"猫儿猫儿|漫儿漫儿铜钱上无字的一面|老婆儿婆儿|板儿板儿|下儿下儿|阵儿阵儿"，有的人名也是先儿化后重叠，如"柱儿柱儿|蜂儿蜂儿|英儿英儿|女儿女儿"，表明儿化的指小作用已经受到很大的磨损，不足以表达指小、表爱的意味了。

(5) 从与北京话的比较看。现在来看一下神木话的儿化和重叠对北京话儿化名词的反应。为了避免选词的主观性,我们选择了胡裕树主编《现代汉语》(增订本)136—141页"(二)平舌韵变儿化韵的规律"中的全部例词,剔除重复的词,共得到63个儿化词。其中,神木话既不能儿化、也不能重叠的16条,约占25.4%,只能儿化的12条,约占19%,只能重叠的32条,约占50.8%,既可儿化又能重叠的3条,约占4.8%。只能重叠的词是只能儿化的词的2.7倍。如果扩大比较范围,重叠词的比例还会大大提高。尽管这种比较不能说明一切,但至少证明神木话重叠词的表义功能比儿化词强,神木话与北京话儿化词相对应的,首先是重叠词,而不是儿化词。

不过,儿化名词毕竟还有指小作用。一条证据就是,不少AB儿式的儿化词可以将后缀变成"子",变形后不改变基本意义,只改变附加意义,如"顶针儿 / 子""被面儿 / 子""手腕儿 / 子"(鬼手腕子詈词)、"枕巾儿 / 子""酒壶儿 / 子"。但是,除了"酒壶儿 / 酒壶壶""酒盅儿 / 酒盅盅"以及(4)中提到的词以外,很少有儿化词变成重叠词,也很少有重叠词变成儿化词。说明神木话的儿化与重叠名词基本上处于一种互补状态。儿化词的表义功能尽管已经弱化,却仍然固守着自己的"地盘"。

总之,通过考察儿化名词和重叠名词表达小称义的鲜明、强烈的程度,考察两者在方言词汇系统中的活跃程度,考察它们的运用环境,通过和北京话儿化词的比较,可以得出一个基本结论:神木话的儿化名词是封闭类,是一种历史的存在,也许还有其他方言和共同语的影响。重叠名词则是开放类,是一种十分活跃的构词方式和表义方式。就许多晋语方言儿化韵归并比较严重、儿化名词数量不很多的事实来推断,晋语的儿化名词当产生在重叠名词之前。

四 四字格

方言四字格是方言区人民口头创造、口语中运用的成语，它们结构定型，意义凝练，运用灵活，带有浓郁的乡土气息和生活气息，丰富了人们的口语表达，成为方言词汇的重要组成部分。

4.1 四字格的结构

神木方言的四字格可分为复合型和派生型两类。

4.1.1 复合型四字格

复合型四字格指上位直接成分都有实在意义的四字格，它们的结构形式几乎包含了所有的句法关系。又可分为联合型和非联合型两类。

联合型内部具有各种结构关系，重叠式也可算作这一类。例如：

陈述+陈述：膘肥体壮　眉膀眼肿　驴踢狗咬
七老八伤　烟篷雾罩　脚爬手掠
支配+支配：打家劫道　抽眉架眼　抓五闹六
无滋倒味　劳手夺脚　装死卖活
偏正+偏正：鬼眉怪眼　粗蹄笨胯　明灯蜡水
虚撩实蹿　胡吹冒撂　三进五出
派生+派生：圪颠圪倒　圪哼圪囔嘟嘟囔囔的样子
圪撩圪缩缩手缩脚的样子
重叠+重叠：神神巫巫装神弄鬼的样子　惊惊怪怪
楞楞骨骨穿着整齐　心心事事好象有心事的样子

有的联合型四字格两部分的内部关系有不同，例如：冷清圪火、柴草圪渣（并列+派生），鬼颠圪倒形容撒谎、鬼引圪诱不由自主（陈述+派生），眼头见识、一直笼统（偏正+并列），跌跤骨隆、打滚卜□ lie^{213}（支配+分音），窟窿眼窍、圪塄窊岔+分偏僻（分音+并列）。对这类四字格的结构不可看得太实，事实上，其中大多是在原有的双音词基础上,加上意义上具有补充性的语素,甚至只有衬字作用的音节,例如“柴草圪渣”,“圪渣”对“柴草”起补充作用,“趺跤骨隆”,“骨隆”形象地描摹“趺跤”的样子,增加了四字格的形象色彩,“鬼引圪诱”实际上是在“引诱”中加上有表义作用的“鬼”和起衬音作用的“圪”,组成一个四字格,“干颜爽净”是在“干净”中加上意义很模糊的“颜”和“爽”组成四字格。可以说,不少这类四字格是为了造成四字格而“凑足”了四个字,因此分析起来就比较困难一些,不能过于落实。总的来说,这类四字格数量不多。可见,两个直接成分不对称的结构,其能产性是很弱的,这反映了人们求均衡、讲对称的习惯心理对语言形式的制约作用。

非联合型数量较少,大多有书面形式。其中“状语+中心语”结构的最多,与四字格多为形容词性相关联。

陈述式:五蠹钻心极其生气　心痒难捱

支配式:嚼舌练根胡说八道　有滋百味　胡加调料乱搀和

附加式(定中):了事道场草草了事　假眉三道装模作样
谖谎把式爱撒谎的样子

附加式(状中):不咬处搲抓不住重点　生死烂贵
稀巴烂贱　对驴讽经对牛弹琴

4.1.2　派生型四字格

派生型四字格是由有实在意义的语素加上虚语素构成的,数量较多,虚语素无本字可写。根据虚语素的位置,可以分为“词根+后缀”“词根+中缀+词根”“词根+中缀+后缀”三个小类。例如:

词根+后缀:点头忽四　冰渗淘洼　瘦死麻害
花红卜溜　羞眉拉扎

词根+中缀+词根:远留山隔　柴么擩草　山留古怪
鼻溻颔水　混里八账

词根+中缀+后缀：磣乎卜懒　酸溜兀烂　草弥兀拉

灰不溜处　花不楞腾

尽管中缀和后缀本身没有意义，但某一虚语素所在的四字格却大多意义相近、相通，有的中缀和后缀甚至形成了固定搭配，与某个词根一起组成四字格。下面列举一些常见的后缀和中缀。

常见的后缀如：

兀烂 vu²¹ lɛ⁵³　陈干兀烂　酸溜兀烂　肮脏兀烂

黑青兀烂　圪搐兀烂皱皱巴巴的样子

麻也 ma⁴⁴ iɛ²¹　捣蛋麻也　大口麻也慷慨允诺的样子

圪叉麻也　圪搐麻也

卜叽 pəʔ⁴ tɕi²¹　窝囊卜叽　石猴卜叽衣服过小的样子

凉哇卜叽　恶水卜叽脏污的样子

咕咚 ku²⁴ tuɤ̃²¹　醉么咕咚　日戳咕咚出乎意料地

疯张咕咚风风火火的样子

卜□ pəʔ² liɛ²⁴　擦蹄卜□　打滚卜□　弹蹄卜□

烧神卜□浑身发热的感觉

卜呲 pəʔ⁴ tsʰɿ²¹　虚膀卜呲不结实、浮肿的样子

佯打卜呲装作若无其事的样子

卜蹋 pəʔ⁴ tʰaʔ²¹　恶心卜蹋　颔水卜蹋　灰茶卜蹋

温绵卜蹋形容温吞水　忽路卜蹋糊里糊涂

倒蹋 tɔ²¹ tʰaʔ⁴　灰茶倒蹋　阴死倒蹋

常见的中缀如：

么 ma²¹　肠么五肚　细么铁链身材细长的样子

柴么擩草形容吃菜过多，难以消化　醉么咕咚

哇 va²¹　黏哇卜叽　甜哇卜叽　凉哇卜叽

乞 tɕʰiəʔ²¹　棍乞圪榄横七竖八的样子　擩乞闷棍人、物多而杂乱的样子　狼乞闷棍同前

留 liəu^{44}　远留山隔　灰留半呲傻里吧唧　茶留少势同前

溜 liəu^{53}　贼眉溜眼　鬼眉溜眼　人眉溜眼表面上装人的样子

里 li^{21}　混里八账　慌里十张　麻里克烦　造里八蛋

打 ta^{21}　黑打马虎　佯打卜呲

不 bəʔ^{21}　花不愣腾　灰不溜杵　冷不猛估

扁不四台坐得安稳、端正的样子

总的来看，中缀都是单音节的，一般位于第二音节（“溜 liəu^{53}”位于第三音节），后缀都是双音节的，位于最后。少数比较特殊，是用两个衬音性的中缀把一个双音词隔开，组成四字格，即“混里八账、正而八经”等。而“词根+中缀+后缀”的四字格，如“凉哇卜叽、碜乎卜懒、酸溜兀烂”等，是给单音词加上一个单音节中缀和一个双音节后缀组成的，后头的三个字带有衬音的性质。这样一来，不但在音节形式上满足了整齐、铿锵的要求，而且大大增强了原词的描绘性。

此外，A格（不、忽）BB式形容词和AABB式名词，也可以算两种四字格的形式。此不赘述。

4.2　四字格的语义构成方式

绝大多数方言四字格的语法功能相当于状态形容词。它们之所以具有很强的表现力，是与其语义构成方式密切相关的。

所谓语义构成方式，指的是字面意义和内涵意义的关系。四字格主要有以下几种：

4.2.1　描摹

通过直接描摹对象的形状、声音、色彩或动作的情态来表义。例如：

A　花红柳绿　敛领担胯　叽叽咕咕

B　翻箱倒柜　打滚卜□liɛ^{213}　蹴蹄筛脚

A组是描写事物的。“敛领担胯”用领子松开、裤子系得松松垮垮的形象，形容人衣冠不整、不修边幅的样子。“花红柳绿”通过红绿对比来形容令人眼花缭乱的颜色，“叽叽咕咕”描写的则是几个人低声说话的声音。

B组是描写动作的。“翻箱倒柜”用把箱子翻转、把柜子推倒的具体动作来形容胡乱翻腾、搞得器物狼藉的情形，“打滚卜□liɛ^{213}”中“打滚”和“卜□liɛ^{213}”都指翻滚身体，它直接描写人因着急、疼痛而在地上翻过来、滚过去的情状。“蹿蹄筛脚”则选取“跺脚”这一典型动作，形象地描绘了人在着急、愤怒时手足乱动、浑身哆嗦的样子。

这类四字格多抓取有代表性的特点或动作来表义，因而，既活灵活现、生动具体，又有较强的概括性。

4.2.2 描摹加补充

在实义语素描摹对象的同时，加上意义虚灵但表现力较强的后缀，不仅描写对象，而且加强了描写对象的生动性，增加了程度很高的附加意义。例如：

恶水卜叽　软囊卜叽　石猴卜叽
绵温卜蹋　恶心卜蹋　颔水卜蹋
陈干兀烂　黢黑兀烂　恶心兀烂
瘀气麻害　瘦死麻害

上列四字格的后缀虽不表具体意义，但和相应的实语素结合在一起，就有了某种形象性。如“卜叽”使“恶水、软、猴”的形象更加鲜明、生动。尤其值得注意的是，这些后缀还赋予四字格特定的感情色彩。上面几组四字格都表示不如意的性状，如只有词根，感情色彩并不鲜明，或干脆不能成词。加上后缀以后，便获得了强烈的厌恶色彩，从而使思想、感情和态度表达得更加恰切、有力。

此外，派生四字格的其他后缀，如“咕咚、卜董、切砍、打卦、卜呲、兀拉”等，也都是表厌恶色彩的。

4.2.3　引申

由字面意义加以引申，表达更为抽象的意义。这类四字格大都是本义引申义并用的。例如：

品滋圪么　丢连打卦　冷清圪火　杂七杂八　载文卜里
能牙撂齿

"丢连打卦"本指衣服破烂、不整洁的样子，引申义形容大大咧咧的样子。"冷清圪火"本指室内温度低，引申后形容人少或环境气氛冷冷清清。"杂七杂八"既指东西种类不一，又有人多而良莠不齐的意思。

4.2.4　比喻

字面意义和内涵意义是比喻关系。又有两种情况：一是本义比喻义并存；一是只存比喻义，本义失落。前者如：

碎溜泼烂　生铁硬棒　无滋倒味　卜伶九怪　琉琉蛋蛋
凉洼卜叽

"生铁硬棒"既指食物干硬，又比喻说话态度生硬，不容置辩。"无滋倒味"本指饭菜滋味寡淡，又形容说话空洞、乏味。"凉洼卜叽"本义是食物太凉或感觉很冷，比喻义则形容态度冷淡、语含讥讽。至于言语环境中用的是本义还是比喻义，就要视具体环境而定了。只存比喻义的如：

胡加调料　不咬处揿　碰头打脸　门头夹道　兔头蛇眼
驴踢狗咬

这一类都是用字面意义直接比喻对象，而无所谓本义的。如"胡加调料"用"胡乱添放佐料"来比喻帮忙帮不到点子上，胡来一气。"不咬处揿"则用"搔不痒的地方"比喻做无用的事情。"门头夹道"用"门"和"道"喻指办事、学习的方法和能力。由于只有比喻义，因而表达效果更加形象、风趣和幽默。它们的另一特点是多含有较强烈的厌恶色彩。

4.2.5 夸张

通过夸张的手法来描摹或比喻对象的性状。其中夸张兼比喻占大多数。例如：

掀天擩地　吼天叫地　戳天拐地　吃铁咬钢　五马十阵　愆死觅活

"掀天擩地"用"占据天地之间"夸张地形容体积大、占的空间多。"吼天叫地"则用"对着天地叫喊"渲染说话、吵闹的声音太大。"吃铁咬钢"用"能咬碎、吞掉钢铁"来比喻性格强悍、天不怕地不怕。"五马十阵"是通过"五匹马摆成十个阵"来夸大地比喻办小事而大摆排场、大造声势。夸张手法的运用，使这些四字格表义生动、传神，连感情色彩也显得特别强烈，给人的印象非常深刻。

4.3 四字格的语义特点

从运用角度着眼，神木方言四字格还有以下几个特点，这些特点同上述语义结构方式是密切相关的。

4.3.1 意义的具体性

四字格大都是用来形容人、物的状貌、声音、色彩、表情、性格和动作的情态的，意义都很具体，能够精微地反映对象的特征。以最常见的"A眉C眼"式为例，"红眉烫眼、黑眉擩眼、黑眉豕眼、灰眉杵眼、白眉少眼"描绘的是人的不同脸色，"秃眉竖眼、扁眉涮眼、憋眉饱眼、清眉俊眼"刻画的是人的不同相貌，"呆眉溜眼、恼眉洼眼、贼眉溜眼、凶眉砍眼、变眉失眼"形容的是人的不同表情，个个细致入微，形象鲜明。再如，"堆山积楞"和"圪堆戴帽"都指东西很多，但前者着眼点较大，概指东西多得堆成了山，如"粮食堆山积楞地""山药堆山积楞地"，后者着眼点较小，是指在容器中的东西满得冒了尖儿，如"舀了圪堆带帽一碗米"，两者的区别很明确，很清楚。

4.3.2　适用对象和语境的特定性

意义的具体性决定了方言四字格的适用对象比较狭窄，运用环境有所限制。比如“疯死射砍”和“疯魔野道”都有“慌慌张张”的意思，但前者指“干活时慌里慌张”，后者指“说话时慌里慌张”。再如“嘴魔碎道”指“唠唠叨叨”，但只适用于老年人，“叉梁骗海”指“不安分，到处惹事”，却只适用于少年儿童；“烂溜失伙”形容衣衫褴褛，“的溜连挂”形容衣冠不整，“棱棱骨骨”形容衣着讲究、硬气；“流流衍衍”和“堆堆楞楞”都指满，但前者指液体，后者指固体，各司其职，不得替换。总之，在神木方言中，表示抽象意义的和适用对象、运用范围很广的四字格所占比例较小，这和共同语成语是很不相同的。

4.3.3　感情色彩的鲜明性

方言四字格流传于人民群众的口语中，表达对人、物各个方面的评价，或褒或贬，或喜爱或厌恶，都直截了当，毫不含混。比如，“A眉C眼”式几乎都带有鲜明的感情色彩：“扁眉涮眼、清眉俊眼、虎眉睁眼、精眉奓眼”等含褒义，“聋眉扯眼、立眉竖眼、凶眉砍眼、人眉溜眼、猫眉鼠眼、猴眉豕眼、肿眉浪眼、鬼眉怪眼”等含贬义，只有个别可算是中性的。

在所有带感情色彩的四字格中，表示贬义或含厌恶色彩的所占比重特大。这是方言四字格的突出特点。比如，神木方言首字是p母的23条，带厌恶色彩的就有16条，首字是k母的47条，含厌恶色彩的有36条。这就使大部分四字格只能用于表示不满、厌恶的语境，限制了它们的适用范围。

方言四字格的其他一些修辞特点和共同语成语相同，不再赘述。

五 汉语、蒙语地名及其特点

神木境内的地名，长城以南全部以汉语命名，长城以北则有大量蒙语地名、蒙汉语合璧地名，也有不少汉语地名。比较研究汉语、蒙语地名的命名理据和特点，是地名学、方言学、文字学、文化语言学的一项很有意义的工作。本节先分析汉语、蒙语地名，最后简略比较汉语、蒙语地名命名理据的不同特点及其所反映的文化、心理差异。

5.1 汉语地名

汉语地名从通名看可以大别为两类；从地名中的修饰、限制成分看也可以分为两类。

5.1.1 通名

第一，根据自然地貌特征命名。神木南部山峁连绵，沟壑纵横，属土石山区和丘陵沟壑区，北部地势较缓，沙多草盛，属沙漠草原区。根据居住地的地貌特征命名是汉语地名的主流。

以山峁形势命名。县境内与山的形势、特征有关的地名主要有"峁、墕、坪、崖、峊、崾、梁、圪塄、圪堵"等，没有用"岭"命名的。其中"坪"在北方地区极为少见，一般认为是南方的地名用字，但陕北和山西用"坪"命名的地方颇不少，如著名的延安王家坪。

峁 mɔ²¹³ 古字书无记载。指顶部浑圆、斜坡较陡的黄土山。地名主要分布在南部。如：沙峁、碾峁、寨峁、黑豆地峁、向家峁、耿家峁。

墕 iɛ²¹³ 指顶部较平缓的黄土山。《字汇补》土部："墕，与堰同。"地名用字显然不是这个意思。以南部为多。如：王家墕、高家墕、石堡墕、尚家墕、胡窨墕。

坪 pʰiɤ̃⁴⁴/pʰi⁴⁴ 《集韵》庚韵蒲兵切："坪，平也。"指山间平地，只有南部几个村名：陈家坪、许家坪、沙坪寺、石窑坪。

崖 nɛ[44]　指有陡峭山崖的地方，主要分布在南部：花石崖、贺家崖、黑石崖、阳崖、圪针崖底。

窊 va[53]/va[213]　又作“坬”，《说文》穴部：“窊，污衺下也。”段注：“凡下皆得谓之窊。”《广韵》麻韵乌瓜切：“窊，下处也。”指山区地势较低的地方。地名集中在南部山区：王家窊、大窊、土窊、白家窊、刘山家窊、焦家窊、贺家窊、下王家窊。

岊 tɕiəʔ[4]　指山曲，即山的转弯处，又指山峰。《广韵》屑韵子结切：“岊，高山貌。”地名指河畔上与山石相连的地方，有的是“山曲”义。只有南部几个地名：王家岊、郭家岊、梁家岊、石岊峁。

梁 liɑ̃[44]　指坡度较缓的山梁。分布以北部为多：呼家梁、苏四梁、红沙石梁、油房梁、李家梁。

圪塄 kəʔ[2] lɔ[24]　本义指角落，地名指丘陵区和沙漠草原区中有角落状地形的地方，以北部为多。如：牛家圪塄、郭家圪塄、三榆树圪塄、郝家圪塄、蛇圪塄。

圪堵 kəʔ[2] tu[24]　指有突出的山梁的地方。分布在北部：袁家圪堵、高圪堵。

以河、沟及其特点命名。此类通名用字主要有“沟、川、渠、岔、弯、畔、石畔、濑”等。

沟 kəu[213]　南北均有分布。如：孟家沟儿、西沟、庙沟、陈家沟。

川 tʂʰuɛ[213]　指河岸较宽阔、平坦的地方，大多分布在南部秃尾河、窟野河及其支流沿岸：侯家川、温家川、贺家川、苏家川、王家川。

渠 tɕʰy[44]　指有河沟的地方。主要分布在中南部：沙渠儿、王渠儿、马家渠、麻堰渠、桑树渠、李家渠。

岔 tsʰa[53]　沟岔 kəu[24] tsʰa[53]　指河沟的交汇处或分岔处，以北部为多。如：孙家岔、乔岔滩、沟岔、陈家沟岔、大沟岔、孙家沟岔。

湾vɛ^{213}　指河沟转弯处。如:复兴湾、新胜湾、张家湾、大树湾、大路湾、武家湾。

畔pɛ^{53}　指河畔。主要分布在南部:胡家畔、郭家畔、刘家畔、河儿畔、双庙畔、杨家畔。

石畔ʂəʔ^{4} pɛ^{53}　指河岸边的石山。如:刘家石畔、前石畔、石畔上、康石畔。

濑t^{h}aʔ^{4}　一般写作"塔"。指河沟环绕的平地或沟岔之间的平地。本指从沙石上流过的水。《说文》水部:"濑,水流沙上也。"《楚辞·九歌·湘君》:"石濑兮浅浅,飞龙兮翩翩。"《汉书·武帝纪》元鼎五年:"甲为下濑将军,下苍梧。"注:"濑,湍也,吴越谓之濑,中国谓之碛。"此注"濑"为急流义,但同时表明"濑"与"碛"同,只是使用地域在吴越。"碛"本指沙石积成的浅滩,《说文》石部:"碛,水陼有石者。"段注:"陼丘,水中高者也。《三苍》曰:'碛,水中沙滩也。'"此义正与"濑"的"水流沙上也"相通。在地名中,"濑"当由"水流石上"之义引申为"沙石因水流而积成的浅滩"。《续修陕西通志稿·方言》:"阪地之平者曰塔。"神木以"濑"命名的地名以北部为多,北部是沙漠草原区,小河众多,沙石积成的浅滩自然很多,完全符合"濑"的意义特征。如:鸳鸯濑、丰家濑、柠条濑、麻家濑、大柳濑、郭家濑、沈家濑、神树濑、桑树濑、店濑,其中大多数是笔者熟知的地方。

按"濑"《广韵》泰韵:"落盖切,湍濑。"与神木音不合。但"濑"上古音"来母月部",韵母相合。同声旁的"獭鰨"上古为透母月部,《广韵》"他达切"。今徽语绩溪话"濑"音t^{h}aʔ^{32},用于"溪濑",指河(赵日新 1998 : 62)。该字同用于晋语和徽语(吴语不详),令人深思。疑"濑"另有一切,《广韵》没有记载。

第二,根据军事设施、村庄形制、人文历史等命名。

堡pu^{213}　指历史上设堡的地方。如:大柏堡、柏林堡、高家堡、解家堡、栏杆堡、张全堡。

墩儿tuʌɯ^{213}　指烽火台，地名均在长城沿线：常家墩儿、畔截墩儿（即半截墩）、二十里墩儿、墩儿梁。

寨tsᴇ^{53}　指四周有围墙的村子，东北部多带“子”，如：太和寨、大寨、小寨、武寨、西寨、呼寨子、董寨子。

庄tʂuã^{213}　集中在东部。有些带“子”，如：王庄、黄庄、老庄、梅庄子、曹庄子、西赵庄子。

火盘xuo^{21} pʰɛ^{44}　指清代汉族农民租种蒙旗土地的地方，又作“伙盘”。分布在长城以北，有的紧靠长城。如：大火盘、杨火盘、辛火盘、任家火盘、尚家火盘、沙场火盘。

5.1.2　专名

第一，根据出产、人文历史命名。神木历史上地瘠人贫，物产匮乏。用作命名理据的无非是树木、胶泥、窑洞、庙宇等。如：黑豆地峁、黄草墕、石窑坪、桑树濑、柏林堡、窑宊、棘针崖底、庙沟等。

第二，根据姓氏命名。在通名前冠以姓氏，是神木汉语地名最普遍的命名方式，占地名总数的80%以上。这些姓氏一般属于最早入住的居民，现在也以该姓居民住户居多。兹不举例。

5.2　蒙语地名

蒙语地名分布在长城以北地区，主要是以地形、地貌特征和出产命名。

蒙语地名的通名主要有以下几个：

采当tsʰᴇ^{21} tã^{53}　蒙语tʃʰaidam的音译，多译作“柴达木”，指盐碱度很高的草地，即碱地。如：

窝兔采当ʊrtʰ tʃʰaidam	长形的碱地
摆言采当bajan tʃʰaidam	富的碱地
朱吓采当ʤʊːx tʃʰaidam	第六个碱地
巴吓采当bag tʃʰaidam	小碱地

纳林采当narin tʃ^{h}aidam　　细长的碱地

兔t^{h}u^{53}　蒙语形容词后缀t^{h}的音译。该后缀无实义，表示“有……的”。内蒙古多译作“图”。也许将“兔”看作通名只是从汉语意义的角度来分析的结果。这类地名几乎全是以出产或人文特征命名，在神木的蒙语地名中所占比例很高。例如：

尔林兔ərəːnt^{h}　　容易使人迷路的地方

阿包兔ɔbɔːt^{h}　　有敖包的地方

敖包塌　　同上

活鸡兔xʊʤirt^{h}　　出碱土的地方

敏盖兔mogœt^{h}　　有蛇的地方

活力害兔xʊlgœt^{h}　　有小偷的地方

哈达兔xadat^{h}　　有石块的地方

太t^{h}ᴇ^{53}　蒙语作tæːtɛːtai，义指“有……的土地”。个别的译作“台、滩”，如：

阿楼太galʊːtɛː　　有鸟的土地

乌兰色太ʊlaistai　　有杨树的土地

活络思太xʊlstæː　　有芦苇的土地

石板儿太 ʃabartæː　　泥地

石圪台ʃə̤gtai　　有羊粪的土地，有俗词源，当地人以为汉语地名

毛驴儿滩mɔːltæː　　放马的地方，有俗词源

石犁ʂəʔ^{4} li^{44}　蒙语为ʃil，指长着芨芨草和灌木的缓坡。内蒙古译作“锡林”。

木独石犁mɔdɔn ʃil　　有树的缓坡

超害石犁tʃ^{h}ɔxɔi ʃil　　有石灰的缓坡

宝刀石犁bɔt ʃil　　长满丛草的缓坡

素su^{53}　蒙语词后缀s的音译，指“有……的地方”。如：

什拉点卜素ʃar dəws　　黄泥地

葫芦素 xʊls	长芦苇的地方

除以上带通名的地名以外，还有一些不带通名的地名，例如：

乌素 ʊs	水
乌达赫 ʊdax	做小刀的地方
三卜拉 sɑin bʊlɑg	好泉水
壕赖 xɔːlɔi	两边有山的地方
察汉特老害 tʃʰɑgɑːn tʰɔlgɛː	秃山

5.3　蒙汉语合璧的地名

蒙汉语合璧的地名，大多是在蒙语后面加上"河、沟、梁"等汉语通名，或在前面冠以"大 / 小""前 / 中 / 后"等词语。其中有的可以断定是蒙古族人命名的，有的则可能是后来入住的汉族人命名的，因此个别地名有叠床架屋的结构。

蒙语词+沟 / 河：

纳林沟 nɑrin gʊː	细条沟
石拉沟 ʃɑr gʊː	黄色的沟
补莲沟 bulən gʊː	有水坑的沟
找梢沟 tʃusuː gʊː	直沟
各丑沟 xətʃʰu gʊː	厉害的沟
喇嘛沟 lɑmiːn gʊː	喇嘛住的沟
乌兰木伦河 ʊlɑːm murən	红河，murən 即"河"
考考乌素河 xøx ʊs	清水河
肯铁令河 xundlən	横的河，村名

该类地名中的gʊː可能是蒙语中的汉语借词。此外，神木两大水系之一的"窟野河"意义尚未考释清楚，当地人附会作"哭爷河"，并有民间传说。笔者认为当为蒙语河名。待考。

蒙语词加其他汉语通名构成的如：

牛定壕 nudiːn	地下的水壕
刀劳窑子 tɔːr	下窑子

特拉湾 tata:	平原上的湾
公泊儿海子 xʊ:lgætʰ	深水湖
板定梁 bandi:n	童年喇嘛住过的山梁
敖包墕 ɔbɔ:	有敖包的山梁
柴敖包墕 ɔbɔ:	用柴堆成敖包的山梁梁

按"敖包 ɔbɔ:"是蒙古草原上供祭祀的堆子,大多堆在山坡上,四周都可以看到,因此又有路标的作用。敖包有两种,一种用石头堆成,没有石头的地方用木头堆成。上面两个带"敖包"的地名可能是后来入住的汉族人所命名的。

还有一种蒙汉语合璧地名是以蒙语地名为通名,前面加上汉语词(语素),主要是加上表方位的词。例如:

前鸡儿、中鸡儿、后鸡儿:"鸡儿"为"鸡儿圪坨 ʤə:rgəntʰ"(有麻黄的地方)之省,"前、中、后"顺次表示自南向北的分布。同类的还有"前尔林兔 | 后尔林兔""石圪台 | 中石圪台 | 后石圪台"。用"前、后"指南北方位是蒙古语方位系统中极为普遍的指称方法。内蒙古自治区的"××前旗|××中旗|××后旗"均为南北分布。张清常先生在《北京街巷名称中的14个方位词》(载《中国语文》1996年1期)中对此有深入的讨论。

东葫芦素、西葫芦素:"葫芦素"见上。"东、西"指明其方位。

大保当、小保当:"保当 bɔdam"义为"灌木丛草滩"。"大、小"分别指其范围大小。同类的还有"大阿包壕|小阿包壕"("壕"为汉语,"阿包"即"敖包")。

红碱淖儿:出红碱的湖,"淖儿 nʊ:r"指湖。

5.4 汉语、蒙语地名的特点

5.4.1 汉语地名的特点

第一,从通名用字来看,长城以南地区多用"峁、崖、墕、坪、焉、川、畔、峁、沟"等字,反映了中部、南部丘陵沟壑区、土石山区的地貌特征,北部地区多用"濑、梁、沟、沟岔、湾、圪堵、火盘”等字,反映了北部沙漠草原区地势平缓和多水的特征,以及汉族农民曾租种蒙旗土地的史实。

第二,从专名来看,不论南北,汉语地名主要是在通名前冠以姓氏,这既反映了最初入住的居民的情况,反映了汉族人以农耕为主要生产方式、居住地比较固定的生活特点,也集中反映了汉族人宗族观念之根深蒂固,即使某堡、村、寨并不单纯为某一姓人所居(当初自然也有这种情况),也大多是以数量占优势的居民的姓氏来为该地命名。北部地区甚至有“王家海子、折家海子”(“海子”即“湖”)之类地名,可以说是把这种命名方式推到了极端。这一点和全国各地的汉语地名完全相同。

第三,从分布看,长城以南全部是汉语地名,长城以北汉语地名不足一半,而且显然大多是清代以后才命名的。

5.4.2　蒙语地名的特点

第一,不少地名没有通名,如“乌素、壕赖”等。有的通名采用汉语,这类通名到底是蒙古族加上的,还是汉族人后加的,尚不敢遽下断语。大概两种情况都有。

第二,命名时特别注意有没有水,水的大小,水质好坏,河沟的特征,山梁的特征,草的种类以及是否丰茂,草地的形状,主要的动物等。这一方面反映了北部沙漠草原区本身的自然特点,另一方面也鲜明地反映了蒙古族以放牧为主、逐水草而居的生产、生活方式,正因如此,他们在为地方命名时特别关注与牧业生产关系最为密切的水、草等。这一点和内蒙古地区的地名完全相同。

第三,地名中除出现“班禅”(如“板长庙”)、“贾那”(人名,如“贾那敖包”)、“板定”(如“板定梁”)等与人物有关的少数词语外,极少用人名命名。这是蒙语地名与汉语地名的最大差异,也是蒙古族以游牧为主的生产、生活方式的反映。由于居无定所,所以一般是最先看到河、沟有什么特征,草滩是什么形状，植物以什么为主，即随时予以命名。既然放牧的草地并不固定，也就没有“巴图+乌素”“斯琴+采当”“哈斯+石犁”等“人名+通名”的命名方式。实际上，蒙古族人名也多以自然之物为命名理据。与汉语地名相比较，可以认为，蒙古族以家庭为主要单位的地方占有观念十分薄弱，尽管他们的生产、生活恰恰是以家庭为单位的。

第四，汉译蒙语地名的用字特点。从神木县的情况来看，当地人对蒙语地名的原义大多并不清楚，因此都采用音译的方式对译。从用字看，由于受汉语单字表义特点的影响，有些地名用字（当然包括读音）采用了意义明确、简单以致全名连起来有附会意义的汉字。如“活鸡兔、毛驴儿滩、鸡儿圪坨（神木方言“圪坨”义为“低凹处”）、乌鸡滩、骆驼场、石板太、石圪台”等，这种地名用字很容易引发联想，产生俗词源。事实上，“毛驴儿滩、骆驼场、石圪台、石板太”等已经产生俗词源，很多人是按照字面意义来理解地名含义的。可见汉语、汉字的特点对音译其他民族语言的影响，在文化水平较低的人群中比在文化水平较高的人群中更为巨大。

此外，神木的汉译蒙语地名有少数用字不统一的现象。如“兔”个别地名写作“堍”，“太”又作“台、滩”，“敖包”有时写作“阿包”，神木口语中将该词读作“脑包”，“活络”又作“葫芦”，似应统一起来。至于陕北沿边各县的蒙语地名用字是否应当统一，它们和内蒙古自治区境内的汉译蒙语地名用字是否应当一致，这既与各地汉语方言、蒙语方言之间的差异有关，又与地名学的一些基本原则有关，是一个非常复杂的问题，宜乎从宏观上深入研究，从长计议，已经不是本书所能胜任的了。

捌　方言词汇的内外比较

一　方言词汇的内部差异

1.1　几个方言点之间的词汇差异

和语音内部差异很大形成对比的是，神木方言各代表点之间的词汇差异较小，基本的名词、动词、形容词大部分是一致的。但差异小不等于无差异。由于各个土语的来源可能不同，相邻的方言不同，县境内地理、出产甚至风俗都有一定的差别，所以，词汇上也表现出一定的差异来。我们根据社科院语言所为《现代汉语方言大词典》编制的调查表和北大中文系语言教研室编《汉语方言词汇》，针对神木方言的实际，编制了《方言词汇对照表》，共有1149条基本的词语（不包括代词、副词、连词、介词），分为9大类。以此作为方言词汇内外部比较的基本依据。将神木（老派）、高家堡、贺家川、万镇四个代表点的词汇异同进行比较，结果见表8-1：

表8-1

序号	类型	词数	有差异的词数	比例
1	天文 地理 时令 方位	117	25	21.4%
2	农业 植物 动物	169	31	18.3%

续表

序号	类型	词数	有差异的词数	比例
3	房舍 用具 一般事物	114	21	18.4%
4	称谓 亲属	114	20	17.5%
5	身体 疾病	122	20	16.4%
6	衣食 住行 生死	225	36	16%
7	商业 交通 教育 文化	62	6	9.7%
8	动作	141	19	13.5%
9	性质 状态	85	9	10.6%

从总数看，有差异的词187条，占16.3%。其中贺家川和神木老派的差异最大。

各方言点之间的词汇差异，从整体看主要有以下几种表现形式：

(1) 指称同一事物的词，词根不同。

(2) 指称同一事物的词，词根相同，词缀不同。

(3) 高家堡、万镇话不少词语相同，而与神木、贺家川不同，反映出这两个地方历史行政区划上的密切关系。贺家川、万镇的有些词语接近对岸的山西方言，又反映出这两个点在地域上距山西较近，因而方言易受影响的事实。

(4) 神木话同一事物几种说法并存而南部方言只有一种说法的情况较多，反过来，南部几种说法并存、神木话只有一种的情况较少，表明县城方言的相对开放性和农村方言的封闭性，以及神木话词汇正在发生剧烈变化的事实。

下面分类对照内部有差异的方言词汇，一般不注音。合音词用"【 】"表示，同音字用上角标"="表示，有音无字的用"□"代替，当地无此说法的用"？"代替。高家堡、贺家川分别简称为高堡、贺川。

（1）天文、地理、时令、方位

词条	神木	高堡	万镇	贺川
月亮	月儿	月儿	月儿	月明
晴天	好天	好天	晴天	晴天
雪化了	雪消了	雪消了	雪消了	雪化了
涝了	涝了	雨涝	雨涝	下得太多了
灰尘	灰尘	灰尘	灰尘	灰尘
	黄尘	五间尘		尘尘
煤油	石油	石油	石油	煤油
胡同	圪洞蒙语	巷儿	巷子	?
春天	春上	春上	春儿	春起
	春起	春起		
夏天	夏上	夏上	夏上	夏里
秋天	秋里	秋里	秋儿	秋里
冬天	冬里	冬里	冬儿	冬里
时候	时分儿	时光儿	时□儿	时候
	时光儿		sɿ^{44} kour^{21}	
傍晚	擦黑	擦黑	擦黑	擦黑
	昏黄	昏黄	麻子眼儿	
每天	夜儿夜儿	天夜儿	天每儿	天天
	天每儿	夜儿夜儿		
除夕	大年三十儿	月尽儿	月尽儿	月尽儿
昨天	夜儿	夜儿	夜儿	夜儿
	夜里			
现在	而真⁼	而着	而家	而着
	ʌɯ^{44} tʂɣ̃^{21}		ər^{44} tɕie^{21}	
后来	后来	后背	后来	后背
从前	从前	当根儿	从前	以前

词条	神木	高堡	万镇	贺川
	原根儿		当根儿	
			以前	
上边	浮起	浮头	上头	上头
	浮梁		浮头	浮头
			浮起	
右边	右面	右面	右面儿	正面儿
前边	前面	前头	前头	前头
			前面儿	
旁边	跟前	跟前	跟前	一半掐
南边	南面过	南面	南面儿	南首
	南面			
北边	北面过	北面	北面儿	北首
	北面			

(2) 农业、植物、动物

词条	神木	高堡	万镇	贺川
打场	打场	打场	打场	打庄户
犁	犁	犁	耩子	犁
连枷	连枷	连枷	连枷	勒戈
				luəʔ^{2} kɤ̃^{24}
碓	碓臼	碓臼	碓臼	石碓子
铡刀	铡刀	铡刀	铡刀	铡草刀
筐	筐子	筐子	卜蓝儿	栲栳
			pəʔ^{2} lɤr^{213}	k^{h}əʔ^{2} lour^{24}
			箩头	
荞麦	荞面	荞面	荞麦	荞麦
谷子	谷子	谷子	谷	谷

词条	神木	高堡	万镇	贺川
小米	谷米	谷米	谷米	米
黍子	黍子	黍子	软糜子	黍子
土豆	山蔓菁儿	山蔓菁儿	山药	山药
黄豆	黄豆	白黑豆儿	黄豆	黄黑豆
白菜	白菜	白菜	白菜	白薹儿
洋葱	葱蕹子	葱儿蕹子	洋葱	蕹
圆白菜	茴子白 莲花白	茴子白	茴子白	茴茴
西红柿	洋柿子 柿子 西红柿	洋柿子	柿子 西红柿	西红柿
甘蓝	苴莲	苴莲	苴莲	擞莲
甜瓜	香瓜子	小瓜儿	甜瓜儿	甜瓜
砍树	跌树	砍树	砍树	砍树
杨树	水桐树	水桐树	青杨树	水桐树
公马	儿马	儿马	儿马	马公子
母羊	母子	母子	母羊	母羊
母猫	母猫儿	母猫儿	母猫儿	女猫儿
牛犊	牛面⁼子	牛面⁼子	牛犊子 牛犊犊 牛犊儿 牛面⁼子	牛犊子
喜鹊	野鹊子	野鹊子	野鹊子	突喳喳
麻雀	雀儿 麻雀儿	雀儿	雀儿	宿子
雁	长毛雁	雁咕噜	雁	雁

词条	神木	高堡	万镇	贺川
翅膀	膀子	膀膀	翅膀 tsʰʅ^{53} pʰɒɔ^{21}	翅膀 tsʰʅ^{53} pʰɔ^{21}
小虫	圪虫 虫虫	圪虫儿 蛆儿	虫虫	虫虫
蟋蟀	叫蚂蚱	叫蚂蚱蚱	麻喳喳	不$^{=}$军$^{=}$ 叫蚂蚱蚱
癞蛤蟆	疥圪泡	疥圪泡	疥蛤蟆 癞蛤蟆	疥圪泡

(3) 房舍、用具、一般事物

词条	神木	高堡	万镇	贺川
地	脚地	脚地	脚地	脚底
房顶	房棚 fɑ̃^{44} pʰiɛ^{44}	房棚	房顶	房顶 房棚
窑顶	窑顶	窑顶	窑顶 窑脑畔	窑顶
房檐	房檐	房檐	棚檐	房檐
台阶儿	圪台台	圪台台	圪台	踏道儿
大梁	担子 梁	担子	梁子	梁
厕所	后园 茅房	茅坑 圈	茅子	后楼 圈儿
缝儿	圪拉拉	圪拉拉	圪拉 缝儿	黑拉拉
墙屋内	墙崖	墙崖	墙崖	墙
抽屉	抽屉	抽屉	抽屉儿	抽斗儿
褥子	褥子	褥子	条子	条子

词条	神木	高堡	万镇	贺川
夜壶	夜壶	夜壶	尿壶	夜壶
烟囱	烟洞	烟洞	烟洞	烟筒
炊餐具	家匙	家匙	家匙	碗盏
抹布	揩要布子	揩家的	拭布	搌布
油灯有罩	洋灯	洋灯	罩子灯	煤油灯
油灯无罩	灯盏	灯盏	灯树	灯树
图章	章子	章子	章儿	戳子
糨糊	糨子	糨子	面屎	面屎
声音	音声	声气	声气	音声
性格	脾气	脾气	脾气	脾气
	性子	性情	性子	性体

(4) 称谓、亲属

词条	神木	高堡	万镇	贺川
婴儿	毛蛋蛋	毛蛋蛋	奶抱抱	奶抱抱
	mu^{44}	mu^{44}	pu^{53}	pu^{53}
小孩儿	孩伢儿	猴孩儿	孩儿	孩儿
童养媳	童引媳妇子	童引媳妇子	童引【媳妇】子	【媳妇】女子
私生子	私娃子	私娃子	龟子子	龟儿子
	龟子孙		私孩儿	
再婚妇女	活人亲	二婚	二婚	二婚
学生	学生	学生	学生	念书孩儿
补锅的	锢露儿匠	锢露儿匠	钉锅的	锢露儿匠
吝啬鬼	老铿头	啬皮	啬皮	啬皮
	瓷脑子			
小偷	贼	贼	贼	贼儿子

词条	神木	高堡	万镇	贺川
	剪柳儿的			
	贼忽拉蒙汉合璧			
	tsᴇ^{44} xuəʔ^{2} la^{24}			
外地人	外路人	外路人	外地人	外地人
流氓	流氓	流氓	流氓	赖货
				赖鬼
土匪	土匪	土匪	土匪	抢贼
				抢人的
屠户	屠家	屠家	屠家	杀猪的
				杀羊的
伯父	老老	老老	伯伯	伯伯
大伯子	妻哥	大伯	大伯	大伯
	阿伯子			
外祖父	姐爷	外爷	简$^{=}$爷	简$^{=}$爷
		vei^{53} iɛ^{21}		
外祖母	姐婆	外婆	简$^{=}$婆	简$^{=}$婆
	婆婆			
小儿子	猴猴	猴猴	猴猴	猴小子
	猴小子		猴儿	
妯娌	先后	先后	先后子	妯娌
连襟	挑担	挑担	连襟	挑担
	连襟	连襟		连襟

(5) 身体、疾病

词条	神木	高堡	万镇	贺川
身材	身子	身子	身材	身材
相貌	胎面	人样	长相	长相

词条	神木	高堡	万镇	贺川
	长相			
	相貌			
头	脑 nɔ^{44}	脑	脑	脑
	骷子 k^{h}u^{24} tsəʔ^{21}	骷子	骷子	
	得老 təʔ^{2} lɔ^{24}	得老	得老	
	脑袋			
后脑勺	后脑把子	后脑把子	后脑把子	后脑勺子
前额	奔颅儿	脑门囟	眉棱圪都	眉棱绷子
酒窝	酒窝	酒窝儿	笑面圪坨儿	笑面圪坨坨
腮帮子	牙岔	牙岔勾子	牙岔勾子	腮巴子
眼珠儿	眼睛仁子	眼睛铃儿	眼睛仁子	眼仁子
	眼睛珠子			
下巴	下巴子	下巴子	下巴子	下牙岔
	xa^{53} p^{h}a^{21} tsəʔ^{21}			
口水	颔水	颔水	颔水	泔水
喉咙	嗓子	忽咙	卜咙	忽咙
	忽咙		pəʔ^{2} lɤ̃^{213}	
肩膀	肩膞	肩膞	肩胛	肩膀
				膀子
胳膞肘儿	胳扭渠	胳扭子	胳肘子	胳扭渠
裆	豚沟	豚沟	裆	裆
	裆	裆		
痣	记	记	抿记	隐记
	抿记			
号脉	拈脉	揣脉	揣脉	揣脉
	校脉			
头晕	头昏	头昏	脑晕	脑昏

词条	神木	高堡	万镇	贺川
头疼	头疼 骷子疼	脑疼	脑疼 头疼	脑疼
雀斑	蚕色	蚕色	斑点 雀斑	麻糁
狐臭	门户 臭圪筒儿	门户	臭骨子	臭骨子

(6) 衣食住行、生死

词条	神木	高堡	万镇	贺川
棉袄	棉袄儿	棉袄儿	棉装子	装袄儿 $tʂuə^{53}$ $ŋɔr^{213}$
裤衩儿	裤衩儿	半腿腿裤	衩裤	半裤儿
镯子	袖圈	袖圈 玉镯子	镯子	窟□ $luæ̃^{24}$ 子
戒指	手箍子	金箍子	戒指	戒箍子 镫镫
围嘴儿	围脖脖 颔水布布 转脖子 转脖脖	围脖儿	围脖	围牌牌
耳环	耳环 耳坠坠	环儿	环儿	环儿
尿布	垫豚子	垫豚儿	垫豚子 尿布	擦毯毯
稀粥	稀饭	稀饭	稀粥	粥
面片儿	圪瘩	圪瘩	揪片儿 面片儿	圪瘩

词条	神木	高堡	万镇	贺川
炒米	熟米	熟米	熟米	炒米
蒸饺	饺子	饺子	蒸饺	饺子
杂碎	杂碎	杂碎	杂碎	杂割
素油	黄油	黄油	黄油	素油
木耳	耳子 木耳	耳子	耳子	木耳
出嫁	出嫁 出门 问出去了	引过了	引过了	引过了
新房	洞房	洞房	洞房	厦帐房 sa^{21} tʂɤ^{53} fɤ^{21}
胎盘	衣	衣	衣胞儿	衣胞儿
烧香	烧香	烧香	烧香	点香
风水先生	平士	平士 阴阳	相士	阴阳
裁衣服	铰	铰	铰	裁
量衣服	等	等	量	量
搛菜	拘菜	钞菜	钞菜	捡菜
梳头	梳头	梳头	梳脑	梳脑
洗澡	洗身名	洗澡	洗澡	洗澡
乘凉	歇凉凉	歇凉	歇凉凉	凉给阵儿
晒太阳	晒阳阳	向阳阳	向阳 晒太阳	晒阳婆
落枕	脖子捩了	脖子捩了	□了 nia^{24}lie^{21}	圪捩了一下了
熬夜	熬夜	坐夜	熬夜	坐夜
散步	游玩 溜达	溜达	溜达	游玩

词条	神木	高堡	万镇	贺川
招待	招待	待承	招待	招待
送礼	送礼	行门户	送礼	送礼
斟酒	满酒 斟酒	满酒	看酒	倒酒
不和	不和	不和	不佮股	不一劲 不佮股
出洋相	丢丑 出洋相	丢丑	出洋相	做本事
通奸	有嘞	烟熥着嘞	烟熥着嘞	烟熥着嘞
作假	作假	作假	假气	作假

(7) 商业、交通、教育、文化

词条	神木	高堡	万镇	贺川
公路	汽路	汽路	公路	汽路
硬币	镚子	钢镚儿	钢镚	钢镚镚
放学	放饭	放学	放学	放学
末名	末豚子	衬包儿	背榜	老末
游泳	耍水	耍水	浮河	浮河
踩高跷	踏高跷	踏拐子	踏拐子	踩高跷

(8) 动作

词条	神木	高堡	万镇	贺川
躺	圪仰 $kə?^{4}$ $niã^{21}$ 躺	圪仰 仰 躺	圪仰 仰 躺	吃天 圪仰 躺
折	搂 扳	搂 扳	搂 擘	搂 擘

词条	神木	高堡	万镇	贺川
打	打	打	钉 tiɣ̃^{53}	打
	敹	敠	敠	
	拘			
扶	扶	扶	□ sʅ^{44}	扶
撑	支	趾	撑	支
拿	拿	拿	荷	荷
挡	挡	挡	挡	顶
	拦	拦	拦	
骂	超=贱	超=贱	啳	啳
	超=		日噘	
拉	搋	搋	拽 iəʔ^{4}	□ tʂou^{53}
	□ tʂəu^{53}	□ tʂəu^{53}	□ tʂəu^{53}	
		拉	搋	
掉	抛 p^{h}ɔ^{53}	跌	跌	抛
聊天儿	拉话	捣拉	拉话	拉话
		捣	捣拉	扯闲
			拉嗒	
			谝	
拣	拣	拣	拣	拣
	挑		沙	
			剔沙	
发抖	擞	筛	筛	擞
一起走	相跟上	相跟上	相跟上	厮跟上
了结	了	挽结	了了	精明
			了结	
打算	打划	摸虑	打划	打划
	打算	划算	打算	划估

词条	神木	高堡	万镇	贺川
		思谋		
反悔	翻蛋	翻蛋	翻蛋	翻把
着急	着急	着危	着危	着急
讨厌	讨厌	扎眼	日眼	扎眼
	见不得			见不得

(9) 性质、状态

词条	神木	高堡	万镇	贺川
脏	脏	脏	害	害
胖	胖	胖	肥	肥
累	熬	熬	乏	熬
舒服	舒徐	舒脱	撒乐	舒展
	舒脱		舒脱	
			好活	
糊涂	愣怔	糊脑	糊脑	糊脑
		xu^{53} nɔ^{21}		
整齐	整齐	齐整	齐正	齐正
		齐楚		
多	多	貜 nã^{53}	多	多
调皮	不乖	费事	调皮	惹眼黑
	捣什蒙语		捣蛋	
	调皮	调皮	调皮捣蛋	
缓坡	抹 muo^{213}	抹	抹	漫
		笪	抹笪	

1.2 神木话新派、老派之间的差异

神木话词汇正在发生巨大的变化。一些过去十分常用的词语悄悄退出了言语交际活动，逐渐成为死词，同时，一大批普通话词语

进入了方言词汇系统。这种变化最典型地表现在新派和老派的词汇差异上。本节仍以《方言词汇对照表》的1149条词为基础,并适当采用平时收集到的其他词语,比较神木话老派和新派的用词差异。

新老派相比较,总的特点大致有下面三点:

(1) 新老派在词汇上的差异超过语音差异。新旧词汇的交替十分迅速。

(2) 新派用词的总倾向是向普通话靠拢,同时引进了不少带有书面语色彩的词语。这是新老派方言词汇变化的主流。

(3) 新派的词汇面比老派窄。新派词汇在反映旧事物、当地风物方面的适应面较窄,这是和当地年轻人——尤其是青年学生的阅历密切相关的。相对于中老年人来说,他们在旧事物、当地的历史、地理、物产、风俗方面的知识相对贫乏。

新老派词汇差异的表现形式主要有五种。下面结合具体词例进行讨论。

第一,老派的多种说法对应于新派的一种说法。又可分为两小类。一类是,老派有几种说法,新派不用或少用其中古老、土气、范围不广的说法,保留了较通行的或是适合青年人特点的说法。这是本类中的主要方面。例如(老—新):

太阳 日头儿 阳婆—太阳
冻冰 上冻—冻冰
日食 天狗吃太阳—日食
月食 天狗吃月亮—月食
川地 水地 园子—水地
坝 麻堰—坝
灰尘 黄尘—灰尘
擦黑 昏黄—昏黄
铁锨 铁锹—铁锨
山蔓 菁儿 山药—山药
番瓜 倭瓜均为南瓜,品种不同,番瓜较少—倭瓜
茴子白 莲花白—茴子白
缝纫机 机子—缝纫机
香皂 胰子—香皂
肥皂 洋碱—肥皂
囚犯 犯人—犯人
老爹 tiɛ²¹³ 老丈人—老丈人
大大 大小子—大小子
猴猴 猴小子—猴小子

嗓子 忽咙—忽咙
右手 正手—右手
槌头 圪都—槌头
裆 豚沟—裆
屁股 豚蛋—屁股
脚后跟 后跟蛋子—脚后跟
心口 胸口头—心口
腰 腰脊股—腰
记 抿记痣—记
病好了 差些了—病好了
臭圪筒儿 门户狐臭—门户
掂脉 校脉—掂脉
气嗽 气喘—气喘
头疼 骷子疼—头疼
耳环 耳坠坠—耳环
酱油 青酱—酱油
作料 调和—调和
定亲 订婚—订婚
娶媳妇子 问媳妇子—娶媳妇子
出嫁 出门 问出去了—出嫁
过生儿 做生儿—过生儿
丧事 白事—丧事
吃烟 抽烟—抽烟
上地 下地—下地
游玩 溜达—溜达
丢丑 出洋相—出洋相
旅店 店—旅店
杂货铺 山货业—杂货铺
路费 盘缠 盘费—路费
放饭 放学—放学
圪仰 躺—躺
扯 □tʂəu^{53} —扯
探 奔pɤ̃^{53}—探
抱 □tɕʰia^{213}—抱
攮 □拉tʂəu^{53}—攮
揙 piɛ^{213} 掼用手掌打—揙piɛ^{213}
安顿 安抚嘱咐—安顿
估计 数量 □kʰuo^{213}量—估计
起火 怵气生气—起火
打划 打算—打算
豚底 底下 下面—下面
外起 外面 外头—外头
脏 恶脏 邋遢—脏
湿 溶—湿
不乖 调皮 捣什—调皮
颜色 颜道—颜色
朋友 拜识—朋友
脾气 性子—脾气
后背 背后—背后
不离乎 差不多—差不多

另一类是，新派不用老派的所有说法，另外采用了较为通行的说法。这一类比前一小类要少。例如：

春上 春起—春天

夜儿夜儿 天每儿—天天

犍牛 ⿰牜菐牛—公牛

眼睛仁子 眼睛珠子—眼珠子

后园 茅房—厕所

行户 行程—行李

手巾儿 手巾子—毛巾

围脖脖 颔水布布 转脖子 转脖脖—围脖子

理发馆儿 剃头铺儿—理发店

老铿头 瓷脑子—啬皮

斟酒 满酒—倒酒

抓骨头子儿 抓子儿—抓骨头

近处 左近—跟前

萦记 骨念 牵心—牵挂

异气 日怪—奇怪

舒徐 舒脱—舒服

吸 洼 吸洼洼凹—陷

争 短—欠

第二，老派的一个词对应新派的一个词，即新派用较为普通的说法取代了老派较土的说法，实现了新旧词语的交替。例如：

星宿—星星

天河—银河

早烧—早霞

濛森森雨—细雨

雾了—有雾嘞

夏上—夏天

秋里—秋天

冬里—冬天

外后年—大后年

先前儿—大前天

白夜儿—白天

奶粪—上粪

菜水—菜

葱薤子—洋葱

跌树—砍树

水桐树—杨树

儿马—公马

骒马—母马

騇牛—母牛

草驴—母驴

牙猫儿—公猫儿

黄鼬—黄鼠狼

秃咕咕—斑鸠

鸽树锛锛—啄木鸟

恨虎鸥怪子—猫头鹰

壁虱—臭虫

红火柱—蜻蜓

蛤蟆—青蛙

疥圪泡—癞蛤蟆
圪鸟儿—蝌蚪
担子—梁
风匣—风箱
笼甑—蒸笼
洋灯—煤油灯
外路人—外地人
锢露儿匠—补锅的
厨子—厨师
老老—叔叔
肩膊—肩膀
身子—身材
筋—血管儿
受暑tʂʰu²¹³—中暑ʂu²¹³
疤子—麻子
左胯子—左撇子
大氅—大衣
罩子—外衣
坎肩子—马甲
桃圪瘩儿—扣子
垫豚子—尿布
项圈—项链
燍气了—坏了

新女婿—新郎
新媳妇儿—新娘
头首首—老大
寻死—自杀
铰—剪
等衣裳—量
歇凉凉—凉给阵儿
晒阳阳—晒太阳
拿捏—做作
汽路—公路
卡车—货车
末豚子—最后一名
放天鹅—放风筝
栽帽儿官头—翻帽儿官头翻跟头
坐水船儿—跑水船儿
支—顶撑
抛pʰɔ⁵³—跌掉
不当pəʔ² tɑ̃²⁴—可怜
凑付—将就
翻蛋—反悔
心懵—笨
应至—合适

第三，老派的一个词对应于新派的多个词。即老派有一种说法，新派在保留它的同时，又引进了普通话的词语，方雅词语在新派口语中并存，普通话词逐渐占据上风，使用频率较高，并向老派扩散。个别的完全不用老派的说法，而有几种新的说法。例如（老派的说法新派一律保留，文中省略，但合作人说明该词少用或不用的仍举出）：

打闪—闪电

虹 tɕiã^{213}—彩虹 虹 tɕiã^{213}（少）

雪消了—雪化了

山水—洪水

圪洞胡同—黑=浪=

真=年—今年

牙狗—公狗

叫蚂蚱—蛐蛐 tɕ^{h}y^{24} tɕ^{h}y^{21} 蟋蟀

圪拉=拉=—缝儿缝儿

洋火—火柴

擦屁股纸—手纸

骗子手—骗子

剃头的—理发的 剃头的（少）

屠家—杀猪的 杀羊的（不用“屠家”）

婆姨汉—老婆老汉

妹子—妹妹

拍了—着凉了 拍了（少）

衣裳—衣服

捞饭—大米饭

暖鞋—棉鞋

脖子捩了—脖子曲了

轿车—客车

跌—摔

打—操练

搧—扛

骨=隆=—滚

吼—叫

卜=烂=—绊

襄哄—帮忙

晓得—知道

解下了—懂了

解不下—不懂

吓—怕

操心—注意

挨头子—挨骂

红火—热闹

净—干净

猴—小

卜=浪=—棍子卜=浪=（少）

面面—粉粉

第四，老派的多种说法对应于新派的多种说法，新派用较通行的词或具有年龄特点的词替换了某个（或几个）不通行的词，或只是废弃了某一个较陈旧的词。这一类调查到的不多，主要跟调查表的词条较少有关。

时分儿 时光儿—时候　　时分儿（少）

西红柿 柿子 洋柿子—西红柿 柿子
□tsɿ[53] 约—称 □tsɿ[53]
不识字的 张眼瞎子—文盲 没文化的
走时气 时气好—好运气 运气好
跑 逛—跑 射 ʂə[53]
超⁼贱 超⁼—骂 超⁼贱
闪 闪哄—骗 闪哄（少）
浮起 浮梁—上面 上头
难活 不乖—难活 病了
秃子 红瓢—秃子 光腚
相貌长相 胎面—相貌长得
脑 脑袋 骷子 得老—脑袋 骷子
收拾 打摭 摭摞 拾掇—收拾 拾掇

第五，从构词法的角度来分析，老派和新派之间存在词根相同、词缀不同，或者一方是单纯词、复合词，另一方是派生词等情况。例如：

桃儿—桃
梨儿—梨
瓜子儿—瓜子
胡燕儿—燕子
围巾儿—围巾
面条儿—面条
粉条儿—粉条子
顶针儿—顶针
六指儿—六个指头子
母子—母羊
狐子—狐狸
围裙子—围裙
手套子—手套
算盘子—算盘
圪蚤—跳蚤
圪晃—晃
圪摇—摇
圪缩—缩
院起—院里
公鸡—公鸡儿
手腕—手腕子
煳焞了—煳了
摆摊摊—摆摊子
杵头头—杵头儿橡皮
东（西|南|北）面 过 —东（西|南|北）面
窟窿—窟子

此外，新老派之间还有词条相同、意义有别等差异，因为不是主要的差异,此不赘述。

根据粗略的统计,在1149条词语中,有些关于农事的或旧事物的词,新派因为阅历不足而不知道怎样说的有39条,约占3.4%,和老派在各个方面有差异的大约260条,占22.6%,两项的总和为299条,占26%。比神木方言各点之间差异的总和大约高10%。尽管在同一个词汇系统内作比较,有差异的词条数目不可能很精确,但这个比例还是能够说明一定的问题的。

通过上面的比较,我们可以看到新派词汇的面貌的确和老派有很大的不同。但是,这些差异并不意味着当新一代成为中年、老年人以后,他们的词汇仍会像现在新派的面貌一样。我们认为,随着年轻一代年龄、阅历的增长,社会化程度越来越高,思想、行为逐渐趋于"稳健",他们的言语行为也会逐渐趋于"保守",词汇也可能在一定程度上向现在的老派回归,尤其是脱掉用词上浓重的书面语色彩。当然,他们也一定会继续受到普通话以及县境内外其他方言的影响,从而使那时的神木话词汇呈现出多姿多彩的面貌。

二　方言词汇与普通话词汇的差异

神木方言作为晋语的一种小方言,其词汇和普通话存在较大的差异。本节比较两者的差异,范围不再局限于《方言词汇对照表》。比较条目以神木话老派为主,必要时采用其他点的个别词条。

方言和普通话词汇的差异,可以分为音节差异、构词差异、意义差异、价值差异、来源差异等方面,下面分别讨论。

2.1　音节差异

第一,方言是单音词,普通话是双音词。例如:

崖—山崖	泥—泥土	井—水井
雾—下雾	街—街道	窑—窑洞

椽—椽子	汉—丈夫	衣—胎盘
毡—毡子	眉—眉毛	埋—出殡
毯—毯子	筋—血管儿	会—庙会
贼—小偷	瘫—瘫痪	起—起床

第二,方言是双音词,普通话是单音词。数量比上一种少,说明方言中的单音词数量超过普通话。例如:

脚地—地	灶火—灶	稀饭—粥
担子—梁	眉眼—脸	打帮—劝
墙崖—墙	豚沟—裆	解下—懂
碓臼—碓	煳焞—煳	
镢头—镐	斯气—馊	

第三,方言是双音词,普通话是多音词,数量不多。例如:

暖壶—暖水瓶	牙岔—腮帮子
洋灯—煤油灯	平士 阴阳—风水先生
搓板儿—洗衣板	看起—看得起
后生—小伙子	逗耍—开玩笑
妻哥—大伯子	

第四,方言是多音词,普通话是双音词。数量大大多于前一种。有的有共同语素,有的没有。没有共同语素的如:

叫蚂蚱—蟋蟀	经由的—养子
毛爹爹—蜈蚣	脓胶屎—眼眵
红火柱—蜻蜓	倒衩衩—口袋儿
八月十五—中秋	手箍子—戒指
山蔓菁儿—土豆	肉馍馍—馅儿饼
毛蛋蛋—婴儿	脖子捩了—落枕
剪柳儿的—小偷	溜沟子—巴结
后老子—继父	引媳妇子—娶亲
婆姨汉—夫妻	帽儿官头—跟头

有共同语素的占多数，例如：

被圪筒儿—被窝儿	骗子手—骗子
沙颗颗—沙粒儿	温温水—温水
往每年—往年	肚卜脐儿—肚脐儿
西葫芦儿—葫芦	眼睛仁子—眼珠儿
葱蕹子—洋葱	圪膝盖儿—膝盖
水桐树—杨树	脚梁面—脚背
大麻子—蓖麻	半腿子裤儿—短裤
羯猪子—种猪	洗身名—洗澡
揩耍布子—抹布	歇凉凉—乘凉
擦屁股纸—手纸	挨头子—挨骂

从上面的比较可以看出，神木话的单音词、多音词比普通话多，而双音词则比普通话少。

2.2　构词差异

尽管上面的比较是纯音节的，音节多少和语素多少并不是一回事，但也从一个侧面反映出方言词和普通话在结构上的一点差异，即方言的单纯词和多语素词多于普通话，双语素词则可能少于普通话。这是仅就语素多少来看。此外，构词差异主要有下列四种情况。

第一，方言是单纯词，普通话是合成词；或方言是合成词，普通话是单纯词。前者的数量超过后者，见2.1节。再如：

A	圪□lɔ⁵³扯⁼—胳肢窝	圪塄—角落
	积伶—机灵	忽拉盖蒙语—小偷
	捣什蒙语—调皮	（山蔓菁儿）则老—（土豆）发麻
B	蛛蛛—蜘蛛	疥圪泡—蟾蜍
	夜蝙蝠儿—蝙蝠	一阵阵—刹那
	红火柱—蜻蜓	安顿—吩咐

第二,方言和普通话词根相同,但是方言词带前缀或后缀。神木话带前缀“圪、卜、忽”的词,普通话大都没有前缀。例如:

圪搅 卜搅 忽搅—搅　　卜咂—咂
圪挤—挤　　卜滩—滩
圪晃—晃　　忽点—点

方言名词带后缀“子”的较多,主要是身体部位、动物、农具、日用品等。例如:

海子—湖　　树栽子—树苗
箩子—箩　　羯猪子—种猪
筐子—筐　　野鹊子—喜鹊
马子—马　　囟门子—囟门
锁子—锁　　下巴子—下巴
算盘子—算盘　　指头子—指头
胸脯子—胸脯　　围裙子—围裙
手套子—手套　　媳妇子—媳妇
牛面⁼子—牛犊

方言词带后缀“儿”的也不少。例如:

杏儿—杏　　案板儿—案板
鸡儿—鸡　　皮袄儿—皮袄
梨儿—梨　　棉袄儿—棉袄
葱儿—葱　　围巾儿—围巾
猫儿—猫　　眼镜儿—眼镜
蚂蚁儿—蚂蚁　　月饼儿—月饼

第三,普通话是儿化词,方言是单纯词、子尾词或重叠词;或者普通话是子尾词,方言是儿化词。普通话带儿尾、方言带子尾的如(普通话—神木话):

女儿—女子　　后脑勺儿—后脑把子
孙女儿—孙女子　　坎肩儿—坎肩子

串门儿—串门子　　婶儿—婶子

粉条儿—粉条子　　羊羔儿—羊羔子

馅儿—馅子

普通话带儿尾、方言是重叠词的如：

缝儿—圪拉拉　　沫儿—沫沫

羊羔儿—羊羔羔　　粒儿—颗颗

老头儿—老汉汉　　面儿—面面

婶儿—婶婶　　帽檐儿—帽棚棚

泡儿—泡泡　　馅儿—馅馅

普通话是子尾词，方言是儿化词或重叠词的数量很少。例如：

镜子—镜儿　　裤子—裤儿

小舅子—小舅儿　　色子—色儿

大姨子—妻姐姐

第四，方言和普通话都是复合词，但词根的排列顺序不同，或词根不同。又可分为三种。

A.词根相同，但语素的排列次序相反，即所谓的逆序词。这类词绝大多数是并列式结构。不过，神木方言的逆序词数量不多。如：

音声—声音　　熬煎—煎熬

承应—应承　　活灵—灵活

昏黄—黄昏　　齐整—整齐

后背—背后　　收秋—秋收

急尿—尿急　　味气—气味

天每儿—每天　　葬埋藏—埋葬

腮痄—痄腮　　头前—前头

失损—损失　　才刚—刚才

B.结构相同，语素有同有不同。绝大多数是偏正式，个别是支配式。大多数语素顺序相同，少数顺序不同。这一类数量特别多。例如：

黄尘—灰尘
先前年—大前年
吸铁—磁铁
外后年—大后年
谷米—小米
软米—黄米
騇牛—母牛
天河—银河
濛森森雨—毛毛雨
老娘婆—接生婆
儿女—子女
小子—儿子
颔水—口水
槌头—拳头
背锅子—罗锅儿
疤子—麻子
灰子—傻子
暖鞋—棉鞋
熟米—炒米
丢盹儿—打盹儿
晚烧—晚霞
庄户—庄稼
荞面—荞麦
木植—木头
骨殖—骨头
房棚—房顶
行户 行程—行李
耳塞—耳屎
肩膊—肩膀
神官—神汉
饱声—饱嗝儿
吃烟—抽烟
星宿—星星
水瓮—水缸
阳婆—太阳
打闪—闪电
担杖—扁担
甲掐儿—指甲
洋蜡—蜡烛

C.语素完全不同,结构也可能不同。例如:

擦黑—傍晚
而真$^{=}$—现在
金貂黍儿—玉米
貂黍—高粱
仰尘—顶棚
白鬼万镇—无赖
先后—妯娌
奔颅儿—额头
圪都—拳头
屁股 豚子—肛门
难活 不乖—生病
蚕色—雀斑
圪瘩—面片儿
扁食—水饺

寻死—自杀
下马—跳神
坛场—酒席
要水 浮河—游泳
翻蛋—反悔
跟前—旁边
应至—合适

2.3　意义差异

方言词汇与普通话的意义关系,有下面几种类型。

第一,义项与词项的参差对应。即方言与普通话词之间是一对多、多对多的关系。又有下面三种。

A.方言一个多义词的几个义项,分别与普通话的几个词对应。例如:

婆姨①—妇女
婆姨②—妻子
小子①—男孩儿
小子②—儿子
宬①—住
宬②—闲呆
宬③~不下—装
难活①—难受
难活②—生病
不乖①—顽皮
不乖②—生病
度演①~下毛病了—惯
度演②叫他~坏了—勾引
瞭哨①站在高处往远看—望
瞭哨②—望风
踢蹋①把某人从集体中逐出—开除
踢蹋②—糟蹋
讲编①~上没完—絮叨
讲编②没理胡~—纠缠
编谣①—编排(人)
编谣②—编造(谣言)
搭套①—配合
搭套②—谋划
张①~眼—睁
张②—理睬
利洒①—(动作)利落
利洒②—清净
利洒③经济没有负担—轻松

由于普通话的“生病”方言说“难活”,也说“不乖”,所以产生方言的“不乖、难活”与普通话的“难受、生病、顽皮”之间的错综关系。

B.方言的几个词与普通话一个词的几个义项对应。例如：

撵—赶①～上
断⁼—赶②～走,～开
碰—赶③～上一场雨
秃舌—大舌头①
秃舌舌—大舌头②名词
日怪—怪①奇怪
怨—怪②
可—怪③指程度高
灰少少—灰溜溜①颜色暗淡
灰蹋蹋—灰溜溜②神态懊丧,情绪低落
吃嗑—结巴①
吃嗑子—结巴②名词
踏—踩①
跐—踩②用力踩
游玩—游玩①溜达,游逛
耍—游玩②游戏

C.方言词和普通话词的内涵不同。一个方言词的义项相当于两个普通话词,或两个方言词相当于一个普通话词的义项,这类词应当不少,目前主要看到亲属称谓和动物名称有几个例子：

老老—伯父+叔父
姊妹—兄弟+姐妹
老姑—姑奶奶+姑姥姥
老姨—姨奶奶+姨姥姥
扁担—螳螂+精灵蝗虫学名,北京话的说法未详
圪羝未骟—公山羊+公绵羊
羯子骟过—公山羊+公绵羊
圪羝+羯子—公羊
姑舅+两姨—表(兄弟姐妹)
鸱怪子+恨虎—猫头鹰
盘子+碟子—盘子

这种关系尤其复杂,十分有趣。如普通话的“公羊”,方言须分说成“羯子”和“圪羝”,但方言的“羯子”相当于普通话的“公山羊”和“公绵羊”（未骟),“圪羝”也相当于普通话的“公山羊”和“公绵羊”（已骟)。当方言既要说明山羊或绵羊,又要说明已骟或未骟时,必须说“山羊羯子|山羊圪羝”“绵羊羯子|绵羊圪羝”。

第二,词面相同,意义不同或不对应。这是最容易引起误解的现象,是方言区人掌握普通话词汇的最大障碍。又可分为三种。

A.某一个或某几个义项相同,其他的不同。有的是方言的一个词对应普通话的几个词。例如:

外甥①—外甥
外甥②—外孙
鼻子①—鼻子
鼻子②—鼻涕
年成①一年的收成—年成
年成②跌下年成了,遭下年成了—灾荒
等①等待—等
等②~上个熟人—遇
等③~尺寸—量
抬①—抬
抬②~点儿盐—加
抬③~起—藏
灰①颜色—灰
灰②—傻
照①~作业,~卷子—照抄
照②~东西—看
照③~镜儿—照
照④照射—照
吼①大声喊—吼
吼②邀人同去做某事—招呼
吼③—说
引①指引—引
引②~媳妇子—娶
发①发财—发
发②溃脓—化脓
擦①—擦
擦②~倒—滑
敢①—敢
敢②语气副词—可
打发①—打发
打发②~老人—埋葬
肥①南乡—肥
肥②南乡—胖

有的是一个方言词和同形(或折合音相同)的普通话词意义有同有异,错综对应。例如:

搌腾①吃尽(剩饭)—吃光
搌腾②收拾干净—收拾
翻腾—折腾①翻过来倒过去
折捣—折腾②反复做某事
艰磨—折腾③折磨
甜①—甜①苦的反义词
甜②—淡咸的反义词
舒徐—甜②睡得~
闹①做,干—闹⑤
闹②买,搞—搞,弄
闹③~脾气—闹③
乱—闹①

嚷吵—闹②

造—闹④～笑话

耍—闹⑥～新房

B. 方言词和普通话词意义完全不同。例如：

大伯高家堡：丈夫的哥哥—伯父

担子：梁—扁担和挂在两头的东西

样子：专指鞋样—模样

兜兜：衣服口袋儿—兜肚

耐：结实—受得住，经得起

费事：调皮—事情复杂，不容易办

有数：数量有规定—数目不多；了解情况，有把握

淘气：（家人）吵架—调皮

攀：牵扯人做某事、获罪—攀缘

了不得：了不起—不得了

混帐：①开玩笑—言行无理，无耻；②冒险

下马：跳神—停止、放弃某项重大的工作、工程、计划等

老老：叔叔—姥姥：外祖母

倒流：退步—向上游流；向跟正常流动方向相反的方向流动

C. 方言词和普通话的词义相关。例如：

黄油：素油—奶油

黄米：糜子的米—黍子的米

大豆：蚕豆—黄豆

揣摩：摸—反复思考推求

饺子：蒸饺—水饺（扁食＝饺子）

石油：煤油—石油

2.4 价值差异

即方言词和普通话词意义基本对应，但语法、修辞特点不同。又分为两种。

第一，基本意义相同，适用对象、搭配关系不同，主要是动词和形容词。例如：

吼大声叫（主体是人，动物）—吼（动物）

不乖（主体是小孩儿）—生病（人，动物）

□tsã^{53}（对象是人，动物）—踢（对象是人，动物，东西）
萦记（对象是人）—惦记（对象是人，事情）
□tʂʰu^{53}（限于污迹，字迹等）—擦（黑板，汗水，桌子，污迹，字迹等）
□mɔ^{213}起撅起（屁股）—撅起（屁股，棍子等）
淋拉（液体）—撒（粉、粒状的固体，液体）
搂（～断，～圪溜弯，$^{\times}$～纸）—折（～断，$^{\times}$～弯，～纸）
精巴（形容为人，做事，不含聪明意）—精明（形容为人，做事，含聪明意）
乐蹦（侧重外在表现上的快乐）—快乐（内心、外在均可）
钻捷反应快（形容头脑，行为）—敏捷（头脑，具体动作）
洋怪（形容穿戴，做派）—怪（穿戴，做派，性格，事情）
阳天气晴朗（天～～儿地，$^{\times}$天～了，$^{\times}$～天）—晴（$^{\times}$天～～的，天～了，～天）

第二，基本意义相同，感情色彩不同。例如：

老婆儿婆儿含亲切意味—老太太含尊敬意味
老掌柜父亲，含亲切、戏谑意味—老爷子含亲切意味
老子父亲，中性—老子含蛮横意味
拜识含亲切意味—朋友中性
孩伢儿 羔羔 老命含疼爱意味—孩子不含疼爱意味
老家禽含厌恶色彩—孩子不含厌恶色彩
和尚年轻男性的诨称，有时含戏谑、亲切色彩，有时表厌恶—小伙子含喜爱色彩
姑子年轻女性的诨称，有时含戏谑、亲切色彩，有时表厌恶—姑娘中性
积伶伶贬义—机灵鬼褒义
劲气样子，贬义：灰～—样子中性
称盘衡量，含不满意味—衡量中性
翻蛋贬义—反悔中性

裹罩含不满意味—穿中性

戳⁼超⁼贬义，只用于否定式：不～—正经中性，用于肯定式和否定式

超⁼毛⁼贬义，只用于否定式：不～—正经中性，用于肯定式和否定式

起胎贬义，只用于否定式：不～—长进中性，用于肯定式和否定式

至于语体色彩的差异，因为方言词都是口语词，所以不须比较。

2.5 来源差异

数量很少。个别词如方言的“圪洞、脑包、合喇”与普通话的“胡同、敖包、哈喇”，尽管读音不完全对应，但都是借自蒙语。只有少数方言词是蒙语借词，普通话是汉语词。下面举例，括号内是蒙语口语音和词义：

捣什 $tɔ^{21}$ $ʂəʔ^{4}$（tɔgʃin 烈性）—调皮

冒儿塔 $mʌɯ^{53}$ $t^{h}aʔ^{21}$（$mart^{h}$ 忘记）—忘记

把式 pa^{21} $ʂəʔ^{4}$（pagʃ 老师）—行家

淖尔 $mʌɯ^{53}$（nʊːr 沼泽，湖泊）—湖

帽儿官头 $mʌɯ^{53}$ $kuɛ^{24}$ $təu^{44}$（morog 用头顶，“头”汉语，栽帽儿官头：翻跟头）—跟头

捣拉 $tɔ^{21}$ $laʔ^{4}$（dʊːlax 唱歌，说唱）—讲故事；聊天

撒花 $saʔ^{21}$ xua^{24}（$satʃ^{h}ax$ 撒）—分掉；乱花（钱）；浪费

毛 $mɔ^{44}$（mʊː 坏，恶劣）—发怒

□老盖 $t^{h}əʔ^{2}$ $lɔ^{24}$ $kᴇ^{53}$（tɔlgɔi 头）—脑壳

忽拉盖 $xuəʔ^{2}$ la^{24} $kᴇ^{53}$ 贼忽拉 $tsᴇ^{44}$ $xuəʔ^{2}$ la^{24}（xulgai 贼）—小偷；骗子

扎涮 $tsaʔ^{4}$ $ʂuɛ^{53}$（ʤasax 修理，打扮）—打扮

脑害 $nɔ^{21}$ $xᴇ^{53}$（nɔxɔi 狗，方言用于人名：张～）—狗

乌兰忽少 vu^{24} $lɛ^{44}$ $xuəʔ^{4}$ $ʂɔ^{53}$（ʊlaːn xʊʃʊː 红嘴；又地名，指山崖突出的地方。方言原指没买卖，有引申义）—没生意；没戏

玖　分类词表

说　明

1.本表所收录的神木方言词语,分为28类,前21类按意义划分,22—27类按词性划分,最后一类四字格是按结构分出来的。因为语法篇内容比较详细,所以本表不收录副词、代词、介词、连词等。

2.同义词语按出现频率排列。

3.所收词语一律注神木老派音,声调只标实际调值,轻声一律标作21。同音字、合音词、有音无字词、白读音的处理仍同前文。

4.有些词语右下角的编号与第陆章的编号相合,以便查寻。

一　天文

日头儿ʌɯ^{21} tʰʌɯ^{53}　阳婆iã^{44} pʰuo^{21}　太阳tʰᴇ^{53} iã^{21}

太阳地tʰᴇ^{53} iã^{21} ti^{53}

阴凉儿（地）iɤ̃^{24} liʌɯ^{53} ti^{53}

月儿yʌɯ^{44}/yʌɯ^{53}

月儿地yʌɯ^{44}/yʌɯ^{53} ti^{53}

星宿ɕiɤ̃^{24} ɕiəu^{44}（“宿”声母特殊）

天河tʰiɛ^{24} xuo^{44}

流星liəu^{44} ɕiɤ̃^{21}

扫帚星sɔ^{53} tʂʰu^{21} ɕiɤ̃^{24}

云彩yɤ̃^{44} tsʰᴇ^{21}　云yɤ̃^{44}

羊肚儿云iã^{44} tuʌɯ^{24} yɤ̃^{44}　状如羊肚的云彩

大风ta^{53} fɤ̃^{213}

旋风儿ɕyɛ^{53} fʌɯ^{21}

戗风tɕʰiã^{24} fɤ̃^{213}

顺风ʂuɤ̃^{53} fɤ̃^{213}

刮风kuaʔ^{2} fɤ̃^{24}　起风tɕʰi^{21} fɤ̃^{24}

风住了fɤ̃^{24} tʂu^{53} lɛ^{21}

响雷ɕiã^{21} luei^{44}

霹雷pʰiəʔ^{4} luei^{44}

龙抓了luɤ̃^{44} tʂua^{24} lɛ^{21}　雷劈了

打闪ta^{24} ʂɛ^{213}

大雨ta^{53} y^{213}

猛雨mɤ̃^{24} y^{213}

雨y^{213}

普雨pʰu^{24} y^{21}　覆盖面较广的雨

连阴雨liɛ^{44} iɤ̃^{24} y^{21}

雨点点y^{24} tiɛ^{21} tiɛ^{24}

下雨xa^{53} y^{213}

住了tʂu^{53} lɛ^{21}　不下了pəʔ^{4} xa^{53} lɛ^{21}

淋雨liɤ̃^{44} y^{213}　雨淋了y^{21} liɤ̃^{44} lɛ^{21}　湿雨了ʂəʔ^{4} y^{24} lɛ^{21}

雪花儿ɕyəʔ^{2} xuʌɯ^{24}

鹅毛大雪ŋuo^{44} mɔ^{44} ta^{53} ɕyəʔ^{21}

雪珠珠ɕyəʔ^{2} tʂu^{24} tʂu^{21}

下雪xa^{53} ɕyəʔ^{4}

雪消了ɕyəʔ^{2} ɕiɔ^{24} lɛ^{21}

冰琉子piɤ̃^{24} liəu^{44} tsəʔ^{21}　冰锥

冻冰tuɤ̃^{53} piɤ̃^{24}　上冻ʂã^{53} tuɤ̃^{53}

冰消了piɤ̃^{24} ɕiɔ^{24} lɛ^{21}

冷子lɤ̃^{21} tsəʔ^{4}　赖雨lᴇ^{53} y^{21}　冰雹

露水ləu^{53} ʂuei^{21}

露水珠珠ləu^{53} ʂuei^{21} tʂu^{24} tʂu^{21}

下露水xa^{53} ləu^{53} ʂuei^{21}

有了霜了iəu^{24} ləʔ^{21} ʂuã^{24} lɛ^{21}

霜杀了ʂuã^{24} saʔ^{4} lɛ^{21}　霜冻

雾vu^{53}

雾了 vu^{53} lɛ^{21}　下雾

虹 tɕiɑ̃^{213}　俗云：东～葫芦西～雨

天气 tʰiɛ^{24} tɕʰi^{44}（"气"声调特殊）

好天 xɔ^{21} tʰiɛ^{24}

阴天 iɤ̃^{24} tʰiɛ^{213}

日食 ʐəʔ^{4} ʂəʔ^{21}　天狗吃太阳 tʰiɛ^{24} kəu^{21} tʂʰəʔ^{4} tʰᴇ^{53} iɑ̃^{21}

月食 yəʔ^{4} ʂəʔ^{21}　天狗吃月儿 tʰiɛ^{24} kəu^{21} tʂʰəʔ^{4} yʌɯ^{44}

天旱 tʰiɛ^{24} xɛ^{53}

涝了 lɔ^{53} lɛ^{21}

二　地理

地 ti^{53}

山地 sɛ^{24} ti^{53}

川地 tʂʰuɛ^{24} ti^{53}　平川的土地

川道 tʂʰuɛ^{24} tɔ^{53}　河川地区

旱地 xɛ^{53} ti^{53}

水地 ʂuei^{21} ti^{53}　园子 yɛ^{44} tsəʔ^{21}

下湿地 xa^{53} ʂəʔ^{21} ti^{53}　沙漠草原区内地下水位高的地，在县境西北部

沙沙地 sa^{24} sa^{21} ti^{53}　沙化程度较高的耕地

荒地 xuo^{53} ti^{53}

空地 kʰuɤ̃^{53} ti^{53}

高圪梁 kɔ^{24} kəʔ^{4} liɑ̃^{44}　山冈

崖 nᴇ^{44}　悬崖

红崖 xuɤ̃^{44} nᴇ^{44}　不长草木的悬崖

山顶顶 sɛ^{24} tiɤ̃^{21} tiɤ̃^{24}

半山腰 pɛ^{53} sɛ^{24} iɔ^{213}

山坡 sɛ^{24} pʰuo^{213}

山根底 sɛ^{24} kɤ̃^{24} ti^{21}

山圪拉$^{=}$ sɛ^{24} kəʔ^{4} la^{53}　山中的狭缝

二郎山 ʌɯ^{53} lɑ̃^{21} sɛ^{24}　驼峰山 tʰuo^{44} fɤ̃^{24} sɛ^{213}　神木城西山，前者因山上建有二郎神庙而得名，后者因山形酷似驼峰而得名。古又名"笔架山"。山上儒佛道三教庙宇鳞次栉比，为陕北名胜

香炉山 ɕiɑ̃^{24} ləu^{44} sɛ^{21}　神木城东山的北半部，因形似香炉而得名

龙眼山 luɤ̃^{44} iɛ^{21} sɛ^{24}　神木城东山的南半部，因山峰像龙头，上有两巨孔如龙眼而得名

山现 sɛ^{24} ɕiɛ^{53}　现山 ɕiɛ^{53} sɛ^{213}　夏秋季节傍晚有霞时，神木城天空西边有时出现二郎山的山形，山上的庙宇树木均现其形。不出三日，一定有雨。传说二郎山下压着宝物，故有此景

河沿 xuo^{44} iɛ^{44}

坝 pa^{53}（堤、坝无区别）

麻堰 ma^{44} iɛ^{53} 小型水库

河滩 xuo^{44} tʰɛ^{21}

水坑 ʂuei^{21} kʰɤ̃^{24}

淖 nɔ^{53} ①立着越陷越深的河滩：有～嘞；②陷入淖泥中：～住了

山水 sɛ^{24} ʂuei^{21} 洪水

水头 ʂuei^{21} tʰəu^{44} 洪峰

水头儿 ʂuei^{21} tʰʌɯ^{53} 泉水

水眼 ʂuei^{24} iɛ^{21} 泉眼

旱井 xɛ^{53} tɕiɤ̃^{213}

一眼井 iəʔ^{4} iɛ^{24} tɕiɤ̃^{213}

井绳 tɕiɤ̃^{21} ʂɤ̃^{44}

绞水 tɕiɔ^{24} ʂuei^{213}

辘轳 luəʔ^{4} luəʔ^{21}

石头 ʂəʔ^{4} tʰəu^{44}

石头块子 ʂəʔ^{4} tʰəu^{44} kʰuᴇ^{21} tsəʔ^{4}

石雹 ʂəʔ^{4} pʰɔ^{53} 石灰石。骂人常曰"灰石雹"，义为不讲道理、不明事理的人

牛筋石 niəu^{44} tɕiɤ̃^{21} ʂəʔ^{4} 鹅卵石

沙 sa^{213}

沙滩 sa^{24} tʰɛ^{213}

土坯 tʰu^{21} pʰei^{24} 坯子 pʰei^{24} tsəʔ^{21}

砖 tʂuɛ^{213}

瓦片 va^{21} pʰiɛ^{53}

筒瓦 tʰuɤ̃^{24} va^{21}

片瓦 pʰiɛ^{53} va^{21}

土圪堆 tʰu^{24} kəʔ^{2} tuei^{24}

土圪瘩 tʰu^{21} kəʔ^{4} taʔ^{21}

黄尘 xuɑ̃^{44} tʂʰɤ^{21} 扬起来的灰尘

灰尘 xuei^{24} tʂʰɤ̃^{44} 落在物体表面的灰土

五间尘 vu^{21} tɕiɛ^{24} tʂʰɤ̃^{44} 挂在屋顶、墙壁上的灰尘

灰尘埲土[129] xuei^{24} tʂʰɤ̃^{44} pəʔ^{4} tʰu^{21} 尘土。按万镇话读送气音

灰 xuei^{213}

石灰 ʂəʔ^{2} xuei^{24}

洋灰 iɑ̃^{44} xuei^{213} 水泥 ʂuei^{21} ni^{44}

泥 ni^{44}

炭 tʰɛ^{53} 有烟煤

生炭 sɤ̃^{24} tʰɛ^{53} 未过火的煤

蓝炭 lɛ^{44} tʰɛ^{53} 过过火的煤

炭煤子 tʰɛ^{53} mei^{44} tsəʔ^{21} 煤面儿

麻杂石 ma^{44} tsa^{44} ʂəʔ^{21} 石头炭 ʂəʔ^{4} tʰəu^{44} tʰɛ^{53} 夹石头的煤

石油 ʂəʔ^{4} iəu^{44} 煤油

洋铁 iɑ̃^{44} tʰiəʔ^{4} 白铁

锡 ɕiəʔ^{4}

水银 ʂuei^{21} iɤ̃^{24}（"银"声调特殊）

吸铁 ɕiəʔ^{4} tʰiəʔ^{21} 磁铁

樟脑 tʂɑ̃^{24} nɔ^{21} 潮脑 tʂʰɔ^{44} nɔ^{21}

臭蛋蛋 tʂʰəu^{53} tɛ^{53} tɛ^{21} 臭蛋儿 tʂʰəu^{53} tʌɯ^{53} 卫生球

龙黄 <u>ly</u>ɤ̃^{44} xuɑ̃^{21}

地方儿 ti^{53} fʌɯ^{21}　地方

地势儿 ti^{53} ʂʌɯ^{21}　指具体位置

城 tʂʰɤ̃^{44}

城墙 tʂʰɤ̃^{44} tɕʰiɑ̃^{21}

城壕 tʂʰɤ̃^{44} xɔ^{44}

农村 luɤ̃^{44} tsʰuɤ̃^{213}

乡外 ɕiɑ̃^{24} vᴇ^{53}　乡里 ɕiɑ̃^{24} ləʔ^{21}

菜地 tsʰᴇ^{53} ti^{53}

苗圃 miɔ^{44} pʰu^{21}

集 tɕiəʔ^{4}

圪洞 kəʔ^{4} tuɤ̃^{53} 蒙　巷 xɑ̃^{53}

路 ləu^{53}

走路 tsəu^{21} ləu^{53}

大路 ta^{53} ləu^{53}

小路 ɕiɔ^{21} ləu^{53}

捷径路 tɕʰiəʔ^{4} tɕiɤ̃^{53} ləu^{53}

石砭路 ʂəʔ^{4} piɛ^{21} ləu^{53}

渡口 tu^{53} kʰəu^{21}

坟地 fɤ̃^{44} ti^{53}　坟 fɤ̃^{44}

墓子 mu^{53} tsəʔ^{21}（坟、墓子所指不同）

墓圪堆 mu^{53} kəʔ^{2} tuei^{24}

碑 pei^{213}　石碑 ʂəʔ^{2} pei^{24}　墓碑

边墙 piɛ^{24} tɕʰiɑ̃^{44}　长城

墩儿 tuʌɯ^{213}　烽火台

三　时令、时间

真$^{=}$年 tʂɤ̃^{24} niɛ^{44}（当为“今年”之音变）

年时 niɛ^{44} sɿ^{53}（“时”声调特殊）

明年 miɤ̃^{44} niɛ^{21}　来年 lᴇ^{44} niɛ^{21}

前年 tɕʰiɛ^{44} niɛ^{21}

往年 vɑ̃^{21} niɛ^{44}　往每年 vɑ̃^{24} mei^{21} niɛ^{44}

前几年 tɕʰiɛ^{44} tɕi^{21} niɛ^{44}

年年 niɛ^{44} niɛ^{21}

年初 niɛ^{44} tʂʰuo^{213}

上半年 ʂɑ̃^{53} pɛ^{53} niɛ^{44}　前半年 tɕʰiɛ^{44} pɛ^{53} niɛ^{44}

下半年 xa^{53} pɛ^{53} niɛ^{44}　后半年 xəu^{53} pɛ^{53} niɛ^{44}

春上 tʂʰuɤ̃^{24} ʂɑ̃^{53}　春起 tʂʰuɤ̃^{24} tɕʰi^{21}

夏上 ɕia^{53} ʂɑ̃^{21}

秋里 tɕʰiəu^{24} ləʔ^{21}

秋后 tɕʰiəu^{24} xəu^{53}

冬里 tuɤ̃^{24} ləʔ^{21}

月初 yəʔ^{2} tʂʰuo^{24}

月底 yəʔ^{4} ti^{21}

这个月 tʂei^{24} kəʔ^{21} yəʔ^{4}

上个月 ʂɑ̃^{53} kəʔ^{21} yəʔ^{4}

下个月 xa^{53} kəʔ^{21} yəʔ^{4}

上半月 ʂɑ̃^{53} pɛ^{53} yəʔ^{4}　前半月 tɕʰiɛ^{44}

pɛ^{53} yəʔ^{4}

下半月 xa^{53} pɛ^{53} yəʔ^{4}　后半月 xəu^{53} pɛ^{53} yəʔ^{4}

上旬 ʂɑ̃^{53} ɕyɤ̃^{44} 新

中旬 tʂuɤ̃^{24} ɕyɤ̃^{44} 新

下旬 ɕia^{53} ɕyɤ̃^{44} 新

正月 tʂɤ̃^{24} yəʔ^{21}

腊月 laʔ^{4} yəʔ^{21}

闰月 ʐuɤ̃^{53} yəʔ^{4}

五黄六月 vu^{21} xuɑ̃^{44} liəu^{53} yəʔ^{21}　夏天最热的时候

十冬腊月 ʂəʔ^{2} tuɤ̃^{24} laʔ^{4} yəʔ^{21}　冬天最冷的时候

大尽 ta^{53} tɕiɤ̃^{21}

小尽 ɕiɔ^{21} tɕiɤ̃^{53}

星期 ɕiɤ̃^{24} tɕ^{h}i^{44}　礼拜 li^{21} pᴇ^{53}　①一周之名；②星期日

星期一 ɕiɤ̃^{24} tɕ^{h}i^{44} iəʔ^{4}　礼拜一 li^{21} pᴇ^{53} iəʔ^{4}

星期二 ɕiɤ̃^{24} tɕ^{h}i^{44} ʌɯ^{53}　礼拜二 li^{21} pᴇ^{53} ʌɯ^{53}

伏天 fəʔ^{2} t^{h}iɛ^{24}

三伏 sɛ^{24} fəʔ^{21}

初伏 tʂ^{h}uo^{24} fəʔ^{21}

中伏 tʂuɤ̃^{24} fəʔ^{21}

末伏 məʔ^{4} fəʔ^{21}

打春 ta^{21} tʂ^{h}uɤ̃^{24}　立春 liəʔ^{2} tʂ^{h}uɤ̃^{24}

雨水 y^{24} ʂuei^{21}

惊蛰 tɕiɤ̃^{24} tʂəʔ^{4}

春分 tʂ^{h}uɤ̃^{24} fɤ̃^{21}

清明 tɕ^{h}iɤ̃^{24} miɤ̃^{44}

谷雨 kuəʔ^{4} y^{21}

立夏 liəʔ^{4} ɕia^{53}

小满 ɕiɔ^{24} mɛ^{21}

芒种 mɑ̃^{44} tʂuɤ̃^{53}

夏至 ɕia^{53} tʂʅ^{53}

小暑 ɕiɔ^{24} tʂ^{h}u^{213}

大暑 ta^{53} tʂ^{h}u^{213}

立秋 liəʔ^{2} tɕ^{h}iəu^{24}

处暑 tʂ^{h}u^{53} tʂ^{h}u^{213}

白露 piɛ^{44} ləu^{53}

秋分 tɕ^{h}iəu^{24} fɤ̃^{21}

寒露 xɛ^{44} ləu^{53}

霜降 ʂuɑ̃^{24} tɕiɑ̃^{53}

立冬 liəʔ^{2} tuɤ̃^{24}

小雪 ɕiɔ^{21} ɕyəʔ^{4}

大雪 ta^{53} ɕyəʔ^{21}

冬至 tuɤ̃^{24} tʂʅ^{53}

小寒 ɕiɔ^{21} xɛ^{44}

大寒 ta^{53} xɛ^{44}

时分八节 sʅ^{44} fɤ̃^{21} paʔ^{4} tɕiəʔ^{4}　节日

大年三十儿 ta^{53} niɛ^{21} sɛ^{24} ʂʌɯ^{21}

熬年 ŋɔ^{44} niɛ^{44}

大年初一 ta^{53} niɛ^{21} tʂ^{h}uo^{24} iəʔ^{4}　正月初一 tʂɤ̃^{24} yəʔ^{21} tʂ^{h}uo^{24} iəʔ^{4}

拜年 pᴇ^{53} niɛ^{44}

正月十五 tʂɤ̃^{24} yəʔ^{21} ʂəʔ^{4} vu^{21}　元宵节 yɛ^{44} ɕiɔ^{24} tɕiəʔ^{4}

元宵 yɛ^{44} ɕiɔ^{213}

人七儿 ʐɤ̃^{44} tɕ^{h}iʌɯ^{21}　小年 ɕiɔ^{21} niɛ^{44}　正月初七

腊月二十三 laʔ^{4} yəʔ^{21} ʌɯ^{53} ʂəʔ^{21} sɛ^{213}　俗云：～，灶马爷爷上了天

正月二十三 tʂɤ̃^{24} yəʔ^{21} ʌɯ^{53} ʂəʔ^{21} sɛ^{213}　俗云：～，老驴老马歇一天

五月端午 vu^{21} yəʔ^{4} tuɛ^{24} vu^{21}

粽子 tɕyɤ̃^{53} tsəʔ^{21}

七月七 tɕ^{h}iəʔ^{4} yəʔ^{21} tɕ^{h}iəʔ^{4}

牛郎 niəu^{44} lɑ̃^{21}

织女 tʂəʔ^{4} ny^{21}

七月十五 tɕ^{h}iəʔ^{4} yəʔ^{21} ʂəʔ^{4} vu^{21}

面人人 miɛ^{53} ʐɤ̃^{44} ʐɤ̃^{21}　农历七月十五用白面捏的娃娃、动物等。有些陕西方言叫"面花"

八月十五 paʔ^{4} yəʔ^{21} ʂəʔ^{4} vu^{21}

九月九 tɕiəu^{21} yəʔ^{4} tɕiəu^{21}

腊八 laʔ^{4} paʔ^{21}

祭灶马爷爷 tɕi^{53} tsɔ^{53} ma^{21} iɛ^{44} iɛ^{21}

皇历 xuɑ̃^{44} liɤ̃^{21}（"历"韵母特殊）

时光儿 sʅ^{44} kuʌɯ^{21}　时候

时分儿 sʅ^{44} fʌɯ^{21}　一天中的时间

真$^{=}$儿 tʂʌɯ^{213}（当为"今儿"之音变）

明儿 miʌɯ^{53}

后儿 xʌɯ^{53}

外后儿 vᴇ^{53} xʌɯ^{53}

夜儿 iʌɯ^{53}　夜来 iɛ^{53} ləʔ^{21}（"来"促化）

前儿 tɕ^{h} iʌɯ^{53}

先前儿 ɕiɛ^{21} tɕ^{h}iʌɯ^{53}（"先"声调特殊）

半天 pɛ^{53} t^{h}iɛ^{213}

早起 tsɔ^{24} tɕ^{h}i^{21}/tsɔ^{21} tɕ^{h}i^{24}　早晨 tsɔ^{24} ʂɤ̃^{21}/tsɔ^{21} ʂɤ̃^{24}（"晨"读擦音）

清早 tɕ^{h}iɤ̃^{24} tsɔ^{21}　大早起 ta^{53} tsɔ^{24} tɕ^{h}i^{21}　清大早起 tɕ^{h}iɤ̃^{24} ta^{53} tsɔ^{24} tɕ^{h}i^{21}

晌午 ʂɑ̃^{21} vuo^{24}（"午"韵母特殊）中午

小晌午 ɕiɔ^{24} ʂɑ̃^{21} vuo^{24}（"午"韵母特殊）

亮红晌午 liɑ̃^{53} xuɤ̃^{44} ʂɑ̃^{21} vuo^{24}（"午"韵母特殊）大中午

前晌 tɕ^{h}iɛ^{44} ʂɑ̃^{21}　约指上午十点到下午两三点之间。传统上十点左右吃晌午饭，此时开始算前晌

后晌 xəu^{53} ʂɑ̃^{21}　约指下午两点到六点之间

半前晌 pɛ^{53} tɕ^{h}iɛ^{44} ʂɑ̃^{21}　前晌的后半段

半后晌 pɛ^{53} xəu^{53} ʂɑ̃^{21}　后晌的后半段

白夜儿 piɛ^{44} iʌɯ^{53}　白天（应为"白日儿"的音变）

擦黑 ts^{h}aʔ^{4} xəʔ^{4}　昏黄 xuɤ̃^{24} xuɑ̃^{44}　黄昏

爬夜 p^{h}a^{44} iɛ^{53}　走夜路

黑了 xəʔ^{4} lɛ^{21}　天黑

黑地xəʔ^{4} ti^{53} 晚上

前半夜tɕʰiɛ^{44} pɛ^{53} iɛ^{53}

后半夜xəu^{53} pɛ^{53} iɛ^{53}

打更ta^{21} tɕiɤ̃^{24}

五更vu^{21} tɕiɤ̃^{24}

半夜pɛ^{53} iɛ^{21}

半夜三更pɛ^{53} iɛ^{21} sɛ^{24} kɤ̃^{213} 半夜二更pɛ^{53} iɛ^{21} ʌɯ^{53} kɤ̃^{213} 黑更半夜xəʔ^{2} kɤ̃^{24} pɛ^{53} iɛ^{53}

年头niɛ^{44} tʰəu^{21}

日子ʐəʔ^{4} tsəʔ^{21} ①日期；②生活

夜儿夜儿iʌɯ^{53} iʌɯ^{53}（当为"日儿日儿"的音变） 天夜儿tʰiɛ^{24} iʌɯ^{53}（当为"天日儿"的音变） 天每儿tʰiɛ^{24} mʌɯ^{21}

往每夜儿（神木）vɑ̃^{24} mei^{21} iʌɯ^{53}（当为"往每日儿"的音变） 往夜儿vɑ̃^{21} iʌɯ^{53}（当为"往日儿"的音变）往日

而真⁼ ʌɯ^{44} tʂɤ̃^{21}（"而今"的音变） 而即ʌɯ^{44} tɕiəʔ^{21} 而着ʌɯ^{44} tʂəʔ^{21}（高家堡）现在

才刚tsʰᴇ^{44} tɕiɑ̃^{213} 刚才

旧先tɕiəu^{53} ɕiɛ^{213} 原先yɛ^{44} ɕiɛ^{213} 过去

移前i^{44} tɕʰiɛ^{44} 从前

亘古儿kɤ̃^{53} kuʌɯ^{21} 从来，本来

完些儿vɛ^{44} ɕiʌɯ^{213} 过一会儿

通宵tʰuɤ̃^{24} ɕiɔ^{213}

成天tʂʰɤ̃^{44} tʰiɛ^{213} 一天到黑iəʔ^{2} tʰiɛ^{24} tɔ^{53} xəʔ^{4}

成年tʂʰɤ̃^{44} niɛ^{44} 一年到头iəʔ^{4} niɛ^{44} tɔ^{53} tʰəu^{44}

一年iəʔ^{4} niɛ^{44}

两年liɑ̃^{21} niɛ^{44}

一二年iəʔ^{4} ʌɯ^{53} niɛ^{44}

十来年ʂəʔ^{4} lᴇ^{44} niɛ^{44} 少于十年的时间

十几年ʂəʔ^{4} tɕi^{21} niɛ^{44} 十多年ʂəʔ^{4} tuo^{24} niɛ^{44}

多年tuo^{24} niɛ^{44} 好多年xɔ^{21} tuo^{24} niɛ^{44}

一个月iəʔ^{4} kuo^{53} yəʔ^{4}

两个月liɑ̃^{21} kuo^{53} yəʔ^{4}

一两个月yəʔ^{4} liɑ̃^{21} kuo^{53} yəʔ^{4}

十个多月ʂəʔ^{4} kuo^{53} tuo^{24} yəʔ^{4}

十个来月ʂəʔ^{4} kəʔ^{21} lᴇ^{44} yəʔ^{4} 十来个月ʂəʔ^{4} lᴇ^{44} kəʔ^{21} yəʔ^{4} 少于十个月的时间

十几个月ʂəʔ^{4} tɕi^{21} kuo^{53} yəʔ^{4}

很有几个月xɤ̃^{24} iəu^{24} tɕi^{21} kuo^{53} yəʔ^{4}

几月tɕi^{21} yəʔ^{4}

几个月tɕi^{24} kəʔ^{21} yəʔ^{4}

一天iəʔ^{2} tʰiɛ^{24}

两天liɑ̃^{21} tʰiɛ^{24}

一两天iəʔ^{4} liɑ̃^{21} tʰiɛ^{24}

十来天ʂəʔ^{4} lᴇ^{44} tʰiɛ^{213} 少于十天的时间

十几天 ʂəʔ^{4} tɕi^{21} tʰiɛ^{24} 十多天 ʂəʔ^{4} tuo^{24} tʰiɛ^{213}

好多天 xɔ^{21} tuo^{24} tʰiɛ^{213}

甚会儿 ʂɤ̃^{53} xuʌɯ^{53}

四 农事

柴垛 tsʰᴇ^{44} tuo^{53}

粪坑 fɤ̃^{53} kʰɤ̃^{213}

沤粪 ŋəu^{53} fɤ̃^{53}

拾粪 ʂəʔ^{4} fɤ̃^{53} 积肥

奶粪 nᴇ^{21} fɤ̃^{53} 奶 nᴇ^{213} 追肥

浇地 tɕiɔ^{24} ti^{53}

牛车 niəu^{44} tʂʰʅə^{213}

马车 ma^{21} tʂʰʅə^{24}

平板车 pʰiɤ̃^{44} pɛ^{21} tʂʰʅə^{24}

车子 tʂʰʅə^{24} tsəʔ^{21} 自行车 tsʅ^{53} ɕiɤ̃^{44} tʂʰʅə^{213}

胶皮大车 tɕiɔ^{24} pʰi^{44} ta^{53} tʂʰʅə^{213}

套车 tʰɔ^{53} tʂʰʅə^{213}

装车 tʂuɑ̃^{24} tʂʰʅə^{213}

卸车 ɕiɛ^{53} tʂʰʅə^{213}

车箱子 tʂʰʅə^{24} ɕiɑ̃^{24} tsəʔ^{21}

车辕 tʂʰʅə^{24} yɛ^{44}

车骨⁼隆⁼子 tʂʰʅə^{24} kuəʔ^{4} luɤ̃^{21} tsəʔ^{4} 车轱辘

辐条 fəʔ^{4} tʰiɔ^{44} 辐丝 fəʔ^{2} sʅ^{24}

轴 tʂəu^{213}

车篷 tʂʰʅə^{24} pʰɤ̃^{44}

车把子 tʂʰʅə^{24} pa^{53} tsəʔ^{21}

缰绳 tɕiɑ̃^{24} ʂɤ̃^{44}

楼篼$_{58}$ ləu^{24} təu^{21} 装饲料喂马的器具。俗云:骷子头比～还大

嚼子 tɕiɔ^{44} tsəʔ^{21}

笼头 luɤ̃^{44} tʰəu^{21}

捂眼 ŋɛ^{24} iɛ^{213} 给推磨的牲畜遮眼的布

马掌 ma^{24} tʂɑ̃^{213}

钉掌子 tiɤ̃^{53} tʂɑ̃^{21} tsəʔ^{4}

牛鼻桊子 niəu^{44} piəʔ^{4} ɕyɛ^{53} tsəʔ^{21}

犁 li^{44}

犁儿铧子 liʌɯ^{53} xua^{44} tsəʔ^{21}

麦茬子 miəʔ^{4} tsʰa^{44} tsəʔ^{21} ①收过麦子的地;②麦子收割后留下的部分

豆茬子 təu^{53} tsʰa^{44} tsəʔ^{21} 收过豆子的地

保墒 pɔ^{21} ʂɑ̃^{24}

抢墒 tɕʰiɑ̃^{21} ʂɑ̃^{24}

饱墒 pɔ^{21} ʂɑ̃^{24} 雨下得透

耧 ləu^{44}

种麦子 tʂuɣ̃^{53} miəʔ^{4} tsəʔ^{21}

割麦子 kəʔ^{4} miəʔ^{4} tsəʔ^{21}

捥麦子 $_{23}$ vε^{21} miəʔ^{4} tsəʔ^{21} 拔麦子

场 tʂʰɑ̃^{44}

打场 ta^{21} tʂʰɑ̃^{44}

扬场 iɑ̃^{44} tʂʰɑ̃^{44}

连枷 $_{52}$ liε^{44} tɕia^{53}（“枷”声调特殊）打场的工具

仓子 tsʰɑ̃^{24} tsəʔ^{21}

席囤子 ɕiəʔ^{4} tuɣ̃^{53} tsəʔ^{21}

收秋 ʂəu^{24} tɕʰiəu^{213}

扇车 ʂε^{53} tʂʰʅə^{21} 旧 风车

碌碡 liəu^{53} tʂəu^{21}

磨 muo^{53}

磨房 muo^{53} fɑ̃^{21}

磨盘 muo^{53} pʰε^{44}

磨脖脐儿 muo^{53} pəʔ^{4} tɕʰiʌɯ^{53} 磨盘的轴。常用来形容碍事的人

硙磨 vei^{44} muo^{53} 推磨 tʰuei^{24} muo^{53}

碾子 niε^{21} tsəʔ^{4}

碾房 niε^{21} fɑ̃^{44}

碾道 niε^{21} tɔ^{53}

碾硙桩 niε^{21} vei^{44} tʂuɑ̃^{213} 碾子的轴。常用来形容脖子黑

滚碾子 kuɣ̃^{24} niε^{21} tsəʔ^{4}

碓臼 tuei^{53} tɕiəu^{21}

碓臼圪都 tuei^{53} tɕiəu^{21} kəʔ^{2} tu^{24} 碓臼的杵

捣碓臼 tɔ^{21} tuei^{53} tɕiəu^{21}

钯子 pʰa^{44} tsəʔ^{21}

镢头 tɕyəʔ^{4} tʰəu^{44}

扁镢 pε^{21} tɕyəʔ^{4} 扁头的镐

尖镢 tɕiε^{24} tɕyəʔ^{21} 尖头的镐

刨土 pʰɔ^{44} tʰu^{213} 掏土 tʰɔ^{24} tʰu^{213}

锄 tʂʰuo^{44}

锄地 tʂʰuo^{44} ti^{53}

捥草 vε^{24} tsʰɔ^{213}

铡刀 tsa^{55} tɔ^{21}

铡草 tsa^{44} tsʰɔ^{213}

镰刀 liε^{44} tɔ^{21}

锛子 pɣ̃^{24} tsəʔ^{21} 一种木工工具，即古代的“斤”

笨 pɣ̃^{53} 刀斧的刃受损

木杴 məʔ^{2} ɕiε^{24}

铁锨 tʰiəʔ^{2} tɕʰiε^{24} 铁锹 tʰiəʔ^{2} tɕʰiɔ^{24} 锹 tɕʰiɔ^{213}

筛子 sᴇ^{24} tsəʔ^{21}

簸箕 puo^{53} tɕʰi^{21}（“箕”声母特殊）

孛篓 pʰəʔ^{4} luo^{53}

孛篮 pʰəʔ^{4} lε^{44} 笸篮

罗柜 luo^{44} kuei^{53} 旧 一种加工粮食的工具，上面架罗，下面是接面的柜子

罗子 luo^{44} tsəʔ^{21}

绢罗 tɕyε^{53} luo^{21} 细罗子

罗 luo^{44} 过罗

担$^{=}$ tɛ^{53} 用粗罗子罗（面）

筐子 kʰuɑ̃^{24} tsəʔ^{21}（神木） 卜篮儿 pəʔ^{2} lʌɯ^{24}（万镇） 栲栳$_{117}$ kʰəʔ^{2} lɔ^{24}（贺家川）

筐筐 kʰuɑ̃^{24} kʰuɑ̃^{21} 小筐儿

篮篮 lɛ^{44} lɛ^{21} 小篮儿。较浅，也有系，但与“筐筐”有区别

担筐 tɛ^{24} kʰuɑ̃^{21} 较大的筐

担杖 tɛ^{53} tʂɑ̃^{21} 扁担

担担子 tɛ^{24} tɛ^{53} tsəʔ^{21}

扫帚 sɔ^{53} tʂʰu^{21}（“帚”声母、韵母特殊）

笤帚 tʰiɔ^{44} tʂu^{53}（“帚”韵母、声调特殊）

掸子 tɛ^{21} tsəʔ^{4}

桩子 tʂuɑ̃^{24} tsəʔ^{21}

栽桩子 tsᴇ^{24} tʂuɑ̃^{24} tsəʔ^{21}

橛子 tɕyəʔ^{4} tsəʔ^{21}

卯子 mɔ^{21} tsəʔ^{4}

牙卯子 ia^{44} mɔ^{21} tsəʔ^{4} 隼头

母卯子 mu^{24} mɔ^{21} tsəʔ^{4} 隼眼儿

钉子 tiɤ̃^{24} tsəʔ^{21} 钉钉 tiɤ̃^{24} tiɤ̃^{21}

钉钉钉 tiɤ̃^{53} tiɤ̃^{24} tiɤ̃^{21}

合叶子 xəʔ^{4} iəʔ^{4} tsəʔ^{21}

钳子 tɕʰiɛ^{44} tsəʔ^{21}

镊子 niəʔ^{4} tsəʔ^{21}

槌子 tʂʰuei^{44} tʂəʔ^{21}

狼头 lɑ̃^{44} tʰəu^{21} 农用，比“槌子”大

绳子 ʂɤ̃^{44} tsəʔ^{21} 绳绳 ʂɤ̃^{44} ʂɤ̃^{21}

拴住 ʂuɛ^{24} tʂu^{53}

绑住 pɑ̃^{21} tʂu^{53} 捆住 kʰuɤ̃^{21} tʂu^{53}

䙡子$_{152}$ kʰuei^{53} tsəʔ^{21} 圪瘩 kəʔ^{4} taʔ^{21}

活䙡子 xuəʔ^{4} kʰuei^{53} tsəʔ^{21} 活圪瘩 xuəʔ^{4} kəʔ^{4} taʔ^{21}

死䙡子 sɿ^{21} kʰuei^{53} tsəʔ^{21} 死圪瘩 sɿ^{21} kəʔ^{4} taʔ^{21}

柴 tsʰᴇ^{44}

硬柴 niɤ̃^{53} tsʰᴇ^{21} 木柴

拣柴 tɕiɛ^{21} tsʰᴇ^{44} 拾柴

剐柴 kua^{24} tsʰᴇ^{44} 劈柴

推刨儿窟□子 tʰuei^{24} pʌɯ^{53} kʰuəʔ^{2} lyɛ^{24} tsəʔ^{21} 刨花儿

五　植物

庄户 tʂuɑ̃^{24} xu^{53} 庄稼 tʂuɑ̃^{24} tɕiəʔ^{21}

粮 liɑ̃^{44} 粮食 liɑ̃^{44} ʂəʔ^{21}

稞子 kʰuo^{21} tsəʔ^{4} 未经加工的粮食

五谷 vu^{21} kuəʔ^{4}

杂粮tsa^{44} liɑ̃^{44}

麦子miəʔ^{4} tsəʔ^{21}

大麦ta^{53} miəʔ^{21}

草麦tsʰɔ^{21} miəʔ^{4}

黑麦子xəʔ^{4} miəʔ^{4} tsəʔ^{21}

青稞tɕʰiɤ̃^{24} kʰuo^{21}　当地过去种青稞

麦芒miəʔ^{4} vɑ̃^{44}

麦穗子miəʔ^{4} suei^{53} tsəʔ^{21}　麦穗穗miəʔ^{4} suei^{53} suei^{21}

麦秸miəʔ^{2} tɕiɛ^{24}

麦鱼儿miəʔ^{4} yʌɯ^{53}　麦[禾然]miəʔ^{4} ʐ̩ɛ^{53}　铡碎后和泥用的麦秸的顶部

荞面tɕʰiɔ^{44} miɛ^{53}　①荞麦；②荞麦面

荞面皮子tɕʰiɔ^{44} miɛ^{53} pʰi^{44} tsəʔ^{21}

莜麦iəu^{44} miəʔ^{21}

莜面iəu^{44} miɛ^{53}

稻子tɔ^{53} tsəʔ^{21}

清水稻子tɕʰiɤ̃^{24} ʂuei^{21} tɔ^{53} tsəʔ^{21}　当地产的一种水稻，用清水灌溉，米较白

浑水稻子xuɤ̃^{24} ʂuei^{21} tɔ^{53} tsəʔ^{21}　当地产的一种水稻，用浑水灌溉，米发红

大米ta^{53} mi^{21}

谷子kuəʔ^{4} tsəʔ^{21}

谷米kuəʔ^{4} mi^{21}　米mi^{213}（南乡）

酒谷米tɕiəu^{21} kuəʔ^{4} mi^{21}　熟后发黏的小米，可以做糕

粮谷米liɑ̃^{44} kuəʔ^{21} mi^{21}　比谷米白但不发黏的小米

金稻黍儿tɕiɤ̃^{24} tʰɔ^{53} ʂuʌɯ^{21}　玉米

[禾黑]子$_{134}$ mei^{21} tsəʔ^{4}　小麦、玉米的黑穗病

金稻黍儿茇子tɕiɤ̃^{24} tʰɔ^{53} ʂuʌɯ^{21} pəʔ^{4} tsəʔ^{21}　玉米的植株

稻黍$_{37}$ tʰɔ^{53} ʂu^{21}　高粱

稻黍圪榄子tʰɔ^{53} ʂu^{21} kəʔ^{4} lɛ^{21} tsəʔ^{4}　高粱的植株

棒棒pɑ̃^{53} pɑ̃^{21}　高粱秆儿

秕谷子pi^{21} kuəʔ^{4} tsəʔ^{21}

稗子pᴇ^{53} tsəʔ^{21}

谷莠子$_{150}$ kuəʔ^{4} iəu^{21} tsəʔ^{4}　狗尾草

软米ʐuɛ^{24} mi^{21}　黄米

软大米ʐuɛ^{21} ta^{53} mi^{21}　糯米

黄米xuɑ̃^{44} mi^{21}　糜子米

糙米tsʰɔ^{24} mi^{21}　加工较粗的糜子米

黍子ʂu^{21} tsəʔ^{4}

芝麻tsɿ^{24} ma^{44}

胡麻xu^{44} ma^{21}

黄豆xuɑ̃^{44} təu^{53}　大豆

绿豆luəʔ^{4} təu^{53}

黑豆xəʔ^{4} təu^{53}

白黑豆儿piɛ^{44} xəʔ^{21} tʌɯ^{21}　白色、状似黑豆的豆子

绿黑豆儿luəʔ^{4} xəʔ^{21} tʌɯ^{21}　绿色、状似黑豆的豆子

红黑豆儿xuɤ̃44 xəʔ21 tʌɯ21 红色、状似黑豆的豆子

红小豆xuɤ̃44 ɕiɔ21 təu53

豌豆vɛ24 təu53

豇豆tɕiɑ̃24 təu53 一种豆子，颜色土黄发红，比红小豆大

扁豆pɛ21 təu53/pʰiɛ21 təu53 ①一种豆子，形状圆扁；②借指南乡人（贬）

大豆ta53 təu53 蚕豆

豆秸təu53 tɕiɛ213

红薯xuɤ̃44 ʂu21 白薯

山蔓菁儿sɛ24 mɛ44 tɕiʌɯ53 山药sɛ24 iɛ21/i21 （“药”轻化，韵尾甚至韵腹脱落）土豆

莲菜liɛ44 tsʰE53 藕。当地不种，名称从西安引进

茄子tɕʰiɛ44 tsəʔ21

黄瓜xuɑ̃44 kua21

菜瓜tsʰE53 kua213

丝瓜sɿ24 kua21

苦瓜kʰu21 kua24

番瓜子fɛ24 kua21 tsəʔ21 南瓜，脐儿大

倭瓜儿vuo24 kuʌɯ21 南瓜，脐儿小

西葫芦儿ɕi24 xuəʔ21 luʌɯ21 葫芦儿xuəʔ4 luʌɯ53

葫芦芦xuəʔ4 lu44 lu21 葫芦

葱儿tsʰuʌɯ213

葱儿叶子tsʰuʌɯ24 iəʔ4 tsəʔ21

葱儿薤子155 tsʰuʌɯ24 xE53 tsəʔ21 洋葱iɑ̃44 tsʰuɤ̃213（万镇） 薤xE53（贺家川） 葱头

蒜suɛ53

蒜苔suɛ53 tʰE213（“苔”声调特殊）

蒜苗suɛ53 miɔ44

韭菜tɕiəu21 tsʰE53

韭菜花儿tɕiəu21 tsʰE53 xuʌɯ213

择毛儿tsəʔ4 mʌɯ53 野韭菜花儿

韭黄tɕiəu21 xuɑ̃44 蒜黄

洋柿子iɑ̃44 sɿ53 tsəʔ21 柿子sɿ53 tsəʔ21 西红柿ɕi24 xuɤ̃44 sɿ53

姜tɕiɑ̃213

洋蔓菁iɑ̃44 mɛ44 tɕiɤ̃53 洋姜

辣子laʔ4 tsəʔ21

大辣子ta53 laʔ4 tsəʔ21 青椒

菠菜puo24 tsʰE53

白菜piɛ44 tsʰE53 白薹piɛ44 tʰE213（贺家川）

边股piɛ24 ku21 白菜帮子

茴子白xuei44 tsəʔ21 piɛ44 莲花白liɛ44 xua21 piɛ44 圆白菜

抱头白pɔ53 tʰəu44 piɛ44 包头白菜

间菜tɕiɛ53 tsʰE53 在成长期拔掉小而弱的白菜

间菜儿子tɕiɛ53 tsʰE53 ʌɯ44 tsəʔ21 间菜时拔下来的小白菜

毛儿子mɔ^{44} ʌɯ^{44} tsəʔ^{21}　毛儿儿mɔ^{44} ʌɯ^{44} ʌɯ^{21}　极小的白菜

莴笋vuo^{24} suɤ̃^{21}

芹菜tɕʰiɤ̃^{44} tsʰᴇ^{53}　芹子tɕʰiɤ̃^{44} tsəʔ^{21}（高家堡，南乡）

芫荽iɛ^{44} suei^{53}（“芫”介音特殊，“荽”轻声变去）

萝卜luo^{44} pu^{53}（“卜”轻声变去）

走心了tsəu^{21} ɕiɤ̃^{24} lɛ^{21}（萝卜）糠了

萝卜缨子luo^{44} pu^{53} iɤ̃^{24} tsəʔ^{21}

白萝卜piɛ^{44} luo^{21} pu^{21}

黄萝卜xuɑ̃^{44} luo^{21} pu^{21}

红萝卜xuɤ̃^{44} luo^{21} pu^{21}

蔓菁mɛ^{44} tɕiɤ̃^{53}

苴莲tɕʰiɛ^{21} liɛ^{44}　甘蓝

油菜iəu^{44} tsʰᴇ^{53}（新引进）

芥菜kᴇ^{53} tsʰᴇ^{21}

黄芥儿xuɑ̃^{44} tɕiʌɯ^{53}　①榨油的油菜；②油菜子儿

芥末tɕiɛ^{53} məʔ^{4}

菜子儿tsʰᴇ^{53} tsʌɯ^{213}

沙芥sa^{24} kᴇ^{53}　一种野菜，味略辛辣，用素油炒后可以和饭食用，也可烩菜

灰菜xuei^{24} tsʰᴇ^{53}

苦菜kʰu^{21} tsʰᴇ^{53}

蒿籽xɔ^{24} tsɿ^{21}　沙蒿的子实，常用作饸饹的添加剂，或袼褙的黏合剂

葵花kʰuei^{24} xua^{21}　向日葵ɕiɑ̃^{53} ʐəʔ^{4} kʰuei^{213}

葵花子儿kʰuei^{24} xua^{21} tsʌɯ^{24}

棉花miɛ^{44} xua^{21}（当地不种）

麻ma^{44}　苎麻

大麻子ta^{53} ma^{44} tsəʔ^{21}　蓖麻

树林林ʂu^{53} liɤ̃^{44} liɤ̃^{21}

一茇树iəʔ^{4} pəʔ^{21} ʂu^{53}

树栽子ʂu^{53} tsᴇ^{24} tsəʔ^{21}

树圪榄ʂu^{53} kəʔ^{4} lɛ^{213}　树干

树梢梢ʂu^{53} sɔ^{24} sɔ^{21}　树梢儿

梢子$_{82}$sɔ^{24} tsəʔ^{21}　树枝子ʂu^{53} tsɿ^{24} tsəʔ^{21}　树枝枝ʂu^{53} tsɿ^{24} tsɿ^{21}　树枝

树根ʂu^{53} kɤ̃^{213}

树叶子ʂu^{53} iəʔ^{4} tsəʔ^{21}

树皮ʂu^{53} pʰi^{44}

树圪桩ʂu^{53} kəʔ^{2} tʂuɑ̃^{24}　树干截掉上部后剩余的部分

木植məʔ^{4} ʂəʔ^{21}　木头

种树tʂuɤ̃^{53} ʂu^{53}

科树kʰuo^{24} ʂu^{53}　打掉树的旁枝

跌树tiəʔ^{4} ʂu^{53}　放树fɑ̃^{53} ʂu^{53}　砍树

花儿草xuʌɯ^{24} tsʰɔ^{21}

一朵花儿iəʔ^{2} tuo^{24} xuʌɯ^{213}

一茇花儿iəʔ^{4} pəʔ^{21} xuʌɯ^{24}

花儿圪都xuʌɯ^{24} kəʔ^{2} tu^{24}

花瓣瓣xua^{24} pɛ^{53} pɛ^{21}

花心心xua^{24} ɕiɤ̃^{24} ɕiɤ̃^{21}

种花儿 tʂuɤ̃^{53} xuʌɯ^{213}

分 fɤ̃^{53}（声调特殊）移栽（花草）

浇花儿 tɕiɔ^{24} xuʌɯ^{213}

果树 kuo^{21} ʂu^{53}

果子 kuo^{21} tsəʔ^{4}　①水果的总称；②一种小沙果

松树 suɤ̃^{24} ʂu^{53}

松木 suɤ̃^{24} məʔ^{21}

柏树 piəʔ^{4} ʂu^{53}

柏木 piəʔ^{4} məʔ^{21}

沙蒿 sa^{24} xɔ^{21}

沙柳 sa^{24} liəu^{21}

榆树 y^{44} ʂu^{53}

榆木 y^{44} məʔ^{21}

榆钱儿 y^{44} tɕʰiʌɯ^{21}　榆钱钱 y^{44} tɕʰiɛ^{21} tɕʰiɛ^{21}

榆皮 y^{44} pʰi^{21}　榆树皮，常用作饸饹的添加剂

椴树 tuɛ^{53} ʂu^{53}

椴木 tuɛ^{53} məʔ^{21}

水桐树 ʂuei^{21} tʰuɤ̃^{44} ʂu^{53}　白杨树

柳树 liəu^{21} ʂu^{53}

柳梢子 liəu^{21} sɔ^{24} tsəʔ^{21}　柳条子 liəu^{21} tʰiɔ^{44} tsəʔ^{21}　柳枝

柳树叶子 liəu^{21} ʂu^{53} iəʔ^{4} tsəʔ^{21}

毛毛 mɔ^{44} mɔ^{21}　柳絮

槐树 xuᴇ^{44} ʂu^{53}

洋槐树 iɑ̃^{44} xuᴇ^{44} ʂu^{53}

枣儿树 tsʌɯ^{24} ʂu^{53}

枣儿箅子 tsʌɯ^{24} pʰiəʔ^{4} tsəʔ^{21}　枣儿排 tsʌɯ^{24} pʰᴇ^{44}　用高粱秆儿串起后横连起来的枣排

枣儿榾子 tsʌɯ^{24} kuəʔ^{4} tsəʔ^{21}

酒腌枣儿 tɕiəu^{21} iɛ^{24} tsʌɯ^{213}　醉枣

薰枣儿 ɕyɤ̃^{24} tsʌɯ^{213}　薰制的红枣

酸枣 suɛ^{24} tsɔ^{21}　一种圆形小枣，味酸

团枣 tʰuɛ^{44} tsɔ^{21}　一种圆形小枣，比酸枣大，味酸甜

沙枣 sa^{24} tsɔ^{21}

桑树 sɑ̃^{24} ʂu^{53}　民俗：院子里不种桑树，避“丧”字

桑叶子 sɑ̃^{24} iəʔ^{4} tsəʔ^{21}

桑葚 sɑ̃^{24} ɕiɤ̃^{21}（“葚”声母特殊，并影响韵母）

桃儿树 tʰʌɯ^{53} ʂu^{21}

桃儿 tʰʌɯ^{53}

杏儿树 xʌɯ^{53} ʂu^{21}　民俗：院子里不种杏树，避“恨”字

杏儿 xʌɯ^{53}

李子树 li^{21} tsəʔ^{4} ʂu^{53}

李子 li^{21} tsəʔ^{4}

梨树 li^{44} ʂu^{53}

梨儿 liʌɯ^{53}

海棠儿 xᴇ^{21} tʰʌɯ^{53}

玉黄 y^{53} xuɑ̃^{21}　一种在桃树上嫁接的果树，果实与李子类似而略大，

黄色

海红子 xᴇ^{21} xuɣ̃^{44} tsəʔ^{21} 一种小红果，味酸甜

则⁼梨梨 tsəʔ^{4} li^{44} li^{21} □梨梨 tʂ^{h}uəʔ^{4} li^{44} li^{21}（南乡）一种小果子，形体很小，黄色，味酸。学名“山丁子”

石榴 ʂəʔ^{4} liəu^{44}（当地不栽种）

柿饼子 sɿ^{53} piɣ̃^{21} tsəʔ^{4}

栗子 liəʔ^{4} tsəʔ^{21}（当地不栽种）

核桃 kəʔ^{4} t^{h}ɔ^{44}（“核”声母特殊，当地不栽种）

西瓜 ɕi^{24} kua^{21}

沙瓤 sa^{24} ʐɑ̃^{44}

白葫芦儿 piəʔ^{4} xuəʔ^{21} luʌɯ^{21} 生西瓜

瓜子儿 kua^{24} tsʌɯ^{21}

嗑瓜子儿 k^{h}uo^{53} kua^{24} tsʌɯ^{21}

香瓜子 ɕiɑ̃^{24} kua^{21} tsəʔ^{21} 甜瓜

灯篓儿红 tɣ̃^{24} lʌɯ^{53} xuɣ̃^{44} 一种红瓤的甜瓜，特别甜

面甜瓜儿 miɛ^{53} t^{h}iɛ^{44} kuʌɯ^{21} 一种甜瓜，面而不很甜

落花生 luəʔ^{4} xua^{21} sɣ̃^{21} 花生 xua^{24} sɣ̃^{21}

竹子 tʂuəʔ^{4} tsəʔ^{21}（当地不栽种）

牡丹 mɔ^{21} tɛ^{24}

玫瑰 mei^{44} kuei^{53}（“瑰”轻声变去）

菊花儿 tɕyəʔ^{4} xuʌɯ^{21}

梅花儿 mei^{44} xuʌɯ^{21}

美人蕉 mei^{21} ʐɣ̃^{44} tɕiɔ^{213}

大出⁼气⁼ ta^{53} tʂ^{h}uəʔ^{4} tɕ^{h}i^{53} 雏菊（系外来，字音发生讹变）

甲掐儿草 tɕiəʔ^{4} tɕ^{h}iʌɯ^{21} ts^{h}ɔ^{213} 凤仙花

菖蒲 ts^{h}ɑ̃^{24} p^{h}u^{44}

仙人掌 ɕiɛ^{21} ʐɣ̃^{44} tʂɑ̃^{213}

蒺藜儿苗 tsəʔ^{4} liʌɯ^{53} miɔ^{44}

蒺藜儿 tsəʔ^{4} liʌɯ^{53} 蒺藜的果

棘针$_{148}$ kəʔ^{2} tʂɣ̃^{24} 荆棘：～把人扎得。当地人多写作“圪针”

□□ t^{h}uei^{44} t^{h}uei^{21} 蒲公英

苜蓿 miəʔ^{4} ɕyəʔ^{21}（“苜”韵母特殊，有i介音）

艾 ŋᴇ^{53}

沙奶奶 sa^{24} nᴇ^{21} nᴇ^{24} 当地的一种草本植物，长在沙地里，子荚含奶丰富，嫩时可食

蘑菇 muo^{44} ku^{53}（“菇”轻声变去）

狗尿腿 kəu^{21} niɔ^{53} t^{h}uei^{213} 苔藓

牵牛牛 tɕ^{h}iɛ^{24} niəu^{44} niəu^{21}

山丹丹 sɛ^{24} tɛ^{53} tɛ^{21}（“丹”声调特殊）

六 动物

牲畜 sɣ̃^{24} ɕyəʔ^{21} 牲宁 sɣ̃^{24} niɣ̃^{44}（当为“牲灵”的音变）

牲口 sɤ̃^{24} kʰəu^{21} ①牲畜；②詈词

畜牲 tʂʰuəʔ^{4} sɤ̃^{21} 骂坏学生的詈词：你是学生？你是～！

儿马 ʌɯ^{44} ma^{21}

骒马 kʰuo^{53} ma^{21}

骟马 ʂɛ^{53} ma^{213}

马驹驹 ma^{21} tɕy^{24} tɕy^{21}

牛 niəu^{44}

犍牛 tɕiɛ^{24} niəu^{44} ⿰牛菐牛 pʰəʔ^{4} niəu^{44} 公牛

骺牛 ʂʅə^{21} niəu^{44} 母牛 mu^{21} niəu^{44}

牛面⁼子 niəu^{44} miɛ^{53} tsəʔ^{21} 牛面⁼面⁼ niəu^{44} miɛ^{53} miɛ^{21} 牛犊子 niəu^{44} tʰuəʔ^{4} tsəʔ^{21}（南乡）

牛角儿 niəu^{44} tɕyʌɯ^{44}

驴 ly^{44} 毛驴 mɔ^{44} ly^{44}

叫驴 tɕiɔ^{53} ly^{21}

草驴 tsʰɔ^{21} ly^{44}

驴驹子 ly^{44} tɕy^{24} tsəʔ^{21} 驴驹驹 ly^{44} tɕy^{24} tɕy^{21}

骡子 luo^{44} tsəʔ^{21}

儿骡 ʌɯ^{44} luo^{21}

骒骡 kʰuo^{53} luo^{21}

驴骡 ly^{44} luo^{21}

马骡 ma^{21} luo^{44}

骆驼 luo^{53} tʰuo^{21}

绵羊 miɛ^{44} iɑ̃^{21}

山羊 sɛ^{24} iɑ̃^{44}

臊胡 sɔ^{24} xu^{44} 种公羊

圪羝$_{135}$ kəʔ^{2} ti^{24} 未骟的公羊

羯子 tɕiəʔ^{4} tsəʔ^{21} 骟过的公羊

母子 mu^{21} tsəʔ^{4} 母羊

栈羊 tsɛ^{53} iɑ̃^{21} 圈养育肥的绵羊

羊羔子 iɑ̃^{44} kɔ^{24} tsəʔ^{21} 羊羔羔 iɑ̃^{44} kɔ^{24} kɔ^{21}

狗 kəu^{213}

牙狗 ia^{44} kəu^{21}

母狗 mu^{24} kəu^{21}

狗儿子 kəu^{21} ʌɯ^{44} tsəʔ^{21} 狗崽儿

疯狗 fɤ̃^{24} kəu^{21}

狗疯了 kəu^{21} fɤ̃^{24} lɛ^{21}

猫儿 mʌɯ^{53}

牙猫儿 ia^{44} mʌɯ^{53}

母猫儿 mu^{21} mʌɯ^{53}

猫儿儿子 mʌɯ^{53} ʌɯ^{44} tsəʔ^{21} 小猫

猪 tʂu^{213}

肉猪 zəu^{53} tʂu^{213}

羯猪子 tɕiəʔ^{2} tʂu^{24} tsəʔ^{21} 供交配用的公猪

母猪 mu^{21} tʂu^{24}

老母猪 lɔ^{24} mu^{21} tʂu^{24} 窠婆 kʰuo^{24} pʰuo^{44} 专门生崽儿的母猪

壳□子 kʰəʔ^{2} lɑ̃^{24} tsəʔ^{21} 专门育肥的肉猪

猪啦子 tʂu^{24} la^{44} tsəʔ^{21} 猪啦啦 tʂu^{24} la^{44} la^{21} 猪崽儿

猪鬃 tʂu^{24} tsuɤ̃^{213}

尾巴 i̲^{21} pa^{24}

鸡儿 tɕiʌɯ^{213}

公鸡 kuɤ̃^{24} tɕi^{21}

草鸡 tsʰɔ^{21} tɕi^{24} ①母鸡；②烦，害怕

鸡蛋 tɕi^{24} tɛ^{53}

下蛋 xa^{53} tɛ^{53} ①禽类下蛋；②反悔

菢鸡儿子 pɔ^{53} tɕi^{24} ʌɯ^{44} tsəʔ^{21}

落窝鸡 lɔ^{53} vuo^{24} tɕi^{213}

鸡儿儿子 tɕiʌɯ^{24} ʌɯ^{44} tsəʔ^{21}

鸡冠子 tɕi^{24} kuɛ^{24} tsəʔ^{21} 鸡冠冠 tɕi^{24} kuɛ^{24} kuɛ^{21}

鸡爪子 tɕi^{24} tʂua^{21} tsəʔ^{4}

鸭子 iaʔ^{4} tsəʔ^{21}（当地不养鸭）

鸭蛋 iaʔ^{4} tɛ^{53}

劁（猪）tɕʰiɔ^{213}

骟（马、驴）ʂɛ^{53}

野兽 iɛ^{21} ʂəu^{53}

狮子 sɿ^{24} tsəʔ^{21}（当地没有）

老虎 lɔ^{24} xu^{21}（当地没有）

母老虎 mu^{21} lɔ^{24} xu^{21} 詈词：非常厉害的女人

狼 lɑ̃^{44}

猴子 xəu^{44} tsəʔ^{21} 猴儿 xʌɯ^{53}

人熊 zɤ̃^{44} ɕyɤ̃^{44} 狗熊 kəu^{21} ɕyɤ̃^{44}（当地没有）

貒子$_{138}$ tʰuɛ^{24} tsəʔ^{21} 猪獾

豹子 pɔ^{53} tsəʔ^{21}（当地没有）

狐子 xu^{44} tsəʔ^{21} 狐狸 xu^{44} li^{21}

黄鼬 xuɑ̃^{44} iɔ^{53}（“鼬”韵母特殊）

兔子 tʰu^{53} tsəʔ^{21}

老鼠 lɔ^{24} ʂu^{21}

刺猬 tsʰɿ^{53} vei^{21}

蛇 ʂʅə^{44}

蟒 mɑ̃^{213}（当地没有）

飞鸟 fei^{24} niɔ^{21}

翎 liɤ̃^{44}

膀子 pɑ̃^{21} tsəʔ^{4} 膀膀 pɑ̃^{21} pɑ̃^{24} 翅膀

脯子 pʰu^{44} tsəʔ^{21} 脯脯 pʰu^{44} pʰu^{21} 禽类的胸脯

嘴 tsuei^{213} 禽类的嘴

老哇 lɔ^{21} va^{53} ①乌鸦；②似老鹰而大者

老哇窝 lɔ^{21} va^{53} vuo^{213} 乌鸦巢

野鹊子 iɛ^{21} tɕʰiəʔ^{4} tsəʔ^{21} 喜鹊

喳 tsa^{53}（喜鹊）叫

雀儿 tɕʰiʌɯ^{213} 麻雀儿 ma^{44} tɕʰiʌɯ^{21}

胡燕儿 xu^{44} iʌɯ^{53} 燕子

长毛雁 tʂʰɑ̃^{44} mɔ^{44} iɛ^{53}（“长脖雁”的讹变）

突咕咕 tʰuəʔ^{4} ku^{53} ku^{21} 斑鸠

鸽虎 kəʔ^{4} xu^{21} 鸽子 kəʔ^{4} tsəʔ^{21}

鹐树锛锛 tɕʰiɛ^{24} ʂu^{53} pɤ̃^{24} pɤ̃^{21} 啄木鸟

恨虎 xɤ̃^{53} xu^{21} 猫头鹰，形体较小

鸱怪子 tsʰɿ^{24} kuᴇ^{53} tsəʔ^{21} 猫头鹰，形体较大

捞鱼鹳 lɔ^{44} y^{44} kuɛ^{53} 鱼鹰

鹞子 iɔ^{53} tsəʔ^{21}

兀边$^{=}$ vu^{44} piɛ^{21}　老鹰

鸳鸯 yɛ^{24} iɑ̃^{44}

山鸡 sɛ^{24} tɕi^{21}　野鸡

咕咕库$^{=}$ ku^{24} ku^{21} kʰu^{53}　布谷鸟

夜蝙蝠儿 iɛ^{53} piəʔ^{2} fʌɯ^{24}（“蝙”读音讹变）

蚕 tsʰɛ^{44}　当地只有儿童养蚕，非生产行为

蚕蛋 tsʰɛ^{44} tɛ^{53}　蚕子

蛹 yɤ̃^{213}

吐丝 tʰu^{21} sɿ^{24}

蛛蛛 tʂu^{24} tʂu^{21}　蜘蛛

蚂蚁儿 ma^{24} iʌɯ^{21}

蝼蛄 luəʔ^{4} ku^{21}

蚯蚓 tɕʰiəu^{24} iɤ̃^{21}

天牛儿 tʰiɛ^{24} niʌɯ^{53}　蜗牛

老哇眼睛 lɔ^{21} va^{53} iɛ^{21} tɕiɤ̃^{24}　蜗牛壳

粪扒牛 fɤ̃^{53} pʰa^{21} niəu^{44}　蜣螂

钱串子 tɕʰiɛ^{44} tʂʰuɛ^{53} tsəʔ^{21}

毛爹爹 mɔ^{44} tsa^{53} tsa^{21}　蜈蚣

毛蚰蜒 mɔ^{44} iəu^{44} iɛ^{53}（“蜒”轻声变去）

圪撩子 kəʔ^{4} liɔ^{44} tsəʔ^{21}　蝎子 ɕiəʔ^{4} tsəʔ^{21}

蝎子尾巴 ɕiəʔ^{4} tsəʔ^{21} i^{21} pa^{24}

螫人 tʂəʔ^{4} ʐɤ̃^{44}

圪桃虫 kəʔ^{4} tʰɔ^{44} tʂʰuɤ̃^{21}　土豆地里生的地蛆

油旱 iəu^{44} xɛ^{53}　蚜虫

蝇子 iɤ̃^{44} tsəʔ^{21}

铜蝇子 tʰuɤ̃^{44} iɤ̃^{44} tsəʔ^{21}　绿蝇

苍蝇 tsʰɑ̃^{24} iɤ̃^{44}　大的麻子苍蝇

蠓子 mɤ̃^{21} tsəʔ^{4}　蚊子

（蠓子）咬人 niɔ^{21} ʐɤ̃^{44}　叮人

虱子 səʔ^{4} tsəʔ^{21}

虮子 tɕi^{21} tsəʔ^{4}

壁虱 piəʔ^{4} səʔ^{21}　臭虫

圪蚤 kəʔ^{4} tsɔ^{53}　跳蚤

狗蝇 kəu^{21} iɤ̃^{24}（“蝇”声调特殊）

恶虻 ŋəʔ^{4} mɤ̃^{44}　牛虻

叫蚂蚱 tɕiɔ^{53} ma^{21} tsəʔ^{4}　蟋蟀

百踪 piəʔ^{2} tsuɤ̃^{24}　蝗虫

扁担 pɛ^{21} tɛ^{53}　簸簸箕 puo^{21} puo^{53} tɕʰi^{21}　①螳螂；②与螳螂形似，绿色，头方形，学名精灵蝗虫

蜂儿 fʌɯ^{213}

绵蜂儿 miɛ^{44} fʌɯ^{21}　不螫人的蜂

刺蜂儿 tsʰɿ^{53} fʌɯ^{21}　螫人的蜂

地蜂儿 ti^{53} fʌɯ^{21}　马蜂

蜂儿窝 fʌɯ^{24} vuo^{213}

打灯篓儿 ta^{21} tɤ̃^{24} lʌɯ^{53}　萤火虫

骚秃子 sɔ^{24} tʰuəʔ^{21} tsəʔ^{21}　臭板虫

灯蛾儿 tɤ̃^{24} ŋuʌɯ^{53}

秋蝉儿 tɕʰiəu^{24} ʂʌɯ^{53}　蝉

蛾儿 ŋuʌɯ^{53}　①蝴蝶；②蚕蛾

红火柱 xuɤ̃^{44} xuo^{21} tʂu^{53}　蜻蜓

送饭牛牛 suɤ̃^{53} fɛ^{53} niəu^{44} niəu^{21} 瓢虫 pʰiɔ^{44} tʂʰuɤ̃^{21} 新

蛇鼠子 ʂʅə^{44} ʂu^{21} tsəʔ^{4} 一种蜥蜴，头呈尖形，有的方言叫四脚蛇

沙虎儿 sa^{24} xuʌɯ^{21} 一种蜥蜴，头呈圆形

狗夹子 kəu^{21} tɕiaʔ^{4} tsəʔ^{21} 一种沙地上的昆虫，尾部有两个钳。学名沙蚕

鱼 y^{44}

鲤鱼 li^{21} y^{44}

棉鱼 miɛ^{44} y^{21} 鲢鱼

金鱼 tɕiɤ̃^{24} y^{44}

鱼鳞 y^{44} liɤ̃^{44}

鱼骨殖 y^{44} kuəʔ^{4} ʂəʔ^{21} 鱼刺

鱼腮 y^{44} sᴇ^{213}

钓鱼 tiɔ^{53} y^{44}

打鱼 ta^{21} y^{44}

虾 ɕia^{44}（声调特殊）

虾米 ɕia^{44} mi^{21}（“虾”声调特殊）

鳖介 piəʔ^{4} kᴇ^{53} 鳖

猴鱼鱼 xəu^{44} y^{44} y^{21} 泥鳅

蛤蟆 xəʔ^{4} ma^{44} 青蛙

圪扭儿 kəʔ^{4} niʌɯ^{21} 蝌蚪

疥圪泡 tɕiɛ^{53} kəʔ^{2} pʰɔ^{24} 癞蛤蟆

七 房屋、器具

家 tɕia^{213} 宬处 ʂɤ̃^{44} tʂʰu^{21} 住宅

房子 fɑ̃^{44} tsəʔ^{21}

院 yɛ^{53}

院起 yɛ^{53} tɕʰi^{21} 外起 vᴇ^{53} tɕʰi^{21} 院子里，相对“家里”而言

两进 liɑ̃^{21} tɕiɤ̃^{53} 旧

过道子 kuo^{53} tɔ^{53} tsəʔ^{21} 旧

影壁儿 iɤ̃^{21} piʌɯ^{44} 旧

院墙 yɛ^{53} tɕʰiɑ̃^{21}

栅子 tsa^{53} tsəʔ^{21} 乡 篱笆

水道窟子 ʂuei^{21} tɔ^{53} kʰuəʔ^{4} tsəʔ^{21} 墙根开的水道

间 tɕiɛ^{213} 单间的屋子

入深 ʐuəʔ^{2} ʂɤ̃^{24} 前后墙的距离

宽 kʰuɛ^{213} 一间房的宽度

前头 tɕʰiɛ^{44} tʰəu^{21} 城 外间子 vᴇ^{53} tɕiɛ^{24} tsəʔ^{21} 乡 外屋

后头 xəu^{53} tʰəu^{21} 城 里间子 li^{21} tɕiɛ^{24} tsəʔ^{21} 乡 里屋

正房 tʂɤ̃^{53} fɑ̃^{21}

耳阁子 ʌɯ^{21} kəʔ^{4} tsəʔ^{21} 小套间

东房 tuɤ̃^{24} fɑ̃^{44}

西房 ɕi^{24} fɑ̃^{44}

南房 nɛ^{44} fɑ̃^{21}

客厅 k^{h}əʔ^{4} t^{h}iɤ̃^{213}

下厦 xa^{53} sa^{21} 住宅和屋子的单位

凉棚儿 liɑ̃^{44} p^{h}iʌɯ^{21} 院子里炉子上方遮阳、遮雨的棚子，一般没有墙

后园 xəu^{53} yɛ^{21} 茅房 mɔ^{44} fɑ̃^{21} 圈 tɕyɛ^{53}（高家堡） 茅子 mɔ^{44} tsəʔ^{21}（万镇） 后楼圈儿 xəu^{53} ləu^{21} tɕyʌɯ^{53}（贺家川） 厕所

牛圈 niəu^{44} tɕyɛ^{53}

马圈 ma^{21} tɕyɛ^{53}

槽 ts^{h}ɔ^{44}（牛、马、驴、骡用的）

猪圈 tʂu^{24} tɕyɛ^{53}

猪食槽子 tʂu^{24} ʂəʔ^{4} ts^{h}ɔ^{44} tsəʔ^{21} 喂猪槽子 vei^{53} tʂu^{213} ts^{h}ɔ^{44} tsəʔ^{21}

猪食 tʂu^{24} ʂəʔ^{4}

羊圈 iɑ̃^{44} tɕyɛ^{53}

放羊的 fɑ̃^{53} iɑ̃^{44} təʔ^{21}

狗窝 kəu^{21} vuo^{24}

狗食盆子 kəu^{21} ʂəʔ^{4} p^{h}ɤ̃^{44} tsəʔ^{21}

鸡笼子 tɕi^{24} luɤ̃^{44} tsəʔ^{21}

鸡窝 tɕi^{24} vuo^{213}

大门 ta^{53} mɤ̃^{21}

二门 ʌɯ^{53} mɤ̃^{21}

小门儿 ɕiɔ^{21} mʌɯ^{53}

后门 xəu^{53} mɤ̃^{44}

门闲 mɤ̃^{44} xɛ^{44}/ɕiɛ^{44} 门坎儿

门圪𫭼 mɤ̃^{44} kəʔ^{2} lɔ^{24} 门后

屈戌儿 tɕ^{h}yəʔ^{4} ɕyʌɯ^{53}

门别子 mɤ̃^{44} piəʔ^{4} tsəʔ^{21} 门闩

巧⁼垫⁼子 tɕ^{h}iɔ^{21} tiɛ^{53} tsəʔ^{21}（大门的）门闩

锁子 suo^{21} tsəʔ^{4}

钥匙 iəʔ^{4} sɿ^{44}

房檐 fɑ̃^{44} iɛ^{44} 檐头

房棚 fɑ̃^{44} p^{h}iɛ^{44} 房顶

墙崖 tɕ^{h}iɑ̃^{44} nᴇ^{44} 屋里的墙

山墙 sɛ^{24} tɕ^{h}iɑ̃^{44}

后墙 xəu^{53} tɕ^{h}iɑ̃^{21}

腰墙子 iɔ^{24} tɕ^{h}iɑ̃^{44} tsəʔ^{21} 油漆的墙围子

烟洞 iɛ^{24} tuɤ̃^{53} 烟囱

担子 tɛ^{53} tsəʔ^{21} 大梁

梁 liɑ̃^{44}

檩子 liɤ̃^{21} tsəʔ^{4}

椽 tʂ^{h}uɛ^{44} 挎椽子 k^{h}ua^{53} tʂ^{h}uɛ^{21} tsəʔ^{21}

柱子 tʂu^{53} tsəʔ^{21}

地工 ti^{53} kuɤ̃^{21} 地基

墩儿石 tuʌɯ^{24} ʂəʔ^{21} 柱础

圪台台 kəʔ^{4} t^{h}ᴇ^{44} t^{h}ᴇ^{21} 台阶儿

仰尘 iɑ̃^{21} tʂ^{h}ɤ̃^{44} 顶棚

天花板 t^{h}iɛ^{24} xua^{24} pɛ^{21} 庙里的顶棚

脚地 tɕiəʔ^{4} ti^{53} 屋里的地

楼房 ləu^{44} fɑ̃^{21}

楼上 ləu^{44} ʂɑ̃^{53}

楼下 ləu^{44} xa^{53}

楼门 ləu^{44} mɤ̃^{44}

楼梯 ləu^{44} tʰi^{213}

扶手 fu^{44} ʂəu^{21}

窗子 tʂʰuɑ̃^{24} tsəʔ^{21}

窗帘子 tʂʰuɑ̃^{24} liɛ^{44} tsəʔ^{21}

窗台 tʂʰuɑ̃^{24} tʰᴇ^{44}

阳台 iɑ̃^{44} tʰᴇ^{44}

隔扇 tɕiəʔ^{4} ʂɛ^{53}

床头 tʂʰuɑ̃^{44} tʰəu^{44}

床【底下】tʂʰuɑ̃^{44} tia^{213}

床边边 tʂʰuɑ̃^{44} piɛ^{24} piɛ^{21}

炕 kʰɑ̃^{53}

炕楞 kʰɑ̃^{53} lɤ̃^{44} 炕沿

前炕 tɕʰiɛ^{44} kʰɑ̃^{53}

下炕 xa^{53} kʰɑ̃^{21} 后炕

锅头 kuo^{24} tʰəu^{44} 炕头。俗云：前炕往～走嘞。义指走不了多远

滚炕 kuɤ̃^{21} kʰɑ̃^{53}

床铺 tʂʰuɑ̃^{44} pʰu^{21} 铺开的被褥

蚊帐子 vɤ̃^{44} tʂɑ̃^{53} tsəʔ^{21}

行户 ɕiɤ̃^{44} xu^{53} 行程 ɕiɤ̃^{44} tʂʰɤ̃^{21} 麦禾 miəʔ^{4} xuo^{44}（喻）行李

毡 tʂɛ^{213}

沙毡 sa^{24} tʂɛ^{21} 用山羊毛擀制的毡

绵毡 miɛ^{44} tʂɛ^{21} 用绵羊毛擀制的毡

毯子 tʰɛ^{21} tsəʔ^{4}

毯 tʰɛ^{213} 地毯 ti^{53} tʰɛ^{21}（当地多铺在炕上）

被圪筒儿 pi^{53} kəʔ^{4} tʰuʌɯ^{21} 被窝儿

被挡头 pi^{53} tɑ̃^{53} tʰəu^{21} 被头

被里（子）pi^{53} li^{21} tsəʔ^{4}

被面（子）pi^{53} miɛ^{53} tsəʔ^{21}

被套 pi^{53} tʰɔ^{53}

被单子 pi^{53} tɛ^{24} tsəʔ^{21}

褥子 ʐuəʔ^{4} tsəʔ^{21} 条子 tʰiɔ^{44} tsəʔ^{21}（南）

草垫子 tsʰɔ^{21} tiɛ^{53} tsəʔ^{21}

凉席儿 liɑ̃^{44} ɕiʌɯ^{21}

枕头 tʂɤ̃^{53} tʰəu^{21}

枕巾 tʂɤ̃^{53} tɕiɤ̃^{21}

枕头套子 tʂɤ̃^{53} tʰəu^{21} tʰɔ^{53} tsəʔ^{21}

夜壶 iɛ^{53} xu^{21}

尿盆子 niɔ^{53} pʰɤ̃^{44} tsəʔ^{21} 尿盆儿 niɔ^{53} pʰʌɯ^{53}

尿罐 niɔ^{53} kuɛ^{53}

暖水袋 nuɛ^{24} ʂuei^{21} tᴇ^{53}

熨铁 yɤ̃^{53} tʰiəʔ^{21}

暖壶 nuɛ^{21} xu^{44}

茶壶 tsʰa^{44} xu^{21}

脸盆 liɛ^{21} pʰɤ̃^{44} 洗脸盆 ɕi^{24} liɛ^{21} pʰɤ̃^{44}

洗脸架子 ɕi^{24} liɛ^{21} tɕia^{53} tsəʔ^{21}

洗眉眼水 ɕi^{21} mi^{44} iɛ^{21} ʂuei^{213}

胰子 i^{44} tsəʔ^{21} 香皂 ɕiɑ̃^{24} tsɔ^{53}

肥皂 fei^{44} tsɔ^{53} 洋碱 iɑ̃^{44} tɕiɛ^{21} 老

手巾儿 ʂəu^{21} tɕiʌɯ^{24} 手巾子 ʂəu^{21} tɕiɤ̃^{24} tsəʔ^{21}

澡盆 tsɔ^{21} pʰɤ̃^{44} 洗澡盆 ɕi^{24} tsɔ^{21} pʰɤ̃^{44}

洗脚盆子 ɕi^{21} tɕiəʔ^{4} pʰɤ̃^{44} tsəʔ^{21}

擦脚布子 tsʰaʔ^{4} tɕiəʔ^{4} pu^{53} tsəʔ^{21}

穿衣镜 tʂʰuɛ^{24} i^{24} tɕiɤ̃^{53}　一种大镜子，方形，有座，一般放在堂屋正面的桌子上

镜儿 tɕiʌɯ^{53}

柜子 kuei^{53} tsəʔ^{21}

衣柜 i^{24} kuei^{53}

竖柜 ʂu^{53} kuei^{21} 旧式　立柜 liəʔ^{4} kuei^{53} 新式

躺柜 tʰɑ̃^{21} kuei^{53}

闷柜 mɤ̃^{53} kuei^{21}　一种柜子，形似躺柜，比躺柜大，板很厚，上层放衣物，下层放钱、账本等

板箱 pɛ^{21} ɕiɑ̃^{24}

皮箱 pʰi^{44} ɕiɑ̃^{213}

手提箱 ʂəu^{21} tʰi^{44} ɕiɑ̃^{213}

提包 tʰi^{44} pɔ^{213}

褡裢 taʔ^{4} liɛ^{44}　驮在牲畜身上的长方形口袋，中间有口

衩子 tsʰa^{21} tsəʔ^{4}　衩衩 tsʰa^{21} tsʰa^{24}　背褡

口袋 kʰəu^{21} tᴇ^{53}　布袋

麻袋 ma^{44} tᴇ^{53}

衣架 i^{24} tɕia^{53}

桌子 tʂuəʔ^{4} tsəʔ^{21}

方桌 fɑ̃^{24} tʂuaʔ^{21}

圆桌 yɛ^{44} tʂuaʔ^{21}

条桌 tʰiɔ^{44} tʂuaʔ^{21}

炕桌 kʰɑ̃^{53} tʂuaʔ^{21}

桌裙 tʂuəʔ^{4} tɕʰyɤ̃^{44}

抽屉 tsʰəu^{24} tʰi^{44}

茶几 tsʰa^{44} tɕi^{213}

椅子 i^{21} tsəʔ^{4}

凳子 tɤ̃^{53} tsəʔ^{21}　统称

板凳 pɛ^{21} tɤ̃^{53}　高凳子

猴凳凳 xəu^{44} tɤ̃^{53} tɤ̃^{21}　矮凳子

马踏子 ma^{21} tsa^{24} tsəʔ^{21}　马扎

掌子 tsʰɤ̃^{53} tsəʔ^{21}　桌椅板凳腿儿中间的横木

洋蜡 iɑ̃^{44} laʔ^{4}　蜡烛

油灯 iəu^{44} tɤ̃^{21}

灯盏 tɤ̃^{24} tsɛ^{21}　旧式油灯

灯树 tɤ̃^{24} ʂu^{53}　旧式灯台

洋灯 iɑ̃^{44} tɤ̃^{21}　罩子灯

灯捻子 tɤ̃^{24} niɛ^{53} tsəʔ^{21}

灯罩子 tɤ̃^{24} tsɔ^{53} tsəʔ^{21}

汽灯 tɕʰi^{53} tɤ̃^{21}

马灯 ma^{21} tɤ̃^{24}

灯篓儿 tɤ̃^{24} lʌɯ^{53}

电灯 tiɛ^{53} tɤ̃^{21}

电棒 tiɛ^{53} pɑ̃^{53}　日光灯

厨房 tʂʰu^{44} fɑ̃^{21}

火房 xuo^{21} fɑ̃^{44}　灶房 tsɔ^{53} fɑ̃^{21}　单位食堂的厨房

灶火 tsɔ^{53} xuo^{21}

锅台 kuo^{24} tʰᴇ^{44}

炉坑 ləu^{44} kʰɤ̃^{21}

锅黑=浪=kuo^{24} xəʔ^{4} lɑ̃^{53} 连接火口与炕头之间的部分

烟蛾儿iɛ^{24} ŋuʌɯ^{53} 烟煤iɛ^{24}mei^{44} 煤烟子

锅底黑kuo^{24} ti^{21} xəʔ^{4}

烟锈iɛ^{24} ɕiəu^{53} 烟油子

烧火ʂɔ^{24} xuo^{213} 生火

失火了ʂəʔ^{4} xuo^{24} lɛ^{21}

炉子ləu^{44} tsəʔ^{21}

洋炉iɑ̃^{44} ləu^{44} 铁炉子

春灶儿tʂʰuɤ̃^{24} tsʌɯ^{53} 安在院子里的炉灶

哨炉子sɔ^{53} ləu^{21} tsəʔ^{21} 不带烟筒的小炉子

炉齿ləu^{44} tsʰʅ^{21} 炉条

犁儿盖子liʌɯ^{53} kᴇ^{53} tsəʔ^{21} 炉盖子

火柱xuo^{21} tʂu^{53}

火剪xuo^{24} tɕiɛ^{21} 火钳

火镊xuo^{21} niəʔ^{4} 扁的火钳

火筷子xuo^{21} kʰuᴇ^{53} tsəʔ^{21}

火铲子xuo^{24} tsʰɛ^{21} tsəʔ^{4}

风匣fɤ̃^{24} xa^{21}

扇风匣ʂɛ^{24} fɤ̃^{24} xa^{21}

锅灶kuo^{24} tsɔ^{53} 炊具的总称

饭锅子fɛ^{53} kuo^{24} tsəʔ^{21}

大锅ta^{53} kuo^{21}

小锅ɕiɔ^{21} kuo^{24}

铁锅tʰiəʔ^{2} kuo^{24}

铜锅tʰuɤ̃^{44} kuo^{213}

铝锅luei^{21} kuo^{24}

长把把锅tʂɑ̃^{21} pa^{53} pa^{21} kuo^{24} 带柄的小铁锅

炒瓢tsʰɔ^{21} pʰiɔ^{44} 炒锅

黄儿鏊子xuʌɯ^{53} ŋɔ^{53} tsəʔ^{21} 摊玉米面软饼的饼铛

锅盖kuo^{24} kᴇ^{53}

锅圈子kuo^{24} tɕʰyɛ^{24} tsəʔ^{21} 垫锅底的器具，用木头做成（方形）或草编成（圆形）

家匙tɕia^{24} sʅ^{44} ①餐具、炊具的总称；②泛指工具：锣鼓～，看一～打死你着！南方方言多写作“家伙”

笊篱tsɔ^{53} li^{21}

锅刷子kuo^{24} ʂuaʔ^{4} tsəʔ^{21}

铁匙tʰiəʔ^{4} sʅ^{44} 铁制锅铲

铜匙tʰuɤ̃^{44} sʅ^{44} 铜制锅铲

瓢pʰiɔ^{44}

铜瓢tʰuɤ̃^{44} pʰiɔ^{44}

铁瓢tʰiəʔ^{4} pʰiɔ^{44}

笼甑luɤ̃^{44} tɕiɤ̃^{53} 蒸笼

甑箅子$_{146}$ tɕiɤ̃^{53} pʰiəʔ^{4} tsəʔ^{21}（“箅”声母特殊）箅子

鏊子$_{156}$ ŋɔ^{53} tsəʔ^{21} 烙饼的器具，用铁做成，平面圆形，中心稍凸

炉鏊ləu^{4} ŋɔ^{53} 烤制月饼、干烙儿等

的炉具，平底，有盖，上下火

碗 vɛ^{213}

碗盏 vɛ^{24} tsɛ^{21} 碗的总称

钵钵 puo^{21} puo^{24} 儿童吃饭用的小碗

茶盅盅 tsʰa^{44} tʂuɣ̃^{24} tʂuɣ̃^{21}

海碗 xᴇ^{24} vɛ^{21} 特别大的碗

大碗 ta^{53} vɛ^{21}

小碗 ɕiɔ^{24} vɛ^{213}

洋瓷碗 iɑ̃^{44} tsʰɿ^{44} vɛ^{213} 搪瓷碗

茶缸子 tsʰa^{44} kɑ̃^{24} tsəʔ^{21}

酒盅子 tɕiəu^{21} tʂuɣ̃^{24} tsəʔ^{21} 酒盅盅 tɕiəu^{21} tʂuɣ̃^{24} tʂuɣ̃^{21} 酒盅儿 tɕiəu^{21} tʂuʌɯ^{24}

酒杯杯 tɕiəu^{21} pei^{24} pei^{21}

酒素子 tɕiəu^{21} su^{53} tsəʔ^{21} 酒壶壶 tɕiəu^{21} xu^{44} xu^{21} 酒壶儿 tɕiəu^{21} xuʌɯ^{53}

盘子 pʰɛ^{44} tsəʔ^{21} 木制的端饭盘子，方形

盆子 pʰɣ̃^{44} tsəʔ^{21}

和面盆子 xuo^{44} miɛ^{53} pʰɣ̃^{44} tsəʔ^{21} 和面用的瓷盆子

瓶子 pʰiɣ̃^{44} tsəʔ^{21}

酒瓶子 tɕiəu^{21} pʰiɣ̃^{44} tsəʔ^{21}

瓶塞子 pʰiɣ̃^{44} səʔ^{4} tsəʔ^{21}

洋瓶 iɑ̃^{44} pʰiɣ̃^{44} 玻璃瓶子 puo^{24} li^{44} pʰiɣ̃^{44} tsəʔ^{21}

罐子 kuɛ^{53} tsəʔ^{21}

坛子 tʰɛ^{44} tsəʔ^{21} 坛坛 tʰɛ^{44} tʰɛ^{21}

瓮$_{24}$ vɣ̃^{53} 缸：水～；米～

水瓮 ʂuei^{21} vɣ̃^{53}

石瓮 tɛ^{53} vɣ̃^{53} 能装一石粮食的缸

五斗瓮儿 vu^{24} təu^{21} vʌɯ^{53} 能装五斗粮食的缸

三斗瓮儿 sɛ^{24} təu^{21} vʌɯ^{53} 能装三斗粮食的缸

醋坛子 tsʰu^{53} tʰɛ^{44} tsəʔ^{21} 旧

尺子 tʂəʔ^{4} tsəʔ^{21} ①量长度的器具；②量液体的量具

碟子 tiɛ^{44} tsəʔ^{21}

勺子 ʂəʔ^{4} tsəʔ^{21}

漏勺子 ləu^{53} ʂəʔ^{4} tsəʔ^{21}

调羹儿 tʰiɔ^{44} kʌɯ^{21} 小勺儿

筷子 kʰuᴇ^{53} tsəʔ^{21}

筷圪筒儿 kʰuᴇ^{53} kəʔ^{4} tʰuʌɯ^{213}

碗柜 vɛ^{21} kuei^{53}

搌布 tʂɛ^{21} pu^{53} 擦炊餐具的布

揩刷布子 kʰᴇ^{24} ʂua^{21} pu^{53} tsəʔ^{21} 抹布

拖把 tʰuo^{24} pa^{53}

礤子 tsʰəʔ^{4} tsəʔ^{21}

切刀 tɕʰiəʔ^{2} tɔ^{24}

蒜碓臼儿 suɛ^{53} tuei^{53} tɕiʌɯ^{21}

捣蒜圪都子 tɔ^{21} suɛ^{53} kəʔ^{2} tu^{24} tsəʔ^{21} 捣蒜槌子

捣蒜 tɔ^{21} suɛ^{53}

肉墩子 ʐəu^{53} tuɣ̃^{24} tsəʔ^{21}

案板儿 ŋɛ^{53} pʌɯ^{21}

桶 tʰuɣ̃^{213}

泔水瓮儿kɛ^{24} ʂuei^{21} vʌɯ^{53} 盛泔水的小缸

洋火iɑ̃^{44} xuo^{21} 取灯儿tɕʰyəʔ^{2} tʌɯ^{24} 旧(南乡)

糨子tɕiɑ̃^{53} tsəʔ^{21} 用白面打的糨糊

糨糊tɕiɑ̃^{53} xu^{21} 商店里卖的瓶装糨糊

纸袼饼⁼儿tsɿ^{21} kəʔ^{4} piʌɯ^{21} 马粪纸("袼褙"的讹变)

钱柜柜tɕʰiɛ^{44} kuei^{53} kuei^{21} 扑满

喷壶pʰɤ̃^{24} xu^{44}

纺车fɑ̃^{21} tʂʰʅə^{24}

弹棉花tʰɛ^{44} miɛ^{44} xua^{21}

孛箩箩pʰəʔ^{4} luo^{53} luo^{21} 孛箩儿pʰəʔ^{4} luʌɯ^{53} 针线笸箩

顶针儿tiɤ̃^{21} tʂʌɯ^{24}

陀儿tʰuʌɯ^{53} 捻线陀螺儿

线轱辘儿ɕiɛ^{53} kuəʔ^{4} luʌɯ^{53} 缠线的轱辘

绣花儿针ɕiəu^{53} xuʌɯ^{24} tʂɤ̃^{213}

针tʂɤ̃^{213}

大针ta^{53} tʂɤ̃^{213} 洋针iɑ̃^{44} tʂɤ̃^{21}

针尖tʂɤ̃^{24} tɕiɛ^{213}

针冠tʂɤ̃^{24} kuɛ^{213}

针脚tʂɤ̃^{24} tɕiəʔ^{21}

纫针ʐɤ̃^{53} tʂɤ̃^{213}

锥子tʂuei^{24} tsəʔ^{21}

铺层pʰu^{24} tsʰɤ̃^{44} 用来做袼褙的碎布

衬子tsʰɤ̃^{53} tsəʔ^{21} 衬衬tsʰɤ̃^{53} tsʰɤ̃^{21} 袼褙:抿～

补丁pu^{24} tiɤ̃^{21}

搓板儿tsʰuo^{24} pʌɯ^{21}

槌敲儿tʂʰuei^{44} tɕʰiʌɯ^{21} 棒槌

槌布石tʂʰuei^{44} pəʔ^{4} ʂəʔ^{4}("布"促化)

雨伞y^{24} sɛ^{21} 伞sɛ^{213}

洗一水ɕi^{21} iəʔ^{4} ʂuei^{21}

摆(衣裳)pᴇ^{213} 在清水里投

晒(衣裳)sᴇ^{53}

浆(衣裳)tɕiɑ̃^{53}

熨(衣裳)yɤ̃^{53}

缝(衣裳)fɤ̃^{44}

铰(衣裳)tɕiɔ^{213} 裁(衣裳)tsʰᴇ^{44}

剪子tɕiɛ^{21} tsəʔ^{4}

裁尺tsʰᴇ^{44} tʂʰəʔ^{21}

等(身子)tɤ̃^{213} 量(身子)liɑ̃^{44}

打粉线ta^{24} fɤ̃^{21} ɕiɛ^{53}

敹边儿liɔ^{44} piʌɯ^{213}

缏缝缝$_{11}$pʰiɛ^{44} fɤ̃^{53} fɤ̃^{21}

锁边儿suo^{21} piʌɯ^{24}

组$_{63}$tsɛ^{53} 用大针脚缝:～上几针

鞔鞋帮子$_{19}$mɛ^{44} xᴇ^{44} pɑ̃^{24} tsəʔ^{21} 蒙鞋帮的面儿

垫鞋底子tiɛ^{53} xᴇ^{44} ti^{21} tsəʔ^{4} 做鞋底的第一道工序,将袼褙、布粘起来

纳鞋底子naʔ^{4} xᴇ^{44} ti^{21} tsəʔ^{4} 做鞋底的第二道工序,用麻绳密密地缝

缀扣子tʂuei^{53} kʰəu^{53} tsəʔ^{21} 钉扣子

绣花儿ɕiəu^{53} xuʌɯ^{213}

补补丁pu^{21} pu^{24} tiɤ̃^{21}

缝被子fɤ̃^{44} pi^{53} tsəʔ^{21}

繧$_{128}$ iɤ̃^{213} 绗：～被子；～棉袄儿装（被子、棉袄等）tʂuɑ̃^{53} 絮。《广韵》侧喜切："行装也。"

八　人品

男【子汉】nɛ^{44} tsʰɛ^{21}　男人家nɛ^{44} ʐɤ̃^{21} tɕiəʔ^{21}　男的nɛ^{44} təʔ^{21}

婆姨pʰuo^{44} i^{21}　已婚妇女。又见亲属类。

婆姨女子pʰuo^{44} i^{21} ny^{21} tsəʔ^{4}　女性的泛称

孩伢儿xəʔ^{4} iʌɯ^{53}　羔羔kɔ^{24} kɔ^{21} 爱称　老命lɔ^{21} miɤ̃^{53} 爱称　老命命lɔ^{21} miɤ̃^{53} miɤ̃^{21} 爱称　挨刀脖子nᴇ^{44} tɔ^{213} puo^{44} tsəʔ^{21} 詈称　老家禽lɔ^{21} tɕia^{24} tɕʰiɤ̃^{21} 詈称　娃娃va^{44} va^{21} 新　小孩儿

毛蛋蛋mu^{44} tɛ^{53} tɛ^{21}　蛋蛋tɛ^{53} tɛ^{21}　婴儿

和尚xuo^{44} ʂɑ̃^{53}　男人的谑称

姑子ku^{24} tsəʔ^{21}　女人的谑称

小子ɕiɔ^{21} tsəʔ^{4}　男孩子

女子ny^{21} tsəʔ^{4}　女孩子

老汉lɔ^{21} xɛ^{53}　老汉汉lɔ^{21} xɛ^{53} xɛ^{21}　老先生lɔ^{21} ɕiɛ^{24} sɤ̃^{21} 尊称　老杂毛lɔ^{21} tsa^{44} mɔ^{21} 詈称

老婆儿lɔ^{21} pʰʌɯ^{53}　老婆婆lɔ^{21} pʰuo^{44} pʰuo^{21}

同岁tʰuɤ̃^{44} suei^{53}

老掌柜lɔ^{24} tʂɑ̃^{21} kuei^{53}　背后对父亲的谑称

□妈niɛ^{24} ma^{21}　你妈

我妈ŋuo^{24} ma^{21}

□家小子niɛ^{24} tɕiəʔ^{21} ɕiɔ^{21} tsəʔ^{4}　你家儿子

我每小子ŋuo^{21}/ŋuo^{24} məʔ^{4} ɕiɔ^{21} tsəʔ^{4}（"我"两种变调，"每"声调促化）

□家女子niɛ^{24} tɕiəʔ^{21} ny^{21} tsəʔ^{4}　你家姑娘

我每女子ŋuo^{21}/ŋuo^{24} məʔ^{4} ny^{21} tsəʔ^{4}

□哥niɛ^{24} kuo^{213}　你哥哥

我哥ŋuo^{24} kuo^{213}

□兄弟niɛ^{24} ɕyɤ̃^{24} ti^{53}　你弟弟

我兄弟ŋuo^{24} ɕyɤ̃^{24} ti^{53}（"我"变调特殊）　我每兄弟ŋuo^{21}/ŋuo^{24} məʔ^{4} ɕyɤ̃^{24} ti^{53}

□姐niɛ^{24} tɕiɛ^{213}

我姐ŋuo^{24} tɕiɛ^{213}

□妹子niɛ^{24} mei^{53} tsəʔ^{21}

我妹子ŋuo^{24} mei^{53} tsəʔ^{21}（"我"变调

特殊）

城里人 tʂʰɤ̃^{44} ləʔ^{21} ʐɤ̃^{44}

乡里人 ɕiɑ̃^{24} ləʔ^{21} ʐɤ̃^{44}

土包子 tʰu^{21} pɔ^{53} tsəʔ^{21}（“包”声调特殊）

各儿家人 kʌɯ^{44} tɕiəʔ^{21} ʐɤ̃^{44} 自己人

各儿家 kʌɯ^{44} tɕiəʔ^{21} 窝家 vuo^{24} tɕia^{21} 同宗

外人 vᴇ^{53} ʐɤ̃^{21}

外路人 vᴇ^{53} ləu^{53} ʐɤ̃^{21}

内行 nuei^{53} xɑ̃^{44} 在行的 tsᴇ^{53} xɑ̃^{44} təʔ^{21}

外行 vᴇ^{53} xɑ̃^{44}

半吊子 pɛ^{53} tiɔ^{53} tsəʔ^{21}

外国人 vᴇ^{53} kuəʔ^{21} ʐɤ̃^{44}

厨子 tʂʰu^{44} tsəʔ^{21} 大师傅 ta^{53} sɿ^{21} fu^{21} 做饭的 tsuəʔ^{4} fɛ^{53} təʔ^{21}

喂牲口的 vei^{53} sɤ̃^{24} kʰəu^{21} təʔ^{21}

看孩伢儿的 kʰɛ^{53} xəʔ^{4} iʌɯ^{53} təʔ^{21}

奶妈 nᴇ^{21} ma^{24} 奶娘 nᴇ^{21} niɑ̃^{44} 叙称

工人 kuɤ̃^{24} ʐɤ̃^{44}

长工 tʂʰɑ̃^{44} kuɤ̃^{21} 旧

庄户人家 tʂuɑ̃^{24} xu^{53} ʐɤ̃^{44} tɕiəʔ^{21} 受苦人 ʂəu^{53} kʰu^{21} ʐɤ̃^{44} 种庄户的 tʂuɤ̃^{53} tʂuɑ̃^{24} xu^{53} təʔ^{21} 唾牛屁股的 tʰuo^{53} niəu^{44} pʰi^{53} ku^{21} təʔ^{21}

手艺人 ʂəu^{21} i^{53} ʐɤ̃^{21} 耍手艺的 ʂua^{24} ʂəu^{21} i^{53} təʔ^{21} 匠人 tɕiɑ̃^{53} ʐɤ̃^{21}

买卖人 mᴇ^{21} mᴇ^{53} ʐɤ̃^{21}

贩子 fɛ^{53} tsəʔ^{21}

摆摊摊的 pᴇ^{21} tʰɛ^{24} tʰɛ^{21} təʔ^{21} 摊贩

货郎子 xuəʔ^{4} lɑ̃^{44} tsəʔ^{21}（“货”促化）

打帮的 ta^{21} pɑ̃^{24} təʔ^{21} 说合生意的人

小工子 ɕiɔ^{21} kuɤ̃^{24} tsəʔ^{21} 建筑业的小工

兵 piɤ̃^{213} 当兵的 tɑ̃^{24} piɤ̃^{24} təʔ^{21}

警察 tɕiɤ̃^{21} tsʰaʔ^{4} 民警 miɤ̃^{44} tɕiɤ̃^{21}

医生 i^{24} sɤ̃^{21} 大夫 tᴇ^{53} fu^{21}

老师 lɔ^{21} sɿ^{24} 教师 tɕiɔ^{53} sɿ^{21}

学生 ɕiəʔ^{4} sɤ̃^{21}

同学 tʰuɤ̃^{44} ɕiəʔ^{4}

暴发户 pɔ^{53} faʔ^{4} xu^{53}

老悭头 lɔ^{21} kʰɤ̃^{53} tʰəu^{21} 瓷脑子 tsʰɿ^{44} nɔ^{44} tsəʔ^{21} 虮子鬼 tɕi^{21} tsəʔ^{4} kuei^{21} 啬皮 saʔ^{4} pʰi^{44} 啬鬼 saʔ^{4} kuei^{21} 鳖脑 piəʔ^{4} nɔ^{44} 缺脑 tɕʰyəʔ^{4} nɔ^{44} 绿脑 luəʔ^{4} nɔ^{44}（高家堡，南乡）吝啬鬼

倯包$_{83}$ suɤ̃^{44} pɔ^{213} 窝囊鬼 vuo^{24} nɑ̃^{44} kuei^{21}

破落户 pʰuo^{53} luəʔ^{4} xu^{53} 死爬场 sɿ^{21} pʰa^{44} tʂʰɑ̃^{44}

败家子儿 pʰᴇ^{53} tɕia^{24} tsəʔ^{213} 浪荡公子 lɑ̃^{53} tɑ̃^{53} kuɤ̃^{24} tsəʔ^{21}

讨吃的 tʰɔ^{21} tʂʰəʔ^{4} təʔ^{21}

牙子 ia^{44} tsəʔ^{21} 牲口经纪

老娘婆 lɔ^{21} niɑ̃^{44} pʰuo^{21} 接生婆

光棍 kuɑ̃^{24} kuɤ̃^{53}

老女子 lɔ^{24} ny^{21} tsəʔ^{4}

二婚汉 ʌɯ^{53} xuɤ̃^{21} xɛ^{53} 离婚后再婚

的男人

离婚婆姨li^{44} xuɤ̃^{24} pʰuo^{44} i^{21}　活人亲xuəʔ^{4} ʐɤ̃^{44} tɕʰiɤ̃^{21}　离婚后再婚的女人

寡妇kua^{21} fu^{53}

婊子piɔ^{21} tsəʔ^{4}　开窑子的kʰᴇ^{24} iɔ^{44} tsəʔ^{21} təʔ^{21}

犯人fɛ^{53} ʐɤ̃^{21}

骗子手pʰiɛ^{53} tsəʔ^{21} ʂəu^{21}

土匪tʰu^{21} fei^{24}

贼tsᴇ^{44}　剪柳儿的tɕiɛ^{24} liʌɯ^{24} təʔ^{21}　忽拉盖xuəʔ^{2} la^{24} kᴇ^{53}蒙　贼忽拉tsᴇ^{44} xuəʔ^{2} la^{24}蒙汉合璧

贩人口的fɛ^{53} ʐɤ̃^{44} kʰəu^{21} təʔ^{21}

赖坠坠lᴇ^{53} tʂʰuᴇ^{53} tʂʰuᴇ^{21}　爬爬pʰa^{44} pʰa^{21}　①集体中最差的人；②不成器的人

死对头sɿ^{21} tuei^{53} tʰəu^{21}

一手人iəʔ^{4} ʂəu^{21} ʐɤ̃^{44}　离婚或丧偶又有孩子的人。因无人帮助而得名

多接嘴tuo^{24} tɕiəʔ^{4} tsuei^{213}　好插嘴的人。俗云：～，四条腿

爬倯pʰa^{44} suɤ̃^{21}　爬场鬼pʰa^{44} tʂʰɑ̃^{44} kuei^{21}　詈词：不成器的人，地痞

坏倯xuᴇ^{53} suɤ̃^{44}　瞎倯xa^{21} suɤ̃^{44}　詈词：坏蛋

奸倯tɕiɛ^{24} suɤ̃^{44}　詈词：奸猾的人

懒倯lɛ^{21} suɤ̃^{44}　懒明鬼lɛ^{21} miɤ̃^{44} kuei^{213}　詈词：懒惰的人

晃脑xuɑ̃^{53} nɔ^{44}　詈词：轻浮的人

嫖脑pʰiɔ^{44} nɔ^{44}　詈词：乱搞男女关系的男人

黑痞xəʔ^{4} pʰi^{44}　爬痞pʰa^{44} pʰi^{44}　死痞sɿ^{21} pʰi^{44}　地痞ti^{53} pʰi^{44}　詈词：流氓

灰痞xuei^{24} pʰi^{44}　①詈词：流氓；②愣胆大的人：逞～

赖鬼lᴇ^{53} kuei^{21}　坏人（多指青少年，儿童）

卖屄鬼mᴇ^{53} pi^{24} kuei^{21}　骂女人的詈词

尿盆儿鬼niɔ^{53} pʰʌɯ^{53} kuei^{21}　詈词

实挨挨ʂəʔ^{2} ŋᴇ^{24} ŋᴇ^{21}　真心亲的人：娘亲儿敢是～么

单爪爪tɛ^{24} tsɔ^{21} tsɔ^{24}　喻指独生子女

死抠抠sɿ^{21} kʰəu^{24} kʰəu^{21}　喻指办事十分死板的人

袭扁灰ɕiəʔ^{4} pɛ^{21} xuei^{24}　灰扁三xuei^{24} pɛ^{21} sɛ^{24}　什么事情都做不成的人

瞎眉瓜xaʔ^{4} mi^{44} kua^{213}　喻指眼睛长得过细的人

犟扁筋tɕiɑ̃^{53} pɛ^{21} tɕiɤ̃^{24}　特别固执、好抬杠的人

攒财财tsɛ^{21} tsʰᴇ^{44} tsʰᴇ^{21}　特别节俭的人

老精巴lɔ^{21} tɕiɤ̃^{24} pa^{21}　过于精明、爱占便宜的人

霉人mei^{44} ʐɤ̃^{44}　①稍有点坏的人；②带有亲切意味的称呼语，用于

叙称

灰杵子 xuei^{24} tʂ^{h}u^{21} tsəʔ^{4} 带愣气的人，类似有的方言的“砍货”

二流子 ʌɯ^{53} liəu^{53} tsəʔ^{21} 游手好闲、不务正业的人（“流”声调特殊）

灰石雹 xuei^{24} ʂəʔ^{4} p^{h}ɔ^{53} 詈词：不讲道理的人，不明事理的人。“石雹”指石灰石

楦楦匠 ɕyɛ^{53} ɕyɛ^{21} tɕiɑ̃^{53} 喻指喜欢吹牛的人

牙女子 ia^{44} ny^{21} tsəʔ^{4} 牙圪叉 ia^{44} kəʔ^{2} ts^{h}a^{24} 性格泼辣的女孩儿贬

人牙子 ʐɤ̃^{44} ia^{44} tsəʔ^{21} 喻指特别厉害的年青女子

二打溜 ʌɯ^{53} ta^{21} liəu^{53} 游手好闲的人

二尿货 ʌɯ^{53} tɕ^{h}iəu^{44} xuo^{53} 不懂事理又莽撞的人

二杆子 ʌɯ^{53} kɛ^{21} tsəʔ^{4} 做事缺乏考虑、好感情用事、办事鲁莽的人

地蘑菇儿 ti^{53} muo^{44} kuʌɯ^{53} 喻指身材特别矮小的人

瘫大包 t^{h}ɛ^{21} ta^{53} pɔ^{213} 喻指个头大而没力气的人

㞞囊包 suɤ̃^{44} nɑ̃^{21} pɔ^{24} 喻指无能的人

窝家龟子 vuo^{24} tɕia^{24} kuei^{24} tsəʔ^{21} 喻指成天呆在家里不爱出门的人，尤指儿童

乍渣子 ka^{21} tsa^{24} tsəʔ^{21} 品性恶劣的人

吃少少 tʂ^{h}əʔ^{4} ʂɔ^{21} ʂɔ^{24} 饭量小的人

酒红筒儿 tɕiəu^{21} xuɤ̃^{44} t^{h}uʌɯ^{21} 喻指特别喜欢喝酒的人

猪筒子 tʂu^{24} t^{h}uɤ̃^{21} tsəʔ^{4} 喻指饭量特别大的人

积伶伶 tɕiəʔ^{2} liɤ̃^{24} liɤ̃^{21} 过于机灵的人贬

雾蛋 vu^{53} tɛ^{53} 喻指莽撞的人

茶和尚 niɛ^{44} xuo^{44} ʂɑ̃^{53} ①傻子；②男子的谑称

茶姑子 niɛ^{44} ku^{24} tsəʔ^{21} 灰姑子 xuei^{24} ku^{24} tsəʔ^{21} 女子的谑称

茶子 niɛ^{44} tsəʔ^{21} 灰子 xuei^{24} tsəʔ^{21} 傻子

一眼子 iəʔ^{4} iɛ^{21} tsəʔ^{4} 一眼眼 iəʔ^{4} iɛ^{21} iɛ^{24} 死心眼儿的人：茶～

神棍棍 ʂɤ̃^{44} kuɤ̃^{53} kuɤ̃^{21} 喻指特别爱生气的人

瞎笨汉 xaʔ^{4} pɤ̃^{53} xɛ^{21} 文盲

老憨王 lɔ^{21} xɛ^{24} vɑ̃^{44} 特别老实、厚道的人

干龙 kɛ^{24} luɤ̃^{44} 喻指干瘦的人

兔毛猴儿 t^{h}u^{53} mɔ^{44} xʌɯ^{53}（高家堡）喻指动作机灵，形象似猴子的人

射兔子 ʂəʔ^{4} t^{h}u^{53} tsəʔ^{21}（高家堡）喻指喜欢出头露面的人

驴山神 ly^{44} sɛ^{24} ʂɤ̃^{44} 喻指身材高大但不周正的人

瓷尿墩儿 ts^{h}ʅ^{44} tɕ^{h}iəu^{44} tuʌɯ^{213} 喻指

反应迟钝的人

帽帽鸡儿 mɔ^{53} mɔ^{21} tɕiʌɯ^{24} 喻指动不动就发火的人

脑儿赛 nʌɯ^{24} sᴇ^{21} 蒙 出类拔萃的人

烟筒 iɛ^{24} tʰuɤ̃^{21} 喻指抽烟过多的人

烧神 ʂɔ^{24} ʂɤ̃^{44} 淫棍

六指儿 liəu^{53} tsʰʌɯ^{21}（"指"声母因轻读送气）

左胯子 tsuo^{53} kʰua^{21} tsəʔ^{4}（"左"声调特殊）

秃手手 tʰuəʔ^{4} ʂəu^{21} ʂəu^{24} 手残疾，只剩手腕

一只手 iəʔ^{4} tsəʔ^{21} ʂəu^{213}

一只腿 iəʔ^{4} tʂəʔ^{21} tʰuei^{213}

瘸子 tɕʰyɛ^{44} tsəʔ^{21}

背锅儿 pᴇ^{21} kuʌɯ^{24}（"背"韵母、声调特殊） 背锅锅 pei^{21} kuo^{24} kuo^{21} 背锅子 pei^{21} kuo^{24} tsəʔ^{21} 驼背

肚矮矮 tu^{53} nᴇ^{21} nᴇ^{24} 矮矮 nᴇ^{21} nᴇ^{24} 矮子

半蹩子 pɛ^{53} pʰiɛ^{21} tsəʔ^{4} 肢体残废的人。《说文》："蹩，踶也。从足，敝声，一曰跛也。"《广韵》蒲结切

秃脑 tʰuəʔ^{4} nɔ^{44} 秃子 tʰuəʔ^{4} tsəʔ^{21}

疤子 pa^{24} tsəʔ^{21} ①脸上生的麻子；②麻子脸

瞎子 xaʔ^{4} tsəʔ^{21}

聋子 luɤ̃^{44} tsəʔ^{21}

哑子 ia^{21} tsəʔ^{4}

黑$^{=}$老$^{=}$儿嗓子 xəʔ^{2} lʌɯ^{24} sɑ̃^{21} tsəʔ^{4} 哑嗓子

一只眼 iəʔ^{4} tʂəʔ^{21} iɛ^{213}

近觑子 tɕiɤ̃^{53} tɕʰyəʔ^{4} tsəʔ^{21} 严重 近视眼 tɕiɤ̃^{53} ʂʅ^{21} iɛ^{213}

□眼子 tsɔ^{44} iɛ^{21} tsəʔ^{4} 斜眼儿

老花眼 lɔ^{21} xua^{24} iɛ^{213}

对眼 tuei^{53} iɛ^{213}

豁唇唇 xuəʔ^{4} tʂʰuɤ̃^{44} tʂʰuɤ̃^{21}

豁牙子 xuəʔ^{4} ia^{44} tsəʔ^{21}

粉皮嘴 fɤ̃^{21} pʰi^{44} tsuei^{21} 喻指不长胡须的男人

天老儿 tʰiɛ^{24} lʌɯ^{21} 白毛 piɛ^{44} mɔ^{44} 白化病患者

九 亲属

爹 ta^{213} 爹爹 ta^{24} ta^{21} 爸爸 pa^{53} pa^{21}

老子的 lɔ^{21} tsəʔ^{4} təʔ^{21} 父亲的被领属形式

妈 ma^{213} 妈妈 ma^{24} ma^{21}

娘的 niɑ̃^{44} təʔ^{21} 母亲的被领属形式

娘老子 niɑ̃^{44} lɔ^{21} tsəʔ^{4} 父母亲

老爹 lɔ^{21} ta^{24} 排行最大的伯父。按：神木话不分伯、叔

二爹ʌɯ^{53} ta^{213} 行二的伯（叔）父

猴爹xəu^{44} ta^{213} 排行最末的叔父

老妈lɔ^{21} ma^{24} “老爹”的妻子

二妈ʌɯ^{53} ma^{213} “二爹”的妻子

猴妈xəu^{44} ma^{213} “猴爹”的妻子

婶婶ʂɤ̃^{21} ʂɤ̃^{24} 婶娘ʂɤ̃^{21} niɑ̃^{44}叙称

爷爷iɛ^{21} iɛ^{24}（变调特殊）

娘娘nyo^{21} nyo^{24}（变调特殊）祖母

姐婆$_{143}$ tɕiɛ^{21} p^{h}uo^{44}（神木，南乡）外婆vei^{53} p^{h}uo^{21}（高家堡，南乡）婆婆p^{h}uo^{21} p^{h}uo^{24}（神木，高家堡）外祖母

姐爷tɕiɛ^{21} iɛ^{44}（神木，南乡）外爷vei^{53} iɛ^{21}（高家堡，南乡）外祖父

老爷lɔ^{21} iɛ^{44} 曾祖父

老娘lɔ^{21} nyo^{44} 曾祖母

老姐爷lɔ^{24} tɕiɛ^{21} iɛ^{44} 曾外祖父

老婆lɔ^{24} p^{h}uo^{21} 曾外祖母（与指“妻子”的“老婆”重音不同）

先人ɕiɛ^{24} zʐ̩ɤ̃^{44} 祖祖tsu^{21} tsu^{24} 祖宗

外甥vᴇ^{53} sɤ̃^{21} ①外孙；②外甥

外甥女vᴇ^{53} sɤ̃^{21} ny^{21} ①外孙女；②外甥女

儿女ʌɯ^{44} ny^{21} 子女

小子ɕiɔ^{21} tsəʔ^{4} ①儿子；②男孩子

媳妇子ɕiəʔ^{4} fu^{44} tsəʔ^{21}（“妇”声调特殊，神木） sou^{44} tsəʔ^{21}（万镇） ɕiou^{44} tsəʔ^{21}（贺家川）

女子ny^{21} tsəʔ^{4} ①女儿；②女孩子

大大ta^{53} ta^{21} 老大

二二ʌɯ^{53} ʌɯ^{21} 老二

三三sɛ^{24} sɛ^{21} 老三

猴猴xəu^{44} xəu^{21} 老小

丈人tʂɑ̃^{53} zʐ̩ɤ̃^{21}叙称 老爹lɔ^{21} tiɛ^{24}面称带姓，如丘老爹 岳父

丈母tʂɑ̃^{53} mu^{21}叙称 老丈母lɔ^{21} tʂɑ̃^{53} mu^{21}叙称，面称无专称 岳母

女婿ny^{21} ɕi^{53}

孙子suɤ̃^{24} tsəʔ^{21}

孙媳妇子suɤ̃^{24} ɕiəʔ^{21} fu^{44} tsəʔ^{21} 孙媳妇儿suɤ̃^{24} ɕiəʔ^{21} fʌɯ^{21}

孙女子suɤ̃^{24} ny^{21} tsəʔ^{21}

孙女婿suɤ̃^{24} ny^{21} ɕi^{53}

从孙小子ts^{h}uɤ̃^{44} suɤ̃^{21} ɕiɔ^{21} tsəʔ^{4}

从孙女子ts^{h}uɤ̃^{44} suɤ̃^{21} ny^{21} tsəʔ^{4}

舅舅tɕiəu^{53} tɕiəu^{21}

妗子tɕiɤ̃^{53} tsəʔ^{21}

外甥小子vᴇ^{53} sɤ̃^{21} ɕiɔ^{21} tsəʔ^{4}

外甥女子vᴇ^{53} sɤ̃^{21} ny^{21} tsəʔ^{4}

姑姑ku^{24} ku^{21}

姨姨i^{44} i^{21}

弟兄ti^{53} ɕyɤ̃^{21} 哥哥和弟弟

姊妹tsɿ^{21} mei^{44}（“妹”声调特殊）包括兄弟姐妹

哥哥kuo^{21} kuo^{24}

兄弟ɕyɤ̃^{24} ti^{53} 弟弟

姐姐 tɕiɛ^{21} tɕiɛ^{24}

妹子 mei^{53} tsəʔ^{21}

叔伯弟兄 ʂuəʔ^{4} piəʔ^{21} ti^{53} ɕyɤ̃^{21} 堂兄弟

叔伯哥哥 ʂuəʔ^{4} piəʔ^{21} kuo^{21} kuo^{24} 堂兄

叔伯兄弟 ʂuəʔ^{4} piəʔ^{21} ɕyɤ̃^{24} ti^{53} 堂弟

户家兄弟 xu^{53} tɕiəʔ^{21} ɕyɤ̃^{24} ti^{53} 隔两代以上的堂兄弟

叔伯姊妹 ʂuəʔ^{4} piəʔ^{21} tsɿ^{21} mei^{44}

户家姊妹 xu^{53} tɕiəʔ^{21} tsɿ^{21} mei^{44} 隔两代以上的堂姐妹

叔伯姐姐 ʂuəʔ^{4} piəʔ^{21} tɕiɛ^{21} tɕiɛ^{24}

叔伯妹子 ʂuəʔ^{4} piəʔ^{21} mei^{53} tsəʔ^{21}

隔山（兄弟、姊妹）tɕiəʔ^{2} sɛ^{24} 同母异父的（兄弟、姐妹）

姑舅 ku^{24} tɕiəu^{53} 姑表

小姑舅 ɕiɔ^{21} ku^{24} tɕiəu^{53} 指姑表兄弟姊妹的子女之间的关系

两姨 liɑ̃^{21} i^{44} 姨表

老姑 lɔ^{21} ku^{24} 父亲的姑母

老姨 lɔ^{21} i^{44} 父亲的姨母

汉 xɛ^{53} 老汉 lɔ^{21} xɛ^{53} 丈夫

婆姨 pʰuo^{44} i^{21} 老婆 lɔ^{21} pʰuo^{44} 妻子

小老婆 ɕiɔ^{24} lɔ^{21} pʰuo^{44} 二房 ʌɯ^{53} fɑ̃^{21} 旧

大伯 ta^{53} piəʔ^{21} 大伯子

小叔子 ɕiɔ^{21} ʂuəʔ^{4} tsəʔ^{21}

大姑子 ta^{53} ku^{24} tsəʔ^{21}

小姑子 ɕiɔ^{21} ku^{24} tsəʔ^{21}

妻哥 tɕʰi^{24} kuo^{21} 内兄

小舅儿 ɕiɔ^{21} tɕiʌɯ^{53} 内弟

妻姐姐 tɕʰi^{24} tɕiɛ^{21} tɕiɛ^{24} 妻子的姐姐

小姨子 ɕiɔ^{21} i^{44} tsəʔ^{21}

妻侄儿子 tɕʰi^{24} tʂʌɯ^{44} tsəʔ^{21}

妻侄女 tɕʰi^{24} tʂəʔ^{4} ny^{21}

连襟 liɛ^{44} tɕiɤ̃^{21} 挑担 tʰiɔ^{21} tɛ^{53}

先后 ɕiɛ^{53} xəu^{21} 妯娌

后娘 xəu^{53} niɑ̃^{44}

后老子 xəu^{53} lɔ^{21} tsəʔ^{4}

带犊儿 tᴇ^{53} tuʌɯ^{53} 妇女改嫁带的儿女

童引媳妇子 tʰuɤ̃^{44} iɤ̃^{21} ɕiəʔ^{4} fu^{44} tsəʔ^{21} 童养媳

顶门子 tiɤ̃^{21} mɤ̃^{44} tsəʔ^{21} 无子的人死后由侄儿充当儿子，埋葬死者，继承财产，顶起门户

拜老 pᴇ^{53} lɔ^{21} 对父辈男性的面称

拜老子 pᴇ^{53} lɔ^{21} tsəʔ^{4} 对父辈男性的叙称

老老 lɔ^{21} lɔ^{24} ①堂伯父、叔父的统称；②父亲的表兄弟（姑表、姨表）的统称；③对父辈男性的称呼

拜识 pᴇ^{53} ʂəʔ^{21} 老拜识 lɔ^{21} pᴇ^{53} ʂəʔ^{21} ①结拜兄弟；②男性的同辈、同性朋友

老拜 lɔ^{21} pᴇ^{53} 朋友儿童用语

辈数 pei^{53} ʂuo^{21} 辈分

长辈儿 tʂɑ̃^{21} pʌɯ^{53}

晚辈儿 vɛ^{21} pʌɯ^{53}

平辈 p^{h}iɤ̃^{44} pei^{53}

排行 p^{h}E^{44} xɑ̃^{44}

亲家 tɕ^{h}iɤ̃^{53} tɕiəʔ^{21} 不分性别

亲亲 tɕ^{h}iɤ̃^{24} tɕ^{h}iɤ̃^{21}

去亲亲行 k^{h}əʔ^{2} tɕ^{h}iɤ̃^{24} tɕ^{h}iɤ̃^{21} xɔ^{21} 走亲戚（“行”韵母特殊，高家堡读 xɑ̃^{213}）

十 身体

身子 ʂɤ̃^{24} tsəʔ^{21} 身身 ʂɤ̃^{24} ʂɤ̃^{21} 身体 ʂɤ̃^{24} t^{h}i^{21}

骷子 k^{h}u^{24} tsəʔ^{21} 脑$_{43}$ nɔ^{44}（声调特殊）头 t^{h}əu^{44} 脑袋 nɔ^{21} tE^{53} 得老 təʔ^{2} lɔ^{24} 贬，多用于骂人

奔颅儿 pɤ̃^{24} lʌɯ^{53} 前额的整体

眉溜圪堵 mi^{44} liəu^{21} kəʔ^{2} tu^{24} 额头

歇顶 ɕiəʔ^{44} tiɤ̃^{213}

头顶 t^{h}əu^{44} tiɤ̃^{21}

后脑把子 xəu^{53} nɔ^{21} pa^{53} tsəʔ^{21} 后脑勺

脖子 puo^{44} tsəʔ^{21}

脖腔股 puo^{44} tɕ^{h}iɑ̃^{53} ku^{21}（“腔”声调特殊）脖项股 puo^{44} xɑ̃^{53} ku^{21} 脖颈

后燕儿窝 xəu^{53} iʌɯ^{53} vuo^{213} 搅家圪坨坨 tɕiɔ^{21} tɕia^{24} kəʔ^{4} t^{h}uo^{44} t^{h}uo^{21} 后脑勺下部的窝儿旧

头发 t^{h}əu^{44} fɛ^{21}（“发”韵母特殊）

少白头 ʂɔ^{53} piɛ^{44} t^{h}əu^{44}

跌头发 tiəʔ^{4} t^{h}əu^{44} fɛ^{21}

头皮 t^{h}əu^{44} p^{h}i^{44} 头屑

天灵盖 t^{h}iɛ^{24} liɤ̃^{44} kE^{53} 脑瓜盖子 nɔ^{21} kua^{24} kE^{53} tsəʔ^{21} 额头以上的部分

脑门囟 nɔ^{21} mɤ̃^{44} ɕiɤ̃^{21} 囟门所指部位大，成人小孩儿同用

囟门子 ɕiɤ̃^{53} mɤ̃^{21} tsəʔ^{21} 囟门所指部位小，只用于小孩儿

鬓角 piɤ̃^{53} tɕyaʔ^{21} 太阳 t^{h}E^{53} iɑ̃^{21}

眉眼 mi^{44} iɛ^{21} 脸

脸蛋子 liɛ^{21} tɛ^{53} tsəʔ^{21}

颧骨 tɕ^{h}yɛ^{44} kuəʔ^{21}

酒窝 tɕiəu^{21} vuo^{24}

鼻斜子 piəʔ^{4} ɕiɛ^{44} tsəʔ^{21} 人中

牙岔 ia^{44} ts^{h}a^{53} 腮帮子

毛眼眼 mɔ^{44} iɛ^{21} iɛ^{24} 睫毛很长、大而有神的眼睛，是陕北美女的典型形象喜爱色彩强烈

眼睛 iɛ^{21} tɕiɤ̃^{24}

眼眶子 iɛ^{21} k^{h}uɑ̃^{53} tsəʔ^{21}

眼睛仁子 iɛ^{21} tɕiɤ̃^{24} zɤ̃^{44} tsəʔ^{21} ①眼珠；②钱贬

眼睛珠子 iɛ^{21} tɕiɤ̃^{24} tʂu^{24} tsəʔ^{21}

瞳仁 t^{h}uɤ̃^{44} ʐɤ̃^{44}

眼角 iɛ^{21} tɕyaʔ^{4} ①眼角；②角膜炎

眼圈儿 iɛ^{21} tɕ^{h}yʌɯ^{24}

眼泪 iɛ^{21} luei^{53}

脓胶屎 nuɤ̃^{44} tɕiɔ^{24} sʅ^{213} 眼眵

眼皮 iɛ^{21} p^{h}i^{44}

单眼皮 tɛ^{24} iɛ^{21} p^{h}i^{44}

花眼 xua^{24} iɛ^{213} 双眼皮 ʂuã^{24} iɛ^{21} p^{h}i^{44}

眼睫毛 iɛ^{21} tsəʔ^{4} mɔ^{44}

眉毛 mi^{44} mɔ^{21} 眉 mi^{44}

圪皱眉头 kəʔ^{4} tsəu^{53} mi^{44} t^{h}əu^{44}

鼻子 piəʔ^{4} tsəʔ^{21} ①鼻子；②鼻涕

鼻窟窿儿 piəʔ^{4} k^{h}uəʔ^{2} luʌɯ^{24}

鼻毛 piəʔ^{4} mɔ^{44}

鼻尖子 piəʔ^{2} tɕiɛ^{24} tsəʔ^{21}

鼻子尖 piəʔ^{4} tsəʔ^{21} tɕiɛ^{24} 嗅觉灵敏

红鼻子 xuɤ̃^{44} piəʔ^{4} tsəʔ^{21}

嘴 tsuei^{213} 嘴头子 tsuei^{21} t^{h}əu^{44} tsəʔ^{21} 贬

嘴唇 tsuei^{21} tʂ^{h}uɤ̃^{44}

嘴岔 tsuei^{21} ts^{h}a^{53} 嘴角

比斗 pi^{24} təu^{21} 耳光：打一个～

颔水 xɛ^{24} ʂuei^{21} 包括口水、唾沫

颔水点子 xɛ^{24} ʂuei^{21} tiɛ^{21} tsəʔ^{4}

舌头 ʂʅə^{44} t^{h}əu^{21}

舌头尖子 ʂʅə^{44} t^{h}əu^{21} tɕiɛ^{24} tsəʔ^{21}

舌苔 ʂʅə^{44} t^{h}ᴇ^{213}

大舌头 ta^{53} ʂʅə^{44} t^{h}əu^{21}

秃舌子 t^{h}uəʔ^{4} ʂəʔ^{21} tsəʔ^{21} 秃舌舌 t^{h}uəʔ^{4} ʂəʔ^{21} ʂəʔ^{21} 咬舌

牙 ia^{44}

门牙 mɤ̃^{44} ia^{21}

嗓牙 sã^{21} ia^{44}

鼠牙 ʂu^{21} ia^{44} 虎牙

牙疳 ia^{44} kɛ^{21} 牙垢

牙床 ia^{44} tʂ^{h}uã^{44}

牙口 ia^{44} k^{h}əu^{21} ～好

虫牙 tʂ^{h}uɤ̃^{44} ia^{21} 圪 虫儿吃牙 kəʔ^{4} tʂ^{h}uʌɯ^{53} tʂ^{h}əʔ^{4} ia^{44}

耳朵 ʌɯ^{21} tuo^{24}

耳朵窟窿儿 ʌɯ^{21} tuo^{24} k^{h}uəʔ^{2} luʌɯ^{24}

耳朵眼子 ʌɯ^{21} tuo^{24} iɛ^{21} tsəʔ^{4} 耳环眼儿

耳朵穗子 ʌɯ^{21} tuo^{24} suei^{44} tsəʔ^{21}（“穗”声调特殊）

耳塞 ʌɯ^{21} saʔ^{4}

耳背 ʌɯ^{21} pei^{53}

下巴子 xa^{53} p^{h}a^{21} tsəʔ^{21}（“巴”声母特殊） 圪□ kəʔ^{2} i^{24}（南乡）

嗓子 sã^{21} tsəʔ^{4} 忽咙 xuəʔ^{4} luɤ̃^{44}

忽嗉心 xuəʔ^{4} su^{53} ɕiɤ̃^{21} 喉结

胡柴 xu^{44} ts^{h}ᴇ^{21}

圈脸胡 tɕ^{h}yɛ^{24} liɛ^{21} xu^{44} 连鬓胡子

八字儿胡 paʔ^{4} tsʌɯ^{53} xu^{44}

旋子 tɕ^{h}yɛ^{44} tsəʔ^{21} 头发旋儿：双～，单～

短帽盖儿 tuɛ^{21} mɔ^{53} kʌɯ^{53} 一种女子

的发型,类似剪发头

指纹 tsɿ^{21} vɤ̃^{44}

手印 ʂəu^{21} iɤ̃^{53} 按在纸上的指纹

孛篓 pʰəʔ^{4} luo^{53} 斗

簸箕 puo^{53} tɕʰi^{21}

毛孔眼子 mɔ^{44} kʰuɤ̃^{21} iɛ^{21} tsəʔ^{4}

膀子 pã^{21} tsəʔ^{4} 膀膀 pã^{21} pã^{24} ①肩膀;②翅膀

肩膊 tɕiɛ^{24} puo^{21}

拢肩子 lyɤ̃^{21} tɕiɛ^{24} tsəʔ^{21}

锁丫环 suo^{21} ia^{24} xuɛ^{44} 锁骨

脊背 tsəʔ^{4} pei^{53}

脊梁 tɕiəʔ^{4} liã^{44}

脊梁骨 tɕiəʔ^{4} liã^{44} kuəʔ^{21}

赤条子 tʂʰəʔ^{4} tʰiɔ^{44} tsəʔ^{21} 光膀子

胳膊 kəʔ^{4} puo^{21}

膈扭渠 kəʔ^{4} niəu^{21} tɕʰy^{44} 胳膊肘的内侧

膈涝⁼扯⁼ kəʔ^{4} lɔ^{53} tʂʰʅə^{21} 腋窝

膈里⁼ kəʔ^{2} li^{24} ①哈痒的动作;②被哈痒的感觉

手腕 ʂəu^{21} vɛ^{53} 手腕子 ʂəu^{21} vɛ^{53} tsəʔ^{21} 贬

手腕儿 ʂəu^{21} vʌɯ^{53} 手段,伎俩

左手 tsuo^{24} ʂəu^{21}

右手 iəu^{53} ʂəu^{21} 正手 tʂɤ̃^{53} ʂəu^{21}

顺手 ʂuɤ̃^{53} ʂəu^{21} 形容词

指头子 tsəʔ^{4} tʰəu^{44} tsəʔ^{21} 指头儿 tsəʔ^{4} tʰʌɯ^{53} 指头头 tsəʔ^{4} tʰəu^{44} tʰəu^{21}(“指”促化)

关节儿 kuɛ^{24} tɕiʌɯ^{21}

大拇指头子 ta^{53} ma^{21} tsəʔ^{4} tʰəu^{44} tsəʔ^{21}(“拇”韵母特殊,下同)

二拇指头子 ʌɯ^{53} ma^{21} tsəʔ^{4} tʰəu^{44} tsəʔ^{21}

中指 tʂuɤ̃^{24} tsɿ^{213}

四指 sɿ^{53} tsɿ^{213}

猴拇指头儿 xəu^{44} ma^{21} tsəʔ^{4} tʰʌɯ^{53}

甲掐儿 tɕiəʔ^{4} tɕʰiʌɯ^{21} 指甲

指头肚蛋子 tsəʔ^{4} tʰəu^{44} tu^{53} tɛ^{53} tsəʔ^{21} 指头肚蛋蛋 tsəʔ^{4} tʰəu^{44} tu^{53} tɛ^{53} tɛ^{21}

圪都 kəʔ^{2} tu^{24} 槌头 tʂʰuei^{44} tʰəu^{21}

巴掌 pa^{24} tʂã^{53} ①手掌;②耳光:打一巴掌(“掌”轻声变去)

手心 ʂəu^{21} ɕiɤ̃^{24}

手背 ʂəu^{21} pei^{53}

心口 ɕiɤ̃^{24} kʰəu^{21} 胸口头 ɕyɤ̃^{24} kʰəu^{21} tʰəu^{44}

胸脯子 ɕyɤ̃^{24} pʰu^{44} tsəʔ^{21}

肋肢 luəʔ^{2} tsɿ^{24} 肋骨

肋肢窝 luəʔ^{2} tsɿ^{24} vuo^{213}

奶头 nᴇ^{21} tʰəu^{44} 奶 nᴇ^{213}

肚子 tu^{53} tsəʔ^{21}

小肚子 ɕiɔ^{21} tu^{53} tsəʔ^{21}

肚脖脐儿 tu^{53} pəʔ^{4} tɕʰiʌɯ^{53}

腰 iɔ^{213}

腰脊股 iɔ^{24} tɕiəʔ^{21} ku^{21} 腰椎

腿 tʰuei^{213} 腿把子 tʰuei^{21} pa^{53} tsəʔ^{21}

大腿 ta^{53} tʰuei^{21}

小腿ɕiɔ^{24} tʰuei^{21}

腿肚子tʰuei^{21} tu^{53} tsəʔ^{21}

二羊棒ʌɯ^{53} iɑ̃^{44} pɑ̃^{53} 胫骨

圪膝盖儿kəʔ^{4} tɕʰiəʔ^{21} kʌɯ^{21}

胯眼骨kʰua^{24} iɛ^{21} kuəʔ^{4} 胯骨

裆tɑ̃^{213} 豚沟tuəʔ^{2} kəu^{24}

豚子 $_{136}$tuəʔ^{4} tsəʔ^{21} 屁股pʰi^{53} kʰu^{21}（“股”声母特殊）豚蛋tuəʔ^{4} tɛ^{53} “豚”又作“𡱰”或“启”

赤豚子tʂʰəʔ^{4} tuəʔ^{4} tsəʔ^{21} 光屁股

𡱂tɕʰiəu^{44} 屌子tiəu^{24} tsəʔ^{21} 鸡溜子tɕi^{24} liəu^{44} tsəʔ^{21} 男阴

鸡鸡tɕi^{24} tɕi^{21} 沙奶奶sa^{24} nᴇ^{21} nᴇ^{24} 小孩儿男阴

屄pi^{213} 扁子pɛ^{21} tsəʔ^{4} 扁溜子pɛ^{21} liəu^{44} tsəʔ^{21} 扁鸡pɛ^{21} tɕi^{24} 女阴

入zʐəʔ^{4} 透tʰəu^{53} 透扁子tʰəu^{53} pɛ^{21} tsəʔ^{4} 造tsʰɔ^{53} 詈词 闹nɔ^{53} 避讳 性交

脚腕子tɕiəʔ^{4} vɛ^{53} tsəʔ^{21} 脚脖子

划拉骨儿xua^{44} la^{53} kuʌɯ^{21} 脚踝

脚tɕiəʔ^{4} 脚片子tɕiəʔ^{4} pʰiɛ^{21} tsəʔ^{4}

赤脚片子tʂʰəʔ^{4} tɕiəʔ^{4} pʰiɛ^{21} tsəʔ^{4} 光脚丫子

脚梁面tɕiəʔ^{4} liɑ̃^{44} miɛ^{53} 脚背

脚心tɕiəʔ^{2} ɕiɤ̃^{24}

脚趾头儿tɕiəʔ^{4} tsəʔ^{4} tʰʌɯ^{53}

脚后跟tɕiəʔ^{4} xəu^{53} kʰɤ̃^{21} 后跟蛋子xəu^{53} kʰɤ̃^{21} tɛ^{53} tsəʔ^{21}（“跟”声母特殊）

脚踪tɕiəʔ^{2} tsuɤ̃^{24} 脚印

鸡眼tɕi^{24} iɛ^{21}

记tɕi^{53} 抿记miɤ̃^{21} tɕi^{53} 痣

骨头kuəʔ^{4} tʰu^{44}（“头”韵母受前字同化，变为合口呼） 骨殖kuəʔ^{4} ʂəʔ^{21}

筋tɕiɤ̃^{213} 包括血管

辫子piɛ^{53} tsəʔ^{21}

扁簪儿pɛ^{21} tsʌɯ^{24} 妇女盘在脑后的发髻

髽髻儿tʂua^{24} tɕiʌɯ^{21} 梳在头顶两旁的发髻，是少女的发型。～夫妻：结发夫妻

卜鬏子pəʔ^{2} tɕiəu^{24} tsəʔ^{21} 卜鬏鬏pəʔ^{2} tɕiəu^{24} tɕiəu^{21} 小辫儿

锁锁suo^{21} suo^{24} 小孩儿额前的垂发

鬓鬓piɤ̃^{53} piɤ̃^{21} 旧 妇女额前的垂发

十一 病痛、医疗

难活nɛ^{44} xuəʔ^{4}

不乖pəʔ^{2} kuᴇ^{24} ①（小孩儿）生病；②（小孩儿）不听话

急病tɕiəʔ^{4} piɤ̃^{53}

紧当嘞 tɕiɤ̃^{21} tɑ̃^{24} ləʔ^{21} 病急

病重嘞 piɤ̃^{53} tʂuɤ̃^{53} ləʔ^{21} 病得伤嘞 piɤ̃^{53} təʔ^{21} ʂɑ̃^{24} ləʔ^{21}

跑肚 pʰɔ^{21} tu^{53} 拉肚子 laʔ^{4} tu^{53} tsəʔ^{21} 拉稀 laʔ^{2} ɕi^{24}

烧嘞 ʂɔ^{24} ləʔ^{21} 发烧

打冷圪瘆 ta^{21} lɤ̃^{24} kʰəʔ^{2} sɤ̃^{24} 发冷（“圪”声母送气）

拍了 pʰiəʔ^{4} lɛ^{21} 着凉 tʂɔ^{24} liɑ̃^{44}

咳嗽 kʰəʔ^{4} səu^{53}

受暑 ʂəu^{53} tʂʰu^{213} 中暑

火气 xuo^{21} tɕʰi^{53} 上火 ʂɑ̃^{53} xuo^{213}

有积聚 iəu^{21} tɕiəʔ^{4} tɕy^{53} 积滞

肚（子）疼 tu^{53} tsəʔ^{21} tʰɤ̃^{44}

心圪头疼 ɕiɤ̃^{24} kəʔ^{21} tʰəu^{21} tʰɤ̃^{44} 心口疼 ɕiɤ̃^{24} kəu^{21} tʰɤ̃^{44}

头昏 tʰəu^{44} xuɤ̃^{213}

晕车 yɤ̃^{53} tʂʰʅə^{213}

脑疼 nɔ^{44} tʰɤ̃^{44} 头疼 tʰəu^{44} tʰɤ̃^{44} 骷子疼 kʰu^{24} tsəʔ^{21} tʰɤ̃^{44} 脑袋疼 nɔ^{21} tᴇ^{53} tʰɤ̃^{44}

倒生食气 tɔ^{53} sɤ̃^{21} ʂəʔ^{21} tɕʰi^{21} 嗳气

恶心 ŋəʔ^{2} ɕiɤ̃^{24} 想吐嘞 ɕiɑ̃^{24} tʰu^{21} ləʔ^{4} 发呕 faʔ^{4} ŋəu^{213}

吐了 tʰu^{24} lɛ^{21} 哕上一口 yɛ^{24} ʂɑ̃^{53} iəʔ^{4} kʰəu^{21}

干哕 kɛ^{24} yɛ^{213}

痨病 lɔ^{44} piɤ̃^{53}

气卵子 tɕʰi^{53} luᴇ^{53} tsəʔ^{21}（“卵”韵母特殊）疝气 ʂuɛ^{53} tɕʰi^{53}（“疝”有介音）

绞肠痧 tɕiɔ^{21} tʂʰɑ̃^{44} sa^{213}

打摆子 ta^{24} pᴇ^{21} tsəʔ^{4}

走吐霍乱儿 tsəu^{24} tʰu^{21} xuəʔ^{4} luʌɯ^{53} 霍乱

气瘚 tɕʰi^{53} tɕyəʔ^{4} 瘚 tɕyəʔ^{4} 气喘 tɕʰi^{53} tʂʰuɛ^{213}

当差 tɑ̃^{24} tsʰᴇ^{213} 出花儿 tʂʰuəʔ^{2} xuʌɯ^{24} 出天花儿

种花儿 tʂuɤ̃^{53} xuʌɯ^{213} 种牛痘

伤寒 ʂɑ̃^{24} xɛ^{44} 瘟疫 vɤ̃^{24} i^{53}

腮痄 sᴇ^{24} tsa^{53} 腮腺炎

黄疸 xuɑ̃^{44} tɛ^{21}

羊羔儿疯 iɑ̃^{44} kʌɯ^{24} fɤ̃^{213}

风搐嘞 fɤ̃^{24} tʂʰuəʔ^{4} ləʔ^{21} 惊风，抽风

烟闷 iɛ^{24} mɤ̃^{53} 煤气中毒

过梁了 kuo^{53} liɑ̃^{44} lɛ^{21} 昏迷不醒

中风不语 tʂuɤ̃^{53} fɤ̃^{24} pəʔ^{4} y^{213}

瘫了 tʰɛ^{24} lɛ^{21} 瘫痪

害疮儿 xᴇ^{53} tʂʰuʌɯ^{213} 生疮 sɤ̃^{24} tʂʰuɑ̃^{213}

发 faʔ^{4} 溃脓 xuei^{53} nuɤ̃^{44}

眼坋 iɛ^{21} pɤ̃^{53} 钻入眼睛里的尘埃

开刀 kʰᴇ^{24} tɔ^{213}

割瘤子 kəʔ^{4} liəu^{44} tsəʔ^{21}

贴膏药 tʰiəʔ^{2} kɔ^{24} iəʔ^{21}

颗颗药 kʰuo^{21} kʰuo^{24} iəʔ^{4} 粒状药品

水水药 ʂuei^{21} ʂuei^{24} iəʔ^{4} 液体状药品

面面药 miɛ^{53} miɛ^{21} iəʔ^{4}　粉状药品

烤住痂痂了 kʰɔ^{21} tʂu^{53} tɕia^{24} tɕia^{21} lɛ^{21}　结痂

跌了 tiəʔ^{4} lɛ^{21}　摔伤

碰了 pʰɣ̃^{53} lɛ^{21}

□烂皮 tʂʰu^{53} lɛ^{53} pʰi^{44}　蹭破皮儿

刺个口子 la^{44} kəʔ^{21} kʰəu^{21} tsəʔ^{4}

疤 pa^{213}

漏疮 ləu^{53} tʂʰuɑ̃^{21}

疥 tɕiɛ^{53}　疥疮

癣 ɕiɛ^{213}

牛皮癣 niəu^{44} pʰi^{21} ɕiɛ^{24}

钱儿癣 tɕʰiʌɯ^{53} ɕiɛ^{21}　头皮上生的铜钱状的癣

水蒸颗子 ʂuei^{21} tʂɣ̃^{24} kʰuo^{21} tsəʔ^{4}　痱子

瘊子 xəu^{44} tsəʔ^{21}

眼 iɛ^{213}　痦子

蚕色 tsʰɛ^{44} saʔ^{21}　雀儿斑

粉刺 fɣ̃^{21} tsʰɿ^{53}　疖子

燎焦 liɔ^{44} tɕiɔ^{21}　燎泡

臭圪筒儿 tʂʰəu^{53} kəʔ^{4} tʰuʌɯ^{213}　门户 mɣ̃^{44} xu^{53} 避讳　狐臭

有门户 iəu^{21} mɣ̃^{44} xu^{53} 避讳　有狐臭

口臭 kʰəu^{21} tʂʰəu^{53}

起来葫芦了 tɕʰi^{21} lᴇ^{44} xuəʔ^{4} lu^{44} lɛ^{21}　大脖子

起来棚子了 tɕʰi^{21} lᴇ^{44} kuəʔ^{4} tsəʔ^{21} lɛ^{21}　淋巴发炎

请医生 tɕʰiɣ̃^{21} i^{24} sɣ̃^{21}　请大夫 tɕʰiɣ̃^{21} tᴇ^{53} fu^{21}

知熟病 tʂɿ^{24} ʂuəʔ^{21} piɣ̃^{53}　常见病

治 tʂɿ^{53}　看病 kʰɛ^{53} piɣ̃^{53}

锄盘 tʂʰuo^{44} pʰɛ^{21}　①土医生、巫神给人治病；②整理，处理

拨撩 pəʔ^{4} liɔ^{44}　巫神给人治病

差些儿了$_{70}$ tsʰa^{24} ɕiʌɯ^{24} lɛ^{2}　好些儿了 xɔ^{21} ɕiʌɯ^{24} lɛ^{21}

校脉 ɕiɔ^{53} miəʔ^{4}　摸脉

开方子 kʰᴇ^{24} fɑ̃^{24} tsəʔ^{21}

一服药 iəʔ^{4} fəʔ^{21} iəʔ^{4}

引子 iɣ̃^{21} tsəʔ^{4}

药沙锅儿 iəʔ^{2} sa^{24} kuʌɯ^{21}

熬药 ŋɔ^{4} iəʔ^{4}

抓药 tʂua^{24} iəʔ^{4}　配药 pʰei^{53} iəʔ^{4}　买中药

买药 mᴇ^{21} iəʔ^{4}　买西药

药铺 iəʔ^{4} pʰu^{53} 卖中药、西药

偏方 pʰiɛ^{24} fɑ̃^{213}

发汗 faʔ^{4} xɛ^{53}

泻火 ɕiɛ^{53} xuo^{213}

去湿 tɕʰy^{53} ʂəʔ^{4}

去积聚 tɕʰy^{53} tɕiəʔ^{4} tɕy^{53}　消食

打针 ta^{21} tʂɣ̃^{24}

扳罐子 pɛ^{24} kuɛ^{53} tsəʔ^{21}

扳头罐子 pɛ^{24} tʰəu^{44} kuɛ^{53} tsəʔ^{21}　火罐子

抹药 muo^{21} iəʔ^{4}　搽药 tsʰa^{44} iəʔ^{4}

膏药 kɔ^{24} iəʔ^{21}

药膏子 iəʔ^{4} kɔ^{21} tsəʔ^{4} | 搽药膏子 tsʰa^{44} iəʔ^{4} kɔ^{21} tsəʔ^{4}

十二 衣服、穿戴

衣裳 i^{24} ʂɑ̃^{44}

穿戴 tʂʰuɛ^{24} tᴇ^{53}

打扮 ta^{21} pɛ^{53}

首饰 ʂəu^{21} ʂəʔ^{4}

棉袄儿 miɛ^{44} ŋʌɯ^{213}

夹袄儿 tɕiəʔ^{4} ŋʌɯ^{21}

单袄儿 tɛ^{24} ŋʌɯ^{213}

长袄儿 tʂʰɑ̃^{44} ŋʌɯ^{213} 大布衫子 ta^{53} pu^{53} sɛ^{21} tsəʔ^{4}

布衫子 pu^{53} sɛ^{21} tsəʔ^{4} 布衫儿的通称

马褂 ma^{21} kua^{53} 旧

大夹袄儿 ta^{53} tɕiəʔ^{4} ŋʌɯ^{21}

小夹袄儿 ɕiɔ^{21} tɕiəʔ^{4} ŋʌɯ^{21}

旗袍 tɕʰi^{44} pʰɔ^{21}

大棉袄儿 ta^{53} miɛ^{44} ŋʌɯ^{213}

对门门袄儿 tuei^{53} mɤ̃^{44} mɤ̃^{21} ŋʌɯ^{213} 对襟的上衣

大襟袄儿 ta^{53} tɕiɤ̃^{21} ŋʌɯ^{213}

皮袄 pʰi^{44} ŋɔ^{21}

西装 ɕi^{24} tʂuɑ̃^{213}

大氅 ta^{53} tʂʰɑ̃^{21} 大衣

衬衣 tsʰɤ̃^{53} i^{21} 衬衫 tsʰɤ̃^{53} sɛ^{21}

袄儿襟子 ŋʌɯ^{24} tɕiɤ̃^{24} tsəʔ^{21} 袄儿襟襟 ŋʌɯ^{24} tɕiɤ̃^{24} tɕiɤ̃^{21}

大襟 ta^{53} tɕiɤ̃^{21}

对襟 tuei^{53} tɕiɤ̃^{21}

下奓 ɕia^{53} tsa^{53} 下摆

领子 liɤ̃^{21} tsəʔ^{4} 领儿 liʌɯ^{213}

领口 liɤ̃^{24} kʰəu^{21}

袖子 ɕiəu^{53} tsəʔ^{21}

袖口 ɕiəu^{53} kʰəu^{21}

贴边儿 tʰiəʔ^{2} piʌɯ^{24}

倒衩衩 tɔ^{53} tsʰa^{21} tsʰa^{24} 兜兜 təu^{21} təu^{24} 衣服口袋儿

裤儿 kʰuʌɯ^{53}

单裤儿 tɛ^{24} kʰuʌɯ^{53}

夹裤儿 tɕiəʔ^{4} kʰuʌɯ^{53}

棉裤 miɛ^{44} kʰu^{53}

裤衩儿 kʰu^{53} tsʰʌɯ^{213} 衩裤儿 tsʰa^{53} kʰuʌɯ^{21}

连蹄蹄裤儿 liɛ^{44} tʰi^{44} tʰi^{21} kʰuʌɯ^{53} 蹄蹄 tʰi^{44} tʰi^{21} 连脚裤

留裆裤儿 liəu^{44} tɑ̃^{24} kʰuʌɯ^{53} 开裆裤

严裆裤儿 ŋɛ^{44} tɑ̃^{24} kʰuʌɯ^{53} 死裆裤

裤裆 kʰu^{53} tɑ̃^{213}

裤腰子 kʰu^{53} iɔ^{24} tsəʔ^{21}

裤带 kʰu^{53} tᴇ^{21}

裤腿 kʰu^{53} tʰuei^{213}

斗篷篷 təu^{21} pʰɤ̃^{44} pʰɤ̃^{21}

坎肩子 kʰɛ^{21} tɕiɛ^{24} tsəʔ^{21}

汗褂褂 xɛ^{53} kua^{53} kua^{21}　汗架架 xɛ^{53} tɕia^{53} tsəʔ^{21}

裹腰子 kuo^{21} iɔ^{24} tsəʔ^{21}　成人戴的兜肚，长方形

肚肚 tu^{21} tu^{24}　小孩儿戴的兜肚，菱形

瓜皮帽 kua^{24} pʰi^{44} mɔ^{53}

礼帽 li^{21} mɔ^{53}

草帽子 tsʰɔ^{21} mɔ^{53} tsəʔ^{21}

毡帽 tʂɛ^{24} mɔ^{53}

制服 tʂʅ^{53} fəʔ^{21}　操衣 tsʰɔ^{24} i^{213} 旧

军帽儿 tɕyɣ̃^{24} mʌɯ^{53}

帽棚棚 mɔ^{53} pʰiɛ^{44} pʰiɛ^{21}　帽檐儿

襻带带 pʰɛ^{53} tᴇ^{53} tᴇ^{21}　披风上的带子

风景扣子 fɣ̃^{24}tɕiɣ̃^{21}kʰəu^{53}tsəʔ^{21}（“景”当为“纪”的讹变）

裹腿 kuo^{24} tʰuei^{21}

纽子 niəu^{21} tsəʔ^{4}　桃圪瘩儿 tʰɔ^{44} kəʔ^{4} tʌɯ^{21} 旧式钮扣儿

纽门子 niəu^{21} mɣ̃^{44} tsəʔ^{21}　旧式扣眼儿

扣子 kʰəu^{53} tsəʔ^{21}

扣门子 kʰəu^{53} mɣ̃^{44} tsəʔ^{21}　新式扣眼儿

搊子 tsʰəu^{24} tsəʔ^{21}　搊搊 tsʰəu^{24} tsʰəu^{21}　①小布袋儿；②衣服口袋儿

围裙子 vei^{44} tɕʰyɣ̃^{21} tsəʔ^{21}

套袖袖 tʰɔ^{53} ɕiəu^{53} ɕiəu^{21}　袖套

裙子 tɕʰyɣ̃^{44} tsəʔ^{21}

腿带儿 tʰuei^{21} tʌɯ^{53}　扎裤腿的带子

袜带儿 vaʔ^{4} tʌɯ^{53}

颔水布布 xɛ^{24} ʂuei^{21} pu^{53} pu^{21}　转脖子 tʂuɛ^{53} puo^{44} tsəʔ^{21}　转脖脖 tʂuɛ^{53} puo^{44} puo^{21} 圆形

围脖脖 vei^{44} puo^{21} puo^{21} 不圆

垫豚子 tiɛ^{53}tuəʔ^{4} tsəʔ^{21}　垫豚儿 tiɛ^{53} tuʌɯ^{21}　尿布

鞋 xᴇ^{44}

拖鞋 tʰuo^{24} xᴇ^{44}

暖鞋 nuɛ^{21} xᴇ^{44}

靴子 ɕyɛ^{24} tsəʔ^{21}

靴靿子 ɕyɛ^{24} iɔ^{53} tsəʔ^{21}

胶鞋 tɕiɔ^{24} xᴇ^{44}

皮鞋 pʰi^{44} xᴇ^{44}

布鞋 pu^{53} xᴇ^{44}

牛鼻鼻鞋 niəu^{44} piəʔ^{4} piəʔ^{21} xᴇ^{44}　鞋头像牛鼻形的布鞋，十分耐穿

双脸儿鞋 ʂuɑ̃^{24} liʌɯ^{24} xᴇ^{44}

单脸儿鞋 tɛ^{24} liʌɯ^{24} xᴇ^{44}

底子 ti^{21} tsəʔ^{4}

鞋帮子 xᴇ^{44} pɑ̃^{24} tsəʔ^{21}

鞋楦子 xᴇ^{44} ɕyɛ^{53} tsəʔ^{21}

鞋溜子 xᴇ^{44} liəu^{53} tsəʔ^{21}　鞋拔子

鞋带 xᴇ^{44} tᴇ^{53}　①鞋带儿；②童鞋后帮上的带子

袜子 vaʔ^{4} tsəʔ^{21}

包脚布子 pɔ^{24} tɕiəʔ^{4} pu^{53} tsəʔ^{21} 旧

裹脚 kuo^{21} tɕiəʔ^{4} 旧

手绢儿ʂəu^{21} tɕyʌɯ^{53}

围巾儿vei^{44} tɕiʌɯ^{21}

手套子ʂəu^{21} tʰɔ^{53} tsəʔ^{21}

耳套子ʌɯ^{21} tʰɔ^{53} tsəʔ^{21}

眼镜iɛ^{21} tɕiɤ̃^{53}

风镜fɤ̃^{24} tɕiɤ̃^{53}

望远镜vɑ̃^{53} yɛ^{21} tɕiɤ̃^{53}

钱包包tɕʰiɛ^{44} pɔ^{24} pɔ^{21}

扇子ʂɛ^{53} tsəʔ^{21}

芭蕉扇pa^{24} tɕiɔ^{21} ʂɛ^{53}

团扇tʰuɛ^{44} ʂɛ^{53}

手表ʂəu^{21} piɔ^{24}

袖圈ɕiəu^{53} tɕʰyɛ^{21}

手箍子ʂəu^{21} ku^{24} tsəʔ^{21}　戒指

项圈xɑ̃^{53} tɕʰyɛ^{21}

百家锁儿piəʔ^{2} tɕia^{24} suʌɯ^{213}

挖耳子va^{24} ʌɯ^{21} tsəʔ^{4}

别针儿piəʔ^{2} tʂʌɯ^{24}

簪子tsɛ^{24} tsəʔ^{21}

耳环ʌɯ^{21} xuɛ^{44}　耳坠坠ʌɯ^{21} tʂuei^{53} tʂuei^{21}

耳朵眼子ʌɯ^{21} tuo^{24} iɛ^{21} tsəʔ^{4}　耳环眼子

胭脂iɛ^{24} tsʅ^{21}

粉fɤ̃^{213}

雨衣y^{21} i^{24}

雨鞋y^{21} xᴇ^{44}

拐棍儿kuᴇ^{21} kuʌɯ^{53}

文明棍儿vɤ̃^{44} miɤ̃^{44} kuʌɯ^{53}

烟锅子iɛ^{24} kuo^{44} tsəʔ^{21}　烟袋（“锅”声调特殊）

旱烟锅子xɛ^{53} iɛ^{21} kuo^{44} tsəʔ^{21}　旱烟袋

水烟锅子ʂuei^{21} iɛ^{24} kuo^{44} tsəʔ^{21}　水烟袋

烟搐子iɛ^{24} tʂʰuəʔ^{4} tsəʔ^{21}　烟荷包

烟锅脑子iɛ^{24} kuo^{44} nɔ^{44} tsəʔ^{21}　烟袋锅子

烟嘴子iɛ^{24} tsuei^{21} tsəʔ^{4}　①烟袋的嘴儿；②烟嘴儿

烟屎iɛ^{24} sʅ^{21}

火镰xuo^{21} liɛ^{44}

纸捻子tsʅ^{21} niɛ^{53} tsəʔ^{21}

擦屁股纸tsʰaʔ^{4} pʰi^{53} ku^{21} tsʅ^{213}　草纸

十三　饭食

伙食xuo^{21} ʂəʔ^{4}

饭食fɛ^{53} ʂəʔ^{21}　茶饭tsʰa^{44} fɛ^{53}　饮食：人老凭茶饭嘞

吃水tʂʰəʔ^{4} ʂuei^{21}　食品

家常便饭tɕia^{24} tʂʰɑ̃^{44} piɛ^{53} fɛ^{53}

早起饭tsɔ^{24} tɕʰi^{21} fɛ^{53}

早点tsɔ^{24} tiɛ^{213} 新

晌午饭ʂɑ^{21} vuo^{24} fɛ^{53}　午饭（“午”韵母、声调特殊）

黑夜饭xəʔ^{2} iɛ^{24} fɛ^{53}　晚饭（“夜”声

调特殊）

打尖 ta^{21} tɕiɛ^{24}

席 ɕiəʔ^{4}

海菜席 xᴇ^{21} tsʰᴇ^{53} ɕiəʔ^{21}　有海味的宴席

零食 liɤ̃^{44} ʂəʔ^{4}

小锅儿饭 ɕiɔʔ^{21} kuʌɯ^{24} fɛ^{53}

炒米 tsʰɔ^{24} mi^{21}　将糜子微煮炒干后碾出的米，吃干饭，有炒香味儿

捞饭 lɔ^{44} fɛ^{53}　捞制的干饭

大米捞饭 ta^{53} mi^{21} lɔ^{44} fɛ^{53}

黄米捞饭 xuɑ̃^{44} mi^{21} lɔ^{44} fɛ^{53}　用糜子米做的干饭

谷米捞饭 kuəʔ^{4} mi^{21} lɔ^{44} fɛ^{53}

两米饭 liɑ̃^{24} mi^{21} fɛ^{53}　大米、小米搀起做的米饭，稀饭、干饭均可

稀饭 ɕi^{24} fɛ^{53}

稠饭 tʂʰəu^{44} fɛ^{53}　稠粥

米汤 mi^{21} tʰɑ̃^{24} 比“稀饭”稀

稠饦子 tʂʰəu^{44} tʰuəʔ^{4} tsəʔ^{21}　稠饦饦 tʂʰəu^{44} tʰuəʔ^{4} tʰuəʔ^{21}　煮得太稠的粥

稀水子 ɕi^{24} ʂuei^{21} tsəʔ^{4}　稀水水 ɕi^{24} ʂuei^{21} ʂuei^{24}　稀流流 ɕi^{24} liəu^{44} liəu^{21}　煮得太稀的粥

谷米稀饭 kuəʔ^{4} mi^{21} ɕi^{24} fɛ^{53}

剩饭 ʂɤ̃^{53} fɛ^{53}

煳焙了 xu^{44} pəʔ^{21} lɛ^{21}　煳了

燍气了 sɿ^{24} tɕʰi^{53} lɛ^{21}　馊了

锅圪巴 kuo^{24} kəʔ^{2} pa^{24}　锅巴

白面 piɛ^{44} miɛ^{53}

面 miɛ^{53}　①面粉；②面条儿、面片儿

面条儿 miɛ^{53} tʰiʌɯ^{53}　面条子 miɛ^{53} tʰiɔ^{44} tsəʔ^{21}

圪瘩 kəʔ^{4} taʔ^{21}　面片儿

挂面 kua^{53} miɛ^{21}

汤面 tʰɑ̃^{24} miɛ^{53}

调面 tʰiɔ^{44} miɛ^{53}　干捞面 kɛ^{24} lɔ^{44} miɛ^{53}

拌汤 pɛ^{53} tʰɑ̃^{21}　圪瘩汤

饸饹 xuo^{44} lɔ^{53}（“饹”轻声变去）

臊子 sɔ^{53} tsəʔ^{21}

臊子面 sɔ^{53} tsəʔ^{21} miɛ^{53}

打卤挂面 ta^{24} ləu^{21} kua^{53} miɛ^{21}　单独打汤吃的挂面，是讲究的吃法

打卤饸饹 ta^{24} ləu^{21} xuo^{44} lɔ^{53}　单独打汤吃的饸饹

糕 kɔ^{213}

活糕 xuəʔ^{2} kɔ^{24}　刚蒸出来没揉过的糕

油糕 iəu^{44} kɔ^{21}　油炸糕

甜糕 tʰiɛ^{44} kɔ^{21}　未炸的糕

枣儿糕 tsʌɯ^{24} kɔ^{213}　红枣馅儿糕

豆子糕 təu^{53} tsəʔ^{21} kɔ^{24}　豆馅儿糕

菜糕 tsᴇ^{53} kɔ^{213}　菜馅儿糕

角子糕 tɕyaʔ^{4} tsəʔ^{21} kɔ^{24}　糕角子 kɔ^{24} tɕyaʔ^{4} tsəʔ^{21}　捏成饺子状的包馅儿糕

圆糕 yɛ^{44} kɔ^{21}　捏成扁圆形的包馅儿糕。如果同时有角子糕和圆糕，

那么前者包菜馅儿，后者包豆馅儿和枣馅儿

片片糕pʰiɛ^{21} pʰiɛ^{24} kɔ^{213}　不包馅儿的糕

凉糕liɑ̃^{44} kɔ^{21}

甑儿糕tɕiʌɯ^{53} kɔ^{213}

八宝饭paʔ^{4} pɔ^{21} fɛ^{53}

饺子tɕiɔ^{21} tsəʔ^{4}　蒸饺

扁食piɛ^{21} ʂəʔ^{4} 水饺儿ʂuei^{24} tɕiʌɯ^{21} 新

馄饨xuɤ̃^{44} tuɤ̃^{53} 新

稍美sɔ^{24} mei^{21}　烧卖

枣儿焖饭tsʌɯ^{24} mɤ̃^{53} fɛ^{53}（“焖”声调特殊）红枣稠粥

瓜饭kua^{24} fɛ^{53}

豇豆饭tɕiɑ̃^{24} təu^{53} fɛ^{53}　豇豆和小米煮的稀粥

扁豆饭pɛ^{21} təu^{53} fɛ^{53}　扁豆和小米煮的稀粥

绿豆饭luəʔ^{4} təu^{53} fɛ^{53}　绿豆和小米煮的稀粥

踖踖$_{72}$ tsʰəʔ^{4} tsʰəʔ^{21}　碾碎的豆子、玉米等：～饭；豌豆～

踖踖饭tsʰəʔ^{4} tsʰəʔ^{21} fɛ^{53}　玉米糁儿或黑豆糁儿和小米煮的稀粥

和菜饭xuo^{53} tsʰᴇ^{53} fɛ^{53}　一种稀粥，将小米煮熟后和上炒制的酸菜

豌豆瓣瓣和菜饭vɛ^{24} təu^{24} pɛ^{53} pɛ^{21} xuo^{53} tsʰᴇ^{53} fɛ^{53}　一种稀粥，用豌豆瓣儿和小米煮粥，熟后加炒酸菜

粉糊糊饭fɤ̃^{21} xu^{44} xu^{21} fɛ^{53}　粉浆、小米、豇豆煮的稀粥，熟后加炒酸菜。有时加羊肉丁儿、麦粒儿等，为神木独有

馍馍muo^{44} muo^{21}　蒸馍tʂɤ̃^{24} muo^{44}

炉馍馍ləu^{4} muo^{44} muo^{21}　用炉鏊烤制的饼子，包枣泥或豆馅儿

花卷儿xua^{24} tɕyʌɯ^{21}

包子pɔ^{24} tsəʔ^{21}

油碰蛋iəu^{44} pʰɤ̃^{53} tɛ^{53}　一种面食，用白面和上鸡蛋，油炸后食用

锅盔kuo^{24} kʰuei^{213}　在鏊子上烤制的玉米面大饼子，可做月饼馅儿。按：与关中的“锅盔”名同实异

烧饼ʂɔ^{24} piɤ̃^{21}

火烧xuo^{21} ʂɔ^{24}　羊肉馅儿饼，比一般馅儿饼小而厚

糖提子tʰɑ̃^{44} tʰi^{44} tsəʔ^{21}　一种和油糖的饼子

窟⁼磊⁼ kʰuəʔ^{2} luei^{24}　一种面食，用玉米面或高粱面和土豆丝儿蒸食，也可在蒸熟后再炒着吃，现在城里人很少做，饭馆儿里当风味食品卖

搅团tɕiɔ^{21} tʰuɛ^{44}　一种面食，用荞麦

面或玉米面边加水边搅熟，蘸盐水吃，内蒙古晋语叫“拿糕”，现在城里人很少吃，饭馆儿里当风味儿食品卖

烙饼 lɔ^{53} piɤ̃^{21}

拌汤捞饭 pɛ^{53} tʰɑ̃^{21} lɔ^{44} fɛ^{53}　一种食品，用半熟的小米干饭和豆面拌成圪瘩汤，再泡小米干饭食用

面和和饭 miɛ^{53} xuo^{53} xuo^{21} fɛ^{53}　一种食品，将小米、土豆丁儿放在一起煮，快熟时加入面条，和以炒酸菜食用

黑豆糊糊 xəʔ^{4} təu^{53} xu^{44} xu^{21}　用小米和黑豆糁儿煮的稀饭

捏钵子 niəʔ^{4} pəʔ^{21} tsəʔ^{21}　一种豆面条儿，用小床儿拿双手压制

抿尖儿 miɤ̃^{21} tɕiʌɯ^{24}　一种短豆面条儿，用抿床礤制

荞剥面 tɕʰiɔ^{44} paʔ^{4} miɛ^{53}　一种荞麦面食品

擀豆面 kɛ^{21} təu^{53} miɛ^{21}　长豆面 tʂɑ̃^{44} təu^{53} miɛ^{21}　豌豆面条儿，擀得薄，切得长，是当地的风味儿食品。过去在红油炕上擀

细豆面 ɕi^{53} təu^{53} miɛ^{21}　切得细的擀豆面，汤吃

宽豆面 kʰuɛ^{24} təu^{53} miɛ^{21}　切得比较宽的擀豆面，调上臊子干吃

削面 ɕyəʔ^{4} miɛ^{53}

杂和菜 tsa^{44} xuo^{53} tsʰᴇ^{53}　用烧猪肉、丸子、炸豆腐、炸土豆片儿、粉条儿等烩的菜

细杂烩 ɕi^{53} tsa^{44} xuei^{53}　用烧猪肉、鸡肉、羊肉、丸子、炸豆腐、片儿粉等烩的菜

拼三鲜 pʰiɤ̃^{53} sɛ^{24} ɕiɛ^{44}　用烧猪肉、鸡肉、羊肉、丸子、炸豆腐、片儿粉等加炖肉清汤烩的汤菜（从榆林引进，“鲜”声调特殊，系受榆林话调值影响所致）

片粉 pʰiɛ^{53} fɤ̃^{21}　用一种特制的铝盘将淀粉剥制成薄片状，加调味品食用

粉汤 fɤ̃^{21} tʰɑ̃^{24}　一种汤食，用细粉条加烧猪肉、羊肉丁儿、鸡丝儿、丸子、炸豆腐等配制的臊子做成，是当地讲究的副食之一

猪肉撬⁼扁粉 tʂu^{24} ʐəu^{53} tɕʰiɔ^{53} pɛ^{24} fɤ̃^{21}　用猪肉和宽粉条烩的菜

煮骨殖 tʂu^{21} kuəʔ^{4} ʂəʔ^{21}　炖骨头

饤碗子$_{132}$ tiɤ̃^{53} vɛ^{21} tsəʔ^{4}　碗子 vɛ^{21} tsəʔ^{4}　宴席上碗装、蒸熟的菜肴

菜 tsʰᴇ^{53}

肉菜 ʐəu^{53} tsʰᴇ^{53}

素菜 su^{53} tsʰᴇ^{53}

凉粉 liɑ̃^{44} fɤ̃^{21}

碗饦儿 vɛ^{21} tʰuʌɯ^{44}/ tʰʌɯ^{53} 一种荞麦面凉粉，在碗里成形

粉皮 fɤ̃^{21} pʰi^{44}

米凉粉 mi^{21} liɑ̃^{44} fɤ̃^{21} 小米面凉粉

菜水 tsʰᴇ^{53} ʂuei^{21} 蔬菜

咸菜 xɛ^{44} tsʰᴇ^{53}

酱菜 tɕiɑ̃^{53} tsʰᴇ^{21}

剩菜 ʂɤ̃^{53} tsʰᴇ^{53}

豆腐 təu^{53} fu^{21}

腐竹 fu^{21} tʂuəʔ^{4}

炸豆腐 tsa^{44} təu^{53} fu^{21}

豆腐脑儿 təu^{53} fu^{21} nʌɯ^{213}

豆浆 təu^{53} tɕiɑ̃^{213}

酱豆腐 tɕiɑ̃^{53} təu^{53} fu^{21} 豆腐乳

豆腐干儿 təu^{53} fu^{21} kʌɯ^{24}

粉条子 fɤ̃^{21} tʰiɔ^{44} tsəʔ^{21} 粉条儿 fɤ̃^{21} tʰiʌɯ^{53}

细粉 ɕi^{53} fɤ̃^{21} 做粉汤用的粉条

粗粉 tsʰu^{24} fɤ̃^{21} 烩菜、炒菜用的粉条

扁粉 pɛ^{24} fɤ̃^{21} 宽粉条

水粉 ʂuei^{24} fɤ̃^{21} 没有晾干的粉条

干粉 kɛ^{24} fɤ̃^{21}

酿皮子 ʐɑ̃^{53} pʰi^{44} tsəʔ^{21} 凉皮，由西安传来

点心 tiɛ^{21} ɕiɤ̃^{24} 包馅儿的小酥饼

麻花儿 ma^{21} xuʌɯ^{24}（“麻”声调特殊）

麻叶子 ma^{44} iəʔ^{4} tsəʔ^{21} 一种油炸食品

干烙儿 kɛ^{24} lʌɯ^{53} 一种在炉鏊中烤制的白面饼。面未经发酵

卤肉夹干烙儿 ləu^{21} ʐəu^{53} tɕiaʔ^{2} kɛ^{24} lʌɯ^{53} 一种吃法，在干烙里夹上卤猪头肉、猪杂碎

月饼儿 yəʔ^{4} piʌɯ^{21}

蛋糕 tɛ^{53} kɔ^{213} 新

油条 iəu^{44} tʰiɔ^{44} 新

熟米 ʂuəʔ^{4} mi^{21} 炒米

奶茶 nᴇ^{21} tsʰa^{44} 与内蒙古接壤的北乡人喝得多

米花儿 mi^{21} xuʌɯ^{24}

玉米花儿 y^{53} mi^{21} xuʌɯ^{24}

藕粉 ŋəu^{24} fɤ̃^{21}

花生米 xua^{24} sɤ̃^{21} mi^{213} 花生豆豆 xua^{24} sɤ̃^{21} təu^{53} təu^{21}

香油 ɕiɑ̃^{24} iəu^{44}

麻油 ma^{44} iəu^{44} 用麻子榨的油

胡麻油 xu^{44} ma^{21} iəu^{44}

菜籽儿油 tsʰᴇ^{53} tsʌɯ^{24} iəu^{44}

黑肉 xəʔ^{4} ʐəu^{53} 瘦肉

肥肉 fei^{44} ʐəu^{53}

脂油 tsɿ^{24} iəu^{44} 猪油 tʂu^{24} iəu^{44}

羊油 iɑ̃^{44} iəu^{44} 过去吃得较多，现在渐少

盐 iɛ^{44}

芡$_{106}$ tɕʰiɛ^{53} 粉芡 fɤ̃^{21} tɕʰiɛ^{53} 淀粉：山药～；绿豆～

清酱 tɕʰiɤ̃^{24} tɕiɑ̃^{53} 酱油 tɕiɑ̃^{53} iəu^{44}

黑酱 xəʔ^{4} tɕiɑ̃^{53}　面酱现在渐少食用

芝麻酱 tsʅ^{24} ma^{44} tɕiɑ̃^{53}

甜面酱 tʰiɛ^{44} miɛ^{53} tɕiɑ̃^{53}

豆瓣儿酱 təu^{53} pʌɯ^{53} tɕiɑ̃^{53}

辣酱 laʔ^{4} tɕiɑ̃^{53}

醋 tsʰu^{53}

黄酒 xuɑ̃^{44} tɕiəu^{21}

砂糖 sa^{24} tʰɑ̃^{44} 包括白糖、红糖

黑糖 xəʔ^{4} tʰɑ̃^{44}　红糖

白糖 piɛ^{44} tʰɑ̃^{21}

冰糖 piɤ̃^{24} tʰɑ̃^{44}

麻糖 ma^{44} tʰɑ̃^{21}　灶糖 tsɔ^{53} tʰɑ̃^{44}

作料 tsuəʔ^{4} liɔ^{53}　调和 tʰiɔ^{44} xuo^{53}

五香 vu^{21} ɕiɑ̃^{24}

大料 ta^{53} liɔ^{53}

茴香 xuei^{44} ɕiɑ̃^{21}

花椒 xua^{24} tɕiɔ^{21}

胡椒 xu^{44} tɕiɔ^{21}

耳子 ʌɯ^{21} tsəʔ^{4}　木耳 məʔ^{4} ʌɯ^{21}

地蕈$_{141}$ ti^{53} zʮɛ^{21}　一种草地、灌木中长的菌类，形似木耳而薄、软，可以做饺子馅儿

银耳 iɤ̃^{44} ʌɯ^{213}

金针 tɕiɤ̃^{24} tʂɤ̃^{21}　针金 tɕɤ̃^{24} tɕiɤ̃^{21}（北乡）黄花儿

海带 xᴇ^{21} tᴇ^{53}

海蜇 xᴇ^{21} tʂəʔ^{4}

肉圪瘩瘩 zʮəu^{53} kəʔ^{4} ta^{21} ta^{24}　肉块儿

肉丁子 zʮəu^{53} tiɤ̃^{24} tsəʔ^{21}

肉片儿 zʮəu^{53} pʰiʌɯ^{53}

肉丝儿 zʮəu^{53} sʌɯ^{213}

羊肉 iɑ̃^{44} zʮəu^{53}

山药□□ sɛ^{24} i^{21} tɕiɛ^{53} tɕiɛ^{21}　土豆丝儿

烧肉 ʂɔ^{24} zʮəu^{53}　红烧猪肉

腥汤 ɕiɤ̃^{24} tʰɑ̃^{21}　清汤 tɕʰiɤ̃^{24} tʰɑ̃^{21}　撇去油的肉汤

油卜老$^{=}$儿 iəu^{44} pəʔ^{2} lʌɯ^{24}　油渣

蹄蹄 tʰi^{44} tʰi^{21}　猪、羊的蹄子

里脊 li^{21} tɕiəʔ^{4}

牛筋 niəu^{44} tɕiɤ̃^{213}

牛舌头 niəu^{44} ʂʅə^{44} tʰəu^{21}

杂碎 tsa^{44} suei^{53}　下水 ɕia^{53} ʂuei^{21}

心肺 ɕiɤ̃^{24} fei^{53}

红肠 xuɤ̃^{44} tʂʰɑ̃^{21}　杂碎中的气管儿：猪～，羊～

灌肠 kuɛ^{53}tʂʰɑ̃^{21}　血肠

肠子 tʂʰɑ̃^{44} tsəʔ^{21}

肚子 tu^{21} tsəʔ^{4}

肝子 kɛ^{24} tsəʔ^{21}

腰子 iɔ^{24} tsəʔ^{21}

猪血 tʂu^{24} ɕyəʔ^{4}

鸡血 tɕi^{24} ɕyəʔ^{4}

羊血 iɑ̃^{44} ɕyəʔ^{4}

鸡蛋 tɕi^{24} tɛ^{53}

炒鸡蛋 tsʰɔ^{21} tɕi^{24} tɛ^{53}

滴鸡蛋 tiəʔ^{2} tɕi^{24} tɛ^{53}　荷包儿蛋 xuo^{44}

pʌɯ^{24} tɛ^{53} 当地人不吃油煎的荷包蛋

煮鸡蛋 tʂu^{21} tɕi^{24} tɛ^{53}

冲鸡蛋 tʂʰuɤ̃^{24} tɕi^{24} tɛ^{53}

蒸鸡蛋 tʂɤ̃^{24} tɕi^{24} tɛ^{53} 鸡蛋羹

鸡蛋汤 tɕi^{24} tɛ^{53} tʰɑ̃^{213}

香肠 ɕiɑ̃^{24} tʂʰɑ̃^{44}

烧酒 ʂɔ^{24} tɕiəu^{21}

醪糟 lɔ^{24}tsɔ^{21} 江米酒

醪糟冲鸡蛋 lɔ^{24} tsɔ^{21} tʂʰuɤ̃^{24} tɕi^{24} tɛ^{53}

茶 tsʰa^{44}

茶叶子 tsʰa^{44} iəʔ^{4} tsəʔ^{21}

小叶儿茶 ɕiɔ^{21} iʌɯ^{44} tsʰa^{44} 花茶、绿茶、红茶。与砖茶相对

砖茶 tʂuɛ^{24} tsʰa^{44}

泡茶 pʰɔ^{53} tsʰa^{44} 沏茶

熬茶 ŋɔ^{44} tsʰa^{44} 煮砖茶

做饭 tsuəʔ^{4} fɛ^{53}

做对了 tsuəʔ^{4} tuei^{53} lɛ^{21} 做熟了

蒸饭 tʂɤ̃^{24} fɛ^{53} ①蒸干饭；②蒸的干饭

熬稀饭 ŋɔ^{44} ɕi^{24} fɛ^{53}

焖饭 mɤ̃^{24} fɛ^{53} ①焖干饭；②焖的干饭

拣菜 tɕiɛ^{21} tsʰE^{53} 择菜

洗菜 ɕi^{21} tsʰE^{53}

切菜 tɕʰiəʔ^{4} tsʰE^{53}

烩菜 xuei^{53} tsʰE^{53} ①烩菜；②烩的菜

炒菜 tsʰɔ^{21} tsʰE^{53} ①炒菜；②炒的菜

炒肉 tsʰɔ^{21} ʐəu^{53}

煠 tsʰaʔ^{4} 一种烩菜方式，放好佐料后加水煮：～豆腐，～饼子

粉 fɤ̃^{213} 麦子等磨面前洒水使潮湿

淘米 tʰɔ^{44} mi^{213}

下米 xa^{53} mi^{213}

和面 xuo^{44} miɛ^{53}

起面 tɕʰi^{21} miɛ^{53}

面饽$_{130}$ miɛ^{53} pʰəʔ^{21}/pʰɤ̃^{21}（"饽"轻读时，由入声韵变阳声韵） 擀面时洒的干面

洒面饽 sa^{21} miɛ^{53} pʰəʔ^{21}/pʰɤ̃^{21}

擀面 kɛ^{21} miɛ^{53}

下面 ɕia^{53} miɛ^{53}

撧圪瘩 tɕyəʔ^{4} kəʔ^{4} taʔ^{21} 揪面片儿

拉面 la^{24} miɛ^{53}

切面 tɕʰiəʔ^{4} miɛ^{53}

捞面 lɔ^{44} miɛ^{53}

切面剂子 tɕʰiəʔ^{4} miɛ^{53} tɕi^{53} tsəʔ^{21}

蒸馍馍 tʂɤ̃^{24} muo^{44} muo^{21}

酵子 tɕiɔ^{53} tsəʔ^{21} 肥 fei^{44}

炸丸子 tsa^{44} vɛ^{44} tsəʔ^{21}

捏扁食 niəʔ^{4} piɛ^{21} ʂəʔ^{4}

包包子 pɔ^{24} pɔ^{24} tsəʔ^{21}

十四　红白大事

亲事 tɕ^{h}iɤ̃^{24} sɿ^{53}

说媒 ʂuəʔ^{4} mei^{44}

媒人 mei^{44} ʐɤ̃^{21}

媒婆 mei^{44} p^{h}uo^{21}

结婚 tɕiəʔ^{2} xuɤ̃^{24}

做事务 tsuəʔ^{4} sɿ^{53} vu^{53}　操办结婚、祝寿等喜事

赶事务 kɛ^{21} sɿ^{53} vu^{21}　参加婚礼、生日庆典等

去娶媳妇子【家行】去也 k^{h}əʔ^{4} tɕ^{h}y^{21} ɕiəʔ^{4} fu^{44} tsəʔ^{21} tɕ^{h}iɔ^{21} kəʔ^{21} ia^{21}　吃喜酒

娶媳妇儿 tɕ^{h}y^{21} ɕiəʔ^{4} fʌɯ^{53}　男子结婚

问媳妇子 vɤ̃^{53} ɕiəʔ^{4} fu^{44} tsəʔ^{21}　引媳妇子 iɤ̃^{21} ɕiəʔ^{4} fu^{44} tsəʔ^{21}　给儿子娶亲

出嫁 tʂ^{h}uəʔ^{4} tɕia^{53}　问出去了 vɤ̃^{53} tʂ^{h}uəʔ^{4} kəʔ^{21} lɛ^{21}　出门 tʂ^{h}uəʔ^{4} mɤ̃^{44}　女子结婚

出女 tʂ^{h}uəʔ^{4} ny^{213}　出嫁女儿

看女婿 k^{h}ɛ^{53} ny^{21} ɕi^{53}　相女婿

订婚 tiɤ̃^{24} xuɤ̃^{213}　定亲 tiɤ̃^{53} tɕ^{h}iɤ̃^{213}　过庚帖 kuo^{53} kɤ̃^{24} t^{h}iəʔ^{21} 旧

放定礼 fɑ̃^{53} tiɤ̃^{53} li^{21} 男方给女方

好日子 xɔ^{21} ʐəʔ^{4} tsəʔ^{21}

过拜礼 kuo^{53} pᴇ^{53} li^{21}　送彩礼

送嫁妆 suɤ̃^{53} tɕia^{53} tʂuɑ̃^{21}　过立柜 kuo^{53} liəʔ^{4} kuei^{53} 新　送陪嫁

送亲的 suɤ̃^{53} tɕ^{h}iɤ̃^{21} təʔ^{21}

催陪 ts^{h}uei^{24} p^{h}ei^{44}　男方派人到女家送迎娶时穿的衣服，起催促作用

迎亲 iɤ̃^{44} tɕ^{h}iɤ̃^{213}　等亲 tɤ̃^{21} tɕ^{h}iɤ̃^{24}

谢亲 ɕiɛ^{53} tɕ^{h}iɤ̃^{21}　新娘迎娶到男家后，新郎到女家表示谢意，岳家要送礼物给新郎

离门 li^{44} mɤ̃^{44}　由于某种忌讳或讲究，新娘从别人家中出门

花轿 xua^{24} tɕiɔ^{53}

倒红毡 tɔ^{21} xuɤ̃^{44} tʂɛ^{21}　新娘下轿后脚不能踩到地上，须用两块红毡轮替着走进举行婚礼的地方

搀拜 ts^{h}ɛ^{24} pᴇ^{53}　由一人搀着给公婆磕头

拜堂 pᴇ^{53} t^{h}ɑ̃^{44}　拜天地 pᴇ^{53} t^{h}iɛ^{24} ti^{53}

新女婿 ɕiɤ̃^{24} ny^{21} ɕi^{53}

新媳妇儿 ɕiɤ̃^{24} ɕiəʔ^{21} fʌɯ^{21}

伴郎 pɛ^{53} lɑ̃^{44}

伴娘 pɛ^{53} niɑ̃^{44}

洞房 tuɤ̃^{53} fɑ̃^{21}

逗新媳妇儿 təu^{53} ɕiɤ̃^{24} ɕiəʔ^{21} fʌɯ^{21}　闹新房

参厨tsʰɛ^{24} tʂʰu^{44} 婚宴上，主宾持礼金拜望厨师，以示感谢

瞭哨liɔ^{53} sɔ^{21} 结婚当晚，女家分三次到男家看望新娘，主要目的是防止闹新房闹得太厉害

裹缘kuo^{24} iɛ^{44} 婚礼后第二、第三天，男女方分别宴请对方的至亲，人数有定，女方出席的人比男方多

圆饭yɛ^{44} fɛ^{53} 指男方的“裹缘”

回门xuei^{44} mɤ̃^{44}

后走了xəu^{53} tsəu^{24} lɛ^{21} 再嫁

又娶了一个iəu^{53} tɕʰy^{24} ləʔ^{21} iəʔ^{4} kəʔ^{21} 续娶

有了孩伢儿了iəu^{24} ləʔ^{21} xəʔ^{4} iʌɯ^{53} lɛ^{21} 怀孕

害孩伢儿xᴇ^{53} xəʔ^{4} iʌɯ^{53} 妊娠反应

怀孩伢儿婆姨xuᴇ^{44} xəʔ^{4} iʌɯ^{53} pʰuo^{44} i^{21} 孕妇

小产ɕiɔ^{24} tsʰɛ^{21}

临月来了liɤ̃^{44} yəʔ^{4} lᴇ^{44} lɛ^{21} 临产

养下了iɑ̃^{21} xa^{53} lɛ^{21}

铰脐带子tɕiɔ^{21} tɕʰi^{44} tᴇ^{53} tsəʔ^{21}

衣i^{213} 胎盘

月地yəʔ^{4} ti^{53} 月子里

坐月子tsuo^{53} yəʔ^{4} tsəʔ^{21}

守月子ʂəu^{21} yəʔ^{4} tsəʔ^{21} （母亲）照料坐月子的女儿

满月mɛ^{21} yəʔ^{4}

头首首tʰəu^{44} ʂəʔ^{21} ʂəu^{21} 初生生tʂʰuo^{24} sɤ̃^{24} sɤ̃^{21}

双生儿ʂuɑ̃^{53} sʌɯ^{21} 双胞胎

墓生儿mu^{53} sʌɯ^{21} 遗腹子

老汉儿lɔ^{21} xɛ^{53} ʌɯ^{44} 老年生的儿子

洗三ɕi^{21} sɛ^{24}

吃奶tʂʰəʔ^{4} nᴇ^{213}

尿床niɔ^{53} tʂʰuɑ̃^{44}

生儿sʌɯ^{213} 生日

过生儿kuo^{53} sʌɯ^{213} 做生儿tsuəʔ^{2} sʌɯ^{24}

赎身ʂuəʔ^{2} ʂɤ̃^{24} 过十二岁生日，即成年礼

过寿kuo^{53} ʂəu^{53} 为老年人过生日

做寿tsuəʔ^{4} ʂəu^{53} 贺寿

丧事sɑ̃^{24} sɿ^{53} 白事piɛ^{44} sɿ^{53}

断气tuɛ^{53} tɕʰi^{53} 咽气iɛ^{53} tɕʰi^{53}

老迁lɔ^{21} tɕʰiɛ^{24} 老圪迁了lɔ^{24} kəʔ^{2} tɕʰiɛ^{24} lɛ^{21} 殁了məʔ^{4} lɛ^{21} 老了lɔ^{24} lɛ^{21} 老去了lɔ^{21} kʰəʔ^{4} lɛ^{21} 过去了kuo^{53} tɕʰy^{53} lɛ^{21} 死了sɿ^{24} lɛ^{21}

孝子ɕiɔ^{53} tsɿ^{21}

孝孙ɕiɔ^{53} suɤ̃^{213}

灵堂liɤ̃^{44} tʰɑ̃^{21}

笼眉眼的luɤ̃^{44} mi^{44} iɛ^{21} təʔ^{21} 死人的覆面纸

照灵灯tʂɔ^{53} liɤ̃^{44} tɤ̃^{213}

老衣 lɔ^{21} i^{24}　寿衣

棺材 kuɛ^{24} ts^{h}ᴇ^{44}

寿木 ʂəu^{53} məʔ^{21}

棺材盖子 kuɛ^{24} ts^{h}ᴇ^{44} kᴇ^{53} tsəʔ^{21}

七星覆面 tɕ^{h}iəʔ^{2} ɕiɤ̃^{24} fəʔ^{4} miɛ^{53}　棺内盖底的板

入棺 ʐuəʔ^{2} kuɛ^{24}

灵柩 liɤ̃^{44} tɕiəu^{21}　灵 liɤ̃^{44}

灵牌 liɤ̃^{44} p^{h}ᴇ^{21}

守灵 ʂəu^{21} liɤ̃^{44}　守丧 ʂəu^{21} sɑ̃^{24}

复三 fəʔ^{2} sɛ^{24}

过七 kuo^{53} tɕ^{h}iəʔ^{4}

带孝 tᴇ^{53} ɕiɔ^{53}

孝布 ɕiɔ^{53} pu^{21}

孝帽子 ɕiɔ^{53} mɔ^{53} tsəʔ^{21}　梁冠 liɑ̃^{44} kuɛ^{21}

孝衣 ɕiɔ^{53} i^{21}

揭孝 tɕiəʔ^{4} ɕiɔ^{53}

丧棒 sɑ̃^{24} pɑ̃^{53}

开吊 k^{h}ᴇ^{24} tiɔ^{53}　吊孝

讣闻 fu^{53} vɤ̃^{44}　讣告 fu^{53} kɔ^{53}

烧纸 ʂɔ^{24} tsɿ^{213}　祭奠

祭文 tɕi^{53} vɤ̃^{21}

伴灵 pɛ^{53} liɤ̃^{44}

出殡 tʂ^{h}uəʔ^{4} piɤ̃^{53}

埋 mᴇ^{44}　送丧 suɤ̃^{53} sɑ̃^{213}

火化 xuo^{21} xua^{53}　当地风俗，只有不洁的人死了才火化

先道神 ɕiɛ^{21} tɔ^{53} ʂɤ̃^{21} 大　出殡时前行的纸神

打路孩儿 ta^{21} ləu^{53} xʌɯ^{53} 小　出殡时前行的纸神

童男女儿 t^{h}uɤ̃^{44} nɛ^{44} nyʌɯ^{21}　纸扎的一种

金银兜儿 tɕiɤ̃^{24} iɤ̃^{44} tʌɯ^{213}　纸扎的一种

破土 p^{h}uo^{53} t^{h}u^{213}

安抚 ŋɛ^{24} fu^{44}　下葬 ɕia^{53} tsɑ̃^{53}

寄 tɕi^{53}　浮厝

寻死 sɤ̃^{44} sɿ^{213}　自杀

上吊 ʂɑ̃^{53} tiɔ^{53}

跳崖 t^{h}iɔ^{53} nᴇ^{44}

跳河 t^{h}iɔ^{53} xuo^{44}

检尸 tɕiɛ^{21} sɿ^{24}

骨灰 kuəʔ^{2} xuei^{24}

干骨 kɛ^{24} kuəʔ^{21}

干骨匣子 kɛ^{24} kuəʔ^{21} ɕia^{44} tsəʔ^{21}

十五　宗教、迷信

天爷爷 t^{h}iɛ^{24} iɛ^{44} iɛ^{21}　老天爷

灶马爷爷 tsɔ^{53} ma^{21} iɛ^{44} iɛ^{21}

佛爷爷 fəʔ^{4} iɛ^{44} iɛ^{21}

神神 ʂɤ̃^{44} ʂɤ̃^{21}　神神老儿家 ʂɤ̃^{44} ʂɤ̃^{21}

lʌɯ^{24} tɕiəʔ^{21} 神仙
菩萨 p^{h}u^{44} saʔ^{21} 观音菩萨 kuɛ^{24} iɣ̃^{44} p^{h}u^{44} saʔ^{21}（“音”声调特殊）
佛龛 fəʔ^{2} k^{h}ɛ^{24}
神像 ʂɣ̃^{44} ɕiɑ̃^{53}
供桌 kuɣ̃^{53} tʂuaʔ^{21}
供神神 kuɣ̃^{53} ʂɣ̃^{44} ʂɣ̃^{21} 上供 ʂɑ̃^{53} kuɣ̃^{53}
蜡座 laʔ^{4} tsuo^{53}
香 ɕiɑ̃^{213}
香炉儿 ɕiɑ̃^{24} lʌɯ^{53} 香炉儿钵子 ɕiɑ̃^{24} lʌɯ^{53} puo^{21} tsəʔ^{4}
烧香 ʂɔ^{24} ɕiɑ̃^{213}
敬神神 tɕiɣ̃^{53} ʂɣ̃^{44} ʂɣ̃^{21}
黄表 xuɑ̃^{44} piɔ^{213} 上香时给鬼神烧化的黄纸
献供 ɕiɛ^{53} kuɣ̃^{21} 献食子 ɕiɛ^{53} ʂəʔ^{4} tsəʔ^{21} 给鬼神供的食品
冥票儿 miɣ̃^{21} p^{h}iʌɯ^{53} 冥国票子 miɣ̃^{21} kuəʔ^{4} p^{h}iɔ^{53} tsəʔ^{21} 上坟时烧化的面值一元以上的纸钱
元宝 yɛ^{44} pɔ^{21} 上坟时烧化的假金银锭。又见商业类
纸火 tsɿ^{24} xuo^{21} 给死人烧化的各种纸品的总称
长明灯 tʂ^{h}ɑ̃^{44} miɣ̃^{44} tɣ̃^{213}
磬儿 tɕ^{h}iʌɯ^{53}
卜鱼子 pəʔ^{4} y^{44} tsəʔ^{21} 木鱼
布施 pu^{53} sɿ^{21}
念经 niɛ^{53} tɕiɣ̃^{213}
打卦 ta^{21} kua^{53}
抽签 tʂ^{h}əu^{24} tɕ^{h}iɛ^{213}
庙会 miɔ^{53} xuei^{53}
起会 tɕ^{h}i^{21} xuei^{53}
赶会 kɛ^{21} xuei^{53} 赶庙会
朝山 tʂ^{h}ɔ^{44} sɛ^{213}
和尚 xuo^{44} ʂɑ̃^{53}
姑子 ku^{24} tsəʔ^{21} 尼姑
道士 tɔ^{53} sɿ^{53}
出家 tʂ^{h}uəʔ^{2} tɕia^{24}
出家人 tʂ^{h}uəʔ^{2} tɕia^{24} zɣ̃^{44}
当家的 tɑ̃^{24} tɕia^{24} təʔ^{21} 方丈
庙 miɔ^{53}
姑姑庵 ku^{24} ku^{21} ŋɛ^{24} 尼姑庵
土地庙 t^{h}u^{21} ti^{53} miɔ^{53}
土地爷 t^{h}u^{21} ti^{53} iɛ^{21}
财神庙 ts^{h}ᴇ^{44} ʂɣ̃^{21} miɔ^{53}
财神爷 ts^{h}ᴇ^{44} ʂɣ̃^{21} iɛ^{21}
关老庙 kuɛ^{24} lɔ^{21} miɔ^{53} 关帝庙
关岳庙 kuɛ^{24} iəʔ^{4} miɔ^{53} 供奉关羽和岳飞的庙
龙王庙 luɣ̃^{44} vɑ̃^{21} miɔ^{53}
龙王爷 luɣ̃^{44} vɑ̃^{21} iɛ^{21}
城隍庙 tʂ^{h}ɣ̃^{44} xuɑ̃^{21} miɔ^{53}
城隍爷 tʂ^{h}ɣ̃^{44} xuɑ̃^{21} iɛ^{21}
吕祖庙 luei^{24} tsu^{21} miɔ^{53} 神木的庙宇之一

张仙庙 tʂɑ̃^{24} ɕiɛ^{21} miɔ^{53} 神木的庙宇之一

祖师庙 tsu^{21} sɿ^{24} miɔ^{53} 神木的庙宇之一

七佛洞 tɕʰiəʔ^{4} fəʔ^{4} tuɤ̃^{53} 神木的庙宇之一

万佛洞 vɛ^{53} fəʔ^{4} tuɤ̃^{53} 神木的庙宇之一

三教殿 sɛ^{24} tɕiɔ^{53} tiɛ^{53} 神木的庙宇之一

阎王爷 iɛ^{44} vɑ̃^{21} iɛ^{21}

判官 pʰɛ^{53} kuɛ^{21}

小鬼 ɕiɔ^{24} kuei^{213}

生死簿 sɤ̃^{24} sɿ^{21} pʰu^{53}

刀山 tɔ^{24} sɛ^{213}

引魂幡 iɤ̃^{21} xuɤ̃^{44} fɛ^{213}

望乡台 vɑ̃^{53} ɕiɑ̃^{24} tʰᴇ^{44}

测字的 tsʰəʔ^{4} tsɿ^{53} təʔ^{21}

算命 suɛ^{53} miɤ̃^{53} 掐盘 tɕʰiaʔ^{4} pʰɛ^{44}

算命的 suɛ^{53} miɤ̃^{53} təʔ^{21}

相面的 ɕiɑ̃^{53} miɛ^{53} təʔ^{21}

算卦 suɛ^{53} kua^{53}

算卦的 suɛ^{53} kua^{53} təʔ^{21}

神婆婆 ʂɤ̃^{44} pʰuo^{21} pʰuo^{21} 女巫

神官 ʂɤ̃^{44} kuɛ^{21} 男巫

下马 ɕia^{53} ma^{213} 跳神 tʰiɔ^{53} ʂɤ̃^{44}

下阴 ɕia^{53} iɤ̃^{213} 跳神中神仙附体

跟上鬼了 kɤ̃^{24} ʂɑ̃^{53} kuei^{24} lɛ^{21} 鬼附身

平士 pʰiɤ̃^{44} sɿ^{53} 阴阳先生

许愿 ɕy^{21} yɛ^{53}

还愿 xuɛ^{44} yɛ^{53}

十六 讼事

打官司 ta^{21} kuɛ^{24} sɿ^{44}（“司”声调特殊）

告状 kɔ^{53} tʂuɑ̃^{53}

原告 yɛ^{44} kɔ^{53}

状子 tʂuɑ̃^{53} tsəʔ^{21}

坐堂 tsuo^{53} tʰɑ̃^{44} 旧

退堂 tʰuei^{53} tʰɑ̃^{44} 旧

问案 vɤ̃^{53} ŋɛ^{53}

过堂 kuo^{53} tʰɑ̃^{44} 旧 开庭 kʰᴇ^{24} tʰiɤ̃^{213} 新

证人 tʂɤ̃^{53} ʐɤ̃^{21}

人证 ʐɤ̃^{44} tʂɤ̃^{53}

物证 vəʔ^{4} tʂɤ̃^{53}

对证 tuei^{53} tʂɤ̃^{53} 对质 tuei^{53} tʂəʔ^{4}

刑事 ɕiɤ̃^{44} sɿ^{53}

民事 miɤ̃^{44} sɿ^{53}

家务事 tɕia^{24} vu^{44} sɿ^{53}（“务”声调特殊）

律师 luəʔ^{2} sɿ^{24}

服 fəʔ^{4}

不服 pəʔ^{4} fəʔ^{4}

上诉 ʂɑ̃^{53} su^{53}

宣判 ɕyɛ^{21} pʰɛ^{53} 判 pʰɛ^{53}

招认tʂɔ^{24} ʐɤ̃^{53}　承认tʂʰɤ̃^{44} ʐɤ̃^{53}

屈打成招tɕʰyəʔ^{4} ta^{21} tʂʰɤ̃^{44} tʂɔ^{213}

口供kʰəu^{21} kuɤ̃^{53}

供kuɤ̃^{53}

咬niɔ^{213}　供出同谋

犯法fɛ^{53} faʔ^{4}　犯罪fɛ^{53} tsuei^{53}

诬告vu^{53} kɔ^{53}

放了fɑ̃^{53} lɛ^{21}　开释

保出来pɔ^{21} tʂʰuəʔ^{4} lᴇ^{44}　保释

寻保人sɤ̃^{44} pɔ^{21} ʐɤ̃^{44}

押起来iaʔ^{4} tɕʰi^{21} lᴇ^{44}

提出来tʰi^{44} tʂʰuəʔ^{4} lᴇ^{44}

押送iaʔ^{4} suɤ̃^{53}

清官tɕʰiɤ̃^{24} kuɛ^{213}

铁面无私tʰiəʔ^{4} miɛ^{53} vu^{44} sɿ^{213}

糊涂官xu^{44} tʰu^{21} kuɛ^{24}　赃官tsɑ̃^{24} kuɛ^{213}

贪污tʰɛ^{24} vu^{213}

受贿ʂəu^{53} xuei^{53}

贿赂xuei^{53} ləu^{53}　行贿ɕiɤ̃^{44} xuei^{53}

罚钱儿faʔ^{4} tɕʰiʌɯ^{53}

枪崩tɕʰiɑ̃^{24} pɤ̃^{213}

挨枪nᴇ^{44} tɕʰiɑ̃^{213}　吃黑枣tʂʰəʔ^{4} xəʔ^{4} tsɔ^{21}

拷打kʰɔ^{24} ta^{21}

打屁股ta^{21} pʰi^{53} ku^{21}

带手铐子tᴇ^{53} ʂəu^{21} kʰɔ^{53} tsəʔ^{21}

带脚镣子tᴇ^{53} tɕiəʔ^{4} liɔ^{53} tsəʔ^{21}

吊起来tiɔ^{53} tɕʰi^{21} lᴇ^{44}

圈起来tɕʰyɛ^{24} tɕʰi^{21} lᴇ^{44}　关起来

坐笼tsuo^{53} luɤ̃^{44}　坐禁闭tsuo^{53} tɕiɤ̃^{21} pi^{53}　坐牢

看kʰɛ^{53}　探监

跑了pʰɔ^{24} lɛ^{21}

立约liəʔ^{4} iəʔ^{4}　订合同tiɤ̃^{24} xəʔ^{4} tʰuɤ̃^{44}

画押xua^{53} iaʔ^{4}　按手印子ŋɛ^{53} ʂəu^{21} iɤ̃^{53} tsəʔ^{21}

税ʂuei^{53}　厘金li^{44} tɕiɤ̃^{213}旧

苛捐杂税kʰuo^{24} tɕyɛ^{21} tsa^{44} ʂuei^{53}

租子tsu^{24} tsəʔ^{21}

地契ti^{53} tɕʰi^{53}

房契fɑ̃^{44} tɕʰi^{53}

典（房子）tiɛ^{213}

卖mᴇ^{53}

赁liɤ̃^{53}

税契ʂuei^{53} tɕʰi^{53}

交税tɕiɔ^{24} ʂuei^{53}

牌照pʰᴇ^{44} tʂɔ^{53}

布告pu^{53} kɔ^{53}　告示kɔ^{53} sɿ^{53}旧

通知tʰuɤ̃^{24} tʂʅ^{213}

路条ləu^{53} tʰiɔ^{44}

命令miɤ̃^{53} liɤ̃^{53}

印iɤ̃^{53}　印把子iɤ̃^{53} pa^{53} tsəʔ^{21}

交代tɕiɔ^{24} tᴇ^{53}

上任ʂɑ̃^{53} ʐɤ̃^{53}

卸任ɕiɛ^{53} ʐɤ̃^{53}

免职miɛ^{21} tʂəʔ^{4}

衙门 ia^{44} mɤ̃^{21}

县官 ɕiɛ^{53} kuɛ^{21}

县长 ɕiɛ^{53} tʂã^{21}

后堂 xəu^{53} tʰɑ̃^{44}

案卷 ŋɛ^{53} tɕyɛ^{53}

传票 tʂʰuɛ^{44} pʰiɔ^{53}

十七　日常生活

起 tɕʰi^{213}　起床 tɕʰi^{21} tʂʰuɑ̃^{44}

穿衣裳 tʂʰuɛ^{24} i^{24} ʂɑ̃^{44}

洗眉眼 ɕi^{21} mi^{44} iɛ^{21}　洗脸

漱口 su^{53} kʰəu^{213}

刷牙 ʂuaʔ^{4} ia^{44}

梳头 ʂuo^{24} tʰəu^{44}

梳辫子 ʂuo^{24} piɛ^{53} tsəʔ^{21}

梳扁簪儿 ʂuo^{24} pɛ^{21} tsʌɯ^{24}　挽簪儿

铰甲掐儿 tɕiɔ^{21} tɕiəʔ^{4} tɕʰiʌɯ^{21}

刮胡柴 kuaʔ^{4} xu^{44} tsʰᴇ^{21}　剃胡柴 tʰi^{53} xu^{44} tsʰᴇ^{21}

挖耳朵 va^{24} ʌɯ^{21} tuo^{24}

上地 ʂɑ̃^{53} ti^{53}　下地 xa^{53} ti^{53}

上工 ʂɑ̃^{53} kuɤ̃^{213}

上班儿 ʂɑ̃^{53} pʌɯ^{213}

下班儿 ɕia^{53} pʌɯ^{213}

回家 xuei^{44} tɕia^{213}　回来 xuei^{44} lᴇ^{213}（“来”声调特殊，轻声变上）

要 ʂua^{213}

逛 kuɑ̃^{53}　游玩 iəu^{44} vɛ^{21}　溜达 liəu^{53} ta^{21}

饿了 ŋuo^{53} lɛ^{21}

吃去不香 tʂʰəʔ^{4} kəʔ^{21} pəʔ^{2} ɕiɑ̃^{24} ①饭味道不香；②食欲不好

吃饭 tʂʰəʔ^{4} fɛ^{53}

赶斋 kɛ^{21} tsᴇ^{24}　吃贬

零吃 liɤ̃^{44} tʂʰəʔ^{4}　吃零食 tʂʰəʔ^{4} liɤ̃^{44} ʂəʔ^{4}　零捎 liɤ̃^{44} sɔ^{213}

掫饭 tsəu^{24} fɛ^{53}　端饭 tuɛ^{24} fɛ^{53}

捡捞饭 tɕiɛ^{21} lɔ^{44} fɛ^{53}　铲米饭

舀饭 iɔ^{21} fɛ^{53}

拘菜 tɕy^{24} tsʰᴇ^{53}　挟菜

舀汤 iɔ^{21} tʰɑ̃^{24}

拿筷子 na^{44} kʰuᴇ^{53} tsəʔ^{21}

肉不烂 zʐəu^{53} pəʔ^{4} lɛ^{53}

饭生的 fɛ^{53} sɤ̃^{24} təʔ^{21}

噎住了 iəʔ^{4} tʂu^{53} lɛ^{21}

擤鼻子 ɕiɤ̃^{21} piəʔ^{4} tsəʔ^{21}

搐鼻子 tʂʰuəʔ^{4} piəʔ^{4} tsəʔ^{21}　抽鼻子

秃⁼得鼻子 tʰuəʔ^{4} təʔ^{21} piəʔ^{4} tsəʔ^{21}　挂着鼻涕

打百岁 ta^{21} piəʔ^{4} suei^{53}　打喷嚏

打饱声 ta^{24} pɔ^{21} ʂɤ̃^{24}　打饱嗝儿

打嗝路 ta^{21} kəʔ^{4} ləu^{53}　嗝路 kəʔ^{4} ləu^{53}　卜够⁼儿 pəʔ^{4} kʌɯ^{53}　打冷嗝儿

抢得吃 tɕʰiɑ̃^{21} təʔ^{4} tʂʰəʔ^{4}

细嚼烂咽 ɕi^{53} tɕiɔ^{44} lɛ^{53} iɛ^{53}

愊$_{7}$了 piəʔ^{4} lɛ^{21} 吃撑了

喝茶 xəʔ^{4} tsʰa^{44}

喝酒 xəʔ^{4} tɕiəu^{213}

吃烟 tʂʰəʔ^{2} iɛ^{24} 抽烟 tʂʰəu^{24} iɛ^{24}

洗家匙 ɕi^{21} tɕia^{24} sɿ^{44} 洗炊餐具

上灶 ʂɑ̃^{53} tsɔ^{53} 吃食堂

嗾狗 ʂəu^{53} kəu^{213} 吆喝狗咬人

洗手 ɕi^{24} ʂəu^{213}

洗脚 ɕi^{21} tɕiəʔ^{4}

洗身名 ɕi^{21} ʂɤ̃^{24} miɤ̃^{44} 洗澡 ɕi^{24} tsɔ^{213}

擦给下儿 tsʰaʔ^{4} kei^{53} xʌɯ^{21}

急尿 tɕiəʔ^{4} niɔ^{53} 尿急

急屉 tɕiəʔ^{4} pa^{213} 想大便

尿尿 niɔ^{53} niɔ^{53}

屉屎 pa^{24} sɿ^{213} 大便 ta^{53} piɛ^{53} 新

歇凉凉 ɕiəʔ^{4} liɑ̃^{44} liɑ̃^{21}

晒阳阳 sᴇ^{53} iɑ̃^{44} iɑ̃^{21}

烤火 kʰɔ^{24} xuo^{213}

点灯 tiɛ^{21} tɤ̃^{24}

吹灯 tʂʰuei^{24} tɤ̃^{213}

歇给阵儿 ɕiəʔ^{4} kei^{53} tʂʌɯ^{21}

丢盹儿 tiəu^{24} tuʌɯ^{213} 打盹儿

呵牙 xuo^{24} ia^{44} 打哈欠

瞌睡了 kʰəʔ^{4} ʂuei^{53} lɛ^{21}

铺床 pʰu^{24} tʂʰuɑ̃^{44} 铺炕 pʰu^{24} kʰɑ̃^{53}

脱衣裳 tʰuəʔ^{2} i^{24} ʂɑ̃^{44}

解扣子 kᴇ^{21} kʰəu^{53} tsəʔ^{21}

脱鞋 tʰuəʔ^{4} xᴇ^{44}

上炕 ʂɑ̃^{53} kʰɑ̃^{53}

上床 ʂɑ̃^{53} tʂʰuɑ̃^{44}（无特殊引申义）

躺下 tʰɑ̃^{21} xa^{53} 睡下 ʂuei^{53} xa^{21}

停下 tʰiɤ̃^{44} xa^{53} 詈词 死停下 sɿ^{21} tʰiɤ̃^{44} xa^{53} 詈词 睡下

仰下 <u>niɑ̃</u>^{21} xa^{53} 圪仰下 kəʔ^{4} <u>niɑ̃</u>^{21} xa^{53} 仰面躺下

睡着了 ʂuei^{53} tʂʰəʔ^{21} lɛ^{21}

打鼾睡 ta^{21} xɛ^{53} ʂuei^{21}

睡迷糊了 ʂuei^{53} mi^{53} xu^{21} lɛ^{21}

睡不着 ʂuei^{53} pəʔ^{4} tʂʰəʔ^{4}

歇晌午 ɕiəʔ^{4} ʂɑ̃^{21} vuo^{24} 午休

梁面睡 liɑ̃^{44} miɛ^{53} ʂuei^{53} 仰面睡

一面过睡 iəʔ^{4} miɛ^{53} kuo^{21} ʂuei^{53} 侧面儿睡 tsʰəʔ^{4} miʌɯ^{53} ʂuei^{53}

爬下睡 pʰa^{44} xa^{53} ʂuei^{53} 俯睡

骨⁼联⁼住睡 kuəʔ^{4} lyɛ^{44} tʂu^{53} ʂuei^{53} 曲腿侧睡

脖子捩了 puo^{44} tsəʔ^{21} liəʔ^{4} lɛ^{21}

转腿肚子嘞 tʂuɛ^{53} tʰuei^{21} tu^{53} tsəʔ^{21} ləʔ^{21} 抽筋了

梦梦 mɤ̃^{53} mɤ̃^{53}

说梦话 ʂuəʔ^{4} mɤ̃^{53} xua^{21}

睡魇住了 ʂuei^{53} iɤ̃^{21} tʂu^{53} lɛ^{21}

熬夜 ŋɔ^{44} iɛ^{53} 坐夜 tsuo^{53} iɛ^{53}

开夜车 kʰᴇ^{24} iɛ^{53} tʂʰɿə^{21}

十八 交际

应酬 iɤ̃^{53} tʂʰəu^{21}

来往 lᴇ^{44} vɑ̃^{21}

看人 kʰɛ^{53} ʐɤ̃^{44}

拜访 pᴇ^{53} fɑ̃^{21}

男客 nɛ^{44} kʰəʔ^{4}

堂客亲亲 tʰɑ̃^{44} kʰəʔ^{4} tɕʰiɤ̃^{24} tɕʰiɤ̃^{21} 女客

名片 miɤ̃^{44} pʰiɛ^{53}

递片子 ti^{53} pʰiɛ^{53} tsəʔ^{21}

送礼 suɤ̃^{53} li^{213}

迎客 iɤ̃^{44} kʰəʔ^{4}

让客 ʐɑ̃^{53} kʰəʔ^{4}

招待 tʂɔ^{24} tᴇ^{53}

招待不周 tʂɔ^{24} tᴇ^{53} pəʔ^{2} tʂəu^{24}

倒茶 tɔ^{53} tsʰa^{44}

水烟 ʂuei^{21} iɛ^{24}

旱烟 xɛ^{53} iɛ^{21}

纸烟 tsɿ^{21} iɛ^{24}

摆席 pᴇ^{21} ɕiəʔ^{4}

一桌席 iəʔ^{4} tʂuaʔ^{4} ɕiəʔ^{4}

请帖 tɕʰiɤ̃^{21} tʰiəʔ^{4}

下请帖 ɕia^{53} tɕʰiɤ̃^{21} tʰiəʔ^{4}

催请 tsʰuei^{24} tɕʰiɤ̃^{21}

紧亲 tɕiɤ̃^{21} tɕʰiɤ̃^{24} 近亲 tɕiɤ̃^{53} tɕʰiɤ̃^{21}

陪客 pʰei^{44} kʰəʔ^{21}

正扛$^{=}$扛$^{=}$ tʂɤ̃^{53} kʰɑ̃^{21} kʰɑ̃^{24} 上席 ʂɑ̃^{53} ɕiəʔ^{21} 正位儿 tʂɤ̃^{53} vʌɯ^{53}

下席 xa^{53} ɕiəʔ^{21}

入座 ʐuəʔ^{4} tsuo^{53}

上菜 ʂɑ̃^{53} tsʰᴇ^{53} 端菜 tuɛ^{24} tsʰᴇ^{53}

斟酒 tʂɤ̃^{24} tɕiəu^{213} 满酒 mɛ^{24} tɕiəu^{213}

倒酒 tɔ^{53} tɕiəu^{213}

敬酒 tɕiɤ̃^{53} tɕiəu^{213}

干杯 kɛ^{24} pei^{213}

佼领 tɕiɤ̃^{24} liɤ̃^{21} 劝（酒、饭）：你则把□niɛ^{213}你姑姑～上

佼让 tɕiɤ̃^{21} ʐɑ̃^{53} 互相劝（酒、饭）

让架 ʐɑ̃^{53} tɕia^{21} 过于客气地推让（吃饭等）略贬

作假 tsuəʔ^{4} tɕia^{213}

捎信 sɔ^{24} ɕiɤ̃^{53}

捎个话 sɔ^{24} kəʔ^{21} xua^{53}

假装 tɕia^{21} tʂuɑ̃^{24}

关系不好 kuɛ^{24} ɕi^{53} pəʔ^{4} xɔ^{213}

恼着嘞 nɔ^{21} tʂəʔ^{4} ləʔ^{21}

不说话 pəʔ^{4} ʂuəʔ^{4} xua^{53} 不搭腔 pəʔ^{4} taʔ^{2} tɕʰiɑ̃^{24}

对头 tuei^{53} tʰəu^{21}

背黑锅 pei^{24} xəʔ^{2} kuo^{24} 受屈 ʂəu^{53} tɕʰyəʔ^{4} 冤枉 yɛ^{24} vɑ̃^{21}

笑话 ɕiɔ^{53} xuɛ^{21}（"话"韵母特殊）

嘲笑

吹毛求疵tʂʰuei^{24} mɔ^{44} tɕʰiəu^{44} tsʰɿ^{21} 挑刺tʰiɔ^{24} tsʰɿ^{53}

拿捏na^{44} niəʔ^{4} 抽架tʂʰəu^{24}tɕia^{53}

拿文作手na^{44} vɤ̃^{44} tsuəʔ^{4} ʂəu^{21} 摆谱

摆架子pᴇ^{21} tɕia^{53} tsəʔ^{21}

讲排场tɕiɑ̃^{21} pʰᴇ^{44} tʂʰɑ̃^{21} 耍阔气ʂua^{21} kʰuo^{53} tɕʰi^{53}

装茶tʂuɑ̃^{24} niɛ^{44} 装灰tʂuɑ̃^{24} xuei^{213} 装洋蒜tʂuɑ̃^{24} iɑ̃^{44} suɛ^{53}

装灰调魔tʂuɑ̃^{24} xuei^{24} tiɔ^{53} muo^{44} 装疯

出洋相tʂʰuəʔ^{4} iɑ̃^{44} ɕiɑ̃^{53}

丢人tiəu^{24} ʐɤ̃^{44} 背兴pei^{53} ɕiɤ̃^{53}

十九 商业

字号tsɿ^{53} xɔ^{53}

幌子xuɑ̃^{21} tsəʔ^{4}

帖子tʰiəʔ^{4} tsəʔ^{21}

开铺子kʰᴇ^{24} pʰu^{53} tsəʔ^{21}

开货铺kʰᴇ^{24} xuo^{53} pʰu^{53}

开药铺kʰᴇ^{24} iəʔ^{4} pʰu^{53}

门面mɤ̃^{44} miɛ^{53}

摆摊摊pᴇ^{21} tʰɛ^{24} tʰɛ^{21}

跑口外pʰɔ^{24} kʰəu^{21} vᴇ^{53} 旧指到蒙古地区做生意

做买卖tsuəʔ^{4} mᴇ^{21} mᴇ^{53}

开市kʰᴇ^{24} sɿ^{53}

关门kuɛ^{24} mɤ̃^{44}

倒塌tɔ^{21} tʰaʔ^{4} 倒闭

推了tʰuei^{24} lɛ^{21} 把生意盘给别人

点货tiɛ^{21} xuo^{53}

栏柜lɛ^{44} kuei^{53}

柜房kuei^{53} fɑ̃^{21}

掌柜tʂɑ̃^{21} kuei^{53}

经理tɕiɤ̃^{24} li^{21}

伙计xuo^{21} tɕi^{53} 劳金的lɔ^{44} tɕiɤ̃^{24} təʔ^{21} 旧店员

跑外的pʰɔ^{21} vᴇ^{53} təʔ^{21}

徒弟tʰu^{44} ti^{53}

买主mᴇ^{24} tʂu^{21}

要价iɔ^{53} tɕia^{53}

还价xuɛ^{44} tɕia^{53}

不讲价pəʔ^{4} tɕiɑ̃^{21} tɕia^{53}

不还价pəʔ^{4} xuɛ^{44} tɕia^{53}

言不二价iɛ^{44} pəʔ^{4} ʌɯ^{53} tɕia^{53}

（价钱）便宜pʰiɛ^{44} i^{53} 贱tɕiɛ^{53}

（价钱）贵kuei^{53} 大ta^{53}

打佣ta^{21} yɤ̃^{24} 说合买卖

赔pʰei^{44}

管保来回 kuɛ^{24} pɔ^{24} lᴇ^{44} xuei^{21}

成总卖 tʂʰɤ̃^{44} tsuɤ̃^{21} mᴇ^{53} 剩下的一次卖完

老账 lɔ^{21} tʂã^{53}

流水账 liəu^{44} ʂuei^{21} tʂã^{53}

来往账 lᴇ^{44} vã^{21} tʂã^{53}

记账 tɕi^{53} tʂã^{53} ①记账目；②赊账

收账 ʂəu^{24} tʂã^{53}

出账 tʂʰuəʔ^{4} tʂã^{53}

欠账 tɕʰiɛ^{53} tʂã^{53} 赊账 ʂʅə^{24} tʂã^{53}

要账 iɔ^{53} tʂã^{53} 讨账 tʰɔ^{21} tʂã^{53}

烂账 lɛ^{53} tʂã^{53} 要不回来的账

眼睛窟□子 iɛ^{21} tɕiɤ̃^{24} kʰuəʔ^{2} lyɛ^{24} tsəʔ^{21} 眼睛仁子 iɛ^{21} tɕiɤ̃^{24} ʐɤ̃^{44} tsəʔ^{21} 喻指钱，含贬义：一天就为这两个～淘声哇气

款 kʰuɛ^{213} 钱 tɕʰiɛ^{44}

存钱儿 tsʰuɤ̃^{44} tɕʰiʌɯ^{53} 储蓄

存款 tsʰuɤ̃^{44} kʰuɛ^{213} 存的钱

零钱 liɤ̃^{44} tɕʰiɛ^{44}

零用 liɤ̃^{44} yɤ̃^{53}

零花 liɤ̃^{44} xua^{213} ①零碎地花（钱）；②零花钱

发票 faʔ^{4} pʰiɔ^{53} 单据 tɛ^{24} tɕy^{53}

收条 ʂəu^{24} tʰiɔ^{44} 收据 ʂəu^{24} tɕy^{53}

提货单 tʰi^{44} xuo^{53} tɛ^{213}

水牌 ʂuei^{21} pʰᴇ^{44}

算盘子 suɛ^{53} pʰɛ^{21} tsəʔ^{21}

打算盘 ta^{21} suɛ^{53} pʰɛ^{21}

天平 tʰiɛ^{24} pʰiɤ̃^{44}

戥子 tɤ̃^{21} tsəʔ^{4}

盘秤儿 pʰɛ^{44} tʂʰʌɯ^{53} 不论秤盘形状，名称一律作此

钩秤儿 kəu^{24} tʂʰʌɯ^{21}（“秤儿”轻声特殊）

秤锤 tʂʰɤ̃^{53} tʂʰuei^{21}

秤杆子 tʂʰɤ̃^{53} kɛ^{21} tsəʔ^{4}

秤盘 tʂʰɤ̃^{53} pʰɛ^{44}

秤钩子 tʂʰɤ̃^{53} kəu^{24} tsəʔ^{21}

定盘星儿 tiɤ̃^{53} pʰɛ^{44} ɕiʌɯ^{213}

秤平斗满 tʂʰɤ̃^{53} pʰiɤ̃^{44} təu^{24} mɛ^{213}

志$^{=}$ tsʅ^{53} ①称分量；②蒸馒头时试碱大小

约 iɔ^{213}

绞裹 tɕiɔ^{24} kuo^{21} 各种花费

开支 kʰᴇ^{24} tsʅ^{213}

工钱 kuɤ̃^{24} tɕʰiɛ^{44}

路费 ləu^{53} fei^{53} 盘缠 pʰɛ^{44} tʂʰɛ^{21} 盘绞 pʰɛ^{44} tɕiɔ^{21} 盘费 pʰɛ^{44} fei^{53}

本钱 pɤ̃^{21} tɕʰiɛ^{44} 老本儿 lɔ^{24} pʌɯ^{213}

利息 li^{53} ɕiəʔ^{4} 利钱 li^{53} tɕʰiɛ^{21} 利 li^{53}

利上加利 li^{53} ʂã^{21} tɕia^{24} li^{53} 驴打滚儿 ly^{44} ta^{24} kuʌɯ^{213}

几成利 tɕi^{21} tʂʰɤ̃^{44} li^{53}

二成利 ʌɯ^{53} tʂʰɤ̃^{44} li^{53}

走时气 tsəu^{21} sʅ^{44} tɕʰi^{53} 时气好 sʅ^{44}

tɕʰi^{53} xɔ^{213}

买卖好 mᴇ^{21} mᴇ^{53} xɔ^{213}

争 tsɤ̃^{213} 短 tuɛ^{213} 欠 tɕʰiɛ^{53}

挣了 tsɤ̃^{53} lɛ^{21} 挣钱儿 tsɤ̃^{53} tɕʰiʌɯ^{53}

赔了 pʰei^{44} lɛ^{21} 赔钱儿 pʰei^{44} tɕʰiʌɯ^{53}

麻钱 ma^{44} tɕʰiɛ^{21} 铜子儿 tʰuɤ̃^{44} tsʌɯ^{213} 黄钱儿 xuɑ̃^{44} tɕʰiʌɯ^{53}（高家堡）

镚子 pɤ̃^{53} tsəʔ^{21} 镚镚 pɤ̃^{53} pɤ̃^{21} 硬币

字儿 tsʌɯ^{53} 铜钱有字的一面

漫儿 mʌɯ^{53} 铜钱无字的一面

票子 pʰiɔ^{53} tsəʔ^{21} 票票 pʰiɔ^{53} pʰiɔ^{21}

元宝 yɛ^{44} pɔ^{21} 旧时较大的金银锭。又见宗教、迷信类

银洋 iɤ̃^{44} iɑ̃^{44} 白洋 piɛ^{44} iɑ̃^{44}

一块钱 iəʔ^{4} kʰuᴇ^{53} tɕʰiɛ^{44}

一毛钱 iəʔ^{4} mɔ^{44} tɕʰiɛ^{44}

一分钱 iəʔ^{2} fɤ̃^{24} tɕʰiɛ^{44}

一张票票 iəʔ^{2} tʂɑ̃^{24} pʰiɔ^{53} pʰiɔ^{21}

一个铜子儿 iəʔ^{4} kəʔ^{21} tʰuɤ̃^{44} tsʌɯ^{213}

一个镚子 iəʔ^{4} kəʔ^{21} pɤ̃^{53} tsəʔ^{21}

绸缎庄 tʂʰəu^{44} tuɛ^{53} tʂuɑ̃^{213}

瓷器铺子 tsʰɿ^{44} tɕʰi^{53} pʰu^{53} tsəʔ^{21}

铁业社 tʰiəʔ^{4} iəʔ^{4} ʂʅə^{53}

碾房 niɛ^{21} fɑ̃^{44} 旧 粮站 liɑ̃^{44} tsɛ^{53}

杂货铺 tsa^{44} xuo^{53} pʰu^{53} 山货业 sɛ^{24} xuo^{53} iəʔ^{4}

书店 ʂu^{24} tiɛ^{53}

炭市 tʰɛ^{53} sɿ^{53}

炭毛儿 tʰɛ^{53} mʌɯ^{21} 旧时对煤矿工人的贬称

当铺 tɑ̃^{53} pʰu^{53} 神木过去没有

钱庄 tɕʰiɛ^{44} tʂuɑ̃^{213}

银行 iɤ̃^{44} xɑ̃^{21}

银匠铺 iɤ̃^{44} tɕiɑ̃^{53} pʰu^{53}

饭馆儿 fɛ^{53} kuʌɯ^{213} 馆子 kuɛ^{21} tsəʔ^{4}

饭铺 fɛ^{53} pʰu^{53} 比饭馆儿小，不卖炒菜

下馆子 ɕia^{53} kuɛ^{21} tsəʔ^{4}

端饭的 tuɛ^{24} fɛ^{53} təʔ^{21} 饭馆儿里的服务员

烟草公司 iɛ^{24} tsʰɔ^{21} kuɤ̃^{24} sɿ^{213}

旅店 luei^{21} tiɛ^{53} 店 tiɛ^{53}

旅馆儿 luei^{24} kuʌɯ^{213} 比旅店大

油坊 iəu^{44} fɑ̃^{21}

油漆匠 iəu^{44} tɕʰiəʔ^{4} tɕiɑ̃^{53}

画匠 xua^{53} tɕiɑ̃^{21} 做纸扎、画塑像等的匠人

皮匠 pʰi^{44} tɕiɑ̃^{53}

锢露儿匠 kuəʔ^{4} luʌɯ^{53} tɕiɑ̃^{21}

木匠 məʔ^{4} tɕiɑ̃^{53}

墨斗子 miəʔ^{4} təu^{21} tsəʔ^{4} 墨斗线 miəʔ^{4} təu^{21} ɕiɛ^{53}

泥匠 ni^{53} tɕiɑ̃^{21}

瓦刀 va^{53} tɔ^{21}

抹子 muo^{21} tsəʔ^{4}

麻捣灰 ma^{44} tɔ^{21} xuei^{24}

灰兜子 xuei^{24} təu^{21} tsəʔ^{4}

灰槽子 xuei^{24} tsʰɔ^{44} tsəʔ^{21}

铁匠铺 tʰiəʔ^{4} tɕiã^{53} pʰu^{53} 铁匠炉 tʰiəʔ^{4} tɕiã^{53} ləu^{44}

铁匠 tʰiəʔ^{4} tɕiã^{53}

铜匠铺儿 tʰuɣ̃^{44} tɕiã^{53} pʰʌɯ^{53} 铜匠炉 tʰuɣ̃^{44} tɕiã^{53} ləu^{44}

铜匠 tʰuɣ̃^{44} tɕiã^{53}

炉炉匠 ləu^{44} ləu^{21} tɕiã^{53} 小炉匠 ɕiɔ^{21} ləu^{44} tɕiã^{53}

裁缝铺 tsʰᴇ^{44} fɣ̃^{21} pʰu^{53}

裁缝 tsʰᴇ^{44} fɣ̃^{21}

理发的 li^{21} faʔ^{4} təʔ^{21} 剃头的 tʰi^{53} tʰəu^{44} təʔ^{21}

理发馆儿 li^{21} faʔ^{4} kuʌɯ^{213} 剃头铺儿 tʰi^{53} tʰəu^{44} pʰʌɯ^{53}

碎头发 suei^{53} tʰəu^{44} fɛ^{21}（“发”韵母特殊）头发茬儿

剃头刀子 tʰi^{53} tʰəu^{44} tɔ^{24} tsəʔ^{21}

推子 tʰuei^{24} tsəʔ^{21}

理发 li^{21} faʔ^{4} 剃头 tʰi^{53} tʰəu^{44}

刮脸 kuaʔ^{4} liɛ^{213}

剃光头 tʰi^{53} kuã^{24} tʰəu^{44}

推平头 tʰuei^{24} pʰiɣ̃^{44} tʰəu^{21}

中分 tʂuɣ̃^{24} fɣ̃^{213} 旧

偏分 pʰiɛ^{24} fɣ̃^{213} 旧

洗头 ɕi^{21} tʰəu^{44}

捶背 tʂʰuei^{44} pei^{53}

掏耳朵 tʰɔ^{24} ʌɯ^{21} tuo^{24} 旧

澡堂子 tsɔ^{21} tʰã^{44} tsəʔ^{21}

池子 tʂʰʅ^{44} tsəʔ^{21}

盆汤 pʰɣ̃^{44} tʰã^{21}

搓澡 tsʰuo^{24} tsɔ^{213}

寿衣铺 ʂəu^{53} i^{21} pʰu^{53}

纸火铺子 tsʅ^{24} xuo^{21} pʰu^{53} tsəʔ^{21} 裱糊铺

屠架 tʰu^{44} tɕia^{53}（“架”疑为“家”的音变）屠户

屠架铺 tʰu^{44} tɕia^{53} pʰu^{53} 肉铺

杀猪 saʔ^{2} tʂu^{24}

卧羊 vuo^{53} iã^{44} 冬天大批杀羊

宰牛 tsᴇ^{21} niəu^{44}

二十 文化、教育

念书的 niɛ^{53} ʂu^{24} təʔ^{21}

识字的 ʂəʔ^{4} tsʅ^{53} təʔ^{21}

不识字的 pəʔ^{4} ʂəʔ^{4} tsʅ^{53} təʔ^{21} 张眼瞎子 tʂã^{24} iɛ^{21} xaʔ^{4} tsəʔ^{21}

学校 ɕiəʔ^{4} ɕiɔ^{53}

上学校 ʂã^{53} ɕiəʔ^{4} ɕiɔ^{53}

招考 tʂɔ^{24} kʰɔ^{21} 招生 tʂɔ^{24} sɣ̃^{213}

报考 pɔ^{53} kʰɔ^{21} 报名 pɔ^{53} miɣ̃^{44}

考场 kʰɔ^{24} tʂʰã^{21} 试场 sʅ^{53} tʂʰã^{21}

入场 zʅuəʔ^{4} tʂʰã^{213} 进场 tɕiɣ̃^{53} tʂʰã^{213}

叫号 tɕiɔ^{53} xɔ^{53}

卷子 tɕyɛ^{53} tsəʔ^{21}

交卷 tɕiɔ^{24} tɕyɛ^{53}

交头卷 tɕiɔ^{24} t^{h}əu^{44} tɕyɛ^{53}

交白卷 tɕiɔ^{24} piɛ^{44} tɕyɛ^{53}

判卷子 p^{h}ɛ^{53} tɕyɛ^{53} tsəʔ^{21}

出榜 tʂ^{h}uəʔ^{4} pɑ̃^{213}

头名 t^{h}əu^{44} miɣ̃^{44} 第一名 ti^{53} iəʔ^{4} miɣ̃^{44}

末豚子 məʔ^{4} tuəʔ^{4} tsəʔ^{21} 老末 lɔ^{21} ma^{53} 末名

考上了 k^{h}ɔ^{21} ʂɑ̃^{53} lɛ^{21} 取上了 tɕ^{h}y^{21} ʂɑ̃^{53} lɛ^{21}

没考上 məʔ^{4} k^{h}ɔ^{21} ʂɑ̃^{53} 没取上 məʔ^{4} tɕ^{h}y^{21} ʂɑ̃^{53}

毕业 piəʔ^{4} iəʔ^{4}

文凭 vɣ̃^{44} p^{h}iɣ̃^{44}

私塾 sɿ^{24} ʂuəʔ^{21} 旧

上私塾 ʂɑ̃^{53} sɿ^{24} ʂuəʔ^{21} 旧

上学 ʂɑ̃^{53} ɕiəʔ^{4}

放饭 fɑ̃^{53} fɛ^{53} 放学 fɑ̃^{53} ɕiəʔ^{4}

放假 fɑ̃^{53} tɕia^{53}

放暑假 fɑ̃^{53} tʂ^{h}u^{21} tɕia^{53}

放寒假 fɑ̃^{53} xɛ^{44} tɕia^{53}

杂字 tsa^{44} tsɿ^{53} 旧

百家姓 piəʔ^{2} tɕia^{24} ɕiɣ̃^{53}

千字文 tɕ^{h}iɛ^{24} tsɿ^{53} vɣ̃^{44}

三字经 sɛ^{24} tsɿ^{53} tɕiɣ̃^{213}

幼学琼林 iəu^{53} ɕiəʔ^{4} tɕ^{h}yɣ̃^{44} liɣ̃^{44}

温书 vɣ̃^{24} ʂu^{213} 温习 vɣ̃^{24} ɕiəʔ^{21}

背书 pei^{53} ʂu^{213}

写大字 ɕiɛ^{21} ta^{53} tsɿ^{53}

写仿 ɕiɛ^{24} fɑ̃^{213}

写仿纸 ɕiɛ^{24} fɑ̃^{24} tsɿ^{213}

仿格子 fɑ̃^{21} kəʔ^{4} tsəʔ^{21}

照上描 tʂɔ^{53} ɑ̃^{21} miɔ^{44}（"上"声母脱落）

临帖 liɣ̃^{44} t^{h}iəʔ^{4}

判仿 p^{h}ɛ^{53} fɑ̃^{213}

作文 tsuəʔ^{4} vɣ̃^{44}

稿子 kɔ^{21} tsəʔ^{4}

打草稿 ta^{21} ts^{h}ɔ^{24} kɔ^{213}

誊清 t^{h}ɣ̃^{44} tɕ^{h}iɣ̃^{213}

勾了 kəu^{24} lɛ^{21}

改卷子 kᴇ^{21} tɕyɛ^{53} tsəʔ^{21}

写白字 ɕiɛ^{21} piɛ^{44} tsɿ^{53}

漏字 ləu^{53} tsɿ^{53}

满分儿 mɛ^{21} fʌɯ^{24}

零蛋 liɣ̃^{44} tɛ^{53} 零分

油笔 iəu^{44} piəʔ^{4}

蘸笔 tsɛ^{53} piəʔ^{4}

钢笔 kɑ̃^{24} piəʔ^{4}

钢笔尖儿 kɑ̃^{24} piəʔ^{4} tɕiʌɯ^{213}

钢笔杆子 kɑ̃^{24} piəʔ^{4} kɛ^{21} tsəʔ^{4}

毛笔 mɔ^{44} piəʔ^{4}

笔杆 piəʔ^{2} kɛ^{24}（变调特殊）

笔头 piəʔ^{4} t^{h}əu^{44}

笔尖儿 piəʔ^{2} tɕiʌɯ^{24}

笔帽子 piəʔ^{4} mɔ^{53} tsəʔ^{21}

笔筒儿 piəʔ^{4} tʰuʌɯ^{213}

砚瓦儿 iɛ^{53} vʌɯ^{21}

研墨 iɛ^{44} mei^{44}

墨盒子 miəʔ^{4} xəʔ^{4} tsəʔ^{21}

压尺 ia^{53} tʂʰəʔ^{21}

墨汁 miəʔ^{4} tʂəʔ^{4}

挡$^{=}$笔 tã^{53} piəʔ^{4}　掭笔

墨水儿 miəʔ^{4} ʂuʌɯ^{213}

蘸水 tsɛ^{53} ʂuei^{213}

灌水 kuɛ^{53} ʂuei^{213}

教室 tɕiɔ^{53} ʂəʔ^{4}

讲台 tɕiɑ̃^{21} tʰᴇ^{44}

头排 tʰəu^{44} pʰᴇ^{21}

后排 xəu^{53} pʰᴇ^{21}

教鞭 tɕiɔ^{53} piɛ^{213}

黑板 xəʔ^{4} pɛ^{21}

粉笔 fɤ̃^{21} piəʔ^{4}

黑板擦子 xəʔ^{4} pɛ^{21} tsʰəʔ^{4} tsəʔ^{21}

石板 ʂəʔ^{4} pɛ^{21}

石笔 ʂəʔ^{4} piəʔ^{4}

板书 pɛ^{21} ʂu^{24}

讲义 tɕiɑ̃^{21} i^{53}

课本儿 kʰuo^{53} pʌɯ^{213}

笔记本儿 piəʔ^{4} tɕi^{53} pʌɯ^{213}

记分儿册子 tɕi^{53} fʌɯ^{213} tsʰəʔ^{4} tsəʔ^{21}

（点）名册子 tiɛ^{21} miɤ̃^{44} tsʰəʔ^{4} tsəʔ^{21}

点名 tiɛ^{21} miɤ̃^{44}

到 tɔ^{53}

起立 tɕʰi^{21} liəʔ^{4}

上课 ʂɑ̃^{53} kʰuo^{53}

下课 ɕia^{53} kʰuo^{53}

考试 kʰɔ^{21} sɿ^{53}

期中考试 tɕʰi^{44} tʂuɤ̃^{213} kʰɔ^{21} sɿ^{53}

期末考试 tɕʰi^{44} məʔ^{4} kʰɔ^{21} sɿ^{53}

一点 iəʔ^{4} tiɛ^{213}

一横 iəʔ^{4} xɤ̃^{44}

一直 iəʔ^{4} tʂəʔ^{4}　一竖 iəʔ^{4} ʂu^{53}

一飘 iəʔ^{2} pʰiɔ^{24}　一撇

一捺 iəʔ^{4} naʔ^{4}

一勾 iəʔ^{2} kəu^{24}

一挑 iəʔ^{4} tʰiɔ^{213}

一划划 iəʔ^{4} xuaʔ^{4} xuaʔ^{21}　一画 iəʔ^{4} xua^{53}　一道道 iəʔ^{4} tɔ^{53} tɔ^{21}

偏旁 pʰiɛ^{24} pʰɑ̃^{44}

单立人儿 tɛ^{24} liəʔ^{4} ʐʌɯ^{53}

双立人儿 ʂuɑ̃^{24} liəʔ^{4} ʐʌɯ^{53}

四方框 sɿ^{53} fɑ̃^{24} kʰuɑ̃^{53}

宝盖儿 pɔ^{21} kʌɯ^{53}

秃宝盖儿 tʰuəʔ^{4} pɔ^{21} kʌɯ^{53}

竖心儿旁 ʂu^{53} ɕiʌɯ^{21} pʰɑ̃^{44}

乱犬儿 luɛ^{53} tɕʰyʌɯ^{21}

单耳朵 tɛ^{24} ʌɯ^{21} tuo^{24}

双耳朵 ʂuɑ̃^{24} ʌɯ^{21} tuo^{24}

扑文儿 pʰəʔ^{4} vʌɯ^{53}

王字旁vɑ̃^{44} tsɿ^{53} pʰɑ̃^{44}　斜玉儿
提土儿tʰiəʔ^{4} tʰuʌɯ^{21}
竹头儿tʂuəʔ^{4} tʰʌɯ^{53}
火字旁xuo^{21} tsɿ^{53} pʰɑ̃^{44}
四点儿sɿ^{53} tiʌɯ^{21}
三点儿水sɛ^{24} tiʌɯ^{24} ʂuei^{21}
两点儿水liɑ̃^{24} tiʌɯ^{24} ʂuei^{21}
病字头piɤ̃^{53} tsɿ^{21} tʰəu^{44}
坐车车tsuo^{53} tʂʰʅə^{24} tʂʰʅə^{21}　走之儿
扭丝丝niəu^{21} sɿ^{24} sɿ^{21}　绞丝旁
提手儿tʰiəʔ^{4} ʂʌɯ^{21}
草头儿tsʰɔ^{21} tʰʌɯ^{53}
戒尺tɕiɛ^{53} tʂʰəʔ^{21}
打手心ta^{24} ʂəu^{21} ɕiɤ̃^{24}
罚站faʔ^{4} tsɛ^{53}
罚跪faʔ^{4} kʰuei^{53} 旧
逃学tʰɔ^{44} ɕiəʔ^{4}
请假tɕʰiɤ̃^{21} tɕia^{53}

二十一　游戏

扳不倒pɛ^{24} pəʔ^{4} tɔ^{21}　不倒翁
天鹅tʰiɛ^{24} ŋuo^{44}　风筝
藏迷摞$^{=}$摞$^{=}$ tsʰɑ̃^{44} mi^{44} luo^{53} luo^{21}
拔河paʔ^{4} xuɑ̃^{44}（“河”韵母特殊）
打擦擦ta^{21} tsʰəʔ^{4} tsʰaʔ^{21}　不穿冰鞋溜冰
踢毽子tʰiəʔ^{4} tɕiɛ^{53} tsəʔ^{21}
跳皮筋儿tʰiɔ^{53} pʰi^{44} tɕiʌɯ^{213}
抓子儿tʂua^{24} tsʌɯ^{213}　抓骨头子儿tʂua^{24} kuəʔ^{4} tʰu^{44} tsʌɯ^{213}（“头”受前字同化，变合口呼）
弹琉琉tʰɛ^{44} liəu^{44} liəu^{21}　弹蛋儿tʰɛ^{44} tʌɯ^{53} 弹球儿
吹泡泡tʂʰuei^{24} pʰɔ^{53} pʰɔ^{21}　吹肥皂泡儿
吹响圪叭儿tʂʰuei^{24} ɕiɑ̃^{21} kəʔ^{4} pʌɯ^{53}　吹布布噔儿
飘水pʰiɔ^{24} ʂuei^{213}　打水飘儿
跳间间tʰiɔ^{53} tɕiɛ^{53} tɕiɛ^{21}　跳房子
拈瓦瓦niɛ^{44} va^{21} va^{24}　抓阄儿
握游游vaʔ^{4} iəu^{44} iəu^{21}　（幼儿）将手一握一放。是一种游戏
懈淖淖<u>xᴇ</u>^{53} nɔ^{53} nɔ^{21}　往河滩的淖泥里陷脚的游戏
打门儿ta^{21} mʌɯ^{24}（“门”声调特殊）一种打石头块儿的游戏
弹杏棚儿tʰɛ^{44} xɤ̃^{53} kuʌɯ^{21}　一种赢杏核的游戏，先比谁出的杏核多，多的人先弹，两颗杏核弹中即归自己，弹不中或碰了其他杏核该别人弹
砍杏棚儿kʰɛ^{21} xɤ̃^{53} kuʌɯ^{21}　一种游戏，先比谁出的杏核多，多的人先

砍，砍的时候，把手中的杏核儿背在手背上，再扬起用手掌抓，全抓住者归己，有漏掉者不算

划拳 xua⁴⁴ tɕʰyɛ⁴⁴

宝一对 pɔ²¹ iəʔ⁴ tuei⁵³　对宝宝 tuei⁵³ pɔ²¹ pɔ²⁴　不出 pəʔ⁴ tʂʰuəʔ⁴　双方都不出

一定升官 iəʔ⁴ tiɤ̃⁵³ ʂɤ̃²⁴ kuɛ²¹³　一定你喝 iəʔ⁴ tiɤ̃⁵³ ni²¹ xəʔ⁴

二好 ʌɯ⁵³ xɔ²¹³

三元 sɛ²⁴ yɛ⁴⁴　三桃园 sɛ²⁴ tʰɔ⁴⁴ yɛ²¹

四喜 sɿ⁵³ ɕi²¹³　四季发财 sɿ⁵³ tɕi⁵³ faʔ⁴ tsʰᴇ⁴⁴　四眼眼红 sɿ⁵³ iɛ²¹ iɛ²⁴ xəʔ⁴⁴

五魁首 vu²¹ kʰuei²⁴ ʂəu²¹

六六大顺 liəu⁵³ liəu⁵³ ta⁵³ ʂuɤ̃⁵³

七巧 tɕʰiəʔ⁴ tɕʰiɔ²¹³　七巧图 tɕʰiəʔ⁴ tɕʰiɔ²¹ tʰu⁴⁴

八仙 paʔ⁴ ɕiɛ²¹³　八大仙 paʔ⁴ ta⁵³ ɕiɛ²¹³

快发财 kʰuᴇ⁵³ faʔ⁴ tsʰᴇ⁴⁴　快喝酒 kʰuᴇ⁵³ xəʔ⁴ tɕiəu²¹³

满 mɛ²¹³　满满儿地 mɛ²¹ mʌɯ⁵³ tɕi²¹

吹牛 tʂʰuei²⁴ niəu²⁴　一种喝酒时比色子的游戏，在陕北已基本代替划拳

猜灯谜 tsʰᴇ²¹ tɤ̃²⁴ mi⁴⁴（“猜”变调特殊）　打灯虎儿 ta²¹ tɤ̃²⁴ xuʌɯ²¹³ 旧

猜谜谜 tsʰᴇ²¹ mi⁴⁴ mi²¹（“猜”变调特殊）

猜对了 tsʰᴇ²¹ tuei⁵³ lɛ²¹（“猜”变调特殊）

下棋 ɕia⁵³ tɕʰi⁴⁴

老官儿 lɔ²¹ kuʌɯ²⁴　老将 lɔ²¹ tɕiɑ̃⁵³　将 tɕiɑ̃⁵³

士子 sɿ⁵³ tsəʔ²¹

相 ɕiɑ̃⁵³

车 tɕy²¹³

马 ma²¹³

炮 pʰɔ⁵³

卒子 tsuəʔ⁴ tsəʔ²¹

拱卒子 kuɤ̃²¹ tsuəʔ⁴ tsəʔ²¹

上马 ʂɑ̃⁵³ ma²¹³

出车 tʂʰuəʔ² tɕy²⁴

飞相 fei²⁴ ɕiɑ̃⁵³

下相 xa⁵³ ɕiɑ̃⁵³

（拿士）划了 xua⁴⁴ lɛ²¹

（拿相）飞了 fei²⁴ lɛ²¹

出老官儿 tʂʰuəʔ⁴ lɔ²¹ kuʌɯ²⁴　出老将 tʂʰuəʔ⁴ lɔ²¹ tɕiɑ̃⁵³

老官儿吃了 lɔ²¹ kuʌɯ²⁴ tʂʰəʔ⁴ lɛ²¹　老将吃了 lɔ²¹ tɕiɑ̃⁵³ tʂʰəʔ⁴ lɛ²¹

将 tɕiɑ̃⁵³

将死 tɕiɑ̃⁵³ sɿ²¹³

吃 tʂʰəʔ⁴　～一个卒子

踩 tsʰᴇ²¹³　马～了

打 ta²¹³　炮～过去

立马车 liəʔ⁴ ma²¹ tɕy²⁴

马后炮 ma²¹ xəu⁵³ pʰɔ⁵³

重重炮 tʂʰuɤ̃^{44} tʂʰuɤ̃^{21} pʰɔ^{53} 双重炮

围棋 vei^{44} tɕʰi^{21}

黑子儿 xəʔ^{4} tsʌɯ^{213}

白子儿 piɛ^{44} tsʌɯ^{213}

眼儿 iʌɯ^{213}

作眼儿 tsuəʔ^{4} iʌɯ^{213}

（棋）和了 xuo^{44} lɛ^{21}

耍龙灯 ʂua^{21} luɤ̃^{44} tɤ̃^{21}

坐水船儿 tsuo^{53} ʂuei^{21} tʂʰuʌɯ^{53} 耍旱船

耍狮子 ʂua^{21} sɿ^{24} tsəʔ^{21}

高跷 kɔ^{24} tɕʰiɔ^{21}

秧歌 iɑ̃^{44} kuo^{21}（“秧”声调特殊）

踢场子 tʰiəʔ^{4} tʂʰɑ̃^{21} tsəʔ^{4} 大秧歌开场的舞蹈，一般有两对以上男女对跳，以此制造气氛，扩大场地

骑竹马儿 tɕʰi^{44} tʂuəʔ^{4} mʌɯ^{213}

打腰鼓 ta^{21} iɔ^{24} ku^{21}

酒曲儿 tɕiəu^{21} tɕʰyʌɯ^{44} 酒宴上唱的歌儿，曲调固定，歌词多为即兴创作。属“信天游”一类

山曲儿 sɛ^{24} tɕʰyʌɯ^{44} 劳动时唱的民歌，即“信天游”

打鼓 ta^{24} ku^{213}

拍镲儿 pʰiəʔ^{4} tsʰa^{53}

大镲 ta^{53} tsʰa^{53} 钹

镲镲 tsʰa^{53} tsʰa^{21} 小钹

锣锣 luo^{44} luo^{21}

提偶人儿 tʰi^{44} ŋəu^{21} ʐʌɯ^{53} 木偶戏

大戏 ta^{53} ɕi^{21}

山西梆子 sɛ^{24} ɕi^{21} pɑ̃^{24} tsəʔ^{21}

二人台 ʌɯ^{53} ʐɤ̃^{21} tʰᴇ^{44}

戏台 ɕi^{53} tʰᴇ^{21}

前台 tɕʰiɛ^{44} tʰᴇ^{21}

后台 xəu^{53} tʰᴇ^{21}

夜戏 iɛ^{53} ɕi^{21}

开戏了 kʰᴇ^{24} ɕi^{53} lɛ^{21}

散戏了 sɛ^{53} ɕi^{53} lɛ^{21}

加官 tɕia^{24} kuɛ^{213} 旧

戏子 ɕi^{53} tsəʔ^{21} 旧 演员 iɛ^{21} yɛ^{44} 唱戏的 tʂʰɑ̃^{53} ɕi^{53} təʔ^{21}

大花脸 ta^{53} xua^{24} liɛ^{213}

二花脸 ʌɯ^{53} xua^{24} liɛ^{213}

唱丑的 tʂʰɑ̃^{53} tʂʰəu^{21} təʔ^{4} 小花脸 ɕiɔ^{21} xua^{24} liɛ^{213}

老生 lɔ^{21} sɤ̃^{24}

小生 ɕiɔ^{21} sɤ̃^{24}

武生 vu^{21} sɤ̃^{24}

须生 ɕy^{44} sɤ̃^{213}

老旦 lɔ^{21} tɛ^{53}

小旦 ɕiɔ^{21} tɛ^{53}

花旦 xua^{24} tɛ^{53}

武旦 vu^{21} tɛ^{53}

正旦 tʂɤ̃^{53} tɛ^{53} 青衣 tɕʰiɤ̃^{24} i^{213}

跑龙套的 pʰɔ^{21} luɤ̃^{44} tʰɔ^{53} təʔ^{21}

莲花落 liɛ^{44} xua^{21} lɔ^{53}

栽帽儿官头 tsᴇ^{24} mʌɯ^{53} kuɛ^{24} tʰəu^{44} 栽

帽儿跟头tsᴇ^{24} mʌɯ^{53} kɤ̃^{24} tʰəu^{44}　翻跟头。“帽儿官 / 跟头”为蒙语借词，元杂剧和《华夷译语》中即有记载，记作“卯儿古、木儿古”，义指“叩头、礼拜”
耍把戏ʂua^{24} pa^{21} ɕi^{53}
说书ʂuəʔ^{2} ʂu^{24}
花儿炮xuʌɯ^{24} pʰɔ^{53}
放花儿炮fɑ̃^{53} xuʌɯ^{24} pʰɔ^{53}
炮掌子pʰɔ^{53} tʂɑ̃^{21} tsəʔ^{4}
放炮掌子fɑ̃^{53} pʰɔ^{53} tʂɑ̃^{21} tsəʔ^{4}
麻雷ma^{44} luei^{44}　两响liɑ̃^{24} ɕiɑ̃^{21}　双响炮ʂuɑ̃^{24} ɕiɑ̃^{21} pʰɔ^{53}
戏迷ɕi^{53} mi^{44}
棋迷tɕʰi^{44} mi^{44}
牌九pʰᴇ^{44} tɕiəu^{21}
麻架ma^{44} tɕia^{53}　麻将
（麻架）和了xu^{44} lɛ^{21}
牌儿pʰʌɯ^{53}　纸牌
大游ta^{53} iəu^{44}　扑克游戏中的第一名
二游ʌɯ^{53} iəu^{44}　扑克游戏中的第二名
三游sɛ^{24} iəu^{44}　扑克游戏中的第三名
末游ma^{53} iəu^{44}　扑克游戏中的最后一名
跌色儿tiəʔ^{4} sʌɯ^{44}
压宝ia^{53} pɔ^{213}　掏宝tʰɔ^{24} pɔ^{213}
弹脑脑tʰɛ^{44} nɔ^{44} nɔ^{21}　用指头弹额头，是对游戏中输的一方的惩罚办法

二十二　普通名词、量词

东西tuɤ̃^{24} ɕi^{21}
相貌ɕiɑ̃^{53} mɔ^{53}　长相tʂɑ̃^{21} ɕiɑ̃^{53}
岁数suei^{53} ʂuo^{21}　年纪niɛ^{44} tɕi^{53}
缘法iɛ^{44} fa^{21}　缘分：没～
味道vei^{53} tɔ^{21}
味气vei^{53} tɕʰi^{53}　气味儿
颜色iɛ^{44} səʔ^{21}　颜道iɛ^{44} tɔ^{53}
坋₆ pɤ̃^{53}　又作“坌”。吹进眼中的尘土：眼里打进～去了
颠和倒tiɛ^{24} xuo^{44} tɔ^{53}　正和反，上和下：不晓得～不懂得上下，头脑不清楚
精和明tɕiɤ̃^{24} xuo^{44} miɤ̃^{44}　事情的原委：连～也没问清楚□tsɔ^{53}就超⁼贱骂人嘞
头和脸tʰəu^{44} xuo^{44} liɛ^{21}　①脸色，多指不悦的表情：不愿意看你那个～。②样子：不像个成亲的～（不像要把事办成的样子）
眉和眼mi^{44} xuo^{44} iɛ^{21}　气色
香和甜ɕiɑ̃^{24} xuo^{44} tʰiɛ^{44}　食物的味道

身和名 ʂɤ̃^{24} xuo^{44} miɤ̃^{44} （洗）身子

志志 tsɿ^{53} tsɿ^{21} 道儿

小间 ɕiɔ^{21} tɕiɛ^{24} 小时候

周处 tʂəu^{24} tʂʰu^{53} （人的）各方面表现：这女子～都好

裂子 liəʔ^{4} tsəʔ^{21} ①裂缝；②手脚上绷开的缝儿

饦子 tʰuəʔ^{4} tsəʔ^{21} 一团：面□tɕʰyɤ̃^{53}凝成～了

嘴马 tsuei^{24} ma^{21} 说话能力：～有～，笔头子有笔头子

细蒙蒙 ɕi^{53} mɤ̃^{44} mɤ̃^{21} 很细的东西

因由 iɤ̃^{24} iəu^{44} 根由 kɤ̃^{24} iəu^{44} 原因

债荒 tsᴇ^{53} xuo^{21}（"荒"韵母特殊）①比喻生活负担：～重嘞；②比喻价钱（大）

横力 ɕyɛ^{44} liəʔ^{4} 爆发力

横事 ɕyɛ^{44} sɿ^{53} 意外、危险的事情，如年轻人暴死等

铲铲 tsʰɛ^{21} tsʰɛ^{24} ①铲子；②喻指所做的事情：没本事就不要干这个～

囊水 nɑ̃^{44} ʂuei^{21} 宝气 pɔ^{21} tɕʰi^{53} 本领，才能，多用于否定结构：没～，～不大

脏囊 tsɑ̃^{24} nɑ̃^{44} 脏东西

年馑 niɛ^{44} tɕiɤ̃^{21} 饥荒：跌下～了

年成 niɛ^{44} tʂʰɤ̃^{21} ①收成：好～；②饥荒：跌下～了，遭～

碜 tsʰɤ̃^{213} ①食物中的沙土、小石子儿；②沙土、小石子儿入口的感觉（形）

黑豆地 xəʔ^{4} təu^{53} ti^{53} 喻指危险、不好的境地：叫人引进～去了

古朝 ku^{21} tʂʰɔ^{44} 故事：捣～

面面甜 miɛ^{53} miɛ^{21} tʰiɛ^{44} 好处，甜头：吃惯～了

衍水$_{157}$ iɛ^{53} ʂuei^{21} 浮在冰面上的水

劲气 tɕiɤ̃^{53} tɕʰi^{53} 样子贬：灰～，霉～

腿气 tʰuei^{21} tɕʰi^{53} 后台：有～

口续音儿 kʰəu^{21} ɕy^{53} iʌɯ^{21} 口头禅

礼训 li^{21} ɕyɤ̃^{53} 礼貌方面的要求、讲究：这家人～可多嘞

恶卜溻气 ŋəʔ^{4} pəʔ^{4} tʰaʔ^{21} tɕʰi^{53} 霉味儿

花丹丹 xua^{24} tɛ^{21} tɛ^{24} 儿语：色彩鲜艳的玩具、物品

死楦头 sɿ^{21} ɕyɛ^{53} tʰəu^{21} 喻指本性，本来面目贬：露～

屎底子 sɿ^{24} ti^{21} tsəʔ^{4} 喻指本性贬：彀住你的～了

怵相$_{100}$ tɕʰiəu^{44} ɕiɑ̃^{53} 怵崽相 tɕʰiəu^{44} tsᴇ^{21} ɕiɑ̃^{53} 样子贬：看你那个～

烧笑 ʂɔ^{24} ɕiɔ^{53} 淫荡的笑

事法 sɿ^{53} fa^{21} 情形，情势：～不对了

事业儿 sɿ^{53} iʌɯ^{21} 事情：～大不？

冤孽 yɛ^{24} niəʔ^{21} 前世或祖先犯下的罪过

音声 iɤ^{24} ʂɤ^{21}　声音

扁片子 pɛ^{24} pʰiɛ^{21} tsəʔ^{4}　扁片片 pɛ^{24} pʰiɛ^{21} pʰiɛ^{24}　看上去过于扁平的物件

扁掐子 pɛ^{21} tɕʰiaʔ^{4} tsəʔ^{21}　扁得难看的东西

豁子 xuəʔ^{4} tsəʔ^{21}　①豁口；②缺口：刀刃绊下一个～

把把 pa^{21} pa^{24}　①缯起的小捆儿；②喻指把握：没那个～，不丘$^{=}$在肩上背那个衩衩

耍的儿 ʂua^{21} tʌɯ^{44}　玩具

样杆子 iɑ̃^{53} kɛ^{21} tsəʔ^{4}　样子货

琉璃 liəu^{44} li^{53}　炉子里烧结的残渣，因外表光洁明亮而得名

火塔子 xuo^{21} tʰaʔ^{4} tsəʔ^{21}　旺火，用大块煤堆成

豚豚 tuəʔ^{4} tuəʔ^{21}　蔬菜、水果等的根部

纸精 tsʅ^{21} tɕiɤ^{24}　废纸泡水砸成的纸浆，用来制作纸瓮之类器皿

万$^{=}$气 vɛ^{53} tɕʰi^{53}　意思：没～，可有～嘞

血头狼 ɕyəʔ^{4} tʰəu^{44} lɑ̃^{44}　血流满面的样子

劲道 tɕiɤ^{53} tɔ^{21}　气力 tɕʰi^{53} li^{21}　力气

背子 pei^{53} tsəʔ^{21}　一次背的庄稼捆儿、柴捆儿

相干 ɕiɑ̃^{24} kɛ^{213}　关系：这事跟你没～

狗脸儿亲家 kəu^{24} liʌɯ^{24} tɕʰiɤ^{53} tɕiəʔ^{21}　喻指儿童之间忽而好、忽而恼的关系

油卜呲 iəu^{44} pəʔ^{2} tsʰʅ^{24}　指油腻、脏污的衣服、被褥等

砅石$_{133}$ ni^{53} ʂəʔ^{21}　过河踩的石头

娃$_{22}$ va^{44}　指小孩儿，用于乳名：～子，二～

娥$_{118}$ ŋuo^{44}　人名用字，多用于女性

搕搔$_{122}$ ŋəʔ^{4} saʔ^{21} 垃圾，引申自“粪”义

圪糁$_{140}$ kəʔ^{2} sɤ̃^{24}　碎粒：炭～；金䅟黍儿～

圪瘩 kəʔ^{4} taʔ^{21}　①皮肤上突起的或肌肉上结成的硬块；②球形或块状的东西；③词，用于块状物

圪蛋 kəʔ^{4} tɛ^{53}　①皮肤上突起的或肌肉上结成的硬块；②球形或块状的东西；③量词：用于圆形物

圪都 kəʔ^{2} tu^{24}　圆形、分瓣儿的东西：蒜～

圪丁 kəʔ^{2} tiɤ^{24}　皮肤上突起的小硬块

圪节 kəʔ^{4} tɕiəʔ^{21}　条形物的一节儿

圪虫 kəʔ^{4} tʂʰuɤ^{44}　小虫子

圪虫儿 kəʔ^{4} tʂʰuʌɯ^{53}　米、面中生的虫子

圪痂 kəʔ^{2} tɕia^{24}　疮痂

圪台 kəʔ^{4} tʰᴇ^{44}　台阶

圪坨 kəʔ^{4} tʰuo^{44}　地里凹进去的部分

圪洦 kəʔ^{4} pəʔ^{4}　小水坑

圪桩 kəʔ^{2} tʂuɑ̃^{24} 较短的木桩

圪叉 kəʔ^{2} tsʰa^{24} 树木的枝杈

圪疤 kəʔ^{2} pa^{24} 伤疤

圪渣 kəʔ^{2} tsa^{24} 碎末儿

圪须 kəʔ^{2} suei^{24} 须子

圪梁 kəʔ^{4} liɑ̃^{44} 不高的山梁

圪尖 kəʔ^{2} tɕiɛ^{24} 尖儿

圪弯 kəʔ^{2} vɛ^{24} 河、沟等的转弯处

圪堆 kəʔ^{2} tuei^{24} 堆儿

圪卷 kəʔ^{2} tɕyɛ^{24} 卷儿

圪锥 kəʔ^{2} tʂuei^{24} 物体的尖锐的端部

圪停停 kəʔ^{4} tʰiɤ̃^{44} tʰiɤ̃^{21} 很短的一截：短～

半掐 pɛ^{53} tɕʰia^{21} 一半

末$^{=}$□儿 məʔ^{4} tʂʌɯ^{21} 倍：通通的个子是我猴着的两～

鞴$_{73}$ tsʰɛ^{53} 动量词：①碾米过罗的遍数；②洗东西的遍数

一圪抓 iəʔ^{4} kəʔ^{2} tʂua^{24} 一嘟噜

一圪截儿 iəʔ^{4} kəʔ^{4} tɕʰiʌɯ^{21} 一截儿

一圪都 iəʔ^{4} kəʔ^{4} tu^{21} 许多

一圪都儿 iəʔ^{4} kəʔ^{21} tuʌɯ^{21} 一些儿

一圪撮儿 iəʔ^{4} kəʔ^{21} tsuʌɯ^{21} 一撮儿

一圪卷儿 iəʔ^{4} kəʔ^{21} tɕyʌɯ^{21} 一卷儿

一圪绺绺 iəʔ^{4} kəʔ^{4} liəu^{21} liəu^{24} 一绺儿

一扑混 iəʔ^{4} pʰəʔ^{21} xuɤ̃^{53} （数量）一篷

一眼 iəʔ^{4} iɛ^{213} 一孔（窑洞）；一口（井）

二十三 动作

摇头 iɔ^{44} tʰəu^{44}

点头 tiɛ^{21} tʰəu^{44}

抬头 tʰᴇ^{44} tʰəu^{44}

低头 ti^{24} tʰəu^{44} 圪低下骷子 kəʔ^{2} ti^{24} a^{53} kʰu^{24} tsəʔ^{21}（"下"声母脱落）

回头 xuei^{44} tʰəu^{44}

摇头晃脑 iɔ^{44} tʰəu^{44} xuɑ̃^{53} nɔ^{21}

张嘴 tʂɑ̃^{24} tsuei^{213} 张口 tʂɑ̃^{24} kʰəu^{213}

闭住嘴 pi^{53} tʂu^{21} tsuei^{213}

吺嘴 niəu^{24} tsuei^{213}

噘嘴 tɕyəʔ^{4} tsuei^{213} 嘴圪都起 tsuei^{24} kəʔ^{2} tu^{24} tɕʰi^{21}

眉眼迈过去 mi^{44} iɛ^{21} mᴇ^{53} kuo^{53} kəʔ^{21}

眉眼红了 mi^{44} iɛ^{21} xuɤ̃^{44} lɛ^{21}

眉眼发白了 mi^{44} iɛ^{21} faʔ^{4} piɛ^{44} lɛ^{21}

睁眼儿 tsɤ̃^{24} iʌɯ^{213}

瞪眼儿 tɤ̃^{53} iʌɯ^{213}

吹胡子瞪眼儿 tʂʰuei^{24} xu^{44} tsəʔ^{21} tɤ̃^{53} iʌɯ^{213}

瞎住眼睛 xəʔ^{4} tʂu^{53} iɛ^{21} tɕiɤ̃^{24} 闭住眼睛 pi^{53} tʂu^{21} iɛ^{21} tɕiɤ̃^{24}

迷住眼睛 mi^{44} tʂu^{53} iɛ^{21} tɕiɤ̃^{24} 捂住眼睛

挤眼tɕi^{24} iɛ^{213}　圪挤眼睛kəʔ^{4} tɕi^{213} iɛ^{21} tɕiɤ̃^{24}

转眼tʂuɛ^{24} iɛ^{213}

眼睛乱转iɛ^{21} tɕiɤ̃^{24} luɛ^{53} tʂuɛ^{53}

瞅眼tsʰəu^{24} iɛ^{213}

噙得眼泪tsʰiɤ̃^{44} təʔ^{21} iɛ^{21} luei^{53}

流眼泪liəu^{44} iɛ^{21} luei^{53}

耷□得耳朵təʔ^{2} lɛ^{24} təʔ^{21} ʌɯ^{21} tuo^{24}

支起耳朵听tsɿ^{24} tɕʰi^{21} ʌɯ^{21} tuo^{24} tʰiɤ̃^{213}

举手tɕy^{24} ʂəu^{213}

摆手pᴇ^{24} ʂəu^{213}

招手tʂɔ^{24} ʂəu^{213}

撒手saʔ^{4} ʂəu^{213}　放手fɑ̃^{53} ʂəu^{213}

松手suɤ̃^{24} ʂəu^{213}

伸手ʂɤ̃^{24} ʂəu^{213}

拖手tʰuo^{24} ʂəu^{213}　拉手

动手tuɤ̃^{53} ʂəu^{213}　着手

动手tuɤ̃^{53} ʂəu^{213}　打架ta^{21} tɕia^{53}

拍手pʰiəʔ^{4} ʂəu^{213}

背转手pei^{53} tʂuɛ^{53} ʂəu^{213}　背手着嘞pei^{53} ʂəu^{21} tʂəʔ^{4} ləʔ^{21}

两手叉起liɑ̃^{24} ʂəu^{21} tsʰa^{53} tɕʰi^{21}　两手交叉

绷得手pɤ̃^{21} təʔ^{4} ʂəu^{213}　抄着手

卜拉pəʔ^{2} la^{24}　扒

卜拉pəʔ^{2} la^{24}　拨

扑挲pʰəʔ^{2} suo^{24}　摩挲

搊tsʰəu^{213}　提：～裤儿

搊扶tsʰəu^{24} fu^{44}　①搀扶；②帮助，支持

提屎tʰi^{44} sɿ^{213}　把屎

提尿tʰi^{44} niɔ^{53}　把尿

搀上tsʰɛ^{24} ʂɑ̃^{53}　搀着

扳指头头算pɛ^{24} tsəʔ^{4} tʰəu^{44} tʰəu^{21} suɛ^{53}

弹指头子tʰɛ^{44} tsəʔ^{4} tʰəu^{44} tsəʔ^{21}

伸指头子ʂɤ̃^{24} tsəʔ^{4} tʰəu^{44} tsəʔ^{21}

攥起圪都tsuɛ^{53} tɕʰi^{21} kəʔ^{2} tu^{24}　攥起拳头

跺脚tuo^{53} tɕiəʔ^{4}

踮脚tiɛ^{53} tɕiəʔ^{4}

跷腿tɕʰiɔ^{53} tʰuei^{213}

腿骨$^{=}$联$^{=}$回来tʰuei^{21} kuəʔ^{4} lyɛ^{44} xuei^{44} lᴇ^{21}　腿蜷回来

撂开腿liɔ^{53} kʰᴇ^{24} tʰuei^{213}　撒开腿

跑腿pʰɔ^{24} tʰuei^{213}

叉腰tsʰa^{53} iɔ^{213}

腰弯下iɔ^{24} vɛ^{24} xa^{53}　弯腰vɛ^{24} iɔ^{213}

伸腰ʂɤ̃^{24} iɔ^{213}

撑腰tsʰɤ̃^{24} iɔ^{213}

竖肩膊ʂu^{53} tɕiɛ^{24} puo^{21}　耸肩膀

溜肩膊liəu^{53} tɕiɛ^{24} puo^{21}　耷□肩膊təʔ^{2} lɛ^{24} tɕiɛ^{24} puo^{21}

擩胳膊ʐu^{44} kəʔ^{4} puo^{21}　伸胳膊

把胳膊圪弯回来pa^{21} kəʔ^{4} puo^{21} kəʔ^{2} vɛ^{24} xuei^{44} lᴇ^{21}　蜷胳膊

圪蹴kəʔ^{2} tɕiəu^{24}　蹲

盘腿坐pʰɛ^{44} tʰuei^{24} tsuo^{53}

卜烂⁼倒了 pəʔ^{4} lɛ^{53} tɔ^{24} lɛ^{21} 绊倒了

圪趴起来 kəʔ^{2} pa^{24} tɕʰi^{21} lᴇ^{44} 爬起来

站起来 tsɛ^{53} tɕʰi^{21} lᴇ^{44}

站着 tsɛ^{53} tʂəʔ^{21}

马趴 ma^{21} pʰa^{44} 狗吃屎 kəu^{21} tʂəʔ^{4} sɿ^{213}

梁面跌倒 liɑ̃^{44} miɛ^{53} tiəʔ^{4} tɔ^{213} 奓转 tsa^{53} tʂuɛ^{53} 仰面摔倒

拉话 la^{53} xua^{53} 拉沓 la^{53} tʰa^{21} 拉 la^{53} 聊天

捣⁼拉⁼ tɔ^{21} laʔ^{4} 聊天儿蒙

接搭 tɕiəʔ^{4} taʔ^{21} 与人说得上话：～上，～不上

搭碴儿 taʔ^{4} tsʰʌɯ^{44}

不言喘 pəʔ^{4} iɛ^{44} tʂʰuɛ^{21} 不说话

理也不理 li^{24} iɛ^{21} pəʔ^{4} li^{213}

撵断⁼ niɛ^{21} tuɛ^{53} 追随

吼 xəu^{213} ①喊叫；②说：他～明儿来也；③邀：去榆林起把我～上

吼喊 xəu^{24} xɛ^{21} 叫喊 tɕiɔ^{53} xɛ^{21} 吼吼喊喊 xəu^{24} xəu^{21} xɛ^{24} xɛ^{21}

闪人 ʂɛ^{24} zɣ̃^{44}（"闪"变调特殊） 闪哄 ʂɛ^{24} xuɣ̃^{21} 哄人 xuɣ̃^{21} zɣ̃^{44}

给……拉沓 kei^{21}…la^{53} tʰa^{21} 告诉

说悄地话 ʂuəʔ^{4} tɕʰiɔ^{21} ti^{53} xua^{53} 说悄悄话

拍哄大笑 pʰiəʔ^{4} xuɣ̃^{44} ta^{53} ɕiɔ^{53} 哈哈大笑

找不是 tsɔ^{21} pəʔ^{4} sɿ^{53}

抬杠 tʰᴇ^{44} kɑ̃^{53}

顶嘴 tiɣ̃^{24} tsuei^{213}

嚷架 zɑ̃^{21} tɕia^{53} 吵架

超⁼贱 tʂʰɔ^{24} tɕiɛ^{53} 超⁼ tʂʰɔ^{213} 骂

嘀嘀叨叨 ti^{21} ti^{24} tɔ^{24} tɔ^{21} 嘀嘀咕咕

挨头子 nᴇ^{44} tʰəu^{44} tsəʔ^{21} 挨训，挨骂

叫 tɕiɔ^{53} 把他～得来

碰见 pʰɣ̃^{53} tɕiɛ^{53}

奉揖 fɣ̃^{53} i^{213} 作揖

觑看 tsʰu^{44} kʰɛ^{53} 探望

串门子 tʂʰuɛ^{53} mɣ̃^{44} tsəʔ^{21} ①串门儿；②（男人）搞不正当男女关系

攀 pʰɛ^{213} 套近乎

溜尻子 liəu^{24} kəu^{24} tsəʔ^{21} 巴结

担待 tɛ^{24} tᴇ^{53}

看起 kʰɛ^{53} tɕʰi^{21}

合伙 xəʔ^{4} xuo^{21}

佮伴儿 kəʔ^{4} pʌɯ^{53} 友好相处

相处 ɕiɑ̃^{24} tʂʰu^{21}

娇 tɕiɔ^{213} 娇惯

凑付 tsʰəu^{53} fu^{21} 凑合

糊弄 xu^{53} luɣ̃^{21} 姑息

不答应 pəʔ^{4} taʔ^{4} iɣ̃^{53}

断⁼出去 tuɛ^{53} tʂʰuəʔ^{4} kəʔ^{21} 撵出去

搁 kəʔ^{4} ～在桌子上

掺 tsʰɛ^{213} 往酒里～水

挑 tʰiɔ^{213} 沙 sa^{53} 挑沙 tʰiɔ^{24} sa^{53} 挑拣 tʰiɔ^{24} tɕiɛ^{21}

提留起来 tiəʔ^{4} liəu^{44} tɕʰi^{21} lᴇ^{44}

捡起来 tɕiɛ^{24} tɕʰi^{21} lᴇ^{44}

□tʂʰu^{53}　①擦；②揍：可叫我～上了。本地人写作“拃”

扔了 ʌɯ^{24} lɛ^{21}

寻上了 sɣ̃^{44} ʂɑ̃^{53} lɛ^{21}　寻得了 sɣ̃^{44} təʔ^{21} lɛ^{21}

摞起来 luo^{53} tɕʰi^{21} lᴇ^{44}　码起来

剩下 ʂɣ̃^{53} xa^{21}

晓得 ɕiɔ^{21} təʔ^{4}

解下了 xᴇ^{53} xa^{21} lɛ^{21}　懂了

解不下 xᴇ^{53} pəʔ^{4} xa^{53}　不懂

学会了 ɕiɔ^{44} xuei^{53} lɛ^{21}　会了 xuei^{53} lɛ^{21}

解开了 xᴇ^{53} kʰᴇ^{24} lɛ^{21}　恍然大悟

认得 zɣ̃^{53} təʔ^{21}

认不得 zɣ̃^{53} pəʔ^{4} təʔ^{4}

认 zɣ̃^{53}　～字，～亲

盘算给下儿 pʰɛ^{44} suɛ^{53} kei^{53} xʌɯ^{21}

战数给下儿[28] tiɛ^{24} tuəʔ^{21} kei^{53} xʌɯ^{21}　掂量一下

想给下儿 ɕiɑ̃^{21} kei^{53} xʌɯ^{21}

数量 tuəʔ^{4} liɑ̃^{44}　估计 ku^{21} tɕi^{53}　□量 kʰuo^{24} liɑ̃^{44}　估量

约摸 iɔ^{24} məʔ^{21}　估划 ku^{21} xua^{44}　～有多少

猜 tsʰᴇ^{213}

动脑子 tuɣ̃^{53} nɔ^{21} tsəʔ^{4}

打主意 ta^{24} tʂu^{21} i^{53}

断定 tuɛ^{53} tiɣ̃^{53}

主张 tʂu^{21} tʂɑ̃^{24}

相信 ɕiɑ̃^{24} ɕiɣ̃^{53}　信 ɕiɣ̃^{53}

怀疑 xuᴇ^{44} i^{44}　捉心捉事 tʂuəʔ^{2} ɕiɣ̃^{24} tʂuəʔ^{4} sɿ^{53}

疑疑惑惑 i^{44} i^{21} xuəʔ^{4} xuəʔ^{21}　犹疑不定

打不定主意 ta^{21} pəʔ^{4} tiɣ̃^{53} tʂu^{21} i^{53}　没主意 məʔ^{4} tʂu^{21} i^{53}

操心 tsʰɔ^{24} ɕiɣ̃^{213}　①操心；②小心

提心吊胆 tʰi^{44} ɕiɣ̃^{24} tiɔ^{53} tɛ^{213}

怕 pʰa^{53}

吓一跳 xa^{53} iəʔ^{4} tʰiɔ^{53}

着慌 tʂɔ^{24} xuɑ̃^{24}

手忙脚乱 ʂəu^{21} mɑ̃^{44} tɕiəʔ^{4} luɛ^{53}

着急 tʂəʔ^{4} tɕiəʔ^{4}

萦记 iɣ̃^{24} tɕi^{53}　骨念 kuəʔ^{4} niɛ^{53}　牵心 tɕʰiɛ^{24} ɕiɣ̃^{213}　挂念

放心 fɑ̃^{53} ɕiɣ̃^{213}

不放心 pəʔ^{4} fɑ̃^{53} ɕiɣ̃^{213}

盼 pʰɛ^{53}

盼不得 pʰɛ^{53} pəʔ^{4} təʔ^{4}

记住 tɕi^{53} tʂu^{21}

记着嘞 tɕi^{53} tʂəʔ^{21} ləʔ^{21}　没忘记

忘了 vɑ̃^{53} lɛ^{21}

想起来了 ɕiɑ̃^{24} tɕʰi^{21} lᴇ^{44} lɛ^{21}

眼红 iɛ^{21} xuɣ̃^{44}

讨厌 tʰɔ^{21} iɛ^{53}　①厌恶；②令人厌恶

不当 pəʔ^{2} tɑ̃^{24}　①可怜；②怜悯

爱 ŋᴇ^{53}　①喜欢：～看书；②羡慕

忌怄 tɕi^{53} ŋəu^{53} 妒忌

怄气 ŋəu^{53} tɕʰi^{53}

气 tɕʰi^{53} 憋气

发脾气 faʔ^{4} pʰi^{21} tɕʰi^{53} 生气

疼 tʰɤ̃^{44} ①爱惜;②疼爱

高兴 kɔ^{24} ɕiɤ̃^{53}

向 ɕiɑ̃^{53} 偏 pʰiɛ^{213} 俗云:偏大的,向小的,苦命的二小子

感谢 kɛ^{21} ɕiɛ^{53}

埋怨 mᴇ^{44} yɛ^{53}

承应 tʂʰɤ̃^{44} iɤ̃^{53} 应承

失损 ʂəʔ^{4} suɤ̃^{21} 损失

熬煎 ŋɔ^{44} tɕiɛ^{21} 煎熬

打问 ta^{21} vɤ̃^{53} 打听

打摞 ta^{21} luo^{53} 收拾、准备(行李、食品等)

打劝 ta^{21} tɕʰyɛ^{53} 劝说

打拦 ta^{21} lɛ^{44} 阻拦

打摭 ta^{21} tʂəʔ^{4} 拾摞 ʂəʔ^{4} luo^{53} 摭摞 tʂəʔ^{4} luo^{53} 拾掇 ʂəʔ^{4} tuəʔ^{21} 收拾,打扫

打踅 ta^{21} ɕyəʔ^{4} 设法寻找(吃的东西)

打闹 ta^{21} nɔ^{53} 千方百计地搞到

整扎 tʂɤ̃^{21} tsaʔ^{4} 准备(饭)

掠 lyəʔ^{4} 粗略地扫

抹刷 maʔ^{4} ʂuaʔ^{21} 抚摸

称着 tʂʰɤ̃^{53} tʂʰəʔ^{21} 值着 tʂəʔ^{4} tʂʰəʔ^{21} 值得否定结构多用

称不着 tʂʰɤ̃^{53} pəʔ^{4} tʂʰəʔ^{4} 值不着 tʂəʔ^{4} pəʔ^{21} tʂʰəʔ^{4} 不值得

着得 tʂəʔ^{4} təʔ^{21} 容得下否定结构多用

着不得 tʂəʔ^{4} pəʔ^{21} təʔ^{4} 容不下:我妈爽利~猴孩伢儿

吃住 tʂʰəʔ^{4} tʂu^{53} 支持得住

吃不住 tʂʰəʔ^{4} pəʔ^{4} tʂu^{53} 支持不住:这个梯子~五个人

影 i^{213} 挡住视线、光线

□ kɑ̃^{53} 冒(烟):灶火~嘞

煼 ŋəu^{213} ①一种烧制方法,将锅里的水逐渐烧干:~上捻儿糖萝卜酱;②煳:~上了。《五方元音》牛韵蛙母上声:"煼,火煨。"

覰 tsʰu^{44} ①仔细看;②偷看

覰眼 tsʰu^{44} niɛ^{21} ①到处看;②寻觅,物色:~下个对象

荒 xuo^{53} 土地荒芜:地~了

绷 piɛ^{213} 用力粘:把纸~在墙上

努 nu^{213} 憋着气鼓劲:把卵包子~下来了

仰 niɑ̃^{213} 圪仰 kəʔ^{4} niɑ̃^{213} 躺

掺夺 tsʰɛ^{24} tuəʔ^{21} 分享本该他人单独享用的东西:给□ niɛ^{213} 你爹炒得捻儿菜,叫众人~了

拉 la^{53} 跨:~了一大步

蹻103 tɕʰiɔ^{213} 抬高腿迈过(沟渠

或障碍物）：这捻儿沟沟一步□tsɔ^{53}就～过去了

□kã^{213}（苍蝇）骚扰：蝇子～得睡不成

□tsɛ^{213}（苍蝇）沾：这捻儿西瓜叫蝇子～了，扔了吧

囚çiəu^{44}　使寂寞：一天钻在家里把人～得

嚇诈xəʔ^{4} tsa^{53}　吓唬

营舞iɤ̃^{44} vu^{21}　①隆重地运送（人、物）：这是把老张～上哪去也？②行动拖拉，耽搁：就叫你～得把车也误了

挡$^{=}$ tã^{53}　①粗略地磨：在瓮沿上～切刀；②掭（毛笔）

寨tsᴇ^{53}　堵住水流：～坝坝

翻舌头fɛ^{24} ʂɿə^{44} tʰəu^{21}　翻嘴舌

说嘴ʂuəʔ^{4} tsuei^{213}　说空话，说便宜话

抬tʰᴇ^{44}　①放，添加：～盐；②藏：～起

肯心kʰɤ̃^{53} çiɤ̃^{213}　（使）称心，满意：这件儿衣裳爽利不～

进上tɕiɤ̃^{53} ʂã^{21}　打得过，斗得过

进不上tɕiɤ̃^{53} pəʔ^{4} ʂã^{53}　打不过，斗不过

奓tsa^{53}　圪奓kəʔ^{4} tsa^{53}　①张开：头发～起；②竖起：～起耳朵

攉xuəʔ^{4}　①划，拉：～下一道口子；②搅：把菜～起

担tɛ^{53}　把棍子横搭在物体上或两物中间：～上一根竹子就跌不下来了

捉$_{86}$ tʂuəʔ^{4}　堵塞：把这个洞～住；鼻子～住了

捉填tʂuəʔ^{4} tʰiɛ^{44}　擩填ʐu^{44} tʰiɛ^{21}　使吃得太多：把孩伢儿～得难活也

凝眉niɤ̃^{44} mi^{44}　生气，置气：一天就会跟大人～

捂vəʔ^{4}　①将口子盖住：～住；②使不透气：～臭了

掼kuɛ^{53}　①摔：～了一跤；②扔：～给他

订对tiɤ̃^{24} tuei^{53}　对证，证实

兴çiɤ̃^{53}　惯（孩子）

缯tsɤ̃^{53}　捆（成小捆）：萝卜缨子～把把

做果tsuəʔ^{4} kuo^{21}　杀

做过了tsuəʔ^{4} kuo^{53} lɛ^{21}　坏事儿了，大事不妙

撮裹tsʰuəʔ^{4} kuo^{21}　打发ta^{21} faʔ^{4}　①草草埋藏（死人）；②（好不容易）送走：总算把这个灰痞～了

轧tsa^{53}　砍：～骨殖

灰□xuei^{24} tʰɤ̃^{21}　没有分寸地说话：这孩伢儿爽利～上了

□luo^{213}　用刀子拉：～开

□动luo^{21} tuɤ̃^{53}　动：不敢～一下

占揽tʂɛ^{53} lɛ^{21} 不管是不是属于自己，只管占住：～下这么多能吃完嘞？

照tʂɔ^{53} ①看：～见；②照看：你给咱～孩伢儿着；③考试时抄袭：他～我嘞

抿miɤ̃^{213} ①舔：～给下儿看甜不；②含化：～得一颗糖；③用糨糊一层一层地粘：～衬子

□miɤ̃^{213} 用指头在地上挤死：～蚂蚁儿

裰$_{31}$ tuəʔ^{4} 裰打tuəʔ^{4} ta^{21} 用棍子或指头点击。现通作“厾”

裰戳tuəʔ^{4} tʂʰuaʔ^{21} ①轻戳；②怂恿

掐$_{101}$ tɕʰia^{53} 卡住（脖子）：～死了

岔劈tsʰa^{53} pʰiəʔ^{21} 走到两岔

跌死痞tiəʔ^{4} sɿ^{21} pʰi^{44} 耍无赖ʂua^{21} vu^{44} lᴇ^{53}

成主儿tʂʰɤ̃^{44} tʂuʌɯ^{213} 负责：说话要～嘞

折估tʂəʔ^{4} ku^{21} 估算：～下来差不多

折箍tʂəʔ^{2} ku^{24} 糟蹋：硬把一张桌子～烂

演饰iɛ^{21} ʂəʔ^{4} 试（高家堡）

详慰ɕiɑ̃^{44} vei^{53} 犒劳

翻腾fɛ^{24} tʰɤ̃^{44} ①翻弄；②反悔

摭腾tʂəʔ^{4} tʰɤ̃^{44} ①吃尽（剩饭）；②收拾干净

腾开tʰɤ̃^{44} kʰᴇ^{213} 让开

拾翻ʂəʔ^{2} fɛ^{24} 翻找

吃架tʂʰəʔ^{4} tɕia^{53} 经受：～不住

□xɔ^{213} □晾xɔ^{24} liɑ̃^{53} 阴干

下锅ɕia^{53} kuo^{213} 准备春节的熟肉食品，如臊子、烧肉、丸子等

歇缓ɕiəʔ^{4} xuɛ^{21} 歇一口气

就已tɕiəu^{53} i^{213} ①结束，完成；②不可救药：你算是～了

起首tɕʰi^{24} ʂəu^{21} ①孕妇临产；②开始

功该kuɤ̃^{24} kᴇ^{213} 应功该iɤ̃^{53} kuɤ̃^{24} kᴇ^{213} 应该

等投tɤ̃^{21} tʰəu^{44} 等到……的时候

谋住mu^{44} tʂu^{53} 谋下mu^{44} xa^{53} 认定（表意愿）

抬舞tʰᴇ^{44} vu^{21} ①抬举；②吹捧

死填sɿ^{21} tʰiɛ^{44} ①住，闲呆贬：一天～下甚也不做；②去贬：快～得去吧

削掐ɕiəu^{44} tɕʰiaʔ^{21} 削一削

剥掐paʔ^{4} tɕʰiaʔ^{21} 剥一剥

抠掐kʰəu^{24} tɕʰiaʔ^{21} ①抠一抠；②找别人的不是：一天就会～人

搜掐səu^{24} tɕʰiaʔ^{21} 这儿看看，那儿瞧瞧，寻找（食物）

猴掐xəu^{44} tɕʰiaʔ^{21} ①吃零食；②用轻微的动作干扰、寻找：你这是～甚嘞？

刮铲kuaʔ^{4} tsʰɤ̃^{21} 刮

害淘xᴇ^{53} tʰɔ^{21} 糟蹋

踢蹋tʰiəʔ^{4} tʰiəʔ^{21}　①糟蹋；②（将某人从组织中）除掉，去掉

射砍ʂəʔ^{4} kʰε^{21}　跃跃欲试地投身于某事

扑砍pʰəʔ^{4} kʰε^{21}　过于积极地投身于某事，扩展作“一扑两砍”

凶砍ɕyɤ̃^{24} kʰε^{21}　粗暴地对待人

追砍tʂuei^{24} kʰε^{21}　催促

瘚砍tɕyəʔ^{4} kʰε^{21}　气喘吁吁

递打ti^{53} ta^{21}　反复地递来递去：一捻儿馍馍么，～甚嘞

哨打sɔ^{53} ta^{21}　①说风凉话；②讽刺

揳腾ɕiəʔ^{4} tʰɤ̃^{21}　敲，打含小称义

回搅xuei^{44} tɕiɔ^{21}　①翻搅：肚子里头不知道甚～嘞。②翻找：一个人瞎～了半天也没寻上

编谣piε^{24} iɔ^{44}　①编排（人）；②编造（谣言）

讲编tɕiɑ̃^{21} piε^{24}　①不停地说；②无理纠缠

曹⁼号⁼ tsʰɔ^{44} xɔ^{53}　（众人）围攻轻

刚⁼叨kɑ̃^{24} tɔ^{21}　央求

截搅tɕʰiəʔ^{4} tɕiɔ^{21}　截擩tɕʰiəʔ^{4} ʐu^{53}　干扰（别人干活儿）

倒流tɔ^{53} liəu^{44}　比喻退步

等上tɤ̃^{21} ʂɑ̃^{53}　遇到

摆修pᴇ^{21} ɕiəu^{24}　修理

度演tu^{53} iε^{21}　①惯（下毛病）：不能给～下这号儿毛病；②带（坏），学（坏）：把我每小子～赖了

楦ɕyε^{53}　①撑：稀汤～大肚；②吹牛。俗云：死吹茶～，死在驴圈

死楦sʅ^{21} ɕyε^{53}　毫无节制地吹牛。扩展作“死吹茶楦”

烧ʂɔ^{53}　①出霞：早～，晚～；②使褪色：颜色～白了

盘pʰε^{44}　用石、斗、升、合量（粮食）农

搭拦taʔ^{4} lε^{44}　搭话

买免⁼ mᴇ^{24} miε^{21}　讨好

面讨miε^{53} tʰɔ^{21}　奉承

嗔恼tʂʰɤ̃^{24} nɔ^{21}　恼

嗔叫tʂʰɤ̃^{24} tɕiɔ^{21}（“叫”阴平上）责怪：～我说得多了

急说tɕiəʔ^{4} ʂuəʔ^{4}　强词夺理

安咐ŋε^{24} fu^{44}　安顿ŋε^{24} tuɤ̃^{53}　嘱咐

前安后顿tɕʰiε^{44} ŋε^{24} xəu^{53} tuɤ̃^{53}　千叮咛万嘱咐

断堆儿tuε^{53} tuʌɯ^{213}　断圪堆儿tuε^{53} kəʔ^{2} tuʌɯ^{24}　按堆论价卖

淡沓tε^{53} tʰa^{21}　说空洞、乏味的话

寄住tɕi^{53} tʂu^{21}　堵住：叫雨～了

闲耍xε^{44} ʂua^{213}　闲耍耍xε^{44} ʂua^{21} ʂua^{24}　不下赌注玩儿牌、打麻将等

喝叱xəʔ^{4} tɕʰiəʔ^{4}　喝拦xəʔ^{4} lε^{44}　搡打sɑ̃^{24}ta^{21} 喝斥

降喊ɕiɑ̃^{44} xε^{21}　斥责

□tɕʰyɤ̃^{53} （油、肉汤）凝结

嚼tɕiɔ^{44} 嚼剁⁼tɕiɔ^{44}tuo^{53} 不停地说贬

毛嚼mɔ^{44}tɕiɔ^{44} 没完没了地说

鬼嚼kuei^{21}tɕiɔ^{44} 胡说

灿⁼tsʰɛ^{53} ①解开（绳子、包裹等）；②（眼睛因生病）大而无神：这两天难活得眼睛也～了

董⁼淘tuɤ̃^{21}tʰɔ^{44} ①在水里乱搅；②将水洒得到处都是：～下一脚的水

混帐xuɤ̃^{53}tʂɑ̃^{53} ①开玩笑；②冒险：真是～嘞

赠给tsɤ̃^{24}kei^{21} 白送

赠吃tsɤ̃^{24}tʂʰəʔ^{4} 白吃

挣烂tsɤ̃^{53}lɛ^{53} 撑破

张tʂɑ̃^{213} ①睁（眼）；②理睬：害得不～

徇$_{110}$ ɕyɤ̃^{53} 死跟着，一刻都不离开（某人）

圪徇kəʔ^{4}ɕyɤ̃^{53} 跟着，不离开

□ɕyɤ̃^{53} （狗）闻

燻111 ɕyɤ̃^{53} 烤：～干馍馍

抹muo^{53} 拖（在地上）

扳pɛ^{213} ①折：～断；②摘取：～金稻黍儿，～一朵花儿

拌pɛ^{53} ①（刀、斧）刃受损：刀刃～下一个豁子；②（牙因咬硬东西而）受损：吃豆豆把牙～了

盘当pʰɛ^{44}tɑ̃^{53}（高家堡、南乡） 盘道pʰɛ^{44}tɔ^{53}（神木） 道tɔ^{53}（神木） 当是tɑ̃^{53}sɿ^{53} 以为

合门儿xəʔ^{4}mʌɯ^{53} 绝后，多用作詈词

缏$_{11}$ pʰiɛ^{44} 把边儿缝住，或把两条边对合缝起来：～扣门子，～缝缝

叉tsʰa^{44} 卡住，挤住：人和人挤得快～住了

叉tsʰa^{213} ①心剧烈地跳动：心捩～嘞；②大幅度向上攀援：那么高的城墙，几下□tsɔ^{53}就～上去了

碴tsʰa^{44} （用碎片）划：玻璃把手～烂了

涝lɔ^{53} 淘洗：在水里头～给下儿

祖$_{62}$ tsɛ^{53} 鞋底和鞋帮的连线断开

措$_{78}$ tsʰəʔ^{4} 拿：把凳子～开

敞扬tʂʰɑ̃^{24}iɑ̃^{44} 到处讲别人的坏话

逞本事tʂʰɤ̃^{24}pɤ̃^{21}sɿ^{53} 逞能，出风头

称盘tʂʰɤ̃^{24}pʰɛ^{44} 衡量

乘晃tʂʰɤ̃^{53}xuɑ̃^{53} 纵容

整点tʂɤ̃^{24}tiɛ^{21} ①责备，数落；②整治（人）

整造tʂɤ̃^{21}tsʰɔ^{53} 整治（人）

上阵ʂɑ̃^{53}tʂɤ̃^{53} 上气ʂɑ̃^{53}tɕʰi^{53} 故意与人作对，斗气

造蛋tsʰɔ^{53}tɛ^{53} ①故意与人作对，使人为难；②被各种事情所累：真⁼年又要看孩伢儿，又要做衣裳，爽利～造得

割肉kəʔ^{4} ʐəu^{53}　买肉

撒花saʔ^{2} xua^{24}　①零散地分、送；②零散地花钱蒙

叫tɕiɔ^{53}　请（客）

趏kuaʔ^{4}/kua^{213}　逛kɑ̃^{53}　跑口语色彩浓

谝pʰiɛ^{213}　①闲聊：～闲传；②吹牛

鞴$_{88}$ tʂʰuɛ^{213}　给谷类去皮

詧$_{99}$ tɕiɑ̃^{53}　固执地争辩：跟我～了半天

愆tɕʰiɛ^{44}　赌气

愆怨tɕʰiɛ^{44} yɛ^{53}　赌气，埋怨

抛$_{16}$ pʰɔ^{53}　①滚；②掉

牚tsʰɤ̃^{53}　支、垫

撑眼tsʰɤ̃^{24} iɛ^{213}　（昏暗的光线）使视力下降

摆舞pᴇ^{24} vu^{21}　做事遵循固定的程序，讲究排场：过个生儿么，～甚嘞？

削杵ɕiəu^{44} tʂʰu^{21}　出息tʂʰuəʔ^{4} ɕi^{21}　揍口语色彩浓

□mɔ^{213}　撅（屁股）：～起豚蛋

结沿tɕiəʔ^{4} iɛ^{44}　完成扫尾工作

收拦ʂəu^{24} lɛ^{44}　①收拾；②约束：你则把孩伢儿～住些儿

劳lɔ^{44}　操劳

葬⁼tsɑ̃^{53}　狠踢：～了一脚

啃咬kʰuɤ̃^{24} niɔ^{21}　①啃；②斗：这人厉害嘞，～不下

教照tɕiɔ^{24} tʂɔ^{53}　照应，调教：我每兄弟猴嘞，你则么～着

务营vu^{53} i^{21}　①抚养（孩子）；②抱养（孩子）：～得人家的；③侍弄（庄稼）

限下xɛ^{53} xa^{21}想要，打算：～做甚就非做不行

升（不起来）ʂɤ̃^{213}　想（不起来）

扬黄土iɑ̃^{44} xuɑ̃^{44} tʰu^{21}　喻指挥霍钱财

量黄米liɑ̃^{44} xuɑ̃^{44} mi^{21}　喻指男人与女人发生婚外性关系

粜黄米tʰiɔ^{53} xuɑ̃^{44} mi^{21}　喻指女人与男人发生婚外性关系

掏⁼tʰɔ^{213}　用拳头打：～了一槌

炉ləu^{44}　烙：～干烙儿，～月饼儿

使唤sɿ^{21} xuɛ^{53}　①使用（工具）；②驱使（人）；③（男人）与妻子以外的女人性交

回xuei^{44}　使土质疏松：虫子把地～得

害⁼xᴇ^{53}　加水和开：把面粉子～开，把油漆～起

把捉pa^{21} tʂuaʔ^{4}　（因一种伤病）引起（另一种病症）：指头子疼得～起棚子了淋巴发炎

捩筋liəʔ^{2} tɕiɤ̃^{24}　抬杠

攒tsʰuɛ^{213}　（人）挤到一起

垐tsʰɿ^{53}　①糊（缝隙）：～缝子；②沾上污物：～上脏囊了；③脏：眉眼～得

爬pʰa^{44}詈词　滚：～开，～远

相端ɕiã^{53} tuɛ^{21} ①仔细观察；②思量

瞅都⁼tsʰəu^{21} tu^{24} 瞅摸tsʰəu^{21} məʔ^{4} 注意寻找：好不容易～见一个合适的

打眼眼ta^{21} iɛ^{21} iɛ^{24} 安眼眼ŋɛ^{44} iɛ^{21} iɛ^{24}（“安”声调特殊） 打……的主意

曲□头tɕʰyəʔ^{4} mʌɯ^{24} tʰəu^{44} 使某人吃大亏，制服：这回非曲了他的□头不可

绥suei^{213} 在簸箕里摇晃（粉粒状物）：把拌汤～给下儿

铡剁tsa^{44} tuo^{53} 严厉地训斥：可叫我～了一顿

赶kɛ^{213}（高家堡，南乡） 赶上、超过：我能～□niɛ^{213}你们三个

说没的ʂuəʔ^{4} məʔ^{4} təʔ^{21} 没有根据地胡说

赛如sᴇ^{53} zʮ^{44} 比得上，胜过：多锻炼～吃参

淋拉liɤ̃^{44} la^{21} 洒，淋

对了tuei^{53} lɛ^{21} （饭）熟了

不对pəʔ^{4} tuei^{53} （饭）没熟

莳舞⁼sɿ^{44} vu^{21} ①搬动：这么多家具往哪～也？②处理：总算把这捻儿剩饭～完了

招呼tʂɔ^{24} xu^{44}（“呼”声调特殊） 照应

冒⁼儿塔⁼mʌɯ^{53} tʰaʔ^{21} 忘记蒙

念藏经niɛ^{53} tsã^{53} tɕiɤ̃^{21} 念书贬

吃布施tʂʰəʔ^{4} pu^{53} sɿ^{21} 吃十方tʂʰəʔ^{4} ʂəʔ^{2} fã^{24} 只会吃（不做）

修五道庙ɕiəu^{24} vu^{21} tɔ^{53} miɔ^{53} 比喻吃

吸后气ɕiəʔ^{4} xəu^{53} tɕʰi^{53} 后怕

跌了鼻子呛了牙tiəʔ^{4} ləʔ^{21} piəʔ^{4} tsəʔ^{21} tɕʰiã^{24} ləʔ^{21} ia^{44} 比喻迫不及待地去做某事，抢着做某事

填软⁼tʰiɛ^{44} zʮɛ^{21} 使吃得太多：硬把孩伢儿～得难活起

裹罩kuo^{21} tsɔ^{53} 揞罩ŋɛ^{21} tsɔ^{53} 穿（得太多）

穿罩tʂʰuɛ^{24} tsɔ^{53} 穿（得讲究）：看人家老婆儿婆儿，～得立立骨骨地

解得不张xᴇ^{53} təʔ^{21} pəʔ^{2} tʂã^{24}（高家堡，南乡） 黑得不理xəʔ^{4} təʔ^{21} pəʔ^{4} li^{213}（神木） 不理睬

失迷ʂəʔ^{4} mi^{44}（高家堡） ①丢失；②落下：真⁼儿请人把张洪亮～下了

作务tsuəʔ^{4} vu^{53} 酝酿：看这个天是～一场大雨着嘞

搭套taʔ^{4} tʰɔ^{53} ①配合；②谋划：□niɛ^{24}每你们早～好了

□tʰi^{213} 滑：～了一跤

天红tʰiɛ^{24} xuɤ̃^{44} 天晴热

毛头mɔ^{44} tʰəu^{44} （出外）不戴帽子

支tsɿ^{213} 忍：疼得～不住

呛不住tɕʰiã^{24} pəʔ^{4} tʂu^{53} 呛火不住tɕʰiã^{24} xuo^{21} pəʔ^{4} tʂu^{53} 承受不住，

顶不住

缘iɛ^{44} （虫子）爬

缘爬iɛ^{44} pʰa^{21} ①比喻步履蹒跚地走；②引申指老年人、病人艰难地活着：又～了一年

调$^{=}$ tʰiɔ^{44} 踩（平、脏）：脚地上～下一圪都脏囊

踏tsa^{213} 踩，站

踏踩tsa^{24} tsʰᴇ^{21} 调$^{=}$踩tʰiɔ^{44} tsʰᴇ^{21} 踩踏

调牛tʰiɔ^{44} 驯牛

要危ʂua^{21} vei^{24} （游戏中）要赖

嗔疑tʂʰɤ̃^{24} i^{44} 不满，恼：那些叫她去嘞，她说是顾不上，那些敢是有捻儿～

贷输赢tᴇ^{53} ʂu^{24} iɤ̃^{44} 打赌

海捣xᴇ^{24} tɔ^{21} 千方百计地做成某事

贸写mɔ^{53} ɕiɛ^{213} 默写

贸说mɔ^{53} ʂuəʔ^{4} 无根据地说

哼扭xɤ̃^{24} niəu^{21} 哼（歌）

辖ɕia^{44} 管，制服：㞞得连个孩伢儿也～不住

更干kɤ̃^{24} kɛ^{21} 打搅：～得连一阵儿觉也睡不成

懵住了mɤ̃^{21} tʂu^{53} lɛ^{21} 一下子反应不过来

操攒$^{=}$ tsʰɔ^{24} tsɛ^{21} 给人增加负担，使劳累

操爁tsʰɔ^{24} lɛ^{21} 劳累

造整tsʰɔ^{53} tʂɤ̃^{21} 闹整nɔ^{53} tʂɤ̃^{21} ①做；②买

研niɛ^{44} 硌：褥子太薄，把脊背～得

着紧tʂəʔ^{4} tɕiɤ̃^{21} 感到要紧：谁的事情谁～

顶堵tiɤ̃^{21} tu^{24} ①顶替；②顶撞

抑$^{=}$ i^{53} 到，赶：～你来了早迟了

□tʂʰu^{53} 挑唆，煽动：硬～得叫两个打了一架

戳搅tʂʰuaʔ^{4} tɕiɔ^{21} 干扰别人干活儿：你这是～甚嘞？

出tʂʰuəʔ^{4} 超出一般的量：可～货嘞，做～，做不～

出门tʂʰuəʔ^{4} mɤ̃^{44} ①走亲戚；②外出

出水tʂʰuəʔ^{4} ʂuei^{213} 流水，出汗

揣tsʰuɛ^{213} 催促：～得人气也上不来

喘$^{=}$ tʂʰuɛ^{213} 边干边学：我硬～得识了字

打醋炭ta^{21} tsʰu^{53} tʰɛ^{21} 在家中烧醋，可以杀灭病毒，预防感冒

等当tɤ̃^{21} tɑ̃^{24} ①比划；②（打架时）招架（几下）

打骨隆儿ta^{21} kuəʔ^{4} luʌɯ^{213} 打滚儿

打能能ta^{21} nɤ̃^{44} nɤ̃^{21} 小孩儿学习站立

捣鬼tɔ^{24} kuei^{21} 撒谎

倒腾tɔ^{21} tʰɤ̃^{44} ①把家具腾空；②（把东西）搬来搬去：你这是瞎～甚嘞？

颠tiε^{213} 狂奔

刁空儿tiɔ^{24} kʰuʌɯ^{53} 抽空

咥tiε^{213} 猛吃

顶戴tiɤ̃^{21} tᴇ^{53} 侍候：～不下

蹬tuɤ̃^{213} ①颠簸；②跺（脚）

董⁼乱子tuɤ̃^{21} luε^{53} tsəʔ^{21} 闯祸

乏faʔ^{4} 牲畜因缺少饲草而掉膘、没精神

妨fɑ̃^{213} 克，妨害

翻瞌睡fε^{24} kʰəʔ^{4} ʂuei^{53} 小孩儿睡前哭闹

贡⁼kuɤ̃^{53} 弄得浑身是土：把衣裳～出了

箍ku^{213} 砌窑洞或桥洞

券tɕʰyε^{53} 砌（窑洞）

罟ku^{213} 罟迫ku^{24} pʰiəʔ^{21} ①强迫人做某事；②被困住：叫钱～住了

害气xᴇ^{53} tɕʰi^{53} 生气：～得理还怕俭理嘞

化瓤xua^{53} ʐɑ̃^{44} 西瓜成熟过度、放置太久，致使瓜瓤化成水

活不下xuəʔ^{4} pəʔ^{21} xa^{53} 自以为了不起，不安分守己：能得～

扛kʰɑ̃^{213} 用肩胛顶、撞：～住

炕kʰɑ̃^{53} （在锅里、热炕上）烘干

挎kʰua^{53} （男人）与人有染：舅舅～外甥

捩liəʔ^{4} ①扭伤；②扭转：胳膊～不过大腿；③生气，着恼：～转走了

另liɤ̃^{53} 分家

闷mɤ̃^{53} 浸泡

马⁼昧ma^{21} mi^{53} ①悄悄地据为己有；②用甜言蜜语哄骗

摸虑muo^{21} luei^{53} ①提前思考、准备；②调查、了解

抛pʰɔ^{44} 称东西时减去容器的分量：～转十斤皮

品对pʰiɤ̃^{21} tuei^{53} 小心对付：这种病～些儿就没事

□tʰɤ̃^{53} 怂恿：～憨狗咬石狮子嘞

裰擩tuəʔ^{4} ʐu^{53} □架tʰɤ̃^{53} tɕia^{21} □踏tʰɤ̃^{53} tʰaʔ^{21} 怂恿，唆使

唼sa^{53} （虫子、蛆）吃

丧摊子sɑ̃^{53} tʰε^{24} tsəʔ^{21} 破坏信誉、买卖

骚亲sɔ^{24} tɕʰiɤ̃^{213} ①献殷勤，巴结；②爱巴结人的：～货

□sɔ^{44} 瞟（一眼）

驳弹paʔ^{4} tʰε^{44} ①（动）挑剔：爱～人；②（名）缺点，瑕疵，多用于否定结构：没～

捎sɔ^{53} （使牲畜）后退

蚀ʂəʔ^{4} ①腐蚀；②刺激眼睛或皮肤：胰子水把眼睛～得

实受ʂəʔ^{4} ʂəu^{53} 老实，肯干

仇心tʂʰəu^{44} ɕiɤ̃^{21} 拖累，带累

耍玩ʂua^{24} vε^{21}（"玩"声调特殊）摆弄

试火⁼ sɿ^{53} xuo^{21}　试

踏蛋 tʰaʔ^{4} tɛ^{53}　鸡交尾

拖 tʰuo^{213}　拉（手）

跳弹 tʰiɔ^{53} tʰɛ^{21}　跳打 tʰiɔ^{53} ta^{21}　①蹦跳；②不稳重

吵烦 tsʰɔ^{24} fɛ^{21}　使烦乱：来了满满儿一家人，再下儿把人～死

填还 tʰiɛ^{44} xuɛ^{53}　偷偷地给：把一捻儿东西净～了娘家了

克打 kʰəʔ^{4} ta^{21}　虐待

推 tʰuei^{213}　（洪水）卷走：水～了

为儿 vei^{44} ʌɯ^{44}　做他人的干儿子

焐 vu^{53}　把凉的东西用棉被、棉衣裹起来，使变热

详情 ɕiɑ̃^{44} tɕʰiɤ̃^{44}　判断、分析

行 ɕiɤ̃^{44}　（山体、房基）移动

央济 iɑ̃^{24} tɕi^{53}　①请求；②委托

斗⁼剥 təu^{53} paʔ^{21}　将包好的东西解开，摊开：好好儿的个包袱，叫你～成一毛包了

展剥 tʂɛ^{21} paʔ^{4}　展开，展示

拆改 tsʰəʔ^{4} kɛ^{21}　①改做旧衣服；②拐弯抹角地修正自己或他人说过的不合适的话，为自己或他人做过的不合适的事情寻找理由：你则不应给那个～了，我每又没恼他

迸$_{1}$ piɛ^{53}　裂开：～裂子开裂

擘$_{2}$ piəʔ^{4}　用力使分开

揙$_{3}$ piɛ^{213}　①用巴掌打：～了一打；②摔：～了一跤

煏$_{4}$ piəʔ^{4}　烘烤：烧炉子～家

馎$_{5}$ pəʔ^{4}　烙（饼）

滗$_{9}$ pi^{213}　挡住渣滓或泡着的东西，把液体倒出去：～住药渣子；把水～出去

缏$_{10}$ piɛ^{213}　卷起（裤腿、袖子）

鬻$_{13}$ pʰəʔ^{4}　水沸腾后溢出

⿰火孛$_{14}$ pʰəʔ^{4}　①烟从灶火里涌出来；②灶火点燃后往里倒水，用产生的蒸汽吹走炕洞、烟囱里的烟煤：～灶火

潎$_{15}$ pʰiəʔ^{4}　在液体表面舀：～油，～葱儿

按⿱罒沓 ŋɛ^{53} tʰaʔ^{21}　使人的情绪稳定下来，使事情缓和下来

弥$_{17}$ mi^{44}　接缝（一块布）：大襟短了，～上一圪截儿

幂$_{18}$ mi^{53}　古又作"冖、冪"。遮盖，沾满：～了一层土；～了一层蝇子屎

鞔$_{19}$ mɛ^{44}　①给鞋帮裹上布：～鞋帮子；有的方言"～鞋"特指给孝鞋蒙上白布。神木不专指此。②蒙鼓皮

摱$_{20}$ mɛ^{44}　①用力扔：～得远远儿地；②把事情放在一边不做：～转

捥$_{23}$ vɛ^{213} 用手拔取：～麦子；～草

硙$_{25}$ vei^{44} 磨（动词）：～磨；～豆面

挼$_{26}$ vuo^{213} ①用力使弯曲：～铁丝，～成锅圈子；②折：～断

搲$_{27}$ va^{213} 抓：在脸上～了一把；～了一把泥

蹲$_{29}$ tuɣ̃^{213} 呆在家里

褡$_{30}$ taʔ^{4} ①把被子、毯子等横盖在身上：～被子；②在被子上加盖毯子、衣服等：～棉袄儿

掇挺$_{32}$ tuəʔ^{4} suɣ̃^{53} 怂恿：那狗的专门～你嘞

煺$_{33}$ t^{h}uei^{53} ①用热水除去猪、禽类的毛；②用热水除去猪羊等的肚渣

舔$_{34}$ t^{h}ɛ^{53} ①伸出（舌头）：把舌头～出来；②吐出（嘴里的食物）：孩伢儿尽管往出～饭嘞

洮$_{35}$ t^{h}ɔ^{44} 洗米

粜$_{36}$ t^{h}iɔ^{53} 卖粮食。卖粮说“粜”，但买粮不说“籴”

溻$_{38}$ t^{h}aʔ^{4} ①浸（湿）：出了一身水，把褂褂～得稀湿；②使受寒：关节炎是～下的毛病

炪$_{40}$ t^{h}uəʔ^{4} （分量）少，短：一只羊～了三斤

熥$_{41}$ t^{h}ɣ̃^{213} ①馏；②（被热气）烫：手叫气～了

衲$_{43}$ naʔ^{4} 用密度很高的麻绳缝鞋帮、鞋底等

砑$_{44}$ nia^{53} 碾：～糕面

痨$_{47}$ nɔ^{53} （使）药物中毒：～死了；～老鼠药

劙$_{49}$ li^{44} 用刀划开：慢慢儿拿刀子～

敹$_{54}$ liɔ^{44} 粗略地缝：袄儿襟襟扯烂了，～上几针

瞭$_{55}$ liɔ^{53} ①远望：～见；～哨；②到门外送：～到坡坡底下

扫瞭 sɔ^{21} liɔ^{53} 探望

瞭哨 liɔ^{53} sɔ^{21} ①望；②望风；③探望

睖$_{56}$ ts^{h}ɣ̃^{44} 瞪。《广韵》丑升切

睖$_{56}$ lɣ̃^{44} 瞪。《集韵》闾承切

圝$_{59}$ luɛ^{44} ①团（动词）：～成圪蛋；②团（量词），俗云：瞎汉拾的一～绳；③不停地嚼：嘴里头～的一口肉，咽不下去；④喋喋不休：～上没完；～～匠

捋$_{60}$ lyəʔ^{4} 顺着枝条采树叶、花：～榆钱儿

咂$_{64}$ tsaʔ^{4} 吸，嘬：～奶

挓挲$_{65}$ tsa^{53} sa^{21} 仰面躺倒，四肢张开：～下

偺庛$_{66}$ tsaʔ^{4} tsɿ^{53} 形容性格乖张，喜触怒、违拗他人

掫$_{67}$ tsəu^{213} 端着：把灯～住；～饭

跐$_{69}$ ts^{h}ɿ^{213} 用力踩、踏：～下来一圪瘩石头

钞$_{76}$ tsʰɔ^{213} 用筷子、铲子、羹匙取食：～扁食；～菜

剉$_{77}$ tsʰuo^{53} 剁碎：～馅子

撮$_{79}$ tsʰuəʔ^{4} 用手或簸箕等取粉、粒、块状物

搋$_{80}$ tsʰᴇ^{213} ①用拳头和面：～糕；②打：～了狗的一顿

潲$_{81}$ sɔ^{53} ①雨斜着下：雨朝东～嘞；②洒水：给地上～点儿水；③量词（道儿水印）：裤儿上洇下一～；④跌～：小瀑布

抍$_{85}$ tʂəu^{213} ①举：把洋蜡～高些儿；②执意要做：～住不行。

斀$_{87}$ tʂuəʔ^{4} 用拳头打：～了一圪都

绌$_{89}$ tʂʰuəʔ^{4} 草草地缝：～几针

宬$_{90}$ ʂɤ̃^{44} ①住：在神木～着嘞；②闲呆着：～下没事；③装，容纳：～下～不下

射$_{91}$ ʂəʔ^{4} 猛然跳起：～起；一～站起（猛地站起）

挼$_{92}$ ʐua^{44} ①揉搓：～成一颗圪蛋蛋；②折磨：这病可～人嘞；③纠缠：～住叫给他讲故事嘞

誗$_{93}$ ʐɛ^{44} 反复地说，纠缠：～～匠；～上没完

擩$_{94}$ ʐu^{44}/ʐu^{53} 伸入，塞进：拿棍子～进去掏；手～在袖圪筒儿里头

紟$_{96}$ tɕiɤ̃^{213} 亦作“衿”。系（腰带、鞋带儿等）

撧$_{97}$ tɕyəʔ^{4}/tɕyɛ^{213} ①扯断；②扯。又作“劈”

掬$_{98}$ tɕyəʔ^{4} ①捧：～起；②量词：一～

笡$_{102}$ tɕʰiɛ^{53} ①使平面斜：把盆子～转；②斜的：～坡坡

帩$_{104}$ tɕʰiɔ^{53} 捆东西时，插入短棒旋转绞紧

歙$_{107}$ ɕiəʔ^{4} 打：～你两槌；～死你

掏$_{108}$ɕyɛ^{53} 又作“揗”。①打：～了两圪都；②踢：～了两脚

揎$_{109}$ ɕyɛ^{53} 挑拣：～下（挑剩）

灺$_{112}$ ɕiɛ^{53} 熄灭：灯～了，火～了。原指灯烛之余烬

解$_{113}$ kᴇ^{213} ①把圆木锯成板材：～木植；②把束缚着或系着的东西打开：～圪瘩

佮$_{114}$ kəʔ^{4} 合得来：两个～不到一搭；～群儿

聒$_{115}$ kuaʔ^{4} 噪声刺激听觉：铁匙刮锅的声音可～耳朵嘞

唵$_{119}$ ŋɛ^{213} 手捧着吃粉、粒状食品：～炒面；～了一口砂糖

揞$_{120}$ ŋɛ^{213} 又作“罯”。①遮住；②蒙住眼睛：～眼骡子

罯罯$_{121}$ ŋɛ^{21} tʰaʔ^{4} 罯拍 ŋɛ^{21} pʰiəʔ^{4} 把东西归拢整齐，藏好

熰$_{123}$ ŋəʔ^{4} 用煤面儿埋火：～灶火

熓$_{124}$ ŋɔ^{53} 水在锅里煮：添上点儿水叫～着；～干了；～锅水（蒸饭后的残水）

吃嗑$_{145}$ tɕiəʔ^{4} kʰəʔ^{21} 口吃：～子；吃嗑嗑

踅磨$_{147}$ ɕyəʔ^{4} muo^{53} ①在某地转来转去；②寻寻觅觅

谖谎$_{151}$ ɕyɛ^{24} xuã^{213} 撒谎：～把式

趴 pa^{213} 圪趴 kəʔ^{2} pa^{24} ①爬起来：～起就跑；②爬：～在墙头上

圪吵 kəʔ^{4} tsʰɔ^{21} ①小声说话，议论；②商量

圪皮 kəʔ^{4} pʰi^{44} 姑且呆着：我咱先～给阵儿

圪乘 kəʔ^{4} tʂʰɤ^{53} 轻轻抬，借一把力

圪搐 kəʔ^{4} tʂʰuəʔ^{21} ①抽搐；②起皱

圪揣 kəʔ^{4} tʂʰuᴇ^{21} 揣，摸

圪凑 kəʔ^{4} tsʰəu^{53} 凑到一起

圪点 kəʔ^{4} tiɛ^{21} （脚）一点一点地走

圪晃 kəʔ^{4} xuã^{53} 小幅度晃动

圪夹 kəʔ^{4} tɕiaʔ^{21} 夹（在腋下）

圪挤 kəʔ^{4} tɕi^{21} ①挤在一起；②闭（眼睛）

圪搅 kəʔ^{4} tɕiɔ^{21} ①（小幅度）搅动；②干扰，挑拨

圪卷 kəʔ^{4} tɕyɛ^{21} 卷

圪遛 kəʔ^{4} liəu^{53} ①遛达；②遛掉：～上走了

圪矇 kəʔ^{4} mɤ̃^{44} 眯缝（眼睛）

圪囔 kəʔ^{4} nã^{53} 圪喃 kəʔ^{4} nɛ^{53} 嘟囔

圪苶 kəʔ^{4} niɛ^{44} 感到内疚

圪且 kəʔ^{4} tɕʰiɛ^{21} 凑合

圪影$^{=}$ kəʔ^{4} iɤ̃^{21} （对某物）感到恶心

圪沓$_{137}$ kəʔ^{4} tʰaʔ^{21} 反反复复地说：～上没完

圪翘 kəʔ^{4} ɕiɔ^{44} 轻轻抬（腿）

圪绕 kəʔ^{4} zɔ^{53} 圪踅 kəʔ^{4} ɕyəʔ^{21} 在小范围内转悠

圪抽 kəʔ^{2} tʂʰəu^{24} 要小脾气

圪伺 kəʔ^{4} tsʰɿ^{53} 等待（一会儿）

圪奓 kəʔ^{4} tsa^{53} （毛发）张开、竖起

圪拃 kəʔ^{4} tsa^{21} （步幅很小地）走

圪皱 kəʔ^{4} tsəu^{53} 皱（眉头）

圪钻 kəʔ^{2} tsuɛ^{24} 钻

圪低 kəʔ^{2} ti^{24} 低（头）

圪超 kəʔ^{2} tʂʰɔ^{24} 昂起（头）

圪摇 kəʔ^{4} iɔ^{44} 小幅度摇动

圪摆 kəʔ^{4} pᴇ^{21} 小幅度摆动

圪拧 kəʔ^{4} niɤ̃^{44} 肚子抽疼

圪蹿 kəʔ^{4} tsʰuɛ^{53} 来回蹿

圪缩 kəʔ^{4} ʂuã^{21} （身子、手）缩回

圪歪 kəʔ^{4} vᴇ^{21} （身子）倾斜

圪挪 kəʔ^{4} nuo^{44} 小幅度挪动

圪攒 kəʔ^{4} tsʰuɛ^{21} （同一类人）凑到一起

圪蹲 kəʔ^{4} tuɤ̃^{24} ①蹲；②呆在家里

圪笡kəʔ^{4} tɕʰiɛ^{53} 稍稍倾斜

圪都kəʔ^{2} tu^{24} 蜷缩

卜衍$_{157}$pəʔ^{4} iɛ^{21} 器皿里的水溢出

卜结pəʔ^{4} tɕiəʔ^{21} 阻挠

卜诱pəʔ^{4} iəu^{53} 引诱

卜搅pəʔ^{4} tɕiɔ^{21} ①（小幅度）搅动；②干扰，挑拨

卜咂pəʔ^{4} tsaʔ^{21} 轻轻咂嘴

卜拃pəʔ^{4} tsa^{21} （步幅很小地）走

卜董$^{=}$ pəʔ^{4} tuɤ̃^{21} 小幅度地搅（水）

忽撒xuəʔ^{4} sa^{21} （不经意地）撒，（少量地）撒

忽扇xuəʔ^{2} ʂɛ^{24} （轻轻）扇

忽闪xuəʔ^{4} ʂɛ^{21}

忽蹋xuəʔ^{4} tʰaʔ^{21} 糟蹋（财产）

忽眨xuəʔ^{2} tsɛ^{24} 眨

忽搅xuəʔ^{4} tɕiɔ^{21} （小幅度）搅动

忽点xuəʔ^{4} tiɛ^{21} 点（头）

忽摇xuəʔ^{4} iɔ^{44} （小幅度）摇动

忽摆xuəʔ^{4} pᴇ^{21} （小幅度）摆动

忽兴xuəʔ^{4} ɕiɤ̃^{53} 脖子向上一伸一伸

忽绕xuəʔ^{4} ʐɔ^{53} 干扰

日鬼ʐəʔ^{4}kuei^{21} ①胡乱做：胡～；②骗

日蹋ʐəʔ^{4} tʰaʔ^{21} 糟蹋（东西）

日眼ʐəʔ^{4} iɛ^{21} 使人讨厌

日捣ʐəʔ^{4} tɔ^{21} 捉弄

日弄ʐəʔ^{4} luɤ̃^{53} 日害ʐəʔ^{4} xᴇ^{53} 糟蹋

二十四 位置

浮起fu^{44} tɕʰi^{21} 浮梁fu^{44} liɑ̃^{44} 浮头fu^{44} tʰəu^{21}（高家堡，南乡） 上面ʂɑ̃^{53} miɛ^{21}

豚底tuəʔ^{4} ti^{21} 根底kɤ̃^{24} ti^{21}（神木） 底下ti^{21} a^{24}（“下”声调特殊，声母脱落） 下面xa^{53} miɛ^{21}

左面tsuo^{21} miɛ^{53}

右面iəu^{53} miɛ^{21}

当中tɑ̃^{24} tʂuɤ̃^{21}

里面li^{21} miɛ^{24}（“面”声调特殊） 里头li^{21} tʰəu^{44} 行头xɑ̃^{21} tʰəu^{24}（高家堡，南乡）

外起vᴇ^{53} tɕʰi^{21} 外面vᴇ^{53} miɛ^{21} 外头vᴇ^{53} tʰəu^{21}

前面tɕʰiɛ^{44} miɛ^{53} 前头tɕʰiɛ^{44} tʰəu^{21}

后面xəu^{53} miɛ^{21} 后头xəu^{53} tʰəu^{21}

后背xəu^{53} pʰei^{21} 背后（“背”声母特殊）

侧旁tsʰəʔ^{4} pʰɑ̃^{44} 旁边

近处tɕiɤ̃^{53} tʂʰu^{21} 左近tsuo^{21} tɕiɤ̃^{53}

跟前kɤ̃^{24} tɕʰiɛ^{44}

什麼地方儿ʂəʔ^{4} ma^{44} ti^{53} fʌɯ^{21} 哪里

嘞 na^{24} ləʔ^{4} ləʔ^{21} 所指地方大

甚地方儿 ʂɤ̃^{53} ti^{53} fʌɯ^{21} 指具体的地点

地下 ti^{53} xa^{21}

跌在地下了 tiəʔ^{4} tsᴇ^{53} ti^{53} xa^{21} lɛ^{21}

天上 tʰiɛ^{24} ʂɑ̃^{53}　山上｜路上｜街上｜墙上｜门上｜桌子上｜椅子上

手里 ʂəu^{21} ləʔ^{4}　腰里｜怀里｜心里｜家里｜河里｜沟里｜梁里沟里一句，梁里一句｜乡里｜城里

嘴里头 tsuei^{24} li^{21} tʰəu^{24}

野外 iɛ^{21} vᴇ^{53}

大门外起 ta^{53} mɤ̃^{21} vᴇ^{53} tɕʰi^{21}

门外头 mɤ̃^{44} vᴇ^{53} tʰəu^{21}

墙外头 tɕʰiɑ̃^{44} vᴇ^{53} tʰəu^{21}

东面 tuɤ̃^{24} miɛ^{21}（"面"轻声特殊）东面过 tuɤ̃^{24} miɛ^{53} kuo^{21}　东邦 tuɤ̃^{24} pɑ̃^{213}（北乡）

西面 ɕi^{24} miɛ^{21}（"面"轻声特殊）西面过 ɕi^{24} miɛ^{53} kuo^{21}　西邦 ɕi^{24} pɑ̃^{213}（北乡）

南面 nɛ^{44} miɛ^{21}（"面"轻声特殊）南面过 nɛ^{44} miɛ^{53} kuo^{21}　前邦 tɕʰiɛ^{44} pɑ̃^{213}（北乡）

北面 piəʔ^{4} miɛ^{21}（"面"轻声特殊）北面过 piəʔ^{4} miɛ^{53} kuo^{21}　后邦 xəu^{53} pɑ̃^{213}（北乡）

畔 pɛ^{53}　边：南～，北～。唐五代作"伴"

舀⁼里走 iɔ^{24} li^{24} tsəu^{213}　往里走

舀⁼外走 iɔ^{21} vᴇ^{53} tsəu^{213}　舀⁼东走｜舀⁼西走｜舀⁼回走｜舀⁼出走

路东 ləu^{53} tuɤ̃^{213}

路西 ləu^{53} ɕi^{213}

路南 ləu^{53} nɛ^{44}

路北 ləu^{53} piəʔ^{4}

路边边 ləu^{53} piɛ^{24} piɛ^{21}　路畔畔 ləu^{53} pɛ^{53} pɛ^{21}

山前面 sɛ^{24} tɕʰiɛ^{44} miɛ^{21}（"面"轻声特殊）

山背后 sɛ^{24} pᴇ^{21} xəu^{44}（"背"韵母、"后"声调特殊）山后面 sɛ^{24} xəu^{53} miɛ^{21}

山东边 sɛ^{24} tuɤ̃^{24} piɛ^{21}

山西边 sɛ^{24} ɕi^{24} piɛ^{21}

山南边 sɛ^{24} nɛ^{44} piɛ^{21}

山北边 sɛ^{24} piəʔ^{4} piɛ^{21}

城东 tʂʰɤ̃^{44} tuɤ̃^{213}

城西 tʂʰɤ̃^{44} ɕi^{213}

城南 tʂʰɤ̃^{44} nɛ^{44}

城北 tʂʰɤ̃^{44} piəʔ^{4}

城东南拐子 tʂʰɤ̃^{44} tuɤ̃^{24} nɛ^{44} kuᴇ^{21} tsəʔ^{4}

城东北拐子 tʂʰɤ̃^{44} tuɤ̃^{24} piəʔ^{4} kuᴇ^{21} tsəʔ^{4}

城西南拐子 tʂʰɤ̃^{44} ɕi^{24} nɛ^{44} kuᴇ^{21} tsəʔ^{4}

城西北拐子 tʂʰɤ̃^{44} ɕi^{24} piəʔ^{4} kuᴇ^{21} tsəʔ^{4}

车里头 tʂʰʅə^{24} li^{21} tʰəu^{44}

车外头 tʂʰʅə^{24} vᴇ^{53} tʰəu^{21}

车前头 tʂʰʅə^{24} tɕʰiɛ^{44} tʰəu^{21}

车后头 tʂʰʅə^{24} xəu^{53} tʰəu^{21}

边边上 piɛ^{24} piɛ^{21} ʂɑ̃^{53}

拐拐上 kuᴇ^{21} kuᴇ^{24} ʂɑ̃^{53}

棱棱上 lɤ̃^{44} lɤ̃^{21} ʂɑ̃^{53}

尖尖上 tɕiɛ^{24} tɕiɛ^{21} ʂɑ̃^{53}

房后 fɑ̃^{44} xəu^{53}

脊背后面 <u>tsəʔ</u>^{4} pei^{53} xəu^{53} miɛ^{21}

屁股后面 pʰi^{53} ku^{21} xəu^{53} miɛ^{21}

床底下 tʂʰuɑ̃^{44} ti^{21} xa^{24}（“下”声调特殊）

楼底下 ləu^{44} ti^{21} xa^{24}（“下”声调特殊）

脚底下 tɕiəʔ^{4} ti^{21} xa^{24}（“下”声调特殊）

碗底 vɛ^{24} ti^{21}

锅底 kuo^{24} ti^{21}

鞋底 xᴇ^{44} ti^{21}

袜底 vaʔ^{4} ti^{21}

原先 yɛ^{44} ɕiɛ^{213}　底根儿 ti^{21} kʌɯ^{24}　移前 i^{44} tɕʰiɛ^{44}

往每常 vɑ̃^{24} mei^{21} tʂʰɑ̃^{44}

后来 xəu^{53} lᴇ^{44}

以后 i^{21} xəu^{53}　从今以后 tsʰuɤ̃^{44} tɕiɤ̃^{24} i^{21} xəu^{53}

从此以后 tsʰuɤ̃^{44} tsʰɿ^{24} i^{21} xəu^{53}

……以东 i^{21} tuɤ̃^{24}

……以西 i^{21} ɕi^{24}

……以南 i^{21} nɛ^{44}

……以北 i^{21} piəʔ^{4}

……以里 i^{24} li^{213}

……以外 i^{21} vᴇ^{53}

二十五　性质形容词

好 xɔ^{213}

不错 pəʔ^{4} tsʰuo^{53}　不赖 pəʔ^{4} lᴇ^{53}

不离乎 pəʔ^{4} li^{44} xu^{21}　差不多 tsʰa^{24} pəʔ^{2} tuo^{24}

将就 tɕiɑ̃^{24} tɕiəu^{53}

凑凑付付 tsʰəu^{53} tsʰəu^{21} fu^{24} fu^{21}（“付”声调特殊）

坏 xuᴇ^{53}　赖 lᴇ^{53}

次 tsʰɿ^{53}　差 tsʰa^{213}

淡事 tɛ^{53} sɿ^{53}　淡尿事 tɛ^{53} tɕʰiəu^{44} sɿ^{53}　不怎么样

俊 tɕyɤ̃^{53}　好看 xɔ^{21} kʰɛ^{53}　漂亮 pʰiɔ^{53} liɑ̃^{53}

丑 tʂʰəu^{213}　难看 nɛ^{44} kʰɛ^{53}

要紧 iɔ^{53} tɕiɤ̃^{21}

结实 tɕiəʔ^{4} səʔ^{21}　牢 lɔ^{44}

干净 kɛ^{24} tɕiɤ̃^{53}　净 tɕiɤ̃^{53}

脏 tsɑ̃^{213}　恶脏 ŋəʔ^{2} tsɑ̃^{24}　日脏 ʐəʔ^{2}

tsã^{24} 邋遢 laʔ^{4} t^{h}aʔ^{21}

咸 xɛ^{44}

甜 t^{h}iɛ^{44} ①（味儿）甜；②（味儿）淡

袭$^{=}$ ɕiəʔ^{4} 袭$^{=}$甜 ɕiəʔ^{4} t^{h}iɛ^{44} 太甜

稀 ɕi^{213} ①饭不稠；②庄稼、头发等不密

稠 tʂ^{h}əu^{44} ①饭～；②庄稼～

肥 fei^{44} 神木只指动物，南乡兼指动物和人

胖 p^{h}ɑ̃^{53} 指人

瘦 səu^{53} ①不胖；②不肥

烧 ʂɔ^{213} 热，烫

黑 xəʔ^{4}

蓝 lɛ^{44}

白 piɛ^{44}

红 xuɤ̃^{44}

黄 xuɑ̃^{44}

绿 luəʔ^{4}

舒徐 ʂu^{24} ɕy^{44} 舒脱 ʂu^{24} t^{h}uəʔ^{21} 舒服

消闲 ɕiɔ^{24} xɛ^{44}

难戚 nɛ^{44} ʂɤ̃^{44} 难受 nɛ^{44} ʂəu^{53}

麻烦 ma^{44} fɛ^{21} 罗嗦 luo^{44} suo^{21}

悖烦 p^{h}əʔ^{4} fɛ^{44} （使）心情烦乱

诧生 ts^{h}a^{53} sɤ̃^{213} 认生

贪耍 t^{h}ɛ^{24} ʂua^{213} 贪玩儿

害羞 xᴇ^{53} ɕiəu^{213} 害臊 xᴇ^{53} sɔ^{53}

乖 kuᴇ^{213} 听话 t^{h}iɤ̃^{24} xua^{53}

调皮 t^{h}iɔ^{53} p^{h}i^{21}

能行 nɤ̃^{44} ɕiɤ̃^{44} 有本事，能干

不行 pəʔ^{4} ɕiɤ̃^{44} 不中用 pəʔ^{2} tʂuɤ̃^{24} yɤ̃^{53}

缺德 tɕ^{h}yəʔ^{4} təʔ^{4}

不要眉眼 pəʔ^{4} iɔ^{53} mi^{44} iɛ^{21}

积伶 tɕiəʔ^{2} liɤ̃^{24} ①（动作）敏捷；②（脑子）精明

灵巧 liɤ̃^{44} tɕ^{h}iɔ^{213}

糊涂 xu^{44} t^{h}u^{21} 忽□ xuəʔ^{4} lu^{53} 愣怔 lɤ̃^{53} tsɤ̃^{53}

刚硬 kɑ̃^{24} niɤ̃^{53} 性格刚强：这婆姨可～嘞

心懵 ɕiɤ̃^{24} mɤ̃^{213} 死心眼儿 sɿ^{21} ɕiɤ̃^{24} iʌɯ^{213}

缺 tɕ^{h}yəʔ^{4} 抠抠掐掐 k^{h}əu^{24} k^{h}əu^{21} tɕ^{h}ia^{24} tɕ^{h}ia^{21}（"掐"声调特殊）吝啬

小气 ɕiɔ^{21} tɕ^{h}i^{53}

大方 ta^{53} fɑ̃^{21}

囫囵 xuəʔ^{4} luɤ̃^{44} 完整

满 mɛ^{213}

鼓 ku^{213} 凸

扁 pɛ^{213}

吸凹凹 ɕiəʔ^{4} va^{53} va^{21} 行下去了 ɕiɤ̃^{44} xa^{53} kəʔ^{21} lɛ^{21} 凹

凉快 liɑ̃^{44} k^{h}uᴇ^{53}

背静 pei^{53} tɕiɤ̃^{21}

不牢靠 pəʔ^{4} lɔ^{44} k^{h}ɔ^{53}

地道 ti^{53} tɔ^{21}

趁心如意 tʂ^{h}ɤ̃^{53} ɕiɤ̃^{24} zʅu^{44} i^{53} 满意 mɛ^{21} i^{53}

迟 tʂ^{h}ʅ^{44}

活灵 xuəʔ2 liɣ̃24 灵活

空心 kʰuɣ̃24 ɕiɣ̃21 空肚子（坐车、吃药等）

㞗势 tɕʰiəu44 ʂʅ53 ①（事情）的失败已成定局；②（人）没有希望了

顶事 tiɣ̃21 sʅ53 管用

不顶事 pəʔ4 tiɣ̃21 sʅ53 ①不管用；②完蛋了：这盘棋又～了

正路 tʂɣ̃53 ləu53 ①（颜色）正；②品行端正。两义均多用于否定句

不识耍 pəʔ4 ʂəʔ4 ʂua213 小孩儿不经逗，好哭

不拾闲 pəʔ4 ʂəʔ4 xɛ44 ①好动；②不停地劳动

不戳⁼超⁼ pəʔ4 tʂʰuəʔ2 tʂʰɔ24 不超⁼毛 pəʔ2 tʂʰɔ24 mɔ44 不正经，喜欢戏弄女性，或小偷小摸

不日超⁼ pəʔ4 ʐəʔ2 tʂʰɔ24 不正经

不起胎 pəʔ4 tɕʰi21 tʰᴇ24 没出息

不着意 pəʔ4 tʂəʔ4 i53 不经意

不忿 pəʔ4 fɣ̃53 不忿气 pəʔ4 fɣ̃53 tɕʰi53 不服气，不平

不住气 pəʔ4 tʂu53 tɕʰi53 一个劲儿地

不称气 pəʔ2 tʂʰɣ̃24 tɕʰi53 ①不成器；②沉不住气

不卯窍 pəʔ4 mɔ21 tɕʰiɔ53 （形势）不对头：看见事法～，调转头□ tsɔ53 就跑了

没情况 məʔ4 tɕʰiɣ̃44 kʰuɑ̃53 没戏

没插⁼齿⁼ məʔ4 tsʰaʔ2 tsʰʅ24 看不见眼色：这孩伢儿爽利～，看不见人家不高兴？

高髞 kɔ24 sɔ53 （地势）高

洋 iɑ̃44 老洋 lɔ21 iɑ̃44 怪异

沙 sa53 （罗子等）孔大

死蔫 sʅ21 iɛ24 蔫：～黄瓜

钻捷 tsuɛ24 tɕiəʔ21 机灵贬

划刷 xua44 ʂua53 动作利索

捂 vəʔ4 （天气）闷

识兴 ʂəʔ4 ɕiɣ̃53 （小孩儿）识惯，懂事

梁⁼面 liɑ̃44 miɛ53 仰面（躺下）

谋合 mu44 xəʔ21 谋谋合合 mu44 mu21 xəʔ4 xəʔ21 若有所思

泼茬 pʰəʔ4 tsʰa44 （女人）泼辣

打眼 ta24 iɛ21 惹人注意

取贵 tɕʰy21 kuei53 ①形容人身体好，没毛病；②形容人品端正

妖 iɔ213 （女人）妖里妖气

煳焞 xu44 pəʔ21 ①（饭）煳；②比喻男女之间有不正当关系：那两个～着嘞

黏牙 ʐɛ44 ia44 ①形容（糕、窝头等）粘牙；②比喻喜欢纠缠的人：老张可～嘞

麻牙 ma44 ia44 形容喜欢纠缠的人

或麻烦的事：这捻儿营生～嘞

红火 xuɣ̃^{44} xuo^{53} 红红火火 xuɣ̃^{44} xuɣ̃^{21} xuo^{53} xuo^{21}（"火"轻声变去）热闹

翻厚 fɛ^{24} xəu^{53} 腾厚 tʰɣ̃^{21} xəu^{53}（高家堡）（棉衣、被子、嘴唇等）很厚

入骨 ʐuəʔ^{4} kuəʔ^{21} ①形容饭做得烂，吃着舒服；②比喻熨贴

真至 tʂɣ̃^{24} tsɿ^{53} 形容饭里主食多而副食少，是过去较高的饮食标准

紧就 tɕiɣ̃^{21} tɕiəu^{53} 紧凑：做饭做得挺～

长心 tʂɑ̃^{21} ɕiɣ̃^{24} 能够牢记过去的教训，多用于否定结构

心红 ɕiɣ̃^{24} xuɣ̃^{44} 形容热衷于某一对象，尤其是新得到的东西

权换 tɕʰyɛ^{44} xuɛ^{53} ①做作；②形容礼数、讲究特别多：这人海～嘞，穷讲究

□□ ʐuɛ^{53} ʐuɛ^{53} 形容吃饭时咀嚼的动作略含厌恶色彩

□□ ʂuᴇ^{53} ʂuᴇ^{53} 形容小孩儿或小动物吃东西的动作含喜爱色彩

蹋把 tʰaʔ^{4} pa^{21} 指小孩儿说话犯忌讳：说得说得□ tsɔ^{53}就说～了

精颜 tɕiɣ̃^{24} iɛ^{44} 精爽 tɕiɣ̃^{24} ʂuɑ̃^{21} 形容穿着整洁、干净

窄合⁼ tsəʔ^{4} xəʔ^{21} 形容地方窄小

窄瘪 tsəʔ^{4} piɛ^{21} ①形容地方窄小；②衣服过紧

碎 suei^{213} （面食品）松散，黏性差：糠窝窝～得不好吃

风响快 fɣ̃^{24} ɕiɑ̃^{21} kʰuᴇ^{53} 风快：炉子～

重茬 tʂʰuɣ̃^{44} tsʰa^{21} 形容炊餐具用过后未洗：～碗

精巴 tɕiɣ̃^{24} pa^{21} 精明，伶俐

□ ʂɔ^{44} ①唠叨；②多心

袭⁼色⁼ ɕiəʔ^{4} səʔ^{4} 瘆人

岔合子 tsʰa^{53} xəʔ^{4} tsəʔ^{21} 不配对的：～鞋

勤俭 tɕʰiɣ̃^{44} tɕiɛ^{53} 勤快

出 tʂʰuəʔ^{4} 遍，完：衣裳洗～了；流水把衣裳流～了（只能作补语）

扛硬 kʰɑ̃^{21} niɣ̃^{53} ①形容人的能力强，可托以事情；②形容关系紧密，而且对方权力大：关系～

耐饱 nᴇ^{53} pɔ^{213} 形容（食物）耐饥

两说 liɑ̃^{21} ʂuəʔ^{4} 两可，不确定：行不行还～着嘞

利洒 li^{53} sa^{21} ①形容动作利索；②清净；③形容没有负担

溶 yɣ̃^{44} （因浸泡而）烂

一毛包 iəʔ^{4} mɔ^{44} pɔ^{213} 乱七八糟

当紧 tɑ̃^{24} tɕiɣ̃^{21} ①要紧；②主观上认为重要：我才不～

洒乐 sa^{21} luəʔ^{4} 洒脱，轻松

乐活 luəʔ^{4} xuəʔ^{21} 高兴

乐蹦 luəʔ⁴ pɤ̃⁵³ 高兴得手舞足蹈

逊 ɕyɤ̃⁵³ 毛逊 mɔ⁴⁴ ɕyɤ̃⁵³ 差,不好

把稳 pa²⁴ vɤ̃²¹ ①稳当:这人办事不～;②保险

眼亮 iɛ²¹ liɑ̃⁵³ (建筑物)视野开阔

连利 liɛ⁴⁴ li⁵³ (动作)利索,老练

愊₇ piəʔ⁴ ①吃得过饱的感觉;②饱满:谷穗子可～嘞

便宜 piɛ⁵³ i⁵³ ①现成的:～饭;②做好了,准备好了

差₇₀ tsʰa²¹³ ①病情好转:感冒～了;②某种感觉或现象由强变弱:～疼了,风～刮了

差 tsʰa⁵³ 错:认～人了

岔⁼ tsʰa⁵³ (嗓子)嘶哑:～喉咙

黑⁼喽儿 xəʔ² lʌɯ²⁴ (嗓子)嘶哑:～嗓子倒霉音

褶₇₅ tsʰɔ⁴⁴ 衣被脏污:衣裳～了

失褶 ʂəʔ⁴ tsʰɔ⁴⁴ (衣被)太脏,洗不干净了

一刬新 iəʔ⁴ tsʰɛ²¹ ɕiɤ̃²⁴ (衣服)全新

残 tsʰɛ⁴⁴ 狠毒:那人心可～嘞

安鸣 ŋɛ²⁴ miɤ̃⁴⁴ ①安静;②安定

绞零 tɕiɔ²¹ liɤ̃⁴⁴ (事情)利索,完

枯渴 kʰu²⁴ kʰuo⁵³ 渴:天红,人爽利～得

冗⁼扎 zʉɤ̃²¹ tsaʔ⁴ 性格懦弱

细法 ɕi⁵³ faʔ²¹ 细致

行例 xɑ̃⁴⁴ li⁵³ 行务 xɑ̃⁴⁴ vu⁵³ 内行,熟练

死翻不识数儿 sɿ²¹ fɛ²⁴ pəʔ⁴ ʂəʔ⁴ ʂuʌɯ⁵³ 认死理,看不开大局

雾⁼ vu⁵³ 二雾⁼ ʌɯ⁵³ vu⁵³ 莽撞

糊脑 xu⁵³ nɔ²¹ 脑幂 nɔ²¹ mi⁵³ 糊涂,傻:这孩伢儿～着嘞

光烫 kuɑ̃²⁴ tʰɑ̃⁵³ 光溜:这捻儿山蔓菁挺～

死懒 sɿ²⁴ lɛ²¹ 死懒明 sɿ²⁴ lɛ²¹ miɤ̃⁴⁴ 非常懒惰

怕俭⁼ pʰa⁵³ tɕiɛ²¹(神木) 怕谨⁼ pʰa⁵³ tɕiɤ̃²¹(高家堡,南乡) 懒得:～做营生,～跟你嚷

牙爪硬 ia⁴⁴ tsɔ²¹ niɤ̃⁵³ 形容管教孩子的手段厉害

单另 tɛ²⁴ liɤ̃⁵³ 单独:我是～一个人

皮不利 pʰi⁴⁴ pəʔ⁴ li⁵³ 比喻欠债不还

醋气 tsʰu⁵³ tɕʰi⁵³ 生气:一听这话□tsɔ⁵³就～了

魔气 muo⁴⁴ tɕʰi⁵³ 神神叨叨

怵气 tɕʰiəu⁴⁴ tɕʰi⁵³ 生气

乞气 tɕʰiəʔ⁴ tɕʰi⁵³ ①过分讲究礼数的;②爱出洋相的:～骨殖

瘷肠 tɕyəʔ⁴ tʂʰɑ̃⁴⁴ 瘷憋 tɕyəʔ⁴ piəʔ²¹ 发愁,忧心

晃 xuɑ̃⁵³ 轻浮,喜欢炫耀

老迈 lɔ²¹ mᴇ⁵³ (小孩儿)在生人面前害羞

突里突噜tʰuəʔ^{2} li^{24} tʰuəʔ^{4} lu^{53} 纷纷下水的样子。谜语:南面上来一群羊,~跳进河

绵温miɛ^{44} vɤ̃^{213} 绵温温miɛ^{44} vɤ̃^{24} vɤ̃^{21} 形容水不冷不热

眼窍稠iɛ^{21} tɕʰiɔ^{53} tʂʰəu^{44} ①形容头脑灵活;②喜欢占小便宜

烧ʂɔ^{53} (天)热

焪tɕʰyɤ̃^{213} (天)闷热

骨香kuəʔ^{2} ɕiɑ̃^{24} 好看,可爱

乱包luɛ^{53} pɔ^{21} ①混乱;②(生意)黄了

烂杆⁼ lɛ^{53} kɛ^{21} 一团糟,败落:硬把个单位闹~

燎辣liɔ^{21} laʔ^{4} (土豆)发麻

精嘴tɕiɤ̃^{24} tsuei^{21} 嘴馋

靠⁼ kʰɔ^{53} (因长时间不吃肉而)馋

毒实tuəʔ^{4} ʂəʔ^{21} 复实fəʔ^{4} ʂəʔ^{21} 阴险毒辣

顶身儿tiɤ̃^{21} ʂʌɯ^{24} 厉害,多组成“的”字结构:把你是个~的

轻省tɕʰiɤ̃^{24} sɤ̃^{21} (生活负担)轻

丧梗sɑ̃^{24} kɤ̃^{21} 形容性格太直,不随和

儿ʌɯ^{44} 野蛮(南乡)

乖静kuᴇ^{24} tɕiɤ̃^{53} 乖灶⁼ kuᴇ^{24} tsɔ^{53} (小孩儿)听话,规矩

平卜塌pʰiɤ̃^{44} pəʔ^{4} tʰaʔ^{21} 形容扁平的样子:老和尚的帽子——~

馕口nɑ̃^{24} kʰəu^{21} (吃东西)惬意、过瘾

净打净tɕiɤ̃^{53} ta^{21} tɕiɤ̃^{53} 一干二净

好苦水xɔ^{21} kʰu^{24} ʂuei^{21} 能吃苦,爱劳动

冰把⁼凉piɤ̃^{24} pa^{21} liɑ̃^{44} 冰凉

乜斜miɛ^{44} ɕiɛ^{21} ①委靡;②(表情)呆滞

出跳tʂʰuəʔ^{4} tʰiɔ^{53} 有出息

鈯$_{39}$ tʰuəʔ^{4} (尖儿)钝:笔尖子~了;~脑子

苶$_{45}$ niɛ^{44} ①反应迟钝:~固固;②痴呆

[illegible]$_{48}$ nɑ̃^{53} 多:可~嘞

[illegible]$_{50}$ lyɛ^{53} (米汤、粥)黏:~糊糊;~~儿地

嫽$_{53}$ liɔ^{44} 好:海~嘞可好了

稺$_{68}$ tsʅ^{53} ①庄稼种得晚:真⁼年庄户~了;②人生月小:~生儿

稙$_{84}$ tʂəʔ^{4} 人生月大:~生儿。由早庄稼引申而来

[illegible]$_{74}$ tsʰɛ^{213} ①骡马不鞴鞍:~脊梁马;②仅仅,只:~房子就花了五万多;③后缀:光~~什么都不剩

㞞$_{83}$ suɤ̃^{44} ①无能:~人;~包;②受人鄙视、憎恶的人:坏~;懒~

撟捎$_{95}$ tɕiɔ^{21} sɔ^{53} 为人挑剔、娇情:这孩伢儿可~嘞,真难伺候

枭牙niɔ^{44} ia^{44} (女子)厉害

娇枭 tɕiɔ^{24} niɔ^{44} 形容为人霸道，不让人。多用于女性

怵$_{100}$ tɕʰiəu^{44} （詈词）①长相难看：～相；②性格乖戾：～脾气，～劲气，二～货

屈$_{105}$ tɕʰyəʔ^{4} （鞋）小，挃脚：鞋～得

恓惶 ɕi^{24} xuɑ̃^{44} ①凄凉，可怜：～人；②委屈：受～

窨$_{116}$ kʰəʔ^{4} 恰好相合：～～儿地

黏$_{125}$ xu^{53} （粥、米汤煮得）黏：～～儿地

猾$_{127}$ xuaʔ^{4} 狡猾：可～嘞；～脑 nɔ^{44}

恶 ŋəʔ^{4} 发霉

恶醭$_{131}$ ŋəʔ^{4} pʰəʔ^{21} ①发霉：大米～了；一股～气；②糟蹋，使烦恼：一天价亲亲不断，把人～得

穞生$_{139}$ liəu^{21} sɤ̃^{24} 又作"稆生"。①半路学艺的（工匠）：～匠人；②私生的（孩子）

古色万气 ku^{21} səʔ^{4} vɛ^{53} tɕʰi^{53} 稀奇古怪

贵气 kuei^{53} tɕʰi^{53} 不贪吃：嘴可～嘞

香瘾 ɕiɑ̃^{24} iɤ̃^{213} 舒服：坐汽车可～嘞

希气 ɕi^{24} tɕʰi^{53} ①希罕；②多时未见面，见面后感到由衷高兴

浪 lɑ̃^{53} 高兴：可要把通通～坏着嘞

端 tuɛ^{213} ①（方向）正；②（道理）正确。俗云：话丑理～着嘞

□□ tɕʰiɛ^{44} xuəʔ^{21} 吃得不特别饱：肚子不好，把那吃得～些儿

牙痒 ia^{44} iɑ̃^{21} ①牙（因吃酸的东西而）酸麻；②想要揍（某人）

攒完 tsʰuɛ^{44} vɛ^{21} 攒裹 tsʰuɛ^{44} kuo^{21} ①（居住）集中；②人口少，经济负担轻：我每家人不多，挺～

没及$^{=}$奈何 məʔ^{4} tɕiəʔ^{21} nᴇ^{53} xuo^{21} 无奈：这也是实在～了，才来求你嘞

杂落 tsa^{44} lɔ^{53} ①形容（东西）品种不一；②（人）良莠不齐

醋心 tsʰu^{53} ɕiɤ̃^{21} 胃酸

失笑 ʂəʔ^{4} ɕiɔ^{53} 可笑：真～嘞

圪痳$_{144}$ kəʔ^{4} tɕiəu^{53} 畏缩的样子：～鬼

圪丘$^{=}$ kəʔ^{2} tɕʰiəu^{213} 歪

圪瘆 kəʔ^{4} tsʰɤ̃^{21} 瘆人

圪渗 kəʔ^{4} sɤ̃^{53} 发冷的感觉

圪□ kəʔ^{4} zʅu^{44} 手因冷而伸不直

圪搐 kəʔ^{4} tʂʰuəʔ^{21} 皱巴

圪腩 kəʔ^{2} nɛ^{24} （因吃油脂过多而）发腻

日怪 zʅəʔ^{4} kuᴇ^{53} 奇怪

日殃 zʅəʔ^{2} iɑ̃^{24} 可笑

二十六　象声词

卜呲pəʔ^{4} tsʰɿ^{53}　卜呲呲pəʔ^{4} tsʰɿ^{53} tsʰɿ^{53}　扯破布料等的声音

卜嗵pəʔ^{4} tʰuɤ̃^{53}　卜嗵嗵pəʔ^{4} tʰuɤ̃^{53} tʰuɤ̃^{53}　忽嗵xuəʔ^{4} tʰuɤ̃^{53}　圪咚圪咚kəʔ^{4} tuɤ̃^{53} kəʔ^{4} tuɤ̃^{53}　物体落水的声音

卜咚pəʔ^{4} tuɤ̃^{53}　重物落地的声音

卜嗒pəʔ^{4} tʰa^{53}　卜嗒卜嗒pəʔ^{4} tʰa^{53} pəʔ^{4} tʰa^{53}　忽嗒xuəʔ^{4} tʰa^{53}　忽嗒忽嗒xuəʔ^{4} tʰa^{53} xuəʔ^{4} tʰa^{53}　响亮的脚步声

卜嗒嗒pəʔ^{4} tʰa^{53} tʰa^{53}　忽嗒嗒xuəʔ^{4} tʰa^{53} tʰa^{53}　响亮而急促的脚步声

卜啋pəʔ^{4} tsʰᴇ^{53}　卜啋啋pəʔ^{4} tsʰᴇ^{53} tsʰᴇ^{53}　脚踩到泥水里的声音

忽嗤xuəʔ^{4} tʂʰʅ^{53}　车胎放气的声音

□□zɛ^{53} zɛ^{53}　小孩子的哭声

□□zɤ̃^{53} zɤ̃^{53}　细而尖的声音

□□tsʰɑ̃^{53} tsʰɑ̃^{53}　咬生菜、水果的声音

得儿求tʌɯ^{53} tɕʰiəu^{21}　吆喝牲口的声音

忽□□xuəʔ^{4} lu^{53} lu^{53}　①很多人、车、马等奔跑的声音；②雷声

狗儿嗾kʌɯ^{24} ʂəu^{53}　吆喝狗咬人的声音

啰啰啰lɔ^{44} lɔ^{44} lɔ^{44}　啦啦啦la^{44} la^{44} la^{44}　叫猪的声音

忽隆隆xuəʔ^{4} luɤ̃^{53} luɤ̃^{53}　雷声

忽拉拉xuəʔ^{4} la^{53} la^{53}　清脆的雷声

突□突□tʰuəʔ^{4} lu^{53} tʰuəʔ^{4} lu^{53}　喝粥的声音

则啉啉tsəʔ^{4} liɤ̃^{53} liɤ̃^{53}　下大雨的声音

扑簌簌pʰəʔ^{4} su^{53} su^{53}　下小雨的声音

圪炸炸kəʔ^{4} tsa^{53} tsa^{53}　霹雳声

圪呔呔kəʔ^{4} tᴇ^{53} tᴇ^{53}　水滚开的声音

圪咴咴kəʔ^{4} xuei^{53} xuei^{53}　不太高的笑声

圪地$^{=}$地$^{=}$kəʔ^{4} ti^{53} ti^{53}　较压抑的笑声

圪嘟嘟kəʔ^{4} tu^{53} tu^{53}　水泡不断冒出来的声音

圪啋啋kəʔ^{4} tsʰᴇ^{53} tsʰᴇ^{53}　①折断木棍的声音；②动作干净利落的情态

圪叭叭kəʔ^{4} pa^{53} pa^{53}　圪叭圪叭kəʔ^{4} pa^{53} kəʔ^{4} pa^{53}　枪、鞭炮等的清脆的声音

圪嘣嘣kəʔ^{4} pɤ̃^{53} pɤ̃^{53}　圪嘣圪嘣kəʔ^{4} pɤ̃^{53} kəʔ^{4} pɤ̃^{53}　咬豆子的声音

圪嚓圪嚓kəʔ^{4} tsʰa^{53} kəʔ^{4} tsʰa^{53}　断裂声

圪吱圪吱kəʔ^{4} tsɿ^{53} kəʔ^{4} tsɿ^{53}　吱吱呀呀的声音

二十七　状态形容词

丁咸 tiɤ̃^{24} xɛ^{44}　特别咸。扩展为"丁死蚀咸"

雪甜 ɕyəʔ^{4} tʰiɛ^{44}　（味儿）特别淡

训$^{=}$甜 ɕyɤ̃^{53} tʰiɛ^{44}　训$^{=}$根儿甜 ɕyɤ̃^{53} kʌɯ^{24} tʰiɛ^{44}　非常甜喜爱色彩

干稠 kɛ^{24} tʂʰəu^{44}　特别稠

翻肥 fɛ^{24} fei^{44}　特别肥

翻胖 fɛ^{24} pʰã^{53}　特别胖

翻烧 fɛ^{24} ʂɔ^{213}　特别烫

陈干 tʂʰɤ̃^{44} kɛ^{213}　（东西因放置时间长而）非常干

稀湿 ɕi^{24} ʂəʔ^{4}　稀溶 ɕi^{24} yɤ̃^{44}

黢黑 tɕʰyəʔ^{4} xəʔ^{4}　黑黢 xəʔ^{4} tɕʰyəʔ^{4}

黢蓝 tɕʰyəʔ^{4} lɛ^{44}　特别蓝

雪白 ɕyəʔ^{4} piɛ^{44}

通红 tʰuɤ̃^{53} xuɤ̃^{44}

通黄 tʰuɤ̃^{53} xuã^{44}　特别黄

煞黄 sa^{53} xuã^{44}　太黄

黢绿 tɕʰyəʔ^{4} luəʔ^{4}　非常绿

一个然然儿 iəʔ^{4} kəʔ^{21} ʐɛ^{24} ʐʌɯ^{53}　形容东西经过使用后仍然崭新的样子

黏䵘䵘 ʐɛ^{44} na^{53} na^{21}　黏乎乎。《集韵》去声祃韵乃嫁切："䵘䵘，黏也。"

新丹丹 ɕiɤ̃^{24} tɛ^{24} tɛ^{21}　很新的样子

水拉拉 ʂuei^{21} la^{53} la^{21}　水淋淋的样子

黄沙沙 xuã^{44} sa^{53} sa^{21}　（布料等）黄得难看的样子

黄（格）绫绫 xuã^{44} kəʔ^{21} liɤ̃^{24} liɤ̃^{21}　（粮食等）黄得可爱的样子

干嘣嘣 kɛ^{24} pɤ̃^{53} pɤ̃^{21}　（粮食、食物）很干的样子

秃悻悻 tʰuəʔ^{4} ɕiɤ̃^{53} ɕiɤ̃^{21}（高家堡）（脑袋）光秃秃的样子

苶固固 niɛ^{44} ku^{53} ku^{21}　呆头呆脑的样子

松懈懈 suɤ̃^{24} XE^{53} XE^{21}　（东西捆扎得）松松垮垮的样子

酸溜溜 suɛ^{24} liəu^{53} liəu^{21}　形容很酸的感觉

酸固$^{=}$固$^{=}$ suɛ^{24} ku^{53} ku^{21}　形容酸得让人难受的感觉

光抹抹 kuã^{24} maʔ^{4} maʔ^{21}　（面容等）光滑但缺少光泽、不生动的样子

硬（格）铮铮 niɤ̃^{53} kəʔ^{21} tsɤ̃^{24} tsɤ̃^{21}　（票子、衣服等）崭新、挺括的样子

红（格）丹丹 xuɤ̃^{44} kəʔ^{21} tɛ^{24} tɛ^{21}　红得很可爱的样子

红腾腾 xuɤ̃^{44} tʰɤ̃^{53} tʰɤ̃^{21}　（脸色因运动）红扑扑的样子

红更$^{=}$更$^{=}$ xuɤ̃^{44} kɤ̃^{53} kɤ̃^{21}　（夏季）阳

光特别强烈的景象

红楞楞xuɣ̃^{44} lɣ̃^{53} lɣ̃^{21} （天气晴好）阳光灿烂的景象

红瘆瘆xuɣ̃^{44} tsʰɣ̃^{53} tsʰɣ̃^{21} （伤口等）红得瘆人的样子

翻然⁼然⁼ fɛ^{24} ʐɛ^{24} ʐɛ^{21} （伤口）肉翻出来的瘆人样子

绿洼洼luəʔ^{4} va^{53} va^{21} 绿得难看的样子

蓝怨⁼怨⁼ lɛ^{44} yɛ^{53} yɛ^{21} 蓝得难看的样子

死掐掐sɿ^{21} tɕʰia^{53} tɕʰia^{21} （人的动作、表情）死板而缺乏生气的样子

灰（不）杵杵xuei^{24} pəʔ^{21} tʂʰu^{53} tʂʰu^{21} （颜色）灰暗的样子

灰悻悻xuei^{24} ɕiɣ̃^{53} ɕiɣ̃^{21} 表情呆滞的样子

灰少⁼少⁼ xuei^{24} ʂɔ^{53} ʂɔ^{21} （颜色）灰糊糊的样子

灰（不）塌塌xuei^{24} pəʔ^{21} tʰa^{53} tʰa^{21} 神情黯淡的样子

茶（不）憨憨niɛ^{44} pəʔ^{21} xɛ^{24} xɛ^{21} 傻乎乎的样子

严绷绷ŋɛ^{44} pɣ̃^{24} pɣ̃^{21} （遮盖得）严严实实的样子

麻□□ma^{44} zʅ^{53} zʅ^{21} 发麻的感觉

青□□tɕʰiɣ̃^{24} lyɛ^{53} lyɛ^{21} （颜色）黑的难看的样子

苦汉⁼汉⁼ kʰu^{21} xɛ^{53} xɛ^{21} （味道）很苦的感觉

硬（格）洼洼niɣ̃^{53} kəʔ^{21} va^{24} va^{21} （布料等）发硬、不柔软的感觉

清（格）湛湛tɕʰiɣ̃^{24} kəʔ^{21} tsɛ^{24} tsɛ^{21} （水）清澈可爱的样子

清则□□tɕʰiɣ̃^{24} tsəʔ^{21} lɛ^{24} lɛ^{21} “清湛湛”的分音

晴（格）湛湛tɕʰiɣ̃^{44} kəʔ^{21} tsɛ^{24} tsɛ^{21} （天空）晴朗、碧蓝的样子

绿（格）蓁蓁luəʔ^{4} kəʔ^{21} tsɣ̃^{24} tsɣ̃^{21} 绿得鲜艳、可爱的样子

蓝（格）嫣嫣lɛ^{44} kəʔ^{21} iɛ^{24} iɛ^{21} 蓝得鲜艳、可爱的样子

白（格）生生piɛ^{44} kəʔ^{21} sɣ̃^{24} sɣ̃^{21} （面容、颜色）白净可爱的样子

白绫绫piɛ^{44} liɣ̃^{24} liɣ̃^{21}（高家堡）（颜色）白净的样子

黑（格）相相儿xəʔ^{4} kəʔ^{21} ɕiɑ̃^{24} ɕiʌɯ^{53} 语塞的样子：一句话把我顶得～地

粉堆堆fɣ̃^{21} tuei^{24} tuei^{21} （面部皮肤）白里透红的样子

粉不耐耐fɣ̃^{21} pəʔ^{4} nᴇ^{53} nᴇ^{21} 粉得难看的样子

洋不张张iɑ̃^{44} pəʔ^{21} tʂɑ̃^{24} tʂɑ̃^{21} 不理不睬、满不在乎的样子

奓不楞楞tsa^{53} pəʔ^{21} lɣ̃^{24} lɣ̃^{21} （衣着等）挺括、讲究，边、角翘起的样子

轻忽缭缭tɕʰiɣ̃^{24} xuəʔ^{21} liɔ^{24} liɔ^{21} ①（衣

服、布料等）轻飘飘的样子；②（拿着某物）轻飘飘的感觉

凉洼洼 liɑ̃^{44} va^{53} va^{21}　凉嗖嗖的感觉

凉（不）洼洼 liɑ̃^{44} pəʔ^{21} va^{24} va^{21}　①凉嗖嗖的感觉；②态度冷淡的样子

凉咝咝 liɑ̃^{44} sɿ^{53} sɿ^{21}　微凉的感觉

冷洼洼 lɤ̃^{21} va^{53} va^{21}　冷森森的感觉

冰洼洼 piɤ̃^{24} va^{53} va^{21}　冰凉的感觉

阴洼洼 iɤ̃^{24} va^{53} va^{21}　①（天气）阴沉沉的样子；②（表情）阴森森的样子

甜忽腩腩 tʰiɛ^{44} xuəʔ^{21} nɛ^{24} nɛ^{21}　甜得发腻的感觉

活跳跳 xuəʔ^{4} tʰiɔ^{53} tʰiɔ^{21}　轻浮、不稳重的样子

秃树树 tʰuəʔ^{4} ʂu^{53} ʂu^{21}　（树、人站在某地）孤零零的样子

涩练⁼练⁼ səʔ^{4} liɛ^{53} liɛ^{21}　①（物体表面）非常粗糙的样子；②（食物在嘴里）很不爽口的感觉

涩挣⁼挣⁼ səʔ^{4} tsɤ̃^{53} tsɤ̃^{21}　（食物在嘴里）很不爽口的感觉

干晒晒 kɛ^{24} sᴇ^{53} sᴇ^{21}（食物在嘴里）干巴巴的、毫不爽口的感觉

臭（不）腾腾 tʂʰəu^{53} pəʔ^{21} tʰɤ̃^{24} tʰɤ̃^{21}　臭烘烘的味道

黑洞洞 xəʔ^{4} tuɤ̃^{53} tuɤ̃^{21}　黑漆漆

凶横横 ɕyɤ̃^{24} xɤ̃^{53} xɤ̃^{21}　气势汹汹的样子

□沓沓 ʂɔ^{44} tʰa^{53} tʰa^{21}　罗里罗嗦

俊（格）扁扁 tɕyɤ̃^{53} kəʔ^{21} pɛ^{24} pɛ^{21}　俊（格）丹丹 tɕyɤ̃^{53} kəʔ^{21} tɛ^{24} tɛ^{21}　面容姣好的样子

憨腾腾 xɛ^{24} tʰɤ̃^{53} tʰɤ̃^{21}　憨不楞腾 xɛ^{24} pəʔ^{21} lɤ̃^{53} tʰɤ̃^{53}　（小孩儿）憨得可爱的样子

扁腾腾 pɛ^{21} tʰɤ̃^{53} tʰɤ̃^{21}　（脸型）圆而微扁的可爱样子。是陕北可爱的男孩儿的典型形象

扁艳⁼艳⁼ pɛ^{21} iɛ^{53} iɛ^{21}　（物体）扁平而可爱的样子

扁菜⁼菜⁼ pɛ^{21} tsʰᴇ^{53} tsʰᴇ^{21}　（脸型、东西）圆而微扁的样子

端（格）铮铮 tuɛ^{24} kəʔ^{21} tsɤ̃^{24} tsɤ̃^{21}　坐姿端正、腰板挺直的样子

方铮铮 fɑ̃^{24} tsɤ̃^{24} tsɤ̃^{21}　方方正正的样子

圆丹丹 yɛ^{44} tɛ^{24} tɛ^{21}　（脸型）圆乎乎的可爱样子

烧烘烘 ʂɔ^{24} xuɤ̃^{53} xuɤ̃^{21}　比喻男人不正经的样子

热烘烘 zʅəʔ^{4} xuɤ̃^{53} xuɤ̃^{21}　浑身发热的感觉

暖乎乎 nuɛ^{21} xu^{53} xu^{21}　（身上）热乎乎的舒服感觉

滚乎乎 kuɤ̃^{21} xu^{53} xu^{21}　（东西）摸上去热乎乎的感觉

明拉拉 $mi\tilde{ɤ}^{44}$ la^{53} la^{21} （灯光）明亮柔和的样子

明锃锃 $mi\tilde{ɤ}^{44}$ $ts\tilde{ɤ}^{53}$ $ts\tilde{ɤ}^{21}$ （脸上）没有皱纹、满面红光的样子

明湛湛 $mi\tilde{ɤ}^{44}$ $tsɛ^{24}$ $tsɛ^{21}$ （面部皮肤）很有光泽的样子比"明锃锃"弱

明溜溜 $mi\tilde{ɤ}^{44}$ $liəu^{53}$ $liəu^{21}$ （物体表面）颜色鲜艳、光泽强烈的样子

明（格）铮铮 $mi\tilde{ɤ}^{44}$ $kəʔ^{21}$ $ts\tilde{ɤ}^{24}$ $ts\tilde{ɤ}^{21}$（物体表面）发亮的样子比"明溜溜"弱

明（格）纠纠 $mi\tilde{ɤ}^{44}$ $kəʔ^{21}$ $tɕiəu^{24}$ $tɕiəu^{21}$ （物体表面）有光泽的样子比"明铮铮"弱

毛□□ $mɔ^{44}$ $ʐuɛ^{53}$ $ʐuɛ^{21}$ 眼睛很大、睫毛很长的可爱样子

哨⁼嫣嫣 $sɔ^{53}$ $iɛ^{24}$ $iɛ^{21}$ （女子）身材苗条的样子

肥憨憨 fei^{44} $xɛ^{24}$ $xɛ^{21}$ （肉）肥得使人发腻的样子

软脓脓 $ʐuɛ^{21}$ $nu\tilde{ɤ}^{53}$ $nu\tilde{ɤ}^{21}$ （东西）软不拉蹋的感觉

生岔岔 $s\tilde{ɤ}^{24}$ $ts^{h}a^{53}$ $ts^{h}a^{21}$ （对人）十分生疏的感觉

乱插插 $luɛ^{53}$ $ts^{h}aʔ^{4}$ $ts^{h}aʔ^{21}$ （人、东西）多而杂乱的样子

腻□□ ni^{53} $ʐ\tilde{ɤ}^{24}$ $ʐ\tilde{ɤ}^{21}$（高家堡）（嘴里）发腻的感觉

愊溜溜 $piəʔ^{4}$ $liəu^{53}$ $liəu^{21}$ 吃得很饱的感觉

愊哼哼 $piəʔ^{4}$ $x\tilde{ɤ}^{53}$ $x\tilde{ɤ}^{21}$ 饱哼哼 $pɔ^{21}$ $x\tilde{ɤ}^{53}$ $x\tilde{ɤ}^{21}$ （腹部）饱胀的感觉

水菜菜 $ʂuei^{21}$ $ts^{h}ᴇ^{53}$ $ts^{h}ᴇ^{21}$ （水果、蔬菜）咬上去水分过多的感觉

湿溻溻 $ʂəʔ^{4}$ $t^{h}a^{53}$ $t^{h}a^{21}$ 潮溻溻 $tʂ^{h}ɔ^{44}$ $t^{h}a^{53}$ $t^{h}a^{21}$ 潮湿的感觉

齐（格）铮铮 $tɕ^{h}i^{44}$ $kəʔ^{21}$ $ts\tilde{ɤ}^{24}$ $ts\tilde{ɤ}^{21}$ （东西裁、叠得）整整齐齐的样子

棱（格）铮铮 $l\tilde{ɤ}^{44}$ $kəʔ^{21}$ $ts\tilde{ɤ}^{24}$ $ts\tilde{ɤ}^{21}$ （穿戴）整洁、挺括的样子

沉腾腾 $tʂ^{h}\tilde{ɤ}^{44}$ $t^{h}\tilde{ɤ}^{53}$ $t^{h}\tilde{ɤ}^{21}$ （腹部）饱胀、隐约感到难受的感觉

臊拉拉 $sɔ^{24}$ la^{53} la^{21} 满嘴脏话的样子

恼汹汹 $nɔ^{21}$ $ɕy\tilde{ɤ}^{53}$ $ɕy\tilde{ɤ}^{21}$ （生气后表情）阴沉沉的样子

喜少⁼少⁼ $ɕi^{21}$ $ʂɔ^{53}$ $ʂɔ^{21}$ 满脸喜气的样子

黑杵杵 $xəʔ^{4}$ $tʂ^{h}u^{53}$ $tʂ^{h}u^{21}$ ①天刚黑以后的样子；②（肤色）黑得可爱的样子

平（格）野野 $p^{h}i\tilde{ɤ}^{44}$ $kəʔ^{21}$ $iɛ^{24}$ $iɛ^{21}$ （土地）平展展的样子

展野野 $tʂɛ^{21}$ $iɛ^{24}$ $iɛ^{21}$ ①（土地）平展展的样子；②摔得平展展的样子

展漾漾 $tʂɛ^{21}$ $i\tilde{a}^{53}$ $i\tilde{a}^{21}$ 摔得平展展的样子

脆铮铮 $ts^{h}uei^{53}$ $ts\tilde{ɤ}^{24}$ $ts\tilde{ɤ}^{21}$ 脆生生

光不捻捻kuã^{24} pəʔ^{21} niɛ^{24} niɛ^{21} （面部皮肤）平滑但缺乏光泽的样子

绵饢饢miɛ^{44} nã^{53} nã^{21} （东西）软得令人厌恶的感觉

蓝格莹莹lɛ^{44} kəʔ^{21} iɤ̃^{24} iɤ̃^{21} 蓝得鲜艳、可爱的样子

薄野野puo^{44} iɛ^{24} iɛ^{21} 薄绫绫puo^{44} liɤ̃^{24} liɤ̃^{21} （纸、衣料）很薄的样子

袭⁼饢饢ɕiəʔ^{4} nã^{53} nã^{21} 甜得发腻的感觉

薄忽扇扇puo^{44} xuəʔ^{21} ʂɛ^{24} ʂɛ^{21} （衣料等）薄得很容易飘起来的样子

乏练⁼练⁼ faʔ^{4} liɛ^{53} liɛ^{21} 疲乏不堪的感觉

黑格丹丹xəʔ^{4} kəʔ^{21} tɛ^{24} tɛ^{21} 黑得可爱的样子

活格灵灵xuəʔ^{4} kəʔ^{21} liɤ̃^{24} liɤ̃^{21} （动物）灵活生动的样子

生格吧吧sɤ̃^{24} kəʔ^{21} pa^{53} pa^{21} 生疏的样子

清自⁼自⁼ tɕʰiɤ̃^{24} tsʅ^{53} tsʅ^{21} （天气）十分清冷的感觉

直格翻翻tʂəʔ^{4} kəʔ^{21} fɛ^{24} fɛ^{21} （说话时）不耐烦样子

嘟唻唻tuəʔ^{4} lᴇ^{53} lᴇ^{21} 嘀嘀咕咕的样子

尖危危tɕiɛ^{24} vei^{24} vei^{21} （物体的顶端）尖锐的样子

花不拉拉xua^{24} pəʔ^{21} la^{24} la^{21}（眼睛、衣料等）很花的样子

圪香香儿kəʔ^{2} ɕiã^{24} ɕiʌɯ^{53} 形容因喜欢眼前的某种食物，舍不得离开的样子，多用于小孩子

圪美美儿kəʔ^{4} mei^{21} mʌɯ^{53} 形容笑容灿烂的样子

圪颡颡$_{153}$ kəʔ^{4} sɛ^{53} sɛ^{21} ①摇头的样子；②生病时浑身瘫软的样子

圪痖痖$_{154}$ kəʔ^{4} fɛ^{53} fɛ^{21} 一阵一阵恶心的感觉

圪探探kəʔ^{4} tʰɛ^{53} tʰɛ^{21} 贪馋、巴结的样子

圪叨叨kəʔ^{4} tɔ^{53} tɔ^{21} 说胡话的样子：鬼嚼得～～地

圪晃晃kəʔ^{4} xuã^{53} xuã^{21} 扛着重物时摇摇晃晃、步伐很快的样子

圪铿铿kəʔ^{4} tsɤ̃^{53} tsɤ̃^{21} 形容尖锐、频率较快的疼痛的感觉

圪晕晕kəʔ^{4} yɤ̃^{53} yɤ̃^{21} 头一阵一阵发晕的感觉

圪腆腆kəʔ^{4} tʰiɛ^{53} tʰiɛ^{21} 巴结逢迎的样子

圪冒冒kəʔ^{4} mɔ^{53} mɔ^{21} ①（水）快速地往上冒的样子；②庄稼、草长得很快的样子

圪轰轰kəʔ^{4} xuɤ̃^{53} xuɤ̃^{21} 头疼得一阵一阵的感觉

圪洞洞kəʔ^{4} tuɤ̃^{53} tuɤ̃^{21} 人群涌动的

样子

圪矇矇儿 kəʔ^{4} mɣ̃^{44} mʌɯ^{53} 眼睛眯缝的样子

圪爬爬 kəʔ^{4} p^{h}a^{44} p^{h}a^{21} （字迹）歪歪斜斜的样子

圪疑疑 kəʔ^{4} i^{44} i^{44} 疑疑惑惑：我心上爽利～地，就怕有什么赖病嘞

圪堆堆儿 kəʔ^{2} tuei^{24} tuʌɯ^{53} （东西）堆得很高的样子

圪尖尖儿 kəʔ^{2} tɕiɛ^{24} tɕiʌɯ^{53} （堆子的顶部）很尖的样子

圪弯弯儿 kəʔ^{2} vɛ^{24} vʌɯ^{53} （条形物体）弯弯的样子

圪都都儿 kəʔ^{2} tu^{24} tuʌɯ^{53} 坐得端端正正、一动不动的样子

圪猴猴儿 kəʔ^{4} xəu^{44} xʌɯ^{21} 冷得畏畏缩缩的样子

忽沙沙 xuəʔ^{4} sa^{53} sa^{21} 许多虫子爬来爬去的情景

忽赛⁼赛⁼ xuəʔ^{4} sᴇ^{53} sᴇ^{21} ①虫子爬的样子；②身上发痒的感觉

忽跳跳 xuəʔ^{4} t^{h}iɔ^{53} t^{h}iɔ^{21} 男人轻浮的样子

忽撼撼 xuəʔ^{4} xɛ^{53} xɛ^{21} 物体接合部松动的样子

忽少⁼少⁼ xuəʔ^{4} ʂɔ^{53} ʂɔ^{21} 爬虫在地上爬的样子

忽喃喃 xuəʔ^{4} nɛ^{53} nɛ^{21} 嘟嘟囔囔的样子

忽缭缭 xuəʔ^{4} liɔ^{53} liɔ^{21} 旗帜、布料等飘动的样子

忽杵⁼杵⁼ xuəʔ^{4} tʂ^{h}u^{53} tʂ^{h}u^{21} 低着头往前走的样子

二十八 四字格

（按声母顺序排列）

p

巴明不早 pa^{24} miɣ̃^{44} pəʔ^{4} tsɔ^{21} （副）天未亮，过早：～去学校做甚去嘞？

膘肥体壮 piɔ^{24} fei^{44} t^{h}i^{21} tʂuɑ̃^{53} ①形容牲畜肥壮：你真行嘞，把一群羊喂得～地；②形容人身体壮（贬）：吃得～地，不做营生不羞？

变眉失眼 piɛ^{53} mi^{21} ʂəʔ^{4} iɛ^{21} 神情紧张、脸色苍白的样子：二秀听见炮掌子响就～地

比文扎武 pi^{21} vɣ̃^{44} tsaʔ^{4} vu^{21} 故意摆架子，对人爱理不理的样子：不

要看他～那个样法儿，其实甚本事也没

背丘⁼夹裹 pei^{24} tɕʰiəu^{21} tɕiaʔ^{4} kuo^{21}　丘⁼：扛。①连背带扛的样子：你怎摩～地拿了这么多东西？②比喻来客一大群的样子：我每家过年人可多嘞，一来就～地一大串

扁不四台 pɛ^{21} pəʔ^{4} sɿ^{53} tʰᴇ^{21}　坐得端正、安稳的样子：你各儿坐得～地，是叫我每忙嘞

扁眉涮眼 pɛ^{21} mi^{44} ʂuɛ^{53} iɛ^{21}　（儿童）面庞圆润、惹人喜爱的样子：这孩伢儿长得～地，好俊的吧

半生料熟 pɛ^{53} sɤ̃^{21} liɔ^{53} ʂuəʔ^{4}　半生不熟：肉煮得～地吃上非肚疼不可

冰渗淘洼 piɤ̃^{24} sɤ̃^{24} tʰɔ^{44} va^{21}　形容饭菜冰凉：饭滚给下儿再吃，～吃上肚子难活也

冰人圪洼 piɤ̃^{24} ʐɤ̃^{44} kəʔ^{4} va^{21}　形容接触冰冷的物体时的感觉：冷水洗衣裳～地，带下病着也

病死连天 piɤ̃^{24} sɿ^{21} liɛ^{44} tʰiɛ^{21}　形容体质衰弱、疾病缠身：我妈身体一满不好，常～地

卜听四踏 pəʔ^{2} tʰiɤ̃^{24} sɿ^{53} tʰaʔ^{21}　①形容步伐不均匀、轻一脚重一脚的样子：你咋价走路嘞，～地？②比喻办事潦草、粗枝大叶：这后生做营生～地，怕干不了嘞

卜来四古 pəʔ^{4} lᴇ^{44} sɿ^{53} ku^{21}　举止、言谈不随和的样子：□niɛ^{213}你二爹这个人～地，可不好接搭嘞

卜伶九怪 pəʔ^{2} liɤ̃^{24} tɕiəu^{21} kuᴇ^{53}　①物件放置杂乱无章、碍手碍脚的样子：铁锹搁在脚地下～地，太累事；②比喻性格乖僻：张校长爽利～地，可难处交嘞

不咬处搲 pəʔ^{4} niɔ^{21} tʂʰu^{44} va^{213}　搲：抓挠。抓不痒的地方，比喻在别人干活儿时，卖力相帮而没有效果，反倒干扰对方：你则不用～了，不襄哄帮忙我每还做得快些儿

不随意估 pəʔ^{4} suei^{44} i^{53} ku^{21}　（副）不知不觉，下意识地：我嘴赖，～□tsɔ^{53}就把人惹下了

不置意估 pəʔ^{4} tʂəʔ^{21} i^{53} ku^{21}　没有预料到：～他来了

不精倒明 pəʔ^{2} tɕiɤ̃^{24} tɔ^{21} miɤ̃^{44}　①形容头脑不清，稀里糊涂：我看你爽利～地，叫人闪了还不晓得；②没完没了地做某事：你一天要上扑克～地，也把那做上捻儿营生吧么

不起烟尘 pəʔ^{4} tɕʰi^{21} iɛ^{24} tʂʰɤ̃^{44}　比喻在令人生气的场合不动怒，有涵

养：看人家老张，甚会儿也～

愊愊衍衍 piəʔ^{4} piəʔ^{21} iɛ^{24} iɛ^{21} ①形容装得过满：布袋装得～地了，再装撑烂也；②形容吃得过饱：家里吃得～地，再一口也吃不进去了

愊眉饱眼 piəʔ^{4} mi^{44} pɔ^{24} iɛ^{21} （少年儿童、年轻妇女）脸颊丰满的样子：人家女女长得～地，管配上你了

鼻溻颔水 piəʔ^{4} tʰaʔ^{21} xɛ^{24} ʂuei^{21} 说话时吐沫四溅的样子：说话慢些儿，～地给人溅了一眉眼

pʰ

跑前射后 pʰɔ^{21} tɕʰiɛ^{44} ʂəʔ^{4} xəu^{53} ①（动）忙前忙后：我住了院，单位上～就全靠你了；②忙忙碌碌的样子：这回把□niɛ^{213}你妈忙坏了，成夜儿成天～地不拾闲

偏三向四 pʰiɛ^{24} sɛ^{24} ɕiɑ̃^{53} sɿ^{53} 形容偏爱、袒护一方：对儿女要一碗水端平嘞，可不能～地

屁滋流烟 pʰi^{53} tsɿ^{21} liəu^{44} iɛ^{21} 形容消化不良，不停放屁：一碗冷饭吃得～地

盘缠绞计 pʰɛ^{44} tʂʰɛ^{21} tɕiɔ^{21} tɕi^{53} （名）盘缠，费用：路长了，把～则么拿够

碰头打脸 pʰɤ̃^{53} tʰəu^{21} ta^{24} liɛ^{21} 忙得不可开交的样子：这两天事情赶住了，忙得～地

碰头切砍 pʰɤ̃^{53} tʰəu^{21} tɕʰiəʔ^{4} kʰɛ^{21} 忙无头绪的样子：做上营生不要～地，稳稳儿来

平辖一采 pʰiɤ̃^{44} ɕia^{44} iəʔ^{4} tsʰᴇ^{21} 形容能够轻而易举地完成某事或制服某人：①三方方土还，我把它～地，你忙你的去吧；②老李婆姨的把老李～地，叫他朝东他不敢往西

品滋圪马 pʰiɤ̃^{21} tsɿ^{24} kəʔ^{4} ma^{21} ①吃饭时细嚼慢咽的样子：吃一圪瘩干烙儿还～地，又不是什麽好东西；②做事不慌不忙、慢悠悠的样子：开会发言麻利些儿，～地能急死人嘞

扑神饿鬼 pʰəʔ^{4} ʂɤ̃^{44} ŋuo^{53} kuei^{21} （名）喻指纠缠不休的人：那种人就和～样地

扑食野鬼 pʰəʔ^{4} ʂəʔ^{4} iɛ^{24} kuei^{21} （名）喻指突然遇到的令人讨厌的人：真$^{=}$儿算我倒霉，碰上你这么个～

劈头盖脸 pʰiəʔ^{4} tʰəu^{44} kᴇ^{53} liɛ^{21} 劈头盖脑：他连情由也没问精明，～就训了我一顿

m

麻眉不睁眼 ma^{44} mi^{21} pəʔ^{4} tsɤ̃^{53} iɛ^{21}　睡眼惺忪的样子：王江上课一满～地，就和没睡觉样地

麻里克烦 ma^{4} li^{21} kʰəʔ^{4} fɛ^{21}　形容心情郁闷、烦恼：我这几天～地，管不了那么多闲事

马高镫短 ma^{21} kɔ^{24} tɤ̃^{53} tuɛ^{21}　比喻意外的困难：谁也不保有个～的时候儿，这捻儿钱你先使唤着

马二马三 ma^{21} ʌɯ^{53} ma^{21} sɛ^{24}　形容胡搅蛮缠：你不要跟我～地，咱每上派出所去来

猫眉鼠眼 mɔ^{44} mi^{21} ʂu^{53} iɛ^{21}（"鼠"声调特殊）　畏畏缩缩的样子：要进就进来，在外头～地觑甚嘞？

猫搔狗戏 mɔ^{44} tsɔ^{24} kəu^{21} ɕi^{53}　比喻挑逗、戏扰他人：你要再～的话操心挨打着

棉胸装裤 miɛ^{44} ɕyɤ̃^{21} tʂuɑ̃^{53} kʰu^{53}　穿上冬服后肥大、臃肿的样子：天还能没大冻起□tsɔ^{53}已经穿得～地，数九寒天咋价过也？

眉泡眼肿 mi^{44} pʰɔ^{24} iɛ^{24} tʂuɤ̃^{21}（因生病或哭泣而）面部红肿的样子：看那～的样法儿，那是又哭来了吧？

忙火拾烂 mɑ̃^{44} xuo^{21} ʂəʔ^{4} lɛ^{53}　匆匆忙忙：慢些儿搬，～地把穿衣镜碰烂着也

满满载载 mɛ^{24} mɛ^{21} tsᴇ^{53} tsᴇ^{21}　装得很满的样子：这二年政策好，咱粮囤子都装得～地

慢老圪揣 mɛ^{53} lɔ^{21} kəʔ^{4} tʂʰuᴇ^{21}　动作迟缓的样子：我妈爽利是老了，做捻儿营生～地

门头夹道 mɤ̃^{44} tʰəu^{21} tɕiaʔ^{4} tɔ^{53}（名）喻指门径、方法：①跟了两年师傅，结果是连个～也寻不上；②你念了十来年书，也该知道个～了

明灯蜡水 miɤ̃^{44} tɤ̃^{21} laʔ^{4} ʂuei^{21}　灯光明亮而柔和的样子：月尽儿黑地除夕晚上家家点得～地

没翻疗治 məʔ^{2} fɛ^{24} liɔ^{44} tʂʅ^{53}（"翻"为"法"的讹变）　比喻不听劝阻，执意要做某事：二女子要上个羽绒服～地，快给买上一件儿算了

没连倒扯 məʔ^{4} liɛ^{44} tɔ^{53} tʂʰʅə^{21}　①绳子等过长的样子：咋价～地捆了这么长一根绳子；②比喻说话头绪不清、没完没了：把意思说精明就行了，不要～地

没里没拉 məʔ^{2} li^{24} məʔ^{2} la^{24}　①形容话没说清楚：他～说了半天，我连个头绪也没听出来；②引申指

事情没结果：讨论了一后晌，到把儿最后～散了

f

浮皮糙眼 fu^{44} pʰi^{21} tsʰɔ^{53} iɛ^{21} 形容办事潦草、不细致踏实：锄地是细法营生，不能～地

翻葫芦倒水罐 fɛ^{24} xuəʔ^{4} lu^{44} tɔ^{24} ʂuei^{21} kuɛ^{53} 比喻反复无常，不守信用：这个人说话不算话，常～地

疯魔野道 fɤ̃^{24} muo^{44} iɛ^{21} tɔ^{53} ①疯疯癫癫的样子：他婶婶好像病又犯了，看那～的样法儿；②比喻慌慌张张的样子：你～乱跑甚嘞？

疯死射砍 fɤ̃^{24} sɿ^{21} ʂəʔ^{4} kʰɛ^{21} 风风火火的样子：慢慢儿打摞行李，～地操心扔下一件着

疯张咕咚 fɤ̃^{24} tʂɑ̃^{24} ku^{24} tuɤ̃^{21} 比喻粗心大意、丢三落四：这人可心粗嘞，做上个甚爽利～地

疯㧐射抓 fɤ̃^{24} va^{24} ʂəʔ^{2} tʂua^{24} 不停地乱动器物、难以安静下来的样子：去了人巧⁼人家不敢～地

v

㧐眉二道 va^{24} mi^{44} ʌɯ^{53} tɔ^{53} 脸上胡乱涂抹、脏污难看的样子：做甚去来了？害得～地

瓦钵瓷瓯 va^{21} pəʔ^{4} tsʰɿ^{44} ŋəu^{21} 形容吃饭吃得又快又多：看人家孩伢儿吃得～地，要不能那么胖嘞？

窝囊卜叽 vuo^{24} nɑ̃^{44} pəʔ^{4} tɕi^{21} 窝囊的样子：人一没主意就～光受气

乌麻喝⁼唠⁼ vu^{24} ma^{44} xəʔ^{4} lɔ^{53} 风风火火、潦潦草草的样子：一篇作文，～地一阵阵□tsɔ^{53}就写下了

无了儿生事 vu^{44} liʌɯ^{21} sɤ̃^{24} sɿ^{53} 形容不听劝阻，执意要做某事：这女子脾气可牛嘞，要做上个甚～地

无滋倒味 vu^{44} tsɿ^{21} tɔ^{21} vei^{53} ①形容饭菜寡淡无味：菜太甜了，爽利～地；②比喻言语空洞乏味：看你～地说些甚？

无形失铲 vu^{44} ɕiɤ̃^{44} ʂəʔ^{4} tsʰɛ^{21} 形容事情没有任何迹象或准备：①事情还～着嘞，牛□tsɔ^{53}已经吹下一圪蛋了；②而真⁼现在行李还～着嘞，哪能走嘞！

无根没畔 vu^{44} kɤ̃^{21} məʔ^{4} pʰɛ^{53} 比喻说话毫无根据或不着边际：①再要说这种～的话起，谁也信不过你了；②我娘娘奶奶～地说不到点子上

五马十阵 vu^{24} ma^{21} ʂəʔ^{4} tʂɤ̃^{53} 形容为很小的事而大摆阵势：炒两个菜还～地，像个大厨子

五蠹钻心 vu^{21} tu^{53} tsuɛ^{24} ɕiɤ̃^{213}　形容厌恶至极：我一见这种厚脸皮就～地

宛妖儿戚$^{=}$灿$^{=}$ vɛ^{21} iʌɯ^{24} tɕʰiəʔ^{4} tsʰɛ^{53}　（妇女或儿童）且说且笑、手舞足蹈的样子：东房家媳妇妇说上话～地，就说就笑就浑身动弹

温绵卜溻 vɤ̃^{24} miɛ^{44} pəʔ^{4} tʰaʔ^{21}　形容（水或流食）半冷不热：拌汤～了，重滚给下儿

文文斯斯 vɤ̃^{44} vɤ̃^{21} sɿ^{24} sɿ^{21}　慢吞吞的样子：年轻人么，做上营生～地

文斯五度 vɤ̃^{44} sɿ^{24} vu^{21} tu^{53}　说话不急不慢、不冷不热的样子：我爸爸就这么个脾气，说上话～地

文三五四 vɤ̃^{44} sɛ^{24} vu^{21} sɿ^{53}　咬文嚼字的样子：不要看他一张嘴就～地，其实肚里头没几点水

文乎理乎 vɤ̃^{44} xu^{21} li^{21} xu^{24}　（说话时）摇头晃脑、拿腔作调的样子：念了几天大学□tsɔ^{53}就～起首了

t

打家劫道 ta^{21} tɕia^{24} tɕʰiəʔ^{4} tɔ^{53}　形容乱打乱闹，使器物狼籍：这几个挣命孩伢儿～地，碎溜泼烂害下一脚地

打惊失怪 ta^{21} tɕiɤ̃^{24} ʂəʔ^{4} kuᴇ^{53}　大惊小怪：这么个事情称不着～地

打劫命害 ta^{21} tɕʰiəʔ^{4} miɤ̃^{53} xᴇ^{53}　形容（儿童）乱打乱闹：弟兄两个成天～地，糟蹋得人没一阵儿清净

打滚卜□ ta^{24} kuɤ̃^{21} pəʔ^{2} liɛ^{24}　不停翻滚的样子：明明夜黑地盲肠炎犯了，疼得～地

大天白夜儿 ta^{53} tʰiɛ^{21} piɛ^{44} iʌɯ^{53}　大天白日：这小子贼胆大，～撬人家锁子嘞

大口麻也 ta^{53} kʰəu^{21} ma^{24} iɛ^{21}　形容轻于许诺：你而真$^{=}$～地答应人家嘞，兑不了现咋办也

大口十张 ta^{53} kʰəu^{21} ʂəʔ^{2} tʂɑ̃^{24}　同上：这后生爽利～地，甚也往下应承嘞

捣蛋麻也 tɔ^{21} tɛ^{53} ma^{24} iɛ^{21}　形容十分调皮：到学校可不能～地了

捣脓压水 tɔ^{21} nuɤ̃^{44} nia^{53} ʂuei^{21}　比喻性格懦弱，缺乏主见：三三家婆姨一满～地，由婆婆的摆调嘞

捣鬼剥皮 tɔ^{24} kuei^{21} paʔ^{4} pʰi^{44}　形容不诚实，爱撒谎：这孩伢儿岁数不大，～地可行嘞

捣鬼扬场 tɔ^{24} kuei^{21} iɑ̃^{44} tʂʰɑ̃^{44}　同上：去了学校好好儿念书，不敢跟那些～的孩伢儿瞎混

刁皮谎诈 tiɔ^{24} pʰi^{44} xuɑ̃^{21} tsa^{53}　形容鬼点子多，爱说谎骗人：这后生

~地，□niɛ^{213}每你们操心叫那闪了着

刁来带去tiɔ^{24} lᴇ^{44} tᴇ^{53} kəʔ^{21} （副）顺便，抽空：①这捻儿营生我~就做完了；②我真⁼年带的课多，就能~看一下英语

调牙戳嘴tiɔ^{53} ia^{21} tʂʰuaʔ^{4} tsuei^{21} 贫嘴薄舌：□niɛ^{213}你兄弟学得~地，老师说上横来横对付，顺来顺对付

呆眉溜眼tᴇ^{24} mi^{44} liəu^{53} iɛ^{21} 呆头呆脑的样子：这么大后生还~地，爽利不灵泛

多罗理道tuo^{24} luo^{44} li^{21} tɔ^{53} 形容多管闲事：这搭儿没你的事，不用~了

颠麻倒烦tiɛ^{24} ma^{44} tɔ^{53} fɛ^{21} 形容说话颠三倒四：人一老就~起首了

点头忽斯tiɛ^{21} tʰəu^{44} xuəʔ^{4} sɿ^{21} ①形容儿童故作老练，点头应答的样子：这孩伢儿才四岁就~像个大人样地；②故作文雅，点头晃脑的样子：二明自从西安念书回来，说上话~地

点浆泼水tiɛ^{21} tɕiɑ̃^{24} pʰəʔ^{4} ʂuei^{21} ①形容不断地往饭里添水：不要~地尽管往里续，叫好好儿熬着；②（饭）又稀又多：~做下一大锅

堆山积楞tuei^{24} sɛ^{21} tɕiəʔ^{4} lɤ̃^{53} 形容东西很多：这二年粮食~地，可不愁吃的了

对驴讽经tuei^{53} ly^{44} fɤ̃^{21} tɕiɤ̃^{24} （动）对牛弹琴：跟这种二流子讲理就和~嘞，甚会儿任何时候也说不精明

抖皮算卦təu^{21} pʰi^{44} suɛ^{53} kua^{53} 形容举止轻佻，爱出洋相：三十来回的人像个猴孩伢儿，一下就~起首了

抖神打卦təu^{21} ʂɤ̃^{24} ta^{21} kua^{53} ①举止轻浮的样子：男子汉要往稳沉学嘞，不敢~地；②（因疼痛、气恼而）浑身颤抖的样子：一句话把他气得~地

丢眉漾眼tiəu^{24} mi^{44} iɑ̃^{53} iɛ^{21} ①（动）出洋相：跟人说话正正经经地，不要~；②出洋相的样子：~地哪像回答问题的样法儿嘞？

丢东撂西tiəu^{24} tuɤ̃^{213} liɔ^{53} ɕi^{213} 丢三落四：我记性不好，常常~地

丢连打卦tiəu^{24} liɛ^{44} ta^{21} kua^{53} ①衣冠不整的样子：把孩伢儿整饰给下儿，~地叫人家笑话也；②大大咧咧的样子：当上老师得为人师表嘞，不能~地了

丢留忽哧tiəu^{24} liəu^{44} xuəʔ^{4} tʂʰəʔ^{21} 形容做事无章法，丢三落四：做点

面条儿还～地，连盐也忘拾了

丢人背兴tiəu^{24} zɣ̃^{44} pei^{53} ɕiɣ̃^{53} （动、形）丢人现眼：①你则不用在这儿～了，回家乖乖儿戌住、呆着去吧；②这么大后生还偷东西嘞，～地

丢$^{=}$丢$^{=}$蛋蛋tiəu^{21} tiəu^{24} tɛ^{53} tɛ^{21} （为琐事）而喋喋不休的样子：放下正事不管，成天～地

单衣薄裳tɛ^{24} i^{21} pʰəʔ^{4} ʂɑ̃^{44} 形容衣服单薄：大冷天～地，操心拍了

丁死蚀咸tiɣ̃^{24} sɿ^{21} ʂəʔ^{4} xɛ^{44} 形容饭菜极咸：菜里头盐多了，～地

定斩不饶tiɣ̃^{53} tsɛ^{21} pəʔ^{4} zɔ^{44} 比喻执意要做某事，不听劝阻：看□niɛ^{213}每你们把孩伢儿兴得，要上个甚～地

东觑西看tuɣ̃^{24} tsʰu^{44} ɕi^{24} kʰɛ^{53} （动）东瞧西看：进了人巧$^{=}$人家里不要～，就和甚也没见过样地

蹬蹄筛脚tuɣ̃^{24} tʰi^{44} sᴇ^{21} tɕiəʔ^{4} 大叫大喊、浑身乱动的样子：看你急得～地，其实没甚要紧

跌倒马爬 tiəʔ^{4} tɔ^{21} ma^{21} pʰa^{44} 跌跌撞撞，连滚带爬的样子：路爽利不好走，总算是～地回来了

跌跤马爬tiəʔ^{2} tɕiɔ^{24} ma^{21} pʰa^{44} 同上：天太黑，年轻人还～地，不说你老汉人家了

跌脚卜烂tiəʔ^{4} tɕiəʔ^{21} pəʔ^{4} lɛ^{53} 同上：你不是喝得多了？走上路～地

滴溜连挎tiəʔ^{2} liəu^{24} liɛ^{44} kʰua^{53} 衣衫褴褛的样子：二娃的棉袄烂伤了，爽利～地

滴溜练胯tiəʔ^{2} liəu^{24} liɛ^{53} kʰua^{21} 衣冠不整的样子：看你穿得～地，哪像个学生嘞！

滴流淡水tiəʔ^{4} liəu^{44} tɛ^{53} ʂuei^{21} 稀稀落落：开会时间过了，人才～往来走着嘞

裰裰站站tuəʔ^{4} tuəʔ^{21} tsɛ^{53} tsɛ^{21} 形容帮不上忙又站在一旁不肯离开的样子：没事上炕圪仰躺给阵儿，不用～地了

tʰ

淘水擢浆tʰɔ^{44} ʂuei^{24} xuəʔ^{2} tɕiɑ̃^{24} 洗东西时大摆阵势的样子：你～地洗了一天，也没洗出几件儿衣裳

淘声哇气tʰɔ^{44} ʂɣ̃^{24} va^{21} tɕʰi^{53} 无休止地吵嘴怄气：成天～像个甚！

调皮打瓦tʰiɔ^{53} pʰi^{21} ta^{24} va^{21} 非常淘气：我们老二～地，不如大的乖

兔头蛇眼tʰu^{53} tʰəu^{44} ʂʅə^{44} iɛ^{21} ①探头探脑的样子：你～地是要寻得吃甚嘞？②举止小气、拘谨：在

人跟前大方些儿，不要～地

头头点点 tʰəu^{44} tʰəu^{21} tiɛ^{21} tiɛ^{24} （名）喻指处事的常识与道理：老大不小的人了，连个～也解不下不懂

汤河卜衍 tʰɑ̃^{24} xuo^{44} pəʔ^{4} iɛ^{21} （粥）又稀又多的样子：～地做下一大锅，一顿哪能吃了嘞

弹蹄卜□ tʰɛ^{44} tʰi^{21} pəʔ^{2} liɛ^{24} ①使气任性、乱滚乱翻的样子：这孩伢儿太娇，一句话说不对就～地；②坐卧不宁：什么事把你急得～地

踢皮溜瓦 tʰiəʔ^{4} pʰi^{44} liəu^{53} va^{21} 形容脸厚、淘气，喜欢惹是生非：①这孩伢儿爽利～地，老师说上脸也不红一下；②这种～的小子不定那天给你闯下祸

秃鼻脑嗓 tʰuəʔ^{4} piəʔ^{4} nɔ^{24} sɑ̃^{21} ①鼻涕欲出未出的样子：这么大后生还～地，不嫌窝囊；②比喻言语嗫嚅，含混不清：你把那利洒些儿往精明说，不要～地

秃眉竖眼 tʰuəʔ^{4} mi^{44} ʂu^{53} iɛ^{21} 脸型扁平、表情呆板的样子：那个女子长得～地，看去一满不灵动

秃沟淡水 tʰuəʔ^{2} kəu^{24} tɛ^{53} ʂuei^{21} 比喻说话缺乏条理，抓不住要害：主任～地说了半天，我连甚道道也没听出来

n

挠脚二手 nɔ^{44} tɕiəʔ^{4} ʌɯ^{53} ʂəu^{21} 干活笨手笨脚的样子：看你做上饭～那个样法儿，将来咋价过日子也？

恼眉洼眼 nɔ^{21} mi^{44} va^{53} iɛ^{21} 脸色阴沉难看的样子：真=儿敢谁也没惹你么，～地为甚？

咬牙吡嘣 niɔ^{21} ia^{44} pi^{53} pɤ̃^{21} 咬牙切齿的样子：我妈脾气一满不好，动不动就～地

茶溜少势 niɛ^{44} liəu^{21} ʂɔ^{21} ʂʅ^{53} 呆傻的样子：二娃看去～地，好象有捻儿灰傻

撵狼打虎 niɛ^{21} lɑ̃^{44} ta^{24} xu^{21} 比喻人数众多、声势浩大含贬义：翻二分地还～来了这么多人，哪能用着嘞

泥乎擦垄 ni^{44} xu^{21} tsʰaʔ^{4} tsʰɿ^{53} 浑身是泥的样子：真=儿垛墙去来了？糊得～地

哼哼喃喃 niɤ̃^{21} niɤ̃^{24} nɛ^{53} nɛ^{21} 形容说话不响亮、表达不清楚：这孩伢儿～地嚼了半天，也不知道说了些儿甚

能牙撩齿 nɤ̃^{44} ia^{21} liɔ^{53} tsʰɿ^{21} ①（说话时）扭捏作态、嗲声嗲气的样子：老王家女子可能嘞，说句话还～地；②形容举止轻浮，好卖

弄：那后生～地，办不成大事

l

拉马过线，一时不等 la^{24} ma^{21} kuo^{53} ɕiɛ^{53} iəʔ^{4} sʅ^{44} pəʔ^{4} tɤ̃^{21} 比喻办事利索，刻不容缓：说了就得兑现，～

劳手夺脚 lɔ^{44} ʂəu^{21} tuəʔ^{4} tɕiəʔ^{21} （在别人干活儿时）多管闲事，碍手碍脚：这搭儿没你的事，不要～地

劳精费神 lɔ^{44} tɕiɤ̃^{24} fei^{53} ʂɤ̃^{44} 花费许多心思和精力：这回订合同把你也～地麻烦得够呛

劳心二肠 lɔ^{44} ɕiɤ̃^{24} ʌɯ^{53} tʂ^{h}ɑ̃^{44} 费尽心思：这又跟你没关系，你～地操甚闲心嘞？

老眉爹眼 lɔ^{21} mi^{44} tsa^{53} iɛ^{21} 面容苍老、满脸皱纹的样子：□niɛ^{213}你爹刚五十□tsɔ^{53}就～地，那二年操劳伤了。又作“老眉圪爹眼”

老毛哂脑 lɔ^{21} mɔ^{44} sᴇ^{53} nɔ^{21} （年轻人）消瘦、苍老的样子：小明念书念得～地，太用功了

老丧老愣 lɔ^{21} sɑ̃^{24} lɔ^{21} lɤ̃^{53} 形容身材又高又笨：看你长得～地，浑身没一捻儿劲儿

了事道场 liɔ^{21} sʅ^{53} tɔ^{53} tʂ^{h}ɑ̃^{21} 形容办事潦草应付：这可是大事，不敢～地

敛领担胯 liɛ^{24} lyɤ̃^{21} tɛ^{53} k^{h}ua^{21}（“领”韵母特殊，读撮口呼） 衣冠不整的样子：五年级学生了还～地，不像话

哩哩啦啦 li^{21} li^{24} la^{53} la^{21} ①形容说话、办事拖泥带水：发言利索些儿，不要～地；②行为举止大大咧咧的样子：上机床要稳重嘞，～容易出事故

驴踢狗咬 ly^{44} t^{h}iəʔ^{4} kəu^{24} niɔ^{21} 比喻相互找茬、斗气：□niɛ^{213}你两个不应～地了，把心好好儿往学习上用

雷七闷棍 luei^{44} tɕ^{h}iəʔ^{21} mɤ̃^{53} kuɤ̃^{53} ①东西多而杂乱的样子：家里铁锹镢头掼下一圪都许多，～地；②～地引回这么多人，快把家翻转了

流脓溃水 liəu^{44} nuɤ̃^{21} xuei^{53} ʂuei^{21} 脓疮、伤口溃烂的样子：脖子上害疮儿害得～地，把人圪瘆得

雷翻更阵 luei^{44} fɛ^{21} kɤ̃^{53} tʂɤ̃^{53} 比喻打架、乱翻时的情景：弟兄两个打得～地，把个家闹腾得

流流衍衍 liəu^{44} liəu^{21} iɛ^{24} iɛ^{21} （液体）盛得过满的样子：饭舀得～地，又不是怕锅里没了着嘞

流水开交 liəu^{44} ʂuei^{21} k^{h}ᴇ^{24} tɕiɔ^{213} 满头大汗的样子：看柱柱熔得～

地,快叫歇给阵儿吧

琉琉蛋蛋 liəu^{44} liəu^{21} tɛ^{53} tɛ^{21} ①形容东西又小又多的样子:真=年山蔓菁儿长得～地,可不好刨;②比喻孩子多:你～养下这么多,咋务营抚养大着也

狼七闷棍 lɑ̃^{44} tɕʰiəʔ^{21} mɤ̃^{53} kuɤ̃^{53} 比喻人多而杂乱:～地站下一脚地地孩伢儿

凉哇卜叽 liɑ̃^{44} va^{21} pəʔ^{4} tɕi^{21} ①形容冰凉的感觉:你肚子怕凉,～吃上难活也;②比喻冷言冷语:这个人除然没本事还,可爱～地哨打人嘞

烂溜失伙 lɛ^{53} liəu^{21} ʂəʔ^{4} xuo^{21} 衣衫褴褛的样子:二娃穿得～地,就和个没娘孩伢儿

棱棱骨骨 lɤ̃^{44} lɤ̃^{21} kuəʔ^{4} kuəʔ^{21} 衣着打扮整洁、利落的样子:他东房婶婶五十几了也是穿罩得～地,可爱好嘞东房他婶儿都五十多岁了还穿得干净利落的,真喜欢整洁

冷不猛估 lɤ̃^{21} pəʔ^{4} mɤ̃^{53} ku^{21} (副)他爹不知道害得甚病,～□tsɔ^{53}就死了

冷风喝气 lɤ̃^{21} fɤ̃^{24} xəʔ^{4} tɕʰi^{53} 形容在室外风中吃饭或刚停止运动就吃饭:稍微歇缓给阵儿,～吃进去肚疼也

冷搲湿淘 lɤ̃^{21} va^{24} ʂəʔ^{4} tʰɔ^{44} 形容吃生冷食物:这孩伢儿常～地,怕带下毛病嘞

冷清圪火 lɤ̃^{21} tɕʰiɤ̃^{24} kəʔ^{4} xuo^{21} ①形容室内温度低:家里～地,把炉子点着吧;②形容冷冷清清:宿舍走得就剩下我各儿自己一个了,～地

聋眉扯眼 luɤ̃^{44} mi^{21} tʂʰʅə^{24} iɛ^{21} 反应迟钝的样子:人一老就～起首开始了

立眉竖眼 liəʔ^{4} mi^{44} ʂu^{53} iɛ^{21} 态度蛮横的样子:跟谁说话也～地,没一捻儿规矩

立立儿塞行 liəʔ^{4} liʌɯ^{21} səʔ^{4} xɑ̃^{21} 形容碍手碍脚:大人忙得不可开交,你也～凑红火嘞

ts

蹅趴舞射 tsa^{24} pa^{24} vu^{21} ʂəʔ^{4} 跃跃欲试的样子:人家谁也不忙,就他～地急得想露一手嘞

渣渣害害 tsa^{24} tsa^{21} xᴇ^{53} xᴇ^{21} 形容米饭、稀粥没有黏性:这回买的米爽利不好,熬出来饭～地

杂七杂八 tsa^{44} tɕʰiəʔ^{4} tsa^{44} paʔ^{4} ①形容东西种类繁多:你咋～地买回来这么多东西?②比喻人数众

多,品性各异贬:我哥～地引回来一群人,不晓得是做甚的

贼眉溜眼 tsᴇ^{44} mi^{21} liəu^{53} iε^{21}　鬼鬼祟祟、东张西望的样子:那家伙～地,□niε^{213}每你们操心些儿

载文卜里 tsᴇ^{21} vɤ̃^{44} pəʔ^{4} li^{21}　①形容说话时操着半通不通的普通话,反映了该地方人对学说普通话的偏见:王江刚在西安窚了半年□tsɔ^{53}就学得～地;②形容咬文嚼字:你不要看他～地,其实肚子里头没干货

支棱凳架 tsʅ^{24} lɤ̃^{44} tɤ̃^{53} tɕia^{53}　①东西堆放松散的样子:这圪堆儿木料堆得～地,跌下来非把人砸了不可;②比喻矫揉造作的样子:那婆姨可权换做作嘞,跟人说两句话还～地

嘴魔碎道 tsuei^{21} muo^{44} suei^{53} tɔ^{53}　唠唠叨叨:人一老就～地,见甚也要说

嘴张八道 tsuei^{21} tʂɑ̃^{24} paʔ^{4} tɔ^{53}　信口开河:以后不敢～地见甚说甚

醉么咕咚 tsuei^{53} ma^{21} ku^{24} tuɤ̃^{21}　醉醺醺的样子:我哥真⁼儿又喝得～地,一上炕就睡了

吱儿哇留声 tsʌɯ^{44} va^{44} liəu^{44} ʂɤ̃^{21}　形容叫声尖利:这女子～地尽管瞎叫唤,真悖烦使心情烦乱人嘞

tsʰ

叉梁骗⁼海 tsʰa^{24} liɑ̃^{44} pʰiε^{53} xᴇ^{21}　形容小孩子调皮,喜欢在高、险处乱跑:老命儿童的昵称,～地哪一天跌了着也总有一天会摔跤的

操弥兀拉 tsʰɔ^{24} mi^{44} vəʔ^{4} la^{21}　形容外地口音难懂、听不惯:刘老师刚从浙江上来那阵儿,说话～地,学生一满解不下

柴么擩草 tsʰᴇ^{44} ma^{21} ʐʮ^{53} tsʰɔ^{21}　形容吃菜过多,难以消化:～地吃进一肚,非跑肚不可

柴草圪渣 tsʰᴇ^{44} tsʰɔ^{21} kəʔ^{2} tsa^{24}（名）碎柴乱草:把这些～扫给下儿,撒下一地谁打摭收拾也

菜糊拉浊 tsʰᴇ^{53} xu^{21} laʔ^{4} tʂuəʔ^{4}　形容面条儿、稀粥里和菜太多:东房家吃饭不真至指饮食中主食多而副食少,～顶顿子嘞

呲牙挽嘴 tsʰʅ^{24} ia^{44} vε^{24} tsuei^{21}　呲牙咧嘴:跟我～地没用,又不是我叫扣你的奖金嘞

粗蹄笨胯 tsʰu^{24} tʰi^{44} pɤ̃^{53} kʰua^{21}　四肢粗壮、举止笨拙的样子:女子家长得～地,一满不苗条

粗零害沙 tsʰu^{24} liɤ̃^{44} xᴇ^{53} sa^{21}　形容粮

食加工得很粗糙：这个月白面爽利～地，和上个月错远了

粗声愣气 tsʰu^{24} ʂɣ̃^{21} lɣ̃^{53} tɕʰi^{53} 形容嗓门粗大：小明说话～地，像个大后生

醋心五烂 tsʰu^{53} ɕiɣ̃^{21} vu^{21} lɛ^{53} 形容胃酸的感觉：一碗剩粉糊糊吃得我～地

瞅眉腕眼 tsʰəu^{21} mi^{44} vɛ^{24} iɛ^{21} 斜眼瞅人的样子：这婆姨有话不直说，就爱～地

睃猴霸眼 tsʰɣ̃^{44} xəu^{21} pa^{53} iɛ^{21} 形容态度蛮横、粗野：那敢是个猴孩伢儿么，你对他～地顶甚嘞？

碜乎卜懒 tsʰɣ̃^{21} xu^{24} pəʔ^{4} lɛ^{21} 形容饭里砂子多，难以下咽：真〃儿的捞饭干饭～地，是不是忘淘米了？

擦蹄卜□ tsʰaʔ^{4} tʰi^{44} pəʔ^{2} liɛ^{24} 小孩子撒娇、浑身乱动的样子：在外人跟前～地，也不怕人笑话

s

撒攉流衍 sa^{21} xuəʔ^{4} liəu^{44} iɛ^{21} 形容东西盛得过满：一回少装上捻儿，～地净倒了

捎来带去 sɔ^{24} lᴇ^{44} tᴇ^{53} kəʔ^{21} （副）捎带、顺便：这捻儿谷子我～就锄完了

筛糠打颤 sᴇ^{24} kʰɑ̃^{24} ta^{21} tʂɛ^{53} （因恐惧、气愤、发冷而）浑身颤抖的样子：小花咋也是着凉了，这么暖的家还冷得～地

筛神踏舞 sᴇ^{21} ʂɣ̃^{44} tʰaʔ^{4} vu^{21} （因愤怒、恐惧而）浑身颤抖的样子：这么个桥桥□ tsɔ^{53}就把你吓得～地

死皮赖脸 sɿ^{21} pʰi^{44} lᴇ^{53} liɛ^{21} 没皮没脸：这后生～地，就要进去看戏去嘞

死眉瞪眼 sɿ^{21} mi^{44} tɣ̃^{53} iɛ^{21} 痴痴呆呆的样子：二明刻底儿一定是拍了，爽利～地

死毛拉胯 sɿ^{21} mɔ^{44} laʔ^{4} kʰua^{21} 瘦得皮包骨头的样子：孩伢儿多了务营抚养不过来，一个一个瘦得～地

嘶声啕哇 sɿ^{21} ʂɣ̃^{24} tʰɔ^{44} va^{21} 嘶声：喊叫。形容大声哭叫：～地把□ niɛ^{213}你哥哥吼醒了

嘶声二气 sɿ^{21} ʂɣ̃^{24} ʌɯ^{53} tɕʰi^{53} 形容大声喊叫：动不动就～地，谁能着得受得了你嘞

死胡麻扯 sɿ^{21} xu^{44} ma^{44} tʂʰʅə^{21} 纠缠不休的样子：人家不给借就算了，不要～地

碎溜泼烂 suei^{53} liəu^{21} pʰəʔ^{4} lɛ^{53} ①形容东西又多又碎的样子：山药长得～地，受旱了；②比喻孩子又

多又小：～地养下五个，够你往大务<u>营</u>抚养

瘦死麻害 səu^{53} sɿ^{21} ma^{44} xᴇ^{53}　瘦骨伶仃的样子：二蛋猴着小时候身体爽利不好，～地

瘦死蛤蟆 səu^{53} sɿ^{21} xəʔ^{4} ma^{44}　同上：□niɛ^{213}兄弟你弟弟～地，再不敢打那个了

丧梗五烂 sɑ̃^{24} kɤ̃^{21} vu^{21} lɛ^{53}　丧梗：脾气不随和。形容性格太直，不随和：我大哥爽利～地，连句话也不好好儿跟人说

三把两下 sɛ^{24} pa^{21} liɑ̃^{21} xa^{53}　（副）干净利落地：这捻儿营生还，～就做完了

三匹二马 sɛ^{24} pʰiəʔ^{21} ʌɯ^{53} ma^{21}　干净利落：柱柱做营生～地，一口猪一阵儿□tsɔ^{53}就杀下了

三迷九怪 sɛ^{24} mi^{44} tɕiəu^{21} kuᴇ^{53}　形容五官不正：那婆姨长得～地，颧骨又高，鼻梁又不端

三进五出 sɛ^{24} tɕiɤ̃^{53} vu^{21} tʂʰuəʔ^{4}　形容执意要做某事：要买上电动火车～，悖烦死人了

山溜古怪 sɛ^{24} liəu^{44} ku^{21} kuᴇ^{53}　形容打扮不入时，怪模怪样：这件儿衣裳穿上～地，快成出土文物也

酸不酸臭不臭 suɛ^{24} pəʔ^{21} suɛ^{24} tʂʰəu^{53} pəʔ^{21} tʂʰəu^{53}　形容故作斯文：你把那说话利洒些儿，不要～地装样法儿

酸眉醋眼 suɛ^{24} mi^{44} tsʰu^{53} iɛ^{21}　挤眉弄眼、惹人发笑的样子：这学生可能出洋相嘞，上上课□tsɔ^{53}就～起首了

酸文假臭 suɛ^{24} vɤ̃^{44} tɕia^{21} tʂʰəu^{53}　形容假装斯文：不要看他说上话～地，其实甚本事也没

酸溜五烂 suɛ^{24} liəu^{44} vu^{21} lɛ^{53}　形容水果等特别酸涩：杏儿蛋蛋还生着嘞，～没个吃法

生膀铁硬 sɤ̃^{24} pʰɑ̃^{21} tʰiəʔ^{4} niɤ̃^{53}　形容（食物等）生硬：肉还～□tsɔ^{53}就吃上了

生铁硬棒 sɤ̃^{24} tʰiəʔ^{21} niɤ̃^{53} pɑ̃^{53}　①形容食物又干又硬：馍馍搁了几天了，～地；②比喻说话口气生硬：这孩伢儿跟谁说话也是～地，爽利没礼貌

生死烂贵 sɤ̃^{24} sɿ^{21} lɛ^{53} kuei^{53}　形容物价昂贵：韭菜刚上市～，过一向儿再买吧

生事打架 sɤ̃^{24} sɿ^{53} ta^{21} tɕia^{53}　惹是生非：出去外头不要～，好好儿往乖学

寻死对命 sɤ̃^{44} sɿ^{21} tuei^{53} miɤ̃^{53}　形容以拼命相威胁：为芝麻大的个事

～地，不怕人笑话

寻死上吊 sɣ̃^{44} sʅ^{21} ʂɑ̃^{53} tiɔ^{53} 因着急而左冲右突、抓耳挠腮的样子：小明把语文书寻不上了，急得～地

寻长倒短 sɣ̃^{44} tʂʰɑ̃^{21} tɔ^{53} tuɛ^{21} 形容干些零活儿，帮点小忙：叫小花跟去吧，□niɛ^{213}每你们忙起敢有个～的人

涩鳞疥圪疤 səʔ^{4} liɣ̃^{44} tɕiɛ^{53} kəʔ^{2} pa^{24} 物体表面坑坑洼洼的样子：写字台面子没推光，～地难看死了

z

吟吟唤唤 zɣ̃^{24} zɣ̃^{21} xuɛ^{53} xuɛ^{21} 形容呻吟不绝：水霞夜来把手切了，一黑地疼得～地

tʂ

抓麻缭乱 tʂua^{24} ma^{44} liɔ^{44} luɛ^{53} （因痛苦、着急等）乱喊乱动的样子：把甚寻不上了，急得～地？

抓五闹六 tʂua^{24} vu^{21} nɔ^{53} liəu^{53} 形容忙得不可开交、顾头不顾尾：做一顿饭□tsɔ^{53}就～地，这还能干成个大事嘞？

抓黄喝道 tʂua^{24} xuɑ̃^{44} xəʔ^{4} tɔ^{53} 形容沉不住气，为一点小事而虚张声势：好好儿往稳重学，不要动不动就～地

招手忽拉 tʂɔ^{24} ʂəu^{21} xuəʔ^{4} la^{53} 说话时手舞足蹈的样子：彩彩说上话～地就和演戏嘞和演戏一样

猪泔狗食 tʂu^{24} kɛ^{24} kəu^{21} ʂəʔ^{4} 比喻饮食粗劣：东房家克打虐待老人嘞，常给～吃一捻儿

张八李九 tʂɑ̃^{24} pa^{24} li^{24} tɕiəu^{21} 形容能说会道贬：～地可好说手嘞

张狂喝道 tʂɑ̃^{24} kʰuɑ̃^{44} xəʔ^{4} tɔ^{53} 虚张声势的样子：大牛做营生不实受，就会～地

装眯打盹 tʂuɑ̃^{24} mi^{44} ta^{24} tuɣ̃^{21} 形容假装不知道：你则不应～地，夜黑地我亲眼看见你打烂的玻璃

装死卖活 tʂuɑ̃^{24} sʅ^{21} mᴇ^{53} xuəʔ^{4} 比喻装神弄鬼，要无赖：①成天～地怕谨$^{=}$懒得动弹；②不能信那家伙，那可会～嘞吧

转转弯弯 tʂuɛ^{53} tʂuɛ^{21} vɛ^{24} vɛ^{21} 拐弯抹角：有甚意见直说，不要～地

真眉捉眼 tʂɣ̃^{24} mi^{44} tʂuaʔ^{4} iɛ^{21} 形容看得十分清楚、真切：我看得～地，哪能有错嘞

正而八经 tʂɣ̃^{53} ʌɯ^{21} pa^{24} tɕiɣ̃^{21} 严肃认真：我是～跟你说嘞，不是逗笑

肿膀卜呲 tʂuɣ̃^{21} pʰɑ̃^{24} pəʔ^{4} tsʰʅ^{21} ①面部浮肿的样子：看□niɛ^{213}你妈～

的样法儿，怕是得的肾炎；②比喻衣服肥大：羽绒衣穿上看去～地

肿眉浪眼 tʂuɤ̃^{21} mi^{44} lɑ̃^{53} iɛ^{21}　面部浮肿的样子：这几天各儿竟然难活得～地

直追命害 tʂəʔ^{2} tʂuei^{24} miɤ̃^{53} xᴇ^{53}　形容催逼得很紧：～地催得我每连饭也吃不成

直上刀柄 tʂəʔ^{4} ʂɑ̃^{53} tɔ^{24} piɤ̃^{21}　形容执意要马上做某事：二虎～要跟你去嘞

直上要下 tʂəʔ^{4} ʂɑ̃^{53} iɔ^{53} xa^{53}　同上：要买上个乒乓球拍子～地，快把钱给给

直说直道 tʂəʔ^{4} ʂuəʔ^{4} tʂəʔ^{4} tɔ^{53}　①形容妇女嘴快、能说：一前晌就她一个人～穷嚼嘞；②心直口快：这婆姨～地，不会耍心眼儿

直说了道 tʂəʔ^{4} ʂuəʔ^{4} liɔ^{21} tɔ^{53}　形容嘴快、话多：男人家～一满不老成

拙嘴笨胯 tʂuəʔ^{4} tsuei^{21} pɤ̃^{53} kʰua^{21}　拙嘴笨舌：我～地，怕说不清楚嘞

tʂʰ

超眉架眼 tʂʰɔ^{24} mi^{44} tɕia^{53} iɛ^{21}　①扬头挺胸、态度傲慢的样子：王伟两年大学念得各儿～，见了人连个招呼也怕俭$^{=}$懒得打；②大大咧咧的样子：走上路～操心跌跤着

嘲天万地 tʂʰɔ^{44} tʰiɛ^{21} vɛ^{53} ti^{53}　形容说话罗里罗嗦、没完没了：快走吧，一坐下就～地拍上没完了

揣歪捏怪 tʂuᴇ^{21} vᴇ^{24} niəʔ^{4} kuᴇ^{53}　形容性格乖张、要求怪异：咱把小宝兴得爽利～地，忽儿要这个，忽儿要那个

扯边没沿 tʂʰʅə^{21} piɛ^{24} məʔ^{4} iɛ^{53}　比喻说话不着边际、没完没了：一张嘴就～说上走了没完没了

扯天没地 tʂʰʅə^{21} tʰiɛ^{24} məʔ^{4} ti^{53}　比喻说话漫无边际：他～地吹了半天，我连个道道也没听出来

丑姿八怪 tʂʰəu^{21} tsʅ^{24} paʔ^{4} kuᴇ^{53}　形容相貌奇丑：那婆姨长得～地，还可爱打扮嘞吧

臭天动地 tʂʰəu^{53} tʰiɛ^{21} tuɤ̃^{53} ti^{53}　臭气熏天：院里～地，咋也是有人淘茅粪嘞

长么连天 tʂʰɑ̃^{44} məʔ^{21} liɛ^{44} tʰiɛ^{21}　形容东西太长：这根腰带～地，裁成两圪截儿正好

肠么五肚 tʂʰɑ̃^{44} ma^{21} vu^{21} tu^{53}　绳子捆扎得横一道、竖一道的样子：一捆捆行李～地罗上那么多绳子做甚也？

敞豁烂院 tʂʰɑ̃^{21} xuəʔ^{4} lɛ^{53} yɛ^{53}　形容

没有围墙的大院儿：□niε^{213}你家～地不怕叫贼偷嘞？

唱歌兰⁼叹⁼ tʂʰɑ̃^{53} kuo^{24} lε^{44} tʰε^{53} 形容心情愉快地哼唱歌曲的样子：看你乐活得～地，有甚喜事嘞？

陈设古化（年）tʂʰɤ̃^{44} ʂəʔ^{21} ku^{21} xua^{53} niε^{21} 形容器物年代久远：这些竖柜、板箱都是～的东西了，值不了几个钱儿

陈干五烂 tʂʰɤ̃^{44} kε^{24} vu^{21} lε^{53} 形容东西太干：馍馍炕得～地谁能咬下嘞？

重纳重摞 tʂʰuɤ̃^{44} naʔ^{21} tʂʰuɤ̃^{44} luo^{53} 形容吃饭顿数过多：□niε^{213}娘娘你奶奶只怕你饿上嘞，天天～地，这下吃得难活起了

重三没四 tʂuɤ̃^{44} sε^{21} məʔ^{4} sɿ^{53} 重复唠叨的样子：说捻儿事情～地，爽利不利洒

戳风惹祸 tʂʰuaʔ^{2} fɤ̃^{24} zʅə^{21} xuo^{53} （动、形）惹是生非：①出外头生事些儿，不敢～；②咱每二小子爽利不学好，天天～地

戳天拐地 tʂuaʔ^{2} tʰiε^{24} kuᴇ^{21} ti^{53} 形容东西体积过大：抬上箱子慢些儿，～碰了人着也

戳匙圪老 tʂʰuaʔ^{4} sɿ^{44} kəʔ^{4} lɔ^{21} 碍手碍脚：除然不顶事还～地，快坐给阵儿吧

吃⁼梯⁼吃⁼他⁼ tʂʰəʔ^{2} tʰi^{24} tʂʰəʔ^{2} tʰa^{24} 形容办事不稳妥，有一下没一下：我每小子做上事～地，□niε^{213}老老他叔叔则么照应着

吃铁咬钢 tʂʰəʔ^{4} tʰiəʔ^{4} niɔ^{21} kɑ̃^{24} 比喻性格强悍，天不怕地不怕：这个女子～地，比男【子汉】还能行

赤条卜□ tʂʰəʔ^{4} tʰiɔ^{44} pəʔ^{4} liε^{21} 光着身子的样子：把袄儿穿上，～出外头着凉也

赤脚毛头 tʂʰəʔ^{4} tɕiəʔ^{4} mɔ^{44} tʰəu^{44} 形容光着头在外边乱跑：外起风可大嘞，～地又脑疼也

赤骨兰⁼叹⁼ tʂʰəʔ^{4} kuəʔ^{21} lε^{44} tʰε^{53} 孤独无靠：孩伢儿每都在外头工作着嘞，撂下我一个在家～地

搐眉罩眼 tʂʰuəʔ^{4} mi^{44} tsɔ^{53} iε^{21} 满脸不高兴的样子：有甚就说，不要～地

搐精撵怪 tʂʰuəʔ^{2} tɕiɤ̃^{24} niε^{21} kuᴇ^{53} 形容性格乖戾、怪僻：彩彩这孩伢儿～地，可难侍应嘞

ʂ

烧神卜□ ʂɔ^{24} ʂɤ̃^{44} pəʔ^{2} liε^{24} 形容不安稳，好动：我看书爽利坐不住，屁股一挨板凳就～地

少本没事ʂɔ^{24} pɤ̃^{21} məʔ^{4} sɿ^{53}　形容能耐小，没本事：咱这种～的人还是安生些儿好

少眉没眼ʂɔ^{21} mi^{44} məʔ^{4} iɛ^{21}　①形容脸型扁平，表情呆板：我每班王江看去～地，反应一满不快；②形容不识时务：做事说话都要有个眼头见识嘞，不要～地

少囊无意ʂɔ^{21} nɑ̃^{44} vu^{44} i^{53}　①形容性格懦弱：男人么，～地那能办成大事嘞？②形容肚量大，不计较小事：南房他婶婶～，可好处嘞

少主没意ʂɔ^{24} tʂu^{21} məʔ^{4} i^{53}　形容缺乏主见：我来～地，你给想上个办法吧

少人没手ʂɔ^{21} zɤ̃^{44} məʔ^{4} ʂəu^{21}　形容缺乏人力：咱每单位～地，先凑付干吧

少油没水ʂɔ^{21} iəu^{44} məʔ^{4} ʂuei^{21}　形容饭菜没油，味道寡淡：家里的饭～地，不如灶上单位食堂的有味儿

蛇眉裹⁼眼ʂɿə^{44} mi^{21} kuo^{24} iɛ^{21}　小孩子神情阴郁、不言不语的样子：这孩伢儿脾气可怪嘞，常～地，不道不知道想些甚

水抹明光ʂuei^{21} maʔ^{4} miɤ̃^{44} kuɑ̃^{21}　物体浸水后发亮的样子：真⁼儿的脚地洗得～地，快能照见人也

水淋抹扎ʂuei^{21} liɤ̃^{44} maʔ^{4} tsaʔ^{21}　同上：板箱洗得～地，得拿干布子擦嘞

水水浆浆ʂuei^{21} ʂuei^{24} tɕiɑ̃^{24} tɕiɑ̃^{21}　①形容淋得到处是水：一共提了几桶水，～地害下一脚地；②形容整天在洗涮：一天～地洗上没完，哪来那么多恶水脏衣物嘞？

水洼淘军ʂuei^{21} va^{24} tʰɔ^{44} tɕyɤ̃^{21}　形容淋得到处是水：□niɛ^{213}你妈～地成洗了一天衣裳

水淋摆带ʂuei^{21} liɤ̃^{44} pᴇ^{21} tᴇ^{53}　东西洗过后不断滴水的样子：把衣裳拧干，～地滴下一脚地了

水津淌脸ʂuei^{24} tɕiɤ̃^{21} tʰɑ̃^{53} liɛ^{21}　（饭后）满头大汗的样子：刚吃罢饭～地，不敢出风地去

水心害溻ʂuei^{21} ɕiɤ̃^{24} xᴇ^{53} tʰa^{21}　比喻待人宽厚，不计较小事：不要看他说话呛人，其实～地，一满没心

上刀挽阵ʂɑ̃^{53} tɔ^{24} vɛ^{21} tʂɤ̃^{53}　比喻执意要做某事，而且催逼甚紧：□niɛ^{213}你姐姐要买上呢子大衣～，谁还劝不下

上抓没搲ʂɑ̃^{53} tʂua^{24} məʔ^{2} va^{24}　手足无措的样子：汽车我光会开不会修，一有捻儿毛病就～地

闪手踏脚ʂɛ^{24} ʂəu^{21} tʰaʔ^{4} tɕiəʔ^{4} （副）迅速地：～往完看，人家等得要书嘞

神神巫巫ʂɣ̃^{44} ʂɣ̃^{21} vu^{53} vu^{21} ①比喻举止傲慢：不要看他～地摆架子，做上营生还不如咱；②比喻故作高深的样子：这人爽利～地，不知道肚子里头有多少墨水嘞

神妖圪散ʂɣ̃^{44} iɔ^{21} kəʔ^{4} sɛ^{53} 妖里妖气：五十几的老婆子了，走上路还～地

石猴卜叽ʂəʔ^{4} xəu^{44} pəʔ^{4} tɕi^{21} 形容衣服窄小：这件棉袄儿穿上～地，一满不大方

石头瓦块ʂəʔ^{4} tʰəu^{44} va^{21} kʰuᴇ^{53} ①（名）碎石烂砖：前晌你和二虎把这堆～倒得琉璃坡上；②碎石烂砖到处乱扔的情形：快把院起院子收拾给下儿，看～乱成甚了

折腰狼藉ʂəʔ^{2} iɔ^{24} lɑ̃^{44} tɕiəʔ^{4} 形容身材高大但不周正：柱柱长得～地，身子一满不端

拾稀漏稠ʂəʔ^{2} ɕi^{24} ləu^{53} tʂʰəu^{44} 庄稼稀稀落落的样子：真〻年旱得金豮黍儿苗子没出齐，长得～地

蚀咸卜砦ʂəʔ^{4} xɛ^{44} pəʔ^{4} tsɛ^{21} 形容很咸：菜炒得～地，把那少放捻儿盐吧么

ʐ

黏洼卜叽ʐɛ^{44} va^{21} pəʔ^{4} tɕi^{21} 形容黏乎乎的感觉：粘完信封封没洗手，手上～地

誁誁叨叨ʐɛ^{44} ʐɛ^{21} tɔ^{24} tɔ^{21} 比喻说话不清楚、不干脆，罗里罗嗦：十七八的大后生还～地，连句话也说不精明

人风礼至ʐɣ̃^{44} fɣ̃^{21} li^{21} tsɿ^{53} 小孩儿有礼貌、懂道理的样子：看人家明明，～地可有礼貌嘞

日死没活ʐəʔ^{4} sɿ^{21} məʔ^{4} xuəʔ^{4} 拼命地（吃）：一吃捻儿东西□tsɔ^{53}就～地，就和没见过个吃

软囊卜叽ʐuɛ^{21} nɑ̃^{44} pəʔ^{4} tɕi^{21} ①形容东西太软：面和得～地，怕擀不成面条儿嘞；②比喻性格懦弱：□niɛ^{213}你哥这个人～地，甚主见也没

软□练胯ʐuɛ^{21} tɕʰiəu^{24} liɛ^{53} kʰua^{21} 形容浑身困乏，绵软无力：我又好像拍了，～地没一捻儿劲儿

人眉溜眼ʐɣ̃^{44} mi^{21} liəu^{53} iɛ^{21} 形容表面上装好人：那家伙看去～地，实际装一肚子坏水

人天水地ʐɣ̃^{44} tʰiɛ^{21} ʂuei^{21} ti^{53} 比喻表达清楚、风趣，绘声绘色：刚才还说话

说得～地,咋一下就难活开了

日不聊生 ʐəʔ^{4} pəʔ^{21} liɔ^{44} sɤ̃^{21} 形容不安分,好招惹是非:闲下看给阵儿书,不要～地尽股惹是生非

日戳咕咚 ʐəʔ^{4} tʂʰuaʔ^{4} ku^{24} tuɤ̃^{21} (副)出人意料地:咋价他也～地来了

tɕ

假眉三道 tɕia^{21} mi^{44} sɛ^{24} tɔ^{53} 假情假意,装模作样:明明儿不想掏钱还～地装大方嘞

焦毛骨□ tɕiɔ^{24} mɔ^{44} kuəʔ^{2} luɛ^{24} 形容肉食品味儿不正:猪肉太瘦,～地吃上一满不香

尖嘴八道 tɕiɛ^{24} tsuei^{21} paʔ^{4} tɔ^{53} 贫嘴薄舌:女子家～地叫人讨厌也

尖声呲唠 tɕiɛ^{24} ʂɤ̃^{21} tsʰəʔ^{4} lɔ^{53} (说话声)尖利刺耳:小霞说话～地,可聒人嘞

叽哇吵乱 tɕi^{24} va^{21} tsʰɔ^{21} luɛ^{53} 嘈杂、凌乱:家里～地,出外头圪遛给阵儿吧

叽叽咕咕 tɕi^{21} tɕi^{24} ku^{53} ku^{21} 嘀嘀咕咕:□niɛ^{213}你们三个～地圪吵议论甚嘞?

挤脓研水 tɕi^{21} nuɤ̃^{44} nia^{53} ʂuei^{21} 比喻性格懦弱:二姐爽利～地,遇事光会哭

犟牙卜□ tɕiã^{24} ia^{44} pəʔ^{4} lᴇ^{21} 形容不驯顺,好顶嘴:猴孩伢儿□tsɔ^{53}就～地,一满没家教

精眉奓眼 tɕiɤ̃^{35} mi^{44} tsa^{53} iɛ^{21} 聪明伶俐的样子:二虎长得～地,其实脑子不利洒

精眉涮眼 tɕiɤ̃^{24} mi^{44} ʂuɛ^{53} iɛ^{21} 同上:这孩伢儿～地,好惹亲的

紧抹牢抓 tɕiɤ̃^{21} maʔ^{4} lɔ^{44} tʂua^{21} 形容抱着某物不放:买得两本儿书～地,只怕人借走着嘞

精精怪怪 tɕiɤ̃^{21} tɕiɤ̃^{24} kuᴇ^{53} kuᴇ^{21} 形容喜欢挑剔、唠叨:这事跟你没关系,不应～地叫人日眼了

夹屁衍屎 tɕiaʔ^{4} pʰi^{53} iɛ^{24} sɿ^{21} 比喻办事拖沓:锄几分地还～地,把那麻利些儿吧么

夹耍带笑 tɕiəʔ^{4} ʂua^{21} tᴇ^{53} ɕiɔ^{53} 形容半开玩笑半正经:王峰可会说话嘞,～□tsɔ^{53}就把人顶堵回去了

急死砍活 tɕiəʔ^{4} sɿ^{21} kʰɛ^{21} xuəʔ^{4} 急急忙忙:回家～吃了几口,就往学校跑

脚爬手挖 tɕiəʔ^{4} pʰa^{44} ʂəu^{21} va^{24} 比喻使尽浑身本事:家里吃饭的太多,两个人成年～地刚刚儿能过活

隔山吊远 tɕiəʔ^{2} sɛ^{24} tiɔ^{53} yɛ^{21} 形容相隔很远,来往不便:我每老家～

地,回一回可不容易

隔山架梁tɕiəʔ^{2} sɛ^{24} tɕia^{53} liɑ̃^{44} 比喻说话不着边际:看你～扯到哪里了?

隔山冒圪梁tɕiəʔ^{2} sɛ^{24} mɔ^{53} kəʔ^{4} liɑ̃^{44} ①形容路途遥远:□niɛ^{213}你姑姑巧$^{=}$家～地,坐车去也得整整儿一天;②比喻关系很远:～地不晓得哪来这么个亲亲

撧皮斗场tɕyəʔ^{4} pʰi^{44} təu^{53} tʂʰɑ̃^{21} ①形容争吵不休,动手动脚:弟兄两个可能打架嘞,常～地;②形容双方撕扯、推让的样子:以前送捻儿礼～地不要,而真$^{=}$起悄悄儿□tsɔ^{53}就圪擩下了

瘚气麻害tɕyəʔ^{4} tɕʰi^{53} ma^{21} xᴇ^{53} 上气不接下气的样子:看你跑得～地,有甚急事嘞?

tɕʰ

前跑后蹿tɕʰiɛ^{44} pʰɔ^{21} xəu^{53} tsʰuɛ^{53} 形容跑前跑后,十分忙碌:为我把你忙得～地,真不好意思嘞

前功后事tɕʰiɛ^{44} kuɤ̃^{24} xəu^{53} sɿ^{53} 比喻丧偶或离婚后再婚:你看你～地实在不容易,脾气要往好改嘞

愆死觅活tɕʰiɛ^{44} sɿ^{21} miəʔ^{4} xuəʔ^{4} 形容赌气:□niɛ^{213}你妈说了你两句□tsɔ^{53}就～地,那敢是为你好么

瘸溜少势tɕʰyɛ^{44} liəu^{21} ʂɔ^{21} ʂʅ^{53} 形容瘸得很厉害:□niɛ^{213}你爹～地,路又不好,不应叫去了

齐双摆对tɕʰi^{44} ʂuɑ̃^{24} pᴇ^{21} tuei^{53} （摆放、坐立得）整整齐齐的样子:①看人家立柜还～放下四顶;②这是～坐下等谁着嘞?

起$^{=}$起$^{=}$唻唻tɕʰi^{21} tɕʰi^{24} tsʰᴇ^{53} tsʰᴇ^{21} （副）干净利落地:～地把草往下铡

起火淘烟tɕʰi^{24} xuo^{21} tʰɔ^{44} iɛ^{21} 形容心情不好,易发脾气:你真$^{=}$儿～地为甚? 又是谁惹你来了?

气打烟熏tɕʰi^{53} ta^{21} iɛ^{24} ɕyɤ̃^{213} ①（动）汽蒸、烟熏:新房子不要做饭,～给顿可脏嘞;②形容水气蒙蒙、烟雾腾腾的情形:东房常～地,刚扫过一个月□tsɔ^{53}就又黑塌五窍了

气淌滚水tɕʰi^{53} tʰɑ̃^{21} kuɤ̃^{24} ʂuei^{21} 水气蒸腾的情形:我说咋价～地,原来是蒸馍馍着嘞

气熏出烫tɕʰi^{53} ɕyɤ̃^{21} tʂʰuəʔ^{4} tʰɑ̃^{53} 同上:一到冬里就得在家做饭,～地可潮嘞

气肠卜咚tɕʰi^{53} tʂʰɑ̃^{21} pəʔ^{4} tuɤ̃^{21} 形容伤心、气恼:你看各儿自己把各儿闹得～地,这么好的饭一口也没吃

气呵儿留唏 tɕʰi^{53} xʌɯ^{21} liəu^{44} ɕi^{53}　气喘吁吁的样子：你从哪来？跑得～地

㞗毛鬼胎 tɕʰiəu^{44} mɔ^{44} kuei^{21} tʰᴇ^{24}　比喻小气、吝啬：这个人～地，只想把一分钱破成八瓣儿花嘞

戗茬闷棍 tɕʰiã^{24} tsʰa^{44} mɤ̃^{53} kuɤ̃^{53}　比喻顶嘴噎人：这个学生～地，一句也不能批评

强眉赖眼 tɕʰiã^{44} mi^{21} lᴇ^{53} iɛ^{21}　死乞白赖：明明他打得玻璃，还～地硬不承认

抢活连袓 tɕʰiã^{21} xuəʔ^{4} liɛ^{44} tsɛ^{53}　形容迫不及待地抢在人前：一听见发奖金，～地数你跑得欢嘞

轻皮脱擞 tɕʰiɤ̃^{24} pʰi^{44} tʰuəʔ^{4} səu^{21}　①举止轻浮的样子：二十几的后生了还～地，没个稳重样儿；②无知而好卖弄的样子：看那～的样法儿，肯定没甚真本事

清眉俊眼 tɕʰiɤ̃^{24} mi^{44} tɕyɤ̃^{53} iɛ^{21}　清秀、俊美的样子：□niɛ^{213}你家二小子长得～地，一看就是个书胎胎

穷死可怜 tɕʰyɤ̃^{44} sɿ^{24} kʰuo^{21} liɛ^{44}　形容特别穷：那几年割尾巴割得咱～地，连油盐酱醋也买不起

七般二样 tɕʰiəʔ^{2} pɛ^{24} ʌɯ^{53} iã^{53}　形容花样百出：数你难伺候嘞，～地一阵儿一量量种说头

七打声召 tɕʰiəʔ^{4} ta^{21} ʂɤ̃^{24} tʂɔ^{213}　大惊小怪：动不动～地，又不是海有甚大事嘞

七扭八圪料 tɕʰiəʔ^{4} niəu^{21} paʔ^{4} kəʔ^{4} liɔ^{53}　比喻人心不齐，常闹别扭：全单位满共二十来个人还～地，爽利闹不到一搭

七老八伤 tɕʰiəʔ^{4} lɔ^{24} paʔ^{2} ʂã^{24}　形容老的老、病的病：这堆儿人～地，没一个顶上事的

七叉马虎 tɕʰiəʔ^{2} tsʰa^{24} ma^{44} xu^{21}　①字写得潦草、难看的样子：你作文抄得～地，老师看不清楚；②比喻办事草率、粗糙：抹墙是个细法营生，可不能～地

嘁抓圪哇 tɕʰiəʔ^{4} tʂua^{21} kəʔ^{4} va^{21}　形容大喊大叫，声音刺耳：轻轻儿拍了他一下□tsɔ^{53}就嚎得～地

ɕ

小说练道 ɕiɔ^{21} ʂuəʔ^{4} liɛ^{53} tɔ^{53}　形容拐弯抹角地表达某种要求：要买甚就直说，不要～地叫大人猜

显能活死 ɕiɛ^{21} nɤ̃^{44} xuəʔ^{4} sɿ^{21}　形容好出风头：小霞可爱～嘞，出风头的事情甚会儿也离不开她

喧天擩地 ɕyɛ^{24} tʰiɛ^{24} ʐu^{21} ti^{53}　形容体

积过大：这口箱子～地，一搁下就甚也放不下了

谖谎把式 çyε^{24} xuã^{24} pa^{21} ʂəʔ^{4} 把式：蒙借词，本领，师傅。形容不诚实，爱撒谎：猴孩伢儿就学得～地，不说真话

横仰顺卧 çyε^{44} niã^{21} ʂuɤ̃^{53} vuo^{53} 躺卧得横七竖八的情形：六个人～地把一瘩大炕占了个满

横罗十四 çyε^{44} luo^{21} ʂəʔ^{4} sɿ^{53} （物体的形状、位置）歪歪斜斜：①这只筐子没编圆，看去～地；②电视机放得～地，往正摆给下

横乎卜甑 çyε^{44} xu^{21} pəʔ^{4} ts^{h}ε^{53} （容器）歪歪斜斜的样子：真⁼儿买得这堆儿碗一个一个～地，就和专挑的

稀巴烂贱 çi^{24} pa^{21} lε^{53} tɕiε^{53} 形容价格特别低廉：街上白菜～，要多少有多少

稀汤卜水 çi^{24} t^{h}ã^{21} pəʔ^{4} ʂuei^{21} 形容饭特别稀：～地喝上一肚甚事不顶

稀撒忽料 çi^{24} sa^{21} xuəʔ^{4} liɔ^{53} 稀稀落落：①天旱得苗出不齐，则看～地那几茇庄户；②班上人走了一半，教室里头坐得～地

细么铁链 çi^{53} ma^{21} t^{h}iəʔ^{4} liε^{53} 身材瘦长的样子：王雄光往高长嘞，爽利～地不壮实

虚皮谎诈 çy^{24} p^{h}i^{44} xuã^{21} tsa^{53} 形容不诚实，好弄虚作假：那小子～地，可能捣鬼嘞

虚膀卜呲 çy^{24} p^{h}ã^{44} pəʔ^{4} ts^{h}ɿ^{21} ①形容东西捆扎得不结实：柴捆得～地，怕撒嘞；②面部浮肿的样子：看你眉眼～地，好像肿着嘞

虚撩实蹿 çy^{24} liɔ^{44} ʂəʔ^{4} ts^{h}uε^{53} 形容不踏实，好虚浮：①做上营生不要～地，好好儿往实受学；②这后生浮的，～地

虚龙爹虎 çy^{24} luɤ̃^{44} tsa^{53} xu^{21} ①比喻东西放得不结实：不要看两大筐豆芽，其实～地没多少分量；②比喻虚张声势：有的人没真本事，就会～地

虚吼料叫 çy^{24} xəu^{21} liɔ^{53} tɕiɔ^{53} 咋咋唬唬：种庄稼是实工，光～屁事不顶

羞眉拉扎 çiəu^{24} mi^{44} laʔ^{4} tsaʔ^{4} 羞羞答答的样子：这个女女见了生人～地，连话也不大敢说

香三臭二 çiã^{24} sε^{24} tʂ^{h}əu^{53} ʌɯ^{53} 比喻对友谊不专一：她～地最后跟谁也闹不成

降猴捉鳖 çiã^{44} xəu^{44} tʂuaʔ^{4} piəʔ^{4} 比喻随意喝斥别人：队长也不能把我们～地，又不是你的奴隶

想量万道 ɕiã^{21} liã^{44} vɛ^{53} tɔ^{53}　别出心裁：十岁的个人□tsɔ^{53}就～地不知道谋的些甚

想量顾反 ɕiã^{21} liã^{44} ku^{53} fɛ^{21}　同上：好好儿戍呆着，～地爬甚山去嘞

心心意意 ɕiɤ̃^{24} ɕiɤ̃^{21} i^{53} i^{21}　（副）一心想着做某事：人老了，～就想回老家去嘞

心痒难捱 ɕiɤ̃^{24} iã^{21} nɛ^{44} nᴇ^{44}　形容某种欲望难以遏制：想吃西瓜想得～地

新正上月 ɕiɤ̃^{24} tʂɤ̃^{21} ʂã^{53} yəʔ^{21}　（名）大正月：～不敢打孩伢儿

腥和圪膈 ɕiɤ̃^{24} xuo^{44} kəʔ^{4} nɛ^{21}　形容食物腥味儿很重：鱼要挖腮嘞，不嘞～不好吃

凶眉砍眼 ɕyɤ̃^{24} mi^{44} kʰɛ^{24} iɛ^{21}　气势汹汹的样子：你～地吃人也？

歇心打凉 ɕiəʔ^{2} ɕiɤ̃^{24} ta^{21} liã^{44}　形容因为绝望反倒变得心平气和：这台电视机我是～了，再买上台新的吧

血糊害煞 ɕyəʔ^{2} xu^{24} xᴇ^{53} saʔ^{21}　满脸、浑身是血的样子：国平脑袋叫石头砸了，流得～地

k

呱呱艳艳 kua^{24} kua^{21} iɛ^{53} iɛ^{21}　形容妇女大声嬉笑的声音：什麼喜事把□niɛ^{213}每你们笑得～地？

高忽咙大嗓子 kɔ^{24} xuəʔ^{4} luɤ̃^{44} ta^{53} sã^{21} tsəʔ^{4}　形容嗓门很高：不敢～地愣吼，人家还午休着嘞

拐拐脑脑 kuᴇ^{21} kuᴇ^{24} nɔ^{21} nɔ^{24}　（名）零碎东西：把裁下的这些～收拾干净

孤留打蛋 ku^{24} liəu^{44} ta^{21} tɛ^{53}　孤零零：□niɛ^{213}每你们都走了，剩下我一个～地

古式怪外 ku^{21} ʂəʔ^{4} kuᴇ^{53} vᴇ^{53}　古里古怪：你哪来这么多～的想头？

鬼眉溜眼 kuei^{21} mi^{44} liəu^{53} iɛ^{21}　神情鬼祟、怪异的样子：刚才大门进去～地的个人

鬼眉怪眼 kuei^{21} mi^{44} kuᴇ^{53} iɛ^{21}　①同上：对这号儿～的人可要操心嘞；②脸色阴沉、难看的样子：一早起来□tsɔ^{53}就～地，这敢谁也没惹你么

鬼谋夜盗 kuei^{21} mu^{44} iɛ^{53} tɔ^{53}　①鬼鬼祟祟：那个后生～地，不敢定是个剪柳儿的小偷；②形容神情阴沉难看：常常～地，就和谁争欠你阎王债着嘞

鬼颠圪倒 kuei^{21} tiɛ^{24} kəʔ^{4} tɔ^{21}　①比喻缺乏主见，遇事不能决断：这回可是打好主意，不要～地又翻蛋

反悔；②比喻刁滑、不诚实：这家伙～地，哄人连眼也不眨

鬼留⁼活死 kuei^{21} liəu^{44} xuəʔ^{4} sɿ^{21} 比喻心里想做，嘴上推让：这孩伢儿～地，想吃就吃去

鬼搐溜皮 kuei^{21} tʂ^{h}uəʔ^{4} liəu^{53} p^{h}i^{44} 形容淘气，好惹是生非：我每虎虎爽利～地，老师也管不住

鬼声二气 kuei^{21} ʂɤ̃^{24} ʌɯ^{53} tɕ^{h}i^{53} 怪声怪气：不要～瞎吼喊

鬼鬼捣捣 kuei^{21} kuei^{24} tɔ^{24} tɔ^{21} 形容不光明正大，爱搞小动作：我每单位的二头头为人不大正派，就爱～地

鬼鬼溜溜 kuei^{21} kuei^{24} liəu^{53} liəu^{21} 鬼鬼祟祟：看那～的样法儿肯定不是好人

鬼央圪捣 kuei^{21} iɑ̃^{24} kəʔ^{4} tɔ^{21} 指缺乏主见，主意多变：你去不去说定嘞，不要～地忽儿这么忽儿那么

鬼引圪诱 kuei^{21} iɤ̃^{24} kəʔ^{4} iəu^{53} （副）不由自主地：也不知道为甚，～就跑到这里来了

狗疯羊猖 kəu^{21} fɤ̃^{24} iɑ̃^{44} tʂ^{h}ɑ̃^{21} 比喻蛮不讲理，乱踢乱咬：我每又没惹你时价，你～地超⁼贱骂谁嘞？

光眉化眼 kuɑ̃^{24} mi^{44} xua^{53} iɛ^{21} ①面皮白净的样子：真⁼儿你的眉眼洗净了，看去～地；②英俊、漂亮的样子：原来～地的后生，一下叫火烧得破相了

干拳块□ kɛ^{24} tɕ^{h}yɛ^{44} k^{h}uᴇ^{21} luᴇ^{53} 形容食物干硬，难以下咽：光吃馍馍～使不成

干颜爽净 kɛ^{24} iɛ^{44} ʂuɑ̃^{21} tɕiɤ̃^{53} 干干净净：那婆姨可勤饰嘞，常把家摭摞得～地

干颜七净 kɛ^{24} iɛ^{44} tɕ^{h}iəʔ^{4} tɕiɤ̃^{53} 同上：人家教室～地，可比咱每班好吧

根长蔓短 kɤ̃^{24} tʂ^{h}ɑ̃^{44} vɛ^{53} tuɛ^{21} 比喻东拉西扯，说个没完：利洒些儿把事情说精明就行了，～地甚会儿有个完嘞？

棍乞圪榄 kuɤ̃^{53} tɕ^{h}iəʔ^{4} kəʔ^{4} lɛ^{21} 形容棍棒等到处乱扔、横七竖八的情形：把脚地收拾给下儿，～地放下一圪都许多太妨事了

圪趴背舞 kəʔ^{2} pa^{24} pei^{53} vu^{21} 背着人、扛着东西的累赘样子：父子老两个～地是去哪去也？

圪颠圪倒 kəʔ^{2} tiɛ^{24} kəʔ^{4} tɔ^{21} 颠三倒四：刚刚儿五十的人□tsɔ^{53}就～起了

圪堆马碗 kəʔ^{2} tuei^{24} ma^{24} va^{21} 东西盛得很满的样子：东房家～地给咱送过来一盆盆黄米

圪堆戴帽 kəʔ^{2} tuei^{24} tᴇ^{53} mɔ^{53}　同上：面舀得～地操心撒了

圪丢⁼扁蛋 kəʔ^{2} tiəu^{24} pɛ^{21} tɛ^{53}　形容小孩子说话不连贯：那个～地爽利说不来个甚

圪丁溜蛋 kəʔ^{2} tiɤ̃^{24} liəu^{53} tɛ^{53}　物体表面凹凸不平的样子：正面墙上～地，爽利没抹光

圪咛囔藏 kəʔ^{2} niɤ̃^{24} nɑ̃^{21} tsɑ̃^{53}　①形容表达不清楚，结结巴巴：我每婆姨～地连两句话也说不利洒；②形容唯唯诺诺，任人摆布：有事要各儿拿主意嘞，不能～地由人摆调

圪撩洼岔 kəʔ^{2} liɔ^{24} va^{21} tsʰa^{53}　形容地处偏僻，与外界来往不便：我每这地方～地，城里人来一回不容易

圪撩圪缩 kəʔ^{4} liɔ^{44} kəʔ^{4} ʂuɑ̃^{21}　行动拘谨、小气的样子：见了人不要～地，大方些儿

圪溜二弯 kəʔ^{2} liəu^{24} ʌɯ^{53} vɛ^{21}　弯曲的样子：这根棍子～地，换上根端的吧

圪叉麻也 kəʔ^{2} tsʰa^{24} ma^{44} iɛ^{21}　棍子等牙牙叉叉的样子：家里放下柴～地，把人扎给下儿着也

圪须连挂 kəʔ^{2} suei^{24} liɛ^{44} kua^{53}　衣衫褴褛的样子：八岁的孩伢儿了还穿得～地，就和没娘样地

圪搐五烂 kəʔ^{4} tʂʰuəʔ^{21} vu^{21} lɛ^{53}　皱皱巴巴的样子：把一堆山蔓菁儿放得～地

圪搐老烂 kəʔ^{4} tʂʰuəʔ^{21} lɔ^{21} lɛ^{53}　同上：这些苹果看去～地，吃去可甜嘞

圪搐麻也 kəʔ^{4} tʂʰuəʔ^{21} ma^{44} iɛ^{21}　同上：衣裳不叠就放进柜子，压得～地怎摩穿也？

圪贱⁼抱揽 kəʔ^{4} tɕiɛ^{53} pɔ^{53} lɛ^{21}　①畏畏缩缩的样子：看你～那个样法儿，哪像个后生嘞；②形容处事能力差：水霞～地连各儿也顾不上，根本给你襄哄帮忙不上

圪痳抱懒 kəʔ^{4} tɕiəu^{53} pɔ^{53} lɛ^{21}　同上：①□niɛ^{213}你二爹看去～地，其实可精明嘞；②二十几的个人还～地连个人也请不了

圪紧马扎 kəʔ^{2} tɕiɤ̃^{24} ma^{21} tsaʔ^{4}　（副）迅速、利落地（多用于祈使句）：饭凉了，～往进吃

圪紧害⁼再⁼ kəʔ^{2} tɕiɤ̃^{24} xᴇ^{53} tsᴇ^{53}　同上：～把这捻儿粪起完

圪起⁼圪㕮 kəʔ^{2} tɕʰi^{24} kəʔ^{4} tsʰᴇ^{53}　（副）干净利落地：我每几个～就把那圪瘩麦子捥完了

圪丘⁼歪拉 kəʔ^{2} tɕʰiəu^{24} vᴇ^{21} laʔ^{4}　①形容五官不正：那人不知道咋长来

了，爽利～地；②形容东西制作、摆放、悬挂得歪歪斜斜的样子：那张画儿贴得～地，重贴给下儿吧

圪丘$^{=}$歪揣 kəʔ^{2} tɕʰiəu^{24} vE^{24} tʂʰuE^{21} 同上：①二蛋嘴长得～地，眼睛也有捻儿斜；②这堆儿筐筐编得～地，没一个周正的

圪兴打晃 kəʔ^{2} ɕiɣ̃^{24} ta^{21} xuɑ̃^{53} 走路摇摇晃晃的样子：二柱子个儿太高了，走上路～地

骨□骨隆 kuəʔ^{2} lyɛ^{24} kuəʔ^{4} luɣ̃^{21} ①连滚带爬的样子：那贼小子除没掏上钱还挨了一顿打，～地跑了；②比喻吃饭狼吞虎咽的样子：吃上饭就和狼断$^{=}$追嘞，～尽股往下咽

骨联插刺 kuəʔ^{4} lyɛ^{44} tsʰaʔ^{4} tsʰɿ^{53} ①形容毛发卷曲不顺：你头发～地，一满不好推；②比喻畏缩、佝偻的样子：那后生其实个子不低，就是～地不展脱

kʰ

可怜失勤 kʰuo^{21} liɛ^{44} ʂəʔ^{4} tɕʰiɣ̃^{44} 形容生活非常贫困、艰难：弟兄两个自小殁了娘，～地总算长大了

口大十张 kʰəu^{21} ta^{53} ʂəʔ^{4} tʂɑ̃^{213} ①心直口快：我姐姐～地，说完就没事了；②形容轻于许诺：你光顾～地往下应承嘞，咱帮不了人家的忙

砍七愣八 kʰɛ^{21} tɕʰiəʔ^{4} lɣ̃^{53} paʔ^{4} 形容语言粗俗下流：在人家女子跟前～地胡嚼些甚！

砍瓜切菜 kʰɛ^{21} kua^{24} tɕʰiəʔ^{4} tsʰE^{53} 比喻干净利落：半亩谷子叫他每～一阵儿□tsɔ^{53}就割完了

磕头祷告 kʰəʔ^{4} tʰəu^{44} tɔ^{21} kɔ^{53} 形容苦苦哀求的样子：看在我～的份上，你就准了这回假吧

哭声挠哇 kʰuəʔ^{2} ʂɣ̃^{24} nɔ^{44} va^{21} 形容说话中带着哭声：小艳～地说小明打她来了

窟窿眼窍 kʰuəʔ^{2} luɣ̃^{24} iɛ^{21} tɕʰiɔ^{53} ①形容窟窿很多：窗子玻璃打烂一圪都，看去～地；②比喻消瘦、憔悴的样子：一场病害得各儿竟然～地

ŋ

熬死欠活 ŋɔ^{44} sɿ^{21} tɕʰiɛ^{53} xuəʔ^{4} 形容使尽全力：总算～地把这捻儿木料搬回来了

安板定觉 ŋɛ^{24} pɛ^{24} tiɣ̃^{53} tɕiɔ^{53} 形容睡得很熟：全家人睡得～了，你才回来

恶水卜叽 ŋəʔ^{4} ʂuei^{21} pəʔ^{4} tɕi^{21} 形容

脏污不堪：你的布衫儿～地，快洗给下吧

恶水瓦⁼蘸 ŋəʔ^{4} ʂuei^{21} va^{21} tsɛ^{53}　形容很脏：①一家人常～地，没一个干净的；②看这堆儿瓮瓮～地脏成甚了？

恶心卜溻 ŋəʔ^{2} ɕiɣ̃^{24} pəʔ^{4} tʰaʔ^{21}　形容发呕的感觉：我这阵儿～地，只想吐嘞

恶心五烂 ŋəʔ^{2} ɕiɣ̃^{24} vu^{21} lɛ^{53}　形容食物味道不正，令人作呕：这个菜～地，我一口也不想吃

X

哈七马八 xa^{21} tɕʰiəʔ^{4} ma^{21} paʔ^{4}　形容不讲道理，胡搅蛮缠：你不要～地，做甚也有个下数道理、规矩嘞

花不愣腾 xua^{24} pəʔ^{21} lɣ̃^{53} tʰɣ̃^{53}　花花绿绿：①真⁼儿把猴女子打扮得～地，真惹亲嘞；②栏柜上摆得～地，可有几种好布嘞

花眉哨眼 xua^{24} mi^{44} sɔ^{53} iɛ^{21}　俊俏、水灵的样子：炕上坐的个～地的女女

花红卜溜 xua^{24} xuɣ̃^{44} pəʔ^{4} liəu^{21}　花花绿绿贬：①这件袄儿～地，穿上太艳奓；②是～地放的些甚？

好名旦⁼估⁼ xɔ^{21} miɣ̃^{44} tɛ^{53} ku^{21}　（副）毫无来由地：你～朝谁发脾气嘞！

好来带去 xɔ^{21} lᴇ^{44} tᴇ^{53} kəʔ^{21}　（副）好歹，无论如何：你～把二小领上念书去吧

呵牙雾罩 xuo^{24} ia^{44} vu^{53} tsɔ^{53}　形容困得呵欠连声的样子：看你～地起首了，快睡去吧

胡撵拾掇 xu^{44} niɛ^{21} ʂəʔ^{4} tuəʔ^{21}　手足无措：遇上事沉住气，不要～地

胡三马四 xu^{44} sɛ^{24} ma^{21} sɿ^{53}　形容不讲道理，胡搅蛮缠：你这个人～地，一满不讲理吧

胡场八九 xu^{44} tʂʰɑ̃^{21} paʔ^{4} tɕiəu^{21}　①形容说话没有分寸：开会能说甚说上个甚，～地瞎说一气讨厌嘞；②形容不守本分，任意胡为：再要～的话操心把你逮起着

胡吹贸撂 xu^{44} tʂʰuei^{24} mɔ^{53} liɔ^{53}　（动、形）瞎吹牛：①张大栓可能～嘞，我每都叫他张大谝子；②你才听他～地，我们单位没一个人信他的话

胡加调料 xu^{44} tɕia^{21} tʰiɔ^{44} liɔ^{53}　比喻帮倒忙：没事歇给阵儿，不用～地

胡嚼干道 xu^{44} tɕiɔ^{44} kɛ^{24} tɔ^{53}　形容胡说八道：没亲眼见过就不要～地，你看见二柱拿人钱包来了

煳焨烟串 xu^{44} pəʔ^{21} iɛ^{24} tʂʰuɛ^{53}　形容饭烧煳的气味：做上饭光看书，

把一锅饭熬得～地

虎眉挣眼 xu^{21} mi^{44} tsɤ̃^{53} iɛ^{21}　虎头虎脑的样子：□niɛ^{213}你家明明长得～地，和老子的猴着他爸小时候一样样儿地

灰不溜杵 xuei^{24} pəʔ^{21} liəu^{53} tʂʰu^{53}　通体灰色的样子：这只猫儿～地，好看的

灰眉老少 xuei^{24} mi^{44} lɔ^{21} ʂɔ^{53}　两眼无神、面容憔悴的样子：□niɛ^{213}你嫂嫂这两天～地，咋也是病又犯了

灰眉杵眼 xuei^{24} mi^{44} tʂʰu^{53} iɛ^{21}　①满面尘土、污垢的样子：把眉眼洗给下儿，看～地脏成甚了；②傻里傻气的样子：这孩伢儿看去～地，怕是有捻儿不大精明吧

灰茶卜溻 xuei^{24} niɛ^{44} pəʔ^{4} tʰaʔ^{21}　痴痴呆呆的样子：我们二小子这两天一满～地

灰茶倒塌 xuei^{24} niɛ^{44} tɔ^{21} tʰaʔ^{4}　①形容神经不健全：那种～的人不值得计较；②形容穿着破烂、肮脏：看你～地那样法儿，把那稍微整饰给下儿吧么

灰留半呲 xuei^{24} liəu^{44} pɛ^{53} tsʰɿ^{21}　形容神经不健全：这孩伢儿一看就～地，脑子不满

灰说了道 xuei^{24} ʂuəʔ^{4} liɔ^{21} tɔ^{53}　形容说话不掌握分寸，信口开河：在大人跟前不敢～地，叫人家笑话也

猴眉豕眼 xəu^{44} mi^{21} sɿ^{53} iɛ^{21}　形容五官之间距离太小，显得小气：这女子长得～地，一满不大方

吼天叫地 xəu^{21} tʰiɛ^{24} tɕiɔ^{53} ti^{53}　形容大喊大叫：这么多人，～地翻了天了

慌里失张 xuɑ̃^{24} li^{21} ʂəʔ^{4} tʂɑ̃^{213}　形容办事不沉着稳妥，慌慌张张：不要忙，～地容易闹错

黄风雾气 xuɑ̃^{44} fɤ̃^{21} vu^{53} tɕʰi^{53}　比喻性格浮躁，举止轻狂：①这后生～地，怕误事嘞；②年轻人～地，经的事多了就稳沉了

黄黑二阵 xuɑ̃^{44} xəʔ^{21} ʌɯ^{53} tʂɤ̃^{53}　比喻声势浩大贬：吃大锅饭那阵儿，一说做甚～地全村都上手，就是甚也闹不成

黄肠忽乱 xuɑ̃^{44} tʂʰɑ̃^{21} xuəʔ^{4} luɛ^{53}　饥肠辘辘：饿得～地

颔水卜溻 xɛ^{24} ʂuei^{21} pəʔ^{4} tʰaʔ^{21}　（说话时）唾沫四溅的样子：说话慢些儿，～地溅了人一眉眼

喊神喝鬼 xɛ^{21} ʂɤ̃^{44} xəʔ^{4} kuei^{21}　比喻粗暴地喝斥人：你把我每～地，又不是我每闹坏的机器

红马六棍 xuɤ̃^{44} ma^{21} liəu^{53} kuɤ̃^{53}　比

喻赤身裸体的样子:脱得～地操心拍了着

红马赤条 xuɤ̃^{44} ma^{21} tʂʰəʔ^{4} tʰiɔ^{44}　同上:八岁的人了还常～地,也不怕人笑话

红眉烫眼 xuɤ̃^{44} mi^{21} tʰɑ̃^{53} iɛ^{21}　面部通红的样子:你不是拍了吧? 咋价～地

红紫驳掐⁼ xuɤ̃^{44} tsɿ^{21} paʔ^{4} tɕʰiaʔ^{21}　形容红得刺眼、瘆人:白褂子上流上鼻血了,～地

红紫显驳 xuɤ̃^{44} tsɿ^{24} ɕiɛ^{21} paʔ^{4}　同上:这捻儿肉～地,颜色不正路

红火烫燫 xuɤ̃^{44} xuo^{21} tʰɑ̃^{53} lɛ^{21}　形容炉子整天不熄火,不断地做饭:这几天亲亲多,～地光吃饭就管够支应了

红火出烫 xuɤ̃^{44} xuo^{21} tʂʰuəʔ^{4} tʰɑ̃^{53}　同上:家里净是病人,～地,做不完的饭,熬不完的药

红火烂绽 xuɤ̃^{44} xuo^{53} lɛ^{53} tsɛ^{53}　①形容非常热闹:街上扭秧歌扭得～地,你不出看去? ②比喻人多、嘈杂:这阵儿公司大百货商店正挤着嘞,～地麻烦死人了

红火热闹 xuɤ̃^{44} xuo^{53} ʐəʔ^{4} nɔ^{53}　形容非常热闹:一到正月四乡的人都来了,～,起火带炮

哄动二八 xuɤ̃^{53} tuɤ̃^{53} ʌɯ^{53} paʔ^{4}　形容阵势很大贬:搬两个箱子还～地,惊动起这么多人

混里八账 xuɤ̃^{53} li^{21} paʔ^{4} tʂɑ̃^{53}　形容开玩笑不注意分寸:逗笑也得看地方儿,不能走到那搭儿也～地

瞎说八道 xaʔ^{4} ʂuəʔ^{4} paʔ^{4} tɔ^{53} (动、形) 胡说八道:①不要听他～,根本没那么回事;②在人跟前～地,你猴孩伢儿解下甚嘞小孩子家懂什么?

瞎七八九 xaʔ^{4} tɕʰiəʔ^{4} paʔ^{4} tɕiəu^{21}　形容语言下流、污秽:～地见甚说甚,真不要眉眼

瞎眉绽眼 xaʔ^{4} mi^{44} tsɛ^{53} iɛ^{21}　形容视力很差:过沟沟操心些儿,～地跌给一跤着也

黑眉擩眼 xəʔ^{4} mi^{44} ʐu^{24} iɛ^{21}　满脸乌黑、肮脏的样子:你这阵儿就和刚从炭窑出来,～地,失笑死人了

黑打马虎 xəʔ^{4} ta^{21} ma^{21} xu^{24}　形容字、画儿等涂抹得模糊一片:作文改得～地,得重抄一遍也

黑塌五窍 xəʔ^{4} tʰaʔ^{4} vu^{21} tɕʰiɔ^{53}　形容室内光线阴暗、烟熏尘封的情形:土窑窗子猴小,又在家里做饭,熏得～地

黑黢五烂 xəʔ^{4} tɕʰyəʔ^{4} vu^{21} lɛ^{53}　形容乌黑难看:黑布做窗帘子～地,

难看死了

黑黢卜烂 xəʔ^{4} tɕ^{h}yəʔ^{4} pəʔ^{4} lɛ^{53} 同上：炉子常□kɑ̃^{53}烟冒烟嘞，把墙还熏得～地

黑虎洼脸 xəʔ^{4} xu^{21} va^{53} liɛ^{21} 形容面部乌黑、肮脏：做甚去来了？垐得～地

喝里倒阵 xəʔ^{2} li^{24} tɔ^{21} tʂɤ̃^{53} （副）干净利落地：～把这捻儿土倒完就回家

喝里倒害$^{=}$ xəʔ^{2} li^{24} tɔ^{21} xᴇ^{53} 同上：则～往完吃

忽听$^{=}$四蹋 xuəʔ^{2} t^{h}iɤ̃^{24} sɿ^{53} t^{h}aʔ^{21} 形容走路拖沓，脚步重，声响大：一听走路～地就知道是□niɛ^{213}你大哥回来了

忽里散$^{=}$毒$^{=}$ xuəʔ^{2} li^{24} sɛ^{53} tuəʔ^{21} （副）不经意地，很快地：①～吃了口儿饭；②我每两个～□tsɔ^{53}就把捻儿柴剁下了

忽□八蹋 xuəʔ^{4} lu^{53} paʔ^{4} t^{h}aʔ^{21} 糊里糊涂：叫你日捣得我～地

忽路二三 xuəʔ^{4} lu^{53} ʌɯ^{53} sɛ^{21} 同上：你咋～地把书也撂在家了？

活刁六抢 xuəʔ^{2} tiɔ^{24} liəu^{53} tɕ^{h}iɑ̃^{21} 形容一哄而上，你争我抢：一共驮来二百斤枣儿，叫众人～地一下□tsɔ^{53}就买完了

活说干道 xuəʔ^{4} ʂuəʔ^{21} kɛ^{24} tɔ^{53} 形容嘴快、能说：艳艳真$^{=}$儿～地，不晓得有甚喜事嘞

活屄留响 xuəʔ^{2} pi^{24} liəu^{44} ɕiɑ̃^{21} 形容忽而这样，忽而那样，行为没有一定的性格和习惯：□niɛ^{213}你哥哥～地，一下想起个买汽车

Ø

牙牙赛赛 ia^{44} ia^{21} sᴇ^{53} sᴇ^{21} 形容妇女言谈举止小家子气，扭扭捏捏的样子：那个媳妇妇说上话～地，就和演戏嘞

妖量$^{=}$乞涮 iɔ^{24} liɑ̃^{44} tɕ^{h}iəʔ^{4} ʂuɛ^{53} 形容妇女说话活灵活现、手舞足蹈的样子：三三娘的三三他妈四十几的人了，还～地可是个好说手

烟篷雾罩 iɛ^{24} p^{h}ɤ̃^{44} vu^{53} tsɔ^{53} 形容室内烟雾弥漫：几个人一齐吃烟，吃得～地

烟熏火燎 iɛ^{24} ɕyɤ̃^{24} xuo^{24} liɔ^{21} 形容房屋内部长年受烟火熏烤：原先白白儿地的墙崖，～地一年下来黑得不像样儿了

眼明六顾 iɛ^{21} miɤ̃^{44} liəu^{53} ku^{53} （副）眼睁睁地：你不是在跟前站着来了？咋～地叫小偷跑了？

眼头见识 iɛ^{21} t^{h}əu^{44} tɕiɛ^{53} ʂəʔ^{21} （名）

眼色、机灵劲儿：你把那有上捻儿～，不要有人没人瞎说八道地

眼头智量 iε^{21} tʰəu^{44} tʂʅ^{53} liɑ̃^{53}　同上：这么大孩伢儿没个～，看不见大人正忙着嘞？

眼红霸呲 iε^{21} xuɤ̃^{44} pa^{53} tsʰʅ^{21}　比喻嫉妒别人：人家得奖是人家干得好，你～顶甚嘞？

远留山隔 yε^{21} liəu^{44} sε^{24} tɕiəʔ^{21}　形容路途遥远：我每家～地，路上得走两天多

油脂裹撵⁼ iəu^{44} tsʅ^{21} kuo^{24} niε^{21}　同上：过年顿顿～地，就想喝口口稀饭

油油儿精神 iəu^{44} iʌɯ^{21} tɕiɤ̃^{24} ʂɤ̃^{44}　形容精疲力竭，厌烦至极：我是做饭做得～地了，以后轮得做吧

有理霸事 iəu^{24} li^{21} pa^{53} sʅ^{53}　形容霸道：在人家行不要～地，叫人讨厌也

有滋百味 iəu^{21} tsʅ^{24} piəʔ^{4} vei^{53}　形容特别讲究饭菜的味道：□ niε^{213} 你爸爸顿顿要吃得～地，调和一点儿也不能少

有好没歹 iəu^{24} xɔ^{21} məʔ^{4} tE^{213}　形容毫无办法，厌烦至极：这孩伢儿糟蹋得人～地，快叫念书去吧

有也五八，没也四十 iəu^{24} iε^{21} vu^{21} paʔ^{4} məʔ^{4} iε^{21} sʅ^{53} ʂəʔ^{21}　形容无足轻重：你在篮球队是～，不要把各儿看得了不起嘞

二八雾气 ʌɯ^{53} paʔ^{4} vu^{53} tɕʰi^{53}　形容行动冒失，办事不稳妥：三十来回的人了还～地，说风就是雨

二乎闲心 ʌɯ^{53} xu^{21} xε^{44} ɕiɤ̃^{213}　迟疑不决：到底考大学考中专，我还有捻儿～

咿咿吟吟 i^{21} i^{24} zɤ̃^{53} zɤ̃^{21}　形容妇女、儿童爱哭：这么大个人还～地，又不是猴孩伢儿嘞

嘤嘤哇哇 iɤ̃^{21} iɤ̃^{24} va^{53} va^{21}　形容儿童的乱叫声：幼儿园一天～地把人吵烦死了

佯打卜呲 iɑ̃^{44} ta^{21} pəʔ^{4} tsʰʅ^{21}　（副）装作漫不经心地：你～往进走，门房保证不问你是哪来的

洋洋误误 iɑ̃^{44} iɑ̃^{21} vu^{53} vu^{21}　①漫不经心的样子：跟人家说话～地不礼貌；②粗心大意：二狗办事～地，怕靠不住嘞

阴麻圪董⁼ iɤ̃^{24} ma^{44} kəʔ^{4} tuɤ̃^{21}　天空阴沉沉的样子：这阵儿～地，怕下雨嘞

阴死倒塌 iɤ̃^{24} sʅ^{21} tɔ^{21} tʰaʔ^{4}　①比喻气氛沉闷，了无生气：这家人～地，一天价听不见个笑声；②比喻办

事没有计划，不早做准备

因要带笑 iɤ̃^{24} ʂua^{21} tᴇ^{53} ɕiɔ^{53} 借开玩笑说出本意：真⁼儿～□tsɔ^{53}就把狗的挖苦了一顿

云天雾地 yɤ̃^{44} t^{h}iɛ^{21} vu^{53} ti^{53} 比喻忘乎所以的样子：①看宏军拍得～地，怕一下不走着嘞；②你叫人家抬舞得～地，连天高地厚也不知道了

一扑两砍 iəʔ^{4} p^{h}əʔ^{4} liɑ̃^{24} k^{h}ɛ^{21} 形容遇事沉不住气，急急忙忙抢在人前：你是～顶生意嘞，忙得跑进去做甚也

一堆老愣 iəʔ^{2} tuei^{24} lɔ^{21} lɤ̃^{53} 体态臃肿的样子：那个人可胖嘞，坐下～地

一戳两开 iəʔ^{4} tʂ^{h}uaʔ^{4} liɑ̃^{21} k^{h}ᴇ^{24} 形容敢作敢为，说一不二：咱每队长～地，说甚是甚

一直笼统 iəʔ^{4} tʂ^{h}əʔ^{21} luɤ̃^{24} t^{h}uɤ̃^{21} ①体形粗笨的样子：那女子长得～地，爽利不苗条；②比喻说话中心不明，层次不清：分开条条说，～地谁也听不精明

一出三阵 iəʔ^{4} tʂ^{h}uəʔ^{21} sɛ^{24} tʂɤ̃^{53} 比喻执意要做某事，无法劝阻：要走上西安～地，谁也说不下劝不住

一齐一合 iəʔ^{4} tɕ^{h}i^{44} iəʔ^{4} xəʔ^{21} （副）一齐：□niɛ^{213}每你们～吃，不要滴零淡水地

一裹连茬 iəʔ^{4} kuo^{21} liɛ^{44} ts^{h}a^{21} （副）不加分辨、毫无遗漏地：你不能～地连我每也骂进去

陕西师范大学中国语言文学“世界一流学科建设”成果

神木方言研究

（增订本）

下 册

邢向东◎著

中华书局

语 法 篇

拾　构词法

本章分名词、动词、形容词、代词几类，对构词法进行描写和讨论。圪（卜、忽）头词和重叠名词是神木方言构词法最突出的两个特点，已经在第柒章讨论过了。为了避免重复，上文已分析过的问题只在相关的部分提及，不作详细描写。重叠式构词和词的重叠变化区别十分复杂，本章不作区分，都放在构词法中来讨论。

一　关于构词法

现代汉语的构词法以复合法为主，屈折法很少，派生法也不发达。复合法构词在方言间的差异很小，本书不作讨论。派生法在方言间存在明显的差异。要充分体现方言在构词法方面的特点，就应当对它进行系统的研究，主要是对词缀及其构词能力进行描写。

传统上把词缀分为前缀、中缀、后缀，是完全根据其所在的位置。这种分类的作用，一是能够反映语言或方言的派生构词法的宏观特点，二是使我们在分析时便于称说，在派生词的研究中当然是行之有效的。人们还根据构词能力的大小，把词缀分为能产的词缀和不能产的词缀，对于深入分析词缀在构词中的具体作用，深入认识不同语言或方言派生构词法的内在差异，这个分类也是十分有价值的。

李小凡(1998)根据词缀的作用,把词缀分为成词标记、转类标记、变义标记(包括抽象化作用)以及衍音标记。这是颇有见地的,对于分析词缀在构词中的作用十分有效。不过,同一个词缀往往既有成词作用,又有转类作用或变义作用,因此,这并不是对词缀本身的分类,而是对其作用的分类。

我们认为,词缀在构词中的表现,除了上面所举的各种情况之外,还有一点也是十分重要的,那就是与词根结合的紧密程度。可以据此将词缀分为两类。第一类,词缀和词根完全凝结在一起,这种词缀没有任何自由,与词根的选择性较强,可以叫作全黏着词缀。比如,"拉拉 la^{53} la^{21}" 是神木话形容词后缀,附加意义是强调颜色难看的程度,它与词根的选择性很强,只能和"黄"结合,同理,绿得难看叫"绿洼洼",红得难看叫"红瘆瘆",蓝得难看叫"蓝怨怨",黑得难看叫"青□□ lyɛ^{53} lyɛ^{21}",每个后缀各司其职,不得互相替代。普通话的"子、头"是全黏着后缀。与全黏着词缀结合的词根,可能是黏着的,也可能是自由的。第二类,词缀与词根的关系较为松散,选择性不强,可以和许多属于同类的词根结合,但它的作用主要是变义作用(包括增加特定的语义色彩),同时又有改变、增强语法功能的作用,这种词缀可以叫作半黏着词缀。与半黏着词缀结合的词根一定是自由的。比如下文要讨论的形容词后缀"圪蛋",就能够与单音节形容词结合,构成状态形容词,它除了给原词增加量的语法意义之外,还使所在词具有了特定的感情色彩和形象色彩,是一个典型的半黏着词缀。普通话的前缀"第"也是半黏着前缀。

二 名词

重叠式构词是神木方言名词的典型特点之一,形式有AA、

ABB、AAB、AABB等四种。前缀"圪、卜"可以构成不少名词。儿化词也有自己的特点。上述内容均已见第柒章。前缀"老、初、第"和普通话相同。此不赘述。本节只讨论其他的名词前缀、后缀及后缀"的"。

2.1　前缀"洋"

洋灰　洋钉铁钉　洋蜡　洋瓶装酒、醋之类的玻璃瓶　洋盆　洋瓷碗搪瓷碗　洋码子阿拉伯数字　洋布细白布(白洋布)　洋裱一种细红布(红洋裱)　洋白泥刷房子用的白泥　洋铁白铁　洋烟大烟　洋钱铜钱　洋碱　洋炉铁炉子　洋火　洋戏匣子扬声器　洋号号　洋糖水果糖　洋蔓菁洋姜　洋槐树　洋声洋相:出～,借故推托或提出要求　洋相

"洋"是全黏着前缀,具有变义功能。上述词没有对应的"土×"。但一部分有相应的"×",如"洋铁—铁","洋蔓菁—蔓菁"。因此,"洋×"是在原词或词根的基础上,根据事物的某种相似性,在某事物名称前加上"洋"构成的新词。尽管个别词的"洋"还似乎有一点意思,但总体上看,"洋"的虚化程度已经很高,作为前缀分析是不存在疑问的。

这些词都是20世纪60年代以前造出来的。许多东西其实并不是从外国引进,也被命名为"洋×",反映了在闭塞状态下人们对新事物的看法。改革开放以后出现的新事物,则没有一种以"洋×"命名。这种现象一方面反映了新时期信息交流快、事物名称多遵从普通话或权威方言的说法,一方面反映出在开放的社会状态下人们对新事物不像以前那样感到新奇,所谓见怪不怪了。

2.2　后缀

名词后缀主要有"子、家、头、儿",此外还有"皮、脑、倯、鬼、起、邦、过"。其中"头"与普通话相同,"儿"缀词已见第柒章。

2.2.1 子 $tsəʔ^{4}$

全黏着后缀。读入声是舒声促化的结果,但不一定读轻声,当地人有时写作“则”。由“子”构成的名词类型较多。从词根的结构类型来看,单音节词根、双音节分音词、圪头词、复合词、不成词的语素组合等都可以构词,从词根的性质来看,有名词性、动词性、形容词性、数词性语素。

单音节语素+子:

名+子:马子 骡子 膀子 园子 面子 背子一次背的粮食捆儿 箅子 饦子 缋子

动(形)+子:衬子 礤子 裂子 钩子 锥子 尖子 湾子 母子母羊

分音词+子:圪楞子 窟□ $k^{h}uəʔ^{2}$ $lyɛ^{24}$ 子 壳□ $k^{h}əʔ^{2}$ $l\tilde{a}^{24}$ 子当年猪 孛篮子 骨隆子

圪(卜)头词+子:圪台子 圪瘩子 圪尖子 圪虫子 圪洎子 卜摊子

复合词+子:算盘子 拜老子叔叔 围脖子 炭煤子煤面儿

双语素组合+子:蛇鼠子一种蜥蜴 火塔子旺火 巧殿子大门的门闩 屎底子底细 下巴子 娘老子父母亲 碗面子碗口般大的红烧猪肉 麻叶子一种油炸食品 捏钵子一种豆面食品

构成“子”缀词的单音节词根绝大多数是黏着的,不能单用。而双语素组合也大都不成词。分音词、圪头词等自然是词。

从语义色彩来看,“子”缀词大多是中性词,少数带有厌恶色彩。有趣的是,表人名的词具有亲切、喜爱的色彩,但双(多)语素组合加“子”构成的指称某一类人的词则带有厌恶色彩。前者如:

五子 田子 旭子 英子 娥子 狗子

后者如:

二杆子二百五 二流子 背锅子 半蹩子半身不遂的人 豁唇子

吃嗑子　秃舌子　射兔子干事急不可耐的人　猪筒子太能吃的人　人芽子极其厉害的女孩子　灰杵子不懂事理的人　窝家龟子成天呆在家里的人　生渣子地痞

2.2.2　家 $tɕiəʔ^{21}$

全黏着后缀，附加在指人的名词或不成词的名词组合后面。又有四种。一种是附加在称谓词或其组合后头，指某一类人，在句中使用时略带"（不）应该如何如何"的意味。是封闭类，列举如下：

猴孩伢儿家　婆姨女子家　后生家　大老汉家

第二种是附加在男性人名、称谓后头，表示"某某的妻子"，是开放类。如：

柱柱家　二娃家　世堂家　兄弟家弟弟的妻子：这是我们～　哥哥家　小舅儿家

第三种是附加在亲属称谓后面，指"某门亲属"，是封闭类。"家"也可读 $tɕiɛ^{21}$，如：

娘家　婆家　妻家　姐家家 $tɕiɛ^{21}$ $tɕia^{24}$ $tɕiəʔ^{21}$ 舅舅家　姐婆家姥姥家　姑舅家　两姨家

第四种是附加在姓氏或人名后面，指"某家人"，与普通话相同，是开放类。"家"可读 $tɕiɛ^{213}$，如：

老张家　王家　侯家　生贵家　新民家　柱柱家

2.2.3　詈词后缀

均为全黏着后缀，不能产。表示某种叫人憎恶的人。

痞 p^hi^{44}　爬痞无赖　黑痞无赖　死痞无赖　灰痞无赖　赖痞无赖　啬痞小气鬼

脑 $nɔ^{44}$　晃脑轻浮的人　缺脑小气鬼　鳖脑小气鬼　绿脑小气鬼　嫖脑不正经的男人

㞞 $suɣ̃^{44}$　爬㞞无赖　坏㞞坏蛋　瞎㞞坏蛋　奸㞞好吃懒做、爱占小便宜的人　懒㞞懒蛋　糊脑㞞糊涂蛋　杂㞞杂种

鬼 $kuei^{213}$ 捣什鬼蒙汉合璧,调皮鬼 虮子鬼吝啬鬼 枪崩鬼 挨刀鬼

值得注意的是,神木方言极少用山西方言普遍使用的“货、猴”等詈词后缀,而与其他陕北话相同。这正好说明陕北话在词汇上的一致性。

2.2.4 名词附类的后缀

构成处所词、时间词、合成方位词。

起 $tɕ^hi^{21}$ 处所词、时间词后缀。表示具体的地点或季节、时间。全黏着,不能产:

院起院子里 外起院子里(相对于屋子里来说) 浮起上面 两头起 后头起 春起春天 早起

邦 $pɑ̃^{213}$ 方位词后缀,表示方向。县城以北(不含县城)使用,不能产:

东邦东面 西邦西面 南邦南面 前邦南面 后邦北面

过 kuo^{21} 方位词后缀,用在后缀“面”之后。神木话使用,带有强烈的口语色彩。不能产。如:

这面过 那面过 北面过 南面过 东面过 西面过

2.2.5 关于“外后儿”等

神木方言的时间词中,记日和记年法特别整齐,而且由来已久。列举如下:

记日:真⁼儿 明儿 后儿 外后儿 外外后儿
真⁼儿 夜儿 前儿 先前儿

记年:真⁼年 明年 后年 外后年 老外后年
真⁼年 年时 前年 先前年

记日的时间词后缀“儿”当是“日”的音变,不是真正的

“儿”缀。“真⁼儿、真⁼年”的“真”是“今”的音变形式[①]。

吕叔湘《语文杂记·四七·外后日》引陆游《老学庵笔记》卷十六云：

> 今人谓后三为外后日，意其俗语耳，偶读《唐逸史·裴老传》，乃有此语。裴，大历中人也，则此语亦久矣。

吕先生又引《宋史·艺文志》所录《逸史·裴老传》云：

> 裴老请去，王君恳邀从容，久方许诺，曰：“明日来，得否？”曰：“不得，外后日来。”

吕文接着说道：“‘外后’的说法，在宋代似乎还普遍，如《法演禅师语录》云：‘前年，去年也恁么，明年，后年，更后年，外后年也恁么。’依语意似为‘后四’，与放翁‘后三’之说微不合。……惟吾乡丹阳还是说‘外后朝’、‘外后年’，意思是‘后三’，与放翁之说相合。”由此可见，“外后日、外后年”等等记日、记年法，早在唐代就已通行了，在一些南方方言中也有存留。只是后来北方话逐渐不用它，而大多用“大后日、大后年”等了。至于《法演禅师语录》用“外后日”指“后四”，恐怕是方言的差别，而不能说明该词的意义由唐至宋发生了垂直变化。

此外，陕北话除了榆林、吴堡、府谷之外，“大后天”都说“外后儿(天)”。

三 动词

除了“圪、卜、忽”以外，神木方言常用的动词前缀还有“打、日”，后缀有“打、见、砍、掐”等。其中前缀“日”又是形容词前缀，在第四节讨论。

① 见太田斋《晋方言常用词汇中的特殊字音——“今日”和“今年”》，载《首届晋方言国际学术研讨会论文集》，山西高校联合出版社1996年。

3.1 前缀“打 ta²¹³”

全黏着前缀，带“打”的动词如：

打闹设法搞 打摭收拾，吃光 打摞收拾，准备外出的东西 打划估量，计划 打算 打趆趆摸 打扮 打劫 打对应付 打帮劝 打拦

据太田辰夫（1987：175）的考察结果，“打”的意义扩大的倾向从唐五代起就能见到。“打”作前缀在宋代特别发达。现代方言中，“打”作为前缀已经没有任何意义，只是增加了一个音节，起衍音作用，同时，这类词的一部分词根不能单用，所以它又有成词作用。“打”构成的都是及物动词。例如：

(1) 你咱出去打闹上捻儿吃的吧。

(2) 则么把走的东西往好打摞，不要临走也又寻不上。

3.2 后缀

3.2.1 打 ta²¹

半黏着后缀，有能产性。带“打”的动词如：

甩打 试打 哨打说怪话，冷嘲热讽 拍打 克打在吃穿上虐待 跌打 跳打 抖打 碰打

从表义看，这些词大都表示具体动作，如“碰打｜拍打｜跌打｜克打”，但有个别词表示比较抽象的意义，而与词根的意思不同了。如“跳打”义为“不稳重地做人、办事”，“拍打”除表示轻拍的动作外，还表示“吹嘘、巴结”。

“打”的主要作用是使动词具有表小意味，即“打”缀词表示的动作幅度较小，或延续时间较短。如“碰打”指“轻微地碰一下”，“试打”指“试一试”，因此，少数“打”缀词能够以 AABB 式重叠，构成状态形容词，如“跌跌打打｜跳跳打打｜抖抖打打｜哨哨打打”，形容人的情态。

“打”缀词在句中充当谓语。例如：

(3) 这孩伢儿在人跟前□tsɔ⁵³就把我甩打得！

(4) 刚吃了药么，咋又抖打开了？

(5) □niɛ^{213}老儿家您老人家上了年纪了,则么操心跌打给下儿着。

(6) 王胜利可爱啃打人嘞。

须要说明的是,“打”还可以充当随意貌助词,而这种用法又和做后缀有直接关系,是后缀进一步虚化的结果。见第拾叁章。

3.2.2　见 tɕiɛ^{53}

半黏着后缀。带“见”的词如:

A　看见　梦见　碰见　瞭见　覰 tsʰu^{44} 见　闻见$_1$　揣见$_1$

B　吃见　闻见$_2$　尝见　想见　揣见$_2$　觉见　睡见　详情见　思谋见

A组不能产,B组有能产性。

从语义看,词根都指称具体的动作,带“见”后大都表示做该动作后获得某种感觉。其中有些词中的“见”意义还比较具体,如“碰见|听见|闻见|揣见|吃见”,而在有的词中,已经十分抽象了,如“睡见|思谋见|觉见”。

从成分和句法功能看,词根大都可以单用,个别不能单用,多数词根能带受事宾语。带上“见”后,A组表示“……到”的意义,可以带受事宾语,是及物动词;B组则表示做该动作后得到的某种感觉,后头只能带谓词性成分,可以分析为结果宾语,是不及物动词。“闻见、揣见”兼属A、B两组。B组的用法如:

(7) 我吃见挺酸。

(8) 我尝见绵绵儿地。

(9) 我觉见头上爽利不清利得。

(10) 我睡见可舒脱嘞。

例(7)(8)的词根“吃、尝”本来是及物动词,可以带受事宾语,例(9)的词根不单用,例(10)的词根是不及物动词,不能带受事宾语,也不能带结果宾语。加上“见”后,一律变成只能带谓词性结果宾语的不及物动词。例(10)的"睡见"似乎可以换作"睡得",但替换后,"舒脱"已不是睡觉时的感觉,而是睡觉时的状态了。因此我们认为,"见"后面的成分以分析为结果宾语为宜。

太田辰夫(1987:176—177)指出:"看见、听见、闻见"中的"'见'可以说是使任意动词非任意化的接尾辞(即后缀——引者)";"'见'用于和视觉有关系的动词很早就有,但毕竟还不能说是很明确的接尾辞。到它用于听觉的例子出现后,才可以说是确实接尾辞化了",如"'我于彼听见大师劝道俗,但持金刚经一卷,即得见性,直了成佛'(六祖坛经,S.377)"。可见,"见"很早就是个后缀了,只是大多数北方话除了"望见|看见|听见|闻见"外,再没有产生其他"见"缀词。而在一部分晋语方言中,它却发育得非常丰满,形成了一个不小的词族。

3.2.3 "砍"和"掐"

砍 $k^h\varepsilon^{21}$ 半黏着后缀,但不能产,本字不明。带后缀"砍"的词如:

凶砍发火 追砍催促 扑砍积极地做 射砍急不可耐地做 瘷砍气促 跑砍来回跑,来往

"凶砍|追砍"是及物动词,其余都不及物。后缀给动词增加了动作较重、较用力的附加意义,并带有轻微的不满意味。"跑砍"则有来回、反复义。

掐 $t\varsigma^hia^{21}$ 黏着后缀,具有变义作用,不能产。"掐"缀词如:

削掐 剥掐翻弄 抠掐仔细地抠,刻意寻找他人的缺点、漏洞 搜掐仔细地搜寻吃的东西 猴掐一点一点吃,逗弄

"掐"缀词都是及物动词,和词根的意义有所不同。这类词的附加意义比较明显,即表示动作仔细、幅度较小,个别词还可以AABB方式重叠,构成状态形容词,如"抠抠掐掐"形容刻意寻找他人的缺点、漏洞的状态。

两类词在句中的用例如：

（11）这钟又不是我闹坏的，你凶砍我为甚是！

（12）你一天挣不了几块钱，这是扑砍甚嘞？

（13）那是□niε²¹³你哥哥的书，不敢给那剥掐。

（14）孩伢儿又搜掐那捻儿月饼嘞，咋也大概是饿了。

3.3　重叠式动词

逗要要　戏要要　打能能　歇凉凉　猜枚枚　逛面面只做表面文章，说便宜话　打哇哇　晒阳阳　打转转　跳方方　跳间间

这些动词都是支配式结构，个别有对应的AB式，如“逗要、跳方”。少数可有限扩展，在中间插入“上（一）个”或“给阵儿”，如“打上个能能、歇给阵儿凉凉”，但大多数不行。它们不表示短时貌或尝试貌，而是与重叠式名词的附加意义相同，带有表小色彩，多指幅度较小或令人愉快的动作行为，其中不少是儿童游戏。在句子中一般作谓语。如：

（15）念书可不是戏要要，得用功嘞。

（16）来，给妈妈打上个哇哇。

四　形容词

4.1　带叠音后缀的形容词

4.1.1　ABB式

由单音节词根加上叠音后缀构成。例如：

A　白生生　红丹丹　蓝茵茵　粉堆堆　绿蓁蓁
　　红腾腾　灰杵杵　黄沙沙　红瘆瘆

B　清湛湛　水拉拉　晴湛湛　猴捻捻　方铮铮
　　端铮铮　圆丹丹

C　香喷喷　臭腾腾　袭囔囔　甜唑唑sɿ⁵³ sɿ²¹　腻忍忍
　　淡寡寡　苦汉汉

D　软脓脓　软溜溜　硬铮铮　硬洼洼　粗沙沙
绵囊囊
E　滚乎乎　麻□□ $z\iota^{53}$ $z\iota^{21}$　烧烘烘　冷洼洼
热烘烘　捂汉汉
F　活跳跳　茶憨憨　秃树树　光抹抹　明铮铮
俊扁扁　凶恨恨　生岔岔　稳悠悠

从意义看，ABB式形容词都是形容状态、感觉的。大致可以分为六组，A组表颜色，B组表颜色以外的视觉状态，C组表味觉感受，D组表触觉感受，E组表身体的感觉，F组表人物的状态。

叠音后缀是全黏着后缀，其中一部分有意义，但比较模糊，不很具体；一部分没有意义，找不到本字。它们一般不改变词根的基本意义，但是增加了程度很高的附加意义，给所在词带来了丰富的形象色彩、鲜明的感情色彩，同时改变了其句法功能。

ABB式的形象色彩是不言而喻的，这些色彩不仅来自词根本身，更取决于那些丰富多采的后缀。如“脓脓”给人以软得像脓团一样的感觉，“跳跳”则形象地描绘出“活”的情态来，“沙沙”加深了人们对“粗”的印象，“湛湛”引发了人们对“晴”空一片湛蓝的想像。这些词之所以具有强烈的表达效果，原因正在于此。

ABB式的感情色彩非常丰富，褒贬对立也十分明显。这种对立集中体现在，词根相同、后缀不同的词，感情色彩往往不同。试比较：

褒：红丹丹　蓝茵茵　绿蓁蓁　硬铮铮　软溜溜
贬：红瘆瘆　蓝怨怨　绿洼洼　硬洼洼　软脓脓

“红丹丹”指红得鲜艳、醒目，“红瘆瘆”则指红得令人恐惧、厌恶，用来形容伤口、血的颜色等。“蓝茵茵”和“蓝怨怨”除了“蓝”的颜色是否好看以外，几乎纯粹是感情色彩之差。同样一种发软的东西（如食品），喜欢的人说“软溜溜地”，不喜欢的人说“软脓脓地”。不同的形式与不同的感情色彩的统一，大大方便了人们对各种感觉、状态的带有价值评价的描绘。

ABB式的后缀，有的适应面较广，可以和多个词根结合，如“铮铮、洼洼”就是两个构词能力很强的后缀，有的可以和两三个词根结合，如“丹丹、湛湛、溜溜、杵杵”等，而大多数后缀只能固定地跟一个词根结合。因此后缀的数量很多。以神木话为例，120多条ABB式形容词，就有60多个后缀，其中大部分没有明确的意思，找不到本字。人们只能凭感觉领会它的意义和描绘作用，正所谓“可意会不可言传”。因此，我们似乎可以说，ABB式的强烈的表达效果，一部分来自它的组成成分，一部分就来自形式本身。

这个事实一方面反映了ABB式强烈的口语色彩，说明它是不同的人在活生生的语言实践中创造出来的；另一方面也说明这种构词形式具有极强的类推能力，是一种能产性很高的词套子。

4.1.2　A格BB、A不BB、A忽BB式

所有的A忽BB式都没有相应的ABB式。其他两种大部分是在ABB式中嵌入中缀“格”或“不”构成的。在这三个中缀中，“格”的适应范围最广，有能产性，“不”次之，“忽”的构词能力最弱。例如：

A格BB：绿格蓁蓁　俊格丹丹　清格湛湛　端格铮铮
明格纠纠　硬格洼洼

A不BB：干不楞楞　臭不腾腾　洋不张张　灰不塌塌
茶不憨憨　奓不楞楞

A忽BB：薄忽扇扇　轻忽缭缭　甜忽腩腩　赤忽显显

除了A忽BB式以外，上列各词大多数有对应的ABB式，少数没有，如“干不楞楞、洋不张张、奓不楞楞”不能说“干楞楞、

洋张张、爹楞楞”。反过来看,ABB式只有少部分可以嵌入中缀,所以,不能完全把带中缀的词当作ABB式的变式来看待。

从修辞意义来看,它的形象色彩与ABB式相同。感情色彩则因具体中缀的不同而有差异,带“格”的除个别之外都是褒义词,带“不”的除个别之外都是贬义词,带“忽”的全都是贬义词。可见,“格、不、忽”属于感情色彩已经基本固定化的中缀。

4.1.3 句法特点

由于ABB、A格BB等式的形容词具有表示状态的程度很高的附加意义,所以具有一系列句法特点:一律不受程度副词和否定副词修饰,不带补语;可以充当谓语、补语和定语,作状语较少;作谓语和补语时,必须带后缀“地”;作补语必须置于结构助词“得”之后;如果动词带宾语,补语要放在宾语后头。例如:

(17) 这后生爽利生溜溜地野得很,一捻儿礼貌也没。

(18) 一场病害得志刚一满灰塌塌地。

作定语须在被修饰的词前面加助词“的个”,整个词组作主语时,全句隐含着“本来……没想到……”的意思。例如:

(19) 俊扁扁地的个后生,咋地把脸烧了!

(20) 那几天还绿格蓁蓁的个苗子,看叫旱成个甚了!

少数描写人物情态的词能作状语,这时后缀“地”可以省略。例如:

(21) 那夜儿那天营生正忙着嘞,他时价要请假嘞,叫我呛了一顿,灰溜溜(地)走了。

(22) 你这个人没一句顶事话,一天不知道淡寡寡地嚼些甚!

4.2 状态形容词后缀“圪蛋”

神木方言有两个“圪蛋”。一个是圪头名词,已见第柒章。另一个是状态形容词后缀,没有实际意义,只表示所在的形容词所表示的状态程度很高,并带有轻微的厌恶色彩。后缀“圪蛋”可能是名词“圪蛋”虚化的结果。

“圪蛋”是半黏着后缀,能产性很高,置于单音节形容词之后,构成状态形容词。以它作后缀的词可分为以下几组:

A　红圪蛋　绿圪蛋　黄圪蛋　粉圪蛋　蓝圪蛋

B　软圪蛋　硬圪蛋　冰圪蛋　烧圪蛋　粗圪蛋

C　酸圪蛋　甜圪蛋　苦圪蛋　辣圪蛋　咸圪蛋

D　干圪蛋　稀圪蛋　水圪蛋　黏圪蛋　稠圪蛋

上列都是表感觉的状态形容词,其中A组表视觉(颜色),B组表触觉,C组表味觉,D组兼表视觉和触觉。

带“圪蛋”的词在基本意义之外又有“程度高到说话者觉得过分”的附加意义,因此具有不满的色彩,没有“好圪蛋｜新圪蛋｜香圪蛋”之类。除此之外,“圪蛋”还带给这些形容词以生动的形象感,从而使它们与词根单用在意义、用法、语境诸方面都有很大差别,在言语中不能互换。

与带“圪蛋”的词意义最为接近的形容词是ABB(含A不BB等)式,试比较:

A＋圪蛋:干圪蛋　湿圪蛋　软圪蛋　黑圪蛋　粉圪蛋
　　　　酸圪蛋　灰圪蛋

ABB式:　干晒晒　湿拉拉　软脓脓　黑洼洼
　　　　粉不奈奈　酸不叽叽　灰不少少

两类的基本意义、感情色彩相同,只是ABB式的形象色彩更加鲜明。不过它们的语法功能有所不同,“A＋圪蛋”只能充当谓语和补语,不能作定语和状语,ABB式不仅可以作谓语、补语,而且能作定语和状语;“A＋圪蛋”不能带后缀“地”,ABB式一般要带。例如:

(23)a 浑酒咋价酸圪蛋?

　　b 浑酒咋价酸固⁼固⁼地?

(24)a ˣ酸圪蛋的浑酒叫人咋喝嘞?

　　b 酸固⁼固⁼地的浑酒叫人咋喝嘞?

总的来说,带“圪蛋”的形容词的语法特点是:(1)不用后缀“地”;(2)能作谓语和补语,不作定语和状语;(3)作谓语不带表程度、否定的状语和任何补语;(4)作补语时前面必须有结构助词“得”或表结果的“成”。再举两例:

(25)这种布颜色红圪蛋,穿上难看死了!

(26)啊呀,你咋价把饭做成稠圪蛋!

4.3 动词、形容词前缀“日 zə̧ʔ⁴”

“日”是黏着词缀,不能产。带前缀“日”的有动词、形容词两类。列举如下:

动　词:日鬼作鬼,哄骗　日弄瞎鼓捣,作弄　日哄　日捣　日蹋糟蹋　日晃

形容词:日怪奇怪　日脏　日巴□tʂʰua⁵³不合格,次　日超⁼不日超:不正经　日殃好笑,好出洋相　日眼讨厌

日头词与圪头词、卜头词、忽头词大不相同。首先,日头词都是派生词,没有相应的分音词,因此,“日”是名副其实的前缀。其次,日头词只有动词、形容词,没有其他类。再次,日头词均含有表粗鲁、厌恶的色彩。

有的词根能单用,跟派生词意义相差不大,感情色彩也基本相同,不过带“日”后更加强烈。所以,可以认为,前缀“日”本身就有表示厌恶色彩的作用。陈庆延在《说前缀[zəʔ]“日”》(首届官话国际学术讨论会论文,1997)中认为,前缀“日”就来自表性交的字眼儿。从感情色彩来判断,这是极有可能的。

从句法功能看,日头动词都是及物的,可以带受事宾语;形容词都是表性质的,可以受程度副词的修饰,充当谓语。各举两例:

(27)那家伙专门日鬼你嘞,你还信他的鬼话嘞?

(28)把捻儿家缘都叫我爹日捣完了一点家产都让我爸糟蹋光了。

(29)看你眉眼日脏得,赶紧回洗去。

(30) 这老汉可日眼嘞,哪有红火也短不下他。

4.4　形容词的重叠变化

神木方言的形容词有四种重叠方式,一是双音节形容词的AABB式,和普通话相同;二是单音节词的AA儿式;三是偏正式形容词的AA儿BB式;四是单音节形容词在句子中的AA式。下面分别讨论。为了称说方便,把未重叠的形式叫作“基式”。

4.4.1　AA儿式

这是加缀重叠法。例如:

肥肥儿　绵绵儿　软软儿　猴猴儿　清清儿　甜甜儿　端端儿　苦苦儿

不论基式的声调如何,重叠并儿化后,后字一律读去声。

这种格式的性质比较复杂。如果认为“儿”是后缀,那么就应当把AA儿式当作一种构词的格式,而不能分析为构形手段。同时,由于AA儿式不能脱离“儿”而独立,所以也不能把“儿”分析为助词。笔者认为,既然儿化的只是后字,而不是整个形容词,那么,就可以把它的结构分析成“A + A儿”,这种重叠形式就是“单音节形容词和它的加缀形式相重叠”,可以叫作“加缀重叠法”。

能这样变化的形容词一般都是表积极意义的。重叠后,一方面把性质形容词变为状态形容词,并表示所指状态的程度很高,另一方面给词加上了喜爱的色彩。后一方面显然跟“儿”的存在有关。

AA儿式形容词后头一般要带助词“地”;不受程度副词和否定副词修饰;在句中作谓语时不带表程度的补语和状语,作补语时不带修饰成分,作定语时必须有“(地)的(个)”,部分可以作状语,这时“地”可带可不带。各举一例:

(31) 锅头滚滚儿地,过来坐给阵儿。

(32) 院起风哨得凉凉儿地,出去遛达给阵吧。

(33) 好好儿地的个东西,硬叫你给闹烂了。

(34) 稳稳儿(地)往下放,操心碰烂着。

AA儿式也可以构成副词,在句中作状语,后缀"地"可以省略。例如:

款款儿　欢欢儿　偏偏儿　明明儿　惬惬儿　强强儿

白白儿　利利儿　刚刚儿　猛猛儿　直直儿 $tʂ^hʌʔ^4 tʂ^hʌɯ^{53}$

可可儿 k^huo^{53} $k^huʌɯ^{53}$ 恰巧

(35) 就怕叫老师看见嘞,没想可可儿等上个他。

(36) 叫咱每来嘞,他是走了,绕得白白儿(地)跑了十几里。

4.4.2　AA式

这是少数单音节形容词的变化形式,重叠后不表状态,表达小称义。其特点是,重叠的后字读轻声,与AA儿式后字儿化并读去声不同。又有两种情况。

第一,在指示代词"这么、那么"后头,出现在用手或工具指明物体大概形状和体积的语境中。例如:

这么高高　这么大大　这么长长　那么多多

那么厚厚　那么重重

这种形容词都是表积极意义的,数量不多,它们的反义词不能重叠。重叠后表示性状的程度较轻微,用在句子中语气比单用基式要弱一些。在句中作谓语和定语。例如:

(37) 丹丹年时才那么高高,真=年爽利长大了。

(38) 就要这么长长一根绳绳。

第二,在否定副词"不"后头。例如:

不大大　不多多　不耐耐　不深深　不快快　不行行

不厚厚　不重重

能够这样重叠的词数量比前一种多,不过也必须是表积极意义的,其反义词不能重叠。肯定句中跟"不AA"对应的是AA儿式,但有AA儿式的词远比"不AA"式多。

语气上,不AA式的否定比基式轻微,但如果带上“爽利、一满”等程度状语,语气就比基式的否定式强烈了。

在句子中,“不AA”多作谓语、补语,作定语较少,不作状语。各举一例:

(39) 这口井一满不深深,还能瞭见底子嘞。

(40) 这种车一满跑得不快快。

(41) 不大大的个人,还真顶了事了。

4.4.3 AABB式

例如:

A 洋洋误误漫不经心 立立骨骨穿着整齐、精神的样子 勤勤饰饰干净、整齐的样子 顺顺气气 拴拴整整 放放心心 绵绵善善 疲疲塌塌

B 拉拉沓沓待人和气,喜欢跟人聊天的样子 戳戳打打 拍拍打打 抠抠掐掐喜欢寻他人的不是的样子 绕绕弯弯拐弯抹角 营营舞舞慢吞吞的样子

C 神神叨叨 鬼鬼搗搗 鬼鬼溜溜 精精怪怪絮絮叨叨 心心事事 嘤嘤哇哇叽里哇啦 咿咿吟吟 $i^{21}\ i^{24}\ z\tilde{ɤ}^{53}\ z\tilde{ɤ}^{21}$ 哼哼叽叽 唏唏哼哼

A组是双音节形容词重叠,B组是动词通过重叠变成状态形容词,C组没有对应的AB式。严格地说,A组的重叠是构形变化,B、C两组应当属于构词法范畴。只是为了方便讨论,才把它们放在一起讨论。

从感情色彩来看,A组有褒义词,也有贬义词,B组以贬义词为多,C组全部是贬义词。可见,当人们用AABB式构造新词时,是把它作为一个具有贬义色彩的格式来运用的。

不管构成成分和感情色彩有何差别,AABB式的语法特点相当一致:都不能受程度副词和否定副词“不”的修饰,不带任何补语;在句中充当谓语、补语、状语、定语,其中作谓语、补语时

必须带后缀"地"。各举一例：

(42) 你则不应绕绕弯弯地了。

(43) 看这婆姨，常把衣裳摭摞得勤勤饰饰地。

(44) 一后晌神神叨叨（地）穷嚼上没完。

(45) 看你洋洋误误那个样法儿，一辈子甚也闹不成。

4.4.4 AA儿BB式

只在高家堡话通行，不能产。如：

黢黢儿黑黑 冰冰儿渗渗 雪雪儿白白 尽尽儿够够

丁丁儿酸酸 雪雪儿甜甜

这是偏正式状态形容词的变化方式。重叠以后，前字的重叠音节儿化并轻读，后字的重叠音节只轻读。偏正式形容词本身就是表状态的，不受程度副词和否定副词修饰，重叠以后更强调状态的程度达到极点。在句中充当谓语和补语。各举一例：

(46) 这碗饭丁丁儿酸酸地了，倒了吧。

(47) 我把窝窝吃得尽尽儿够够地了。

须要说明的是，具有这种变化的，只是一部分偏正式状态形容词。因此，AA儿BB式当是受普通的AABB式同化而出现的，它只通行于高家堡话也证明了这一点。

五 代词

神木方言的代词只有后缀。详见第拾贰章。

5.1 复数形式的后缀

神木话的人称代词和询问人的疑问代词的复数形式，用后缀"每"来表示。如"我每、□ niɛ²⁴每、他每、谁每"。

万镇、贺家川的人称代词和询问人的疑问代词的后缀是"弭"。如"我弭、□ niɛ²⁴弭、他弭、谁弭"。

5.2　领属形式的后缀

神木方言人称代词、指示代词、疑问代词表领属的后缀是“家”，读音为tɕiəʔ4或tɕiɛ213。如神木话：

□家niɛ24 tɕiəʔ21你的　他家　这家tʂəʔ2 tɕiɛ24　那家nəʔ2 tɕiɛ24
谁家ʂuei44 tɕiəʔ21

5.3　指示代词的后缀

神木、高家堡、贺家川表性状的指示代词后缀用“么”，如“这么、那么”。“么”神木话音məʔ4，贺家川音mɤ̃213。万镇、贺家川用“底价”的合音形式“□tie44”，如“这□、那□”。

5.4　疑问代词的后缀

神木话询问事物和性状的疑问代词有后缀“摩ma44/ma213”，如“什摩、怎摩”，这个后缀与“么”同源，但发展不同步，可能跟近代汉语的方言差异有关。

神木、高家堡表性状的指示代词和疑问代词有后缀“价”。作为代词后缀的“价”音tɕiɛ44，没有意义。如“这么价、那么价、怎摩价”以及重叠式后缀“咋价价tsa24 tɕiɛ44 tɕiɛ21”。万镇、贺家川指示代词用“个kuəʔ21”作后缀，疑问代词与神木话一致。如“这么个、那么个、咋价、咋的个”等。后缀“价”和“个”都是半黏着后缀，来源可能不同。

代词后缀对句法功能有一定影响。当代词单独成句或在句末充当谓语时，必须带后缀，如神木话“就这么价吧”“你说咋价？”“咋的个？”充当状语时也以带后缀为常，但可以省略，如万镇话“飞机是这么（个）叠嘞”“‘躺’是那么（个）写嘞”。

5.5　重叠式指示代词

指代处所的代词有重叠的形式，如神木话“这搭儿搭儿、搭儿搭儿、那儿那儿”。神木话指代时间的代词也有重叠式，如“这辰辰、那辰辰”。重叠式具有亲切、表小的色彩。

拾壹　副词

本章分程度、范围、情状、时间、语气、否定六类，列举并描写神木方言的副词。文中将同一小类的词分为A、B两组，A组与普通话相同，不作解释，B组是方言中特有的词，加以解释和举例，并指出其句法环境和搭配的语气词。

一　程度副词

1.1　表程度很高

A　最　太　过于　特别　实在　分外　十分　挺　真可

B　海　袭　兀些　终　终为　分把外　另把外　直生硬　直生硬　直硬　决发　决利　越　爽利　爽性　一满　海利　黑⁼里⁼

海 xE[213]　连读变调为清平，而非清上。相当于普通话"很"，极其常用。只用在形容词和助动词"能｜会"前，句末语气词是"嘞"，如"人家那后生海能行嘞""而真⁼的孩伢儿海难伺应嘞"（"海难"作状语）；"英儿海会说便宜话嘞"。"海"与方言中"最｜太"的区别在于，"海"是强调程度甚高，句末语气词是"嘞"，而"最"是强调程度达到极点，"太"强调程度超过合理的限度，句末语气词是"了"。"海"与"最｜太"分布互补。神木方言不用“很”。

袭 xiəʔ^{4}　兀些 vu^{44} xiəʔ^{21}　相当于“特别”，用在少数单音节形容词前面。“袭”可表一般状态和味觉的程度，如“袭精｜袭紧｜袭甜｜袭寡”。“些”舒声促化。“兀些”表距离和体积、形状的程度，如“兀些高｜兀些远｜兀些长｜兀些厚｜兀些粗｜兀些大｜兀些圆”。

终 tʂuɤ̃^{213}　义同“太”，表示超出了一般的限度，用在形容词前，如“而真⁼坏人终多了”“人家不好是，你终好了说人家不好，你可好了”。

终为 tʂuɤ̃^{24} vei^{21}　义同“太”，如“终为爱吃了”“疼得终为伤了，镇痛片根本止不住”。

分把外 fɤ̃^{53} pa^{53} vᴇ^{53}　另把外 liɤ̃^{53} pa^{53} vᴇ^{53}　与“分外”同，但带有不满意味，相当于“过于”。用在形容词前，句末语气词是“着嘞”，如“这捻儿路分把外远着嘞”“这家人分把外精明着嘞”“这个人另把外能吃着嘞”“咱家另把外黑着嘞”。

直 tʂʰəʔ^{4}　表示动作、行为的程度，其中一个义项相当于“简直”，如“疼得直像针扎嘞”。另一个义项相当于“直到、以至”，如“直笑得跌倒骨隆跌跌撞撞地”“嚎大声哭得直把喉咙还岔⁼哑了”。

生硬 sɤ̃^{24} niɤ̃^{53}　直生硬 tʂʰəʔ^{2} sɤ̃^{24} niɤ̃^{53}　直硬 tʂʰəʔ^{4} niɤ̃^{53}　均指动作、行为的结果程度很高，用在动词前面，义为“生生地”，如“生硬把个耍的儿玩具闹烂”“直生硬把气卵子疝气还努下来”“直硬欺负得人家跑了”。

决发 tɕyəʔ^{4} faʔ^{21}　决利 tɕyəʔ^{4} li^{53}　越 iəʔ^{4}　相当于“更”，用在谓词前，如“疮儿决发疼得伤了”。“决利”高家堡多用，如“第二天决利走不动了”。“越”有关联作用，用于条件复句，如“他越吼喊我越不怕他”。神木很少用“更”。

爽利 ʂuɑ̃^{24} li^{53}　爽性 ʂuɑ̃^{24} ɕiɤ̃^{53}　一满 iəʔ^{4} mɛ^{21}　海利 xᴇ^{24} li^{53}　强调程度很高，多用于谓词的否定形式前，如“这孩伢儿可捣蛋

嘞，娘娘的他奶奶爽利乖哄哄不住”“老师讲的我一满解不下不懂”。“爽性”高家堡常用，如“你而着爽性糊脑了吧你现在简直糊涂了吧？”“海利”南乡方言多用，如“沙路上汽车海利走不动”。

黑⁼里⁼ xəʔ² lei²⁴　与“海利”之间是语音变换关系，本词当为“海来”。高家堡和南乡话多用，义同“可”，用在谓词前，如“钱儿黑⁼里⁼多嘞，看你会挣不”“那黑⁼里⁼是个灰和尚他可是个傻小子”。

1.2　表程度较低

A　稍微

B　有捻儿　稍而微之　些微　些须　十分

有捻儿 iəu²⁴ niʌɯ²¹³　同普通话“有点儿”，用在形容词前，句末不用语气词，如“眼睛有捻儿红”“他有捻儿不好意思”。

稍而微之 sɔ²⁴ ʌɯ²¹ vei⁴⁴ tsɿ²¹　是“稍微”的扩展形式，用在动词和助词“的个”前，如“你把那稍而微之动弹给下儿”“甲：碰得伤不？乙：稍而微之的个稍微一下”。

些微 ɕyɛ²⁴ vei⁴⁴　些须 ɕyɛ²⁴ ɕy⁴⁴　“些”受后字同化，变读撮口呼。指状态的变化和动作的幅度很小，用在动词和形容词前，如“些微往里坐给下儿”“雨些微小了些儿了”“些须往起垫给下儿”“画儿贴得些须有捻儿斜了”。

十分 ʂəʔ² fɤ̃²⁴　用在“不、没”前面，指程度不高或数量不多，如“十分不大不十分大”“十分没些人没多少人来这里吃饭”。按该词与普通话的同形词意义、语序均不同。

二　范围副词

A　都　全　又　光　净　另外　只

B　也　一伙　蹚　统共　拢共　满共　海共　一共
　　一满　不拘　或拘　或管　休管

也 iɛ²¹³　方言表示周遍的副词与普通话基本相同，一般用

“都、全、净”等，但普通话“不管……都”句式，方言要用“不管……也”，不能用“都”，如“不管你咋说，人家也不信”“不管你官儿多大，也得遵守法律”。

一伙 iəʔ⁴ xuo²¹　①义为“都”，如“把捻儿剩饭一伙打摭吃光了”。②引申为“一下子”，如“我进门着不操心，一伙把帘子撇下来了”“爷爷一伙□ tsɔ⁵³就把你打 tiɛ²¹³ 死了”。

蹅 tsʰɛ²¹³　义为“仅、只”，用在作主语的名词前，如“蹅山蔓菁儿土豆就刨下八千来斤”“蹅我每一家就分了六千多块”。神木方言不用“仅”。

统共 tʰuɤ̃²¹ kuɤ̃⁵³　**拢共** luɤ̃²¹ kuɤ̃⁵³　**满共** mɛ²¹ kuɤ̃⁵³　**海共** xᴇ²¹ kuɤ̃⁵³　都表示把数量往小里说的总括，义为“总起来不过……”，如“一个月统共才挣三百来块”“拢共有百十来个人”“满共做了五天□ tsɔ⁵³就熬不住了”。“海共”在高家堡和南乡方言中多用，如“海共存下两千来块钱，都叫你害淘糟蹋了”。

一共 iəʔ⁴ kuɤ̃⁵³　**一满** iəʔ⁴ mɛ²¹³　同普通话“总共”，指合在一起的数量，如“神中真⁼年今年一共考上一百二十五个大学生”“全村一满七百多个人”。“一满”表程度见上文。

不拘 pəʔ² tɕy²⁴　**或拘** xuəʔ² tɕy²⁴　**或管** xuəʔ⁴ kuɛ²¹　**休管** ɕiəu²⁴ kuɛ²¹　义为“不管”，用在有疑问代词的句子中，如“不拘甚买上捻儿”“不拘哪夜儿哪天去都行嘞”“或拘你怎摩闹嘞，修好就行”“休管谁去了支应给下儿”。“或管”多用在“甚”前面，如“或管甚给我吃上两口，饿得实在不行了”。

三　情状副词

3.1　表动作态度、目的

A　胡　乱　顺便儿

B　瞎　贸　尽管　尽股⁼　尽　一顺儿　捎带

捎来带去　刁来带去　专门　直专　安心　就便儿　一径儿

瞎xaʔ^{4}　义同“胡”，指没有根据、没有节制地做事，如“瞎吃｜瞎说｜瞎闹｜瞎做”。

贸mɔ^{53}　①指“凭着记忆”，如“贸写｜贸背”。②义同“贸然”，指未经考虑、轻率地做某事，如“你没见过，可不敢贸说”“这可不是戏耍耍，不敢贸来”。

尽管tɕiɣ̃^{24}kuɛ^{21}　**尽股**⁼tɕiɣ̃^{24}ku^{21}　“尽股⁼”是“尽管”的语音变异形式，可能与万镇话“管”读꜂kuo有关。义为“不断地”，同普通话“只管、一个劲儿”，表示热情之高、动作之快、时间之长及其支配对象的数量之多，如“低倒骷子头尽管吃”“这几天公路上尽股⁼出事”。

尽tɕiɣ̃^{213}　义为“积极地”，侧重表现态度之主动，动作之紧凑。多用于说明事情的难度和为自己申辩的语言环境，如“这么多剩饭，一家人尽吃也吃不完”“这不是□tsɔ^{53}已经尽忙乱着嘞？”

一顺儿iəʔ^{4}ʂuʌɯ^{53}　**捎带**sɔ^{24}tᴇ^{53}　**捎来带去**sɔ^{24}lᴇ^{44}tᴇ^{53}kəʔ^{21}　**刁来带去**tiɔ^{24}lᴇ^{44}tᴇ^{53}kəʔ^{21}　义为“顺便”，表示做甲事时顺便做乙事，如“进城买菜起的时候一顺儿打点儿黄油素油”“去乡里调查捎带上串一回”“这捻儿营生捎来带去□tsɔ^{53}就做完了”“就了儿看孩伢儿，就了儿刁来带去看捻儿书一边看孩子，一边顺便看点儿书”。

专门tʂuɛ^{24}mɣ̃^{44}　**直专**tʂəʔ^{2}tʂuɛ^{24}　**安心**ŋɛ^{44}ɕiɣ̃^{213}　“专门”有两个义项，一指以做某事为唯一目的，与“直专”相同，如“专门进城买豆腐去了”“为几十块钱称不着不值得直专去一回大柳塔”。一指存心做某事，同“安心”，如“专门跟我寻不是找茬儿嘞”“安心不和狗的过了”。

就便儿tɕiəu^{53}piʌɯ^{53}　义同“顺便”，如“叫他就便儿给我买上本儿书”“上班儿起就便儿把这捻儿糕给□niɛ^{213}你二姨姨拿得去”。

一径儿iəʔ^{4} tɕiʌɯ^{21}　义为“索性、干脆”，如“一径儿把谷子割完再回吧”“一径儿不见面吧，也就不想了”。

3.2　表动作的具体状态

A　冷不防

B　款款儿　亭亭儿　打猛　定猛　冷猛估　冷不猛估　猛不冷估　一伙　□lia^{44}么　喝里倒阵　圪紧马扎　忽里散毒　好明但估　日戳咕咚　眼明六顾　倒转颠倒　□□tsɤ̃^{53} tsɤ̃^{53}/tsɤ̃^{44} tsɤ̃^{44}

款款儿kʰuɛ^{24} kʰuʌɯ^{53}　①指“轻轻地”，如“款款儿往下放，操心碰烂着”。②指“好好儿地”，用于祈使句，如“你则么款款儿寂住着吧，不应心急”。

亭亭儿tʰiɤ̃^{24} tʰiʌɯ^{53}　指“静静地，没有一点儿动作”，如“真=年没营生，亭亭儿寂闲呆着嘞”“芳芳亭亭儿坐在后炕圪”。

打猛ta^{24} mɤ̃^{21}　定猛tiɤ̃^{53} mɤ̃^{21}　冷猛估lɤ̃^{21} mɤ̃^{53} ku^{21}　冷不猛估lɤ̃^{21} pəʔ^{4} mɤ̃^{53} ku^{21}　猛不冷估mɤ̃^{21} pəʔ^{4} lɤ̃^{53} ku^{21}　“猛不冷估”是“冷不猛估”的音节换位形式，后者又是“冷猛估”的扩展式，声调变化较大。意义均指“突然”，同北京话的“冷不丁”，如“多时不见，打猛□tsɔ^{53}都认不出来了”“我每正走着嘞，冷猛估从路畔钻出来一条狗”“他冷不猛估吼了一声，再下儿差点儿把我吓死”“你要猛不冷估问我，我也说不出来”。“定猛”北乡话多用，如“常不看书，定猛价连个‘绽’字也认不对了”。

一伙iəʔ^{4} xuo^{21}　义指“一下子”，表示动作的突然和出现结果之快，如“装水没操心，一伙把手烧了”“一伙洒下一脚地地板水”。

□么lia^{44} məʔ^{21}　喝里倒阵xəʔ^{2} li^{24} tɔ^{21} tʂɤ̃^{53}　圪紧马扎kəʔ^{2} tɕiɤ̃^{24} ma^{21} tsaʔ^{4}　忽里散毒xuəʔ^{2} li^{24} sɛ^{53} tuəʔ^{21}　均指动作迅速，

如“听见石头响，柱柱□么起开了”“你则□么吃”。“圪紧马扎”多用于催促对方，如“你则圪紧马扎地，洋洋误误等甚着嘞？”“喝里倒阵”有“毛毛糙糙”的意思，如“喝里倒阵□ tsɔ53就捣下一堆石子儿”。“忽里散毒”有迅速而不经意的意思，如“忽里散毒喝了三碗拌汤”。

好明但估 xɔ21 miɤ̃44 tɛ53 ku21　日戳咕咚 zə̩ʔ4 tʂhuaʔ4 ku24 tuɤ̃21　义为“莫名其妙地”，指在说话者不注意的情况下出现了某事情，如“娥子真=儿早起好明但估地恼的”“夜来日戳咕咚□ tsɔ53就把个机器闹坏了”。

眼明六顾 iɛ21 miɤ̃44 liəu53 ku53　义为“眼睁睁地、明明”，如“眼明六顾看见人家把铁锹拿走也不吼一声”“我眼明六顾见你写下的么，咋□ tsɔ53就不承认了？”

倒转 tɔ53 tʂuɛ53　颠倒 tiɛ24 tɔ53　同“反倒”，如“各儿把事情闹坏了，倒转还爬挲赖我嘞”。“颠倒”高家堡多用，如“这阵儿和那个他说了，除然不顶事还，颠倒叫那个瞎操心嘞不仅不管用，反倒让他瞎操心”。

□□ tsɤ̃53 tsɤ̃53/tsɤ̃44 tsɤ̃44　形容吃的动作和手的动作之快，如“则么□□地吃”“□□钞夹了八个包子”。

3.3　表动作主体的状态

伙　一搭　一齐一合　先不先

伙 xuo213　一搭 iəʔ4 taʔ21/ta21　均表示“共同、一起”，如“伙吃”“伙睡一个被窝睡”“一搭作作业”“一搭走路”。

一齐一合 iəʔ4 tɕhi44 iəʔ4 xəʔ4　义指“一齐”，如“一齐一合吃完好摭摞家匙收拾炊餐具”。

先不先 ɕiɛ24 pəʔ21 ɕiɛ24　义指“率先、首先”，多用于带有不满意味的语境，如“先不先□ tsɔ53就给他各儿抢了个位位”“你先不先把作业做下再说要的事”。

四　时间副词

4.1　表过去

A　原先

B　刚刚儿　才待　才　逮根儿　乍根儿　底根儿
旧根儿　当根儿　乍　□tsɔ53/tsã53

刚刚儿 tɕiã24 tɕiʌɯ53　义同北京话"刚刚",如"我刚刚儿进门,你□tsɔ53来了""复习了半年,才刚刚儿考了个及格"。

才待 tsʰE44 tE53　义为"刚要",与元杂剧及晋语不少方言的"恰待"相同,如"紫红山药剥皮皮,才待忘了又想起你"(山曲);"才待走也,没想叫他给缠住了"。

才 tsʰE44　有一个义项是"刚刚",如"才还见他跑得圪蹿蹿地,一下□tsɔ53殁了?"

逮根儿 tE21 kʌɯ24　乍根儿 tsa53 kʌɯ213　底根儿 ti21 kʌɯ24　旧根儿 tɕiəu53 kʌɯ213　当根儿 tã24 kʌɯ213　都指"过去",但不是时间名词,如"我每家逮根儿可穷嘞""乍根儿一年才能收一百来斤谷子""看他而真⁼偷人嘞,底根儿就不是什么好东西""这搭儿搭儿旧根儿有一座庙"。"当根儿"在高家堡和南乡方言中常用,如"早晓得两家闹不好起的话,当根儿就不往一搭莀了"。

乍 tsa53　是"刚"的意思,如"乍开始｜乍来了""乍莀在这搭儿搭儿着爽利不惯刚住到这儿的时候一点儿都不习惯"。

□tsɔ53/tsã53　义为"已经",强调在很早以前已经发生,如"十岁上□给人当上伙计了""修神延铁路早□圪吵议论上了"。

4.2　表现在

A　正

B　当现　当现无明

当现 tã53 ɕiɛ53　当现无明 tã53 ɕiɛ53 vu44 miɤ44　高家堡多用,

义同“立刻”,指态度之坚决和要求迅速完成该动作,如“人家当现就要嘞”“说收水费,当现无明就得交嘞”。

4.3 表将来

自自儿

自自儿 tsɿ^{53} tsʌɯ^{53} 义为“从今以后”,如“自自儿天就暖了”“那个长大了,自自儿各儿会照顾各儿了”。

4.4 表时间间隔之短

马下 欻马 立马 随当 就了儿 跟手 返首

马下 ma^{21} ɕia^{53} **欻马** tʂʰua^{24} ma^{21} **立马** liəʔ^{4} ma^{21} **随当** suei^{44} tɑ̃^{21} 都指紧接着某个时候发生或完成,如“我马下就来了”“这捻儿营生欻马就做完了”。“立马”在北乡使用,如“立马给你大哥拍上个电报”。“随当”主要在高家堡和南乡使用,如“随当就把钱给了”。神木方言不用“立刻、马上”。

就了儿 tɕiəu^{53} liʌɯ^{53} 义为“当时、当下”,强调发出动作之快,如“小花就了儿□tsɔ^{53}就嚎起了”“我就了儿□tsɔ^{53}就把狗的扔了”。

跟手 kɤ̃^{24} ʂəu^{21} **返首** fɛ^{24} ʂəu^{21} 义指“紧接着”,如“我跟手就来了”“刚刚儿学会跟手就忘了”“刚刚儿说完,返首□tsɔ^{53}就不承认了”。

4.5 表频率

A 常 常常 从来 就 才 又 一直 还

B 好嘞 匀半 打多时 十老冒 闲间 常年年
逮共 海共 可共 海例 大例 / 逮例
大大例 / 逮大例 一各儿 太tʰᴇ^{213}半 太tʰᴇ^{213}个
但动给下儿

好嘞 xɔ^{21} ləʔ^{4} 义同“通常、一般”,但只用于否定句,如“姑舅们好嘞不来往”“好嘞不听说这个人”。有时单用,如“甲:□每 niɛ^{24} məʔ^{4}你们常去山上串去不? 乙:也好嘞不怎么去”。

匀半 yɤ̃^{44} pɛ^{53}　打多时 ta^{21} tuo^{24} sʅ^{44}　义同“间或、偶尔”，如“神中匀半价考一个清华、北大”“我姑姑打多时给我每打一个电话”。神木方言不用“偶尔、间或”。

十老冒 ʂəʔ^{4} lɔ^{21} mɔ^{53}　与“偶尔”义近，但侧重否定意义，行为、事件的间隔时间更长，也许解释成“老＋不”比较确切。如“十老冒来我每巧⁼家一回，咋吧还不吃顿饭？”“神木春起十老冒下一回雨”。

闲间 xɛ^{44} tɕiɛ^{21}　义为“偶尔”，强调不是特意做某事，如“他闲间来一回价”“你则么闲间去瞭哨上那个一回”。

常年年 tʂʰɑ̃^{44} niɛ^{44} niɛ^{21}　指“一年到头、一直”，如“庄户人常年年敢就这么个受法么”“□niɛ^{213}你妈常年年不吃一捻儿肉”。

逮共 tᴇ^{21} kuɤ̃^{53}　海共 xᴇ^{21} kuɤ̃^{53}　可共 kʰəʔ^{4} kuɤ̃^{53}　海例 xᴇ^{21} lei^{53}　指从过去到现在，义同“从来”，只用于否定句，如“我猴着小时候逮共也没穿过个新衣裳”“我海例没见过这个舅舅”。“海共、可共”高家堡多用，如“我海共没坐过汽车”“老张家可共没这号儿毛病”。

大例 tᴇ^{53} li^{53} / 逮例 tᴇ^{21} li^{53}　大大例 tᴇ^{53} ta^{53} li^{53} / 逮大例 tᴇ^{21} ta^{53} li^{53}　两词均有音变形式，“大例｜大大例”当为本词。义为“从来＋也”，在肯定句和否定句中同样常用。如“我大例不吃肉”“人家逮例就这么个规矩”“神木从前大大例没个穿裙子的”“上坟逮大例就从这条路上走嘞”。

一各儿 iəʔ^{4} kʌɯ^{21}　义同“一直”，如“努⁼他一各儿就这么欺负我”“我一各儿不爱吃甜的”。

太半 tʰᴇ^{21} pɛ^{53}　太个 tʰᴇ^{21} kəʔ^{4}　义同“一般、通常”。“太半”新派完全不用，“太个”高家堡常用，如“太半是三斤半白面换一斤鸡蛋”“城里人太个不咋娶乡里媳妇子”。

但动给下儿 tɛ^{53} tuɤ̃^{53} kei^{53} xʌɯ^{21}　义同“动不动”，如“但动给下儿就嚎起了”“但动给下儿就把眉眼放下了”。

五　语气副词

5.1　表陈述语气

A　反正　明明　是　就　宁可　多亏　偏偏儿　肯定

B　长圆　长短　贵贱　早来　早敢　□tsɔ^{53}/tsã^{53}

真个　甚不甚　正数儿　正然　难万　难没间

利利儿　再下儿　险乎儿　偏气　可可儿　惬惬儿

刻底儿

长圆tʂʰã^{55} yɛ^{44}　长短tʂʰã^{44} tuɛ^{21}　贵贱kuei^{53} tɕiɛ^{53}　与"反正"同义,加强断定语气,"长圆"比"长短、贵贱"更多主观色彩,主要用于祈使句,如"你长圆得来嘞!""这回则么长短考上吧""人家贵贱不愿意么"。

早来tsɔ^{24} lɛ^{44}　义为"本来就",用于递进复句的前分句或有语言环境补充正句意义的单句,如"早来□niɛ^{213}你妈胳膊疼嘞,凉给下决发做不成营生了""早来人家说咱是懒明鬼!""早来我难活嘞,看你把家扇擢得!"

早敢tsɔ^{24} kɛ^{21}　表示"终究、反正",句末须带语气词"么",如"他早敢走也么他终究要走的""再躲也,早敢见人也么即使再躲,终究也得见人"。

□tsɔ^{53}/tsã^{53}　①表示"快、轻而易举",相当于普通话"就"的一个义项,如"一说□恼了""一阵阵□把一车山蔓菁儿卖出去了"。②表示主观上满足、庆幸的语气,如"能捞住命□不赖了,花多少钱不要紧""这□是瞌睡等了个枕头儿"。③表示容让,用于让步复句的前一分句,与"就是、就怕"等呼应,相当于普通话"倒"的一个义项,如"我□是没甚,就怕再的人不行嘞""准备得□挺周到,就是不晓得用上不"。④表示"断定+不满"的语气,如"你□睡得挺舒服,人家那么多人还受着嘞""你要早听上我的话吧,□不应受这个罪了"。⑤表示反问,如“你吧□海能行嘞？”“你歇了半天了，我歇一阵阵□不行了？”须要说明的是，内蒙古晋语该词也十分常用，不过读t母，一般记作“倒”。颇怀疑神木话也是“倒”的音变。

真个tʂɤ̃^{24} kəʔ^{21}　表加强肯定，相当于普通话的“真的”，如“人家真个肚疼嘞么，又不是装着嘞？”“我们明儿真个走也，不哄你”。和“的”连用为“真个的”，在话语中单用，强调话语的真实性，如“真个的，山药地里有一只狐子”。

甚不甚ʂɤ̃^{53} pəʔ^{4} ʂɤ̃^{53}　是由疑问代词的反复问形式凝固而成的，表示“不管怎么样”“先……再说”，如“甚不甚先把狗的告下去再说”“甚不甚先把这和尚这小子安顿住”。

正数儿tʂɤ̃^{53} ʂuʌɯ^{53}　义同“本来就”，如“正数儿想难活了，哪是穿得少得过本来就想闹病了，哪里是因为穿得少”“那个正数儿还不想来着嘞他本来还不想来呢！”

正然tʂɤ̃^{53} ʐɛ^{21}　义同“其实、正”，强调实际情况，含让步意味，如“说是说嘞么，正然敢舍不得打么”“正然叫他承包去时价正让他承包嘛，又不敢了”。

难万nɛ^{44} vɛ^{53}　难没间nɛ^{44} məʔ^{21} tɕiɛ^{21}　义同“万一”，如“难万碰上狐子起，可不敢打”“难万他要不认账起，你就把这封信拿出来”“西安难没间卖这种药起，给我买上两盒儿”“拿上两瓶子汽水，难没间车上没水起能顶堵一阵儿”。

利利儿li^{53} liʌɯ^{53}　强调确认的语气，义同普通话“竟然”，如“利利儿地跌了一跤”“人家利利儿买下四只羊”。

再下儿tsᴇ^{53} xʌɯ^{53}　险乎儿ɕiɛ^{24} xuʌɯ^{53}　表示庆幸。义同“差点儿”，但不用于否定结构。“险乎儿”在高家堡和南乡话中比“再下儿”多用，如“再下儿跌下崖底下去”“险乎儿把命也送了”。

偏气pʰiɛ^{24} tɕʰi^{44}　（“气”声调特殊）义同“偏偏儿”，如“偏气碰上张老师监考，可严嘞”“你不叫我耍水去，我偏气要要去嘞”。

可可儿k^{h}uo^{53} k^{h}uʌɯ^{53}　惬惬儿tɕ^{h}iɛ^{53} tɕ^{h}iʌɯ^{53}　与“偏偏儿”同，但语气比它轻。用于表不如意的语境，如“这事情就怕他圪捣捣鬼嘞，没想可可儿碰上个他”“惬惬儿把个顶事的走了”。

刻底儿k^{h}əʔ^{4} tiʌɯ^{21}　义同“肯定”，表主观判断，只用于肯定句，如“真$^{=}$儿刻底儿下雨也”“□爹niɛ^{24} ta^{21}刻底儿是叫雨寄住堵住了”。

5.2　表揣测语气

不敢定　未量　咋也　大概儿　还$^{=}$把$^{=}$

不敢定pəʔ^{4} kɛ^{21} tiɤ̃^{53}　义为“或许”，侧重于肯定，如“我们不敢定提工资也”“你不敢定认得这个人嘞”。

未量vei^{53} liɑ̃^{53}　义为“没准儿”，用在否定形式前，构成双重否定式表肯定，如“那个也未量做不出这种事来他没准儿会做出这种事来”“拿这种解法未量解不出来”。

咋也tsa^{24} iɛ^{21}　大概儿ta^{53} k^{h}ʌɯ^{53}　语气倾向于肯定，如“既是说下说好来的话，他咋也来也”“明儿咋也晴也”。“大概儿”高家堡常用，如“□爹niɛ^{24} ta^{44}你爸爸大概儿湿了雨了”。

还$^{=}$把$^{=}$xɛ^{44} pa^{21}　义同“大概、可能”，猜测的成分较重。常用在“是”的前面，如“还$^{=}$把$^{=}$是□niɛ^{213}你哥哥搁下忘了”“还$^{=}$把$^{=}$是我说过这么个话来了”。

5.3　表疑问语气

A　究竟　哪能　何必　莫非

B　到究　才　咋嘞　哪顶　哪如　那　那么

到究tɔ^{53} tɕiəu^{21}　与“究竟”同，表示追根究底的疑问，如“你到究去不去？”“这话到究是不你说的？”

才ts^{h}ᴇ^{44}　表示反问，对自己的行动提出反问，以此表明态度的坚决，如“我才当紧着嘞我一点儿都不着急！”“我才没做上的了我有的是事情干，绝不会揽这些闲事儿！"

咋嘞 tsa^{24} ləʔ^{21}　对他人的行为提出诘问，带有责备意味，句末语气词是"着、是"，如"你咋嘞欺负猴孩伢儿着干么欺负小孩子！""咋嘞说这号儿话是干么说这种话！"

哪顶 na^{24} tiɤ̃^{21}　与"哪如 na^{24} ʐu^{44}"同，对自己的行为表示后悔，常用于假设复句的后一分句，如"哪顶那昝会儿好好儿念书来了""早知道文科这么难考，哪顶考理科时价"。

那 nəʔ^{4}　用于承接对方或上句的反问，表示逆转性承接关系。如"一圪瘩炭二百来斤，那能背动嘞？""甲：我是不愿意和这号人打交道。乙：那你叫我去嘞？"

那么 nəʔ^{2} məʔ^{4}　同样用于承接对方的反问句，表示逆接关系，但它不是直接表示反问，而是从已经出现的情况推断"应该/不应该干什么"，往往带有批评、责怪对方的意味，如"甲：我早就知道去了出事也。乙：那么你还跟上去嘞？""甲：拉一吨炭能挣三十来块。乙：那么你不包下？"

5.4　表祈使语气

情　给咱　各儿

情 tɕʰi^{44}　同普通话"尽管"，让对方放心去做某事。榆林等地说"情 ꜀tɕʰiɤ̃"，神木话读的是"情"的白读音。如"情吃""你想拿情拿"。

给咱 kei^{21} tsʰa^{44}　由介词结构凝结而成，其中的"咱"表复数。表示商量、请求，如"你坐给阵儿，我给咱做饭""你给咱看火炖 ɕiɛ^{53} 了着你看着，别让火熄了"。也可以省略"给"，但连读变调不变，如"我咱前头拉，你咱后面掀上推着"。

各儿 kʌɯ^{44}　本是代词，指"自己"。用于祈使句表示请求、商量，置于主语"咱、你"后，常和"给咱"连用，如"老命孩子的昵称，你各儿给咱把这圪都儿粉糊糊打摭了吧你把这点粉浆稀饭吃光吧""咱各儿相跟上去来吧""咱各儿就吃就拉聊吧"。

5.5 多用语气副词

敢 敢是 则么 则

敢kɛ^{213} **敢是**kɛ^{21} sɿ^{53} (1)用于陈述语气。①加强肯定，表示某种结果的出现是自然之势，句末语气词是“么”。用“敢是”比“敢”多。如“我敢没见过这么大的阵势么”“人家敢是去过北京的人么，哪能跟咱比嘞！”表示某种判断、做法是自然之理，句末语气词是“嘞么”，如“娘亲儿敢是真亲嘞么”“‘丢’字敢是这么个写嘞么”。②在加强肯定的同时，表示让步的语气，有时单用，有时用于让步复句的前一分句，其中在“□tsɔ^{53}”前只用“敢”。如“我敢□tsɔ^{53}怕得没敢说话么”“骂敢是骂嘞么，吃喝上起的话也敢舍得嘞么”。

(2)单用“敢”，用于揣测语气，与句末语气词“了吧”配合，缓和断定的语气，如“榆林而真⁼敢和那昝会儿不一样了吧？”“你而真⁼敢有个一官半职了吧？”

(3)用于祈使语气，有“应当如何如何”的意味，如“有话敢是好好儿说了吧（光打能解决了问题嘞？）”“你敢把那亭亭儿宬给阵儿”。

则么tsəʔ^{4} məʔ^{21} **则**tsəʔ^{4} 意义、用法相同。(1)用于祈使句，表示劝告、催促，有时带有不满意味，如“你则么快些儿吧！”“就剩下这捻儿了，则便宜卖去卖了吧”。

(2)用于感叹句，表示惊呼，如“则么坏了！”“则把灰事做下了！”

六 否定副词

A 不要 不许 不 没

B 不应 不敢

不应pəʔ^{4} iɤ̃^{53}→piɤ̃^{53} 用于祈使句，“应”当为“用”的音

变。主要用于制止说话者认为没有必要的行为，“不应”有逐渐取代“不要”的趋势。如“山蔓菁儿早熟了，不应煮了”“天不咋冷，不应烧火了”“你则不应瞎说了”。

不敢pəʔ^{4} kɛ^{21}　用于祈使句，“敢”义为“可”，主要用来制止说话者认为有危险的行为，对象多为儿童。如“不敢揔va^{213}抓电灯！”“不敢把镊子往嘴里头放！”笔者认为，这里的“敢”和助动词“敢”联系十分明显，是后者用法的引申。

拾贰　代词

本章分人称代词、指示代词、疑问代词三类，列举和描写神木方言的代词，并探讨其中部分词的来源。

一　人称代词

1.1　神木方言的人称代词

见表12-1。

表12-1

		神　木	高家堡	万　镇	贺家川
第一人称	单数	我 ŋuo^{213} 咱 ts^{h}a^{44}	我 ŋuo^{213} 咱 ts^{h}a^{44}	我 ŋõ^{213} 咱 ts^{h}a^{44}	我 ŋɤ^{213} 咱 ts^{h}a^{44}
	复数	我每 ŋuo^{21} məʔ^{4} 咱每 ts^{h}a^{44} məʔ^{21} 咱 ts^{h}a^{44}	我每 ŋuo^{21} məʔ^{4} 咱每 ts^{h}a^{44} məʔ^{21} 咱 ts^{h}a^{44}	我弭 ŋõ^{42} mi^{44} 咱弭 ts^{h}a^{44} mi^{21} 咱 ts^{h}a^{44}	我弭 ŋɤ^{21} mi^{44} 咱弭 ts^{h}a^{44} mi^{21} 咱 ts^{h}a^{44}
	领属	我 ŋuo^{213} 我每 ŋuo^{21} məʔ^{4} 咱每 ts^{h}a^{44} məʔ^{21}	我 ŋuo^{213} 我每 ŋuo^{21} məʔ^{4} 咱每 ts^{h}a^{44} məʔ^{21}	弭 mi^{213}	弭 mi^{213}
第二人称	单数	你 ni^{213}	你 ni^{213}	你 ni^{213}	你 ni^{213}
	复数	□每 niɛ^{24} məʔ^{4}	□ niɛ^{213} □每 niɛ^{24} məʔ^{4}	□弭 nie^{21} mi^{44}	□弭 niɛ^{21} mi^{44}
	领属	□ niɛ^{213} □家 niɛ^{24} tɕiəʔ^{21}	□ niɛ^{213} □家 niɛ^{24} tɕiəʔ^{21}	□ nie^{213} □家 nie^{24} tɕiəʔ^{21}	□ niɛ^{213} □家 niɛ^{24} tɕiəʔ^{21}

续表

		神木	高家堡	万镇	贺家川
第三人称	单数	他 t^{h}a^{213} 那(个) nəʔ^{4} kəʔ^{21}	努$^{=}$ nəu^{213} 他 t^{h}a^{213} 那(个) nəʔ^{4} kəʔ^{21}	努$^{=}$ nou^{213} 那 na^{213}	怒$^{=}$ nou^{53} 那 na^{213}
	复数	他每 t^{h}a^{24} məʔ^{4} 那些 nəʔ^{2} ɕiɛ^{24}	他每 t^{h}a^{24} məʔ^{4} 那些 nəʔ^{2} ɕiəʔ^{4}	他弭 t^{h}a^{21} mi^{44} 那些 nəʔ^{2} ɕiəʔ^{34}	他弭 t^{h}a^{24} mi^{44} 那些 nəʔ^{2} ɕiɛ^{24}
	领属	他 t^{h}a^{213} 他家 t^{h}a^{24} tɕiəʔ^{21} 那家 nəʔ^{2} tɕiɛ^{24}	他 t^{h}a^{213} 他家 t^{h}a^{24} tɕiəʔ^{21} 那家 nəʔ^{2} tɕiəʔ^{4}	他 t^{h}a^{213} 他家 t^{h}a^{24} tɕiəʔ^{21} 那家 nəʔ^{2} tɕiəʔ^{34}	他 t^{h}a^{213} 他家 t^{h}a^{24} tɕiəʔ^{21} 那家 nəʔ^{2} tɕiəʔ^{4}
其他	自称	各儿 kʌɯ^{44}			
	他称	人家 ʐɣ̃^{44} tɕiəʔ^{21}　再的人 tsᴇ^{53} təʔ^{21} ʐɣ̃^{44}			
	领属	各儿家 kʌɯ^{44} tɕiəʔ^{21}　再的 tsᴇ^{53} təʔ^{21}			

1.2 关于“咱”

1.2.1 “咱”的来源

神木方言的“咱”普遍读送气阳平的ts^{h}a^{44},与北方话大部分方言不同。山西方言西区的临县、离石、岚县,南区的闻喜、吉县、万荣、运城、永济也读送气音,所以不可能是例外。值得注意的是,这些地区都是古全浊声母今仄声送气(或主要是入声字送气)的方言。吕叔湘(1940,1985)认为,“咱”是“自家”的合音:“‘自’字《广韵》‘疾二切’dz^{h}i,‘家’字‘古牙切’ka。但‘自’字今音已清化为ts-,或宋世已然,与ka相切,正可得tsa。”(1940)吕先生还从字形、用例证实,“自家”的三种用法,“咱”都有(1985)。从神木方言的读音来看,“咱”为“自家”的合音当无疑。合音时前字取声,后字取韵、调,由于“自”是全浊声母字,所以合音后读浊平,即:*dz^{h}i꜄+*꜀ka→*꜁dz^{h}a→꜁ts^{h}a。总之,“咱”的读音与北方话其他方言不同,但符合这一系方言的语音特点。

1.2.2 “咱”表复数的用法

“咱”可以表复数,凡是可以用“咱每”的地方都可用

“咱”。如：

(1) 咱兄弟好说。

(2) 咱是求人家来了，不是耍威风来了。

(3) 咱两个相跟上。

(4) 咱没本事还不能省捻儿事？

“咱”表复数，在由“自家”合音时已然，这就是吕叔湘(1985:100)讲的“咱”的第三种用法。如：

咱是的亲爹娘生长。（刘知远25，引例出处照录原书，下同——引者）

咱两个彼各当年。休，休，定是前缘。（董西厢144）

此处不是咱坐处，二公不弃，就敝宅聊饮一杯。（三国志平话，上7）

咱须是一父母，又不是两爹娘。（元7.0.2）

吕先生说：“这个‘咱’字现代北京话里也不用了，据说山西北部和绥远境内还有方言用复数的tsa。”神木以及山西文水、临汾、洪洞、临县，内蒙古巴盟、伊盟、乌海等方言，“咱”都可表复数。正好给吕先生的话作了一个注脚。

1.2.3 关于“我咱ŋuo$^{213-24}$ ts^{h}a^{44}、你咱ni$^{213-24}$ ts^{h}a^{44}”

神木方言“我咱、你咱”连用，在表请求、商量的祈使句中作主语（例见下文）。但没有“他咱”连用的情况。山西洪洞、汾阳方言也有同样的用法。宋秀令(1992)、乔全生(1996)认为“我咱、你咱”分别为指代第一人称单数的代词，是从宋金口语的“我咱、你咱”直接传承下来的。但我们认为，现代方言的“我咱、你咱”不是一个代词，跟宋金口语的“我咱、你咱”没有直接关系，当是“我给咱、你给咱”的简略形式。

首先要注意的是，“咱”在神木以及汾阳、洪洞方言中均可表复数。其次，在神木、内蒙古巴盟、伊盟方言中，表商量、请求的祈使句经常在主语“我 / 你”后头加上介词结构“给咱”，以加强语气，或省略“给”，只用“咱”，形成“我／你给咱”和“我／你咱”并用的局面。其中，神木“我给咱”读ŋuo$^{213-24}$ kei^{21} ts^ha^{44}，“你给咱”读ni$^{213-24}$ kei^{21} ts^ha^{44}，如：

(5) 我给咱下街买捻儿豆芽去来。

(6) 我给咱先歇给阵儿吧。

(7) 你给咱把这捻儿面推磨下再说。

(8) 你给咱把自行车锁住。

上几例均可说成“我咱ŋuo$^{213-24}$ ts^ha^{44}……”“你咱ni$^{213-24}$ ts^ha^{44}……”。再如：

(9) 我咱照应着，你先吃饭吧。

(10) 我咱烧火，你咱切肉吧。

(11) 你咱接给下儿孩伢儿吧么。

(12) 你咱焯给下儿豆芽，我咱蒸馍馍。

特别值得注意的是，“我／你咱”中，“我／你”的连调形式没有遵循神木话“清上在阳平前变21调”的规律变作21，而保持了在“我／你给咱”中的变调方式，读作24。这一点恰好证明，“我／你咱”是“我／你给咱”省略了“给”的结果，此外，我们调查过巴盟临河话，老派的用法跟神木相同，也是“我／你给咱”与“我／你咱”平行，只是连读变调与神木话不同。而且所有的被调查人都认为，“我咱”和“你咱”是“我给咱”和“你给咱”的“简单说法”。也就是说，当地人凭语感就能判断，“我／你咱”是“我／你给咱”的简略形式，和神木人的语感相同。

从语气来分析，神木等地的“我／你给咱”和“我／你咱”，所表语气与洪洞、汾阳方言的“我／你咱”没有区别，都是商量、请求，自然不会有“他给咱、他咱”的用法。

我们再来比较一下现代方言的“我／你咱”与吕先生所引宋金词曲中的“我／你咱”。它们的相同之处在于，只有“我咱”和“你咱”，没有“他咱”。不同之处有两点：第一，宋金词曲中的“我 / 你咱”不一定置于句首（吕叔湘1985所引12例，只有5例在句首），而洪洞、神木等方言则一律要放在句首；第二，吕著所引词曲中的“我 / 你咱”几乎没有表商量、请求的，用吕先生的话说，就是“‘自家’的意义也减杀而近于无义解，只供词曲中增添音缀之用”（1985 : 98）。而上述方言的“我 / 你咱”则一概表示商量、请求。从这些差异来看，现代方言的“我 / 你咱”恐怕不是吕先生所说的第一个意义的“咱”，而是第三个意义的“咱”，即表复数的“咱”（1985 : 100—101）。也就是说，方言的“我 / 你咱”并不是对宋金口语中“我 / 你咱”的直接传承，但其中的“咱”却是宋金口语表“咱们”的“咱”的直接传承。

总之，神木方言的“我咱、你咱”并不是第一、二人称代词的单数形式，而是“我给咱、你给咱”略去“给”的结果，洪洞、汾阳话当是“我 / 你与咱”略去“与”的结果，与宋金口语的“我 / 你咱”没有渊源关系。这样分析，同样可以合理地解释，为什么上述方言只有“我咱”和“你咱”，而没有“他咱”。

1.3 复数形式和领属形式的后缀

1.3.1 人称代词复数后缀“每”和“弭”

神木话人称代词复数后缀读məʔ꜆，显然不是直接来自“们”。根据神木话舒声促化的规律，只有阴声韵字可以促化，阳声韵字一律不能促读。所以，这个字当是“每”的促读，正与近代汉语文献的“每”相吻合。比较“夜来”，“来”促化为$ləʔ^{21}$。

南乡方言复数后缀读꜀mi，也当与“每”有关，近代汉语文献中早有将这个字记作细音的，那就是“弭、弥”。关于宋元明之间“们 > 每 > 们”的反复变化，吕叔湘（1985 : 58）有一段解释：“……较为近情的假设是把‘每’和‘们’认为属于不同的方言系统。再推而广之，‘弭’、‘伟’、‘们’、‘每’都是同一个语词在各别时代、各别方言的不同形式。”我们认为，这个假设是可以成立的。因此，不妨认为南乡方言人称代词复数形式的后缀，直接继承了近代汉语的“弭”字。总之，神木方言的人称代词复数后缀都不是直接来源于“们”。

南乡方言第一人称代词领属形式“弭ᶜmi”，当是由第一人称复数“我弭”省略“我”以后，声调受到□ᶜniɛ你的类化而形成的（参见李小平1999）。

1.3.2　第二人称代词的领属形式和复数形式ᶜniɛ

神木方言第二人称代词的领属形式和复数形式同音，都是ᶜniɛ。那么，它们是不是“你”的曲折形式呢？回答是否定的。这个词应当是“你家”的合音形式。当然，合音不可能是现在才发生的，所以，这个变化过程可以表述为：*niə+ka→nia→niɛ。比较山西临县“你家”＝“伢nia^{24}”（李小平1999）。

那么，表领属的niɛ和表复数的niɛ，哪个形成较早呢？应当是领属形式。“家”从汉乐府开始就可表领属了，吕叔湘（1985：89）认为，“非领格用法是领格用法的扩展的结果，这大概是没有问题的”。因此，神木方言（其前身）当先有“你家”的合音表领属，而后才加上后缀“每／弭”，形成复数形式。换句话说，复数形式是领属形式的扩展。

值得一提的是，现代神木方言又把“家tɕiəʔ^{21}”作为第二、第三人称代词的领属形式后缀，如神木话：

□家家niɛ^{24} tɕiəʔ^{21} tɕia^{213}　　他家家tʰa^{24} tɕiəʔ^{21} tɕia^{213}
□家地里niɛ^{24} tɕiəʔ^{21} ti^{53} ləʔ^{21}　　他家地里tʰa^{24} tɕiəʔ^{21} ti^{53} ləʔ^{21}
□家树niɛ^{24} tɕiəʔ^{21} ʂu^{53}　　他家树tʰa^{24} tɕiəʔ^{21} ʂu^{53}

这种叠床架屋的表达方式的出现，是“□niɛ^{213}”中“家”的声音磨损（合音）、意义磨损使当地人失去了对它的意识的结果。也就是说，人们已经意识不到“□niɛ^{213}”中“家”的存在，因此又在它后面加上表领属的“家”。

1.3.3 领属形式的内部差异

“我、□ niɛ^{213}、他”表领属和“我每、□ niɛ^{213}家、他家”表领属使用环境不同。不带后缀的形式只用于亲属称谓前，带后缀的形式只用于其他事物前；只有类亲属称谓“老师、师傅”等比较特殊，既可用带后缀的形式，也可用部分不带后缀的形式，“我每、□你、他”还可以用在“【家行】家里”的合音词“巧$^{=}$”前面。此外两类词不能互换。试比较：

	甲	乙
A	我爷爷	×我每爷爷
	□ᶜniɛ娘娘你奶奶	×你家娘娘
	他妈	×他家妈
B	×我班	我每班
	×□你孩伢儿	□你家孩伢儿
	×他坟	他家坟
C	□你巧$^{=}$ 他巧$^{=}$	我每巧$^{=}$家行 ×他家巧$^{=}$
		×□你家巧$^{=}$
	□你老师 ×他老师	我每老师 □你家老师
	×我老师	他家老师
	□你师傅 他师傅	我每师傅 □你家师傅
	我师傅	他家师傅

1.4 第三人称单数

神木方言内部第三人称单数形式有差异。高家堡、万镇读ᶜnəu，贺家川读nouᵓ，声调不同，实际上当为同一个词。例如高家堡老派：

(13) 努$^{=}$从来也不管我每。

(14) 我和努$^{=}$可说过，咋也不行。

(15) 你要不搔摭惹逗努$^{=}$，努$^{=}$能打你嘞？

(16) 努$^{=}$而直现在发了大财了，开下三个铺子。

再如贺家川话：

(17) 怒⁼可是个直圪筒子直性子。

(18) 这种事情不应寻怒⁼，寻不寻不顶事。

这个词在山西、内蒙古、陕北晋语中都没有报道。据声母读n推测，可能与远指代词"那"有关。如果不是"那"通过语音曲折固定为第三人称单数代词，就是"那"和另外一个字的合音形式。陕北方言用"那"指第三人称单数是很普遍的。如神木话：

(19) 那可不是个好东西吧。

(20) 那不爱念书，咱大人有甚办法嘞？

(21) 你跟上那跑嘞，看把你引进黑风洞着小心把你引上邪路。

(22) 不要卜搔惹逗那个，看不见这阵儿正怵气生气着嘞？

从共时平面上看，可以认为，用"那"表示第三人称单数只是一种兼职。但陕北方言的一致性提示我们，这个兼职在本方言中的"启用"时间，有可能在"他"的使用之前，即"他"是在较晚的时候才覆盖了陕北方言的。用兼职的"那"或专职的꜀nəu/nou꜆表第三人称，完全符合汉语"古代多借指示代词为第三身代词"的普遍规律（吕叔湘1985：187）。在现代西北方言中，这种现象也是十分普遍的。

1.5　"各儿"等的用法

1.5.1　"各儿"的用法

"各儿"与普通话"自己"相同，指称说话者自身和前面提到的人，大多充当代词主语的同位语，也可作主语、宾语。如：

(23) 我各儿一个烖着嘞。

(24) 我各儿做的吃嘞。

(25) 你各儿要不争气么，我每有甚办法嘞？

(26) 他各儿说的，再也不逃学了。

(27) 二八月过河——各儿管各儿。（歇后语）

(28) 想叫人抬举，先得各儿把各儿当人嘞。

“各儿”由作同位语引申出一种用法，即在表劝告、请求、商量的祈使句中，置于主语和个别状语之后（有时省略主语），起缓和语气的作用。这实际上是重新分析的结果。已见第拾壹章，再如：

(29) 你各儿上炕歇给阵儿吧，熬了一天了。

(30) 我各儿不等□每 niɛ²⁴ məʔ⁴ 你们了。

(31) 咱各儿把张厂长请得来，一搭商量给下儿吧。

(32) 白菜烂得放不住了，快各儿炒得吃了吧。

它的另一条虚化路线是，在陈述句、感叹句（见第拾肆章 5.3.2）中，放在主语、时间状语之后或分句之前，表示某种语气，相当于普通话的“还、简直、竟然”。陈述句如：

(33) 将有与其连一半儿也赔不下起的话，各儿不如不打这个官司了。（分句前）

(34) 看我而真⁼活这捻儿人吧，各儿不如死了。（分句前）

(35) □娘娘 niɛ²⁴ nyo⁴⁴ nyo²¹ 各儿咋来了，爽利痴茶倒对地你奶奶这是怎么了，简直痴痴呆呆的。（主语后）

(36) 这孩伢儿各儿学得踢皮溜瓦没皮没脸地。（主语后）

(37) 这捻儿病真⁼年过来各儿越伤了。（状语后）

(38) 看我忽□ xuəʔ⁴ lu⁵³ 糊涂的，各儿把书也扔了。（分句前）

1.5.2 他指代词“再的人”和“再的”

“再的人”相当于普通话的“别人”，在对比的语境中，有时指代“你”之外的“我、我们”，带有不满的意味。如：

(39) 你上来，叫再的人掏。

(40) 我说完了，看再的人有甚没了。

(41) 你起的话想做甚做甚，再的人我们起咋也不行。

(42) 你□ tsɔ⁵³ 已经应承下了，再的人我能咋价说嘞？

“再的”义同“其他”。如：

(43) 就这么一捻儿？再的嘞？

(44) 真⁼儿先把黑豆锄了，再的明儿锄吧。

1.5.3 “人家”和“我每”

“人家”指代说话者以外的人，如：

(45) 咱真⁼儿用不着拖拉机，叫人家用去吧。

(46) 人家说来了，只要咱再不卖假货，就不追究了。

如果作定语，则有时相当于“那”，带有赞叹口气：

(47) 人家孩伢儿可用功嘞，一下□tsɔ^{53}就考上北大了。

(48) 看人家老婆儿，七十了还走上嗡嗡地。

“人家”和“我每”都可指代说话者自已，有娇嗔意味，多用于年轻女性和儿童。如：

(49) 人家就是不愿意么！

(50) 这么难的题，人家不会做么！

(51) 要叫我每去起的话，你得给我每买巧克力嘞。

(52) 明明儿不是我每说的么，你咋还不信！

二 指示代词

2.1 神木方言的指示代词

神木方言的指示代词没有三分的情况，只有近指和远指，近指用“这”，远指用“那”。见表12–2。

表12–2

		神木	高家堡	万镇	贺家川
人物	近指	这 tʂəʔ^{4}/tʂE^{213}/tʂei^{213}/tɕi^{213}/tʂʅ^{213}	这 tʂəʔ^{4}/tʂei^{44}/tɕi^{44}	这 tʂəʔ^{4}/tʂei^{213}	这 tʂəʔ^{4}/tʂe^{213}
	远指	那 nəʔ^{4}/na^{53}/nei^{213}/ni^{213}	那 nəʔ^{4}/nei^{44}/ni^{44}	那 nəʔ^{4}/na^{213}/nei^{213}	那 nəʔ^{4}/ne^{213}

续表

		神木	高家堡	万镇	贺家川
处所	近指	这搭儿tʂəʔ^{2} nʌɯ^{24} 这儿这儿tʂʌɯ^{24} tʂʌɯ^{21} 这搭儿搭儿tʂəʔ^{2}nʌɯ^{24} nʌɯ^{21} 搭儿搭儿nʌɯ^{24}nʌɯ^{21} 这里tʂəʔ^{2} ləʔ^{4}	这搭儿tʂəʔ^{2} tɐr^{24} 搭儿tɐr^{213} 搭儿起tɐr^{24} tɕʰi^{21} 这里tʂəʔ^{2} ləʔ^{4}/tʂəʔ^{2} li^{24} 这的tʂəʔ^{2} təʔ^{4}	这儿tʂər^{213} 这搭儿tʂəʔ^{2} tɐr^{24} 搭儿起tɐr^{24} tɕʰi^{21}	这儿tʂər^{213} 这儿这儿tʂər^{24} tʂər^{21} 这里tʂəʔ^{2} li^{24}
	远指	那搭儿nəʔ^{4} nʌɯ^{21} 那儿那儿nʌɯ^{53} nʌɯ^{21} 那里nəʔ^{4} ləʔ^{21}	那搭儿nəʔ^{4} tɐr^{21} 那里nəʔ^{4} ləʔ^{21}/nəʔ^{2} ləʔ^{4}/nəʔ^{2} li^{24}/nəʔ^{4} li^{21}/ 那的nəʔ^{2} təʔ^{4}	那儿nɐr^{53} 那搭儿nəʔ^{34} tɐr^{21}	那儿nɐr^{53} 那儿那儿nɐr^{53} nɐr^{21}
时间	近指	这阵儿tɕi^{24} tʂʌɯ^{53}/tʂʅ^{24} tʂʌɯ^{53} 这向儿tɕi^{24} ɕiʌɯ^{53}/tʂʅ^{24} ɕiʌɯ^{53} 这辰子tɕi^{24}tʂʰɤ̃^{44}tsəʔ^{21}/tʂʅ^{24} tʂʰɤ̃^{44} tsəʔ^{21}	这会儿tʂəʔ^{4} xuər^{213} 这昝会儿tʂəʔ^{4} tsɛ^{21} xuər^{213} 这向儿tʂei^{44} ɕiɒr^{53}/tɕi^{44} ɕiɒr^{53}	这阵儿tʂei^{21} tʂər^{53} 这向儿tʂei^{21} ɕiɒr^{53}	这阵儿tʂe^{24} tʂər^{53} 这向儿tʂe^{24} ɕiɐr^{53}
	远指	那阵儿ni^{53} tʂʌɯ^{53} 那向儿ni^{53} ɕiʌɯ^{53} 那辰子ni^{53} tʂʰɤ̃^{44} tsəʔ^{21}	那会儿nəʔ^{4} xuər^{213} 那昝会儿nəʔ^{4} tsɛ^{21} xuər^{213} 那向儿nei^{44} ɕiɒr^{53}/ni^{44} ɕiɒr^{53}	那阵儿nei^{53} tʂər^{53} 那向儿nei^{53} ɕiɒr^{53}	那阵儿ne^{53}tʂər^{53}/ne^{44} tʂər^{53} 那向儿ne^{53} ɕiɐr^{53}/ne^{44} ɕiɐr^{53}
性状	近指	这么tʂəʔ^{2} məʔ^{4}	这么tʂəʔ^{2} məʔ^{4}	这□tʂəʔ^{34} tie^{44}	这□tʂəʔ^{4} tiɛ^{44} 这么tʂəʔ^{2} məɣ̃^{24}
	远指	那么nəʔ^{2} məʔ^{4}	那么nəʔ^{2} məʔ^{4}/nəʔ^{4} məʔ^{21}	那□nəʔ^{34} tie^{44}	那□nəʔ^{4} tiɛ^{44} 那么nəʔ^{2} məɣ̃^{24}

2.2 表人、物的指示代词

神木话“这”有五种读音，“那”有四种读音。单用以及和“么、些”连用时分别读tʂəʔ^{4}、nəʔ^{4}，“这”与“那”并举时分别读tʂᴇ^{213}、na^{53}，如：

(53) 这是谁?

(54) 那是我写的。

(55) 你咋这么个人?

(56) 清汤寡水做下那么大一锅饭。

(57) 这些人是做甚的?

(58) 那些给你吧。

(59) 这也那也 $tʂᴇ^{24}$ ia^{21} na^{53} ia^{21},真麻烦嘞。

"这"和"个"连用时,有四种读音:①$tʂəʔ^{2}$ $kəʔ^{4}$、②$tʂei^{24}$ $kəʔ^{21}$、③$tɕi^{24}$ $kəʔ^{21}$、④$tʂʅ^{24}$ $kəʔ^{21}$。显然,除①以外,其他都是"这一"的合音形式,但"一"不是和$tʂəʔ^{4}$合音,而是和$tʂᴇ^{213}$合音。即tʂᴇ + iəʔ→tʂei→tɕi/→tʂʅ。读音③是前字声母随后字韵母变,读舌面前塞擦音,读音④是后字韵母随前字声母变,读舌尖后元音。同理,"那个"读nei^{24} $kəʔ^{21}$/ni^{24} $kəʔ^{21}$也当为na^{53}和$iəʔ^{4}$的合音形式。即na + iəʔ→nei→ni,读213调当是受"这"类化的结果。

2.3　表处所的指示代词

2.3.1　读音

神木话指代处所的词读音变化比较复杂。与高家堡比较可知,$tʂəʔ^{2}$ $nʌɯ^{24}$即"这搭儿","搭儿$tʌɯ^{213}$"的声母鼻化,变成$nʌɯ^{213}$。$nʌɯ^{24}$ $nʌɯ^{21}$是"搭儿搭儿"的鼻化形式,$tʂəʔ^{2}$ $nʌɯ^{24}$ $nʌɯ^{21}$是"这搭儿搭儿"的鼻化形式。"这里"的"里"舒声促化,读$ləʔ^{4}$。

高家堡的变化形式也比较复杂。"这搭儿"省略作"搭儿","搭儿"加后缀成"搭儿起"。同时,"这里"有两种读法,"那里"有四种读法,除了促化和非促化的区别之外,还有重音位置的不同。万镇、贺家川读音不出上面几种情况,不赘述。

此外,凡是带"搭儿"的词,都可再加上类似后缀的"些儿",使口语色彩更浓。

2.3.2 带“搭儿”的词和带“里”的词用法不同

具体地说，带“里”的词指代地方、地点，而带“搭儿”的词则指代具体位置。有的场合两者都可用，但意思有差异。试比较：

(60) 这里是公安局。(ˣ这搭儿是公安局。)

(61) 王建军在这里工作着嘞。(ˣ王建军在这搭儿工作着嘞。)

(62) 搭儿搭儿放电视，那搭儿放衣柜。(ˣ这里放电视，那里放衣柜。)(在同一间屋子内)

(63) 这搭儿些儿是我每孩伢儿要的地势儿地方。(ˣ这里是我每孩伢儿要的地势儿。)

(64) 把书包搁在搭儿搭儿些儿。(位置)≠把书包搁在这里。(地方)

(65) 那搭儿净灰尘，不能坐。(位置)：那里风可大嘞，一满不好寃。(地方)

2.3.3 关于“搭”的来源

神木方言“搭”的使用频率极高，除了构成指示代词外，还和“一”组成“一搭”，义为“一块儿”，作名词和副词。它的意义、用法与唐五代、宋元没有多大差别。现代汉语除了西北地区的方言，还有一部分吴语、粤语用“搭”的同源词(钱乃荣1992，北大中文系1995)。

“搭”指处所始于唐五代，最早义为“块”，用于“一搭”，表示较小的面积。如《祖堂集》卷四“丹霞和尚”：“师曰：‘佛殿前一搭草，明晨粥后铲却。’”元杂剧中“这搭儿、那搭儿”已十分常用，表示地点。如：

道姑，敢问这搭儿是何处也？(《张生煮海》二折)

如今在那搭？(《合汗衫》二折)

下场处那搭儿发付我。(《西厢记》二本三折)

神木方言的“一搭”,直接继承了唐代的用法,“这搭儿、那搭儿”则直接继承了元代的用法。可见其来历之古老。

2.3.4　关于“这的、那的”

高家堡指处所的指示代词还有“这的、那的”,它们的语用环境较窄,只用在对话中指出具体东西的位置,相对来说,“那的”使用频率比“这的”低。如:

(66) 甲:那本书儿嘞? 乙:这的嘞。

(67) 甲:你把调和瓶瓶放在哪搭儿了? 乙:那的嘞。

(68) 这的□niɛ[213]你爹爹的骷子!(递东西给人时骂人的话)

在甲递某物给乙时,也多用“这的”,这时它似乎已经虚化成一个特定的感叹词了:

(69) 这的,给你钱,则不应嚎了!

(70) 这的,把□niɛ[213]你爹爹的脑把这东西,带憎恶色彩拿得去!

“这的、那的”早期近代汉语作“这底、那底”,元代作“这的、那的”原指事物,后引申指处所。元代可见“这的”和“哪的”表处所例,“那的”只表事物。如:

过道里不索开窗,洒家道来则这的便似天堂。(《村乐堂》二[梁州])

说得他儿女夫妻似水如鱼,撇得我鳏寡孤独,哪的是撮合山养身处?(《调风月》四[新水令])

2.4　表时间的指示代词

神木话的“这辰子、那辰子”可以说成“这辰辰、那辰辰”。神木方言“这向儿 / 这辰子”“那向儿 / 那辰子”与“这阵儿(这会儿)、那阵儿(那会儿)”的意义、用法不同,“这向儿 / 这辰子”“那向儿 / 那辰子”指代比较具体的一段时间,大致相当于“这些天”和“那些天”,“这阵儿、那阵儿”则指代模糊的时间,“这阵儿”可以近到距说话时几分钟、几小时,也可以指目前这个时期,"那阵儿"可以指"刚才那会儿",也可以指很久以前的某一时期。因此,两组代词一般不能互换。即使可以换用,意思也大不一样。比较:

(71) 你这阵儿没事起的话,给咱裹哄帮忙给阵儿。(ˣ你这向儿/这辰子……)

(72) 神木刚解放那阵儿才有五千来人。(ˣ神木刚解放那向儿/那辰子……)

(73) 那向儿好几个人来寻我,叫我练法轮功嘞,我才不信他每的话嘞。(ˣ那阵儿……)

(74) 这孩伢儿那辰辰算术还好嘞么,这辰辰又不晓得咋来了。(ˣ这孩伢儿那阵儿……)

(75) 我妈的病这向儿差些儿了。≠我妈的病这阵儿差些儿了。

(76) 这向儿这些天街上剪柳儿的小偷可多嘞。≠这阵儿现在街上剪柳儿的可多嘞。

(77) 那阵儿刚才还见来了么,这阵儿现在咋不见了?≠那向儿那几天还见来了么,这向儿这几天咋不见了?

2.5 表性状的指示代词

万镇、贺家川表性状用"这□tie[44]、那□tie[44]"。其中的"□tie[44]"显然是端系字。吕叔湘(1985:227)指出:"早期近代汉语里除'这个'和'那个'外,又有'这底'和'那底'('底'又作'的'),用于直接称代,且以指物指事为主。"下面转引吕著的六例。前四例指物、事,后两例指人,例句后面的代号是原书所标的。

这底只是我怕你们不知。(甲寅通和162.10)

邢七二十年里头待做多少事,岂肯学这底。(上菜,下2)

那底甚般礼道?不成为新妻便把旧妻忘了?(刘知远12)

那的是良工绝妙,厚薄相称,周旋无偏。(太平9.38)

这的是楚昭王嫡子亲妻。（元杂6.4.5）

那的是急煎煎心痒难揉。（元杂11.2.2）

在《董西厢》（卷六）中有一例，“这的”虽仍是指事的，可是已经露出表性状的萌芽了：

比似他时，再相逢也，这的般愁，兀的般闷，终做话儿说。

“这的般愁，兀的般闷”翻译成现代文，最恰当的译法是“这样愁，那样闷”。龙潜庵《宋元语言词典》将“这的”直接解释成“这样”。因为后头有表性状的“般”，所以“这的、兀的”本身当然仍是指事物的，但从这里出发，很容易引申出表性状的用法。

在北方大部分方言中，近代汉语的“这底、那底”没有演变成表性状的指代词。但是，一部分晋语则可用这对词表示性状。如陕北吴堡话“不是那底个办，是这底个办”。清涧话“底”促化，用“这得个、那得个”表性状，如“不是那得个做，是这得个做”（刘育林1990）。山西晋语并州片、吕梁片也很普遍（侯精一、温端政1993：278—279）。有的方言如佳县、岚县、石楼等与神木南乡话相近，临县话则是在“底”后面加上后缀tɕiəʔ。上述方言的用法和差异表明，南乡话的“□꜀tie”当是将“底”和“价”合音，从而成为表性状的指示代词。合音方式可能是：*tiei+tɐr→tiɐi→tiɛ→tie。如果合音较晚发生，也可能是ti和tɕiɛ/tɕie直接合音。“底”是端母上声字，“价”极可能读轻声，合音后应当读阴平上（如岚县），今读阳平属例外。这样，在万镇、贺家川话（前身）中，“这【底价】、那【底价】”就成为专表性状的指示代词。看来，“这□꜀tie / 那□꜀tie”与“这么 / 那么”之别，也可能同样反映了方言系属的差异，贺家川两种方式并用，应当理解为受神木话影响所致。

三　疑问代词

3.1　神木方言常见的疑问代词

见表12-3。

表12-3

		神　木	高　家　堡	万　镇	贺　家　川
人	单数	谁 ʂuei^{44}	谁 ʂuei^{44}	谁 ʂu^{44}	谁 ʂu^{44}
	复数	谁每 ʂuei^{44} məʔ^{21}	谁每 ʂuei^{44} məʔ^{21}	谁弭 ʂu^{44} mi^{21}	谁弭 ʂu^{44} mi^{21}
	领属	谁家 ʂuei^{44} tɕiəʔ^{21}	谁家 ʂuei^{44} tɕiəʔ^{21}	谁家 ʂu^{44} tɕiəʔ^{21}	谁家 ʂu^{44} tɕiæ^{21}
事物		甚 ʂɣ̃^{53} 什摩 ʂəʔ^{4} ma^{44}	甚 ʂɣ̃^{53} 什摩 ʂəʔ^{4} ma^{44}	甚 ʂɣ̃^{53}	甚 ʂəɣ̃^{53}
指别		哪 na^{213}	哪 na^{213}	哪 la^{44}	哪 la^{44}
处所		哪 na^{213} 哪里 na^{24} ləʔ^{4} 哪搭儿 na^{21} nʌɯ^{24}	哪 na^{213} 哪里 na^{21} li^{24} 哪搭儿 na^{21} tɐr^{24}	哪儿 lɐr^{53}	哪儿 lɐr^{53} 哪里 la^{21} ləʔ^{4}
时间		甚会儿 ʂɣ̃^{53} xuʌɯ^{53}	甚会儿 ʂɣ̃^{53} xuər^{53} 甚昝会儿 ʂɣ̃^{53} tsɛ^{21} xuər^{213}	甚会儿 ʂɣ̃^{53} xur^{53}	甚会儿 ʂəɣ̃^{53} xur^{53}
性状		咋 tsa^{213} 咋价（价）tsa^{24} tɕiɛ^{44} 怎摩 tsəʔ^{2} ma^{24}	咋 tsa^{213} 咋价（价）tsa^{24} tɕiɛ^{44}	咋价 tsa^{21} tɕiəʔ^{34} 咋了 tsa^{24} lie^{21}	咋 tsa^{213} 咋价 tsa^{24} tɕiɛ^{44}
原因		为甚 vei^{53} ʂɣ̃^{53}	为甚 vei^{53} ʂɣ̃^{53}	为甚 vei^{53} ʂɣ̃^{53}	为甚 ve^{53} ʂəɣ̃^{53}
数量		多大 tuo^{24} tᴇ^{53} 几 tɕi^{213}	多大 tuo^{24} tᴇ^{53} 几 tɕi^{213}	多少 tuo^{24} ʂᵊu^{21} 几 tɕi^{213}	多大 tɣ̃^{24} tæ^{53} 多少 tɣ̃^{24} ʂᵊu^{21} 几 tɕi^{213}

3.2　关于"哪、哪搭儿、哪里"

3.2.1　"哪"与"那"的读音差异

神木、高家堡"哪"与"那"用声调相区别。南乡方言则用声母相区别，"哪"读l母，"那"读n母。万镇话"哪"读꜀la，

“那”读ᶜna/nəʔ꜀,声调也不同。同样,询问处所的“哪儿”,南乡方言也读l母去声,与“那儿”声母、声调均不同。

3.2.2 “哪、哪里”与“哪搭儿”的区别

与指示代词相应,神木、高家堡询问处所的代词,也是“哪、哪里”与“哪搭儿”并用,但意义和使用环境不完全相同。“哪里”侧重于问地方、地点,“哪搭儿”侧重于问具体位置。明显地询问地方、地点的场合只能用“哪里”,询问位置的场合只能用“哪搭儿”,有的场合两个词都可以用,但所指有区别。“哪”的意义和运用环境等于“哪里+哪搭儿”。例如:

(78) 去哪(里)去也?(ˣ去哪搭儿去也?)

(79) 你而真⁼在哪(里)念书着嘞?(ˣ你而真⁼在哪搭儿念书着嘞?)

(80) 我在哪搭儿(哪)坐也?(ˣ我在哪里坐也?)

(81) □巧⁼ niɛ²⁴ tɕʰiɔ²¹你【家行】在哪搭儿些儿(哪)宬着嘞?(指城里的地点)≠□巧⁼ niɛ²⁴ tɕʰiɔ²¹在哪里宬着嘞?(指县境或更大范围内的地方)

3.3 “谁”的复数和领格

谁每 ʂuei⁴⁴ məʔ²¹ 神木方言用来问两个以上的人。后头可加“些”。如:

(82) 真⁼儿请的有些谁每嘞?

(83) 不知道谁每些在那搭儿踢球嘞。

(84) 管他谁每些来检查嘞,咱每该做甚做甚。

这种用法与山西太原、平遥、文水、清徐相同(侯精一、温端政 1993:123)。

谁家 ʂuei⁴⁴ tɕiəʔ²¹ 与普通话“谁家”不同。方言“家”是领格后缀,意义已经虚化,读轻声。而普通话“谁”后头的“家”是有实际意义的,须重读,表领属时后头要再加“的”。试比较:

方言	普通话
谁家家 $ʂuei^{44}$ $tɕiəʔ^{21}$ $tɕia^{24}$	谁家的房子
谁家孩伢儿 $ʂuei^{44}$ $tɕiəʔ^{21}$ $xəʔ^{4}$ $iʌɯ^{53}$	谁家的孩子
谁家老子的 $ʂuei^{44}$ $tɕiəʔ^{21}$ $lɔ^{21}$ $tsəʔ^{4}$ $təʔ^{21}$	谁的爸爸

方言的“家”后面如果带上“的”，就显得累赘而不自然了。“谁家老子的”中间根本不能加“的”。

3.4 “甚”和“什摩”

3.4.1 来源

神木、高家堡并用“甚”和“什摩”，南乡方言只用“甚”。“什摩”的“摩”不轻读，与五代的“摩”读音近似，因此不记作“么”（志村良治1995：188）。

“甚”源于“是物”，是前者的合音词。神木方言“甚”的读音、用法直接继承了“是物”在唐五代西北方言中的演变形式“甚”。日本学者志村良治在考察了“是物、甚、甚摩、什摩”等的关系后指出：“因此毋宁说唐五代西北地区‘甚’字的单用是一种特殊的用法。”（1995：195）“‘甚’是唐末五代西北地区常用的词语。此后五代文化保存在吴、楚、蜀等地，宋以来的文化是在以汴京为国都的河南一带或更向南些，元迁都于大都，这个疑问词在各个地方继续发展。‘甚’跟‘什（甚）摩’同时并存，而且后来被‘什（甚）麽’压倒，这反映了地域的差异和时代的不同。”（同上：193）

“什摩”尽管与“甚”同源，但它直接继承的是“是物”在北方另一种方言里的演变形式。从“甚”可以组成固定格式和用于问时间的情况，以及志村良治的研究结果来判断，“甚”和“什摩”在神木、高家堡并存不可能是本方言内部语音演变的结果。我们认为，“甚”是本方言固有的词，而“什摩”则可能是受周围的强势方言影响进入的。这种关系类似方言语音上的

“文白叠置”,属于不同的历史层次。

3.4.2　“甚”的其他用法

“甚”是极其常用的疑问代词,与普通话的“什么”相当。除了普通用法以外,还可以组成一些固定格式。简述如下。

甚不甚 ʂɤ̃⁵³ pəʔ²¹ ʂɤ̃⁵³　表示“不管怎么样”,已见第拾壹章,再如“甚不甚吃饱肚子再说”“甚不甚不要叫开除了”。

不差甚 pəʔ² tsʰa²⁴ ʂɤ̃⁵³　义为“差不多”,用于比较的语境,如“这两麻袋山药轻重不差甚”“这两种苹果看去不差甚,吃去差得可远嘞”。

“甚”用于虚指和任指。虚指如“商量成个甚就算甚吧”“甲:还要甚不了? 乙:再不要甚了”。任指如“真⁼儿说成甚也不行”“文化革命那几年,咱们家穷得要甚没甚”。

此外,“甚”用于反问,有时相当于“咋”,表示性状,如“甚当紧着嘞着什么急?”有时相当于“几”,如“甚十辈子的事了?”

3.5　“咋”和“怎摩”

3.5.1　“咋”和“怎摩”的关系

神木、高家堡并用“咋”和“怎摩”,南乡方言只用“咋”。从形成看,“咋”是“怎摩”的合音。“咋”功能很多,除了普通用法之外,还可以组成多种固定格式。“怎摩”只用作状语,如“‘藏’字怎摩写嘞?”“清炖鱼怎摩做嘞?”所以,这两个词的关系当与“甚”和“什摩”类似,“咋”是本方言固有的,“怎摩”是从强势方言进入的。同样属于文白叠置。

3.5.2　“咋”的用法

“咋”同普通话的“怎么”意义相当,可以充当谓语、状语、宾语,也可以单用。例如:

(85) 看你能把我咋?

(86) 你这是咋价嘞?

(87) 看这案子办成个咋也?

(88) 你说这事咋处理也？

(89) 叫我每以后咋见人嘞？

(90) 咋？这□tsɔ[53]就算把事情了了？

还可以用在主语前后，没有实指意义，只表示疑惑、反问等语气。例如：

(91) 咋你一个人锄地嘞？

(92) 咋王二蛋当上代表了？

(93) 这饭咋越熬越稀了？

(94) 你咋甚也不会？

"咋"表任指的用法如：

(95) 你说咋就咋。

(96) 我咋盘算咋不对劲儿。

3.5.3 由"咋"组成的固定格式

咋也 tsa[24] iɛ[21] 有两种。一种表示"大概"，如：

(97) 他咋也来也吧？

(98) 咋也是做下没理事了，不好意思来了。

另一种是表任指的"咋"和"也"组合，表示"无论如何"，如：

(99) 你先把账还了，再的咋也好说。

(100) 为这么捻捻事情就处分我，我咋也想不通。

不咋 pəʔ[4] tsa[213] 这是否定词和虚指的"咋"组成的固定结构，有两种用法。一是用作谓语或单独成句，表示"不要紧"，如：

(101) 你的腿不咋了。

(102) 王老师是不咋，就怕李校长不行嘞。

(103) 不咋吧？爽利小皮皮不皮实的。

(104) 甲：操心跌下来石头着。乙：不咋。

一是用作状语，表示"不太、不很"，如：

(105) 小王两口子对这事不咋热心。

(106) 这几句话不咋应至合适，匀了吧。

表任指的“咋也”和表“不要紧”的“不咋”组合起来，构成“咋也不咋”，表示“没有任何问题”，单独成句或充当谓语：

(107) 甲：耍水叫老师捉住起游泳叫老师捉住怎么办！ 乙：咋也不咋！

(108) 这座房子看去旧了，其实咋也不咋。

咋来了 tsa^{24} $lɛ^{44}$ $lɛ^{21}$ “来”是表过去时的助词。整个结构表示“怎么了”，一般单独成句，或作谓语及“知道、晓得”的宾语。如：

(109) 甲：咋来了？ 乙：没事。

(110) 孩伢儿嚎上没完，不晓得咋来了。

(111) 你的手咋来了？ 血糊害煞地血淋淋的。

(112) 我这辰子不知道咋来了，爽利颠麻倒烦颠三倒四地。

咋嘞 tsa^{24} $ləʔ^{21}$ 这是表示反问时常用的固定格式，义同北京话的“干吗”，一般作状语，句末要用语气词“着嘞”或“是”，如：

(113) 真⁼儿黑地电视塔咋嘞不上班儿着嘞今天晚上电视转播台干吗不上班？

(114) 好东好西地咋嘞倒着嘞这么好的东西，干吗倒掉？

(115) 你这么大个人，咋嘞欺负猴孩伢儿是干吗欺负小孩子？

(116) 你真⁼儿咋嘞不说话是你今天干吗不说话？

咋的个 tsa^{24} $təʔ^{21}$ $kəʔ^{21}$ 这是询问性状的固定格式，相当于普通话的“怎么样”，一般单独成句或充当谓语。如：

(117) 咋的个？ 行不？

(118) 三十块钱咋的个？ 再可不能多了。

(119) □$niɛ^{213}$ 姐婆这向儿身体咋的个你姥姥这几天身体怎么样？

咋着嘞 tsa²⁴ tʂəʔ²¹ ləʔ²¹ 是询问性状的固定格式，由“咋”和语气词“着嘞”组成，义同“怎么样”，单独成句或充当谓语，可以和“咋的个”互换。如：

(120) 咋着嘞？（作业）写下没？

(121) 你看这杆笔咋着嘞？

四 结语

综上所述，神木方言的代词有下面几个特点值得注意。

(1) 语音的变异较多，具体表现为三方面：一是合音词较多，二是同类代词的语音类化比较严重，三是神木话有把塞音鼻音化的现象。

(2) 从词目看，方言内部各点之间存在较大的分歧。主要表现为后缀不同，反映出各自所继承的具体方言可能不同。

(3) 相关的人称代词、指示代词、疑问代词之间，词形和功能的一致性较强，如人称代词和询问人称的疑问代词的复数形式、领属形式相一致，指处所的指示代词和询问处所的疑问代词之间，词形和用法相平行，充分显示了代词的系统性。同时，也存在相关代词之间的不平衡现象，如表示时间的指示代词和询问时间的疑问代词之间，就存在某种不平衡（二对一）。这反映了代词的系统性和不平衡性的辩证统一。

(4) 从与其他方言的比较看，神木、高家堡与大多数陕北话较为一致。南乡方言则与佳县、吴堡以及山西临县等较为接近，但没有临县指示代词三分的情况。由于没有更系统的材料可资比较，所以神木方言的代词在晋语以及西北地区方言中的位置还不十分清楚。

(5) 根据学界对近代汉语代词的研究成果来看，神木方言从近代汉语的某一阶段直接继承了某些代词，其中有可能从唐五代宋西北方言直接继承了某些代词。

(6) 那么,神木方言的人称代词有没有形成“数”和“格”呢? 我们认为,作为语法范畴,“数”和“格”的特征是语法形式和语法意义的统一。神木方言某些代词已经形成了固定的语法形式和语法意义,应当承认它们就是“数”和“格”。具体地说,神木、高家堡的后缀“每”,南乡方言的后缀“弭”是人称代词和表人称的疑问代词的复数形式;“家”是人称代词和表人称的疑问代词的领属形式,即领格。此外,“□ $niɛ^{213}$”和南乡方言表领属的“弭”也分别形成了第一、第二人称的领格。

拾叁　助词

一　结构助词

神木方言的结构助词有“的、价、地、得、得来、来、样地、给”等。

1.1　的

“的”音$tə?^4$,声调条件允许时读轻声。是定语和中心语之间起连接作用的助词,还可以组成名词性的“的”字结构。这些都和普通话相同,不必赘述。比较特殊的是“亲属称谓+的”构成的类似词的结构。

“亲属称谓+的”是一种特殊的名词性结构。“的”的读音与一般的“名词+的”中没有什么不同。但它不像后者那样组成“的”字结构,指称“的”前的词所领属的对象,而表示这个亲属称谓是被领属的,并且必须是说话者、听话者之外的第三者的领属对象。从语义看,神木方言的“亲属称谓+的”等于“第三人称代词+亲属称谓”。因此,我们可以称之为亲属称谓的“被领属形式”,是一种特殊的“格”(case)。这里的“的”和前面的成分结合得很紧,已经近乎词尾了。

所有亲属称谓词都可以带“的”,变成被领属形式。例如:

爷爷的他爷爷　娘的他妈　小子的他儿子　孙子的他孙子

姐姐的他姐姐　公公的他公公　老爹的他岳父
舅舅的他舅舅　小姑子的他小姑　姑舅的他表姑
挑担的他连襟　亲家的他亲家　小舅子的他小舅子

亲属称谓之外,还有"掌柜的｜伙计的｜师傅的｜徒弟的"四个被领属形式,但没有"老师的｜学生的｜主任的"之类说法,大概是前四个词在心理上比较接近亲属称谓的缘故。

由于被领属形式的指称对象是有定的,而且其领有者只能是第三者,所以他们所带的修饰语也很受限制。一般情况下,只能受指人名词、人称代词"人家"、指示代词"这个 / 那个"和"这家 / 那家(指人,表领属)"修饰,在修饰语和中心语之间绝对不再用助词"的"。如:

小明老子的小明他爸爸　张老师女子的　柱柱师傅的
人家大舅的　这个哥哥的他哥哥　那个婶婶的他婶婶
这家两姨的他两姨　那家老丈母的他岳母

在组合中,被领属形式以及由它作中心语的名词短语可以充当主语、宾语和介词的宾语,不能作定语。如:

(1) 柱柱爸爸的是泥匠。
(2) 看这孩伢儿可怜的,娘的殁了,老子的就顾要钱嘞。
(3) 人家舅舅的当教育局长着嘞。
(4) 小花就顾照应姐爷的她外祖父去了,把考试也误了。
(5) 夜黑地昨晚老王打了儿的一顿。
(6) 把这家师傅的叫出来,跟徒弟的说不精明。
(7) 二娃连老丈人的也敢顶碰嘞。

上举各例中,例(3)(6)(7)中的"的"可以不用,说明在一定的语言环境中可以不采用被领属形式。

除了充当句法成分外,亲属之间互相称呼时(包括面称和叙称),被领属形式也十分常用。尤其在不便以相互的亲属关系称呼或直呼其名的情况下,更是如此。如夫妻对称(有他人在场），公婆称儿媳，岳父母称女婿，嫂子称小叔子，大伯子称弟媳，亲属关系较远的长辈称晚辈等。具体运用时，要从对方较亲近的晚辈或自己孩子的角度出发相称呼。如“孩伢儿娘的｜花花爸爸的｜小强二妈的｜小明舅舅的｜二宝姨姨的｜虎虎姑父的”等。在家中，也有妻子不点子女的名而直呼丈夫为“老子的”或“爸爸的”，但没有听到过丈夫称妻子为“娘的”或“妈妈的”。

与上面的用法相类似而又有所不同的是，当非亲属的同辈之间互相面称时，可以在被领属形式前冠以“他”或“□niɛ213你”构成下列几个称谓：他／□niɛ213拜爷爷的｜他／□niɛ213老老的又作叔叔、拜老子，不分伯叔｜他／□niɛ213婶婶的｜他／□niɛ213姨姨的。从来源看，“他……的”与亲属间的称谓相同，出发点是自己的子女。“□niɛ213你……的”则要曲折一些，是从对自己孩子称说的角度来称呼对方，以示尊敬。正如封建社会可以不直呼“皇上、太子”而称“陛下、殿下”一样，是一种曲折的尊称。

值得注意的是，非亲属之间还有不带“的”的称谓与之并行，如“他／□niɛ213你叔叔｜他／□niɛ213婶婶”。联系到其他方言也有“他姥爷｜他大爷｜他二舅｜他姑姑”等亲属称谓，我们可以推断，神木方言“他／□niɛ213+亲属称谓”构成的非亲属之间的面称是独立形成的。而“他／□niɛ213+亲属称谓+的”的称谓，则是在“亲属称谓+的”和“他／□niɛ213+亲属称谓”两种形式的共同作用下产生的，或许是一种“感染错合”（contamination）的结果。

最后须要说明，神木方言“亲属称谓+的”也可以表领属（“的”与在被领属形式中同音），如“爸爸的书｜爷爷的鞋｜小舅儿的房子”，或组成一般的“的字结构”表领属对象，如“这张床是我妈的｜老王给女子的被领属形式买了两件儿衣裳，大女子的挺合身，二女子的不大合身”。但是，它和被领属形式存在一系列区别:第一,被领属形式的指称对象是特定的,而且单说“亲属称谓+的”时,只有被领属形式一种理解,不会理解作表领属。第二,有些亲属称谓,如“娘｜老子｜女｜儿”等,只能构成被领属形式,不能表领属,事实上,这些称谓单用的时候都很少。第三,它们的代词修饰语不同,亲属称谓表领属时常带“我 / 你 / 他 / 我每”作定语,如“我妈的衣裳｜我每师傅的锯子”,很少带“人家 / 这家 / 那家 / 这个 / 那个”。第四,即使它们同以人名作修饰语,其内部层次也不一样,如“小明舅舅的”,被领属形式的结构层次是“小明｜舅舅的”,表领属的结构层次则是“小明舅舅｜的”。这些都证明被领属形式是一种特殊的凝固结构。因此,我们可以认为,“亲属称谓+的”表领属与被领属形式是同形异构体,具有质的不同:当表领属时,亲属称谓和“的”只是临时组合在一起;而被领属形式已经结合成一种特殊的凝固的单位,一定程度上已经单词化,其中的“的”也已近乎词尾,可以称之为“被领属形式标记”。

1.2　价

“价”音tɕiəʔ^{21},它不同固定的语素组合,而是放在数量词或表时间的名词、副词后头,所以是结构助词,不是后缀。主要有三种用法。

第一,放在表时间的状语和中心词之间,起连接作用。例如:

(8) 只听见你一天价说好好儿念书也,就是没见你亭亭儿坐下念给阵儿。

(9) □niɛ^{213}你姑姑长时价不来信了。

(10) 我每的车三五天价去一回榆林。

第二,放在数量词补语后头,似乎没有什么意义。其后不排斥宾语。如:

(11) 文化革命那阵儿,我每打多时偶尔才吃一顿价白面。

(12) 做营生要会做嘞,做给阵儿歇给阵儿价。

(13) 甲:你常见丽花儿不? 乙:打多时见一回价。

第三,放在表示定价、定额的数量词后作状语或宾语,义为"按照……定量"来做。也可直接用"价"煞尾。如:

(14) 豆芽三毛价卖嘞。/豆芽卖三毛价。

(15) 甲:猪肉贵贱嘞? 乙:五块价。

(16) 一个生字写二十遍价。

(17) 甲:几个人一个组? 乙:六个价。

综上所述,"价"有三个位置:状语后,补语后,宾语后。尽管位置不同,但有一个共同的抽象意义,即"按照……定量"做某件事情。时间也是一种数量,在"价"前头就有了"定量"的意义。"一天价不回家"因其"整天"不回家,超出了情理所允许的"定量",所以带有不满的意味。看来,"一定的量"就是"价"的语法意义。

1.3 地

1.3.1 分布与功能

"地"神木话音$tɕi^{21}$,高家堡和南乡方言读ti^{21},神木话的读音当是ti的声母因轻读而舌面塞擦音化的结果。

"地"只能位于状态形容词和重叠式副词之后。不能带"地"的状态形容词有两类,一是偏正式,一是"词根+圪瘩"式。能后置"地"的状态形容词有五类,副词有一类:

ABB式,A格(不,忽)BB式:

晴湛湛地　秃树树地　臭腾腾地　绿格蓁蓁地

软不脓脓地　轻忽缭缭地

AA儿式:

清清儿地　暖暖儿地　真真儿地　容$k^həʔ^4$容儿地不多不少

AABB式:

拴拴整整地　勤勤饰饰地　文文斯斯地　洋洋误误地

四字格成语：

贼眉溜眼地　齐双摆对地　打家劫道地　烟蓬雾罩地

圪AA、卜AA、忽AA式：

圪轰轰地　圪嘣嘣地　卜哈哈地　忽撼撼地

AA儿式副词：

利利儿地　款款儿地　偏偏儿地　可$k^hu o^{53}$可儿地

"地"有时可以不用，有时必须用，用与不用主要跟"地"前的词所充当的成分有关。

"AA儿+地""四字格+地""圪（卜、忽）AA+地"常作状语，这时，"地"可以省略。不过仍是有"地"的句子更常见些。如：

(18) 这种漆得慢慢儿（地）干嘞。

(19) 我听见□$ni\varepsilon^{213}$你哥哥忽听四踏形容走路拖沓，脚步重，声响大（地）进去了。

(20) 我刚挖了两锹，就见圪嘟嘟（地）冒上来一股水。

带"地"的词充当谓语和补语都很常见，这时，"地"不能省略。例如：

(21) 这女子一天眯眯瞪瞪地，不晓得想甚着嘞。

(22) 小艳这孩伢儿可勤谨嘞，把个家整饰得明光灿烂地。

定中式偏正词组中，"地"不能直接置于中心词前面，须再加结构助词"的"，如"端端儿地的一茇树、鬼眉溜眼地的个人"。这就是朱德熙先生所说的状态形容词作定语必须名词化的现象。"地"也可以省略，但省去"地"就一定要带量词"个"，如"新新儿的个桌子、精精明明的个孩伢儿"。不能既无"地"，又无"个"。

总的来说，"地"能否省略与它的句中位置关系密切。谓语和补语多在句末，"地"有完足语气的作用，所以不能省略。定语、状语位于句中，"地"便可以省略。以上说明，如果没有

“地”，状态形容词的功能是很受限制的，有了“地”，它们就自由得多，只要词语的意义和语法功能允许，就可以充当谓、补、定、状中的任何成分。

须要特别指出的是，神木方言中“地”与“的”从读音到分布、功能，都不相同。这不仅对于探讨“地”的来源，而且对于探讨神木方言的源流都是十分重要的。

1.3.2 “地”的来源

从上面的描写和近代汉语的研究成果来看，神木方言的“地”当是直接继承了早期近代汉语的助词“地”。据曹广顺(1995)考察，“地”在唐代开始出现，“用在动词、副词、形容词之后，在句子里作谓语或状语，以作状语者较多”(126)。在晚唐五代文献《敦煌变文集》和《祖堂集》中，“地”和另一个助词“底”大量出现，《敦煌变文集》中，“地”的主要功能是用在形容词、副词之后，在句子中作状语。在《祖堂集》里，“地”用在形容词、副词之后，作谓语和状语，不过，“其分布与功能都被囊括在‘底’字之内”(127—132)。“地”的用例如：

如来本自大慈悲，闻语惨地敛双眉。(大目乾连冥间救母变文，敦煌变文集)

深河恰好骋威仪，蓦地维摩染病羸。(维摩诘经讲经文，同上)

曹山云：“朦朦胧胧地。”(祖堂集，4.112)

裴相公有一日微微地不安，非久之间便死。(同上，4.136)

在以后的文献中，这两个词“北宋分开，南宋又趋于混用，元以后混用成通例，整个发展过程，似乎是以混用为常，分开时间较短”(135—136)。而且，宋代以后，由于语音的演变，“地、底”逐渐改写为“的”。根据“地”的出现早于“底”，“地、底”早期分开后来有分有合的事实，曹广顺推测，“早期‘地’字或另有一来源”（133）。

在神木方言中，助词“地”读$tɕi^{21}/ti^{21}$，与“的”从语音到分布、功能都泾渭分明，显然是直接继承了早期近代汉语的“地”。不过，它的分布和功能比在晚唐五代、北宋文献中更加单一，只能附着在状态形容词和AA儿式副词后头。这就是说，在神木方言的前身中，“地”和“底”极有可能从来就没有混用过。方言事实证明曹广顺的推论是能够成立的。

1.4 得

“得”音$təʔ^{4}$，声调条件允许时读轻声。作为结构助词主要是在述语和补语之间起结构作用。

神木方言没有“好得很”之类程度补语，也没有“跑得快、拿得出来”之类结果补语和趋向补语的可能式。“得”连接一般的情态补语和普通话没什么不同。除此之外，方言的“得”尚有连接动词和趋向补语“来 / 去”的用法。

1.4.1 “得”前后的动词

“得”用于表示位移、携带、使令等意义的动词和趋向动词“来$lᴇ^{44}$ / 去$k^{h}əʔ^{4}$”之间，表趋向。其他趋向动词不能进入该格式。除了“拿”的后头，“得”一律不能省略。例如：

走得来	走得去	捆得来	捆得去
跑得来	跑得去	捉得来	捉得去
拿得来	拿得去	逮得来	逮得去
背得来	背得去	闪得来	闪得去
抱得来	抱得去	叫得来	叫得去
扶得来	扶得去	吼得来	吼得去

上面是基本式，它的可能式的肯定形式是在后面加语气词“嘞”，否定形式是用“不”替换“得”。以“来”为例：

走得来嘞	走不来	哄得来嘞	哄不来
叫得来嘞	叫不来	拿得来嘞	拿不来

请得来嘞　请不来　　　　　　闪得来嘞　闪不来

这时，在语义不发生混淆的前提下，可以省略“得”，语义不明时仍须带“得”，如“捉得来嘞、逮得来嘞”就不能省略“得”。

1.4.2　“动+得+来 / 去”带宾语

在句子中，该格式的宾语如果有数量意义，须置于“来 / 去”之后，与普通话这类宾语位置灵活有所不同。如：

(23) 柱子夜黑地背得来一口袋山蔓菁儿。

(24) 真⁼儿又给□niɛ^{213}你哥哥拿得去五百块钱。

(25) 我每一共送得去八十车炭。

(26) 我每巧⁼真⁼儿请得来一圪都人我们家今天请来许多人。

如果宾语不带数量定语，位置可前可后，不过“来 / 去”在宾语后时，“去”轻读为kəʔ^{21}。按照神木方言轻声的规律，这里的“来 / 去”应分析为连动式的后段：

(27) 我给你领得来救济款了。/ 我给你领得救济款来了。

(28) 人家给咱送得来抽水机了。/ 人家给咱送得抽水机来了。

(29) 我二哥给我姨姨家背得去柴了。/ 我二哥给我姨姨家背得柴去了。

(30) 曹庄子早□tsɔ^{53}已经派得去扶贫队了。/ 曹庄子早□tsɔ^{53}已经派得扶贫队去了。

“动+得+来 / 去”格式常用于“把”字句和“叫”字句，如：

(31) 她把孩伢儿驮背得去了。

(32) 我把图纸拿得来了。

(33) 原来是叫你给闪耽误得来了。

(34) 车子叫人偷得去了。

1.4.3　“动+得 / 不+来”表可能

由表趋向引申，“动+得 / 不+来”又可以表示可能，和普通话可能补语“动+得+来”相同。这时,动词不表位移、携带、使令等,“得”可以省略。在方言中的同义形式是“动+得/不+行”。如:

(35) 这号儿事情我可是做不来。

(36) 你要能唱得来就给咱唱上两段段。

1.4.4　比较

横向看,山西方言既大面积地保留着“动+将+来/去”结构,也有一些方言保留了“动+得+来/去”结构,后者如临汾、洪洞、浮山、闻喜、曲沃、霍县、临县、清徐、文水,其中既有晋语,也有中原官话。乔全生(1992)认为这种结构中读t声母的助词是“将”的音变形式。从韵母看,这种说法失之简单。

纵向看,近代汉语中“动词+助词+趋向补语”的格式中,使用频率最高的助词是“将”(曹广顺1995)。“得”也有这种用法,但不专一,数量也不多。如:

德,谓得之于心,有这个物事了,不待临时旋讨得来。(朱子语类,卷三四)

可以说神木方言大大发展了“动+得+趋”结构,并将其中的趋向补语固定为“来/去”。至于为什么没有继承“动+将+来/去”,而是继承并发展了近代汉语并不发达的“动+得+来/去”结构,恐怕与它较早时期的方言系属有关。换句话说,在该方言的前身里,“动+得+来/去”可能在近代就已经十分常用了。现代方言“动+得+来/去”和“动+将+来/去”结构的地域差异,不过是近代汉语两种格式存在的地域差异的延伸。

1.5　得来/来

1.5.1　用法

“得来”音$təʔ^{4}\ lɛ^{44}$,可用于“动/形+得来+补”(A式)和“动/形+得来”(B式)两种格式。不论用于A式还是B式,“来”后都可加已然体助词兼语气词“了$lɛ^{21}$”。先看A式“动/

形+得来+补”：

(37) 我这想孩伢儿想得来（了），一满不行了。

(38) 真⁼儿前晌公安局的来了，把花花怕得来（了），钻在门背后不敢出来。

(39) 我每婆姨把孩伢儿兴得来（了），一天五王八侯飞扬跋扈地。

(40) 我夜黑地瞌睡得来（了），甚响动也没听见。

(41) 把个张柱柱喜得来（了），嘴也合不住。

该式有下面四点值得注意：第一，动词以表心理活动为多，常用的句式是“把”字句；形容词都是性质形容词。第二，音节不限。第三，补语一般比较长，表情态。第四，“得来（了）”之后大多须停顿，语调略微上扬。

再看B式“动 / 形+得来”：

(42) 正房家买回来几个香瓜子，把咱秀秀爱得来了！

(43) 小红爽利灰傻着嘞，叫人家哄得来了！

(44) 耀华把手割了，血糊害煞血淋淋地，把人圪瘆得来了！

(45) □niɛ[213]你二爹这二年发得来了！

(46) □niɛ[213]你婶婶家里红火得来了！

B式构成的都是感叹句，读高降调。其中动词谓语句倾向于用“把”字句、“叫”字句，这是受语气影响的结果。由此看来，B式当是A式的隐含形式，其目的是借“V/A得没法说”的言外之意来强调动作、性状的程度之深，使句子既感情强烈又意味深长。有时索性把“来了”也省去，只将“得”拖长上扬，构成感叹句：

(47) 兰兰家炉打月饼嘞，把小梅爱得！

(48) 经由抱养的个孩伢儿么，把她还亲得！

在部分陕北晋语中，“得来”后的“了”受“来”同化，也读

lɛ²¹，于是听起来就成了“得来来”。不过，神木话“了”的韵母仍与“来”不同，提示其他方言并不是叠用“来来”。

值得注意的是，神木方言的“来”不能单独进入“动/形+补”结构，但可以在主谓之间或重复出现的动词之间起提顿、强调作用，其后也可带“了 lɛ²¹”，如：

(49) 我这阵儿来（了），甚也不顶事了。

(50) 我说来（了）说不过你。

(51) 孩伢儿们来（了）都出去了，就剩下我每两个老圪桩了。

(52)“四人帮”割尾巴那阵阵，捣买卖来（了）不叫捣，光种地去吃不饱，你说叫人咋活嘞？

将“来”同“得来”联系起来看，两者恰好分布互补。因此可以认为，神木方言的结构助词“来”只有一个，分别出现在“动/形+得来+补”“动/形+得来”和“主+来+谓”“动+来+动”等结构中。也就是说，“得来”可能是先有“得”，后叠加上“来”，是助词叠用的结果。这个情况与江蓝生(1995)的考察结论相吻合。

内蒙古晋语“得来、来”的上述用法也很普遍，据此推测，山西晋语也当有类似的情况。

1.5.2　来源

刘坚等(1992)谈到，“得来/来”在近代汉语和现代吴语、四川方言中可用作结构助词。下面转录吴语的几条用例：

A式：我做来勿好，请你原谅｜忙得来性命交关｜乱得来像狗窠

B式：远来｜冷来｜想来｜哭来｜重得来｜热得来｜笑得来

关于“得来”和“来”的形成，刘坚等的考察结论是：“结构助词‘来’始见于唐代（公元八世纪前后），唐诗和敦煌写卷中

有其用例，但为数不多。”“‘得来’用作结构助词最早见于金代的两种诸宫调和南宋的《朱子语类》。在诸宫调里‘来’和‘得来’并用，‘得来’多于‘来’；在《朱子语类》里只有‘得来’，未见‘来’”（156）因此，它们“不是吴语所独有，也不限于南方某些方言。据敦煌俗文学作品、金代诸宫调和元曲知道，唐五代的西北方言和金元燕京一带的方言里都使用这两个助词”（157）。例如：

铁硙硙来身粉碎，铁叉叉得血汪汪。（大目连变文，敦煌变文集757页）

知远惊来魂魄俱离壳，前来扯定告娇娥。（刘知远第十一［黄钟宫·出队子］）

静坐无闲杂思虑，则养得来便条畅。（朱子语类卷一二）

气得来有眼如盲，有口似哑。（元曲《合汗衫》二折［越调斗鹌鹑］）

可见，神木方言“得来/来”的用法，正是对唐五代西北方言同类用法的直接继承。

1.6 样地

“样地”音iɑ̃53 tɕi21，附着在名词后头，构成比况短语，充当动词“和像xa53/a53”的宾语。如：

(53) 这女女长得就和娘的样地。

(54) 真⁼儿天阳阳儿地，就和春上样地。

(55) 看□niɛ213你哥哥，站在那搭儿，就和根木桩子样地。

(56) 二郎山就和个骆驼样地，要不咋叫驼峰山嘞？

“样地”短语和普通话“似的”短语意义相同，但语法功能不完全一致。“似的”短语可以作宾语、状语，“样地”短语只能作动词“和”的宾语，不能作状语。

从形成来看，“样”当是“一样”的省略形式，“地”就是1.3节所描写的“地”。由于“……一样地”省略了“一”，所以“样地”便凝结得日益紧密，形成了一个助词。

1.7　给

“给”音kei⁵³，是置于述语和宾语、补语之间的助词。

第一，“给”可以在及物动词之后引进与事。如：

(57) 夜来捎给大柳塔一圪都许多枣儿。

(58) 再不听说起，看我告给□niɛ²¹³家你们老师着。

当与事作主语时，“给”后头可以直接跟着受事，但它并不连系动词与受事。如：

(59) □niɛ²¹³你二爹家也打给电话了。

(60) 外地亲亲都写给信了。

如果“给+与事”置于动词“给kei²¹³”之后，就形成“给给kei²¹ kei⁵³”连用的形式，并逐渐凝固下来，表假设。如：

(61) 你把这捻儿药给给李英。

(62) 我给给李英一百块钱。

(63) 要给给我起要是我的话，门儿还没嘞。

(64) 给给你起，又不知道诈唬成个甚了。

第二，在动词和动量补语、时量补语之间，“给”起连接作用，其后可带宾语。如：

(65) 地里再浇给一和xuo⁵³一遍水就行了。

(66) 头刨给一后晌山蔓菁儿，还熬得能做行饭嘞？

(67) 先看给半个钟头书，再写给十分钟字。

(68) 晾给两个钟头咋也行了。

用“给”引导补语的句子只能表示尚未发生的事情，其中不少是祈使句。这和“给”引导与事宾语的句子是不同的，后者既可用于展望未来，也可用于陈述过去和现在。

由于使用频率极高，“给”引导的动量补语“一下儿”和时量补语“一阵儿”虚化为“尝试补语”和“短时补语”（见下文），“一顿”则虚化为专表模糊量的补语，并且都省略了“一”。如：

(69) 我咱看给下儿。

(70) 歇给阵儿再锄吧。

(71) 念给顿书也该说媳妇儿了。

(72) 好好儿把狗的出息狠揍给顿！

二 体貌助词[1]

神木方言的体貌系统可分为完成体、进行体、持续体、经历体、实现体、起始体、已然体、随意貌、短时貌、尝试貌，各种体貌和体貌助词的关系如下：

得：完成体 进行体 持续体　　着：进行体 持续体

了 ləʔ²¹：完成体　　过：经历体

起：起始体　　上：实现体

下：完成体　　了 lɛ²¹：已然体

打：随意貌　　给下儿：尝试貌

给阵儿：短时貌

在以上的体貌手段中，"得、着、了、过" 是专职的体貌助词，"起、上、下" 是由趋向动词虚化并产生体貌用法的，"打" 是由动词后缀虚化为体貌助词的，"给下儿" 和 "给阵儿" 还处在由补语向助词过渡的阶段。同时，"起来、下去" 在神木方言中没有体貌用法。总之，与普通话有同有异，对应关系比较复杂。

趋向动词虚化为体貌助词是汉语方言的普遍现象。但究竟虚化到什么程度才成为体貌助词呢？意义上，"只要空间轨迹转化为时间轨迹，就可确定为体标记，或带有体标记的性质"；形式上，"实义的趋向补语有可能式，因此有没有可能式可以用

① 关于本节中涉及到的 "起、上、下" 等词更详细的用法及其语法化过程，请参看第拾捌章的有关论述。

作虚化程度的一个标尺”（刘丹青1996）。这个标准是经过对东南方言的体貌系统和体貌助词进行比较研究的实践检验的，可操作性较强。同时，神木方言趋向动词作补语可以转换成“往+趋+动”格式，而体貌助词则不能进入该格式。因此，下文将把有没有可能式及“动+趋+不”的反复问格式、能否转换成“往+趋+动”格式，作为衡量“起、上、下”等词是否虚化为体助词的标准。

2.1　得

“得”音təʔ[4]，声调条件允许时读轻声。在讨论体貌助词的用法以前，先要谈谈它在“动+得+处所宾语”结构中充当介词的用法。如：

(73) 我两个钟头就走得王家峁了。

(74) 路爽利不好，直直儿三天还没开得西安。

(75) 你咋坐得当炕了？

(76) 这么大后生爬得墙头上就和条狗样地。

该结构中的“得”起表示动作方向、位置的作用，意义相当于普通话“到、在”，这是由表结果虚化出来的介词用法，与《敦煌变文集》中“著”充当介词的用法相同（梅祖麟1988）。而这种用法，可能就是“得”表完成体、进行体、持续体的来源。

“得”作为体助词，可以表完成体和进行体、持续体。

2.1.1　表完成体

用于“动+得+宾”结构。如果宾语带数量定语，则句子表叙述，“得”可以和“了”互换。如：

(77) 我拿二十斤谷米换得十斤鸡蛋。

(78) 我每家真⁼年刨得一万斤山蔓菁儿。

(79) 王江黑楞楞跑得快的样子出去割得一圪瘩羊肉。

(80) 你要能拿这堆儿骨殖卖得十块钱，就算没白攒。

如果宾语不带数量定语，则句子偏重于说明。一部分

"得"可换用"了"。如：

(81) 我每夜黑地吃得/了拼三鲜。

(82) 小江问娶得中学老师。

(83) 厂里给我奖得收录机。

(84) 看人家净请得当官儿的。

由于"得"位于动宾之间，句子又是表说明的，所以容易给人以强调宾语的印象。其实，只要看看句子必须用于说明已经发生的事情这一事实，就会明白，"得"仍是表完成的。

在对话语境中，当句子表叙述时，宾语可以在不言自明或上下文有提示的前提下省略，由动词单独带"得"表完成体。如：

(85) 寻得没？寻得了。

(86) 闹得没？闹得了。

"得"可用于否定句和疑问句。这时，除了"个"，宾语不能带其他数量定语。例如：

(87) 我每夜来没借得钱。

(88) 和平二十六了还没问得媳妇子。

(89) 你而现在是寻得个营生没？

(90) □niɛ^{213}你爸爸给你请得家庭教师没？

2.1.2 表进行体

即某一动作正在进行中。用于两种结构。一是"动$_1$+得+动$_1$+得+动$_2$"结构，例如：

(91) 小珏说得说得□tsɔ^{53}就恼了。

(92) 你咋走得走得□tsɔ^{53}就停下了？

(93) 他听得听得睡着了。

(94) 亲得亲得□tsɔ^{53}就亲下不是了。

语流中，"得"可以弱化到只剩一个几乎没有时值的调高，非当地人听起来，就是重复动$_1$，如"小珏说说□tsɔ^{53}就恼了""你咋走走□tsɔ^{53}就停下了？"

二是“处所+动+得+宾”结构，句子叙述某处所正在发生什么事情，“得”不能弱化或省略。如：

(95) 戏台上唱得《兰花花》。(ˣ《兰花花》唱在戏台上，下同)

(96) 外头下得鹅毛大雪。

(97) 大锅蒸得糕，小锅熬得稀饭。

(98) 天上飞得一只老哇老鹰。

2.1.3 表持续体

表示某一动作后的状态在持续。用于两种结构。一是“动1+得+动2”的连动结构，动1是动2的伴随动作或方式。如：

(99) 你这是骑得毛驴寻毛驴嘞。

(100) 小花背得书包上学校去了。

(101) 王峰揣得二百块钱□tsɔ[53]就想做生意去嘞。

(102) 你二哥担得一担水圪晃晃地进来了。

二是在存现句中，表示某种状态的持续。如：

(103) 院起站得三个孩伢儿。(= 三个孩伢儿站在院起。下同)

(104) 场里围得一群人。

(105) 桌子上搁得一摞书。

(106) 墙根底垛得几麻袋山药。

普通话表进行体和持续体都用“着”。神木方言“得”也可兼表进行体和持续体，但总的来说，进行体助词和持续体助词还是有明显区别的。详见“着”。

把表结构用法和表体貌用法总括起来看，神木方言的“得”是一个多用途的助词。

“得”的功能多样，与它在近代汉语中的发展演变密切相关。据曹广顺(1995)，“得”在唐代就可在“动+得(+宾)”格式里表示一种动作完成、实现的状态，已经从补语变成了助词。

在另一种格式“动1+得（+动2）”中，表达在动1进行、持续的情况下进行动2，或是动1动作状态的持续。而在“动+得+补”格式中，“得”则充当补语的标志。曹广顺认为“‘得’在唐代有四种用法：作补语，作助词（相当于‘了’）、作助词（相当于‘着’），作补语的标志。第一种用法中‘得’还有动词义，其它三种格式中的‘得’，已经发展成为助词了”（76）。到宋代，“得”在“动+得+宾”格式中表完成的用法又有发展，出现了“趋向动词+得+处所补语”的例子。而“动1+得+动2”的使用频率则不如唐代多见了。“动+得+补”是宋代“得”用得最多的格式，也是发展最明显的格式，尤其是出现了单、双音节充当补语的例子。元明清三代，“‘得’字继续大体上维持宋代的用法。字形除‘得’外，兼有作‘的’者”（78）。由以上可以看出，“得”充当结构助词和体貌助词的用法，早在唐代就已经出现了，神木方言在宋代发展的基础上，个别地方又有发展，如大量使用“动+得+来／去”格式和“动+得+处所宾语”格式。

2.2 着

“着”音tʂəʔ⁴，声调条件允许时读轻声。也有多种用法。

2.2.1 表进行体

第一，“着”表进行体时，可用于动词性谓语句和形容词性谓语句，不过，其位置跟普通话不同。在动宾谓语句中，“着”只能放在宾语后头，而不能在动宾之间。同时，也没有“红着脸”之类的“形+着+宾”词组。例如：

(107) 他这阵儿正吃饭着嘞。

(108) 夜儿黑地我正看电视着嘞，听见有人叫门嘞。

(109) 小张又写他那篇小说着嘞。

(110) 你吼我那阵儿，我听我姐婆外婆讲故事着来了。

(111) 我看孩伢儿着也，你跑街去。

(112) 阳婆还红更更着嘞，你这是又去哪去也？

以上各例反映，表肯定的陈述句末尾不能单用“着”，必须带“嘞、来了、也 ia^{21}”，这几个词的性质、作用，分别见下文。

在叙述动$_1$和动$_2$连续出现的连动句中，动$_1$后既可用“得”，又可用“着”，2.1.2 节例（91）到（94）的“得”均可换用“着”，用“着”与普通话相同。如：

（113）小珏说着说着□tsɔ^{53}就恼了。

（114）你咋走着走着□tsɔ^{53}就停下了？

与普通话不同的是，当连动句的动$_1$和动$_2$之间具有方式、目的等关系时，方言不能用“着”，而要用“得”或虚化的趋向补语“上、下”等。普通话存在句中在动词后表存在方式的“着”，神木方言也只用“得”，普通话“形＋着＋数量”结构中的“着”，神木方言用“下”，普通话的“动／形＋着＋点儿”神木方言干脆不用。例如：

（115）赶得／上一群羊朝东走了。

（116）你拿得／上战敠给下轻沉掂掂分量。

（117）两个人站下拉话嘞。

（118）墙上贴得一张画儿。

（119）桌子上摞得一摞书。

（120）他比我高下十来厘米嘞。

总之，《现代汉语八百词》“着”字条第 3、4、5、6 项的“着”，除了表动作先后发生的连动式以外，神木方言没有一例用“着”的。

第二，与表进行体相联系，说明某人从事何种职业，担任何种职务，神木方言也用“着”，位置仍在宾语之后。例如：

（121）老张在大学当老师着嘞。

（122）刘老师教数学着嘞。

（123）小花娘的原根儿当局长着来了，这阵儿退休了。

（124）我就当我的护士着也，不转行了。

说明做某事时邀请某人参加,动词或动宾词组后也带“着”:

(125) 真⁼儿连铁蛋也请着嘞。

(126) 本来叫小刚着来了本来连小刚也请了,说是有事不来了。

由于“动+宾+着”的特殊语序,神木方言动宾词组带体貌助词时的语序就表现出不平衡性:表进行体时的结构是“动+宾+助词”,表完成体、持续体、经历体、实现体、起始体时的结构则是“动+助词+宾”,这是很值得注意的现象,是方言内部语法结构发展不平衡性的反映。这一特殊语序,存在于山西、陕北、内蒙古的广大地域。

第三,否定句和疑问句用“着”。在否定句末单用“着”,表示某件事情不在进行中或某人不从事某种职业;连用“着了”表示过去一直在进行的事情目前已不再进行或某人已不再从事某种职业、担任某种职务;连用“着嘞”则表示短时间内不会发生某件事情。如:

(127) 小艳这阵儿不做作业着。

(128) 柱柱不承包工程着。

(129) 加工厂不推加工糕面着了。

(130) 香香老子的不当县长着了。

(131) 孩伢儿才六岁,还不上书房着嘞。

(132) 你不应去着嘞。

疑问句中,或用“着(嘞)不”询问某件事情眼下是否在进行,或用“着不了”询问从前一直在进行的事情或从事的职业、担任的职务是否还在继续,或用“咋还不……着嘞”询问(多为反问)某事为什么还不进行。例如:

(133) □niɛ213每你们单位而真⁼发工资着(嘞)不?

(134) 孩伢儿这阵儿要着(嘞)不?

(135) 你而真⁼念书着不了?

(136) □nie^{213}你爸爸当校长着不了?

(137) 山药□tsɔ^{53}已经刨下快二十天也,你咋还不种菜着嘞?

(138) □nie^{213}家孩伢儿□tsɔ^{53}六岁了你家孩子都六岁了,咋还不念书着嘞?

2.2.2 表持续体

"着"表持续体只用于形容词谓语句,须与"嘞"连用,表示某种状态正在持续。如:

(139) 花儿正红着嘞。

(140) 这两天还暖着嘞。

(141) 水还不滚着嘞。

(142) 人齐着嘞不人齐不齐?

2.2.3 表"……的时候"

"着"还可以在表时间的分句后面,表示"当……的时候",这时句子只能用来陈述或询问发生在过去的事情,这种用法当是由表进行体引申出来的。形式上的标志是都可用"那会儿"代替。如:

(143) 我跟上王兆相闹革命着,你还穿留裆裤儿着嘞。

(144) 头你来了着,汽车早□tsɔ^{53}已经开了。

(145) 这后生猴着小时候可调皮来了。

(146) □nie^{213}你姑姑走着,本来想给你拍电报来了。

(147) 你念大学着花了家里多少钱儿?

(148) 我当会计着,广建才是个小车司机。

2.3 过

"过"音kuo^{53},是经历体助词。表示过去曾经发生过某事。如:

(149) 这种欺软怕硬的人我可多见过。

(150) 我去过北京、上海,没去过天津。

(151) 好像听谁说过这么个话来了。

(152) 前一向儿冷过那么几天。

(153) 我从来也没怕过个他。

(154) 自十八上离开,你再回过神木没?

和普通话不同的是,神木方言的“过”不能用于“吃过饭了”“等我问过了他再跟你说”之类句子,即不表完成体。总的来说,“过”的使用频率大大低于普通话,原因是神木方言有专表过去时的助词“来”。

2.4 起

“起”音$tɕ^hi^{21}$,是起始体助词。基本意义是表示向上的运动,充当趋向补语和介词“往”的宾语,如“背起|捉起|往起抬|往起扶”等。在此基础上,又虚化为表示动作结果的补语,这时“起”带有完成义。后头可出现宾语,也可不出现。如:

A 包起 装起 捆起 穿起 堆起 缝起 裹起 搭起 架起 绱起 困起困住

B 存起 晾起 放起 抬起藏起 搁起

A组可以用“动+不+起”表可能式,用“动+起+不”表反复问,“起”的补语意义还很实在。B组没有“动+不+起”和“动+起+不”的可能式和反复问,只能用“动+起+没”表反复问,说明补语的意义已经很虚。但两组中“起”的意义仍与空间有关,都能用于“往+起+动”格式,如“把药往起包|把钱往起抬藏”,可见仍然是表示结果的补语。

一种动作的完成就是另一种状态的开始。由表完成的结果义进一步引申,“起”可以放在动词、形容词之后或动宾之间,表示起始体。如:

A 说起 唱起 喝起 怕起 说笑起 动弹起 吹打起 脑$nɔ^{44}$疼起

B 渴起 冷起 烧$ʂɔ^{53}$热起 熇闷热起 麻起 能起

难活起

C 哄起人 下起蛋 打起人 换起牙 出起洋相 要起花子花招

从上面的例子可以看出,“起”前面的词意义十分宽泛,“起”的意义已由表空间转化为表时间,都没有“动/形+不+起”的可能式,不能用“动/形+起+不”提问,也不能转换为“往+起+动”格式。说明“起”已经彻底虚化了。

“起”的体意义是“起始”,即某种动作开始进行,某种状态开始出现。在陈述句中,句尾须用语气词兼已然体的“了”。例如:

(155) 孩伢儿说笑起了,不咋了不要紧。

(156) 那两个连菜也等不办等不及,打开瓶子□tsɔ^{53}就喝起了。

(157) 你咋价又做起生意了?

(158) 刚刚儿暖了几天,又冷起了。

(159) 志刚鼓动了半天,那些也没唱起。

(160) 鸡儿下起蛋没?

2.5 上

“上”音ʂã^{53}/xã^{53}/ã^{53}/ã^{21},是实现体助词,表示某种行为、性状已经成为现实。

“上”的基本意义是向上运动,可以单独充当谓语或作动词的趋向补语,如“上房|上墙|跳上炕|圪趴上墙头”。由作趋向补语引申,“上”又可以表示动作行为的结果,如:

念上书 当上官儿 请上老师 见上面 割上二斤肉

这时,“V上”表示结果已经出现或可能出现,“V不上”表示无此可能,如“等上/等不上”“闹上/闹不上”“吃上/吃不上”,这是可能式。还可用“动+上+宾+不”表示反复问,如“请上老师不”,可见“上”的结果意义还是比较实在的。

由此进一步虚化,“上”可以置于动词、形容词之后和动宾、动补之间表实现体。所谓实现体，是指动作、行为、状态已经成为现实。它的实现义，既包括动词，也包括动词的宾语，是对整个事件的实现。如果它附着在可持续动词或形容词之后，则表示开始并继续，如：

A 引上 跟上 晾上 冻上 晒上 吹打上 溜舔上

B 冷上 忙上 红火上 难活上 瘷麻雾罩郁闷不舒上

C 做上饭 蒸上饺子 上上课 点上烟 耍上扑克儿

以上三组都没有“动 / 形+不+上(+宾 / 补)”的可能式，也不能构成“动 / 形+上(+宾 / 补)+不”的反复问，只能用“动 / 形+上(+宾 / 补)+没”表示反复问。说明“上”已经虚化为助词了。

如果“上”附着在非持续动词和数量宾语、动量补语之间，则无所谓继续，但也不表示结束，只表示这个行为的实现。这时，不仅没有可能式和带“不”的反复问，连“动+上+宾 / 补+没”的反复问都没有。如：

D 给上两块钱 问上一句话 打上几个耳刮子

E 死上几回 哭上两鼻子 踢上两脚 笑话上一顿

“上”用于陈述句如：

(161) 我熬上稀饭了，你也一搭吃吧。

(162) 张利军叫那个吹打上，爽利不知道天高地厚了。

(163) 而真⁼冷上，咋也得三月才能暖和嘞。

(164) 我先给你借上五百块，把这捻儿困难渡过去再说。

实现体和持续体相通。“动+上+宾”可以充当“动1+宾+动2”格式的前段，表示动2的方式和伴随动作。例如：

(165) 你看不是骑上毛驴寻毛驴嘞？

(166) 志强背上一百来斤跑得黑楞楞地。

(167) 则么把□niɛ213爹你爸搀上走。

(168) 我敢是对上人家不能打你么，你当是怕你嘞？

这时,“上”大多可以换用“得”而不改变意思,恰好证明了“上”在可持续动词后的语法意义是“开始并继续”。

实现体和起始体也有相通之处。在形容词后,“上”可用“起”替换,意思不变。不过,在非持续动词(D、E)后,“上”不能用“起”替换。在持续动词后头,“上”和“起”一般也不能互换。如小孩儿病情好转,开始玩儿了,只能说“耍起了”,不能说“耍上了”。再如病后愿意进食只说“吃起饭了”,开饭只说“吃上饭了”。这都显示出实现体和起始体是有区别的。

实现体和完成体不同。如“做上饭”表示做饭的行为开始并正在继续,饭还没熟,“做下饭”则表示做饭的行为完成,饭已经熟了。“吃上饭了”义为开饭,“吃了饭了”义为吃过饭了。“踢上两脚”只能在事前说,“踢了两脚”只能在事后说。意义、句法环境判然有别。

2.6 下

“下”音xa⁵³/a⁵³/a²¹,是完成体助词。表示动作已经结束,结果已经出现。

趋向动词“下”的基本意义是“向下运动”。在句子里担任谓语和趋向补语,如“下沟里｜下山｜坐下｜圪蹴下”。由作趋向补语引申,又可以在动词后充当可能补语。如:

宬下 / 宬不下　蒸下 / 蒸不下　杀下 / 杀不下

亲下 / 亲不下　睡下 / 睡不下　疼下 / 疼不下

搁下 / 搁不下　堆下 / 堆不下

由此进一步虚化,在“动+下+宾”格式里,“下”兼表完成体。如:

做下饭　董⁼tuɤ̃²¹³下乱子闯下祸　兴下毛病　认下个干儿子

担下一瓮水　短下钱　踏下饥荒欠下债　起下名字　和下人

上述词组中的“下”表完成的意义十分明显,有的也可用“了”替换,不过仍然能够用“动+不+下+宾”构成可能式,用

“动+下+宾+不”表反复问，可见还不是纯粹的完成体助词，而是介于补语和助词之间。再看下面一组：

应承下　承认下　戍下不做营生　站下说话　说下甚就是甚　吹下牛　闹下个甚　跌下四五六顺干下得理的事儿　管下不是

动词的意义更加宽泛，也没有“动+不+下（+宾）”的可能式和“动+下+宾+不”的反复问格式，“下”完全表示时间轨迹，已经成为助词了。同时，在下面的动补谓语中，“下”也是完成体助词，可以用“了、得”替换，其后多用结构助词“个”连接补语：

(169) 真⁼年谷穗子长下这么粗，这么长。

(170) 猴孩伢儿家甚会儿学下个嘴尖毛长小孩子家什么时候学得多嘴多舌？

(171) 你就再说下个天花乱坠我也不信。

(172) 把一锅饭吃下个听嗒 $t^{h}i\tilde{ɤ}^{53}$ $t^{h}a^{21}$ 光干干净净。

总的来说，“下”在动词后的虚化程度不如“起”和“上”。但是，在形容词后头，“下”的适应面更广，成为更典型的完成体标记。与“上”形成鲜明对照的是，“形+上”是着眼于现在和未来，说明该状态已经出现并将持续下去，“形+下”则是着眼于现在与过去的比较，表示出现了某种新的状态，发生了新的变化。在进行比较的语境中，“形+下”的后面有时还可带宾语。没有“形+不+下”的可能式，也不能用“形+下+不”表反复问，作谓语必须带“了”。如：

长下了　短下了　大下了　猴小下了　多下了　少下了
宽下了　窄下了　红下了　绿下了　冷下了　暖下了

“动/形+下（+宾）”的句中用例如：

(173) 既然应承下了么，则么去吧。

(174) 人家量下这么个么，又不是我瞎说嘞？

(175) 这孩伢儿小间吃喝上就受下制了这孩子从小饮食上就

落亏了。

(176) 真⁼儿看去又猴下了。

(177) 缝子比规定的宽下一寸多,那能行嘞?

(178) 我爹比我妈大下一轮嘞。

2.7　打

"打"音ta21,本来是具有表小意味的动词后缀,组成"甩打｜试打｜哨打｜抖打"等(见第拾章)。由此引申,逐渐放在其他一些单音节动词之后,表随意貌。能带"打"的动词多是及物动词,意义很宽。如:

A　闪打哄　吃打　喝打　覷tsʰu44打偷看　看打　瞭打望望　尝打　问打

B　歇打　撂打丢开　挤打　捎打　唱打

A组是及物动词,B组是不及物动词。助词"打"的主要作用是使它们具有一种不经意、随便的意味,有的仍有幅度较小或延续时间较短的特点。如"吃打"指胡乱吃点儿,"喝打"指喝几口,"捎打"指顺便办一办,"撂打"指不经意地使逐渐生疏,"看打"指随便看看等。

由于"打"表示随意貌,所以带"打"的动词在句中充当谓语时,大多能带尝试补语"给下儿"(见下文),或者表示量小的宾语、补语。如:

(179) 我咱吃打上一捻儿上班儿去来吧。

(180) 东西不多,尝打给下儿就行了。

(181) 老张那么大的人了也是,一下儿□tsɔ53就叫人家闪打住了。

(182) 这捻儿营生捎打上□tsɔ53就做完了。

(183) 各儿不爱念书大人能咋?则么念打给顿动弹去吧干脆念几天劳动去吧。

(184) □niɛ213老儿家您老人家上了年纪了,则么操心跌打给下儿着小心摔着。

在一部分晋语中,助词“打”读入声韵轻声调,如呼和浩特话、乌盟凉城话,因此有人把它记作入声字“搭”或“达”。我们认为,它的本字就是“打”。尽管在近代汉语文献中很少看到“打”作后缀和助词的例子,但仍然可以推断,作后缀和助词是实义动词“打”的意义扩大化并虚化的结果。正如它放在动词性词根前也会虚化为前缀,在许多名词前会意义扩大化为泛义动词一样。至于读入声,当是因轻读而促化的结果。

2.8 了

“了”神木、高家堡音lɛ²¹,万镇音lie²¹,贺家川音læ²¹。综合各地的读音,联系近代汉语的有关事实来看,这个词当是“了也”的合音词(刘勋宁1985)。

“了”一般置于句末,在反复问句中位于“没”前头,不过以省略为常。作为语气词兼已然体助词,它表示整个句子陈述的事情已经成为事实,或者出现了某种新的情况。可以和“着”以外的所有体貌助词配合。如:

(185) 中国队赢了。

(186) 总算请得医生了。

(187) 我每打了流感疫苗了。

(188) 小艳爷爷的真⁼儿又吃起饭了。

(189) 我妈做上饭了。

(190) 亲孩伢儿亲下不是了。

(191) 风又大下了。

(192) 你见上张局长了没?

(193) 那几菱树长大了没?

(194) 原根儿打算明儿走也,而真⁼又不走了。

据曹广顺(1995)考察,中晚唐以至北宋,用于句末的“了”常常要加上语气词“也”。南宋“了₂”后加“也”的不多见,元代又重新多了起来。对这种现象,他的解释之一是,“不能排除‘了$_2$’的形成过程在不同地区发展不平衡的可能。也就是说,到元代以后,在某些地区内‘了$_2$’的使用仍然很不自由,其处于句末时仍须与‘也’连用”(96)。这个解释抓住了“了、了也”在各代的文献中使用不平衡的根本原因。神木方言的“了”显然是“了也”的合音,直接继承了“了也”连用的那一支方言。

关于“了$_2$”的语法意义,现代汉语学界有大体一致的看法。但对其性质,则一般只认为它是个语气词。打开一本现代汉语教材,看看对各个语气词的解释,就不难发现其中的不协调之处。如胡裕树本:

的	表示确实如此	了	表示已经如此或出现新情况
么	表示可疑	呢	表示不容置疑
吧	表示半信半疑	啊	增加感情色彩

在六个语气词里,只有“了$_2$”的语法意义与时间和事件的发展有关。所以,把“了$_2$”同时归入体貌助词符合汉语的实际,是完全合理的。曹广顺(1995)把“了$_2$”划入“事态助词”,也是有见于这个事实。不过,就神木方言的情况来看,“了”和“来、也”两个时制助词不属于同类。《中国东南部方言比较研究丛书·动词的体》从方言对应的科学性和合理性出发,将“了$_2$”的已然义列入体的比较项目,我们深表赞同,并将神木方言的“了lɛ^{21}”作为语气词兼体助词来看待。

2.9　给下儿kei^{53} xʌɯ^{21}/kʌɯ$^{53/21}$　给阵儿kei^{53} tʂʌɯ^{21}

神木方言的动词不能用重叠来表示尝试貌和短时貌,而是用“动+给下儿”和“动+给阵儿”的述补组合分别表示“尝试”和“短时”的语法意义。在这个组合中,“给”是结构助词,“下儿”是“一下儿”的弱化形式,读xʌɯ^{21},也可进一步弱化,声母脱落,同“给”连读成kei^{53}ʌɯ^{21}→kʌɯ$^{53/21}$(是否读轻声由前字调类决定)。凡是普通话能重叠的动词,方言都能带“给下儿”，表示“稍稍V一下”。如果动词带宾语，位置在“给下儿”后头，支配式离合词中的“宾语”同样位于“给下儿”之后。如：

看给下儿　尝给下儿　算给下儿　想给下儿　等给下儿　歇缓给下儿　洗给下儿眉眼　开给下儿门　学给下儿裁衣裳　问给下儿走不　推给下儿头　洗给下儿身名　看给下儿书　打给下儿哇哇

“阵儿”是“一阵儿”的弱化形式，与动词配合时运用范围比“下儿”窄。带“阵儿”的都是可以持续的动词，其中大部分也可带“下儿”，但意义侧重点不同，带“阵儿”表示“稍稍V一会儿”。如果动词带宾语，位置与“下儿”相同。如：

歇给阵儿　晾给阵儿　晒给阵儿　坐给阵儿　圪仰躺给阵儿　照应给阵儿孩伢儿　扇给阵儿风匣　等给阵儿小王　坐给阵儿车车

此外，一些感觉、状态类形容词也可带“给阵儿”，表示某种感觉、状态持续时间不长：

忙给阵儿　闲给阵儿　阴给阵儿　冷给阵儿　熇闷热给阵儿

就目前的情况看，我们还得把“下儿”叫尝试补语，把“阵儿”叫短时补语。但是，从“给下儿”读音弱化到kʌɯ$^{53/21}$的情况来判断，它们极有可能发展成为尝试貌和短时貌助词。而“给下儿”的分布和功能向“给阵儿”扩展，又有可能逐渐占领后者的地盘，变成一个兼表尝试貌和短时貌的助词。

三　时制助词

时制（Tense）指话语所述事件发生的相对时间，是跟整个句子相关的。一般认为现代汉语没有时制范畴，如果这是指普通话而言，可能是正确的，如果是指整个汉语而言，就失之偏颇了。

神木方言有两个时制助词,一个是“来”,表过去时,一个是“也”,表将来时。

3.1　过去时助词“来 lᴇ⁴⁴”

3.1.1　“来”的意义和参照时间

在句子中,“来”位于语气词和否定副词之前,表示句子所陈述或询问的事件发生在某一参照时间以前,即表达“曾经”的意义。在普通话中,同样的意思须借助于时间副词“曾经”和经历体助词“过”来表达。神木方言不用“曾经”义的副词,“过”的使用频率也较低。大部分“曾经发生过”的意思,都靠“来”表示。

表达时制关系,必须在时轴上有参照点。神木方言“来”所表示的过去时,参照时间只能是说话时或话语中提到的说话前某一刻,不能在说话后。例如:

(195) 我每上山种黑豆去来了。(事情发生在说话时以前)

(196) 年时腊月我还见□niɛ²⁴你爹来了。(事情发生在说话时以前)

(197) 我那回见你着你还没念书来嘞。(事情发生在“那回见你着”以前)

(198) 你听说过这个人来没?(事情发生在说话时以前)

3.1.2　“来”所在的句型

从句型看,“来”可用于动词谓语句、形容词谓语句、名词谓语句和主谓谓语句。在动词句中,除一般动词之外,“来”还可用于“有”字句和“是”字句,表示对过去事情的说明、判断。如:

(199) 家里有三间正房来了。(过去有三间正房,现在没有了)

(200) 这搭儿原来有一口井来了。

(201) 我爹原来是老师来了。

(202) 柱柱解放着是张财主的长工来了。

“来”用于形容词谓语句如：

(203) 这孩伢儿原根儿可胖来了。

(204) 两先后妯娌可亲热来了。

名词谓语句和主谓谓语句中，“来”多用在说明数量、价格的句子中：

(205) 二年级着三个人一间宿舍来了。

(206) 五分钱一斤来了。

(207) 豆芽一块钱三斤来了。

(208) 鸡蛋一斤几块钱来了？

询问价格时，既可问已买到东西的人，也可问卖主，隐含着“刚才卖什么价”的意思，但话语中很少加上动词。

3.1.3 “来”所在的句类

从语气看，“来”可用于陈述句和疑问句，不用于祈使句和感叹句。

第一，在陈述句的肯定句和否定词是“不”的否定句中，同“来”搭配的语气词是“了”。句子所述情况既可与事实相符，也可与之相反。例如：

(209) 我见你大来了。

(210) 我问他做甚去来了，他说跟同学上山耍去来了。

(211) 本来能治好来了。（可是……）

(212) 本来想种谷子来了。（后来……）

后两例分别叙述曾经有过某种可能或愿望，但后来情况发生了变化，结果与初衷相反。这些表示事与愿违的句子，通常有后续句，且句中常用状语“本来”。

更进一步，对以前的事表示遗憾、惋惜，要用“不如、不顶、哪如、哪顶”等语气副词，句子带有虚拟性：

(213) 我也不如去看去来了。

(214) 咱们还不顶不发言来了。

(215) 哪如你也考去来了。

(216) 哪顶不理狗的来了!

对以前的事实加以强调,动词谓语句中通常连用副词"可也",形容词谓语句则独用"可"或"海很":

(217) □niɛ²¹³你妈那阵儿可也受苦来了。

(218) 婆婆媳妇子可也淘气吵架来了。

(219) 神木城那会儿海好窝好住来了。

(220) 原来看去可大来了。(而真⁼觉见真小嘞。)

在否定词为"没"的否定句中,"来"后要用语气词"嘞",前面常带副词"还":

(221) 我每还没吃饭来嘞。

(222) 作业还没作下来嘞。

(223) 水还没暴开来嘞。

(224) 还没等上任来嘞,人情□tsɔ⁵³已经送下一大堆。

在对话语境中,动词谓语句可以省略动词等,只保留主语、"来"和语气词。如:

(225) 甲:谁开门来了? 乙:我来了。

(226) 甲:□niɛ²¹³你妈开开门常记不住闭。乙:不是我妈,我爸爸来了。

第二,在疑问句中,"来"的作用非常重要,句中主要成分大多可以省略。

是非问。笔者认为,"是不……"为是非问形式(见第拾肆章),带"来"的例如:

(227) 铁蛋是不跟你说来了?

(228) 你是不骂人家来了?

特指问。语气词仍用"了"。不论问人物、时间、处所、数量，结构均可全可省，省略句只保留疑问代词（或词组）、“来”和“了”。如：

(229) 谁来了？

(230) 甚来了？

(231) 哪来了？

(232) 甚地方来了？

(233) 哪夜儿（甚会儿）来了？

(234) 几斤（多少）来了？

例(229)的“谁”可能是主语（谁干这事来了），也可能是宾语（刚来的是谁来了）。(230)的完整形式是“你要（问、说、做……）甚来了”。几例均省去了谓语动词，靠语言环境帮助传达信息，“来”则指明问的是曾经发生过的事。

询问价格的句子省略时，一般只省去主谓谓语句的大主语和不问自明的单位。不过这时数量词组后须带结构助词“价”。如：

(235)（山药）几斤价来了？（论元）

(236)（羊肉）几块钱价来了？（论斤）

询问方式、状态、原因等也可用省略句。下面的例句中，(237)询问人、物自身发生了何事，(238)询问事情的发生、经过、结果等，(239)询问事物以前的状况，(240)询问事情的原委。

(237) 咋来了？（你的手咋来了）

(238) 咋价来了？（他把你咋价来了）

(239) 咋的个来了？（这东西原来是咋的个来了）

(240) 为甚来了？（两个为甚嚷来了）

带“来”的特指问句也可表反问，不过要用完整形式：

(241) 谁叫你去来了？

(242) 你哪见我来了？

选择问。两分句都须要用“来了”：

(243) 我叫你着你看书着来了，写作业着来了？

(244) 上大学以前你当工人着来了，插队着来了？

反复问。将“没”置于句末：

(245) 你吃来没？

(246) 你去过西安来没？

(247) 正月转灯游会一种游艺活动来没？

(248) 给孩伢儿过百岁儿来没？

例(245)也可不用“来”，说成“你吃没”，但两句话意义差别较大。“吃来没”是已知有某种食物，问对方“吃没吃”，肯定回答为“吃来了”；而“吃没”则与“吃了没”同义，问的是“吃过饭没”，肯定回答是“吃了”。二者的否定回答部分相同，即“没（吃）来嘞”，不过后者还可回答“没吃嘞”，前者不可。

例(246)也可省略“来”，省略后语义差别不大，只是带“来”的句子含有强调时间的意味。(247)(248)则不能没有“来”，否则时制关系不明确，也就不成话了。

3.1.4 “来”与体貌助词、趋向补语的搭配

第一，“来”同进行体助词“着”配合，只用于肯定句和选择问、特指问，叙述或询问过去某时正在进行的行为。如：

(249) 你叽我着我挑毛衣着来了。

(250) 那几年我在酒店当经理着来了。

(251) 我打电话那阵儿你们耍扑克儿着来了，打麻架着来了？

(252) 那夜儿那天晌午你做甚着来了？

第二，“来”同持续体助词“得”配合，也可用于肯定句和选择问、特指问，叙述或询问过去某时正在持续的状态。其中肯定句如：

(253) 这搭儿搭儿刚才还搁得个碗来了么，咋一眨眼

□tsɔ[53]就不见了?

(254)年时还长得一片树林子来了,硬叫那些败家子儿砍完了。

第三,“来”同经历体助词“过”配合,既可用于肯定句,也可用于否定句。如:

(255)原来提过这事情来了。(后来……)

(256)猴着见过来了。(大了长得认不得了)

(257)我还没听过来嘞。

(258)你还没体检过来嘞。

肯定句叙述曾经发生过而对现在已无影响的事,大多有后续句,“过”不能省略。否定句叙述迄今尚未发生过的事,一般不须带后续句,“过”可以省略。

“过、来”搭配,还可用于反复问,或用该句式表反问。如:

(259)你原来见过这种牛来没?

(260)你听说过这号儿事来没?

(261)你长这么大吃过个东西来没!

(262)你见过个钱来没!

第四,“来”同完成体助词“了”配合,多用于肯定句,叙述过去本已完成或结束的事情,“了”不能省略。一般须带后续句,表明事情发生了新变化。

(263)我□tsɔ[53]已经是戒了烟来了。(又吃上了)

(264)两个年时吹了来了。(后来又好了)

(265)任务□tsɔ[53]已经完了来了。(后来又加了)

(266)胃病好了来了。(后来又犯了)

由于声母相同的原因,“了$_1$来嘞”合用于否定句显得累赘,“了$_1$”以不用为常,尤其在动词不带宾语时。如:

(267)而真⁼还没完来嘞。

(268)柱柱还没成亲来嘞。

第五,“来”同完成体助词“下”配合,肯定句须带后续句,否定句则不必。不过,由于意义关系,“来”同“下”搭配颇受限制,大多数带“下”的句子不能用“来”。如:

(269) 我看见你买下鸡蛋来了么。(咋价就寻不上了)

(270) 猪肉本来长下来了。(叫厨子拿走了)

(271) 钱还没预备下来嘞。

(272) 饭还没做下来嘞。

第六,“来”同实现体助词“上”配合,肯定句叙述过去已实现的情状,有后续句,否定句叙述现在还未实现的情状,无后续句。例如:

(273) 学校□tsɔ[53]已经是上上课来了。(后来……)

(274) 本来□tsɔ[53]已经烧上火来了。(忘放炭又灺熄灭了)

(275) 还没起上面来嘞。

(276) 自来水还没用上来嘞。

第七,“来”同起始体助词“起”配合,肯定句叙述过去已开始的事情,并多用后续句比较前后情况,否定句不必带后续句,而常用副词“还”。如:

(277) 孩伢儿□tsɔ[53]已经吃起来了。(肚子难活得又不吃了)

(278) 天□tsɔ[53]已经冷起来了。(这两天又暖了)

(279) 天还没冷起来嘞。

(280) 水还没响起来嘞。

总之,“来”同体貌助词合用,肯定句大多须有后续句。这是因为,过去时与某种体助词结合,表达的是某人、物、事以前的情状,在说话时,这些情状或者已不存在,或者发生了变化,因而须有后续句说明现在的情况,句间常用副词“本来、□tsɔ[53]已经(是)”与“后来、又”等前后呼应。否定句没有后续句,是由于它所叙述的是迄今尚未存在过的情状,这种情状以后是否出现,说话者并不关心。

3.1.5 “来”与“去、来”的连用

神木方言“去、来”作趋向补语极为常见，时制助词“来”与它们连用的情况也很值得注意。

第一，“去来 kəʔ[21] lᴇ[44]”可连用于陈述句和疑问句。例如：

(281) 我每去烈士陵园扫墓去来了。

(282) 王志刚又耍水去来了。

(283) 下街做甚去来了？

(284) 你去去来没？

其他如“上山去来了｜串门子去来了｜请人去来了｜喝酒去来了｜耍扑克去来了｜看红火去来了｜出差去来了｜旅游去来了”等，“去”都不能省略，否则或不成话，或意义大变。

第二，“来来 lᴇ[44] lᴇ[44]”连用，也见于陈述句和疑问句。例如：

(285) 你妈寻你来来了。

(286) 二柱前晌还修自行车来来了。

(287) 水霞做甚来来了？

(288) 甲：你妈来来来没？ 乙：来来来了。

各句的“来来”一般不能省略，有的可有后续句。例(288)是“述语‘来’+补语‘来’+助词‘来’”，其中补语“来”轻读，说快了可省略。但完整形式同样自然、常用。

“去来、来来”不见于否定句。

3.2 将来时助词“也”

将来时助词“也”神木话和南乡方言读 ia[21]，高家堡读 iɛ[21]。陕北晋语其他方言和内蒙古晋语一般也读 ia[21]，其发音不受前一音节的影响。神木等之所以没有和副词“也”一样高化为 iɛ，可能是因为使用频率高而保持了较早的读音，或是为了与后者相区别。

3.2.1　“也”的意义和参照时间

所谓“将来时”,指话语所述的事情发生在某个参照时间之后。这个参照时间可以是说话时,也可以是说话中提到的说话前、后的某一时点(与“来”有所不同)。因此,将来时的“将来”并不等于现实生活中的“未来”。

话语中最常见的,是以说话时为参照时间:

(289) 甲:走也? 乙:走也。

(290) 甲:做甚去也? 乙:买菜去也。

(291) 我一阵儿就回来也。

(292) 我每明儿出秧歌也。

例(289)(290)问、答同用“也”,说明它不表语气,只表时间。以话语中提到的说话前某一时刻为参照点,也是很常见的。下列各例中加点的是参照时间:

(293) 那回见你着,你正忙得考试去也。

(294) 二柱夜来说他出差去也。

(295) 我们到了站上着,车正开也。

(296) 我盘算你按时来也,没想等了两个钟头连个影儿还没见。

这种以说话前某时为参照点的将来时,传统上称“过去将来时”。其实这个概念并不很科学。如果是这样,那么,以说话之后某一时刻作为参照点,就只能叫作“将来将来时”了。看下面的例子:

(297) 毕业了你干甚也?

(298) 一考完试我就走也。

(299) 老了起你可咋价过也!

(300) 等儿女们都成了家,老两口就享几天清福也。

以上的句子都是纯叙述性的,“也”只表时制。而下列助动词作状语的句子中,“也”又兼表可能或情理:

(301) 我看能行也。

(302) 再过几天就能走也。

(303) 张校长也可能来也。

(304) 不坐了，我得走也。

不过，“也”表可能的最常见形式是附着在“着”之后。下面几例是“动补谓语+着也”：

(305) 天这么暖，肉放坏着也。

(306) 甲：学会背不会？ 乙：学会着也。

(307) 就剩这点儿了，拾掇完着也。

(308) 操心，跌下去着也。

“着也”似乎已经凝为一体，对事件的未来作出可能性判断。因而，当动词带上“了、下、上”时，句末仍能用“着也”。不过，这时带不带“着”是自由的，如带上“着”，句子倾向于判断事情的可能性，如不带“着”，则叙述的成分大于判断：

(309) 刚吃完饭出去拍了（着）也。

(310) 他莫非还吃了人（着）也！

(311) 多管闲事管下不是（着）也。

(312) 我看是长下（着）也。

(313) 自来水明年用上（着）也。

(314) 咋也熬上个科长（着）也。

上举各例，句子的功能主要是对事情发生的可能性给以肯定性判断，句末必须有“也”。可见，“也”的作用已由单纯表将来扩展到兼表可能了。这使我们联想到英语的助动词will和shall，也恰恰是既表将来，又表可能和愿望的。

3.2.2 “也”与句型和句类

第一，从句型看，“也”可用于主谓句的各种下位句型和个别非主谓句，如动词谓语句：

(315) 李小利又补习也。

(316) 明儿做手术也。

(317) 两口口□tsɔ[53]就快有孩伢儿也。

(318) 你是快当爸爸的人也,跟他混甚嘞?

形容词谓语句表示对象的性状即将发生变化,名词谓语句则是说明年龄的,如:

(319) 天又烧ʂɔ[53]热也。

(320) 墙干了就白也。

(321) 不知不觉就二十五也。

(322) 我爹快七十也。

主谓谓语句如:

(323) 书我还也。(不用你管了)

(324) 老人身体慢慢好也。

非主谓句表示年龄和时间,有时作分句。如:

(325) □tsɔ[53]快三十的人也,还不结婚嘞。

(326) 马下就腊月也。

第二,从语气看,"也"能用于陈述句的肯定式和疑问句。

肯定句中,"也"一般附着在句末,如上举各例。有时,也可在后面带上语气词"嘞"加强断定口气,或带上"么"强化主观感情色彩。如:

(327) 三干会明儿开也嘞。

(328) 正月十五街上出秧歌也嘞。

(329) 我去我三舅巧=【家行】去也么。

(330) 我寻我妈去也么。

"也"在疑问句中情况不一。是非问、选择问、特指问"也"都在句(分句)末:

(331) 学校是不后儿开学也?

(332) 上二郎山去也?

(333) 闹甚去也?

(334) □niɛ²¹³你嫜嫜哪去也她嫜儿去哪儿？

(335) 你是吃干的也，是喝稀的也？

(336) 种糜子也，种谷子也？

不过，在表揣测的句子中，“也”后要跟着语气词“吧”：

(337) □niɛ²¹³你妈也一搭去也吧？

(338) 天咋也晴也吧？

反复问是在“也”后加“不”，“也”大多可省略，不省略则强调时间。如：

(339) 你是回（也）不？

(340) 妈妈退休（也）不？

(341) 白菜五分价卖（也）不？

(342) 你而真⁼睡（也）不？

也可用“V也不V”格式表示强调，不过，这种格式恐怕是后来才有的。如：

(343) 你是回也不回？

(344) 妈妈是退休也不退？

3.3 关于“来”和“也”的性质和来源

3.3.1 来

时制助词“来”不用于普通话，但在晋语中却十分活跃。据曹广顺（1995），赣语宜丰话也使用助词“来”。晋语“来”的用法可以分为两派。一派“来”后不加“了”，如山西忻州、陕北吴堡、内蒙古晋语呼和浩特以东方言。一派“来”后加“了”，如大部分陕北晋语和内蒙古晋语包头以西方言。陕北话和内蒙古晋语多把“来了”读成同音，所以刘育林（1990）记作“来来”，其实这是“了”因轻读而受“来”的韵母同化的结果，而不是“来”的重叠。

近代汉语中，“来”曾一度是很常用的助词。曹广顺（1995）系统地考察了时制助词“来”（曹著叫“事态助词”）在近代汉语中的表现，指出"事态助词'来'产生的时间可能在初唐前后。……到晚唐五代时，使用就已经比较广泛了"(98)；"在唐五代，'来'是一个新产生不久、口语性较强的助词，集中出现于一些较口语化的文献里"(100)。宋代出现了"来"与其他助词连用的例子。元代"来"仍广泛使用，而且与其他助词连用的情况明显增多。明代以后，"来"的使用呈减少的趋势。清代的用例更少，不过出现了"来着"(105)。下面转录几例：

贞观中，冀州武疆县丞尧君卿失马，即得贼，枷禁未绝，君卿指贼面而骂曰："老贼吃虎胆来，敢偷我物。"（唐·张鷟：朝野佥载）

师一日问雪峰："作甚么来？"雪峰云："斫槽来。"（五代·洞山良价禅师语录，大正藏，卷四七）

"问拨尘见佛时如何？"师曰："什么年中得见来？"（宋·景德传灯录，卷一八）

观《曾子问》中问丧礼之变，曲折无不详尽，便可见曾子当时功夫是一一理会过来。（宋·朱子语类，卷二七）

初立课程额数，斟酌当时价直立了来，如今比在前物价增了数倍。（元典章，户八）

关于"来"从动词到表"曾经"的助词演变的全过程，曹广顺认为"还不能作十分清楚准确的描写。……'来'从表示趋向的动词，发展出表示完成、以来、以后等多种用法，使用中又从作动词逐渐演变成跟在动词之后作补语、作助词，再跟在分句后作助词，最终变为在句尾作助词。这一系列语义和语法功能的转变，或许就是动词'来'到助词'来'的演变过程"(107)。

笔者认为，曹广顺的分析是合理的。文献中从动词到助词之间的演变脉络之所以不太清楚，跟助词"来"的口语性和方言分布密切相关。正因为它是一部分方言的口语词，所以其由实到虚的演化过程就难以得到充分的记录。

无论如何,神木方言的时制助词“来”,显然直接继承了元白话的用法。联系到其他助词的情况,这是很值得注意的。

3.3.2 也

表将来时的“也”也普遍存在于晋语,如山西忻州、大同、临县话,陕北晋语、内蒙古晋语。一般读ia[21]或iɛ[21],有的方言和前头的字合音,最多的是和“去”合音。不过除了笔者以外,尚未有人把这个“也”分析为将来时助词。

刘勋宁(1985,1990)在讨论现代汉语句尾“了”的来源及其与词尾“了”的关系时,曾谈到清涧话句尾的“也”和某些近代汉语文献中的“也”。他把清涧话位于句尾(包括“了”之后)、呼语之后、反复问句中间的“也”统一起来,认为它表明一种“申明”的语气。在近代汉语中,“也”有与清涧话完全对应的三个用法。刘先生同样认为它是表“申明”的语气,这种句子属于“申述句”。由于没有对近代汉语的“也”作过全面的考察,所以我们还不能对刘先生的观点作出评述。不过,他所引的清涧话和近代汉语文献的第一类句子中的“也”,的确就是申明将要去做什么的。如:

未知今日别后,何时重见也。(董西厢,卷六)

你和媳妇儿先去,我封锁了门户便来也。(元曲选外编·延安府)

他见是我的书呈,必然收留您子母二人也。(元曲选外编·刘弘嫁婢)

将玉簪向石上磨做了针儿一般细,不折了便是天赐姻缘;若折了便归家去也。(元曲选外编·墙头马上)

由于神木方言句尾的“了也”已经合音,反复问中间的“也”可用可不用,只有呼语末尾和表将来的叙述句尾用“也”,所以“也”表将来时的用法便显得十分突出,频率也特别高,而且和“来”表过去时恰好构成对应。因此,我们把它定性为时制助词。

从其他助词的情况来推断,无论是否表示“申明”的语气,近代汉语的“也”在叙述将要发生或将要做某事的句子末尾的用法,一定存在地域的差异。神木方言(前身)及其他一部分方言,不仅继承了近代汉语某一片方言中“也”的这种用法,而且将它大大发展了,因此形成这样完备的表将来时的功能。

过去时助词“来”和将来时助词“也”,构成了神木方言完整的时制系统。至于现在时没有专门的表示法,可以理解为“零形式”。事实上,有了过去时和将来时范畴,现在时最经济的表达方式就是不用任何特殊的手段。正如不少学者所主张的,英语也只有过去时和将来时,现在时同样采用了“零形式”。

晋语方言普遍存在这两个助词,但具体功能是否完备还不清楚。普通话和北方大部分方言没有时制系统。这一事实显示出方言之间语法发展的不平衡性。

拾肆　语气和语气词

神木方言的语气表达系统有自己的特点。除了语调与普通话有所不同外，还表现在特殊的语气词和某些语气词的特殊用法，以及表达语气的特殊结构。本章以语气类型为纲，语气词为目，分陈述、虚拟、提顿、疑问、感叹、祈使六节，描写各类语气的特殊表达方式。

一　陈述语气

神木方言陈述句语调下降，语气词主要是“嘞、了”和“么”等，不用“的”。

1.1　“嘞”和“了”

“嘞”和“了”能用于一系列相同的句段末尾，表达不同的语气。为了较充分地说明的两个词的运用特点，下面采取对比的方式，将“嘞”和“了”及其相关句式放在一起描写，并随时指出与普通话的不同之处。

“嘞”音 $lə ʔ^{21}$，是纯粹的语气词，表达不容置疑的断定语气，有时略带夸张。相当于普通话的“呢”。“了 $lɛ^{21}$”是已然体助词兼语气词，当为“了也”的合音词，义为“事情发生了变化，或出现了新情况，”同时表达一种“申明”的语气。相当于普通话的“了 2”。

1.1.1 “嘞”和“了”用于动词谓语句

第一，在宾语不带数量定语的动宾谓语句中，“嘞”用于表事情正在进行的句子，“了”用于表已然的句子。这可以从体貌助词“着”和“上｜了｜起”的对立得到证明。试比较：

看书着嘞　扫脚地地板着嘞　洗衣裳着嘞　耍麻架着嘞

看上书了　扫了脚地了　洗了衣裳了　耍起麻架了

在宾语带数量定语时，“嘞”尾句意在强调目前的结果，“了”尾句则在肯定已完成的结果的同时，还强调整个事件尚未结束，要继续下去。比较：

(1) 这学期我每一共写了六篇作文。

(2) 这学期我每一共写了六篇作文嘞。

(3) 这学期我每一共写了六篇作文了。（还得再写……）

例(1)一般地陈述本学期所写的作文数，例(2)强调作文数量之多，同时暗示这是本学期所有的作文数。例(3)则在申明已经写了的数量的同时，还有“要再写几篇”的意思。前两句是在学期末说的，第三句只能在学期中间说。前两句没有后续句，后一句常有“还得再……”“不知道还……”之类后续句。从副词的不同也可看出它们的区别：

(4) 神中这两年就考了二百多大学生。

(5) 神中这两年就要考了二百多大学生嘞。

(6) 神中这两年□ tsɔ^{53}已经考了二百多大学生了。

例(4)(5)的“就”强调宾语的数量之多，例(6)“□ tsɔ^{53}”指“已经”，强调取得如此结果的时间之短，并有“还要继续下去”的言外之意。

比较表明，“嘞”与进行体助词配合，“了”与完成体、实现体、起始体助词配合。“嘞”只管肯定现在，是把所述事实作为一个事件的整体来陈述。“了”兼有语气和体助词的作用，是对整个事件中某一阶段已取得的结果进行陈述。

第二,“嘞”和“了”用于助动词短语充当谓语的句子有两种情况。一种是着眼于“目前及以后”,“嘞”用于肯定句,说明应当、能够、敢于做什么,“了”用于否定句,句子意义相反。如:

(7) 人家请下就得去嘞。

(8) 不叫就不应去了。

(9) 你不敢说我敢说嘞。

(10) 那么多人,我不敢说了。

另一种是着眼于“以前到现在”,“了”用于肯定句,说明现在有了做某事的能力、可能、必要等,“嘞”用于否定句,意义相反,句中须用“着”。如:

(11) 小花会做饭了。

(12) 小花还不会做饭着嘞。

(13) 天暖了,能穿单袄儿了。

(14) 天冷嘞,不能穿单袄儿着嘞。

第三,在结果补语、趋向补语的基本式和可能式同形的动补谓语句中,“嘞”尾句是可能补语句,“了”尾句是结果补语句。试比较:

切细嘞　吃完嘞　打通嘞　走得去嘞　请得来嘞　搬上去嘞

切细了　吃完了　打通了　走得去了　请得来了　搬上去了

须注意的是,普通话绝对不用“述补词组+呢”的方式表示结果补语和趋向补语的可能式。

第四,在“有”字句末尾,带“嘞”确认“有”的状态的存在,是静态说明,带“了”则叙述从无到有或由少到多的变化过程,是动态叙述。例如:

(15) 我每家有房嘞。(否定句:我每家没房。/我每家没房了。)

(16) 我每家有房了。(否定句:我每家没房着嘞。)

(17) 一个班有四十个学生嘞。(否定句:一个班没四十个学生。）

(18) 一个班有四十个学生了。（否定句：一个班没四十个学生着嘞。）

第五，判断句有时用“嘞”表肯定，其中有的不表强调，有的略带强调的意味，强调意味由副词来表达。普通话“呢”如果这样用的话，语气是夸张强调的，神木方言则不然。例如：

(19) 他是我哥哥嘞。（不强调）

(20) 这是最好的嘞。（略强调）

(21) 这是□niɛ[213]你姑舅嘞。（不强调）

(22) 这还是我买的嘞。（略强调）

1.1.2 “嘞”和“了”用于形容词谓语句

神木方言的性质形容词可以单独充当谓语。“嘞”和“了”都能在这种句子里表达肯定语气，但是肯定的程度和附加意味相差很大。“嘞”的语气是单纯的强调，义为“很A”，而“了”则强调某种性状的程度超出了主观预期的限度，义为“太A”。试比较：

(23) 菜咸嘞。

(24) 菜咸了。

(25) 这件儿衣裳小气嘞。

(26) 这件儿衣裳小气了。

(27) 院墙高嘞。

(28) 院墙高了。

“了”尾句之所以有超出主观预期的附加意义，是由于“了”具有比较的作用。也就是说，它是从比较的角度来对对象加以评说的，参照物就是主观预期。由于“了”带有附加意义，所以表示积极意义的形容词，如“好｜新｜得劲儿｜舒脱”等不能在“了”尾句中作谓语，“嘞”尾句则没有这个限制。普通话的“形容词+呢”似乎不如神木方言这么自由。

跟“嘞”和“了”配合的程度副词也构成互补关系。“嘞”尾句只带“可｜真｜海｜实在”等单纯表程度高的词,“了”尾句只能带强调程度极高的“最”和超出某种限度的“太｜过于｜有捻儿”等,和普通话一致。例如:

(29) 真⁼儿真冷嘞。

(30) 真⁼儿最冷了。

(31) 会完得可迟嘞。

(32) 会完得太迟了。

1.2 着 着也 着嘞 么

除了上面两个语气词之外,神木方言还用“着、着也、着嘞、么”等表陈述语气。

1.2.1 着 $tʂəʔ^{21}$

在固定结构“顶多 / 最多+动+上+宾”中,“着”可表断定语气。宾语必须带数量定语,或由数量词充当。其中“上”为实现体助词。如:

(33) 我顶多吃上十个着。

(34) 一个月顶多挣上三百块着。

(35) 一天顶多下上二十颗蛋着。

(36) 最多来上七八个着。

1.2.2 着也 $tʂəʔ^{21}$ ia^{21}

动词谓语句中,可用“着也”表示对某事的可能性的判断。这时,动词后带结果补语、表结果的“上、下”和完成体助词“了”等,动词前往往带有助动词“能”和副词“是、咋也”。例如:

(37) 这么价复习上,咋也考及格着也。

(38) 下了这场雨,庄户是种上着也。

(39) 车是赶上着也。

(40) 赶你哥哥回来饭是做下着也。

(41) 刚吃罢饭出去拍了着也。

(42) 看这个天,明儿咋也能走着也。

1.2.3　着嘞 tʂəʔ²¹ ləʔ²¹

形容词谓语句中,可用"着嘞"表比较,表示所述对象的状态程度上高于比较对象。比较对象大多隐含,有时也可出现。如:

(43) 还是这间大着嘞。

(44) 真⁼年冬天暖着嘞。

(45) 姑舅姑表比两姨姨表亲着嘞。

(46) 真⁼儿黑地灯分外明着嘞。

1.2.4　么 mɤ̃²¹

可用于陈述句和感叹句、祈使句,是个带有较强的主观感情色彩的语气词,表示确认事实。相当于普通话的"嘛"。带"么"的句子总是带着一种"我认为就这样""理应如此"的言外之意。例如:

(47) 我就不愿意看足球么。

(48) 这敢是张厂长么这是张厂长嘛。

(49) 我睡觉也么。

(50) 我算得正好好么。

(51) 我说中国队赢也么。

(52) 我就在这搭儿搭儿宬着也么。

(53) 这种花儿比那种好看么。

(54) 还是买国库券划算么。

总的来说,神木方言的陈述句和普通话的差异较小。主要表现在:神木不用语气词"的";"嘞"与"呢"尽管用法基本对应,但不完全相同,而且来源不同;"了"的使用也有细微差别。方言的"着、着也、着嘞"则是独有的表达特定陈述语气的手段。

二 虚拟语气

虚拟也是一种语气(the Subjunctive Mood),虚拟句的内容总是带有一定的假设性。虚拟和假设有联系,也有区别。假设注重的是复句中条件与结果的关系,虚拟则着眼于说话的态度和口气。仅从范围大小来看,本书所说的虚拟也比假设大得多。

尽管虚拟的术语借自英语,但我们不用英语的虚拟句来套神木方言。方言表虚拟语气的句子,有的可以对译成英语的虚拟句,有的不行。为了集中精力,一律不与英语进行比较。

神木方言一般通过句子(或分句、成分)末尾的语气词来表达虚拟语气,有时也借助于副词和连词。本节把神木方言的虚拟语气分为遗憾、假设、犹豫、纵予四个小类,主要描写各类所用的语气词,兼及语气副词和连词。

2.1 遗憾类虚拟语气词

遗憾是对同已然事实相悖的主观愿望的表达。由于主体的行为或某种外部原因,出现了不符合主观愿望的事实,说话人用遗憾的口气另外设想一种情况,就构成了这类虚拟句。表达遗憾类虚拟语气的语气词是"时价"。

"时价"音sʅ^{53} tɕiɛ^{21},是专职的虚拟和提顿语气词。它既可用于假设复句中的条件分句,也可用在单句和结果分句末尾,不管是分句还是单句,所表语气都是一致的。用于条件分句的如:

(55) 早晓得你来时价,我还用熬精费力嘞?

(56) 你早认了错时价,还用挨这顿打嘞?

(57) 我那阵儿好好儿念书时价,早考上大学了。

(58) 小刚要不是"文化革命"时价,可是个好材地人才来了。

(59) 咱每要有个十万、八万时价,想买甚就买甚。

(60) 天再暖和些儿时价,咱们就能耍水去了。

上述复句中，条件和结果之间是顺承的因果关系，但结果与已然事实却是相反的。说话人用追述或惋惜的口气提出与事实相悖的情况，目的就是表达自己的追悔和遗憾。"时价"的作用，正在于强调这种感情和口气。

把上述假设复句的结果分句隐去，语调由略升变作下降，就形成了由"时价"结尾的独立的虚拟句。说话者不提结果，仅仅用设想另一种情况来表达自己遗憾的心情。由于后半截没说出来，因而语气比假设复句更加强烈，往往带有惋惜不已的口气，"时价"的作用也就更加明显了。如：

(61) 唉，我听上你的话时价。

(62) 我也报陕师大时价。

(63) 我说么，咱们早些儿动身时价。

(64) 你看，你那夜儿那天不要喝酒时价。

(65) 王江早说时价。

(66) 这场雨要迟下上几天时价。

(67) 张老师当咱每班主任时价。

(68) 我要有你这捻儿本事时价。

(69) 这间房再大点儿时价。

(70) 你那阵儿就和而真〓这么精时价。

如果句首带上语气副词"不如 / 不顶"和"哪如 / 那顶"，那么，遗憾的语气就更加外露，其中带后一组副词的是反问式虚拟，接近感叹。如：

(71) 早知道事情这么难办，不顶请上人家一顿时价。

(72) 不如不上这个学时价。

(73) 哪如再叫上几个人时价。

(74) 留在城里头连个正经营生也没寻上，哪顶下乡时价！

须要注意的是，带上语气副词之后，隐含的结果就不能再说出来了，其中例 (71) (74) 还充当了结果分句。也就是说，这两组副词不仅加强了语气，而且进一步强化了句子的独立性，使得它再也不能回到自己出发的地方了。

要证明“时价”具有独立表达虚拟语气的作用，只要把它和同样出现在虚拟句末的“来了”和“嘞”作一比较就一目了然了。如：

(75) 我不顶 / 不如细心些儿缝来了 / 时价。

(76) 我哪顶 / 哪如早些儿给孩伢儿看病来了 / 时价。

(77) 我还不顶 / 不如听你的话嘞 / 时价。

(78) 我哪如 / 哪顶不理狗的嘞 / 时价。

在上几例中，“来了、嘞”可与“时价”替换，似乎作用相同。但它们必须与“不如”等同现，而且“不如 / 不顶”前面必须带“还”。只要去掉这两组副词，情形就立刻不同了：

(79) 我细心些儿缝来了。

(80) 我早些儿给孩伢儿看病来了。

(81) 我听你的话嘞。

(82) ×我不理狗的嘞。

其中(79)(80)成了叙述以往事实的实陈句，(81)成了表示态度的实陈句，(82)则站不住了。这就说明，“来了”和“嘞”并不真正负载虚拟信息。在“不如 / 哪如……来了 / 嘞”中，它们的作用是对整个假设内容加以肯定。而如前所述，“时价”表虚拟语气则是无条件的，并不要求和语气副词或连词同现，完全可以独立负载虚拟信息。

据田希诚(1996)，晋中方言有与神木类似的语气词。此外，据孙立新先生介绍，关中一些方言也有类似的语气词。如户县话表虚拟的“咧些꜀lie ɕie”，同样是既可放在条件句末尾，也可单独成句，并带有追悔、遗憾的意味。下面是孙先生提供的户县话的例子：

我再要是知道你不想去咧些，原先就不叫你。

你要不枉口嚼舌胡说八道咧些,我还会打你吗?

我会做木匠活咧些,还请你来做家具?

我早知道咧些!（我都就不来了!）

我再要是会咧些!（还叫你教?）

人家再要是有钱咧些!（还用借你的?）

把上面的句子用神木话说出来,"咧些"正好对译成"时价"。由此看来,神木方言的"时价"并不是孤立的现象。

2.2 假设类虚拟语气词

假设类虚拟指仅表假设、不带其他特殊意味的虚拟语气。这一类语气词有"动、起、动起、起动起、的话",前四个的共同特点是都能表示"……的时候"。如:

(83) 饭熟了动吼我一声。

(84) 神木一到春上起,风可大嘞。

(85) 等天冷了动起,新房也盖起了。

(86) 见了校长起动起,给我请上个假。

由表时间进一步虚化,便成为表假设的语气词。它们可以单用,也常同"要｜要是｜投"等配合,还可附着在专表假设的结构"给给NP"之后,特别是"起"还能用在单句末尾。从时间看,既可对未来的情况进行假设,也可对过去的事情做出虚拟。

2.2.1 动tuɣ̃^{53}

所在的分句一般不停顿。如:

(87) 你想睡动睡去吧。

(88) 天要不下雨动我早就来了。

(89) 我想吃动各儿会闹嘞。

(90) 给给他动又不晓得说些甚也。

值得注意的是,神木方言的"动"在条件分句为动宾词组时的位置跟晋语一些方言不同,这些方言的"动"要置于动宾之间,神木则位于宾语之后。比较神木话(a)和内蒙古丰镇话

(b)：

(91) a 想□niɛ²¹³你妈动就去看上一回。

b 想动你妈就去看上一遍。

(92) a 做饭动操心把手烧了。（表假设）

b 做动饭操心把手烧了。（表时间）

据有限的调查，陕北的榆林、府谷和内蒙古晋语的伊盟、巴盟、包头等方言，“动”也放在宾语之后，而呼市、乌盟方言则放在动宾之间。又据侯精一、温端政（1993），山西平鲁、屯留等地“动”表“……的时候”都位于动宾之间。

2.2.2　起 tɕʰi²¹

所在的分句如果音节较少，一般不停顿，停顿时语调略上扬。也可重叠，重叠时后面可以停顿。如：

(93) 听说听话起就引领你也，不听说起就各儿一个宬着吧。

(94) 早晓得是这么回事起，我来挨刀来嘞？

(95) 你要能上去这茇树起起，我就把两颗梨儿都给你。

(96) 给给你起起早就毛了要是你的话早就发火了。

从字面看，“起”既可位于宾语之后，也可位于动宾之间，而且能组成“动词+起+宾语+起 / 动 / 动起 / 起动起 / 的话”的结构，条件是动宾之间没有其他成分，动词前不带“想｜愿意｜能｜会｜敢”之类词语。如：

(97) 吃起饭（动）就和狼搲抓嘞。

(98) 一看起书（起）就没命了。

(99) 这后生要捉哄哄骗起你（动起），你连一支还没嘞连一点招架都没有。

(100) 再要骂起人（的话），操心把你嘴扯烂着小心扯烂你的嘴！

这个置于动宾之间的“起”跟分句末的“起”到底是同一个

成分的自由换位或重复,还是性质有所不同呢?我们分析,动宾之间的“起”是起始体助词,而不是虚拟语气词,但已经有进一步虚化的迹象了,如例(100)。

须要特别指出的是,“起”不仅能在条件分句末,而且能在单句末尾表虚拟。其中又有两种情况。一种是在反诘对方的场合,“起”后带“嘞”,“嘞”可用“咋价也怎么样”替换,表示“如果……的话怎么办”的反诘语气。这时,如果句中带“要”的话,须重读它后面的成分。如:

(101)(我走也。)你要不走起嘞/咋价也?

(102)(你肯定不愿意。)我要愿意起嘞/咋价也?

(103)(我说下甚就是甚。)你说下不算数儿起嘞/咋价也?

(104)(一斤顶多卖个一毛三。)我卖下一毛五起嘞/咋价也?

(105)(明儿下不下雨下不起雨。)要下起嘞/咋价也?

另一种是在争辩的场合,“起”后可带“嘞”,也可不带,但不能用“咋价也”替换,句首必须带“要”,而且须重读。这是用“虚拟+反问”来表达肯定的口气。不管哪一种情况,语调都是降调。如:

(106)(你吃不了那么多。)要能吃了起(嘞)!

(107)(你半个钟头做不下作业。)要能做下起(嘞)!

(108)(这么高你哪敢跳嘞?)要敢跳起(嘞)!

(109)(你咋吧掏不出个五百来块钱?)要没那么多起(嘞)!

(110)(王江肯定能打过你嘞。)要打不过起(嘞)!

根据上面的例子,我们可以推测这两种用法的形成:当对对方表示不相信、不同意,提出质疑时,用“虚拟+嘞”,结论不言自明,后半段自然不必说出来,“嘞”可用“咋价也”替换就说明了这一点。第二种用法则是在此基础上形成的。第一种用法表面上是疑问,但由于虚拟语气的作用,总是隐含着不相信、不同意的言外之意,实际上已介乎真性问和反问之间了。这样,就可能通过重音和某些成分的调整,构成完全的反诘句,用“虚拟+反问”来表明断定的态度。久而久之,人们为了使句子更加简洁有力,就索性丢掉“嘞”,直接由“起”结尾了。在运用中,年轻人大多数都不带“嘞”。

2.2.3 动起 $tu\tilde{ɤ}^{53}$ $tɕ^hi^{21}$ 起动起 $tɕ^hi^{21}$ $tu\tilde{ɤ}^{53}$ $tɕ^hi^{21}$

这两个词都是“动”和“起”的连用,停顿、语调和虚拟的口气跟“起”相同,没有特别加重虚拟的意味,均可用“起”替换,位置只能在宾语之后。略有不同的是,它们有点儿显得正经八板,在成年人中的运用频率较高。如:

(111) 要这个家动起就不要耍麻架了。

(112) 你要再耍水游泳动起,操心腿把子着!

(113) 给给我动起,肯定饶不过他。

(114) 说起动起可会说嘞,做起动起懒得怕死人。

(115) 你要再出洋相起动起,我就给□ $niɛ^{213}$ 你妈告也。

(116) □ $niɛ^{213}$ 你爹要不插队起动起,这阵儿连个正经工作也没有。

2.2.4 的话 $təʔ^4$ xua^{53}

从运用频率看,“的话”同样是成年人使用较多,停顿的情况跟“起”等相同。如:

(117) 有的话多买些儿。

(118) 你想来的话,我寻你去来。

(119) 要给给咱们的话,咋也不能不讲点儿情面吧?

(120) 你要亲妈妈的话,就给咱好好儿念书。

(121) 你不说的话人家谁能晓得嘞?

(122) 不喝酒的话可是个人嘞,一喝上两口的话,毛驴脾气就上来了。

值得一提的是,本组语气词与句首表时间、假设的“投”配合时,分句的虚拟语气特别强烈。说话人往往认为这种假设成为现实的可能性极小,或情理上不应该如此,大致相当于北京话的“假如+连……也”。因此,前分句多带副词“也”,并须停顿,全句多数要用反问语气。如:

(123) 投你也不帮忙起,我还寻谁去嘞?

(124) 投你也不管妈妈动,妈妈就没活的路了。

(125) 投连老孙也请上动起,这请下多少人了。

(126) 投我当上官儿起动起,阳婆早从西面出来了。

(127) 投写作业也成了负担的话,那还念甚书嘞?

这几个语气词不仅用在分句末尾,而且经常在主语之后表虚拟。虚拟对象就是主语。这种句子有以下特点:第一,句中常用表任指的疑问代词“甚 / 咋”或“再……也”结构,以表示概无例外;第二,一般构成并列复句,表示两种相反情况的对比;第三,全句并非假设某种情况,但虚拟的语气则十分明显。如:

(128) 他各儿起咋也行嘞,咱每起稍微不对捻儿就骂。

(129) 各儿养的自己生的动再不好也亲嘞,经由下的领养的动稍微有捻儿不对也不行。

(130) 你动起说甚就是甚,再的人动起说和没说一样。

(131) 王刚起动起,抄成甚也不抓,咱们起动起,瞅上一眼也不行。

(132) 我的话有甚吃上个甚,不像你那么挑挑拣拣。

2.3　犹豫类虚拟语气

犹豫是说话者感到左右为难时表达出来的一种口气。神木方言的犹豫类虚拟语气词是“去”和“吧”。它们的特点是:不表时间;不能用于主语之后;重在设想几种可能的情况并表明自己的疑惑不定,而不着眼于条件与结果的关系。

2.3.1 去kəʔ[21]

从充当连动句后段虚化而来,运用上有以下特点:第一,用在动词和动宾词组后头;第二,从全句来看,必须用在同一动词(或动词性词组)肯定、否定对举或两种选择进行比较的多重复句中;第三,从所表语气来看,表示左右为难、犹豫不决的意味较重,表示假设的作用较轻,因此后面可加"吧",但不能用"动|起|的话"等替换;第四,"去"有十分明显的拖长、上扬,实际音值成了kã[445]。如:

(133) 不去去kʰəʔ[4] kã[445],人家是一片好心,去去,咱跟人家又不咋惯。

(134) 念去,学校不咋中意,不念去,又怕明年考不上。

(135) 说你去,你也大了,不说你去,实在是不像样儿。

(136) 跟小张伙伙合作去,靠不住,跟老王去,人家还不愿意。

拿例(133)来分析,"不去去"和"人家是一片好心"之间,"去去"和"咱跟人家又不咋惯"之间,并不是顺承的条件与结果的关系,而是分别虚拟"不去"与"去"两种情况,进行掂量、比较,权衡利弊,权衡的结果仍然是左右为难,无所适从。"去"的作用,正在于表现这种犹豫不决的口气,而不着重表明前后分句是假设条件与结果的关系。

2.3.2 吧pa[53]

在条件分句中的用法与北京话相同,跟"去"的特点一致,后面一定要停顿,并拖长、上扬,也可由"去"替换。如:

(137) 请上吧,人太多,不请吧,又怕把人家惹下嘞。

(138) 调上走吧,舍不得你们,不调上走吧,挣这两个钱实在可怜。

(139) 听你的吧,老张不高兴,听老张的吧,你又不愿意。

(140) 把孩伢儿送到姐爷巧⁼外祖父家吧,姐爷的他外祖父年岁大了。送到爷爷巧⁼爷爷家吧,路太远,探奔不上。

2.4　纵予类虚拟语气

纵予既是一种关系，更是一种虚拟语气。这种语气通常是十分强烈的，神木方言用“吧”来表示。

让步复句前一分句的纵予语气非常强烈，除分句末用“吧”以外，句中还常用“就｜就是｜就算”和“再”与之配合，“吧”后还可加上主观感情色彩很浓的语气词“么”，语调则不上扬。如：

(141) 一亩地顶绝吧，也就打上个六百来斤谷子。

(142) 你就把脑子打开往进灌吧（么），人家各儿不用心还不是不顶事。

(143) 就是到了天津北京吧（么），你还不是个受苦的？

(144) 就算你再会溜官儿吧（么），还能一步登天嘞？

(145) 你再能吹吧（么），能吹过王二虎嘞？

(146) 你再狠心吧（么），能把亲儿亲女吃了嘞？

由于前分句的语气十分强烈，所以全句大多是反问句。不带“吧”的让步句则不能构成反问句：

(147) 就算你再厉害，也把我咋不了。

(148) 你就是说出个花儿来，不做营生也是个白说。

从这一点来看，神木方言的“吧”在让步句中的作用，与普通话是不同的。普通话的“吧”表示的语气较弱，其作用是使分句的口气舒缓一些，不至于太强烈，让听话者愿意接受说话人的意见。如“就算你正确吧，也该谦虚点儿｜即使是一个螺丝钉吧，我们也不应该浪费”。神木方言用“吧”的目的则是强化语气，加强虚拟、纵予的程度，使该分句带上“可能性极小”的意味，为后面的分句充分地蓄势。因而“吧”才能与“么”连用，全句也大多采用反问句式。由此可见，神木方言的“吧”在让步句中的主要作用，是表示强烈的“退一步说”的虚拟语气。

“吧”在表任指的“无条件的条件分句”末尾，作用和在让

步句中相同,其后仍可连用“么”,全句多为反问语气。如:

(149) 去那里吧不一样?

(150) 给你多少吧(么)有够嘞?

(151) 你就再咋忙吧(么),也敢不能不管老娘么。

(152) 碰上谁不管是谁吧(么),这种事情还能不管嘞?

(153) 说上个甚吧(么)你能信嘞?

(154) 挣下多少吧(么),人也殁了还人都死了还有什么用?

据此,我们认为,这种包含任指代词的“无条件的条件句”,以归入让步句为宜。

不论是让步还是无条件,“吧(么)”都可在主语之后表虚拟,并构成反问句,如:

(155) 你吧(么)有甚本事嘞?

(156) 我吧(么)还不是没办法?

(157) 谁吧没个三灾六难?

(158) 甚吧(么)还不是由你着嘞?

总之,根据神木方言的事实,我们可以说,汉语某些方言有专表虚拟语气的语法手段。在按照语气划分的句类系统中,应当有虚拟句的一席之地。

三 提顿语气

提顿是由话题后面的语气词所表达的特殊语气。形式上,提顿语气词后一般有停顿,或语调略上扬、拖长。提顿的作用是,造成语句节奏的顿挫,缓一口气,引起听者的注意,有时还可为全句的语气蓄势。神木方言表提顿的语气词有“还、来(了)、时价”。

3.1 还 $x\varepsilon^{44}$

“还”本是副词,作提顿语气词与副词有关系。它位于主语及时间词构成的话题后头，表达一种不容置疑、不由分说的语气，后面一般须停顿，韵母要拖长。例如：

(159) □niɛ²¹³你哥哥还，自当了官儿□tsɔ⁵³就把咱忘了。

(160) 你而真⁼还，发财发得能记得咱这号儿人嘞？

(161) 人家还，房也闹下了，孩伢儿也安排了，愁甚嘞？

(162) □niɛ²¹³每你们城里人还，吃上大米白面，穿上料子绸缎，享福得！

(163) 钱还，花了还能挣嘞吧！

(164) 这捻儿营生还，一阵阵□tsɔ⁵³就做完了。

从上面的例句看，"还"的作用显然是突出话题，引起听者注意，为下面的评说作语气上的准备，因此，全句往往表达比较强烈的不满或略为夸张的语气，多采用反问句和感叹句。

3.2　来了lɛ⁴⁴ lɛ²¹

"来了"在充当话题的主语、状语或动词性成分后表提顿，也可单用"来"。不过由于音节的关系，"来了"似乎比"来"更自由，单用"来"时，后头不能停顿，而有的"来了"后可以停顿。主语后头的如：

(165) 我来（了）不会待承客人，□niɛ²¹³每各儿齐吃吧你们尽管开始吃吧。

(166) 你来（了）是七十二行，就争卖糖什么都会做。我可是甚也不行。

(167) 要说的来（了）都说精明了，以后咱就不能在背后圪捣了。

(168) 房子来（了）卖了，我而现在回老家连个窚处也没。

状语和动词后的如：

(169) 那家来了他们哪，把那些孩伢儿来了，爽利兴得不行。

(170) 叫人家来了，再下儿逮住打死。

(171) 做来了已经做下了,看人家咋价处理吧。

(172) 念书来了我而现在是尽尽儿够够了。

其中例(171)"来了"前的成分只能分析为分句,(172)应当分析为主谓谓语句的主语,"来了"一律不能用"还"替换。它的作用主要是突出、强调前面的话题,缓和语气,调整话语的节奏,没有为全句的语气蓄势的功能。在年龄较大、文化水平较低的人的长篇话语中,"来了"使用得十分频繁,是调节话语节奏的重要手段。

3.3 时价 $sɿ^{53}$ $tɕiɛ^{21}$ → $sɿ^{53}$ $iɛ^{21}$ → $sɿ^{53}$

"时价"作提顿语气词有三个位置:主语后,状语后,分句后,主语、状语后不停顿,分句后可停可连。有的句子带上"时价"只表示语音的顿挫,帮助叙述继续下去,有的句子带有不容置疑或纵予、不满的语气。结构上,带"时价"的句子大多是叙述句,许多是两个以上分句并列或承接。主语后的如:

(173) 我时价拿了一根卜浪棒就跑,他时价紧追慢追追不上,急得就和个猴儿样地。

(174) 我时价光顾超起骷子抬起头看飞机嘞,再下儿卜烂绊了一跤。

(175) 王峰时价一把□ $tsɔ^{53}$ 就把书扯成两半掐了。

(176) 我时价□ $tsɔ^{53}$ 倒没甚,就怕人家不愿意嘞。

前三例均起语音上的顿挫作用,例(176)带有纵予的口气。在状语后,"时价"有时仅表顿挫,有时则强调事情发生的时间、环境等,并带有不满的语气。如:

(177) 后晌时价张锐引的人来了,三把两下□ $tsɔ^{53}$ 就挖完了。(顿挫、强调)

(178) 那夜儿时价又和我道歉来了。(强调、不满)

(179) 当面时价甚也不说,背后时价可能瞎圪嚷嘞。(强调、不满)

(180) 夜来时价还不咋疼,真⁼儿不知道又咋来了。(强调时间)

分句后面,大多强调正句的时间、环境等。例如:

(181) 上了山时价看见一座大庙。(时间)

(182) 搬开石头一看时价,水冒得圪嘟嘟地。(顿挫、强调时间)

(183) 看去时价不差甚,不晓得穿上咋的个。(强调条件)

(184) 没见面着的时候一肚子话要说嘞,见了面时价一句话也说不出来。(强调时间、条件)

带有理出自然和不满之类语气的"时价"常和"还"连用,并在"还"后面停顿、拖长。例如:

(185) 咱每时价还,有甚说的嘞!

(186) 你时价还,把那捻儿奖金当个甚嘞。

(187) 而真⁼时价还,把这捻儿吃的可不当一回事吧。

(188) 早晨时价还,吃打上一口胡乱吃一口就行了。

四　疑问语气

本节把疑问句分为是非问、揣测问、特指问、选择问、反复问五种。表疑问的语气词是"嘞"和"吧"。

4.1　是非问

神木方言是非问的最大特点是没有疑问语气词,依赖上升语调和个别的专门结构来表达。普通话的"吗"神木完全不用。下面的句子,除了语调和个别实词以外,陈述和疑问没有区别。

(189) a 我每明儿开始军训也。

b □ niɛ^{213}每你们明儿开始军训也?

(190) a 正房家□ tsɔ^{53}已经睡下了。

b 正房家□ tsɔ^{53}已经睡下了?

(191) a 老张正要麻架着嘞。

b 老张正要麻架着嘞？

(192) a 这就是我每新来的班主任。

b 这就是□ niɛ[213] 你们新来的班主任？

不过，神木方言有专表是非问的格式“是不”，用于主语前或主语后。例如：

(193) 是不我也非参加不行？——就是 / 不应。

(194) 是不你也没请假？——是嘞 / 不是，我请假来了。

(195) 是不你也 iɛ[213] 明儿起身也 ia[21]？——是嘞 / 不着嘞。

(196) 是不你而真⁼把烟忌了？——是嘞 / 没忌嘞。

(197) □ niɛ[213] 你爷爷是不各儿一个宬着嘞？——是嘞 / 不是。

(198) 东胜真⁼冬里今年冬天是不也不咋冷？——是嘞 / 不是，可冷嘞吧。

从来源上讲，“是不”当为“是不是”的省略。实际上说话罗嗦的人也可以用“是不是”发问。此外，句子的语调与陈述句没有区别。从上面两点来看，这种句子似乎可以归入选择问。我们归入是非问，理由有两点：第一，提问的是整个事件能否成立；第二，从回答方式看，它们一律可采用“是 / 不是”的简略方式作答。尤其是以否定结构提问的，仍然要回答整个提问的“是 / 不是”，而不能回答具体的项目，如例（194）和（198）。所以，这种句式应当是典型的是非问格式。也许这正是对缺乏专职语气词的一种补偿。

4.2 揣测问

神木方言用语气词“吧”表达揣测语气，同它配合的是副词“咋也大概”。全句语调上升。例如：

(199) 真⁼儿十五号了吧？

(200) 他咋也按时来也吧？

(201) 这捻儿钱咋也能熬到过年也吧？

(202) 你那阵儿是在地毯厂来了吧？

我们把揣测作为疑问语气的一个小类，而不把它作为是非问的一种。在说出揣测问句前，说者心中已经有了自己的判断，只是还不很确定。提问的目的是征询对方的意见，要求直接加以肯定。这一点从揣测问形式构成的反问句看得最为明显。例如：

(203) 看，还是我说的对吧！

(204) 你看，不是王江闹烂的吧！

(205) 啊呀，这狗的衬词又跌下年成了吧！

(206) 啊呀，你也有捻儿过于聪明了吧！

与普通反问句不同的是，这种反问句的字面意义和实际含义是一致的，提问的目的是印证、强调自己的正确性。因此前面常有表提醒的"看"或感叹词。为了与其他反问句相区别，可以叫作"印证句"。

4.3　特指问、选择问、反复问与"嘞 ləʔ⁴"

4.3.1　"嘞"的用法

特指问语调下降，不论带疑问代词的形式，还是承前问，句尾都必须用"嘞"。例如：

(207) 谁吼叫我嘞？

(208) 要甚嘞？

(209) 这号儿针法咋挑嘞？

(210) 淘粉糊糊买粉浆的人多大 tᴇ⁵³ 多少嘞？

(211) 志刚嘞？

(212) 我的书包嘞？

选择问，前面分句的语调略平，最后一个分句语调下降，可

以不带语气词。如果带“嘞”,则几个分句都要带。如:

(213) 你是要大米嘞,要钱嘞?

(214) □niɛ[213] 巧⁼你家是老婆管家嘞,你管家嘞?

(215) 这是给孩伢儿看病嘞,是给你看病嘞?

(216) 这单位是我说了算嘞,你说了算嘞?

反复问可以不带“嘞”。有的带“也 ia[21]”。带“嘞”时,如果否定词是“不”,且没有助动词,“嘞”有两个位置,一在否定词后,一在否定词前,位置不同,意义也不同。试比较几个反复问句及其否定回答:

(217) 你走不?——不。

(218) 你走也不?——不。

(219) 你走嘞不?——不。

(220) 你走不嘞?——不走着嘞。

(221) 请医生不?——不。

(222) 请医生也不?——不。

(223) 请医生嘞不?——不。

(224) 请医生不嘞?——不着嘞。

(225) 天冷不?——不冷。

(226) 天冷也不?——不冷。

(227) 天冷嘞不?——不冷。

(228) 天冷不嘞?——不冷着嘞。

总的来说,在动词句里,不带任何语气词时语气平淡,只问做不做某事。“也”位于“不”前,使问句带有时间性,询问是否将要做什么,同时加强语气。“嘞”位于“不”前,起强调作用。“嘞”位于句末,则问句有预设,即说者已知要做什么,问对方现在是不是要做。如例(220)已知对方要走,只问现在走不走,例(224)在决定请医生的前提下,问是否马上就请。在形容词句里,“不”前带“也”或“嘞”有强调作用,“不”后带

“嘞”同样有预设,即已知某种状态将要出现,问这种状态是否马上出现(开始持续)。如例(228)问的是天气是不是马上会冷。

带助动词和形容词结果补语的问句中,“也”表强调,“嘞”只能位于“不”前,如:

(229) 会写不?

(230) 会写也不?

(231) 会写嘞不?

(232) 敢去不?

(233) 敢去也不?

(234) 敢去嘞不?

(235) 你听精明不?

(236) 你听精明也不?

(237) 你听精明嘞不?

那么,为什么“动/形+不+嘞”会有预设,在已决定做某事和已知某种状态肯定会出现的前提下,询问现在是否去做和是否出现这种状态呢?我们只要看看它的否定回答就可明白了。在否定回答中,都出现了进行体、持续体助词“着”,提示在“动/形+不+嘞”中,隐含着体助词“着”的意义。即它是从否定的角度提出问题,询问“不走、不请、不冷”的动作、状态是否会进行和持续,也就是现在是否要/会改变“不V/A”的状态。它的预设义就是隐含的进行、持续的意义。那么能不能说这里省略了“着”呢?不能。下文我们将会看到,“嘞”本身就隐含着表进行和持续的意义。

否定副词为“没”的反复问大多不带“嘞”,如:

(238) 黄豆泡绵没?

(239) 你作下作业没?

(240) □niɛ^{213} 你妈做上饭没?

(241) 你寻得暖鞋没?

(242) □nie^{213}你爹吃起饭没?

(243) 钱儿要回来没?

(244) 馅子剁碎没?

(245) 家里暖和些儿没?

带过去时助词“来”的句子可用“嘞”,不过用不用“嘞”意义不同。试比较:

(246) 吃来没? ——吃来了 / 没吃。

(247) 吃来没嘞? ——吃了 / 没吃来嘞。

(248) 你见张校长去来没? ——见去来了 / 没见去。

(249) 你见张校长去来没嘞? ——见了 / 没见去来嘞。

(250) 你准备行程行李来没? ——准备来了 / 没准备。

(251) 你准备行程来没嘞? ——准备了 / 没准备来嘞。

只有动词谓语句才可以这样发问。与否定词为“不”时相同,带“嘞”的句子有预设,即问者已知对方决定要做某事,这里询问是否已经做过了。不带“嘞”的句子则没有预设,只是简单地询问是否做过某事。由于带不带“嘞”所问内容不同,所以回答也完全不同。显然,尽管在答句中未出现“着”,但带“嘞”的问句中仍然隐含着进行、持续的意义。下面我们将会看到,这个意义正是“嘞”本身所具有的。

4.3.2 “嘞”的来源

“嘞”来源于近代汉语的“哩”,“哩”来源于“俚”,“俚”来源于“在里”。“在里”的用法近似今普通话的“呢”。吕叔湘先生(1941:61—62)指出:“此一语助词,当以在俚为最完具之形式,唐人多单言在,以在概俚;宋人多单言俚,以俚概在。俚字俗书多简作里。本义既湮,遂更著口。”“在里”本来是“于此”的意思,表示存在,例如:“及重试退黜,喑者甚众,而此僧独贺曰:‘富贵在里。’”(摭言7.1,同上:60)“在”和“里”单用,开始仍有表存在的意思,而后逐渐虚化为语气词,“皆申言之辞,以祛疑树信为用……”(同上:59)。下面从曹广顺(1995)中转引几例:

佛向经中说着里,依文便请唱将来。(父母恩重经讲经文,敦煌变文集)

江与友遽趋出,一环曰:“未晓里,且缓步徐行。”(夷坚志,支庚,卷八)

先生恰说的秀才在那里下着里?(朴通事)

不用分析就能看出,其中的“里”正隐含着“着”的意思,这跟它来源于表存在密切相关。本章1.1.1节已经说明,“嘞”作为陈述语气词首先是和“着”字连用,肯定正在进行、持续的动作、行为。语法意义与上引各例如出一辙,不须赘言。

“宋代以前,‘里’仅作为非疑问语气词使用,元代以后才开始出现表示疑问语气的用法,字形则变作‘哩’。”(孙锡信1999:113)“元明之际,是‘里’用得最多的时期。此期‘里’又写作‘俚’‘哩’等,表达的语气,兼有肯定和疑问两种。”(曹广顺1995:176)“清代随着‘呢’的广泛使用,‘哩’基本上消失了。这一消失的过程,从文献中看,在不同地区快慢有所不同。”(同上:178)

神木方言的“嘞”,正是继承了单言之“里”。所表语气出现的次序,自然应当是先表申言,后表疑问,疑问从申言引申而来。

能够证明“嘞”隐含着进行、持续意义的有力证据是,现代吴语、闽语正是用来源于“在里”的词,放在动词前表进行体,放在动词后表持续体。如苏州方言,“‘勒’[ləʔ]或‘勒海’[ləʔ hᴇ](又说‘勒浪’等)放在动词前,表示动作正在进行”(石汝杰1996:357);“持续体的体助词是后置的‘勒海’。作为持续体的标记,‘勒海’强调状态的持续。它不一定紧跟着动词,常见的位置是在句末。这说明它是附着在整个句子上的，而不是仅作为动词的后附成分存在的”（同上：358）。也就是说，在吴语中，同样来源于“在里”的词不仅语法意义相通，而且位置也与“嘞”相同。

通过与近代汉语和现代吴语纵横两方面的比较，不难理解，为什么神木方言“嘞”在肯定句中的首要作用是附着在进行体助词“着”后。也不难理解，为什么在反复问中，否定副词后带“嘞”的句子总是隐含着“着”的意义。这个隐含义其实就是“嘞”自身的意义。“里”由表处所虚化为表存在，又虚化为表断定和疑问的语气词，但同时保留着进行和持续的意义。这个意义在肯定句里似乎已经看不出来了，但在反复问句中仍有充分的体现。

4.3.3 关于反复问的句式

神木方言不用肯定否定相叠的反复问句式。近年来，受普通话影响，口语中出现了“能唱不能”以及“走不走”“红不红”等问句，但句末置“没”的，除了“有没有”以外，即使新派也不说“V／A没V／A”的问句。“用否定副词‘不’置于句末构成反复问句，几乎贯串了整个汉语的历史。……这种反复问句不只是用‘不’构成，也可用其他否定词，如‘否’‘未’‘无’。”（孙锡信1999：52）神木方言的反复问句式，保留了汉语最古老的形式，在其发展过程中又产生了在否定副词前加“也、嘞”，在否定副词后加“嘞”的形式。这一事实与刘勋宁（1998）对秦晋方言反复问句底层形式的考察结果相吻合。

五　感叹语气

神木方言表达感叹语气的显著特点是不用语气词“啊”。常用的语气词有“嘞、着嘞、嘞吧、了吧、嘞么、了么”等,准语气词有“是、得来、得”等。此外,还有语气副词如“则么”,疑问代词如“咋、咋嘞”,也有一些特殊的句式,如“把”字句、“看”字句和部分反问句,都可以表达感叹语气。

5.1　带“嘞”的感叹句

“嘞”表感叹语气的作用十分明显。

5.1.1　形+嘞

这是最普通的感叹句,说者直接就对象的某一状态发出感叹,单用多反复,但不是必须反复。形容词也可带“真|实在|真真儿”几个以表程度为主、兼表断定的副词作状语,但不能带“最|可|海”等。感叹语气主要靠语调和“嘞”来表达。如:

(252) 啊呀,高嘞！高嘞！

(253) 啊呀,能行嘞！

(254) 真老洋怪嘞！

(255) 实在麻烦嘞！

(256) 怕嘞！怕嘞！

(257) 啊呀,真真儿坏嘞！

5.1.2　好(我的)+名+嘞

这是带着强烈的感情呼喊对方时的句式,大多用于乞求人做某事或对自己表示同情的语境。可称之为“呼告句”。如:

(258) 好我的老命命孩子的昵称嘞！

(259) 好神神乞求时对人的称呼嘞！你就听上我一句话吧么！

(260) 好你嘞！你是不知道那些把我欺负成个甚了！

(261) 好我的孩伢儿嘞！妈妈咋疼你来了！

须注意的是,"也"除了哭喊时叫的"妈妈也""我的老爹爹也"等外,一般不用于呼告句。

5.1.3　好少的个+名+嘞

这是通过极言其少来表达相反的意思,实为极言其多,义为"有的是……"。前面可带表处所的主语。如:

(262) 好少的个裤儿嘞!

(263) 好少的个砖嘞!

(264) 好少的个柿子嘞!

(265) 地里头好少的个泥嘞!

(266) 山上好少的个树嘞!

(267) 咱每家好少的个麻花儿嘞!

5.1.4　才+动/形+了/嘞

这是表示不情愿或没必要去做某事时的感叹句。主语只能是"我、你",句中带"没"的句末语气词是"了",其他情况下语气词是"了"或"嘞"。如:

(268) 我才没个做上的了!

(269) 我才情长多情了/嘞!

(270) 我才勤俭了/嘞!

(271) 你才爱理他了/嘞!

(272) 你才怕他了/嘞!

(273) 你才当紧了/嘞!

由于感叹语气是通过说反话来表达的,故而十分强烈。其中语气词并不负担主要的表感叹语气的任务。

5.2　带"是、着嘞"的感叹句

5.2.1　咋嘞+动+是/着嘞

"咋嘞"音 tsa^{24} ləʔ^{21},义同"干吗","是"音 sɿ^{21},"着嘞"音 tʂəʔ^{21} ləʔ^{21},相当于普通话的"着呢"。这种格式是用反问的形式表达强烈的语气,用于直接声明某种行为是理所当然或指斥某种行为毫无道理。如：

(274) 白拿么，咋嘞不拿是！

(275) 各儿挣下的么，咋嘞不花是！

(276) 好好儿地的饭咋嘞倒是！

(277) 平白无故咋嘞打人着嘞！

(278) 咋嘞糟蹋各儿着嘞！

(279) 咋嘞害淘糟蹋东西着嘞！

“是”和“着嘞”可以互相替换，语气不变，但用“是”语气更强，可能跟单音节有关。从形成上看，带“是”的句子是由“动+是+咋嘞”变换出来的，如“*不拿是咋嘞→咋嘞不拿是”，通过将“咋嘞”置于句首来表达感叹，不过已经形成固定格式。所以最好把“是”分析为语气词。带“着嘞”的句子的形成过程不同，“着嘞”不是通过位移才到句末的，可能是由表示事情正在进行、持续的“着嘞”虚化而来，这里只好一起分析为语气词。

5.2.2　还+动+着嘞

这是表示对未来情况的消极判断的感叹句，谓语多用“把”字式、“叫”字式，且必须带宾语、补语。夸张色彩和不满语气十分强烈。“着嘞”隐约含有“在里”表存在的意义，不过仍以分析为语气词为宜。如：

(280) 就这么个做营生还把人急死着嘞！

(281) 都给你？还怕你不会日弄着嘞！

(282) 指望你还把妈妈等得熬死着嘞！

(283) 还怕把你能得活不下着嘞！

(284) 我还怕叫你闪进黑豆地骗进糟糕的境地着嘞！

(285) 批评嘞？还得操心把人家惹下着嘞！

5.3　带“得来了、得”的感叹句

5.3.1　动／形+得来了

这是“动／形+得来+补”省略补语后形成的感叹句，由于情态补语的内容成为隐含的意义，所以句子既强烈地表达行为、状态的影响之大，又含有意味深长的言外之意。感情强烈。如：

(286) 我这两天腿疼得来了！

(287) 叫那灰圪泡私生子，詈语欺负得来了！

(288) 把我打得来了！

(289) 张瑞而真⁼狂得来了！

(290) 两个人好得来了！

(291) 这媳妇妇干净得来了！

5.3.2 各儿+动／形+得

与上一种有直接联系，也是省去了“得”后的情态补语，隐含着程度极高的言外之意，以达到“此时无声胜有声”的效果，“各儿”本指自己，已虚化为语气副词。说话时，“得”拖长并上扬，语调比较夸张，“得”可以分析为准语气词。如：

(292) 在人跟前各儿把我踢得竟然在别人面前就踢我！

(293) 那家小子各儿学得赖得他家儿子竟然学得那么坏！

(294) 房子各儿漏得简直漏得太厉害！

(295) 我这向儿爽利难活得！

(296) 天各儿阴得！

(297) 吃得各儿圪腩腻得！

5.4 带“了”的感叹句

5.4.1 再没+这么／那么+形+了

这是极言状态程度之高的感叹句。既可表赞叹，也可表不满。状态形容词不能进入该式。“了”虽不可少，但并不表感叹。负载感叹语气的是格式本身。

(298) 再没那么好了！

(299) 再没这么应至合适了！

(300) 再没这么痛快了！

(301) 再没这么窝囊了！

(302) 再没那么调皮了！

(303) 再没那么不要眉眼了！

5.4.2　则么+动 / 形+了

“则么”音 tsəʔ[4] məʔ[21]，是表感叹、祈使语气的副词，也可单用“则”，“了”不负载感叹语气。全句语调下降。这种句子有两种。一种是对某件不愿让它发生而又突然发生了的事表示惊叹。如：

(304) 则么把人家惹下了！

(305) 则么戳下拐闯下祸了！

(306) 则么把事情闹坏了！

(307) 则么做过了坏事儿了！

(308) 则么坏了！

(309) 则么不顶事完蛋了！

另一种是对好不容易才完成的事情或盼望出现的状态的完成和出现表示感叹，表达如愿以偿、如释重负的语气，类似“总算……了”。如：

(310) 则么把这捻儿病治好了！

(311) 则把这个死皮打发了！

(312) 则么念上书了！

(313) 天则么暖了！

(314) 则么消停了！

(315) 则么利静了！

此外，“则（么）”还可以独立构成感叹句，表示惊讶。如：

(316) 则么！书也忘下了！

(317) 则么！拴狗的链子断了！

(318) 则！钥匙寻不上了！

(319) 则！水流下一地了！

5.4.3 咋+动/形+来了

这是表达强烈的不满、懊丧、赞叹语气的格式,是通过反问来表达的。其中“来”为过去时助词,“了”不表感叹。形容词作谓语时,前面加“那么”。如:

(320) 我上辈子咋作孽来了！养下你这么个灰圪泡詈词！

(321) □niɛ^{213}你爹爹咋教育你来了！

(322) 不晓得那捻儿书咋念来了！

(323) 跟你那个老子咋那么一样来了！

(324) 咋那么倒霉来了！

(325) 人家孩伢儿咋那么孝顺来了！

5.5 带“嘞吧、了吧、嘞么、了么”的感叹句

这类句子介于陈述句和感叹句之间,表达带着较强感情色彩的申言语气。其主要任务是确认事实,但既有夸张色彩,又带着强烈的感情,姑且分析为感叹句。

5.5.1 可/海+形+嘞吧

这是强调状态的程度极高的句子,用于赞叹和贬斥。句子语调下降。“嘞吧”是语气词连用。如不用“吧”,则语气减弱,再用下降语调说出来就不成为感叹句,不用“嘞”则句子站不住。如:

(326) 这女子可懒嘞吧！

(327) 不要看那个脾气不好,心可善嘞吧！

(328) 人家可痛快嘞吧！

(329) 谁说不耐？可耐嘞吧！

(330) 海疼嘞吧！

(331) 海大嘞吧！

5.5.2 最+形+了吧

该式和上一式格式相同,但语气词和副词不同,语调下降,可用于赞叹和贬斥。如:

(332) 丁香花儿最好闻了吧!

(333) 这家伙最精了吧!

(334) 最臭了吧!

(335) 最得劲了吧!

当语速较快时,"了吧"读作 $lə ʔ^{4}$ pa^{53},与上一式的"嘞吧"同音,但如去掉"吧","了"必须读 $lɛ^{21}$,加上与"最"的配合关系,可以断定是"了吧"的连用。不用"吧"时语气减弱,变为陈述句,不用"了"则句子站不住。

5.5.3　动 / 形+嘞么

这是夸张地确认事实的格式,句子结构可以很复杂,动词能带宾语、补语及各种体助词,但状态形容词不能进入该式。句子有"这还用说(!)"的隐含义。如:

(336) 你是组长嘞么!(你不带头谁带头?)

(337) 你敢是当组长着嘞么这不是因为你当着组长么!(要不……)

(338) 这阵儿正打闹着嘞么!

(339) 人家有钱嘞么!

(340) 人家而真⁼正红着嘞么!

(341) 这件儿还新着嘞么!(咋又要买嘞?)

"嘞么"音 $lə ʔ^{21}$ $mɤ̃^{21}$,全句语调上扬、拖长,十分夸张,以中年以上妇女为甚。其中带"敢"(见第拾壹章5.5)的句子不能去掉"么",其余可去掉,但语气减弱,变为陈述句。带进行体助词"着"的,"嘞"都不能去掉,其余可去掉,但语气变弱,如"你敢是我拜老么你是我叔叔么,哪能不认得嘞"。由此看来,该格式是带"嘞"的句子再加"么"构成的,隐含义就来自"嘞么"的连用。

5.5.4　动 / 形+了么

这是用来夸张地确认已然事实的感叹句。带有"真令人难以置信""你难道还不相信"之类隐含义。动词可带宾语、补语

和体助词,形容词表示状态的变化。如:

(342) 海叫我砸上了么可让我揍惨了!

(343) 我说来了么!(说上不顶事么)

(344) 那老汉硬硬儿气死了么!

(345) 嗨,好心给人帮忙,帮下不是了么!

(346) 瘦得就剩下几根骨殖了么!

(347) 那老婆儿各儿灰了么竟然傻了!

(348) 难活得那么伤,各儿好了么!

(349) 鸡蛋又贵了么!

"了么"读lɛ²¹ mɤ̃²¹,语速较快时读ləʔ²¹ mɤ̃²¹,与"嘞么"同音。但去掉"么"后"了"只能读lɛ²¹,故可推断是"了么"。不用"了"句子站不住。全句语调十分夸张,尾音拖长、上扬。隐含义当来自"了"和"么"的连用。

5.6 判断句形式的感叹句

5.6.1 真真儿+是(个)+名

这是表达对人的品行强烈不满的感叹句。后面的名词都是指人的惯用语,有的是詈语。如:

(350) 真真儿是个糊脑佁!

(351) 真真儿是个茶和尚傻冒!

(352) 真真儿是个坏佁!

(353) 真真儿是个捣什鬼调皮鬼!

5.6.2 名/动+(才)是

这是对人、对事表示强烈不满的感叹句。大多可加"才"。结构上可分两小类。一类是"主+是","是"是谓语动词,宾语隐含。另一类是"主+动+得+是",补语隐含。隐含的目的是状其不可言说之情态,前面往往有感叹词。如:

(354) 啊呀,这个□niɛ²¹³你爸爸是!

(355) 这孩伢儿才是!

(356) 这号儿人才是!

(357) 这捻儿营生做得才是!

(358) 这捻儿糕蒸得才是!

(359) 哎,你这话说得才是!

5.7 "把"字句

表感叹的"把"字句有两类。一类是由"把"字结构加上形容词或心理动词构成,句末用"得"煞尾,其后隐含了情态补语,以表程度之深。如:

(360) 把他能得!

(361) 把他大方得!

(362) 把你规矩得!

(363) 把你爱得!

(364) 把他还恼得!

(365) 把他吓得!

联系到上文5.3.2节,可以看出,句末的"得"尽管来源于结构助词,但在感叹句里已经具有了语气词的性质。

另一类由"把"字结构带上"个+名词"组成。如:

(366) 把你个挨砍刀的!

(367) 我把你个茶和尚!

(368) 把他个灰圪泡詈语!

(369) 把他个爬场鬼詈语:没出息的东西!

(370) 我把你个坏㞞!

(371) 把你个不成器的东西!

由于直接用名词性成分来指斥"把"后的人物,结构简明利落,所以感情十分强烈。如果要增强语气,还可加上主语"我"。从形成的原理来看,该格式当是动词谓语句隐去"把"后的动词及其补语形成的,隐含了动词及其结果、情态补语之后，那个不出现的成分就可以代表任何一种说者想要采取的最为严厉的处置手段，从而使句子的语气变得更加强烈。从历时角度看，这种句式在元代口语中就大量出现了，明清文献中使用频率也不低。

以上两类"把"字句有三个共同特点。一是"把"后头的成分都指人，而且只能是单数第二、第三人称代词；二是句子均表否定的感情，十分强烈，大多用来直接指斥对方或第三者；三是可在句首加上"看"以引起注意。

除了上面的句子，方言中还有两个习用的感叹句："把他爹爹的！""把他爹爹的骷子/脑头！"用来发泄对某件事情或某个东西的强烈不满。

5.8 "看"字句

这种句式有三类。第一类由"看+主谓词组+得"构成，可用于赞叹和贬斥。如：

(372) 看那庄户长得！

(373) 看那打扮得妖得！

(374) 看□ $\mathrm{ni}\varepsilon^{213}$ 你哥哥这向儿瘦得！

(375) 看我这捻儿人活得！

第二类是"看+主+(够)多+形"，多用于表达不满。如：

(376) 看这山够多立！

(377) 看那娘的他妈够多狠心！

(378) 看那够多危险！

(379) 看这女子够多胖！

第三类是特指问、反复问、是非问形式，其中特指问多用于贬斥，反复问多用于赞叹，是非问很少。如：

(380) 看你说的些甚嘞！

(381) 看你学成个甚！

(382) 看那怕人嘞/也不！

(383) 看那聪明嘞 / 也不!

(384) 看那会捣鬼嘞 / 也不!

(385) 看他能把你吃了 lə$ʔ^{21}$!

上三类句子中的“那”有指代作用,但更主要的是语气上的强调作用。当说者说“看那”时,仿佛在亲自指给听者看某人、某物,因此大大加强了句子的语气。语音上,“看那”关系紧密,甚至可以认为“看那”组成一个动宾词组充当话头。

那么,“看”属于什么成分呢?笔者认为应当是表提醒注意的话头(插说语),专门用于感叹句和祈使句,读音和作谓语时不同,用于感叹句读 $k^hə ʔ^4$,充当谓语时读 $k^hɛ^{53}$。大多数“看”字句离开“看”都站不住。

5.9　“还”结尾的感叹句

本章3.1节曾谈到“还”表提顿的用法。如果省去“还”后头的部分,就成了“名+还”,并逐渐扩展到将“还”置于句末表感叹。句子隐含着“就这样了”“再怎么也是白费劲”的言外之意。“还”可以分析为准语气词。如:

(386) 这号儿人还!(跟他说不成!)

(387) 这阵儿了还!(快不应去了)

(388) 人也殁了还!(要钱做甚嘞?)

(389) 走也走了还!(说顶甚事嘞?)

(390) 书也扔了还!(拿甚念嘞?)

(391) 人家种也种上了还!(咱能跟人家比嘞?)

六　祈使语气

神木方言的祈使语气词有“着、去、来、去来、吧、嘞吧、吧么”等,还有个别特殊格式,与普通话异大于同。

6.1 着tʂəʔ²¹

表祈使语气时，作用可大致分为两类。下面分别记作“着$_1$、着$_2$”。

6.1.1 着$_1$

表示命令、提醒、警告，句首常用动词“操心、小心、看”，其后可以是动词和名词。例如：

(392) 你在家寃着，我给他帮忙去来。

(393) 掀推着！掀着！

(394) 慢慢儿走，操心跌进水圪洦水坑着。

(395) 看割烂手着！

(396) 操心碟子着！

(397) 操心拍了感冒着。

(398) 看我告给□niɛ²¹³你妈着！

(399) 小心你的骷子着！

6.1.2 着$_2$

带有先行意义，组成“等……着 / 再着”的固定结构，表示劝止、警告甚至威胁。可用“再说”替换。如：

(400) 不应忙，等考完试着 / 再着。

(401) 甲：时光儿不早了，赶紧走吧。乙：等给阵儿着 / 再着。

(402)（打架吃了亏）你等我哥哥来了着 / 再着！

(403) 等你狗的下了台再着！

这类祈使句都隐含着“……以后再如何如何”的意思，因此，用于警告、威胁显得特别有力。其中“着”可以用“再说”替换。因此，“再着”当为“再说＋着”同义叠加后略去“说”形成的，是同义虚词的连用、省略形式。

关于“着”表祈使语气的来源和语法化过程，见6.8节。

6.2　去　来　去来

“去”和“来”都是趋向动词，除了充当谓语和趋向补语外，还经常作连动句的后段，这时读音与作其他成分有区别。“去”读kəʔ[21]，“来”读lᴇ[21]，均为轻声。其中后段是“去”时可省去前面的动词，形成“处所+去”的格式，表人物的去向。例如：

(404) 你去那里做甚去也？

(405) 我下街加工糕面去也。

(406) 书店给咱送书来了。

(407) 小刚，开门来！

(408) 甲：张增慧哪去了？ 乙：山上去了。

(409) 我的手绢儿不晓得哪去了。

“来 / 去”充当连动句后段的意义总是很虚的，基本上是羡余信息，而且往往位于句末。在此基础上，产生了表祈使语气的作用。

6.2.1　去kəʔ[4]

表祈使用于直截了当的命令、催促、劝告和鼓励。如：

(410) 吃去！ 吃去！ 这又不是一辈子没见过个吃的。

(411) 快去去！ 不去又恼也。

(412) □niɛ[213]你妈供你不容易，则么好好儿念去。

(413)（对方要铲土）你齐铲去。

还可放在进行体助词“着”后边，要求、鼓励对方或第三者继续做某事。如：

(414) 就叫在那搭儿放着去。

(415) 你咱看着去。

(416) 这号儿爬皮还，齐叫在禁闭监狱里头关着去！

(417) □niɛ[213]你们几个齐在锅头坐着去。

(418) 齐叫孩伢儿耍着去。

(419) 齐叫人家使唤着去。

看得出来,“去”表祈使时总是有一点儿“离开说者”的意思,但不能据此否定“去”已成为纯粹的语气词。这与命令句的意义有关。大凡命令、催促、劝告、鼓励等,总是要求对方“去”做某事。所以,“去”由连动句后段语法化为命令语气词可说是顺理成章的事儿。

6.2.2 来 lᴇ⁴⁴

表祈使用于邀请。如:

(420) 明儿你去我每家补课来。

(421) 咱每打篮球来。不应跳绳了。

(422) 咱每一搭唱歌来。

(423) 你也一搭去来。我一个人路上孤得!

6.2.3 去来 kəʔ⁴ lᴇ⁴⁴

“去来”经常在祈使句中连用,结果是把“去”所表达的命令语气变成邀请。如:

(424) 去街上看秧歌去来。

(425) 上班儿去来。

(426) 爬山去来。

(427) 真⁼儿耕糜子去来。

(428) 跟我浇地去来。

(429) 咱一搭瞭哨探望王主任去来。

“来”表语气,应当从南北朝起就出现了。陶渊明《归去来兮辞》的开头“归去来!”就是对自己说的祈使句。再如下例,“来”显然是表示要为对方做某事的语气词了:

汝止有一手,那得遍笛,我为汝吹来。(幽明录,古小说钩沉。转引自曹广顺 1995:98)

孙锡信(1999:148)认为,大约在宋元时,“去来”连用开始表语气。下面转引表命令和要求各一例:

咱见楚王去来!(《元刊·气英布》第1折)

婆婆，前面引着，喒吃斋去来！（《元刊·汗衫记》第3折）

孙先生还说：表语气的"去来""估计是前一种'去来'即'趋向动词去+事态助词来（本书叫时制助词——引者）'的发展，即趋向动词'去'仍保留原意，而'来'表示'曾经'事态的意义弱化以至消失，仅存留其肯定、强调的语气"。这种推测显得有些勉强。神木方言"去来"连用时，两种用法都很普遍（见第拾叁章），就现在的用法分析，表时制（事态）和表语气当是分别演化出来的，两者不存在先后关系。

6.3　吧 pa^{53}

"吧"是使用最广泛的祈使语气词。表示请求、商量、催促、命令等。表请求时，句中常用"（给）咱、各儿"。如：

(430) 你各儿坐汽车来吧。

(431) 你咱照应给下儿菜吧。

(432) 明儿给咱轧上捻儿粉做点粉条吧。

(433) 你各儿给咱写对子吧。

表商量，即向对方表示自己想做某事，请对方同意。副词同上。如：

(434) 我咱试打给下儿吧。

(435) 咱明儿早起吃粉糊糊吧。

(436) 我咱圪仰给阵儿吧。

(437) 我咱敲锣锣吧。

表催促、命令，句中常用"则么"。如：

(438) 则么快些儿去吧！

(439) 赶紧做饭吧！

(440) 快爬开吧！

(441) 则么叫我利静上两天吧！

(442) 后晌掰麦子吧。

(443) 跟上□ $ni\varepsilon^{213}$ 你哥哥回去吧。

6.4 “吧”与其他语气词组合表祈使

除了单独表示祈使语气外,“吧”还经常与其他祈使语气词和个别非祈使语气词连用,大大丰富了祈使语气的表达方式。

6.4.1 着吧

“着”表祈使的两种用法后都能再加“吧”。“着吧”比单用“着”语气更重,更有感情色彩。如:

(444) 看割了手着吧!

(445) 亭亭儿坐着吧!

(446) 你则么好好儿等着吧!

(447) 等你倒了霉着吧!

6.4.2 去吧 $kə?^{4}$ pa^{53}

“去吧”比单用“去”常见,也较有感情色彩。多用于劝告,语气更重。如:

(448) 则么便宜卖去吧快便宜卖了吧!

(449) 就算我给你的,则穿去吧!

(450) 你买上二斤棉花纺(访)去吧!

(451) □$niɛ^{213}$你婶婶给你嘞,则吃去吧!

6.4.3 来吧 $lᴇ^{44}$ pa^{53} 去来吧 $kə?^{4}$ $lᴇ^{44}$ pa^{53}

与单用“来、去来”语气轻重差不多,但更有感情色彩,更常用。如:

(452) 你跟我一搭算来吧!

(453) 跟上妈妈给□婆婆 $niɛ^{24}$ $p^{h}uo^{21}$ $p^{h}uo^{24}$你姥姥烧纸去来吧!

(454) 赶紧起粪去来吧!

(455) 赶紧给人道歉去来吧!

6.4.4 嘞吧 $lə?^{21}$ pa^{53}

“嘞”不表祈使,但和“吧”连用可表催促,“嘞”给句子以“还耽误什么”之类不耐烦的言外之意,句中常带“敢(是)”,

不能加“则么”。说话时语调上扬，语气强烈。如：

(456) 你各儿看嘞吧！长下眼睛做甚的！

(457) 敢是圪紧马扎耕嘞吧利索点儿耕地吧！

(458) 赶紧走嘞吧！那是吃上裹脚头子绞住了？

(459) 你敢是用心听老师讲课嘞吧！

(460) 没菜吃肉嘞吧！

(461) 想办法嘞吧！活人还能叫尿憋死嘞？

6.4.5　吧么 pa^{53} $m\tilde{ɤ}^{21}$

“么”本身不表祈使，但可以用在带“吧”的祈使句末，增加邀请、请求的主观感情色彩，带“吧么”的祈使句总有一种央求的味道。如：

(462) 跟我抬给下儿吧么！

(463) 叫我看给下儿吧么！

(464) 捞鱼把我引上吧么！

(465) 就原谅了我这回吧么！

(466)（好几天没睡觉）叫我好好儿睡上一觉吧么！

(467)（对亲人的痛切希望）你也把那长上个心眼儿吧么！

6.5　哎 $ᴇ^{53}$

“哎”不表祈使语气，但可以用在一切祈使句末增加感情色彩，使句子更加生动、活泼。“哎”出口前总有一个小小的停顿。所以，它实际是一个感叹词。

(468) 起去哎！

(469) 照车子着哎！

(470) 把钱儿装好哎！

(471) 操心碰烂骷子着哎！

(472) 快走吧哎！狗撕羊麻肠说上没个完了。

(473) 则么唱吧哎！扭扭捏捏地没意思了。

6.6 “把”字句

用“你(也)+把那+动(+吧么)”的特殊格式表命令、劝告等,带有浓烈的主观感情色彩,是一种强烈的要求。动词后必须带尝试补语“给下儿”、短时补语“给阵儿”和表量小的“捻儿”等,说明该句式具有“按最低的要求,你……”的隐含义。如:

(474) 你也把那学得会说些儿!

(475) 你也把那动弹给下儿!

(476) 你也把那看给阵儿书!

(477) 你也把那做上捻儿营生吧么!

(478) 你也把那出上捻儿血掏点钱吧么!

(479) 你也把那节省些儿吧么!

6.7 表否定的祈使句

表示制止对方做某事,神木方言用“不许、不要、不应、不敢”等否定副词,其中后两个与普通话不同。

6.7.1 不应pəʔ⁴ iɤ̃⁵³→piɤ̃⁵³

义为“不用”,本来是制止做没必要的事情,但适应面扩大,有兼并“不要”的趋势。如:

(480) 不应买了!

(481) 不应再等了!

(482) 则不应穷吼了!

(483) 不应装洋蒜了!

6.7.2 不敢pəʔ⁴ kɛ²¹

本是用来制止有危险的行为,但适应面有所扩大。对象多为儿童。如:

(484) 不敢跳!

(485) 不敢乱抓摝!

(486) 不敢拽绳子!

(487) 不敢踩!

表祈使的“敢”可以训为“可”,与“有勇气”的“敢”之间具有密切联系,是“敢于”之“敢”经语义扩展演化而来的。

七　“着”表祈使的来源

7.1　“着1”的来源

在现代汉语方言中,带“着1”的祈使句往往是要求听话者继续做某件事情,或做某件可持续的事情,或保持某种状态不变。因此,句中的动词或动宾词组往往具有[+持续]的意义特征,有的方言“着”前还有持续体助词(如西南官话)。有关的例句6.1节已经举了不少,这里再举几例(凡未标明出处者,为笔者本人调查所得,下同):

神木:

(488) 你给咱好好儿照应孩伢儿孩子着。

(489) 操心打烂碟子着。

(490) 你咱看车子着,我进去吼他去来你给咱看着车子,我进去叫他去。

(491) 你就当你的老师着,再的事甚也不应操心你只管当你的老师,别的事甭操心。

户县:

(492) 你等我着。(孙立新先生提供)

(493) 你先喝茶着。(同上)

(494) 你俩旋谝闲传着你们暂时聊着天。(同上)

(495) 咱的咱们先看电视着。(同上)

上面各例中的动词“照应、操心、看(车子)、当(老师)、等、喝、谝、看”等,都是可以持续的动作行为。再如武汉方言:

(496) 你(继续)站倒着你暂时(继续)站着,等一下再坐。

（萧国政2000：57。原文注“着2a”，下同）

(497) 不要报名着暂时（继续）不报名，过几天再讲。（着2a）

(498) 这只手套拿去戴倒着这只手套暂且拿去戴着。（萧国政2000：57。原文注“着2b”，下同）

(499) 明天先把这个科长当倒着明天暂且先把这个科长当着。（着2b）

萧国政(2000：57)指出：“着2a句（“着$_2$”相当于本文的着$_1$——引者）表暂时继续保持某种状况……着2b句，句子只有暂且VP的意思，没有继续的意思。”但从例句来看，不论是“着2a”还是“着2b”，武汉方言“着$_1$”句中的持续意义是十分明显的。正因为如此，“武汉人在告别时，总是用着2a句‘您家站倒着、您家慢点忙着、您家坐倒着’等，表示客气和礼貌”。

从上面的情况来看，认为现代汉语方言中“着$_1$”的语义基础是“持续”义，应当不会有什么争议。

在现代西北官话（包括中亚东干语）和晋语方言中，陈述句中普遍存在“VO着”的结构。下面略举几例，例中“着”因为读音的缘故，也写成“的、底、得”等：

新疆焉耆：

(500) 他看书的呢，他写字的呢，他听收音机的呢，做啥的都有。（刘俐李1993：427）

乌鲁木齐：

(501) 几个人正打牌底呢。（周磊1995：25）

(502) 两个人在那达那里喝酒底呢。（同上）

甘肃临洮：

(503) 天下雨着呢。（王毅等2004：286）

兰州：

(504) 我正想你着哩，你就来了。（黄伯荣1996：215）

(505) 娃娃们（正在）欢迎来参观的那些英雄、模范着

哩。（同上）

青海西宁：

(506) 阿爷正圈圈垫粪者tʂɛ⁵³ 爷爷正在里圈垫土呢。（张成材等 1987 : 282）

宁夏中宁：

(507) 卬家盖房子着呢。（李倩 2001 : 211）

(508) 我挂画画子着呢。（同上）

陕西户县：

(509) 他（正）跟个朋友说话着呢。（孙立新 2004 : 222）

(510) 老张（正）写长篇小说着呢。（同上）

山西平遥：

(511) 看风的使船，看人的下材地。（侯精一 1999b : 382）

(512) 院儿住雀儿的咧。（同上）

延川：

(513) 学生正写作文得咧。（张崇 1990 : 106）

神木：

(514) 张老师教语文着嘞。

内蒙古丰镇：

(515) 打扑克的嘞　下象棋的嘞　看大门的嘞
开机床的嘞

据乔全生（2000）考察，中原官话汾河片除运城、临猗、平陆等外，其余方言的陈述句均有"VO着哩"格式，比"V着O"格式要普遍得多。而山西晋语中，陈述句中"VO的嘞"格式也全部具备。据邢向东、张永胜（1997 : 118）和邢向东的调查，陕北晋语、内蒙古晋语中，陈述句中以"VO着"格式为主要或惟一格式。罗自群（2004）在考察西北方言持续标记"着"的用法以后认为："种种迹象表明，西北方言及周边的一些方言中，和'V

着O呢’相比，‘VO着呢’这种语序在当地是固有的、最常用的，而‘V着O呢’是外来的强势方言的影响所造成的。”

这些普遍现象说明，在早期的西北方言中，陈述句中，动宾结构带“着”时的本来语序是“VO着”，而同其他方言的“V着O”截然不同。如果把这种结构使用在祈使句中，“着”就很自然地位于句末。同时，在不带宾语的“V着”用于祈使句时，“着”当然也是位于句末的。这个“着”和近代汉语中位于祈使句末尾的“着”真是“不期而遇”，加强了持续体助词“着”和祈使语气词“着”的联系。笔者以为，正是早期和现代西北方言（包括晋语及其他语序相同的方言）的“VO着”结构，支持着位于祈使句末尾的“着”，使得它不仅能够在一部分方言中一直保留着表达祈使语气的功能，并且有了新的发展。在大部分没有“VO着”语序的方言里，“着”充当祈使语气词的功能要么几乎完全丧失了，要么只保留了某种特殊的用法。

正因为在现代西北地区的方言中，持续体助词“着”和祈使句末的“着$_1$”具有明显的联系，所以乔全生（2000：213）主张，唐宋以来祈使句末的“着”一直是体助词，而不是语气词：“不论哪种结构，‘着’在表达体的范畴上并无根本对立，位于陈述语气里的‘着’表示动作已经、正在进行、持续，位于祈使语气的‘着’表示动作马上、将要进行、持续。‘着’都表示动作的状态。”

我们认为，一来，唐宋以来，祈使句末的“着$_1$”与句中动词的语义搭配关系经历了由宽泛到单一的过程，唐宋元时期祈使句末尾“着”的意义无法用“持续、进行”来概括，而是具有明显的命令、劝告、禁止等语气，而且明代以后又产生了新的用法——“着$_2$”，该用法也突破了“持续”的意义。二来，即就是拿现代方言中的“着”来说，它在祈使句末——尤其当前面是动宾结构或动补结构的时候，与句首的动词距离很远，如神木话“操心碰了骷子头着”“操心把碗打烂着”，“操心”和“着”之间还隔着一个动词词组。三来,有些方言中,祈使句末尾“着”的前面还有其他表体貌的成分,如西南官话的持续体标记“倒”位于“着”前。因此难以否认,祈使句末的“着”就是语气词。不过,这种观点恰好印证了我们关于“着1”与持续体助词关系密切的主张。

“着1”从唐五代开始表祈使语气(吕叔湘1941,太田辰夫1987,吴福祥1996,孙锡信1999,张美兰2003)。太田辰夫(1987:338)认为:“‘着’的来源只能说不清楚。在较早的例子中,不一定限于用在持续动词后面。但到明代,用于持续动词后面的趋势加强了。在清代的标准语中用得不太多。”

吕叔湘先生(1941)对北宋成书的禅宗语录《景德传灯录》及唐宋金元文献中表语气的“着(著)”的词形和语气意义所作考察的结论是:“著、者、咱、则个”为同一语气词的异式;而“如欲以一语通概‘著’字之语气,可曰,宣达发言者之意志,而尤以加诸彼方,以影响其行为为其主要作用”(吕叔湘1984:66)。

根据吴福祥(1996:337)考察,在反映晚唐五代语言特点的《敦煌变文集》中,“着(著)”用为祈使语气词共22例,表示命令、劝勉的语气。从吴著所引例句看,带“着”祈使句中的动词似乎多数具有持续意义,但不限于有持续义的。下面转引几例(原页码标记、说明照录,下同):

(516)或见不是处,有人读者,即与政(正)著!(p389)

(517)卿与寡人同记着,抄名录姓莫因循。(p54)

(518)语昆仑曰:“君畏去时,你急捉我著。还我天衣,共君相随。”(p883)

(519)大众虔心合掌着,要问名字唱将来。(p456)

据张美兰(2003:94)考察,在五代成书的禅宗史料集《祖堂集》中,“着(著)”用作祈使语气词共有23例,“主要用在表命令、希望的祈使句中”。例如:

(520) 香严云:“进问著。”(页328,“V+著”)

(521) 师问僧:“你还有父母摩?”对曰:“有。”师云:“吐出著!”别僧云:“无。”师云:“吐出著!”又别僧云:“和尚问作什摩?”师云:“吐出著!”(页290,“V+补+著”)

(522) 师唤沙弥,沙弥应诺。师云:“添净瓶水著。”(页205,“V+O+著”)

(523) 师唤沙弥:“拽出这个死尸著!”(页620,“V+补+O+著”)

从张著所引例句看,《祖堂集》中带“着”的祈使句动词以及“着”本身具有持续义的比《敦煌变文集》中的要少。这是不是有方言的因素在里面呢?笔者对这两部书没有作过专门的研究,不敢贸然下结论。

卢烈红(1998)对南宋成书的禅宗语录《古尊宿语要》中的代词、助词作了系统研究,据他考察,在这部书中,“着(著)”作语气助词共42例,“主要是用在表示命令的祈使句中”。此外还可用来表示劝勉和禁止。其中的动词也不限于带有持续意义的。“《语要》的篇幅与《祖堂集》差不多,比《敦煌变文集》小,而‘著’用为语气助词达44次,几近于两书语气助词‘著’之和。”(卢烈红1998:257—259)

笔者对反映元代口语的《原本老乞大》(郑光2002)中的祈使语气词“着(者)”进行了穷尽性考察。结果是,“者”与“著”字有较明确的分工,“者”字用于祈使句末尾,“著”字在句中充当体助词和动词。“者”字共用为祈使语气词99例,仍然表达命令、劝勉、禁止等语气,句中动词不限于有持续意义的,例如:

(524) 兀那店子便是瓦店,寻个好干净店里下去来,歇住头口者。(05左02)

(525) 试尝,微微的有些淡,著上些盐者。(06左10)

(526) 去了那三两七钱半零的者。(07右08)

(527) 输了的做宴席者。咱每做汉儿茶饭者。(29左07—08)

(528) 生受你,休怪者。(13左01)

(529) 别人东西休爱者,别人折针也休拿者,别人是非休说者。(31右08)

《原本老乞大》中,当句子或动词具有持续意义时,动词后带有表持续的"的",而有些句子是要求听话者完成某件事情的,则动词或其宾语后带着完成体助词"了":

(530) 哥哥,俺每回去也,你好坐的者。(39左09)

(531) 你是牙家,你算了者。(37右09)

由此可见,从唐五代至宋元,"着"作为祈使语气词,使用频率是不断提高的,使用范围也有所扩大(如宋元可用于表禁止的祈使句),且句中的动词一直不限于具有持续意义的词。但有一点没有发生变化,就是带"着"的祈使句的语序,总是"V(C)O着"。

到了明代文献,情况发生了变化。一是"着"用于祈使句时,出现了带有先行意义的用法,义为"先……(再……)";二是除了表先行的用法以外,多表示要求听话者继续做某件事情,或保持某种状态。也就是说,祈使语气词"着"可以比较明确地分成"着$_1$"和"着$_2$"了。以小说《金瓶梅》为例。高福生(1999:121—129)对《金瓶梅》里的"着"进行过穷尽性考察,共得到用作句尾的"着"的句子54例,其中少数是"着$_1$",大多数是"着$_2$"。如:

(532) 你且去着,改日来。(九十回,1427,着$_1$)

(533) 咱们且听他宣一回卷着。(七十四回,1150,着$_1$)

(534) 却不想是来安儿小厮走来说:"傅大郎前边请姐夫吃饭哩。"敬济道:"叫你傅大郎且吃着,我梳头哩,就来。"(八十二回,1327,着$_1$)

(535) 姐,你休鬼混我,待我扎上这头发着!(三十一回,

467，着$_2$）

(536) 我说待我把你爹这衣服槌两下儿着，就架上许多诳，说不与来。（七十二回，1101，着$_2$）

(537) 好东西儿，他不知那里剜的送来，我且尝尝着。（五十二回，774，着$_2$）

时人多认为《金瓶梅》的语言与山东方言关系密切，书中"着"的用法，与淄川等地"着"的用法颇为吻合，使我们相信，《金瓶梅》中"着"的使用有这一带方言的基础。

太田辰夫（1987）称，"着"表命令在清代的标准语中用得不太多。据徐德庵统计，《儒林外史》中"着"作语气词43例，《红楼梦》中作语气词74例（转引自卢烈红1998：260）。

根据李泰洙（2003）中所辑古本《老乞大》《翻译老乞大》《老乞大新释》和《重刊老乞大》四种版本的对照[1]，祈使语气词使用最普遍的情况是，反映元代口语的古本《老乞大》和元末明初口语的《翻译老乞大》中，祈使句多带"者、着"，清代的两个版本《老乞大新释》和《重刊老乞大》则大多将语气词去掉了，或改为其他祈使语气词。例如（依李泰洙2003，四个版本依次标作ABCD）：

(538) 226A：兀的灯来。更有粥将来也，匙、椀都有，你则吃者。

226B：这的灯来了。若有粥将来，匙、椀都有，你吃着。

226C：这的灯来了。粥也拿来了，匙、椀都有，你们吃罢。

226D：这的灯来了。粥也拿来了，匙、椀都有，你们

① 关于这四个版本的年代，李泰洙（2003：10）认为："古本《老乞大》从内容上看应是元代本（详看第二节），《翻译老乞大》是明初修改本，其他两种分别是清代乾隆二十六年和六十年的本子。"另外，古本《老乞大》即《原本老乞大》。

吃罢。

也有只是古本《老乞大》中有语气词，后三种去掉了的：

(539) 494A：肉熟也，捞出来。茶饭吃了呵，椀子家具收拾者。官人每睡了时，教一个伴当伺候者。

494B：肉熟了，捞出来。茶饭吃了时，椀子家具收拾了。官人每睡了时，教一个火伴伺候着。

494C：肉煮熟了，就捞出来。到吃完了饭，椀盏家伙收拾了。等官府睡了，还教一个火伴伺候着。

494D：肉煮熟了，就捞出来。吃完了饭，椀盏家伙收拾了。等官人睡了，教一个火伴伺候着。

而祈使句中的动词若是具有持续意义时，句末的语气词在后两种版本中就有可能保留了，如例［539］的第三句。再如（请注意例［540］的前半句与后半句的比较）：

(540) 490A：人有好处扬说者，人有歹处掩藏者。

490B：人有好处扬说着，人有歹处掩藏着。

490C：人有好处赞扬他，人有歹处替他掩藏着。

490D：人有好处赞扬他，人有歹处替他掩藏着。

(541) 535A：伴当，恁落后好坐的者。我到那里卖了行货便来。

535B：火伴，你落后好坐的着。我到那里卖了货物便来。

535C：火伴，你在这里且等着。我到那里卖了货物就回来的。

535D：火伴，你在这里且等着。我到那里卖了货物就回来。

值得注意的是，例(541)中，A、B中表持续用了体助词“的”，句末的“者／着”只表语气，而C、D中就只有一个“着”

了。这种不同尤其能反映元明清口语中祈使句末助词的变化。

总之，就文献记载来看，从唐宋金元到明清时代，祈使语气词"着"的使用范围经历了一个由广泛性向单一性转化的演变过程。在强势的官话方言中，由于"吧"类语气词的竞争，"着"用得越来越少了（卢烈红1998：260）。

然而同一个历时过程中，在西北官话、晋语等方言中，由于陈述句中"VO着"语序的存在，"着"在祈使句末尾出现的机会一直非常多。因此，尽管它的表义范围有所缩小，但使用频率仍然很高，并且由于"等+VP了+着$_2$"的出现，带"着"祈使句又有了新的特定意义。"着"在上述方言中的地位也得到了巩固。这就是为什么在北方方言中，尤其是西北官话和晋语中，"着$_1$"普遍用来表示要求对方继续做某事或做某件须要持续的事，陈述句中表持续体的"着"和祈使句末表命令、愿望、警告的"着$_1$"在意义上具有某种同一性的缘故。换句话说，是西北官话、晋语等方言陈述句的"VO着"语序，强有力地支持了这些地区及其他一些方言的"着$_1$"，使它不致完全消失。陈述句中的"VO着"语序和祈使句的"VO着$_1$"语序，这两者之间存在着互相依存、互相支持的关系。高福生（1999：124）在讨论《金瓶梅》的有关用法时说："有些可以后附'进行（或持续）体'词尾'着'的动词亦可后附句尾'着'。在这种情况下，是词尾的'着'抑或是句尾'着'，往往要靠语境意义来确定。"他举的例子是：

(542) 妇人道："此是待俺娘的。奴存下这卓整菜儿，等到干娘买来，且有一回耽搁，咱且吃着。"（六回，105）

(543) 又道："且休教他递酒，倒便宜了他。拿过刑法来，且教他唱一套与俺每听着。他后边躲了这会儿滑也勾了。"（三十二回，488）

从引例看，此处的"着"恰恰都与"着$_1$"有关。可见，在表示动作状态、结果持续的意义与表示命令、愿望、警告的语气之间，实际上只有一墙之隔。从这个意义上说，认为现代汉语方言祈使句末的“着$_1$”是一个持续体、进行体助词，也是不无道理的（刘一之2001）。

7.2　“着2”的形成

从目前的文献来看，“着$_2$”的用法出现于明代。那么，这个意义是如何形成的呢？杨永龙（2002：5）推断，由“着$_1$”到“着$_2$”的意义扩展过程是：A“着”表祈使和愿望→[A表祈使和愿望＋B暂且先（VP）]→[A表祈使和愿望＋B暂且先（VP）＋C别的暂缓考虑（隐含）]。

我们同意杨永龙先生关于“着$_2$”是由“着$_1$”进一步语法化而来的观点。不过，具体过程还可以再讨论。在我们看来，“着$_1$”之所以能够演化为“着$_2$”，其中的关键在于带“着$_2$”的祈使句前面的动词、时间词的特点。

现代汉语方言中带“着$_2$”的祈使句，不论是答句还是表示嘱咐、威胁，抽象意义总是“先……以后，再……”，即先完成句中所说的动作、行为，其他事情暂且不管或等一下再说。结构上也很有特点：句首往往有动词“等”、时间词“先”等，句中动词或其宾语、补语之后，常常有完成体助词“了”或补语“完、毕、上”等，或者重叠动词。例如：

(544) 叫我把饭吃了着让我吃了饭以后再说！（同心，张安生2000：275）

(545) 等人到齐了着！（同心，同上）

(546) 先把争欠老王的钱儿还了，再的以后着欠其他人的以后再说。（神木）

(547) 甲：咱现在就把它弄完吧。乙：等吃毕饭着。（陕西大荔坊镇）

(548) 叫我把事情弄毕了着。（陕西商州杨家塬）

(549) 停一会儿了着。（陕西商州杨家塬）

(550) 等着1,我再跑一回着2。(洪洞,乔全生1989:44)

(551) 先歇歇着(=等歇一歇之后)再干。(淄川,孟庆泰等1994:234)

(552) 等他走了着我再把日子你过等他走了以后我再给点厉害你看看。(鄂东,陈淑梅2001:192)

(553) 你莫箇急,等我吃了饭着你别着急,等我吃完了饭(再说)。(鄂东,同上)

(554) 甲:你今儿去不去安康? 乙:等我做完了活着。(陕西平利洛河)

(555) 甲:赶快吃饭吧! 乙:先把作业做好了着。(陕西平利洛河)

(556) 人啊渴得死,吃口水着人都渴死了,先喝口水(再说)。(南昌县,谢留文1998:124)

(557) 这只车子搭不得人啊! 管渠□lɛ³,搭了着!(南昌县,同上)

有的方言中,"着2"前面还可以是时间名词,表示"到……时候再……"之义。如陕西户县、宝鸡等,再如:

(558) 先放在那里,明日着先放在那儿,明天再说。(南昌县,同上)

(559) 甲:咱后晌就去大荔吧。乙:明儿着。(大荔坊镇)

(560) 甲:爸爸,给我买上一个风筝吧么。乙:看不见这阵儿忙着嘞? 罢了着一会儿再说。(神木)

从句中使用"完、了"等词的情况来分析,句子的完成、实现意义不是由"着"承担的。那么,"着2"又是如何获得先行意义的呢? 我们认为,关键就在句首的"等、先"之类词上。

"等、待"是持续动词。我们分析,"着2"本来是"着1",是带有持续意义的祈使语气词,在结构上,这类句子原本是由句首的"等"和句末的"着1"搭配来表示嘱咐、命令的。它的结构层次是：[等+(VP+了)]+着，即“等”先带着动词词组作宾语，然后再和“着”发生关系，“等……着”构成直接关系，和现代方言中带“着1”的句子结构是相同的，请比较：

等+O(动词词组充当)+着=小心+O(动词词组充当)+着

如果隐去其中的动词性宾语，剩下的就是“等着”和“小心着”，而“你等着”“你小心着”正是一些方言区的人嘱咐、警告、威胁他人时最常用的话。因此，开始时，“着2”和“着1”本是同一个“着”，说话人用这种句子是让对方“等着（把句中所说的事情做完），再……”。不过，由于在结构上“等”类词和“着”的中间隔着一个动词性宾语，语用上这种句子总是表示“先做了某件事再……”的意义，而且“再做什么”的部分往往隐含着不说出来，因此使全句的先行意义逐步转移到“着”上，导致“着”的持续义隐而不现，先行义逐步凸显，逐渐由“着1”语法化为“着2”，由带有持续义的命令、劝勉等语气，演变成表示带有先行义的嘱咐、威胁等语气。使用环境也发生了明显的转移，由“主动祈使”——表命令、劝勉等，逐步转为“被动祈使”——在别人提出做某件事情时，自己提议先完成另一件事，再做对方提议的事。随着使用日益频繁，说话人为了省力和简洁，可能索性将“等”类动词也省略掉，这就使“等……着”在结构、语义上的配合关系逐步瓦解，形成不带“等”类动词的“VP了+着”的结构，这无疑更加强化了句尾“着”的先行意义。至此，“着2”就完全可以独立地行使带先行意义的祈使功能了。

“先”是表示时间先后的时间词，“且”是表示暂且的副词，它们也都可以和“着1”配合，本来的意思是“先/暂且……着”，后来随着语境的变化，逐步将先行义转移到句末的“着”上。关于这一点，杨永龙(2002)已经有详细的论述，此处不赘。

近代汉语中“着2”句的结构特点和使用情况，可以证实上面的推断是成立的。首先,不论古今,带"着2"的句子中往往带着"完、了"之类表完成、实现的成分,如高福生(1999:128)所说:"《金瓶梅》中句尾'着'却与词尾'了'常常同现……赣方言也是如此。"说明这种句子的完成、实现义是由"了"或表完成的补语承担的。更重要的是,近代汉语中,末尾带"着2"的句子(分句),前面往往有"等、待、先、且"等词语。这些词本来都是可与"着1"搭配的。杨永龙(2002)的考察结果是:"明代的'着2'大都与'先'、'等'、'待'、'且'配合使用。……同时,'着'字单用就具有B项功能的例子明代也能看到一些……"高福生(1999:127)说:"在带句尾'着'的句子中,常有'且'、'等'、'待'、'先'之类意义的词与之呼应。……换言之,句尾'着'与'且'、'待'、'等'、'先'之类词几乎是共现关系。然而,如果这种共现关系是必不可少的,那么,倒使我们怀疑句尾'着'的先行意义可能是语境的规定,而不是它本身具有的语法意义。而事实上,在带句尾'着'的句子中,如果没有'且'、'等'、'待'、'先'之类词与之呼应,同样可以表示动作是先行的。……在赣方言中,'等喫了饭着'与'喫了饭着'、'等明日着'与'明日着'都是完全同义的。"这段话很有启发性。"着2"早期多与"等、且"之类词语同现,现代方言也以用"等"类词为常,但不用"等"的句子也同样常用。这种现象说明,其中的先行意义原来是由"(等/待/先/且……+了)+着"共同承担的,后来逐渐演变为可由"着"独自承担,"等、先"之类词语也就由必用而变成常用了。

随着"等"类词的省略成为常例,"着2"的使用可能越来越自由了。因此,出现了两种值得注意的新用法。第一,"着2"可以独立地用在时间名词后面,单独表示带先行意义的祈使语气。例如(558)(559)(560)。据笔者最近对关中、陕南八个方言点的调查,无一没有"时间词+着"的祈使句形式。第二,在某些方言中，表先行意义的祈使句可以成为连贯、条件复句的前分句。例如：

(561) 看完新闻联播着，衣服等下儿洗。（九江，张林林1991：347）

(562) 买了米着，绿豆儿下个月买。（九江，同上）

(563) 把病诊了着，其余箇事以后再说。（阳新）（转引自谢留文1998）

(564) 你吃完了饭着，咱再走。（淄川，孟庆泰等1994：234）

(565) 挑担水着我再去赶集去。（沂水，张廷兴1999：215）

(566) 咱歇一歇着再干晚不了。（沂水，同上）

(567) 甲：克里吗嚓形容快把这点儿活做完吧。乙：歇嘎一下了着再做。（陕西永寿蒿店）

(568) 嫑别走咧，饭吃了着再走。（陕西永寿蒿店）

据王临惠先生告知，山西临猗方言带"着2"的词组同样是不仅可以独立成句，而且可以在后面紧接另一个动词性词组，构成连贯复句。例如：

(569) 他回来着他回来了，叫他给我打一个电话。

(570) 吃了着再去吃完了再去。

用"再说"替换后面的词组，就成了"……着再说"：

(571) 咱底吃完着再说咱们吃完了再说。

(572) 回来着再说。

以上两个事实说明，在现代汉语方言中，"着2"的语法化程度更深，先行意义更加突出，已经完全脱离"着1"的意义范围了。

现代方言中，"着"和"再说"是等价的，同时还可以连用。具体分布有四种情况：第一，单用"再说"；第二，单用"着"；第三，连用“着再说”；第四，叠用“再着”。

第三种情况中，两者连用本是各有功用的，“（等）……着”表示先行某事，“再说”表示“再做对方刚才提议的事”。“再说”和“着2”从不同的出发点开始语法化，终至成为同义词，“着再说”也成为同义叠加的手段。

第四种情况分布在陕北晋语的神木、吴堡、清涧，赣语的丰城、南昌县（蒋巷）等方言中（陈昌仪1991：369）。陈小荷、谢留文（1998）据此认为这里的“着”是动词，“再”修饰“着”。笔者认为，“再着”是“再说”和“着”同义叠加和互相感染形成的。它的形成也当在“着2”和“再说”均已语法化为表先行意义以后。“再着”的底层形式应当是“再说着”，也是同义叠加。“再说”和“着”既然是同义词，在使用中就有可能出现“感染错合”（contamination），把两个词“混杂”在一起。这种用法只出现在少数方言中，说明它是一种后起的形式。

综上所述，现代汉语方言中祈使句末尾带有持续意义的“着1”，是唐宋以来祈使语气词“着”的功能缩小、单一化的结果，西北广大地区方言的陈述句中“VO着”的语序对这种用法的巩固起了很大的作用。带有先行意义的“着2”的形成，则是“等／待／先／且VP了＋着”的祈使句结构中，本属于“着1”的“着”被重新分析的结果。其语法化的过程是：A.表带持续意义的命令、劝勉、禁止等；B.在“（等／先＋VP了）＋着”的祈使句末，与“等／先”“了”等词语共同表示先行意义；C.与“等／先”类词语逐渐疏远，独立表示带先行意义的祈使语气；D.用在时间名词后，表示带先行意义的祈使语气。

八 多用虚词用法表

“得、着、来、去”几个虚词意义、用法比较复杂，列表表示如下（14–1）。

表 14–1

虚词	功能		句法环境
得	介词	表动向	动+得+处所宾语
	结构	连接补语	动／形+得+补
		表趋向	动+得+来／去
		表可能	动+得+来
	体貌	完成体	动+得+宾
		进行体	$动_1$+得+$动_1$+得+$动_2$ 处所+动+得+宾
		持续体	$动_1$+得+$动_2$ 处所+动+得+宾
	语气	感叹	各儿+动／形+得 把+他／你+动／形+得 看+主谓+得
着	体貌	进行体	动（+宾）+着 $动_1$+着+$动_1$+着+$动_2$
		持续体	形+着
	?	……的时候	分句+着
	语气	陈述	顶多+动+上+宾+着
		祈使	操心／看+动／名+着 等+动+着
来	句成分	谓语	来+宾（+动）
		补语	动+得+来
		连动句后段	动（+宾）+来
	时制	过去时	动／形／名+来
	语气	提顿	主／状／分句+来
		感叹	动+得+来了
		祈使	动+来 动+去来

续表

虚词	功能		句法环境
去	句成分	谓语	去+宾（+动）
		补语	动+得+去
		连动句后段	动（+宾）+去
	语气	虚拟	$动_1$+去，$动_2$+去
		祈使	动+去

拾伍　表达复句关系的关联词语和语气词

神木方言复句的显著特点是多用意合法,多用语气词,少用关联词语。在口语中所用的关联词语中,与普通话相同的少,不同的多。

本章根据邢福义先生的主张,把复句分为因果、并列、转折三大类,描写方言与普通话不同的各类复句的表达手段,主要是关联词语和语气词。

一　因果类复句

因果类复句的两个分句之间存在原因和结果的关系。按照具体的因果类型不同,可以再分为因果句、推断句、假设句、条件句、目的句五个小类。

1.1　因果句

这是因果类复句的典型。普通话用"因为……所以……""由于……因此……"等连词表示。神木方言一般不用关联词语。如:

(1) 我去得迟了,没排上队。

(2) 那个剁肉砍肉把手也剁了,明儿上不成班儿了。

1.2 推断句

表示已成事实的理由和主观推定的结果的关系。普通话用“既然……就……”表示。神木方言有三种形式。第一种用“既是……起,就……”来关联,句中的“起”是虚拟语气词,表示假设类虚拟语气,不过此处表提顿的作用大于假设,并有强调分句所说事实的意味,一般不能不用。如:

(3) 既是说成这么个起,我就再不寻人了。

(4) 既是你也不会做起,这题就出得有捻儿太难了。

(5) 既是老张说情起,咱就算追究这个事了。

第二种,只在上句末用“还”,表结果的分句不用关联词语。“还”本来是语气副词,由于后面总是停顿,经过重新分析,这里成了表示认定事实的准语气词。从意思看,“还”是属下句的,但口语中如果要在结构上让“还”属下句,就必须在上句末尾用上“么”之类语气词。例如:

(6) 你而真⁼房也盖起了还,愁甚嘞? =你而真⁼房也盖起了么,还愁甚嘞?

(7) 连个米也淘不净还,想给人帮厨嘞! =连个米也淘不净么,还想给人帮厨嘞!

(8) 就买半斤肉还,跟人家讲编讨价还价甚嘞? =就买半斤肉么,还跟人家讲编甚嘞?

第三种,有时将语气词“了么、嘞么”放在表理由的分句末尾,下句用反问语气配合,表达推断关系。如:

(9) 庄户利利儿旱死了么,那能有个余粮嘞?

(10) 夜来我还见他来了么,真⁼儿哪能在西安嘞?

(11) 你敢是我拜老叔叔嘞么,我咋也得帮这个忙嘞吧?

(12) 我正写对子着嘞么,哪能顾上给你抬桌子嘞?

以上句子中,连用的语气词“了么、嘞么”表达强调性的确认语气,以此作为后句推断结果的基础,由于上句语气强烈,所以下句多用反问句。

1.3　假设句

普通话用"如果……那么(就)……"关联。神木方言有五种形式。第一种是用"要(是)……(就)……"来表示未然的假设条件和结果,或是用"要(是)……□tsɔ^{53}……"表示已然的假设条件和结果,跟普通话的口语类似。如:

(13) 人家要是不嫌咱穷嘞,就把这门亲事说下吧。

(14) 你要再敢偷人,操心打折你腿把子着!

(15) 张忠林要不把头一个婆姨离了要是不和第一个妻子离婚,这阵儿孩伢儿□tsɔ^{53}已经念上书了。

(16) 哼,我要爱钱儿,这阵儿早□tsɔ^{53}就发了。

第二种,上句用"投……"表示强烈的假设条件,其中大多是根本不可能存在的条件。如:

(17) 投等你襄哄帮忙,早把四月八上庙也误了。

(18) 投你也能当校长起,这学校就可办好了!(反语)

(19) 投到了紧要关头,你也是个往后捎。

第三种,上句用"如然不……",从否定的角度提出一个假设的条件,并据此推论可能的结果。结果分句不用关联词语,但是断定的语气十分强烈。如:

(20) 如然不信,你问他。

(21) 如然你不听那个摆调摆布,可要跟你上阵斗气嘞。

(22) 你如然不要选那个,看能把你恨死不?

第四种,上句用虚拟语气词"起、动、动起、时价"结尾,结果分句可用"就",也可不用。详见第拾肆章。如:

(23) □niɛ^{213}每你们能凭下信得过我起嘞,我就给□niɛ^{213}每你们照门着;凭不下起,就把门锁了。

(24) 那咎会儿搬到城里头时价,孩伢儿每这阵儿□tsɔ^{53}就不应受苦了。

(25) 他说下来起动起，咋忙也来也。

第五种，用“惟 / 惟是……（就）……”，表示假设条件是自己所期盼的，因此条件和结果都是未然的事情，上句末也大都用虚拟语气词。如：

(26) 惟这么价是最好了。

(27) 惟你来的话，这个话就好说的多了。

(28) 惟是娘娘的他奶奶和我每一搭窚时价，就不应愁没人看孩伢儿了。

(29) 惟是咱两个一齐考上的话，这就能照应上了。

1.4 条件句

普通话用“只要……就……”表达充足条件，用“只有……才……”表达必要条件。神木方言可在前分句用连词“逢”，表达时间关系和充足条件，意思是“一到……”，全句多陈述不如意的事情。在使用“逢”的句子中，前分句有时不停顿，有时带虚拟语气词“起”。例如：

(30) 逢电不足起，电视就启动不了了。

(31) 逢上面来了人，公安局那车就在街上吼得呜呜地。

(32) 逢到下雨天那鞋底虫潮虫可多嘞。

(33) 逢那人㣿起，谁也要欺负嘞。

神木方言上句不用关联词语，下句与普通话相同。兹不赘述。

1.5 目的句

普通话前分句加“为了”，或后分句带“以便、以免”等，分别表示目的在前和目的在后。神木方言前分句也用“为”表示目的在前，不须举例。目的在后的，则用“敢”表获得性目的，用“（敢）省下”表免除性目的。如：

(34) 我则么早些儿退居二线，敢叫人家年轻的上嘞吧。

(35) 把这个口子堵住些儿，敢叫水朝地里流。

(36) 你敢把那秤稍微公道些儿，省下叫人家捉住超=贱骂。

(37) 叫二小子给你捎过去，敢省下你专门寻来。

二　并列类复句

并列类复句又可分为并列、连贯、递进、选择四种。

2.1　并列句

神木方言除了用"又……又……""也……也……"外，还有几对关联词语。第一对是"就了儿……就了儿……"，表示做甲事的同时做乙事。如：

(38) 就了儿割麦子，就了儿翻地。

(39) 你去榆林开会去，就了儿把珏珏寻回来。

第二对是"一头……一头……"，表示"一边……一边……"，如：

(40) 一头吃，一头还说着嘞。

(41) 你则么一头准备考普通大学，一头准备考成人大学，两不耽误。

第三对是"忽儿 xuʌɯ^{44}……忽儿 xuʌɯ^{44}……"，表示"一会儿……一会儿……"，强调主意不定，或要求过多，句中须用"这么 / 这个""那么 / 那个"对举。如：

(42) □ niɛ^{213}你爸爸忽儿这么，忽儿那么，爽利没主意。

(43) 这孩伢儿忽儿要这个，忽儿要那个，谁能伺应行嘞？

2.2　连贯句

神木方言除了用"刚……就……"表示前后紧接的连贯关系外，还在后分句用"罢了……"表示接着的意义，用"就了儿□ tsɔ^{53}马上就……"表示前后紧接的连贯关系，"则（才）……"表示带有因果意味的连贯关系。如：

(44) 二女推得一槽豆腐,晌午才卖完,罢了才又割得肉。

(45) 我上行署办公室和解放坐了一阵儿,罢了吃得饭。

(46) 我敢先跟你说好,罢了再寻刘局长。

(47) 花花听见说张老师殁了,就了儿□tsɔ[53]就哭起了。

(48) 我糕还没搋软,小虎就了儿□tsɔ[53]就吃上了。

(49) 刚出去瞭送了一下儿人家,就了儿□tsɔ[53]就拍感冒了。

(50) 那坏㞞叫人打了一顿,则老实了。

(51) 我就是磕头就是祷告,人家则才应承下。

(52) 王鹏起来硙扭磨蹭了一个来钟头,则才上班去了。

2.3 递进句

神木方言表示递进关系有四类关联词语。一类是上句用"不蹅不光",这时下句不用"而且"类连词。如:

(53) 不蹅我每怕这和尚男子的诨称嘞,满街上没一个不怕的。

(54) 不蹅给了二百块钱,还给寻下捻儿营生。

(55) 不蹅我觉见气得不行,众人都说这连牲口也不顶。

第二类,上句用"不说/不应说/不要……了",表示由低到高、由弱到强的顺势递进关系,相当于普通话的"别说",该分句可以是名词性的,也可以是谓词性的。如:

(56) 不说是你了,我也叫那个顶得圪呆呆地。

(57) 不说是这么一捻儿营生了,再多也不怕。

(58) 不说是我闹不了了,就怕是你也不会嘞。

(59) 不应说那阵儿不开放了,就而真⁼开放了也敢不能在人跟前搂搂抱抱地么。

(60) 不应说你造成损失了,没造成损失也得处分。

(61) 不要说□niɛ[213]每你们女老师了,我每男的也诈唬不住这号儿学生。

(62) 不要说咱神木了,西安人也穿得没这么艳奓艳丽。

也可以将“不说”置于下句句首,表示由高到低、由强到弱的反逼性递进。如:

(63) 而真⁼这儿女还,亲娘亲老子也指不上,不说是后的继父继母了。

(64) 甚生渣子流氓地痞我也见过,不说是你这些爬痞了。

(65) 天北京天津北京我也去过,不说是榆林绥德了。

第三类,用“除然/头……,还……”表示从否定出发的顺势递进。“头”主要用于紧缩句,分句后不能停顿。如:

(66) 我说了两句,人家除然不听,还把我呛了一顿。

(67) 张国明除然不顶用,还戳趑圪老碍手碍脚地。

(68) 除然事情没办成,还落下一圪都好多人情。

(69) 头吃不好还得熬一黑夜。

(70) 头没挣下钱还把本儿也赔完了。

第四类,在前分句头上用“早来”表示“本来就……,更……”的递进关系。如:

(71) 早来我不会写,你把人圪捣得!

(72) 早来人家说你脑大骄傲自满嘞,你不去更有说时说道了。

(73) 早来□ niɛ²¹³你爸爸难活嘞,你把那援糟蹋得!

2.4 选择句

神木方言表示选择关系主要有两种方式。一是用“或拘……或拘……”表示不带强制性的主观选择,与普通话“或者……或者……”相当,但不能表达客观情况的交替。如:

(74) 毕业了或拘回神木,或拘留榆林,都行嘞。

(75) 明儿或拘坐班车,或拘坐咱的三菱,你看吧。

(76) 或拘煮捻儿面条儿,或拘熬捻儿稀饭,不应炒菜。

一是用“要不……要不……”表示带有强制性和主观情绪的选择关系,与普通话“要么……要么……”相同。如:

(77) 要不你就来,要不你就走,痛快些儿。

(78) 要不就好好儿过,要不就散,这么价还把人熬死着嘞。

(79) 要不买国库券,要不闹上套房子,存钱不是白存嘞?

三 转折类复句

转折类复句前后分句之间存在逆转关系。包括转折句、让步句、假转句三个小类。

3.1 转折句

普通话的转折句用"……,却……""尽管……但是……"等为代表的关联词语表示。神木方言有三种表达方式。第一种,在后分句用"没可是məʔ⁴ kʰuo²¹ sɿ⁵³……"表示较轻微的转折,后分句有补充说明的意思,和普通话"不过"相当,是一种极其口语化的表达方式,新派已经不用了。如:

(80) 那两年爽利穷来了,没可是而真⁼也活出来了。

(81) 这孩伢儿终⁼为费事实在累人了,没可是而真⁼也能做捻儿营生了。

(82) 张顺儿长得□tsɔ⁵³倒是丑嘞,没可是这回还寻下个好对象。

第二种,用"只说是tʂəʔ⁴ ʂuəʔ⁴ sɿ⁵³……不想……"表示,前分句有让步的意味,但陈述的是事实,所以归入转折句。如:

(83) 只说是□niɛ²¹³你妈也有病嘞,你也孩伢儿柴禾孩子多地,能免就免了,不想人家还不行。

(84) 只说是你来也,不想连个影影也没见。

(85) 只说是他没钱,不想下馆子三百五百不当个甚。

第三种,"V敢是V嘞么,……",前分句表示实际的让步,义为"V归V",有"尽管"的意思,前后是轻转关系。如:

(86) 超⁼贱骂敢是超⁼贱嘞么,吃喝上起也敢舍得嘞么。

(87) 说敢是说嘞么，你当是真怕你嘞？

(88) 侭让吃饭时推让敢是侭让嘞么，心上其实可想吃嘞吧。

3.2　让步句

普通话的代表性关系词语是“即使……也……”，神木方言与普通话类似的是“……倒也……”，其他的不同。

第一种，“饶……也……”，相当于“即使……也……”。如：

(89) 饶你是当官儿的吧，也不能胡作非为。

(90) 饶你说下个天花乱坠也不顶不管用了。

(91) 饶他把县长请来我们也不怕。

第二种，“将有……还不如……”是择优关系，假设的情况在后分句，表示在两件都对自己不利的情况中选择其一，义同“与其……不如……”。其中“将有”适用范围很宽，如：

(92) 将有这么费钱，还不如不来城里嘞。

(93) 将有这阵儿求爷爷告奶奶，还不如那阵儿好好儿学本事嘞。

(94) 将有吃药，还不如打针嘞。

第三种，“将上……(还不如 / 哪如 / 反问)……”意义跟上一种相同，不过，前分句必须包含“这么、那么”之类词语，“将上”后面可以是名词性词组，也可以是动词性词组。如：

(95) 将上这么多油，还不如不炸这捻儿糕嘞。

(96) 将上费那么大的事，哪如不调工作嘞。

(97) 将上麻烦这些些人，哪如花钱顾人嘞？

(98) 将上糟蹋这么多钱，谁吧办不成这事？

第四种，上句用“(就 / 再)……吧”表强烈的让步意义，转折分句不用关联词语，但多用反问语气。如：

(99) 你就顶塌天吧，一年也就挣上个两万块钱着。

(100) 你再劝吧（么），那能一下不难活嘞？

(101) 就是到了天堂吧（么），能张嘴就吃饭来张口嘞？

3.3 假转句

普通话表达假转关系的方法是，前分句先说出一个事实，然后用“否则”表示假设性转折，引出后分句，说明假如不按前分句所述进行的话，会有什么结果。神木方言与“否则”同义的是“不嘞、不的话”。其中第一种说法是单独用这两个词表示假转关系，如：

(102) 我得赶紧走也，不嘞迟到也。

(103) 敢就为丑么就是因为丑嘛，不的话早寻下人家出嫁了。

第二种，在前分句加“因委是”表示这一事实的极端重要性，如：

(104) 因委是你来了，不嘞门儿也没。

(105) 因委是人多，不嘞根本拉不动。

(106) 因委是而真⁼老了，不的话我还想去苏杭二州串一回去嘞。

第三种，用“委等是……”，在表示这一事实极端重要的同时，又带有遗憾、庆幸的口气。如：

(107) 委等是爷爷真⁼儿顾不上，不嘞可要出息揍你一顿嘞。

(108) 委等是碰上我了，不嘞真⁼儿没你好吃的果子。

(109) 委等是把电闸拉了，不的话真⁼儿非戳拐不可。

第四种，用“就算……”强调前分句所述事实的重要性，有庆幸的口气，义同“幸亏”。如：

(110) 就算你睡觉轻，不嘞真⁼儿非叫贼小子把电视偷走不可。

(111) 就算你没去，不嘞非打一架不可。

(112) 就算提前准备了，不嘞根本回答不了。

拾陆　神木话的助动词“敢”及其语法化

神木话的助动词“敢”有四个义项，都属于情态意义：①表示有勇气、有胆量；②表示允许，义为“可”，用于否定式祈使句；③表示“可能”，对事件的可能性进行推测；④表示“要”，用于否定式祈使句，表达与推断情况相反的愿望。本章描写助动词“敢”的意义和用法，并通过与周边方言及元代口语文献的比较讨论它们之间的区别与联系。

一　表“有勇气、有胆量”：敢$_1$

神木话“敢”表“有勇气、有胆量”的用法和普通话相同，可以称之为“敢$_1$”。可独立充当谓语，也可在动词性短语前作状语。主语必须是有生的人、动物，动词均为自主动词。例如：

(1) 你敢你问去，我可是不敢。

(2) 我敢开车嘞。

(3) 羊起火生了气了也敢顶人嘞。

(4) 毛驴不敢弹人踢人。

二 表“允许”:敢$_2$

“敢$_2$”出现在带“不”的否定祈使句中,意义是“可”。“不敢”义为“别”,表示制止。后头可接动词性短语,也可独立充当谓语。普通话“敢”没有同类用法。例如:

(5) 台子这么高,可不敢跳可别跳!

(6) 上课不敢说话别说话!

(7) 不敢教狗回家来别让狗进了家!

(8)(制止某人的行为)不敢别!

这种句子的主语是人(大多省略),动词是自主性动词。其使用语境是:说话人认为祈使对象所做的事可能有危险或不合情理,因此加以制止。

“敢$_2$”还可构成反复问句,询问对方能否做某件带有冒险性的事。回答是“敢/不敢”。如果是反问句,则使用是非问形式。例如:

(9) 孩伢儿□tsɔ^{53}孩子已经吃了两颗鸡蛋了,再敢给吃不了?——敢嘞/不敢了。

(10) 孩伢儿□tsɔ^{53}孩子已经吃了两颗鸡蛋了,再敢不敢给吃了?——敢嘞/不敢了。

(11) 孩伢儿□tsɔ^{53}孩子已经吃了两颗鸡蛋了,还敢给吃嘞?(=不敢给吃了)

邢向东、张永胜(1997:235—236)曾描写过内蒙古晋语“敢”的这种用法,指出“‘不敢’义为‘不可’,是陈述句中的‘敢’经语义扩展演化来的”。侯精一(1999b:385—386)、郭校珍(2008:42)都谈到山西晋语这类用于否定句的“敢”,将“敢”释为“可”。冯爱珍(1998)描写闽南话的“敢”,也谈到这类“敢”字,多用于否定句和疑问句,例如:“伊恰细,你不敢去拍伊他太小,你不能打他。”

三　表“可能”：敢$_3$

3.1　用于陈述句

“敢$_3$”表示对可能性的推测，相当于普通话的“可能”。从时间关系看，多构成未然句，但也不排斥已然句。“敢”前面常带有表示担心的语气副词“还 $xɛ^{44}$”，句末语气词是“嘞 $ləʔ^{21}$”。其特点是，句子主语可以是有生性的人或动物，也可以是无生性的事物，后头的动词既有自主动词，也有非自主动词。有生名词作主语如：

(12) 这么捻捻路走了半天还没到，□ $niɛ^{213}$ 你二舅还敢走岔嘞这么点儿路走了半天还没到，你二舅可能走岔了。（未然）

(13) 我真⁼儿爽利没考好，还敢不及格嘞我今天完全没考好，有可能不及格。

(14) 这人还敢是新来的老师嘞这人可能是新来的老师。

(15) 鸡还敢教黄鼬吃了嘞鸡很可能被黄鼠狼吃掉。（已然/未然）①

例(13)如果从已经考过的角度看，是对已然事态的推测，从评卷的角度看，是对未然事态的推测，其实它注重的是“不及格”的可能性，并不强调已然或未然。例(15)只有在特定的语境下才能确定已然、未然。无生名词或不能发出动作的名词作主语都是未然句，动词一般是非自主、不可控的，例如：

(16) 明儿还敢下雨嘞明天可能要下雨。

(17) 真⁼儿这场戏还敢演不成嘞今天这场戏可能演不成了。

(18) 这茇 $pəʔ^{21}$ 树还敢死嘞这棵树可能要死。

① 陕北晋语中，表使令、被动意义的动词、介词读阴平或阴平上，笔者一贯将其记为“教”字。在本章所引元代文献中，这个词写成“交”字。因此，本章记录方言和引用文献时所用字形不一，并没有特别的意义。

(19) 这孔窑还敢塌嘞这个窑洞可能要塌。

值得指出的是，神木话的“想”也可表可能，用于对当前事态的推测。如“真⁼儿这个天想下雨嘞”“肚子圪拧得想疼嘞”“我看你是想挨打了”。“想”表可能比“敢”受限，不能构成否定句。作者将另文讨论。

3.2 用于疑问句

与肯定句相应的疑问式有两种。一种是“敢不敢+VP”式的反复问句，表示疑问程度较高的询问。肯定回答用“敢”，否定回答不能用“不敢”，而要用表可能的“V不C”式。例如：

(20) 你说这天气敢不敢下雨？——敢嘞可能。/下不起不会下。

(21) 钥匙敢不敢扔丢了？——也敢嘞也可能。/扔不了不会丢。

一种是“不敢+VP+吧”式的揣测句，表达否定性的推测。“吧”是表揣测的句末语气词。例如：

(22) 这事情不敢黄了吧这事儿不会黄吧？（肯定：这事情还敢黄嘞这事儿可能要黄。）

(23) □niɛ²¹³你哥哥不敢往西沟调吧你哥哥不会往西沟调吧？（肯定：□niɛ²¹³你哥哥还敢往西沟调嘞你哥哥可能要调到西沟。）

(24) 真⁼儿不敢起风吧今天不会起风吧？（肯定：真⁼儿还敢起风嘞今天可能起风。）

(25) 这几天不敢下冷子吧这几天不会下冰雹吧？（肯定：这几天还敢下冷子嘞这几天可能下冰雹。）

这是从客观情况的发展来观察，用揣测句表示否定性的推测。揣测句是带有倾向性的问句，肯定形式倾向于否定，否定形式倾向于肯定。所以，它表示比直陈句肯定程度较低的推测。“敢”的意义与肯定句对当，是“可能”。

四　表“要”:敢$_4$

“敢$_4$”只能构成“可+不敢+VP”式祈使句,表达与所推测的可能性相反的愿望。“不敢”在普通话里没有完全相当的词语,大致相当于“不要/别”,神木话中同义的说法是“不能”。“可”是语气副词。例如:

(26) 张老师可不敢调上走了张老师可别调走。

(27) 这么冷的天毛头出去,可不敢拍了这么冷的天气光着头出去,可别感冒了。

(28) 真$^=$年可不敢遭下年成今年可别遭了饥荒。

(29) 工地上可不敢出了事故工地上可别出了事故。

这种句子从主观愿望出发,表达带有推测性的意愿:说话人推测某事情有可能发生,希望它不要发生。该句式也可用“可不敢”打头,后接“教”字式的兼语短语,构成“可+不敢+教+VP”式祈使句。这种句子是用使令形式表达说话人的愿望,“教”后的成分未必是后头动词的施事,只是借用特殊的句式而已,例如:

(30) 可不敢教张老师调上走了张老师可别调走。

(31) 可不敢教工地上出了事故工地上可别出了事故。

从句子形式看,“不敢$_4$句”同“不敢$_2$句”一致,其间存在密切联系。从情态意义看,则是“敢$_4$”同“敢$_3$”有密切联系。

据此,“不敢$_4$”的意义可归纳为“希望不要”,“敢$_4$”的情态意义可分析为表可能的“要”。它在神木话中的同义词是“能”,如“真$^=$年可不能遭下年成”“可不能教张老师调走”(吕叔湘1999:591—594)。

“敢$_1$、敢$_3$”构成的肯定句,句末语气词都是“嘞”,表示断定、确认的语气。

五 与其他陕北晋语的比较

我们就助动词"敢"的用法调查了部分陕北晋语,发现与神木话有同有异,同大于异。其中"敢$_1$、敢$_2$"的用法完全相同,不必赘述。下文只谈"敢$_3$、敢$_4$"。

5.1 横山话[①]

5.1.1 敢$_3$

横山话与"敢$_3$"对应的肯定句,常说"敢个kəʔ^0+VP",也有只说"敢+VP"的,例如:

(32) a 鸡敢个教黄鼬吃了。(已然,叙述)

b 就这么个管也不管动儿价就这样管都不管的话,鸡还敢教黄鼬吃哩嘞。(未然,判断)

(33) a 天阴成这么个,明儿上明天敢个下雨也。(未然,叙述)

b 天阴成这么个,明儿上明天还敢个下雨嘞。(未然,判断)

(34) a 这茇树敢个死下了。(已然,叙述)

b 这茇树还敢死嘞。(未然,判断)

在神木话中,(32)a、(33)a、(34)a都不能说,其对应说法是,(32)a:"鸡不敢定教黄鼬吃了。"(33)a:"明儿不敢定下雨也。"(34)a:"这茇树不敢定死下了。"据我们分析,这几例神木话不能说的原因在于,神木话"敢"只能用于表判断的句子,句末语气词必须是"嘞",而横山话这几句末尾分别用了时制助词兼表申明语气的"了、也",构成的是表示推测的叙述句(与判断句相对而言),可见,横山话"敢$_3$"的使用范围、频率都高于神木话。

相应的揣测句用"不敢+VP+么məʔ^0",例如:

(35) 这个事情不敢黄哩么?

① 横山话语料由中国社会科学院民族研究所张军博士提供。

(36) 今儿上今天不敢起风么？

(37) 那个人不敢就是新来的老师么？

此类否定性推测句，横山话更常用的说法是在“不敢VP么”前再加一个语气副词“敢”，但其后有停顿，似乎有提顿词的作用：“今儿上敢今天大概，不敢起风么？”“这茇树敢这棵树大概，不敢死哩么？”神木话与之相同，如：“真＝儿敢大概不敢起风吧？”

5.1.2　敢$_4$

“不敢$_4$”句，横山话相应的说法是“不敢+教+VP”，“不敢”后是“教”字组成的兼语短语。例如：

(38) 张老师不敢教调上走哩嘞。

(39) 今年不敢教跌下年成嘞。

相对来说，横山话与神木话“敢$_4$”相当的用法，句式要求严格，不如神木话自由。

5.2　清涧石盘话[①]

5.2.1　敢$_3$

清涧石盘话也有表推断的“敢$_3$”，而且用法更广，频率更高。句子大多表示对未然事件的推测，少数也可推测已然事件。同神木话最重要的不同是，石盘话推测未然事态的句子，句末用表将来时兼申明语气的助词“去也”，而神木话只能用语气词“嘞”。例如：

(40) 那是个儿人，那敢跑的公社告去也他是个泼皮，可能跑到公社去告去。

(41) 缠来缠去，敢把那疙瘩玻璃弄烂去也。

(42) 再发山水洪水，园子种菜的小块水地梭梭就敢塌去也可能要塌。

① 清涧石盘话语料由贺雪梅博士提供。

表已然的句子，石盘话句末用“了”，神木话没有相应的说法。例如：

(43) 你看那脸黑侵侵家，敢跟婆姨斗阵来了 liəʔ⁰ 看他黑着个脸的样子，可能是跟妻子吵架了。

(44) 那茇树上的蜂窝敢踢掉了 liəʔ⁰ 那棵树上的蜂窝可能掉了。

(45) 那眼旧窑敢塌了 liəʔ⁰。

和横山话一样，石盘话的上述句子同神木话最明显的区别仍然是在句子的功能类型上：石盘话用的是叙述句，神木话用的是判断句，因此导致句末语气词和使用频率的差异。

与肯定句相应的揣测句有两种。一种是“圪+不敢+VP+么”，用否定形式表示推测，多表示与愿望相反的推测。从与横山话的比较来判断，这个“圪”疑即副词“敢”的促化。例如：

(46) a 猫圪 kəʔ⁰ 不敢把肉得溜的去了么猫不会把肉叼走了吧？（肯定：猫敢把肉得溜的去了猫可能把肉叼走了。）

(47) a 局长圪不敢跑到□ȵiɑ³³ 乡上去么局长不会到你们乡上去吧？（肯定：局长敢跑到□ȵiɑ³³ 乡上去也局长还可能去你们乡。）

(48) a 这几天圪不敢下冷子么这几天不会下冰雹吧？（肯定：这几天敢下冷子也这几天可能会下冰雹。）

另一种是“敢（语气副词）+不是+VP+么”，如上面三个例句也可说成：

(46) b 猫敢不是把肉得溜的去了么猫不会把肉叼走了吧？

(47) b 局长敢不是跑到□ȵiɑ³³ 乡上去么局长不会到你们乡上去吧？

(48) b 这几天敢不是下冷子也么这几天不会下冰雹吧？

石盘话的这两种问句，第二种神木话完全没有，第一种除了前面加副词“圪”以外，句末语气词也不同，石盘话用“么”，神木话用“吧”。

“敢$_3$”也可以构成反复问句。例如：

(49) 你说明儿敢不敢下冷雨？——敢嘞/下不下。

(50) 老师敢不敢忘了给你说了？——敢嘞/不会。

总之,石盘话“敢$_3$”的用法,同横山话比较接近,比神木话功能更完整,适用的句式更自由。

5.2.2　敢$_4$

神木话的“敢$_4$”句,即“可+不敢+VP”句式,在石盘话中要用“可是+不敢+教/让+VP”格式,即“不敢”后面加上“教、让”等使令动词,构成祈使句,表达与所推测可能性相反的愿望。其中“可是”义为“无论如何、千万”,多用于否定结构。有时也可单用“可”,语气较“可是”为弱,且频率很低。例如:

(51)a 可是不敢教猫把肉得溜的去了 liəʔ^0 千万别让猫把肉叼走了。

(52)a 可是不敢教张老师调得去了千万别把张老师调走。

(53)a 这来来家大的雨光脑出去,可是不敢教拍了这么大的雨光着脑袋出去,千万别感冒了。

(54)a 今年可是不敢教遭下年成了今年千万别遭了饥荒。

也可省去“可(是)”,命令的语气由强转弱,例如:

(51)b 不敢教猫把肉得溜的去了别让猫把肉叼走了。

(52)b 不敢教张老师调得去了别把张老师调走。

(53)b 这来来家大的雨光脑出去,不敢教拍了这么大的雨光着脑袋出去,可别感冒了。

(54)b 今年不敢教遭下年成了今年可别遭了饥荒。

同石盘话相比,神木话很少使用b式,同时在a式中,“教”字兼语式的出现频率也比较低。

总之,与神木话一样,清涧石盘话“敢”也包含有“可能”(敢$_3$)和“要”(敢$_4$)两个义项,其用法比神木话更普遍。同时据黑维强先生观察,绥德话助动词“敢”也有这两个义项,其用法也同横山、清涧石盘更为接近。

六　同元代文献《原本老乞大》和《新校元刊杂剧三十种》的比较

张相（1997：32—36）将诗词曲中的“敢”归纳为三个意义，例句从唐五代开始，以元曲为主。“敢（一）”云：“犹可也；亦犹可是也。”“敢（二）”云：“与管同，犹正也；准也；定也。”“敢（三）”云：“犹会也，肯也。”其中“敢（一）”相当于本章的“敢$_2$”，“敢（二）”部分为语气副词，本章暂不涉及。“敢（三）”与本章的“敢$_1$、敢$_3$”都有关系。太田辰夫（1987：191）指出：“敢”“从五代到近古有用于推量的，但现代不这样用了”。

元代口语中，“敢”的使用频率极高，功能十分多样。其中有的是语气副词，有的是助动词。我们穷尽搜索了两部元代文献，以观察助动词“敢”的功能和用法。结果如下。

6.1　同《原本老乞大》的比较

《原本老乞大》（郑光2002；李泰洙2003）中，“敢”共出现24例，其中“敢则”1例，表确认语气（副词）2例，表“有胆量、有勇气”（相当于“敢$_1$”）10例，表“可”（“敢$_2$”）1例，表“可能”义（“敢$_3$”）8例，表可能和确认语气两解的2例。表“可”的用于是非问句，如：

（55）小人有一句话，敢道吗？（15右01）

表“可能”如：

（56）这伴当，你敢不会煮料的法度。（06右06）

（57）参儿高也，敢到半夜也。（16左02）

（58）这里到夏店有多少近远？敢有三十里多地。（17右02）

（59）大医说，你脉息浮沉，你敢伤着冷物来。（30左01）

以上情况表明，“敢”表推测的“可能”义，在元代口语中已经十分常用。

值得注意的是，在《原本老乞大》中，“敢”表推测义时所出现的句子，功能上都属于叙述句，与横山、清涧石盘相同，与神木话有所不同。

6.2　同《新校元刊杂剧三十种》的比较

《新校元刊杂剧三十种》（徐沁君1980）中，“敢”的用例共146个。其中可以确定为表确认语气（副词）的19例，表“有胆量、有勇气”的75例，表“可”的4例，表“可能”的19例，表“能、能够”的15例，表“肯、愿意”的1例，表可能和确认语气两解的5例。其余8例因上下文脱漏，暂时难以确定意义和用法。

表允许、情理的“可”义的4例，其中2例是疑问句。例如：

(60) 既为臣子，怎敢将主所杀？我将这行仁慈有道理忒忠孝的申生我委实下不得手！（狄君厚《晋文公火烧介子推》第一折）

(61)［三煞］不肖呵虽近族呵削了大权，贤仁的虽草泽呵加与重爵。正韶乐，明周礼，开学校。一壁交有司家削减的刑罚省，一壁交关市处征收的税敛薄。释了故杀，饶了强盗。济贫困不敢侮于鳏寡，免差徭而况取于逋逃！（郑光祖《辅成王周公摄政》第二折）

表推测的“可能”义的19例，例如：

(62)（正旦带酒上，云：）恰共女伴每蹴罢秋千，逃席的走来家。这早晚小千户敢来家了也。（关汉卿《诈妮子调风月》第二折）

(63)［黄钟醉花阴］楚汉争锋竞寰宇，楚项籍难赢敢输。此一阵不寻俗，英布谁如，据慷慨堪推举。［喜迁莺］多应敢会兵书，没半霎儿，嗏，出马来熬翻楚霸主。（尚仲贤《汉高皇濯足气英布》第四折）

(64)（云）怎生信别人言语，便交征伐去。果然曾反呵不枉了。若不曾反呵，这老子那里问三监是俺弟兄，敢都杀了，枉死了无罪生灵。（郑光祖《辅成王周公摄政》第三折）

(65)本师法旨：为凡间有一人姓陈名季卿，此人有神仙之分，交我点化此人。望见这青龙寺有一道紫气，敢有此人在这寺里。（范康《陈季卿悟道竹叶舟》第一折）

表“能、能够”的15例，如：

(66)［隔尾］那鞭却似一条玉蟒生鳞角，便是半截乌龙去了爪牙，那鞭着远望了吸吸地脑门上跳。那鞭休道十分的正着，则若轻轻地抹着，敢交你睡梦里惊急列地怕到晓。（尚仲贤《尉迟恭三夺槊》第二折）

(67)［哭皇天］交我忍不住微微地笑，我迭不得把你慢慢地教。来日你若见那铁幞头红抹额，乌油甲，皂罗袍，敢交你就鞍心里惊倒。（尚仲贤《尉迟恭三夺槊》第二折）

(68)［梅花酒］你若将我恼犯了，我敢揝住你那头梢，膀转身摇，腾的漾过你那花梢。我敢腌臜臜打碎你脑，我敢各支支攧断你腰。（马致远《马丹阳三度任风子》第四折）

值得注意的是，表“能、能够”义的15例中，有4例是“敢+兼语短语（交+VP）”的格式。与陕北话“敢$_4$”的“不敢+兼语短语”格式，除了肯定、否定形式对立以外，完全相同。

表“肯、愿意”的1例：

(69)［后庭花］你命干是丙丁戊己庚，乾元亨利贞。正是一字连珠格，三重坐禄星。你休道俺不著情，不应后我敢罚银十锭，未酬劳先早陪了壶瓶。（马致远《泰华山陈抟高卧》第一折）

从本章对助动词“敢”的几个义项的划分来看，表“能、能够”和“肯、愿意”两种用法均属动力情态，可以包括在“敢$_1$”的范围内。

上述元代文献中，不仅今陕北话中“敢”的几种用法已一应俱全（包括作表确认的语气副词），而且还有表“能、能够”“肯、愿意”的用法。

七　“敢”几种用法的区别与联系

情态可以分为三类：动力情态（dynamic modality）、义务情态（deontic modality）、认知情态（epistemic modality）。动力情态表人的能力、意愿、胆量等，义务情态表必须、允许等，认知情态表情理上的可能、应当等（彭利贞2007；宋永圭2007：28—63；朱冠明2005；廖秋忠1989）。根据这个分类，神木话中“敢$_1$”表敢于义，属动力情态（《新校元刊杂剧三十种》中表“能、肯”的用法，亦属动力类情态），“敢$_2$”表允许义，属义务情态，“敢$_3$”表推测义，属认知情态，“敢$_4$”表“要”义，用于祈使句，兼有推测和允许两种意义，兼属认知类和义务类。总之，“敢”的四个义项分属情态的三个大类，渐次虚化，存在引申关系。

7.1　“敢$_1$”和“敢$_2$”

因为“敢$_2$”只有否定形式，所以我们直接分析“不敢$_1$”和“不敢$_2$”的关系。见表16-1。

表16-1

义项	词义	主语	动词	人称	语气	情态义
不敢$_1$	无胆量	+人、动物	+自主	自由	陈述	动力类
不敢$_2$	不可	+人	+自主	第二	命令	义务类

从“不敢$_1$”句到“不敢$_2$”句，动词的语义特征没有变化，但主语范围有所缩小，由人、动物缩小到人；使用的句类由陈述句变为祈使句。主语的人称随之发生变化，“敢$_1$”句主语是自由的，“敢$_2$”句主语限于第二人称。在各种句类中，祈使句的主观

性是最强的。由于句子的语气由陈述变为命令，"不敢VP"的意义也由"没有胆量VP"演化为"不可VP"。这其实是一个主观化过程（沈家煊2001；张伯江1997）：

（预设：做某事有危险）你没有胆量做某事→

（预设：做某事有危险、有悖情理）你不可做某事。

实际使用中，"不敢"的制止对象多为儿童、学生之类"弱者"，制止的行为具有某种危险性或不合情理，都是"敢"的原始意义在起作用的反映。因此"不敢$_1$"和"不敢$_2$"之间有引申关系，经历了主观化的过程。

7.2 "敢$_1$"和"敢$_3$"

为了说明"敢$_1$"和"敢$_3$"之间的关系，我们将《新校元刊杂剧三十种》中表"能、能够"的用法也列入。请看表16-2。

表16-2

义项	词义	主语	动词	人称	语气	情态义
敢$_1$（敢于）	有胆量	+有生，+施事	+自主	自由	直陈	动力类
敢$_1$（能够）	有能力	±有生，+施事	+自主	自由	直陈	动力类
敢$_3$	可能	±有生，±施事	±自主	第三、第一	推测	认知类

从"敢$_1$"句到"敢$_3$"句，主语的范围从有生名词扩展到一切事物。主语与动词的语义关系从施事扩展到非施事，其中绝大多数主语不是动词的施事。动词的范围则由自主动词扩大到非自主动词，肯定句的语气从直陈变为推测。就主语的人称以及说话人与主语的关系来看，"敢$_1$"句的主语无限制，说话人和主语可能一致，如"我敢发言嘞"，也可能不一致，如"他敢耍水嘞"。"敢$_3$"句的主语以第三人称居多（偶尔可见第一人称，如例［13］），说话人与主语多不一致，如例（17）："真$^=$儿这场戏还敢演不成嘞。"例（32）a："鸡敢圪教黄鼬吃了。"例（40）："那敢跑的公社告去也。"元代口语用例如例（62）—（67）。

从词义的虚实来看，认知类情态义比动力类更抽象，主观性更强。从意义之间的联系看，“有胆量→有能力→有可能”之间构成了一个连续体（普通话的“能”有“有能力或有条件做某事”“有可能”等用法，否定形式都是“不能”，其间显然存在引申关系。参吕叔湘1999：414—415）。因此可以推测“敢$_3$”是“敢$_1$”语法化的结果，其中表“能够”的用法起了桥梁的作用。元代口语中的大量用例正好填补了今方言中的空白。至于今陕北话中“敢”没有表“能够”的用法，则可能是在方言助动词发展的过程中，由于“能”的竞争而失落了。

由于“敢$_1$”和“敢$_3$”之间是渐变关系，所以当“敢”字句结构为“S有生+VP自主”时，不论肯定句还是疑问句，都有可能出现歧义，如“他敢迟到嘞”有两个意义：他有胆量迟到/他有可能迟到，“他不敢迟到吧”也有两个意义：他没胆量迟到/他大概不会迟到。这一点可以证明“敢$_3$”是“敢$_1$”功能扩展、语义虚化的结果。

7.3　“敢$_4$”和“敢$_3$、敢$_2$”

“敢$_4$”只用于否定句，是“敢$_3$”的进一步语法化。它与“敢$_3$”之间的关系，一如“敢$_2$”与“敢$_1$”之间的关系。具体来说，“敢$_3$”用于肯定句和疑问句，表示推测某事有可能发生，“敢$_4$”则用于否定句，希望据推测可能发生的事情不要发生。如例（28）可构成以下平行句式（神木）：

（70）a 真$^=$年还敢遭年成嘞今年可能要遭饥荒。（肯定句）

b 真$^=$年敢不敢遭下年成今年会不会遭饥荒？（反复问）

c 真$^=$年不敢遭年成吧今年不会遭饥荒吧？（揣测问）

d 真$^=$年可不敢（教）遭下年成今年可别遭了饥荒。（否定问）

再如例（48）a 构成的平行句式（清涧石盘）：

（71）a 这几天敢下冷子也这几天可能会下冰雹。（肯定句）

b这几天敢不敢下冷子这几天会不会下冰雹？（反复问）

c这几天圪不敢下冷子么这几天不会下冰雹吧？（揣测问）

d这几天可是不敢教下冷子这几天可别下冰雹。（否定句）

不过，说“敢$_4$”是“敢$_3$”进一步语法化的结果，只是说出了事情的一个方面。另一方面，“敢$_4$”句和“敢$_2$”句形式相同，都是否定祈使句。“敢$_4$”句中“不敢”的意义同样是“别”，是对可能性的“制止”，因此，两者之间存在密切联系。以清涧石盘话为例：

(72)a可是不敢往下跳千万别往下跳。（敢$_2$句）

b不敢往下跳别往下跳。（敢$_2$句）

(51)a可是不敢教猫把肉得溜的去了千万别让猫把肉叼走了。（敢$_4$句）

b不敢教猫把肉得溜的去了别让猫把肉叼走了。（敢$_4$句）

对于没有方言语感的人来说，(51)a、(51)b与(72)a、(72)b之间没有什么区别，都是在命令听话人“别做某事”。事实上，(51)a、(51)b可作两重分析，一为对听话人发出的命令：小心猫，别让它把肉叼走，这时“不敢+教……”是要求听话人实施的行为；一是用祈使句形式表达自己的担心和愿望：猫别把肉叼走。“不敢+教……”只是一个固定的构式，并非要听话人实施的行为。讲这种方言的人多半会作第二种理解。请比较(52)b：“不敢教张老师调得去了别把张老师调走。”(54)b：“今年不敢教遭下年成了今年可别遭了饥荒。”被祈使对象根本无法实施兼语短语所表示的行为，说明此处的“不敢+教（兼语）”只是一个固定的构式。由此可见，“敢$_4$”也可看作是“敢$_2$”语用推理导致功能扩展的结果（高增霞2003：423—426）。

“敢$_2$”和“敢$_4$”的区别如下：第一，“敢$_2$”句的主语是人，可以支配自己的行为；而“敢$_4$”句的主语不一定是人，即使是人，也支配不了自己的行动，所以，真正的主语是言者主语。第二，

“敢$_2$”句中的动词为自主、可控动词,“敢$_4$”句中的动词大多为非自主、不可控动词。第三,两种句子的祈使对象有所不同,“敢$_2$”句的祈使对象是人,“敢$_4$”句的祈使对象是事。如例(26)张老师是否调走并不是他本人能够支配的,其祈使对象是“事”:希望这件事不要发生。例(28)的祈使对象是“遭年成”之事,只有言者主语,没有句法主语。

由于“敢$_4$”的形成可能有“敢$_3$”(可能义)和“敢$_2$”(可义)两方面的因素,因此,它同时兼有认知类和义务类情态的意义,就能得到很好的解释。

7.4 关于“不敢+教(兼语)”式

前文指出,横山话、清涧石盘话中,“敢$_4$”组成的句子,大都构成“不敢+教(兼语)”式,神木话也可用这种结构。我们在分析《新校元刊杂剧三十种》时发现,“敢”表“能够”义的16例中,有4例后头是“交”构成的兼语短语。其中2例已见前文。其余2例如:

(73)[乌夜啼]敢交你这汉随何这答儿里偿了俺那天臣命! 汉中王见面不如闻名,分明见把自家请。交你做了人情,交我枉了扑腾。觑楚江山似火上弄冬凌,汉乾坤如碗内拿蒸饼。你也不言语,不答应,却不但行好事,莫问前程。(尚仲贤《汉高皇濯足气英布》第二折)

(74)[醉春风]不强如你教幼女演裁剜,劝佳人学绣刺。要分付不明白冤屈重刑名,魔合罗呵全在你! 你! 出脱妇人啣冤,我敢交大人享祭,强如着小童博戏。(孟汉卿《张鼎智勘魔合罗》第四折)

表可能义的19例中,也有1例用“敢+交(兼语)”式:

(75)[殿前欢]若官司见呵敢交咱受刑罚。(带云)早是禁断赛社。私抬着个当坊土地撞人家。你丕丕地走唬得我参又怕,摆列着两行头踏。(张国宾《薛仁贵衣锦还乡记》第

四折）

这种情况表明，今方言中“不敢+教（兼语）”格式并非方言的创新，而是从元代以来的口语中继承下来的。不同的是《新校元刊杂剧三十种》中该句式都用于“敢”表“能、能够”义的肯定句，今方言则用于“敢”表“（不）要”义的否定句。

综上，“敢”四个义项的关系可图示如下：

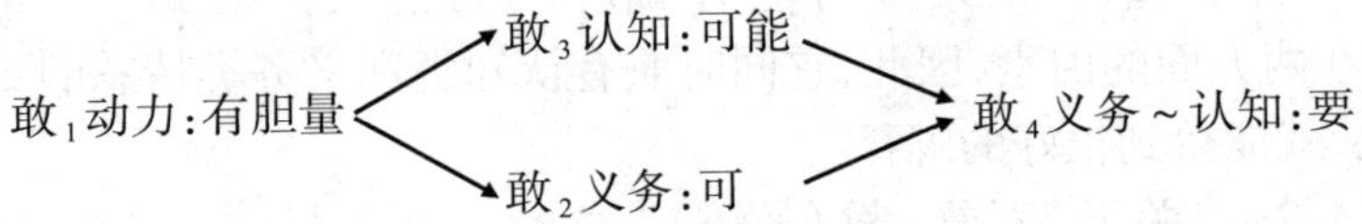

除了助动词“敢”，神木话以及陕北晋语中还有一个使用频率更高的语气副词“敢”（邢向东2006b；周利芳2008）。关于它的用法以及同助动词“敢”的区别与联系，请见第拾柒章。此处不赘。

拾柒　神木话的语气副词“敢”及其来源

神木话有一个使用频率极高的语气副词“敢 kɛ²¹³”，表示确认语气，义为“确实如此”。可用于多种句类，韵律上总是轻读，并可有短暂停顿。本章主要描写副词“敢”的意义和用法，并结合近代汉语口语文献，讨论“敢”表确认语气的用法的来源。

一　单句中的“敢”

1.1　“敢”用于陈述句

“敢”用于陈述句，表达一种说话人主观上认定“确实如此”的语气，句末多有语气词“么 mɤ̃²¹”配合。例如：

(1) 你而真⁼敢甚也不应愁了么你现在什么都不用发愁了嘛。

(2) 谁也敢有个三亲六故嘞么谁都有个三亲六故嘛。

(3) 各儿养下的敢要各儿管嘞么自己生的要自己管嘛。

(4) 那二年敢穷得没吃的么那几年穷得没吃的嘛。

以上句子既表达说话人的主观推断，又表明做出推断的依据是客观事实和情理，这种主客观的双重性正是“敢”的作用所在，即表达“依据客观事实、情理做出的肯定性推测”。

"敢"字句末尾一般带语气词"么"[①],而"么"是个具有强烈主观色彩的语气词(见第拾肆章1.2),表示"正是如此、理当如此",并带有夸张语气。那么"敢"字句的"确认"语气,是不是由"么"带来的呢? 请看例句:

(5) 那个敢解不下他是因为不懂。(语境:他因事情没做好而受到指责。)

(6) 我每敢可也穷来了我们那时候可穷了。

(7) □niɛ[213]爸爸敢就这么个人你爸爸确实就这么个人。(语境:他爸爸做了叫人不满的事。)

(8) 我敢觉见爽利没意思我觉得很没意思。

不带"么"时,句子"正是如此、理当如此"的口气有所减弱,夸张色彩消失,但"确实如此"的意义仍在。如例(5),说话人向对方强调,他(第三者)之所以没有做好某件事情,是因为他不懂,而不是故意的。所以最合适的后续句是"你敢给他好好教给下儿你好好儿教教他"。带"么"时语气强烈,所以后续句大多为反问句,不带"么"时语气减弱,所以后续句一般是陈述句。由此看来,句子中主观确认的语气意义主要是由"敢"来表达的,而"么"的作用则是增强语气。

上述例句也可不用"敢",如"你而真⁼甚也不应愁了""□niɛ[213]你爸爸就这么个人"。这时,句子没有"确实如此"的意思,只是一般的陈述。这证明"敢"的确给句子带来"确实如此"的抽象意义,超越了表达内容的真假、可能性、必然性,属于语气范畴。

"敢"字句大多要求句末带语气词"么",两者时常共现,形

① 字面上看,有时句尾连用语气词"嘞么",但"嘞"是属于内层的,其结构层次是"[(NP+VP)+嘞]+么"。因此,不宜将"嘞么"分析为同一个语气词,或简单地称之为语气词连用。

成一种表里关系,前者为“里”,后者为“表”。神木话“么”与其他语气词连用时,总是处于最后的位置,属于句子最外层。“敢”与“么”配合,在单句中的辖域也是全句,是处于最外层的语气副词。“敢……么”形成一种语气包络(Modal envelope),把句子包涵在中间,加强了句子表达主观情态的力度。

1.2　“敢”用于祈使句、疑问句和感叹句

1.2.1　祈使句

“敢”的作用是通过表达“确应如此”的意思来加强说服力。例如:

(9) 你敢不要这么价你可别这样。

(10) 你敢把那利索些儿你利索点儿嘛!

(11)(看你瘦成甚了?)你敢把那多吃上捻儿肉你多吃点肉。

(12) 你敢给老王打上个电话。

例(9)如不用“敢”就是直接的命令,带“敢”就有“从情理上讲”的意思,有劝说的意味。试加上后续句:“你敢不要这么价。□ niɛ^{213}你妈也敢不容易么。”“你敢不要这么价。连你也这么价起,再的人还不知道该咋价嘞连你都这样的话,其他人还不知该怎样呢。”

有些祈使句是表商量、请求的。“敢”的作用是确认如此请求具有充足的理由。对自己所提要求的合理性加以确认,目的是增强句子的祈使力量。例如:

(13) 真$^{=}$儿敢教我歇给一天吧么今天让我歇一天吧。(语境:连续好多天没休息了。)

(14) 敢教我每也出上一回国吧么。(语境:对方已经出国多次。)

1.2.2　疑问句

“敢”不能用于一般问句,只能用于表示揣测的问句和反问句。

用于表揣测的问句:"敢"通过确认自己的判断来弱化疑问语气,同时强化要求印证的口气,句尾语调略为上扬,句末带表揣测的语气词"吧"。例如:

(15) □nie^{213}你学校年时敢多考上了吧你们学校去年多考上大学生了吧?

(16) 这敢是刘锁锁那个小子吧这是刘锁锁的儿子吧?

(17) 你从前敢没见过这个阵势吧?

(18) 你敢有一年不回老家了吧?

揣测句是表达信大于疑的疑问句。不带"敢"时,尽管句子倾向于传信,但还是在"问",带"敢"后传信的意味更重,只要求对方证实或同意自己的判断。这是"敢"的确认语气所致。

揣测问句中的"敢"不是助动词"敢",这一点可以用否定词的位置来证明:助动词"敢"构成的否定式揣测问句,否定词在"敢"前,如"明儿不敢不会下雨吧";副词"敢"构成的否定式揣测问句,否定词在"敢"后,如"你明儿敢不走吧?"

单就揣测问句孤立地看,似乎其中"敢"的意义就是"大概",但联系它在陈述句、祈使句中的用法来分析,其意义是一贯的,仍然是"依据客观事实、情理做出的肯定性推测",比单纯的"大概"要复杂得多。"大概"的意义是通过语调和句末的"吧"表达出来的。这可以通过变换来测试:删除句末的"吧",则句子都站不住;删除"敢"后句子仍然站得住,而且基本语气不变。"敢"可以换成"大概",换用后就可以删除"吧"了。

用于反问句:在对话中,指出对方要的某件东西,或者强调说明某种结果是由对方所造成时,可用"这敢不是……"的固定短语表示反诘语气,"敢"的作用仍然是确认。例如:

(19) 甲:我的书包哪去了? 乙:这敢不是?

(20) 这敢不是你要跟他一搭开煤矿嘞这不是你要和他一起开煤矿嘛?

如不用“敢”，反诘的力度有所加强，但减少了确认的意义。“敢”的作用是使反诘句带上“确实如此”的意味，而不是构成基本的反问语气。

1.2.3　感叹句

“敢”仍表“确实如此”，句末必须带语气词“么”。还形成一种惯用语“你敢是说嘞么谁说不是呢”，用祈使句表感叹，表示完全赞同对方。“敢”一律不能删除。如：

(21) 而真⁼敢就这么个事情么现在的事情嘛，就那样！

(22) 这孩伢儿敢就这么个搐磨人么这孩子就这样磨人嘛！

(23) 甲：这么大个人连这么个事情也解不下不懂？ 乙：你敢是说嘞么！

(24) 甲：那么多钱了还在乎这两个嘞都那么有钱了还在乎这点儿吗？ 乙：你敢是说嘞么！

二　复句和语篇中的“敢”

“敢”在普通复句中用于前分句或后分句；在紧缩复句中只用于后分句。

2.1　“敢”出现在前分句

“敢”在前分句出现的频率很高，值得特别描写的是转折句和假转句。

2.1.1　转折句

带“敢”的转折句有两种，“敢”均起强化让步语气的作用。

第一种，“V/A敢是V/A嘞么”式，表示姑且承认，充当前分句。“说敢是说嘞么”是惯用语，意思是“说是说……”，已成为神木人的口头禅，逐渐向话语标记语法化。例如：

(25) 穷敢是穷嘞么，人还得有志气嘞么穷是穷，但人也得有志气嘛。

(26) 超⁼贱敢是超⁼贱嘞么，实际上也可亲嘞吧骂是骂，实际上挺亲的。

(27) 说敢是说嘞么，真要买起谁舍得嘞说是说，真要买的话谁能舍得？

(28) 说敢是说嘞么，而真⁼的人把这捻儿吃还说是说，现在的人把吃不当回事儿。

第二种，前分句用"敢……么"，后分句用反问相呼应，前后分句之间意义逆转。如：

(29) 你各儿敢要去嘞么，谁教你去来了你自己要去嘛，谁让你去了？

(30) 伺候你敢倒行了么，莫非连□niɛ^{213}你老婆也伺候上嘞伺候你就行了嘛，莫非连你老婆都伺候上吗？

2.1.2 假转句

这是一种用"P，否则Q"格式表达的复句。神木话的假转句，句中用"不的话/不嘞/不起"对前分句所述情状作假设性的否定，下句说明基于该假设的结果。例如：

(31) 我敢怕你多心嘞么，不的话不然的话早就跟你说了。

(32) 敢就因为没钱么，不嘞哪里也去了liɔ^{213}嘞不然的话哪儿都去得了。

(33) 我敢是舍不得我妈么，不起早倒出国了不然的话早就出国了。

2.2 "敢"出现在后分句

主要是因果类复句，如因果、推断、假设、条件、目的句。"敢"的作用是承接前面分句的语气，并确认后分句表达的结果。它在这里表达的是"依据上面的原因、条件做出的肯定性推测"的意义。例如：

(34) 就因为小红结婚着结婚的时候没请人家，敢和咱们恼了几年么就和咱恼了几年。（因果句）

(35) 既是你来说情的话,我敢就得给这个面子嘞么。(推断句)

(36) 你则么早些儿来,敢省得人伺等你应当早点来,省得人等待。(目的句)

(37) 只要你不说起的话,这事敢就传不出去么。(条件句)

(38) 只要孩伢儿们孩子们过得好,大人敢吃糠咽菜也愿意嘞么。(条件句)

(39) 你要能考上大学起的话,敢就不用在农村受笨苦了。(假设句)

(40) 你要是明儿回来,我敢就不应下榆林去了么你如果明天回来,我就不用去榆林了。(假设句)

除了目的句,“敢”可用“就”替换,替换后主观语气消失;也可连用“敢就”,这时“敢”主要表达确认并从语气上承接前后分句,“就”起句法连接作用。这种情况突显出,“敢”在因果类复句——尤其是在条件、假设复句中,具有双重作用:一方面从语气上对前后分句加以衔接,一方面对后分句所陈述的事实加以确认。“敢”表示“如果实现了该条件,确实能达到相应的结果”。这正是它由助动词语法化为语气副词的桥梁。

2.3 “敢”用于紧缩句

表假设、条件关系的紧缩句,其中包括动词拷贝结构。“敢”位于句子后部,确认结果,是它在因果类复句中衔接前后分句的用法的另一种形式。例如:

(41) 说下敢就要成主儿嘞么说好了就要兑现嘛。

(42) 走不动敢就不应走了要是走不动就别走了。

(43) 你去了敢就好说了么你去了就好办了嘛。

(44) 输敢就输了么输就输了呗。

2.4 “敢”的语篇衔接作用

一般用于答句，承接对方的话，确认做某事的理由或出现某种情况的原因。如：

(45) 甲：买一捻儿蚊香咋走了一气乎买一点儿蚊香怎么走了老半天？

乙：我敢脚疼得走不动么。

(46) 甲：你齐尽管给多照上几张。

乙：照下敢得往出洗嘞么照下得洗呀。（不能多照）

甲：该洗也敢得洗嘞么。（确认）

乙：我敢没钱么！（后半句省略。确认不能多洗）

例(45)乙通过确认脚疼的事实来解释离开时间长的原因，“敢”起衔接作用。例(46)后三句连用“敢”作衔接手段，“敢”一方面表达确认语气，另一方面就像一串珠子，将双方的话串联起来。在会话中“敢”已经进一步虚化，有时并无明确的意义，仅仅起衔接语篇的作用。再如：

(47) 甲：你咱上街买上捻儿面吧你上街去买点面吧。

乙：敢教我姐姐买去吧么让我姐姐去买吧。

甲：敢……□niɛ²¹³你姐姐敢做作业着嘞么你姐姐在做作业呀。

乙：敢我也做作业着嘞么。

后三句话都在句首用了“敢”，主要衔接双方的话段，其中第三句的“敢”完全没有意义，纯粹起“话赶话”（神木人语）的作用，第四句按照一般的语序，“敢”应当用在“做作业”之前，但为了与对方的话衔接，被特别提到了句首。这时，“敢”似乎已经成为专门衔接话段的话语标记。

有一次在神木的一家医院，一个人接电话的情形给笔者留下了深刻印象：“大爸爸！敢，医院敢说是要动手术嘞么。”叫“大”后二话没说，先来一个“敢”字！

三　“敢”与语气副词“是”、助动词的连用

3.1　与语气副词“是”连用

“敢”经常和语气副词“是”连用。“敢是”读$k\varepsilon^{213-21}s\eta^{21}$,句末大都有“么”,语气比较强烈,其中“是”表强调,“敢”表确认。例如:

(48) 王家墕敢是朝东南上走嘞么王家墕就是向东南方向走嘛。

(49) 大金稻黍儿敢是秋里才收嘞么大玉米是秋天才收呢。

(50) 谁养下的敢是谁心疼嘞么谁生的孩子谁心疼。

(51) 人家敢是不愿意跟你一般见识么。

如不带“敢”,只用“是+VP”,就只表达带强调性的判断,“敢是……”则将强调和确认结合在一起,构成了复合的语气。

从韵律看,“敢是”连接紧密,“是”读轻声,它们连用的频率极高,具有一定的凝固性,可分析为一个词。“敢是”在元代就已出现,现代方言中也多连用。不过,许多北方方言用“敢是”表示推测语气,与神木话并不相同。见下文。

3.2　与助动词连用

语气副词“敢”后面可以连接助动词,形成“敢+(要/该/能/会+VP)”的格式。“敢”对句子所表达的情态加以确认,强化语气。例如:

(52) 你敢要为人家着想嘞么。

(53) 你敢不要教让那个他发言么。

(54) 你敢得先和那个他商量嘞么。

(55) 你敢不该这么价对待娘老子么你的确不该这样对待父母亲嘛。

(56) 你敢能去鄂尔多斯走一回嘞么。

(57) “臻”字敢不能这么个写么“臻”字不应该这样写嘛。

(58) 你敢会和他讲编论理嘞么。

(59) 我敢不会炒菜么。

神木话还有一个使用频率很高的助动词“敢”,表示有胆量、允许或可能(见拾陆章)。在揣测问句中,可以连续出现语气副词“敢”与助动词“敢”连用。例如:

(60) 你敢敢走嘞吧你应当敢走吧?

(61) 你敢敢骑马嘞吧?

(62) 那各儿一个敢敢宬嘞吧他一个人应当敢住吧?

在前的是语气副词“敢”,必须轻读,其后略有停顿,在后的是助动词“敢”,必须重读。前者表确认语气,后者表有胆量,属动力情态。

更常见的情形是,语气副词“敢”后紧跟助动词“敢”的否定形式,构成“敢+(不敢+VP)”的格式,这时仍然是副词“敢”轻读,助动词“敢”重读。例如:

(63) 我敢副不敢敢于和那个说么我不敢和他说嘛。

(64) 你敢副不敢可跟老师顶嘴么你可不能和老师顶嘴。

(65) 真⁼年敢副不敢可能遭年成吧今年不会遭饥荒吧。

(66) □niɛ[213]你妈敢副不敢可能走岔吧你妈不会走岔吧。

(67) 张老师敢副不敢可能教调上走了吧张老师不会调走吧。

(68) 明儿敢副不敢可能下雨吧明天不会下雨吧。

助动词“敢”和副词“敢”在句子中的层次、表达作用都不同,属于不同性质的语法成分。“敢助”在层次上紧贴谓语中心,修饰“VP”,语义功能是对事件的可能性、必然性加以判断,表达情态;“敢副”在句法层次上高于“敢助”,语义层次上属于整个句子,作用是表达确认语气。

3.3 副词“敢”的否定式

“敢”是语气副词,所以句子中要表达否定意义时,须采用

“敢+不/没+VP”的格式,如“你敢不要去”“我敢没去去么”,而不能将否定词放在“敢”前面。这也是区分副词“敢”和助动词“敢”的标志之一。

四　语气副词“敢”在其他方言中的运用和分布

4.1　在晋语中的用法

“敢”作为语气副词的用法在晋语中普遍存在,而且使用频率很高。有语气副词“敢”的方言也都有助动词“敢”。分两种情况:一种是助动词“敢”与语气副词“敢”同音,或声母、韵母相同,声调轻重有别。比如,府谷、神木、横山(中国社会科学院民族研究所张军先生提供的语料)两个“敢”声韵调相同。王鹏翔等(2008)、王鹏翔(2009)分别描写了志丹话的语气副词“该”(我们认为是“敢”)和助动词“敢”,语气副词读kæ̃°,助动词读kæ̃³¹,声母韵母相同,声调轻重不同。志丹话语气副词“该”(即本章的“敢”)的用法如(王鹏翔等2008:155—156):

(69)你姑夫该是不识字么,不噻尔格早转正哾你姑夫就是不识字嘛,要不现在早转正啦。

(70)伤心该是伤心嘞么,那饭该要吃嘞么伤心归伤心,饭总归要吃嘛。

子长话语气副词和助动词“敢”的读音相同,例如(张兴2012,注释为笔者所加):

(71)吃吃了,喝喝了,敢该学习了么吃也吃了,喝也喝了,应该学习了嘛。

(72)甲:这下该我挑了吧? 乙:你挑敢你挑么你挑就你挑嘛,谁叫我输了。

山西晋语大量存在与神木话类似的“敢”字句（郭校珍2008），其中有陈述句、疑问句、祈使句，有的用法比神木话还灵活，其读音也同助动词“敢”相同[①]。山西娄烦方言“敢”语气副词的用法与助动词读音相同（李会荣2008），以至作者将表确定语气的用法也归于“认识情态”，不过，作者指出（2008：2）：“‘敢’的运用更多地是表达了说话人‘确定’的语气。”例如：

(73) 兀人敢可是一个好人么那个人真是一个好人。

(74) 你敢抽空给你姐婆打上一个电话你抽空给你姥姥打个电话吧。

另一种情况是语气副词“敢”同助动词“敢”读音有别，有的是声调不同。据高峰博士告知，绥德话助动词“敢”读上声，语气副词“敢”读阳平。张崇先生告知，延川话助动词“敢”读上声，语气副词“敢”读阴平。据贺雪梅博士告知并提供的语料，清涧石盘话的助动词“敢”读ᶜkɛ，句子末尾可以不出现语气词，如“那个敢ᶜkɛ解不下他可能不懂”。语气副词“敢”读kəʔ̩，句子末尾必须出现“么”，如“那个敢kəʔ̩解不下么他确实不懂嘛”。再如：

(75) 把你伺候上敢kəʔ̩就（/就敢kəʔ̩）行了么，则连你婆姨也伺候上伺候你就行了嘛，莫非连你老婆都伺候上吗？

(76) 王家墕敢kəʔ̩朝那面走了么王家墕应该向那边走嘛。

(77) 我敢kəʔ̩不敢ᶜkɛ和那个说么我不敢和他说嘛。

(78) 张老师敢kəʔ̩不敢ᶜkɛ教调上走了吧张老师不会调走吧。

吴堡、佳县话中语气副词“敢”读̩kae，助动词“敢”读ᶜkã/ᶜkɛ，韵母、声调都不同。例如佳县螅镇话（研究生任丽霞提供语料）：

① 郭利霞（2011：23—30）描写了山西方言疑问句中的“敢”，其中除了在揣测问句中与“吧（哇）”共现外，其他用法神木话都不用。

(79) 各儿养的敢꜀kae要各儿管嘞么自己生的要自己管嘛。

(80) 每敢꜀kae也可穷来该么我们那时候可穷了。

(81) 你敢꜀kae不应这底价么你可别这样。

(82) 敢꜀kae不是你要跟那一搭儿开煤窑嘞这不是你要和他一起开煤窑嘛?

(83) 你敢꜀kae(是)不敢ᶜkɛ跟老师顶嘴么你可不能和老师顶嘴。

(84) 你妈敢꜀kae不敢ᶜkɛ是走岔了吧你妈不会走岔吧。

佳县、吴堡及延川一带语气副词“敢”和助动词“敢”读音有别,曾经让我们怀疑,神木话中两个词读音相同,会不会是语音归并的结果(邢向东2006b:222)。通过宏观比较,笔者相信,语气副词“敢”是助动词“敢”进一步语法化的结果。神木话中,尽管两字词读音相同,但副词“敢”在句中总是比后头的动词读得轻,而助动词“敢”则是句子重音所在。因此,在句子中轻读可能是副词“敢”语音弱化并产生一系列变化的起点。

综合陕北晋语和山西晋语的情况,我们推测,两者读音相同当属早期状态,读音不同是后期演变的结果,清涧、吴堡、佳县、延川等将语气副词读成kəʔ꜆、꜀kae、꜀kæ̃当是在“敢”由助动词语法化为语气副词以后采取的语音分化手段,语音分化的起点则是神木型的轻读和志丹型的轻声,即在轻声基础上进一步弱化的结果。示意如下:

ᶜkɛ/ᶜkæ̃(神木型)→·kɛ/·kæ̃(志丹型)→꜀kae(佳县型)

→kəʔ꜆(清涧型)→꜀kɛ/꜁kɛ/꜀kæ̃(绥德型)

晋语中助动词“敢”同语气副词“敢”的读音有同有异,对于探讨两者之间的关系具有重要的启发作用,说明它们很可能是同源的。

4.2　在北方官话中的用法

语气副词“敢”在晋语以外的北方方言中也有分布。“敢”在北京话中可表示满意或在意料中,例如:“那敢好。”又可表示有所领悟，例如："敢你还不知道哪？"（许宝华、宫田一郎 1999：5840—5841）可以归纳为确认语气。北京话还有"敢情"一词，可表示发现了原来没有发现的情况，又可表示情理明显，不必怀疑（《现代汉语词典》第三版，408页），第二种用法和神木话"敢"的用法十分接近。天津话有"敢则"，表示当然、必定之义，东北、北京、冀鲁、胶辽官话等又有"敢自"，表示当然、必定之义，如山东寿光："你去那敢自好，那我就放心了。"东北、冀鲁官话中"敢是"有当然、必定的意思，如山东聊城："你是他娘，他敢是向你！"（许宝华、宫田一郎 1999：5841）徐州话"敢是"还可用于祈使句："今天迟到你是有原因的，你敢是说。""你有啥事儿敢是讲，讲出来俺好帮你想办法。"（李荣 2002：4072）

汉语方言中"敢"又可以表示推测、猜度之义，分布范围更广（许宝华、宫田一郎 1999；周利芳 2008）。据辛永芬（2006：148—149），河南浚县方言"敢、敢是"可以表示对人、事情较为肯定的推测、估计。"敢"表猜度的有西宁、厦门、太原等，"敢是"表示猜度的有徐州、西宁、厦门、雷州等，哈尔滨、万荣"敢是"除了猜度义，还有莫非义（李荣 2002：4071—4072）。在这些方言中，"敢"表推测用法的语法化程度很高，表现出与神木话不大相同的演化方向[①]。

从目前的研究成果看，不论是表确认还是表推测，上面的"敢"都与陕北晋语中"敢"作语气副词的用法性质相同。

① 闽南话还普遍存在"敢"表反诘、疑问的用法。

五 从元代口语文献看表确认的语气副词“敢”与表可能的“敢”的联系

5.1 近代汉语中“敢”的用法

近代汉语中,“敢”具有多种用法,其中包括表可能的助动词和表确认的语气副词(张相1997:32—33;太田辰夫1987:191;香坂顺一1997:241;刘坚等1992:247;江蓝生、曹广顺1997:134;袁宾等1997:100—101;李崇兴等1998:101—102;郑光2002;邢向东2012)。

太田辰夫(1987:191)指出,“敢”“从五代到近古有用于推量的,但现代不这样用了”。这里的“推量”,即属认知情态的“可能”。后来表可能的用法逐渐萎缩,在有的方言中虚化成了表推测,而在晋语中则虚化成了表确认。

“敢”在元代也可表确认。张相(1997:34—36)“敢(二)”条云:“与管同,犹正也;准也;定也。……《对玉梳》剧一:‘和他笑一笑,敢忽的软了四肢,将他靠一靠,管烘的走了三魂。’”李崇兴等(1998:101—102)指出,元代“敢”有表示“1,情理明显、不必怀疑”“2,敢是;怕是;莫非”“3,发现原来没有发现的情况”等用法,其中1、3正是表确认的语气副词。

我们认为,语气副词“敢”是从表可能的助动词“敢”语法化而来,是后者主观化及“句法提升”的结果。

从时间先后来看,表可能用法出现的时间早于表确认的用法(太田辰夫1987:191;袁宾等1997;李崇兴等1998;郑光2002)。这一点已有定论,不须赘述。

我们穷尽性调查了两部元代文献《新校元刊杂剧三十种》和《原本老乞大》中“敢”的各种用法,并比较《老乞大》先后几个版本，发现《新校元刊杂剧三十种》中表可能、表确认语气的用例不相上下，《原本老乞大》中表可能的用例大大多于表确认的用例。同时，这两部文献中都存在表可能和表确认可作两重分析的情况。由此可以看出两种用法之间存在源流关系。

5.2 《新校元刊杂剧三十种》中的用法

《新校元刊杂剧三十种》中，"敢"的用例共146个。其中可以确定为表"有胆量、有勇气"的75例，表"可"的4例，表"能、能够"的15例，表"肯、愿意"的1例，表"可能"的19例，表确认语气的19例，表可能和确认语气两解的5例。其余8例暂时难以确定意义和用法。

表确认语气的"敢"属于副词，用现代汉语很难对译。例如：

(85)［青哥儿］敢烧香烧香礼拜，祖先祖先般看待。（武汉臣《散家财天赐老生儿》第一折）

(86)［滚绣球］二三年，唤不起，若在省部里敢每日画不着卯历。（马致远《泰华山陈抟高卧》第三折）

(87)［上小楼］我把这玉锁顿开，金枷不带。我这里弃了酒色，辞了财气，跳出尘埃。我如今拄着拐，穿草鞋，麻袍宽快，我敢无忧愁心肠宽泰。（岳伯川《岳孔目借铁拐李还魂》第四折）

(88)三口儿敢冻倒在长街。（郑廷玉《看钱奴买冤家债主》第二折）

例(85)一开唱就用"敢"打头，只能分析为语气副词。例(86)"若在省部里"是介词短语充当状语，"敢每日画不着卯历"是它修饰的中心语，"敢"承接状语并确认下面的事实，状语和中心语之间存在条件和结果的关系。例(87)"我敢无忧愁心肠宽泰"紧承上句"我如今……"几个分句，用语气词"敢"衔接并确认下面的情状。例(88)陈述事实，用"敢"表确认。

《新校元刊杂剧三十种》中“敢”表可能的用法，已经作过分析（见第拾陆章），不赘。

值得注意的是，《新校元刊杂剧三十种》中，不少句子中的“敢”可作两解，一为表可能，一为从语气上衔接前后句兼表确认，例如：

(89) 我若拿将这汉见楚王去，这汉是文字官，不曾问一句，敢说一堆老婆舌头！我是个武职将，几时折辨过来？（做寻思科，住）（尚仲贤《汉高皇濯足气英布》第一折）

(90)［殿前欢］若官司见呵敢交咱受刑罚。（张国宾《薛仁贵衣锦还乡记》第四折）

(91)［幺篇］投至逼迫出贼下落，搜寻得案完备，敢熬煎我鬓斑白，蒿恼的心肠碎。（孟汉卿《张鼎智勘魔合罗》第四折）

(92)（唱）敢起烟尘倾了社稷。（孔文卿《地藏王证东窗事犯》第二折）

(93)（旦哭做住）不争你，举哀声，敢把咱全家诛杀。（狄君厚《晋文公火烧介子推》第二折）

5.3 《原本老乞大》中的用法

《原本老乞大》中“敢”共出现24例，其中“敢则”1例，表“有胆量、有勇气”10例，表“可”1例，表“可能”8例，表确认语气（副词）2例，表可能和确认两解的2例。表“可能”的如：

(94) 参儿高也，敢到半夜也。（16左02）

(95) 这里到夏店有多少近远？——敢有三十里多地。（17右02）

表确认语气的2例：

(96) 咱每都去了时，这房子里没人，敢不中。（10右02—05）

(97) 你这人参布疋不曾发落，敢有些时住里。（25左08）

可以作两重分析的2例：

(98) 哥哥，先吃一盏。哥哥受礼。

你敢年纪大，怎么受礼？（18右07）

(99) 这般时，敢少了恁饭。

不碍事。便小时，俺再做些个便是。(11左10)

例(98)既可理解为推测对方的年纪比自己大，也可理解为紧承“哥哥受礼”而来，那么“敢”的作用就是从语气上衔接结果与条件分句，表确认。例(99)是顺着“这般时”承接下来的话，既可理解为表可能，又可理解为从语气上衔接条件与结果分句，表确认。

仔细观察上面几例，凡是“敢”可作两重分析的句子，几乎都是用在条件、假设类复句的结果分句（或表结果的中心语）中，其中表语气的一解与“敢”在神木话中用于因果类复句时正好相同（参见例［34］—［44］，如例［39］：“你要能考上大学起的话，敢就不用在农村受笨苦了。”）在上述各例中，“敢”如果单独就所在分句来分析，作“可能”理解比较恰当，如果从整个复句来观察，则可分析为从语气上衔接前后分句，并确认“可能”出现后头的结果。据此推测，“敢”当是从表可能的用法出发，在假设、条件复句以及类似的语境中，经过重新分析，语法化为表确认语气。许多对话的语境中，甲乙双方话轮之间的转换关系，相当于假设、条件复句。例如神木话：“甲：我明儿去榆林去也我明天要去榆林。乙：那敢能给我捎的买本儿书嘞么那就能给我捎带买本儿书嘛。”

由于“敢”在复句中表达可能义的同时，又起衔接结果分句的功用，导致原来不确定的意义逐渐消减，主观确认的意义逐渐增强，以方言使用者的重新分析为桥梁，终至演化为只表确定的意义，同时由助动词虚化为语气副词。在这个过程中，“敢”经过了一次“句法提升”，由紧贴谓语中心变成了谓语的外部成分，词性则由助动词虚化为语气副词。

5.4 《老乞大》不同版本的变化[①]

值得注意的是，不同时期的《老乞大》中“敢”的使用情况的变化，反映出《原本老乞大》中“敢”的性质、作用及其变化。其中元代的《原本老乞大》和明初的《老乞大谚解》语言比较一致，清代的两个版本变化较大，反映了清代共同语的情况。

比如“敢”充当语气副词的2例，四个版本《老乞大》的例句比较如下：

(100) 124A　咱每都去了时，这房子里没人，敢不中。留一个看房子，别个的牵马去来。
碍甚事！这店里都闭了门子也，待有甚么人入来？

124B　咱们都去了时，这房子里没人，敢不中。留一个看房子，别个的牵马去来。
碍甚么事！这店里都闭了门子了，怕有甚么人入来？

124C　咱们都去了么，这房子教谁看守着呢？且留一个看房子，着两个拉马去罢。
怕甚么事！这店门都关上了，还怕有谁进来？

124D　咱们都去了么，这房子教谁看守着？留一个看房子，着两个拉马去罢。
怕甚么事！这店门都关上了，还怕有谁

① 本章所引《老乞大》的四个版本均据李泰洙（2003）。A《古本老乞大》（即《原本老乞大》）是元代本，B《老乞大谚解》（即《翻译老乞大》）是明初修改本，C《老乞大新释》是清乾隆二十六年本，D《重刊老乞大》是清乾隆六十年本（李泰洙2003：10）。下引例句中的数码是李泰洙编定的《老乞大》句序。

进 来?

（101） 387A　你这人参、布疋不曾发落,敢有些时住里。

387B　你这人参、布疋不曾发落,还有些时住里。

387C　你这人参、布疋不曾发卖,还有些时住哩。

387D　你这人参、布疋不曾发卖,还有些时住哩。

例（100）A、B相同,“敢不中”是陈述句,C、D删除“敢”,同时将句子变成反问句,反问与确认都表示强烈的肯定语气,说明清代的编者同样将“敢”的作用分析为表语气。例（101）A用“敢”,BCD一律用“还”,“还”是语气副词,此处的意思是“仍然”（吕叔湘1999：252）。

《原本老乞大》中“敢”充当助动词表可能时,《老乞大谚解》用“敢”或“敢是”,清代的两个版本或者用“敢是”,或者变为其他表推测的手段。前文说过,“敢是”表推测语气的方言分布比表确认广。例如:

（102） 228A　我恰才睡觉了起去来。参儿高也,敢到半夜也。

228B　我恰才睡觉了起去来。参儿高也,敢是半夜了。

228C　我睡醒了起来。嗳呀,参星高了,敢是半夜了。

228D　我睡醒了起来。嗳,参星高了,敢是半夜了。

（103） 302A　他出去了,看家的有那没? 有个后生来,这里不见也,敢出去了。

302B　他出去了,看家的有么? 有个后生来,这里 不见,敢出去了。

302C　他出去了,看家的有谁呢? 常有个后生在这里,如今不见,想是出去了。

302D　他出去了,看家的有么? 有个后生在这里,如今不见,敢是出去了。

（104） 339A　你敢不理会的马齿岁。这个马如何? 今春新骟了的,哏壮马。

339B　你敢不理会的马岁。这个马如何？今春新骟了的，十分膘壮的马。

339C　你敢是不理会的看马的岁数呢。这个马如何？今春新骟了的，十分膘壮的马。

339D　你敢是不理会的看马的岁数。这个马如何？今春新骟了的，十分膘壮的马。

颇有启发意义的是，本章认为可作两重分析的例子，清代的两个版本中，一例仍然用"敢"，没有变化，一例同样使用既表关联又表语气的成分：

(105) 258A　哥哥，先吃一盏。哥哥受礼。
你敢年纪大，怎么受礼？

258B　大哥，先吃一盏。大哥受礼。
你敢年纪大，怎么受礼？

258C　阿哥，先吃一杯。阿哥受礼。
你敢年纪大，怎么受礼？

258D　大哥，先吃一盏。大哥受礼。
你敢年纪大，怎么受礼？

(106) 156A　这般时，敢少了恁饭。
不碍事，便小时，俺再做些个便是。

156B　这般时，敢少了你饭。
不妨事，便少时，我再做些个便是。

156C　这般说，但恐怕小了你们吃的饭。
不妨事，便小些饭，我再做些使得。

156D　这般说，只怕少了你们吃的。
不妨事，便少些，我再做也使得。

例(105)全部用"敢"，说明清代编者将其分析为语气成分（如前所述，"敢"在北京话中可表敢情、当然之义，见许宝华、宫田一郎 1999：5840—5841）；例(106)A、B相同，C将"敢"改为

"但恐怕",D改为"只怕",前后分句仍为条件关系,结果分句改用带有关联作用的语气副词"但恐怕/只怕",既承接条件分句,又具有推测的意思。

总之,通过对两部元代文献中"敢"的用法的调查分析,我们推测,"敢"可能是在条件、假设复句及类似语境中既表可能义又表关联作用的句法环境下,经过重新分析,"可能"义逐渐弱化,主观确认义逐渐增强,最后演化为表确认的语气意义。在它身上还"滞留"着可能意义:在表达主观确认的同时,又表明这种确认是有客观或情理上的依据的。随着使用环境大幅度扩展,成为频率极高的语气副词,而且有进一步语法化为话语标记的趋势。其演化过程可以归纳为下表:

表17-1

词性	助动词	助动词—副词	副词	话语标记
意义	可能	确认"可能"	确认"确实如此"	?
语境	单句	复句	复句、单句	对话
作用	情态	关联、情态	语气、关联	语篇衔接
机制	重新分析			功能

回头来看神木话中"敢"在单句、复句中的用法,我们认为,从"敢"表确认语气的先后顺序来看,当是复句中用于后分句的用法在前,单句中以及其他用法在后。

六 结语

"敢"在汉语方言中有多种用法。近代汉语史上,"敢"也曾有多种用法和很高的使用频率。据本章观察,语气副词"敢"同表可能的助动词"敢"关系密切。表可能的"敢"在后代发生了两个方向的演化:一是语法化为表确定的语气副词,一是语法化为表推测的语气副词，前者在晋语、官话中分布较广，后者在官话和部分南方方言中都有分布。

拾捌　神木话的趋向动词及其语法化

神木话的趋向动词及其语法化很有特点。本章首先对神木话趋向动词表位移的用法和分布进行描写、分析，加之与陕北、山西晋语和关中话、普通话的比较。其次将方言的共时现象与近代汉语研究成果相结合，对神木话趋向动词作补语后的语法化过程和机制进行讨论。神木话的材料由作者亲自调查，其他陕北方言及山西兴县的材料，部分为笔者调查，部分由黑维强等先生提供，其他语料见引用文献。

为了表述简便，本章使用下列代码：D（Directional verb）=趋向动词，D_1=上、下……，D_2=来、去，D_{12}=上来、上去……，Loc（Locative）=处所成分。

一　神木话的趋向动词

神木话的趋向动词及其读音见表18-1。其中“来”因前字声调而有阳平、轻声两读。

表18-1

D₁ \ D₂	上 ʂɑ̃^{53}	下 xa^{53}	进 tɕiɤ̃^{53}	出 tʂ^{h}uəʔ^{4}	回 xuei^{44}	起 tɕ^{h}i^{213}	开 k^{h}E^{213}	过 kuo^{53}
来 lE^{44}	上来 ʂɑ̃^{53} lE^{21}	下来 xa^{53} lE^{21}	进来 tɕiɤ̃^{53} lE^{21}	出来 tʂ^{h}uəʔ^{4} lE^{44}	回来 xuei^{44} lE^{21}	起来 tɕ^{h}i^{213} lE^{44}	开来 k^{h}E^{213} lE^{44}	过来 kuo^{53} lE^{21}
去 k^{h}əʔ^{4}	上去 ʂɑ̃^{53} kəʔ^{21}	下去 xa^{53} kəʔ^{21}	进去 tɕiɤ̃^{53} kəʔ^{21}	出去 tʂ^{h}uəʔ^{4} kəʔ^{21}	回去 xuei^{44} kəʔ^{21}	起去 tɕ^{h}i^{213} kəʔ^{21}		过去 kuo^{53} kəʔ^{21}

就词表来说，神木话趋向动词的特别之处在于有“起去”，没有“开去”。这是晋语方言的共同特点。

神木话的“回”有两个意思，其一与普通话“回”相同，其二指“进”，后者是更地道的方言用法。相应的“回来、回去”也有两个意思。如“回家来”分别指“回到家里来”和“（走）进家里来”，根据语境不同而有不同。这也是陕北晋语的普遍特点。

从读音看，“来”单用及在“出来、起来、开来”中读阳平 lE^{44}，在其他复合趋向动词中读轻声 lE^{21}。“去”单用时读入声、送气声母 k^{h}əʔ^{4}，在复合趋向动词中读轻声、不送气声母 kəʔ^{21}①。

此外，神木话有“起开”一词，只能作谓语，不能作补语，本章将其排除在趋向动词之外。

二　神木话趋向动词表位移的用法

2.1　趋向动词单独作谓语

神木话的趋向动词可以单独充当谓语。其中，“来、去”和“上来、上去……”等用法十分自由，可以独立作谓语，也可构成连动式等，时间上不受限制，可以用于已然句和未然句。例如：

(1) 那些他们来了。

(2) 我们出去也我们要出去。

① 关于神木话轻声的读音与条件，请参看第叁章第二节“轻声及其性质”。

“开来”是例外，它的意义高度虚化，不能作谓语，只能在动词后表示位移方向和起始义，详见下文。

“上、下、回、出”等也可以单独作谓语，但不如“来、去”等自由，只能用于未然句，说明自己将要做位移动作或命令对方做位移动作，不能构成已然句。如“我上也我要上了。指从低处向高处位移”“你回吧你进吧”“你先出”。

2.2 趋向动词带处所宾语

神木话的“来、去”可以直接带处所宾语表示位移的终点，这时“来、去”分别读$lᴇ^{44}$、$k^hə ʔ^4$，处所宾语后须重复该词，但读轻声$lᴇ^{21}$、$kəʔ^{21}$，即“来$lᴇ^{44}$/去$k^həʔ^4$+Loc+来$lᴇ^{21}$/去$kəʔ^{21}$”。如：

(3) 贾处长明儿来神木来也。

(4) 我去西安去也。

(5) 你来红碱淖尔过五一来吧。

(6) 那个娘的去北京看病去也他妈要去北京看病。

从语序看，“来、去”表示位移时，不能用“到+Loc+D_2”的格式，如例(3)不能说成“贾处长明儿到神木来也”，例(4)不能说成“我到西安去也”。即使在连动式中充当前项，也不能用“到+Loc+D_2+VP”格式。如例(5)不能说“你到红碱淖尔来过五一来吧”。

绥德、佳县、吴堡、清涧等陕北晋语表位移时，更多地用“Loc+D_2”格式，如吴堡话“我榆林去也”“我街上去也”“咱柳林串去来吧”。这一点与神木话不同，是元白话特点的遗存。

“上、下、回、进、过、出”等不能单独带处所宾语表示位移的终点，而要用“D_1+Loc+D_2”格式，否则句子站不住。但充当连动式前项时，处所词后不须带“来、去”。例如：

(7) 我们上县上去也。

(8) 我们下榆林去也。

(9) 你先出街上去你先到街上去。

(10) 你情 $tɕ^hi^{44}$ 回家里来你尽管进家里来。

(11) 进老张家行拉了一阵儿话到老张家里聊了一会儿天。

(12) 过□ $niɛ^{213}$ 你东房婶婶家借上几个盘子去东房你婶儿家借几个盘子去。

以上句子,同样不能说"到……D_2",如例(9)不能说"你先到街上去",例(10)不能说"你情到家里来"。

复合趋向动词可以带处所宾语构成"D_{12}+Loc+VP"格式,不过句中分布受限,只能充当连动式的前项。例如:

(13) 上去大柳塔给我打电话。

(14) 回去家里睡了一觉。

(15) 下去井底下好好儿操心些儿下到井下好好儿小心。

(16) 等你回来神木再说。

当句子既带当事宾语又带处所宾语时,神木话可以用"D_{12}+Loc+NP"格式,不过只能构成祈使句和充当"看见"等少数感知动词的宾语,不能构成存现句,而且没有平行的"V+D_{12}+Loc+NP"结构。例如:

(17) 下来底下几个到下面来几个人,不要都挤在车上。(*到底下来几个。)

(18) 赶紧上去大柳塔几个人赶紧到大柳塔去几个人。(*赶紧到大柳塔去几个人。)

(19) 我看见上去窑顶上一只猫儿我看见一只猫上窑洞顶上去了。(比较:窑顶上上去一只猫儿。)

(20) 明明儿看见回去咱们家一个人么明明看见咱家进去一个人嘛。(比较:咱们家回去一个人。)

"过"以及类似趋向动词的"走"带处所宾语可以表示位移的途径,例如:

(21) 你们去成都过西安不?

(22) 神木去北京要过太原嘞。

(23) 要走鄂尔多斯才能到包头嘞。

(24) 你这回去呼市走薛家湾也走包头也你这次去呼市过薛家湾还是过包头?

值得注意的是,位移的源点只能用介词“朝从、在、向”介引,放在趋向动词前面。在地道的神木口语中,“下山、下梁、下楼、下炕、出村、出沟”等都不能说。“下车、出国、起床”能说,但都带有普通话色彩,应是受普通话影响而出现的,如“起床”在地道口语中的说法是“起”。例如:

(25) 我朝从大柳塔来。

(26) 那些□tsɔ^{53}朝从沟里出来了他们已经出了沟了。

这样,在神木话中,表位移终点和位移源点的方式正好形成互补关系。前者不能用“介+Loc+D”结构,后者只能用这种结构。

2.3 趋向动词作补语及与宾语的位置关系

趋向动词作补语时,不论结构形式还是读音形式,都可分为两类:一类是“来、去”,动趋之间必须加“得”,补语读语法重音;另一类是“上、下……”和“上来、下来……”,动趋之间不能加“得”,补语不读语法重音。

2.3.1 “来、去”作补语

“来、去”充当趋向补语,不能直接置于位移动词“走、跑、趏kua^{213}跑、逛跑”等后面,而要用助词“得tәʔ^{21}”连接。动趋式后面可以带当事宾语作谓语,或带处所宾语充当连动式前项。其中补语“来lᴇ^{44}/去k^{h}әʔ^{4}”读语法重音。例如:

(27) 北面个kuo^{21}走得来lᴇ^{44}一个人北面走过来一个人。表示正在走来。

(28) 那和尚一下□tsɔ^{53}跑得来lᴇ^{44}了那家伙一下子就跑来了。

(29) 一下跑得去k^{h}әʔ^{4}四个人,那些哪能伺应下嘞一下子去了四个人,他们怎么招待得了呢。

(30) 投走得去$k^{h}ə?^{4}$大柳塔就黑了等走到大柳塔天就黑了。未然句。

“V位移+$tə?^{21}$+D_2”也可能是偏正短语,这时“走/跑”等充当状语,表示行为的方式,要重读,“来/去”是中心语,不重读。其中的$tə?^{21}$相当于北京话的“着”,也许记作“地”更恰当。例如:“你咋价走$tə?^{21}$来了你怎么走着来了?”“赶紧跑$tə?^{21}$去$k^{h}ə?^{4}$,不敢营误了快跑着去,别拖拉了。”这时,“$tə?^{21}$”可用表示动作方式的“上”替换,如前两例可以说成“你咋价走上来了?”“赶紧跑上去……”

因此,神木话的“V位移+$tə?^{21}$+D_2”结构是同形异构体,有歧义。两种结构的区别是:第一,说话时,偏正结构须重读充当状语的位移动词,目的是强调动作方式,述补结构不能重读位移动词;第二,偏正结构中的“$tə?^{21}$”可以用“上”替换,述补结构中的“$tə?^{21}$”不能用其他词替换;第三,偏正结构的“来/去”后一般不带宾语,述补结构的“来/去”后则可带表人、动物的宾语(例[29])和表位移终点的处所宾语(例[30]),再如:“你跑得来神木做甚来了?”第四,如果要翻译成普通话,偏正结构要译成“走着来、跑着去”,动补式要译成“走来、跑去”。

刘丹青先生在一次讨论中指出,苏南吴语中普遍存在和神木话相同的“V+得+趋”式歧义结构,并提醒作者能否在结构上找到分化的方法。

“来、去”在[+致移]义动词“搬、挪、搉$nɔ^{213}$扛、抬、送”等后面作补语,也要用“得”连接。动词的受事可以充任句子主语、介词宾语或动词宾语,后者要置于补语之后,不能在动趋之间。例如:

(31) 礼钱给□$niɛ^{213}$你姑姑捎得去了。

(32) 你把那捻儿山药给咱拉得来你把那点儿土豆拉来。

(33) 我哥哥拿得来一箱子狗头枣儿。

(34) 夜里给小王拿得去三百块钱昨天给小王拿去三百块钱。

(35) 你给老王家送得去两坛坛酒你给老王家抬两坛子酒送去。

(36) □niɛ[213]你两个给咱搬得来两张桌子你们俩给咱搬两张桌子来。

2.3.2 其他趋向动词作补语

D_1单独充当趋向补语的情况不一,"上、下、起、开、过"可以,如"拿上、搁下、端起、躲开、搁过"等,补语不读轻声。如果要后接宾语,只能跟受事宾语,不能跟处所宾语,"爬上山""走过教室"等都不能说。"进、出、回"则既不能单独作补语,也不能带宾语,"拿出一封信""走进教室"等也不能说。

复合趋向动词充当补语相当自由,不带处所宾语时跟普通话没有什么不同。动词与趋向补语之间不加"得",读音和单用时相同。如:

跑出来 走进来 爬出来 拿进来 捥扛进来 提起来

跑进去 走出去 爬进去 拿出去 捥扛出去 放起去

2.3.3 复合趋向补语带宾语

2.3.3.1 带处所宾语时的语序

动趋式带处所宾语表示位移终点时,神木话的常用格式是"$V+D_1+Loc+D_2$"。一般情况下,如果结尾部分没有"来/去",句子就站不住,如不能说"*我们一搭一起走进家里""*把这些菜抬进家里"。只有当处所词是三个以上音节时,结尾处偶尔可以不带"来/去",如"我整整儿走了一天才走回咱们村"。例如:

(37) 刚去了三个月□tsɔ[53]就逛跑回家来了。

(38) 把这些山药土豆倒进窨里头去。

(39) 把猫儿断⁼出外头去赶出院子里去。

(40) 要是不用的话,就把车子推回咱们家来。

动趋式带处所宾语充当连动式前项则比较自由，可以用“$V+D_{12}+Loc$”和“$V+D_1+Loc+(D_2)$”格式。前者与例（13）—（16）相平行。例如：

（41）你跑回来神木做甚来了。=你跑回神木（来）做甚来了你跑回神木来干什么？

（42）硬断⁼回去家里把书刁下。=硬断⁼回家里（去）把书刁下硬是追到家里把书抢下来。

（43）咱拿上去山上再分。=咱拿上山上去再分咱拿到山上再分。

（44）这袋子白面背回去家里还把人熬死着嘞。=这袋子白面背回家里去还把人熬死着嘞这袋儿白面背到家里能把人累死。

与趋向动词作谓语相同，神木话不能用“$V+D_1+Loc+D_2$”表示位移动作的源点，如不能说“*跑出礼堂来”“*跳下桌子去”“*抬下桌子去”“*放起地上去”，只能说“朝/从礼堂跑出来”“朝/从桌子上跳下去”“朝/从楼上抬下去”“（把风筝）朝/从地上放起去”。也不能用“V+过+Loc”表示位移的途径，如不能说“*走过教室（边边）”“*跑过大街”，只能说“朝/从教室边边上走过去”“朝/从大街上跑过去”。就这一点来看，神木话和普通话不同，与关中话部分相同，部分不同。

据唐正大（2008）的考察，关中话表达终点位移事件的格式是“V+到（ə）+G+Loc（处所词+方位词）+D_d（来/去）”。用唐正大的表示法把神木话这一格式表达出来是“$V+D_n+G+D_d$”，两者存在较大的差异。柯理思（2008：219）描写，山西岚县话表达终点位移事件的类型与神木相同，如：“把俺妹妹送回住舍去哩（把妹妹送回家去了）。”说明晋语方言在这一点上存在一致性。关中话表达源点位移事件的格式是“介+G+Loc+V+D_n+/到（ə）+D_d”，神木话与之基本相同。

2.3.3.2 动趋式带受事、当事宾语时的语序

神木话的动趋式带受事、当事宾语，其首选位置是趋向补语之后，其次是趋向补语之间。即“$V+D_{12}+O$” >“$V+D_1+O+D_2$”，没有“$V+O+D_{12}$”格式。陈述句和祈使句情况相同。如“你给我拿下来一本书”最常用，“你给我拿下一本书来”可以说，但频率低于前句，“你给我拿一本书下来”完全不能说。这样，神木话就比普通话少了一种语序（陆俭明2002：13—14）。例如：

(45) 你给咱表请求、商量语气搬过来一个凳凳。>你给咱搬过一个凳凳来。（*你给咱搬一个凳凳过来。）

(46) 你敢表确认语气给家里寄回去一捻儿钱你给家里寄一点钱回去。>你敢给家里寄回一捻儿钱去。（*你敢给家里寄一捻儿钱回去。）

(47) 外头飞回来进来一个蝇子。>外头飞回一个蝇子来。（*外头飞了一个蝇子回来。）

(48) 老张搊nɔ^{213}扛进来一麻袋山药土豆。>老张搊进一麻袋山药来。（*老张搊了一麻袋山药进来。）

这时不能用“$V+D_{12}+Loc+NP$”格式，如例(46)不能说成“你敢寄回去家里一捻儿钱”，反映出趋向动词作谓语和作补语在组合能力上的不平衡性。

2.4 趋向补语的可能式和反复问形式

趋向补语可能式的形式因趋向动词而有所不同。除了“去”以外，其他趋向补语可能式的肯定形式是“V+D+嘞”，中间不带“得”，和普通话及其他北方方言不同。否定形式是“V+不+D”，和普通话相同。反复问形式是肯定否定相叠，但中间不带“嘞”。例如：

(49) 我真¯儿就能拿来嘞我今大就拿得来。

(50) 这捻儿炭我们两个抬回去嘞这点儿煤我们俩能抬回去。

(51) 临到头上到需要的时候连三百块钱也掏不出来。

(52) 你捣 nɔ^{213} 起捣不起这根檩子你扛得起扛不起这根檩?

"去"充当补语时,只有带"得"才能构成可能式的肯定式、否定式以及反复问形式,不带"得"的形式不能成立。"V得去"后仍带"嘞"表示可能。同时,由于音节的关系,否定式和反复问中将宾语放到后头的频率极低。例如:

(53) 我一个人就捣 nɔ^{213} 得去嘞我一个人就扛得去。

(54) 捆成一捆捆就背得去嘞捆成一捆儿就背得去。

(55) 这孩伢儿真$^{=}$儿拗住了,死下也哄不得去这孩子今天拗住了,好歹都哄不去。

(56) 你能把改霞劝得去不/你把改霞劝得去劝不得去你能把改霞劝得去吗?

因此,"去"和其他趋向补语在带不带"得"上处于不平衡状态。

根据以上情况,我们可以作两点分析:

第一,趋向补语可能式的肯定形式"V来嘞""V得去嘞",当是用表肯定判断的方式表示可能,与结果补语可能式的表达方式(吃完嘞/吃不完;做好嘞/做不好)相一致。如果把这个补语"硬译"成普通话,神木人会说"拿来呢、掏出来呢"等,可以证明末尾的"嘞"表断定语气。

第二,神木话"来/去"作补语构成的动趋式是"V得来/V得去","去"的可能式是"V得去嘞/V不得去",这两种格式的存在表明,"V来嘞、V不来"的早期形式也当是"V得来嘞、V不得来",后来受结果补语可能式的同化,删除了其中的"得",但"去"仍然保留了原来的格式。至于"去"的可能式为什么不和"来"及其他趋向动词同步,可以解释如下:神木话的"去"紧跟动词时必须读 kəʔ^{21},而作补语的"去"读 $\text{k}^{h}\text{əʔ}^{4}$,其读音、功能平行对立,位置互补,如果可能式删除"得",就会打破这种格局。可以认为,内部结构的系统性抵制了来自其他动补式、动趋式的类推力量。

2.5 趋向动词的方位词化

"往"是表示位移方向、终点的介词,其后常常介引方位词等表方所的词语。如"往南走""往东面拐""往家里搬""往高处抬"等。值得注意的是,神木话的趋向动词也可在"往"的后面表位移的方向、终点。如:

来:往来走　往来搬	去:往去走　往去搬
上:往上贴　往上抬	下:往下刮　往下扶
进:往进搬　往进走	出:往出抬　往出掏
回:往回走　往回开	起:往起搁　往起站
开:往开摅扯　往开滚	过:往过抬　往过措拿
上来:往上来拿 往上来抬	上去:往上去举 往上去抬
下来:往下来抬 往下来溜出溜	下去:往下去拿 往下去溜出溜
进来:往进来搬 往进来擩捅、伸	进去:往进去擩 往进去断=赶
出来:往出来拉 往出来措拿	出去:往出去搬 往出去断=赶
回来:往回来抬 往回来劝	回去:往回去走 往回去拿
起来:往起来抬 往起来坐	起去:往起去放 往起去举
开来:往开来搬 往开来想	
过来:往过来挪 往过来挤	过去:往过去挪 往过去措拿

从以上各例可以看出,所有趋向动词都能在"往+D+V[+位移,+致移]"格式中出现。其中单音节词的出现频率更高。它们在句子中充当状语,可用于感叹句以外的任何句类。例如:

(57) 那里都拾掇好了,能往去搬了能搬去了。

(58) 把脑往起抬,撑成近视眼着也抬起头来,小心把眼睛看成近视眼。

(59) 把腿往开来挪给下儿,把人卜烂得把腿往一边挪挪,绊人哪!

(60) 真⁼儿今天的风不大不小,好好儿往起去放风筝。

在充当介词“往”的宾语这一点上,趋向动词非常像方位词,请比较:

往里走 往外走　　往前挪 往后挪

往里头走　　往前面挪 往后面挪

往外前外头走　　往左面挪 往右面挪

可以说,神木话中发生了趋向动词的方位词化,即趋向动词具有了方位词的特点。由于“上、下”同时属于趋向动词和方位词,所以,当“上、下”放在“往”后头,动词表示[+位移/+致移]时,可以进行两种分析,如:“往上走、往上爬、往上挪、往上拿、往上搁、往上放”后头可以加“来/去”变成“往上来走/往上去爬”等,应看作趋向动词方位词化后作介词宾语,但也可以说成“往上头走、往上头爬……”,即方位词作介词宾语,而“往上看、往上瞭望、往上瞅”等[－位移]动词作谓语时,就只能分析为方位词作介词宾语。这种能作两可分析的现象,正是导致说话人将趋向动词重新分析为方位词的桥梁。神木话趋向动词的方位词化,反映了语言中事物的位移与其所处的方位之间的相通性。是一种由动而静的演化方式。陕北、关中方言都存在同类现象[①]。

① 柯理思(2009)对官话中“往+回/起/出+V”的用法作了系统的调查,并讨论了其形成过程。她将这类格式与“往+方位词+V”格式合称为“副词性成分”。柯理思的调查结果是,官话中可以这样用的趋向动词有“回、起、进/出”几个,西北方言中能够进入该格式的趋向动词更多。

三 “上、下、起、开、开来”作补语后的语法化

“上、下、起、开、开来”等充当补语以后，在神木话中发生了程度不同的语法化，其结果、路径都与普通话有一定的差别。

须要指出的是，神木话的“起、出”等有许多引申意义，本节主要讨论语法上的引申用法，对意义上的引申不作描写。略举数例：“说不上”表示“有可能、难说”，如“这事情还说不上能行嘞”“真⁼年今年能考上研究生不”“而着还说不上着嘞现在还难说”。“估起”表示“算起来”，如“估起也不算贵”。“出”引申指“出货”，如“吃出/吃不出（荞面吃不出，软米吃不出）、蒸不出、煮不出”。

3.1 “上”的语法化

“上”除了表位移外，还可表结果，且能构成可能式[①]。根据前面动词的不同而有“达到、到、住、过”等意思，可以归纳为“达成”义。例如：

(61) 则么吃上好水了总算吃到好水了。/动弹一天干一天活儿连顿饱饭也吃不上。

(62) 这搭儿晒上太阳嘞这儿能照得到太阳。/这搭儿晒不上太阳这儿照不到太阳。

(63) 这下咋也挨上我了这下大概轮到我了。/再咋也挨不上你分家产无论如何都轮不到你分家产。

(64) 你和我大相跟上你和我爸一起走。/我们两个相跟不上我们俩走不到一起。

由作结果补语进一步虚化，“上”可以在动词、形容词之后

① 在“上”和“下”的虚化用法中，还应分出结果补语和动相补语两个阶段。为了不影响对主要问题的讨论，本章不严格区别结果补语和动相补语，统称为结果补语。

和动宾之间表“达成体”①。所谓“达成”,是指动词、形容词短语所表示的动作、行为、状态已经出现,但还未结束;或在量上达到了一定的程度。“上”附着在持续动词或形容词之后,表示开始并继续,附着在非持续动词和名量、时量、动量宾语之间,表示这个行为的达成。

这时,其读音有明显的变化:作补语时读ʂɑ̃^{53},一般不轻读。作体标记后发生弱化,声母变为x甚至脱落,读xɑ̃^{53}—xɑ̃^{21}—ɑ̃^{21},紧紧黏附在前字后头,其中在动、宾之间最弱,音节独立性最差,有时仅在前音节上增加一个模糊的ɑ̃。如“踢上两脚”读tʰiɑ̃^{453} liɑ̃^{21} tɕiəʔ^{4},“耍上麻架”读ʂuaɑ̃^{215} ma^{44} tɕia^{53}。

由于“上”表结果和表达成体之间是渐变关系,所以当句子表示某件事已经达到了一定的结果,且宾语不表数量时,就可能有两种分析,甚至可能造成歧义。如下面两句话都有a、b两种理解。a义的“上”可用普通话“到”来对译,是结果补语;b义的“上”则找不到合适的词对译,只能用“开始VP……”翻译,是达成体标记:

(65)神木人享受上免费医疗了。

a义指“神木人享受到了免费医疗”,否定式是“神木人没享受上免费医疗”,不强调时间性。b义指“神木人开始享受免费医疗了”,否定式是“神木人还没享受上免费医疗来嘞神木人没有开始享受免费医疗呢”(来嘞:过去时助词+语气词,可勉强对译为

① 笔者在《陕北晋语语法比较研究》中,表示赞同刘勋宁先生关于“了”为实现体标记的观点,但因为我们将“上”所表示的语法意义归纳为“实现”,所以暂时将动词后的“了”归入完成体标记。2009年9月,趁刘先生到陕西师范大学讲学,笔者曾就这一点向刘先生请教,经过反复推敲,目前我们认为,“上”可以归入“达成体”,“了”应为“实现体”的标记。“上”与“了”的根本区别在于,“上”表示的是非完整体,“了”属于完整体。刘先生指出,“达成”的功利性、目标意味比“实现”强。

“呢”)。从否定句可以看出,表b义时句子强调时间因素,即在一定时间范围内事件进行的状态,而这正是体意义的反映。如果句子中指明时间,或动词后带数量宾语,则只有“达成体”一种理解:“神木人09年享受上免费医疗了。”“神木人享受上免费医疗三年了。”

(66) 我们领上补贴了。

a义指“我们领到补贴了”,即补贴拿到手了,否定式是“我们没领上补贴”。b义指“我们开始领补贴了”,但现在是不是拿到手可不一定,否定式是“我们还没领上补贴来嘞”。如果说“我们领上补贴多时了”,也只有“达成体”一种理解。当然,上两例是就字面来分析的,实际口语中,根据“上”的读音轻重,一般能够区分a、b两义,不会造成歧义。再如:

(67) 我们一共寻上ʂã^{53}三个人我们一共找到三个人。(已然句,表结果)

(68) 给我们寻上ã^{21}三个人就够了替我们找三个人就够了。(未然句,表达成体)

上面几例的两重解释,反映出“上”由结果补语语法化为达成体标记,曾经过重新分析。

“上”充当达成体标记,不仅意义高度虚化,形式和功能也有一系列变化。读音弱化已见上文,功能上有三点:①不能构成“V不上”的可能式;②搭配的动词范围扩大,“上”表结果时,主要结构式是“V[+持续]+上(+O)”,此时大量出现“A+上”“V[－持续]+上”等结构,出现“扔丢上(五百块)、减上(二十)、给上(两个馍馍)、离上(两回婚)、死上(三回)”等动词的词汇意义与“上”的趋向义、结果义本不兼容的搭配;③宾语的范围由名词、“数量+名”向时量、动量宾语扩展,出现了“爬上一阵儿、吹打上一气、走上三回、哭上两鼻子、踢上两脚、笑话上一顿”等结构。刘丹青(1996:16)指出:“动词和动量补语（即本章的动量宾语——引者）之间应该是完成体助词常用的位置。”这个判断也适用于“上”。例如：

(69) 咱把东西贴上，人熬上，最后还教人家超⁼贱上咱贴着东西，人累着，最后还得让人家骂着。

(70) 真⁼年今年这个天，这阵儿□tsɔ⁵³冷上了这时候就开始冷了。

(71) 我洗上衣裳了开始洗衣服了，这阵儿走不了。

(72) 你扔上丢了那么多东西还不教人说。

(73) 150减上减去30等于120。

(74) 你给上他十块钱，不要教那嚎你给他十块钱，别让他哭。

(75) 那个再贪污上几百万他再贪污几百万也判不了死刑。

(76) 教人家笑话上一顿则么高兴了让人家嘲笑一顿就高兴了。

以上各例，不带“上”大都站不住，少数可不带的意义有变化。例(70)之类表天气变化的形容词谓语句可以不带，但没有“上”时单纯表示发生了由“不冷”到“冷”的变化（句尾“了”的作用），没有“开始冷并会继续冷”的意义。例(73)也可不带“上”，这时“达成”义消失，只表示一般的“减掉”，而且口语中会自然地说出“上”来。在这类句子中，“上”已经完全脱离了空间、结果范畴，只能表示抽象的事件的“达成”，是单纯的体助词。

值得注意的是，“上”用在非持续动词和数量宾语之间时，只能用于未然句，或者充当条件句、让步句的前分句，不能用于已然句，如最后5例。其原因在于，“达成”形成于“V[+持续]+上”结构，本来的语义特征是“开始并继续”，是无界的；后来搭配范围扩及“V[－持续]+上+O[+数量]”，而“V[－持续]+O[+数量]”则是有界的，两者存在矛盾。未然句表达尚未发生的意愿、命令等，条件句、让步句的前分句带有虚拟性，句中的数量宾语表示说话人希望、虚拟出现的结果，都无所谓“有界还是无界”，这就与“V[－持续]+O[+数量]”的有界性不矛盾了。换句话说，只有在未然句中，“上”的达成义同“V[－持续]+O[+数量]”的有界性的矛盾才被中和。有的句子离开具体的语言环境难以判断是已然句还是未然句，其实它们是时间上的“中性句”，只表示一般的事情或道理，并不强调已然和未然，如例(73)。

在达成体标记的基础上，“上”又可黏附在及物动词上，成为类似后缀的成分，相当于普通话的“着”。“V+上”充当连动式前项，表示后项的方式。例如：

(77) 听上：听上□niε213你哥哥甚也闹不好听你哥哥的话什么都搞不成。

(78) 哄上：哄上教做营生哄着让干活儿。

(79) 提上：提上根棍子去哪去也提着根棍子要去哪儿？

(80) 跟上：跟好人，出好人，跟上师婆会跳神跟着巫婆会跳神。（谚语）

由达成体标记引申出的另一种用法是，构成类似熟语的“的”字短语“V及物上+的”，表示“可V的”，可用于肯定式和否定式，但以否定式更常见，如“说上的（没个说上的）、做上的（寻个做上的、没个做上的）、骂上的（没个骂上的）、夸上的（没个夸上的）”等，“上”的作用仍然相当于一个后缀，表示的正是达成意义。

由于普通话没有达成体标记，因此翻译神木话的“上”时颇难找到合适的表达方式，或用“开始”等词汇手段代替，或译成“着、了”，或干脆译不出来。“上”的语法化轨迹可图标如下：

谓语→趋向补语→结果补语→达成体标记→“V上”表方式
“V上+的”短语

3.2 “下”的语法化

“下”作补语读xa53。由作趋向补语引申为结果补语，可以构成肯定和否定的可能式。例如：

(81) 我拿搓板儿硬把狗的洗下了我用搓板生生把它洗掉了。/

油腻太厚了，洗衣机洗不下洗不掉。

(82) 这么大一孔窑能宬ʂɤ̃^{44}下十个人嘞这么大一孔窑洞，住得下十个人。/家里挤得爽利宬不下家里挤得实在住不下。

(83) 不要看不是各儿养的，也可亲下嘞别看不是亲生的，其实真能亲得下。/公公婆婆再咋也亲不下公公婆婆再怎么说也不能发自内心地亲。

(84) 老师讲的我解xᴇ^{53}下了懂了。/我一满解不下实在不懂。

(85) 而着这孩伢儿，能得吃去吃不下，穿去穿不下现在这孩子，惯得吃的嫌不好，穿的也嫌不好。

(86) 我们女子问下人家了我们家姑娘找到婆家了。/二十大几的女子了问不下个人家二十大几的姑娘找不到个婆家。

其中例(81)表示脱离原来的位置，例(82)表示能满足要求，例(83)(84)表示能做到，“解下/解开”是陕北话的特征词语，例(85)只有否定句，表示不愿做某事，难以找到普通话词语来对译，例(86)表示事情有了结果。“下”的上述用法尽管很抽象，但尚能归纳为某一类结果意义，其中有的可用“了liɔ^{213}”替换，可见属于结果补语。

(87) 一阵阵担下一瓮水一会儿担了一缸水。

(88) 做买卖短下人家钱了做买卖欠了别人钱了。

(89) 那个他可没少说下你的坏话。（比较：他说不下我几句坏话吧？）

(90) 打麻架可多输下钱儿了打麻将可输了不少钱。

这类句子由动宾短语充当谓语。“下”的意义更抽象，表示行为的结果已经成就，可用“了$_1$ ləʔ^{21}”替换，不能省去。及物动词都能进入这类结构，如“请下人”“认下个干儿子”“出下事”“买下票”“幸惯下毛病”“踏下饥荒欠了债”“起下名字”“和下人为下人”“惹下人”“可没少送下”“可多送下了”等，从语音形式看，这时的“下”可轻读可不轻读，为xa^{53}/xa^{21}，不过它们仍可构成“V不下O”的可能式,如“担不下一瓮水”“短不下你的钱欠不了你的钱”“给不下多少”“长tʂʰã44不下多不了多少”。可见还没有语法化为纯粹的体标记,处在结果补语和完成体标记之间的过渡阶段。

(91)这家人缺下德了,净出横事嘞这家人缺了德了,净出凶险的事。

(92)老李娘的殁下三天了老李他妈死了三天了。

(93)家里来下一圪都人家里来了许多人。

(94)一个礼拜去下三回一星期去了三趟,你也去得太勤了吧。

以上例句没有“V不下”形式,动词由及物扩展到不及物(殁、死、来、去),宾语由受事扩展到当事(例[93])、时间(三天)、动量(三回),“下”只表动作结果的实现。这时只能轻读为a21,紧紧黏附在前字上,甚至与前字合音为一个半音节。可以用“了1 ləʔ21”替换,不能省去,体标记的特征更加明显。其他如“骗下人、哄下人、吹下牛、跌下顺做了有理的事、错下三道题、等下两个钟头”等都没有相应的可能式,应属典型的体标记。

在形容词谓语句中,“下”表示抽象的变化义。“A+下”着眼于现在与过去的比较,表示事物的状态(主要是其程度)发生了变化。它的搭配能力极强,前面的形容词既可以是积极义的,也可以是消极义的,因此“下”的作用是抽象地表示状态及其程度的变化,已经突破了“由强到弱”的语义限制。有些意义对立的反义形容词,都可以对称地使用“下”,如“大下/猴小下、宽下/窄下、暖下/冷下、红下、绿下”(石毓智1992)。这一点对于认识“下”的语法性质是十分重要的。在比较的语境中,“A+下”的后面还可带数量宾语。如:

(95)你看去胖下了你看着胖了。/我这几年才瘦下了。

(96)白夜儿一天比一天长下了,黑地一天比一天短下了白天一天比一天长了,夜晚一天比一天短了。

(97) 真⁼儿比夜里要冷下三四度嘞今天要比昨天冷了三四度呢。

(98) 这条缝子又比那两天宽下一寸了这条缝儿又比前两天宽了一寸了。

须要强调的是，在形容词谓语句中，位于句尾“了”前的“下”可以省去，省去后前后比较的作用明显减弱。如“猴小下了”强调“变小了”的过程义，说话人心目中有明确的参照时间，“猴小了”则只是说“小了”，没有参照时间，不强调“变小”的过程。

“V/A+O”之间的“下”可用“了$_1$ ləʔ^{21}”替换，替换后句义有所不同：带“下”的句子有比较的意味，带“了”的则没有。如例(93)“家里来下一圪都许多人”有“嫌多”的意味，当事宾语如果变成“三个人”，就只能说“家里来了三个人”，是纯客观的叙述。再如例(97)如果不带“要、嘞”，也只能说“真⁼儿比夜里冷了三四度”。“下”和“了”之间的这种区别，可以归纳为：“下”带有主观性，往往给句子带来比较的意味，“了”没有主观性，不会带来比较意味。这是“下”的原始趋向义仍在发挥作用的结果，同时表明其语法化并不彻底①。

“下”的语法化轨迹可图标如下：

谓语→趋向补语→结果补语→完成体标记

3.3 “起”的语法化

“起”的趋向义是由下向上移动，着眼点在起点。在位移动词、致移动词后作补语。可以和“起来”互换。例如：

站起	搊nɔ^{213}起扛起	背起	装起
站起来	搊起来扛起	背起来	装起来

当前面的动词与位移无关时，“起”表示事情做好了、做完

① “下”和“了”的关系错综复杂，这里只是简单提及。本章暂将“了”归入实现体标记，“下”归入完成体标记，容今后全面考察。

了等结果意义,大致表“做好”可以跟“起来”互换,“做完”不行。如“扎涮起/起来打扮起来”“请起/起来(人)指说媒、说合”“收拾起”“收紧收拾起”等,再如:

(99) 演员都是穿扮起/起来打扮起来好看。

(100) 行李都打摞起了行李都收拾好了。

进一步引申为可能补语,表示“有/没有……的能力(尤指经济能力)”,常用于否定句和反复问,有的完全不用于肯定句。这时不能用“起来”替换。普通话“起”也有这种用法(吕叔湘1999:441)。例如:

(101) 甲:要不咱们打赌来吧。乙:我们可打不起。

(102) 甲:咱去北京串去来咱们到北京玩儿去吧。乙:你能串起嘞,我们是串不起你能玩儿得起,我可玩儿不起。

由表能力又进一步虚化为表“可能”,用“V/A+不+起”表示“不会V/A”,即“没有……的可能”。这时,“起”只能用于否定的未然句。其中部分动词可用“V起V不起”表反复问,但频率不如否定形式高。普通话的“起”不能这样用。例如:

(103) 晌午吃了三个馍馍两碗菜,饿不起中午吃了三个馒头两碗菜,不会饿。

(104) 真⁼儿咋也昏不起了吧今天大概不会头昏了吧?

(105) 你说那两个嚷起嚷不起你说他们俩会不会吵起来?

(106) 没吃甚难消化的东西,肚子憋不起肚子不会胀。

值得注意的是,与之相对的肯定可能式是“V/A+也 ia^{21}”,而不是“V+起”,如“下也会下雨/下不起不会下雨”“冷也会冷/冷不起不会冷”“打架也会打架/打不起架不会打架”“头疼也会头疼/头疼不起不会头疼”,表趋向、结果、能力都不能用这种格式表示肯定的可能。这种变换式可以用来区别“V/A+不+起”的可能义与其他意义。

神木话“起”的另一种常见用法是表示起始义,用于动词、形容词之后和动宾之间。这时不能用“起来”替换，句末必须有“了$_2$”。“V/A起”的否定用“没”，如“没哭起、没冷起”等。这种用法的“起”当属起始体标记。例如：

(107) 自从长青殁了，我妈一下儿□tsɔ[53]哭起了我妈动不动就哭起来了。

(108) 这种爬场货，连亲戚六人也哄起了这种没出息的东西，连亲戚都开始骗了。

(109) 七几年兴起个种油砂豆，兴了两年则就不兴了。

(110) 神木这个天气，一过八月十五就冷起了。

普通话中“起”也可在动词后表开始义，只是没有发展成为起始体标记，而是由“起来”表起始体（吕叔湘1999：439—443）。神木话的“起”与普通话的“起来”作用相当，但并不完全相同。第一，普通话的“起来”表示动作开始并继续进行，或状态开始出现并继续发展，神木话的“起”（及“开、开来”，见下文）单纯表示开始，并无继续进行或发展的意思。第二，普通话中同“起来”搭配的形容词多表积极意义，包括一些意义抽象的词（同上：441—443），神木话“起”没有这一限制，但搭配面较窄，如“冷、忙、焐ᶜtɕʰyɣ̃闷热、能、权换做作”等，数量有限。

“起”大概到宋代才出现表起始的用法，比作趋向补语要产生得晚（太田辰夫1987：200—201，志村良治1995：56）。比如，据张美兰（2003：280—281）考察，《祖堂集》中“起”充当趋向补语90例，全部表示动作的方向。据吴福祥（1996：387—388）考察，敦煌变文中趋向动词“起”的用例共10例，只充当趋向补语和结果补语，没有表开始的用法。

“起”的起始义的形成，应当是两方面因素起作用的结果。

一方面，由趋向补语语法化而来。“起”作趋向补语表示由下到上的位移，尤其着眼于位移的起点。物体空间位移的起点，即是时间上动作、状态的起点，因此可用空间上的“起”来隐喻时间上的“始”。语法上的具体表现是“起”搭配动词的扩大，由[+位移]、[+致移]义动词，向[－位移]、[－致移]义动词扩展，再由动词向形容词扩展。其引申关系可用下面三个句子表示出来：

(111) 他站起了。（动作/空间：向上）

(112) 他嚎起哭起来了。（动作/时间：动作开始：起始）

(113) 他冷起了。（状态/时间：状态出现：起始）

另一方面，可能和“起”的早期动词义有关。“起”在先秦就有“兴起、产生、开始”的意义，在句子中充当谓语（王力 2000：1344）。普通话仍有“从……起”的偏正短语。由表“开始”义充当补语，再逐渐演化为体标记，也不无可能。

同时，就神木话来说，在“起”语法化为体标记的过程中，表示“没有……的可能”的“V/A+不+起”，也当从否定的方面起了重要的促进作用。

“起”由充当起始体标记，又进一步虚化为“……的时候”之义，而且位置灵活，可以位于动宾之间或宾语之后，还能同时出现在这两个位置上①。它之所以能够引申出表时间的用法，是由于某一事件、状态的“起始”本身就是划分不同时间段的自然界限，换句话说，某一动作、状态的开始，也就是一个新的时间段“开始的时候”。如：

(114) 睡起把灯关了睡觉时把灯关掉。

(115) a 你去起榆林把我叫上你去榆林的时候叫上我。

b 你去榆林起把我叫上你去榆林的时候叫上我。

c 你去起榆林起把我叫上你去榆林的时候叫上我。

(116) a 投你考起大学考生就少下了到你考大学的时候考生就少了。

① 其间的重新分析过程请参看邢向东（2006b：178）的讨论。

b 投你考大学起考生就少下了到你考大学的时候考生就少了。

c 投你考起大学起考生就少下了到你考大学的时候考生就少了。

“起”表时间时的句中位置是一个颇有意思的问题。我们认为,它反映了神木话中“V+助+O”和“V+O+助”两种语序的竞争及其结果。首先,在晋语乃至整个西北方言中,表进行、持续体的“着”位置在宾语之后,采用“V/A(+O)+着”语序。同时,神木话还用“V/A(+O)+着”表“(过去)……的时候”,如“走着走的时候(过去)、猴着小时候、养你着生你的时候”(见第拾叁章2.2节)。与之平行,表“(未来)……的时候”的手段有“V/A(+O)+起”,如“走起走的时候(将来)、疼起疼的时候(将来)、看见他起看见他的时候(将来)”,两相对应,十分整齐,体现了类推的力量。不过,在神木话及其他晋语、西北方言中,表“实现体、完成体、达成体、起始体”等的助词,位置都在动宾之间,如“起”表起始体的格式是“V/A+起+O”。这样,在方言中就出现两种语序的竞争:一方是表时间的“V/A(+O)+着”(平行类推),另一方是起始体标记的“V/A+起+O”(功能扩展),两种力量并存、竞争,以致出现“V起O起”的叠床架屋的表达方式。不过,从竞争的最终结果看,还是类推的力量占了上风。

正因为如此,加上汉语语法中位于句末、分句末的成分有语气词化的倾向,最终导致“VO起”中的“起”继续了语法化进程,由表示时间进一步语法化为表示虚拟意义的句中语气词。这种用法只能位于整个VP充当的假设分句之后。动宾之间的“起”则没有发展出这种用法,仍然停留在表趋向、起始、时间的阶段。例如:

(117) 说起这个事情起就是你的不对了要说到这个事情的话,就是你的不对了。

(118) 怕谨⁼做饭起咱就下馆子去来吧懒得做饭的话咱就去下馆子。

(119) 你要再耍水起，操心腿把子着你要再游泳的话小心你的腿！

"起"在不同位置上语法化的程度不同，与其他方言所表现出来的规律相同。从近代汉语和晋语方言的情况看，就动宾短语来说，一般情况下位于整个短语之后的成分，最有可能语法化为表语气、提顿意义的助词，如近代汉语的"时"（江蓝生2002：291—301）、山西晋语的"佬"（郭校珍2008：8—26）、神木话的"来"等。大同话表时间和提顿语气的"顿儿"，则处于"V顿儿O""VO顿儿"竞争的阶段（郭校珍2008：26）。

由这种用法进一步扩展，"起"还可在代词、名词短语后作话题标记。尽管前面成分的性质已经不同，但"起"表虚拟的意味还在。句子的使用范围明显受限，大多用于比较的语境或暗含比较的意思，不能表达已然事件。例如：

(120) 我们起从来也不敢这么价我们的话从来都不敢这样。

(121) 我哥哥起做甚也行嘞，我起做甚也不行我哥的话干什么都行，我的话干什么都不行。

(122) 房子起我也买起嘞房子嚜我也买得起。

另一方面，在对话中与人争辩，反驳对方时，说话人将"起"后面的话隐含掉，直接用"起"煞尾，构成虚拟句。这时句子的语气十分强烈，实际上是"虚拟+反问"的复合语气。其中"要不是起"已带有一定的熟语性，例如：

(123) 甲：这么高圪楞土楞你不敢跳。乙：要敢跳起怎么不敢！

(124) 甲：天天坐在炕上就等得吃嘞就等着吃！ 乙：要不是起你胡说！

(125) 甲：你这不是吹嘞吧你这别是吹牛吧？ 乙：要不是起就不是！

“起”的语气词化，证明了晋语语法中的一个普遍规律：句中虚词可以通过隐含后面的部分实现语气词化。

“起”的语法化轨迹可图示如下：

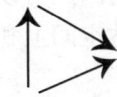

趋向补语→结果补语→有能力义→（没）有可能义
↑↘
↑　起始体标记→时间义→虚拟义→话题标记
↑↗　　　　　　　　　　　→单句末表虚拟
动词（开始义）

3.4　“开、开来”的语法化

“开”可以充当趋向补语，表示分开、离开，能与[+位移]、[+致移]义动词搭配。有的句子中意义比较抽象，但还没有脱离位移义。口语中更常见、更自由的手段是用“开来”，其用法与“开”相同，“来”的意义完全虚化，像一个不表义的音节。例如：

(126) 我们赶紧躲开了。

(127) 把这个麻袋拆开来，放在这搭儿累事的把这个麻袋拿开，放在这儿碍事呢。

(128) 英语我扔开丢开多年了。

(129) 这孩伢儿总算把奶撇开来了这孩子总算断了奶了。

它们放在意义比较抽象的动词后作结果补语，表示“解脱、明白”等意义。例如：

(130) 事情都说开来了，以后就好好过日子吧。

(131) 这下解 xᴇ^{53} 开了懂了。

(132) 人老了，爽利听不开话了。

“开、开来”还能在动词、形容词之后，表示动作、行为、状态的起始，该用法是“离开”义的引申，当属起始体标记：

(133) 孩伢儿又嚎开了孩子又哭起来了。

(134) 天刚暖了两天，又冷开了又开始冷了。

(135) 刚才还晴晴儿的个天，说下□tsɔ^{53}下开来了说下就下起来了。

(136) 内蒙人一喝酒就唱开来了唱起来了。

“开、开来”的起始体用法,应是直接由趋向补语引申出来的。从人的认知看,空间上某一物体与另一物体分离,相当于时间上一种动作、状态结束,另一种动作、状态开始,因此可以用本义为离开的词隐喻时间上的起始。正如人们表达空间上和时间上的间隔同样用“离……多远/多长”一样。

“开/开来”的语法化轨迹可图示如下:

谓语→趋向补语→结果补语

→起始体标记

3.5 “上、下、起、开、开来”作体标记的区别

3.5.1 “上”和“下”

“上”表达成体,“下”表完成体,其语法作用的区别,可以通过下面的例句体现出来:“说上婆姨了”意思是开始找对象了,但还没有订婚,“上”表示“说婆姨”的行为已经开始实施,但还没有结果;“说下婆姨了”意为已经和女方确定关系,订婚了,“下”表示“说婆姨”的结果已经成就。“天冷上了”意思是“天冷”的状态开始出现,气温低了,但没有跟前几天比较的意思。“天冷下了”意为“天比前几天冷了”,突出的是状态的变化,但绝对气温是不是低可不一定。有趣的是,把“天冷上了”和“天冷下了”翻译成普通话,都只能说“天冷了”。可见,普通话的“A+了”其实包含了“状态已经达成”“状态已经发生变化”两个意义。同样带动量宾语,“一天去上三回”只能用于未然句,“一天去下三回”只能用于已然句。

3.5.2 “起、开、开来”与“上”

“起、开(来)”与“上”的意义相近,搭配关系、句法环境也有相同之处,如都能用在持续动词、形容词后头,其后都可加“了$_2$”,但意义和用法都有不同。从意义看,两者的出发点不同,

"V/A+起/开"着眼于动作、状态开始的那一刻和开始前,"V/A+上"着眼于动作、状态开始后的那一段时间。比如"一到收夏就忙开/上了一到夏收就忙起来了"一句话中,两个词互相替换后意义不同,语境也有区别,"……忙开了"是说到夏收季节就开始忙了,至于忙到什么时候,句子没有任何暗示,可扩展为"收夏前还不咋不怎么忙,一到收夏就忙开了"。"……忙上了"是说从夏收开始要忙一段时间,其中有"持续一段时间"的含义,可扩展为"一到收夏就忙上了,忙到八月才能闲下嘞"。句子扩展的部分,正凸显了"开"和"上"之间语法意义、运用环境的不同。再如,"八九月还不冷,到十月就冷开了""十月冷上,得明年四月才能暖嘞"两句的"开、上"不能互相替换。造成这种差别的根源在于它们语法化的出发点不同:"上"是从"达成"的结果义进一步语法化为体标记,因此可表达动作、状态的"开始并继续",而"起、开"是从趋向义直接引申为体标记,它们在空间上着眼于"起点"或"分离",隐喻到时间上,注重的是动作、状态开始的那一瞬间。

3.5.3　"开、开来"和"起"

在神木话中,起始体标记"开、开来"和"起"功能重叠,搭配关系、语义特点、风格特点都很接近,这种并存现象应当是方言接触的结果:"起"和"开"在许多晋语和西北方言中并存。同时表明其语法化程度不高,还处在多个成分共同表示某一语法意义的阶段。在晋语中,此类现象比较普遍,情况颇为复杂。如郭校珍(2008:103—104,125—128)认为,山西晋语的体标记"起(来)"和"开"在体意义上没有差别,"起(来)"是受普通话影响出现的用法。王鹏翔(2002)也指出陕北话中"开"的使用频率比"起"高,而且"VO开"和"V开O"格式可以自由替换,"起"则不可。就神木话来说,"起"的语法化程度更高。

四 结语

4.1 神木话趋向动词表位移用法与普通话、关中话的差异

第一，神木话趋向动词“来、去”可以直接带处所宾语，构成“来神木、去北京”的格式，与普通话相同，与关中话不同。

第二，神木话复合趋向动词带处所宾语的格式是“I.D_1+Loc+(D_2)”“Ⅱ.D_{12}+Loc”格式；动趋式带处所宾语的格式是“I.V+D_1+Loc+(D_2)”“Ⅱ.V+D_{12}+Loc”，格式Ⅱ与普通话、关中话都不同，只能作连动式前项，例如“先回去村里再说”“那点儿肉拿回去神木□tsɔ^{53}已经臭了”；格式I与普通话相同，与关中话不同（王军虎1997，唐正大2008）。

第三，神木话动趋式带受事、当事宾语，首选位置是动趋式之后，其次是复合趋向补语之间，不能在动、趋之间，这一点与普通话不同，与关中话部分相同。

第四，神木话趋向动词有方位词化的用法，能在“往”的后头充当宾语，与普通话不同，与关中话一致。

4.2 神木话趋向动词的语法化与普通话的差异

第一，神木话的“上、下、起、开、开来”分别发展出达成、完成、起始三种体标记的用法。普通话的“起来”表示起始体，“下去”表示继续体，与神木话不同。以上差异说明趋向补语都有向体貌标记语法化的倾向，但不同的方言选择的具体词语不同。

第二，神木话“起”可表时间、语气，与普通话不同。至于动趋式中趋向动词的结果意义，神木话也和普通话有所不同。

4.3 神木话趋向动词语法化的机制

在神木话趋向动词的语法化历程中，功能的泛化、转移（如语义的虚化，与谓词搭配关系的改变与扩展，动词后宾语的改变与扩展、成分的移位）与重新分析发挥了十分重要的作用，二者

之间又是互相交织、互相促进的;类推作用的力量也不可低估。它们的语法化历程再次表明,所有的语法化的发生,都必须具备两个条件:特定的结构,特定的句类和语言环境。

拾玖　神木话的话题标记“来”和“去”及其由来

神木话的趋向动词“来、去”用法非常复杂。就它们表位移的基本用法来看，可以做谓语、补语，带处所宾语，充当连动式前项、后项或同时充当前项、后项等（详见第拾捌章）。从表位移引申，“来”又可表祈使语气、过去时、话题等，“去”可表目的、话题等。对这几种引申用法，笔者曾经做过描写，请参看本书有关章节及邢向东（2006b）。本章讨论“来、去”充当话题标记的来源及其语法化机制。

一　“来”充当话题标记的由来

1.1　“来”充当话题标记的用法

神木话的“来”读lᴇ44，可以在代词、名词、名词短语以及某些介词短语后充当话题标记。“来”相当于北京话的“嚜、呢”，其后还可跟“了”。例如：

(1) 我来（了）不怕他我是不怕他。

(2) 话来（了）□tsɔ53给他捎给了，来不来他各儿看去吧话呢，已经带给他了，来不来他自己看吧。

(3) 真⁼儿来(了)就这么个事情了今天就这样了,明儿再说吧。

(4) □niε^{213}你妈那里来(了)有□niε^{213}你哥哥照应嘞,不应你操心你妈那里嚜有你哥哥关照,不用你操心。

(5) 东面来(了)黄河挡住了,逃犯过不去。

(6) 往北来(了)我也没走过。

也可在动词、动词短语后做话题标记,这时,话题与述题之间大多构成动词拷贝结构(徐烈炯、刘丹青 1998 : 141—157):

(7) 说来(了)也跟那个说过了说呢也和他说过了,就看那个他给不给帮忙吧。

(8) 吃来(了)吃饱了吃呢也吃饱了。

(9) 刮腻子装修房屋时给墙壁上腻子来(了)我也不会。

(10) 念大学来(了)这辈子是不顶事了念大学嚜这辈子是没戏了。

我们分析,“来”应是先在动词短语后做话题标记,后逐渐扩展到名词短语及介词短语之后。

“来”做话题标记是晋语的普遍现象。郭校珍(2008 : 27—40)描写,山西晋语大多有“来”充当话题标记的用法,在句子中的分布也与神木话略同。据研究生崔娜娜告知,神木话“来了”的上述用法与吕梁片兴县话略同。范慧琴(2007 : 217—220、235—236)认为,五台片定襄话的“来(来)”除了做句末事态语气词(相当于笔者所说的“过去时助词”)以外,还能做句中语气词,分别用于两项对举时、让步句前一分句末、假设句前一分句末,表示暂顿语气。

1.2 “来”充当话题标记的由来

神木话的“来”和其他晋语一样,可以表示过去时,兼表申明的语气[①]。在这一点上，陕北晋语（及山西的部分五台片、吕梁片晋语）与其他晋语的显著区别是，其他晋语一般用“来”煞尾（邢向东、张永胜1997），陕北话“来”之后还有一个“了/来/该”。

过去时助词“来”表示过去曾发生过某事或有过某种状态，它们与现在已无联系。这种表时作用，是通过语气上肯定事件的发生、状态的存在来实现的。神木话用“来”的句子，有的可用普通话“过”翻译，有的不行，如例（11），有的可勉强用“过”，但不自然，如例（13）：

（11）我在榆林见□niɛ^{213}你哥哥来了我在榆林见过你哥哥。

（12）夜来我们吃拼三鲜一种榆林名吃来了昨天我们吃的拼三鲜。

（13）我可也劝来了我可劝过，人家不听么。

（14）那家家nəʔ$^{4-2}$ tɕiɛ$^{213-24}$ tɕiəʔ^{21}早先可穷来了他们家早先可穷了。

“来”是近代汉语中使用频率很高的时制助词（或称“事态助词”），在北京话中与“着”合并为“来着”一词，表示“近过去时”。单用的“来”在共同语中已基本消失。不过在晋语和西北官话中，其用法得到了充分的发展。

在神木话中，“VP+来了”往往有多种意义，位于句末时是过去时标记兼表语气，位于句首时是话题标记。试举数例：

（15）看来了：①看过：这个电影我看来了。

②看嘿：看来了我也怕谨⁼懒得看去。

（16）买来了：①买过：国库券我们也买来了。

②买嘿：（房子）买来了也买不起。

（17）要钱来了：①赌过钱：他夜里要钱来了他昨天赌钱了。

① 关于陕北晋语的时制系统以及“来”的详细用法，请参看本书有关章节及邢向东2006b：110—154；邢向东2015。

②赌钱嘿:耍钱来了咱是不敢耍赌钱嘿我是不敢赌。

(18) 见他来了:①见过他:我在西安见他来了。

②见他嘿:见他来了我也不想见去。

其他晋语中,表过去时的“来”和话题标记“来”之间也存在严格的平行现象。句末时制助词使用“来了”或“来来、来该”的方言,如果话题标记有“来”,也一定可以用这些助词。如兴县话的“来了”,同样是既可在句末表示过去时,又可在话题后充当话题标记,不仅跟神木话用法类似,“来了”连用的情况也相同。再如陕北绥德、榆林、山西定襄等,表过去时和表话题都用“来来”;吴堡话句末表过去时用“来该”,话题标记也用“来该”;内蒙古呼和浩特、卓资山、丰镇话表过去时和话题标记都用“来”,如丰镇话“我在包头见你爹来”“孩子们来都考上大学了,不用操心了”。这种平行现象强烈提示,话题标记“来”与过去时助词“来”之间有密切关系。下面讨论其形成过程。

值得注意的是,当“V+来(了)”充当话题时,其后的述题部分大都要重复前面的动词,话题—述题之间形成拷贝结构,而且述题部分多为否定结构或表达否定意义。此外,在山西晋语中,“来”做话题标记时构成拷贝式并列复句的频率很高(郭校珍2008:33)。以上几点对于探究话题标记“来(了)”的形成具有重要价值。

我们认为,话题标记“来(了)”就来自句末表过去时兼表申明语气的“来(了)”,其间经过了移位、转用的过程,其中句法环境的改变是关键。过渡句式是拷贝式话题结构的对举格式“VP_1来(了)+VP_1,VP_2来(了)+VP_2”,具体动因则在于说话人对陈述句末“VP+来(了)”的移位转用。要说明这一点,就需要对过去时助词“来”的语法功能有更全面的理解。

范慧琴(2007:217)将定襄话位于句末的“来”称作表曾然的事态语气词,她指出“来来”的“语法功能有二:一是表示事态曾经发生、出现,我们称之为‘曾然’,二是表示一种申明的语气”,如“我吃来来。他走咾来来”。汉语的时体成分,往往与语气词混而为一,难分彼此。如北京话句末的“了”一般分析为表肯定语气,但也有人分析为“已然体标记”;“呢”则兼有表语气和表进行体的功能。同样,神木话的过去时标记“来(了)”在表达时制意义的同时,也附带表达“申明”的陈述语气,肯定曾经发生过某事。事实上,陕北晋语的过去时助词“来”,现在时助词“了、嘞”,将来时助词“也”,均兼有表时和表语气的功能。正是这种表过去时兼表申明语气的功能,使“来(了)”具备了经过移位而转用为话题标记的可能。

当言语表达须要列举两种以上的行为并加以评论、对比时,若把陈述句后部表达“申明曾经做过某事”的“VP来(了)”移到句子(小句)前部作为谈论的话题,后面重复该动词并就这一行为发表评论,便会形成并列式的拷贝结构:“VP_1来(了),VP_1;VP_2来(了),VP_2”。据此构成对举格式,或其后再加上总括性小句,就形成“话题—述题,话题—述题”式的并列句。当然,并列式拷贝结构中出现的话题标记是“来”充当的话题标记中语法化程度最低的,处于该成分“话题标记化”的初级阶段。下文“去”做话题标记也说明这一点。同时,神木话“来(了)”充当话题标记时构成的拷贝式并列复句并不多。从郭校珍、范慧琴对山西晋语的描写来看,似乎神木话的话题标记“来(了)”比山西晋语语法化程度更高,用于单句远比用于复句自由。这时,“VP来了”的时制意义由于移位至句首而消减;语气意义也减弱为提顿,略带强调。在并列式拷贝结构中,说话人列举、谈论的话题就是“来(了)”前面的VP。至于句子的述题部分多为否定结构或否定意义,则是拷贝对举格式带来的附加特点：从表达动机看，说话人要特别提出两件事情来比较、评论，可能就是要强调须要否定的事情。例如：

(19)（东西丢了）寻来了寻不上找呢找不到，买来了买不起，则借的使唤吧就借着用吧。

(20) 复习来复习完了，准备来也没甚准备的，就等的考吧。

如前所述，山西晋语中“来”普遍充当话题标记，同时存在拷贝式话题结构，例如：

(21) 长治：写来不会写，念来不会念，不知道做甚呀写呢，不会写；念呢，不会念，不知道做什么呀？（郭校珍2008：35）

(22) 太原：打来打来$_2$，骂来骂来$_2$，你还要咋勒打呢，已打了，骂呢，也骂了，你还要怎么样？（同上）[①]

(23) 定襄：听来来听不见，看来来看不真听呢听不见，看呢看不清。（范慧琴2007：235）

郭校珍对这类带“来”的拷贝式并列句语义特点的分析颇具启发意义：“这类句子常含有时过境迁的意味，强调事件或动作的结果相对于某个参照点而言，已经既成事实，并且到目前为止已无法改变……”（郭校珍2008：35）“无论被拷贝的谓词是动词还是形容词，整个句子主要强调一种经历或已成事实，说话人的参照点未必是‘现在’，可以是现在，也可以是过去，并且整个句子包含有事已至此的意味……”（同上：37）郭文已经意识到，这种表意特点，可能跟提顿词“来”的来源有关。我们认为，所谓“时过境迁”“整个句子强调一种经历或已成事实”，固然

① 郭校珍此处的用例，重复使用了话题标记和句末先事时助词“来$_2$”，似乎是一种特别的安排。这种安排实际上已经暗示出话题标记“来”和句末时制助词“来”之间的渊源关系。但郭著目的不在于此，因此未加讨论。此外，范慧琴（2007：235）所举“来”用于“两项对举时的暂顿”的5个用例中，有4个是否定结构，说明笔者的观察是正确的。

跟这类句子常常在句末用“来$_2$”表示过去时有关，更与其话题标记“来”来自过去时标记直接相关。有意思的是，太原话“打来$_1$打来$_2$，骂来$_1$骂来$_2$……”的说法，神木话也可说成“打来$_1$也打来$_2$了，骂来$_1$也骂来$_2$了……”。对于没有方言语感的人，这简直就是“VP来”结构的重复。这种句子形象地展示了“VP来”由句末移位到话题位置上的过程。

由此看来，拷贝结构构成的并列句可能是“来（了）”充当话题标记所运用的最早句式。在这种句式中，“来（了）”表示过去的意义还没有完全消失，“VP来（了）”构成的前项还有一定的表过去的意味。在此基础上，删除其中一个分句，就可以用拷贝结构构成单句了：

(24) 动弹来了动弹不行了干活儿呢也干不了了。

(25) 怕来了咱也不怕他怕嘿咱也不怕他。

(26) 哄人来了咱也不会哄骗人呢咱也不会骗。

句首使用“VP来（了）”的表达方式的频率不断增加，稳定地形成“话题—述题”结构，其评论部分也就不再局限于拷贝“来（了）”前的动词，而扩及其他动词（短语），结构也更加灵活复杂。到此，“来（了）”已经完全演化为话题标记，跟原来的时制助词兼语气词脱离了关系。

随着使用频率增加，它的搭配范围进一步扩大到充当话题的代词、普通名词、时间名词、处所名词、方位短语甚至介词短语之后。“来（了）”作为话题标记的功能得到了充分的发展。在目前所见的晋语语法材料中，“来（了）”作为过去时助词（或称“事态助词、事态语气词”）和话题标记的用法，不但平行存在，而且无不表现出较高的使用频率和较宽的使用范围。

强星娜（2009：147）说：“据我们掌握的材料，汉语中，位移动词发展为话题标记的现象主要可见于一些西北方言以及部分晋语中。”在强文所举的例子中，“来”充当话题标记的方言都是晋语，而这些方言的“来”一律有过去时标记的用法。地域上的相关性证明，各地“来、来了、来来、来该”充当话题标记的用法，均是由过去时标记（兼表申明语气）语法化而来[①]。

二　话题标记“去”的由来

2.1　话题标记“去”的用法

神木话“去”也可充当话题标记，这时“去”读kəʔ[21]。与“来”不同的是，它做话题标记只能位于动词之后，不能置于名词及其他成分后，而且最常见的是构成假设复句、并列复句，表示条件、结果关系，或两种行为、状态、态度的并列或对比，有时也可构成单句。例如：

(27) 买质量好的去，嫌贵嘞；买便宜的去，又嫌质量不好嘞。

(28) 咱这号人，说去不会说，做去不会做，真真儿真的是百无一用。

(29) 去 $k^hə ʔ^{4-2}$ 西安去 $kəʔ^{21}$ 我是去㞞了去西安我都去怕了。

2.2　“去”充当话题标记的来源

“去”做话题标记的用法，当是由它在祈使句末表目的义的基础上形成的。即表目的义的“VP去”移位到句首话题的位置上，演化为假设的目的。

赵元任（1979：221—222、363）、朱德熙（1982：165—166）

① 这里要特别感谢刘丹青先生向笔者推荐强星娜的博士论文，感谢强星娜及时惠赐论文。正是论文中关于汉语话题标记与四大句类之间关系的论述（强星娜2011），使笔者警惕地反思自己的观点，发现原来的推断难以成立，进而考察话题标记“来”与先事时助词“来”之间的相关性。提醒笔者在思考一个语法成分的语法化问题时，应更加广泛地观察同类方言、同类成分的情况，尤其是平行发展的情况。

讨论了“去”可在句末（语气词前）表示目的。神木话的“去”在祈使句末表达目的义时，原来的位移意义可以很虚。如例(30)—(33)，句末的“去”都表示目的，但位移意义渐次减弱：

(30) 赶紧出去要玩儿去。

(31) 你说去，我说上人家不听你说吧，我说他不听。（“说”的对象可能就在面前）

(32) 锅里可多嘞，你情 $tɕ^hi^{44}$ 吃去锅里多着呢，你尽管吃。

(33) 情 $tɕ^hi^{44}$ 教那瞎说去，瞎说得哪一天倒霉也尽管让他胡说，胡说的总有一天要倒霉。

由于所在的句子是祈使句，句类的特点决定了事件的未然性，这种时间上的特点作为一种附带的特性，隐性地存在于句义中。

2.3 “去”成为话题标记的语法化过程

以表达目的义为起点，“去”进一步语法化为话题标记。其中大致经历了两个步骤。

第一步是移位。为了表达左右为难、犹豫不决的情态，或对两种行为、态度的斟酌、比较，将原本构成祈使句的“VP去”移用到句首来假设一种未然的情况，后面的部分说明其结果，再用否定形式“不VP去”假设相反的情况并说明其结果，就构成“VP去，……；（不）VP去，……”式的“并列—假设”类多重复句。在“VP去”移位到句首的过程中，原有的目的义变成了“假设的目的义”，即“要……的话”的虚拟义，时间上的未然性得到凸显，从而构成假设性条件分句。例如：

(34) 这种不远不近的亲亲亲戚最麻烦了：请去，不想请；不请去，怕惹下得罪嘞。

(35) 彩霞真⁼儿拿得来一只羊。收去，没人吃；不收去，又怕那个恼嘞彩霞今天拿来一只羊，收吧，没人吃，不收吧，又怕她生气。

(36) 种金稻黍儿玉米去，卖不下几个钱儿；种菜去，少人没手谁卖去嘞？

上面三例中,“VP去,(不)VP”中的前项“VP去”属于分句式话题,话题和述题之间是条件、结果关系(徐烈炯、刘丹青1998:237—250)。全句对两种假设的情况及其结果加以对比,表示说话人犹豫不决的态度。“VP去”后可再加“吧”,而神木话中的“吧”正是带有虚拟意味的语气词和话题标记。

第二步有两个演化方向。

方向之一是功能泛化。即“去”的意义在虚拟义的基础上进一步泛化,适应范围扩大:句子由表达犹豫不决的情状、态度,泛化为对两种情况加以对比,这时,“VP去”的虚拟作用减弱,只是提出一种行为作为谈论对象,话题的性质更加突出,“去”的作用变成以提顿为主,句子的后部不再表示结果,而是就“VP去”所提出的行为加以说明。全句用“VP_1去+不VP,VP_2去+VP”的对举格式构成“话题—述题,话题—述题”式的并列句。例如:

(37) 这种菜看去不好看,吃去还不赖不错。

(38) 看去不重重,称去可重嘞看上去不太重,称起来重得很。

(39) 做去不行,吹去可行嘞。

上面三例,“VP_1去+不VP,VP_2去+VP”的表达作用是谈论客观事实,而不是进行主观推论,因此它们之间不存在条件、结果关系,全句表示不同情况的对比。这时“去”表假设的作用十分微弱,虚拟意义消失。“VP去”不应再分析为分句式话题,而是由动词短语充当的对比性话题或次话题(徐烈炯、刘丹青1998:228—237)。语音上,表假设时“去”后的停顿时间可以很长,这时的停顿时间较短。

方向之二是分句的删除。在第一阶段“并列—假设”复句的基础上,删除其中一个分句,构成单句。由于只剩一个分句,原来与犹豫不决的情态相伴随的虚拟义随之减弱。形式上,“VP去”与后面的“VP”之间必须是拷贝结构,谓语部分以否定为常，但也可以是肯定式。同时，为了突出“去”前成分的话题地位，“去”后仍可拖长，或在动词前加上副词“是、也”之类。语义上“VP去”是“要说……”“至于……”之意，与述题之间不存在条件、结果关系，有的存在让步关系。“去”的虚拟意义明显减弱，提顿作用加强，话题标记的性质更加突出。“去”能用“来”替换，但不如前者自然。例如：

(40) 收去是真不想收。

(41) 吃去是一捻儿一点儿也吃不下。

(42)（对抱养的孩子）亲去也亲嘞要说亲嚜也挺亲。

在这个方向中，由后一分句隐含所导致的“VP去”从第一阶段的“要……的话”演化为“要说……”，表明“去”作为话题标记的语法化程度进一步加深[①]。

例(43)及其不同回答可以直观地展示“去”由祈使句末表目的义到充当话题标记的机制和不同阶段：

(43) 甲：你说去，我说上人家不听你说吧，我说他不听。

乙a：我也是，说去，怕不听嘞；不说去，实在看不过眼。（分句式次话题）

乙b：你说去不听，我说去能听嘞？（对比式次话题）

乙c：说去倒是能说嘞。就怕不顶事不管用嘞。（单句，

① 值得注意的是，普通话存在“看来、说来、看去、听去”等半固定的短语，吕叔湘主编《现代汉语八百词》(1999：346、456)指出它们“表示估计或着眼于某一方面的意思，做插入语”。神木话放在句中的“V去”也有不须对照的用法，“去”类似后缀，后面不能加“吧”，与普通话“去”的同类用法相同。例如“这个人看去可善嘞｜这句话听去还像个人话｜这事情说去也不算个其要说嚜也不是什么大事”。这里“V去”做插入语，不是话题，后头的部分也不是对它的评论。这种用法与话题标记的用法有一定的共同性，但其来源未必相同。对于其形成问题，还须看汉语语法史学界关于“看来、看去”一类用法的形成过程的考察结果。

拷贝式话题）

总之，“去”是在句末表目的义的基础上通过移位、转用，经过分句式话题标记的阶段，进一步语法化为对比性话题标记和拷贝式话题标记的。与话题标记“来”的形成既有相似之处，又有所不同。

“去”之所以能够语法化为话题标记，其语义基础有两个方面：第一，它在“去 $k^{h}əʔ^{4}$ 去 $kəʔ^{21}$、要去、说去、情吃去”等结构中表目的；第二，句子表示未然的动作行为。这两点同时也构成了对它作为话题标记时使用范围的限制：“VP 去”只能表示未然的或惯常的动作行为，语义上多表示两种情况的对比，结构上要么是假设条件句和对比并列句，要么是动词拷贝式的单句。这些都表明，神木话中，话题标记“去”的语法化程度还比较低。

据我们考察（邢向东 2006b：194—195），陕北晋语“去”都可在祈使句末表示目的义，也都可以在条件分句、并列分句以及动词性成分后充当话题标记。

强星娜（2009：155）反映，陕西关中、甘肃兰州和山丹等方言“去”有做话题标记的用法，如关中话：“手机去买去有些贵，不买咧。”毋效智（2005：337）也描写了扶风话“去”表“的时候”“离……”的用法，如“个那个老生唱去不鼓劲”“盖房去还没呢”。因为没有看到对上述方言中“去”的系统描写，所以未与神木话进行比较。

三　“来、去”充当话题标记的区别

“来”和“去”都能充当话题标记，不过两者的用法有很大区别。

3.1　话题标记“来、去”的差异

上文 1.1 节所举例句中，“来”都不能换用“去”，其中最主

要的原因有二，一是对话题词性的限制，“去”只能用于动词性话题之后；二是时间关系。再如：

(44) 打来打了，骂来骂了，你说咋处理吧？

(45)*打去打了，骂去骂了，你说咋处理吧？

上两例列举两种已经发生的事件，因此不能用“去”。反过来看，上文所举带“去”的句子中，例(34)—(39)完全不能用“来”替换，例(40)—(42)可以，但不如“去”自然。再如：

(46) 不说你去，你太不像话；说你去，你也是三十来回的人了。

(47)*不说你来，你太不像话；说你来，你也是三十来回的人了。

上两例表示抉择不定的态度，“(不)VP去”有很强的虚拟义，“去”充当分句式话题标记，因此不能用“来”替换。再如：

(48) 而真=现在这孩伢儿孩子，打去不能打，骂去不能骂，你说咋管嘞？

(49) ? 而真=现在这孩伢儿孩子，打来(了)不能打，骂来(了)不能骂，你说咋管嘞？

(50) 而真=现在这孩伢儿孩子，打去来不能打，骂去来不能骂，你说咋管嘞？

上面三句话都是列举两种管教手段并加以否定，“VP去/来”是次话题。其中例(48)“VP去”略带虚拟之意，没有强调作用，语气十分自然；例(49)“VP来(了)”不含虚拟之意，语气不很自然，可接受性值得怀疑。例(50)“去”和“来”连用，把“去”的虚拟作用、“来”的提顿作用叠加起来，形成“虚拟+提顿”的复合功能，语气便很自然。上文例(40)—(42)尽管可以用“来”替换“去”，但更常用的还是在“去”后加“来”，构成“VP去来”式的话题。

以上例句说明,神木话中的“去”更常用于充当次话题,并且或多或少总是含有虚拟意义,“来”则很少充当次话题,没有任何虚拟意义。话题中只要包含一点假设的意味,用“来”就不如用“去”更自然、常用。“来”只有前面叠加“去”时才可以用于次话题或带有虚拟意义的话题,说明“去”的语法化程度低于“来”。

下面是“来、去”共现的句子:

(51) 那个人来了,说去不会说,做去不会做,就会一门子吃。

(52) 咱这人来了,花言巧语去也不会。(“花言巧语”用为动词)

“来”用于名词短语充当的主话题后,“去”用于动词短语充当的次话题后。两者不能对调。反映了“来、去”作为话题标记时句中分布的常态。

总之,“来”充当话题标记时,不论搭配关系还是适用结构都很自由,前面可以是动词短语、名词短语甚至介词短语;“去”在这两方面都很受限,前面只能是动词短语,而且一般用于假设句、并列句和少数单句。在时间性上,“来”可用于已然句和未然句,“去”只能用于未然句。

从以上对比来看,“去”的语法化程度比较低,还没有语法化为使用范围广泛的话题标记。

“来”和“去”作为话题标记存在很大的差异,其根本原因在于,趋向动词“来”和“去”基本意义的对立,支配着它们语法化时选择了不同的方向,具有不同的引申用法。这体现了语法化中常见的“语义滞留”的作用。具体原因则在于它们的直接来源有所不同,加之“去”产生话题标记的用法显然较晚,这时,它还要受到“来、嘞、动、起”等更成熟的话题标记的竞争。

3.2 句末虚词话题标记化的普遍性

神木话“来”在过去时助词（兼表申明语气）的基础上语法化为话题标记，“去”则在表目的义的基础上语法化为话题标记。两者基本形成互补关系，发展也不平衡。

句末虚词的话题标记化在汉语语法中具有一定的普遍性，如北京话“啊、嚜、呢、吧”都是句末语气词，又都可以充当话题标记；上海话的“呢、末”既是句末语气词，又是话题标记；晋语的“嘞”既是句末语气词，又大量用作话题标记。对其中的语法化动因和机制进行深入的考察，具有重要的理论意义（张伯江、方梅 1996：36—51；刘丹青 2004；强星娜 2009）。

贰拾　神木话的准语气词“是”及其形成

神木话的“是”作实词用读作$ʂʅ^{53}$。它又经常用于疑问句、祈使句、感叹句的末尾,可分别记作“是$_1$、是$_2$、是$_3$”,此时轻读$ʂʅ^{21}$。“是”及所在句式表达的语气比较微妙,句式不同,“是”的语法化程度也有差异。本章主要探讨“是$_1$”及其语法化过程,兼及“是$_2$”和“是$_3$”。

一　疑问句尾“是$_1$”的功能

1.1　神木话“是$_1$”的分布

“是$_1$”放在询问原因的特指问句末尾,句中须有疑问代词“为甚、咋嘞”构成“为甚/咋嘞+VP+是”格式(也有“为甚是”)①。例如:

① “为甚”是由“甚”充当宾语的介词短语,为了称说简便,本章将它和“咋嘞”一律称为疑问代词。也有“为甚”直接作谓语的“为甚是”,如“你为甚是?”“为”宜分析为动词。为避免行文枝蔓,下文将“为甚是”等同于“为甚VP是”,不作区分。此处的节律是“为甚|是”,“是$ʂʅ^{21}$”轻读。若节律为“为|甚$ʂʅ^{53}$”,$ʂʅ^{53}$不轻读,则是“为甚事?”

(1) 小艳为甚不跟去是?

(2) 这么迟了为甚不做饭是?

(3) □niɛ[213] 你妈咋嘞哭是你妈为什么哭呢?

(4) 真⁼儿咋嘞停电是今天为什么停电?

"为甚……是"还可嵌入陈述句中表原因:

(5) □niɛ[213] 你哥哥看去爽利恼的,不晓得为甚是你哥哥看上去很不高兴,不知道为什么。

以上是真性问,询问出现某种现象的原因。这种句子在该类中只占少数,频率最高、数量最大的是反问句,表示质疑、责备等。例如:

(6) 日子过得好好儿地tɕi[21],为甚离是干吗离婚!

(7) 为甚不雇保姆是!

(8) 那么好的婆姨为甚离婚是那么好的妻子干吗离婚!

(9) 放下医生不教看,为甚信那个张维祥是放着医生不让治,干吗相信那个张维祥!

(10) 给也给了还,咋嘞不花是(钱)给都给了嘛,干吗不花!

(11) 你咋嘞欺负人家猴孩伢儿是干吗欺负人家小孩子!

(12) 你咋嘞卜搔那个是你干吗招惹他!

(13) 你咋嘞这么价是你干吗要这样呢!

该句式表反问,是询问原因的功能虚化的结果,相当于北京话"为什么/干吗……呢"。其原理是通过对行为理由的质疑来否定行为本身,比如"放下乡长不当,为甚当教师是",在说话人看来,当乡长自然要胜过当教师,因此,当在两者之间进行选择时,理所当然地应该选择当乡长,而被质问的人却选择了当教师,因此引起发问人的不解和不满。

以上的句子,"是"须与前头的疑问代词配合。由此更进一步,还可省略"为甚、咋嘞",句表仍是疑问,实际意义是督促、催促,这是表质疑、责备用法的扩展。例如:

(14) 放下那么多的肉你不吃是你干嘛不吃!

(15) 天焖成这么个,不把电扇打开是天热成这样,干吗不把电扇打开!

(16) 绿豆饭熬下一气乎了,还不吃是绿豆粥煮熟半天了,还不赶快吃!

(17) 看见天也黑了,还不走是还不赶快走!

(18) 把那烂盆子不搲 va^{213} 抓得攠 mɔ^{53} 扔了是还不把那破盆子扔了!

总之,这种问句在结构上的特点是:(1) 主语位置上只能出现表第二、第三人称的代词、名词,且经常省略。(2) 可以表肯定,也可以表否定。

1.2 “是$_1$”的作用

在“为甚/咋嘞+VP+是”的疑问句中,“是”是否主要承担传疑的作用,可以通过比较带不带“是”及带语气词“嘞”的句子来分析。

1.2.1 “是1”的隐现

不论是真性问还是反问句,句尾的“是”都可以去掉,去掉后基本意义不变。如“□ niɛ^{213}你妈咋嘞哭? | 你为甚打人家? | 放下那么多肉你不吃?”和带“是”的句子相比,基本语气是相同的。但去掉“是”以后,问话少了一层探究的意思。比如,“你为甚旷课?”是简单地询问旷课的原因,或直截了当地质问对方,而“你为甚旷课是!”则在质问之中增加了追究的意味。“咋嘞不教我们参加?”的口气较为单一,是率直地质问对方,而“咋嘞不教我们参加是!”则更多地强调从情理上不该不让我们参加,重于质疑而轻于指责。从这种差异来看,“是”并不加重反问的强度,而主要是给句子增加一种探究的语气。这和神木话的“是”作为语气副词充当状语时表“肯定、确认”的意义特点是相关的。

吕叔湘（1999：499）指出："'是'不重读时，可省略，只表示一般肯定。"如"我（是）问问，没有别的意思丨一路上，大家（是）又说又笑，毫无倦意"。神木话充当状语的语气副词"是"，用法和北京话相同，既可出现，也可不出现，其语法意义可以概括为"肯定、确认"。

1.2.2 "是₁"与"嘞"的替换

上列各句中，当疑问代词是"为甚"时，句尾的"是"均可代之以"嘞"（句中代词为"咋嘞"时句尾不用"嘞"，可能是两个"嘞"语音语义相同、相互排斥的缘故）。例如：

(19) □niɛ[213]你们学校这几天为甚不上课嘞？（真性问）≈□niɛ[213]你们学校这几天为甚不上课是？（真性问、反问）

(20) □niɛ[213]你同学为甚不和你一搭耍嘞？（真性问）≈□niɛ[213]你同学为甚不和你一搭耍是？（真性问、反问）

(21) 见了我为甚跑嘞？（真性问）≈见了我为甚跑是？（真性问、反问）

(22) 好名但古无缘无故为甚超⁼贱骂人家嘞？（真性问）≈好名但古为甚超⁼贱人家是！（反问）

拿带"嘞"和带"是"的句子相比，前者口气较轻，后者口气较重。前者倾向于真性问，后者则倾向于反问，造成反问的"底层"意义正是这层"探究"的意味。因此，尽管句法上"是"与"嘞"可以互换，实际上，互换之后，句子的意义只是相近，而不是相等。这就突显出"是"的作用：在疑问的基础上给句子增加探询、追究的意味，并往往促使句子由真性问转化为反问句。在表督促、催促的用法中，它进一步离开疑问代词单独使用。因此，"是"可以算是一个"准语气词"。

1.3 "是₁"与"着、着嘞"的替换

1.3.1 "是₁"与"着"的替换

"为甚/咋嘞+VP+是"格式构成的疑问句、反问句，末尾也

可用"着"。例如:

(23) 那个为甚嚎着他为什么要哭? (真性问)

(24) 你好好儿思谋给下儿,□niɛ²¹³你爸爸为甚打你着为什么要打你? (真性问)

(25) 工作得好好儿地,咋嘞走着干吗要走? (真性问、反问句)

(26) 人家看书看得好好儿地,咋嘞关灯着干吗关灯! (反问句)

从语气意义来看,用"着"和用"是"没有明显区别。不过,带"着"比带"是"语势稍弱,"为甚V着"句似乎更倾向于表示真性问。"咋嘞V着"和"咋嘞V是"一样,倾向于表示反问。从语感上看,"着"的使用经常是不经意的,好像顺口那么一说似的。这一特点提示我们,它有可能是一种较早期的表达方式的残留。

1.3.2 "是$_1$"与"着嘞"的替换

"为甚/咋嘞VP着"句还可叠用"着嘞",构成"为甚/咋嘞VP着嘞"句,与"是"互相替换。但不带"为甚/咋嘞"时不能替换(单用"着、嘞"时均同此)。例如:

(27) 为甚哄人着嘞!

(28) 为甚寻死着嘞!

(29) 为甚不告他着嘞!

(30) 咋嘞耍戏人家着嘞干吗戏弄人家!

(31) 咋嘞跟我上阵着嘞干吗跟我斗气!

(32) 咋嘞不请我妈着嘞!

从形成来说,这里的"嘞"是叠加在"着"上的。因为在神木话中,"着"的表义作用磨损得十分厉害,说话人往往意识不到"着"作为一个语气成分的存在,因此又在它后头加上"嘞",以强化句子的语气表达。所以"着嘞"的连用是语气词叠加的结果。

不过,“着嘞”的使用范围比单用“嘞”宽,打破了“咋嘞”与“嘞”不能共现的限制。在连续的语流中,“咋嘞……着嘞”的“咋嘞 tsa^{213-24} $lə?^{21}$”又发生了磨损,有时弱化、合音为 tsa^{241},但仍可听出“嘞”的存在。

从语气看,“为甚/咋嘞VP着嘞”与“为甚/咋嘞VP是”基本相同,都有探究的意味,而且“着嘞”比“是”的语气更强烈一些,很少表达真性问。看起来,叠用的语气词在强度上一般会超过单音节、单纯的语气词,成分的长度和表义的强度恰好呈正比关系。这正是对语气词加以强化的结果(参看刘丹青2001)。

句子不带“为甚、咋嘞”时,“是”不能被其他词替换,说明“是”的用法在“为甚/咋嘞VP是”的基础上又有所发展。

二 “是$_1$”的形成

2.1 “是$_1$”用于特指问句末

神木话“是$_1$”还可以出现在其他特指问句末尾,不过同上面的句子有所不同。为了称说方便,我们把上一节的“为甚/咋嘞VP是”叫做“A类是尾句”,把本节要说的特指问句叫做“B类是尾句”。例如:

(33) 安排谁监考去嘞是安排谁去监考?

(34) 请得谁们些嘞是请了些什么人?

(35) 吼叫我做甚嘞是?

(36) 做甚去来了是干吗去了?

(37) 让架甚嘞是推让什么?

(38) 甚会儿引媳妇子嘞是什么时候娶儿媳妇?

(39) 去哪去也是到哪儿去?

(40) 这道题咋价做嘞是这道题怎么做？

(41) 去王家峁作摩走嘞是去王家峁怎么走？

(42) 这台冰箱咋着嘞是这台冰箱怎么样？

从语义看，上面的句子都是真性问句，和A类句大多表反问不同。不过，带“是”后的附加意味则与后者相同。从结构看，B类句末尾的“是”和句段的关系比较松散，而A类句中“是”与句段的关系很紧密。尤其值得注意的是，B类句中“是”的前面往往带着疑问语气词“嘞”，而且不能省略。其他不带“嘞”的句子，都是因为时制成分“也、来了”等占据了句尾位置的缘故。据此分析，这里的“是”是附加在整个疑问句后面，用来强调这个疑问的。“是”尚未语法化为“准语气词”，而仍然只是倒装的语气副词。转换过程如下：

(43)a吼我（是）做甚嘞？→b吼我做甚嘞是？

(44)a（是）去哪去也？→b去哪去也是？

(45)a去王家峁（是）作摩走嘞？→b去王家峁作摩走嘞是？

(46)a这台冰箱（是）咋着嘞？→b这台冰箱咋着嘞是？

a句带不带表肯定、确认的语气副词“是”两可，其中带“是”起强调疑问结构的作用，b句则将“是”位移到句尾。可见，上述句尾带“是”的疑问句是将状语“是”位移到句尾之后形成的。由于位置的变化，原来表达的“肯定、确认”的语法意义也变为“探询、追究”的意义，比以前有所虚化。不论a句还是b句，“是”都不是必有成分。随着位移到句尾，“是”的词汇意义虚化了，语法意义也有所变化。

总之，“B类是尾句”和“A类是尾句”末尾的“是”同出一源而语法化程度存在差异。最早的用法都是将“是”位移到特指问句末尾。其中，带“为甚、咋嘞”询问原因的句子，出于表达反问语气的需要，表质问、追究的作用加强，表疑问的作用减弱，

“嘞是”的作用逐渐转移到“是”上。与功能的变化同步，“为甚VP嘞是”中的“嘞”终于脱落，由“是”独自承担句尾语气词的作用，在例(14)—(18)中，由于疑问代词的省略，表达全句语气的任务进一步落到句尾的“是”上。

“为甚/咋嘞VP是”句原本只是“疑问代词+VP+嘞+是”语用结构中的一个小类，由于表达语义的需要，它由语用上的特殊结构语法化为一种特殊的“疑问句构式”，成为一种句法结构。“是”的功能和性质也随之经历了由倒装的语气副词转变为“准语气词”的语法化过程。构式的语法化和虚词的语法化同步演进，互相平行。

2.2 “是$_1$”用于是非问句末

与特指问句相平行，“是$_1$”还可用在是非问句末尾。这时，“是”及全句的语用特点随语调的不同而不同。如果句中其他成分不重读，句尾及“是”的调子上扬，是要求回答事件本身的。如果句中的某个成分读强调重音，则全句语调下降，“是”读轻声，是要求回答重读的那个成分的。前者属中性语调，是陕北晋语是非问句的常态，后者属强调语调，是通过重音的不同位置来突显问句中的语义焦点。

这里先讨论中性语调。例如：

(47) □niɛ^{213}你家真$^=$儿请人也ia^{21}是你们家今天请客吗？

(48) 腊月初十引媳妇子也是腊月初十娶儿媳妇吗？

(49) 你要去也是你玩去吗？

(50) 你引去也是你去娶吗？

(51) 窝窝和山药丸子一搭蒸也是窝头和土豆丸子一起蒸吗？

(52) 你和孩伢儿一搭看去来了是你和孩子一起去看了吗？

这种是非问句末尾的“是”是否承担表疑问的功能呢？首

先,句子的语调上升,与不用“是”时相同①。其次,句尾的“是”可以去掉,去掉后不影响基本意义,但少了一层探究的口气。如例(48),“腊月初十引媳妇子也(？)”语气单一,就是问对方“腊月初十引媳妇子”的事实是不是成立,带上“是”以后,疑问程度有所减弱,探究意味有所加强。例(52)如果问“你和孩伢儿一搭看去来了(？)”是直接要求回答,如说成“你和孩伢儿一搭看去来了是(？)”就倾向于要求确认,看自己的判断是否正确。在语言交际中,如果某人想就某事探听一下对方的口风,最宜采用带“是”的是非问句,而用不带“是”的句子就显得直通通的。总之,和不带“是”的句子比起来,带上“是”以后,是非问句的语气显得比较委婉。可见,这类疑问句末尾的“是”,并不起强化疑问的作用,而是在原有的疑问语气上增加探究的意味,其功能跟在特指问句中没有两样。

不论是探究,还是要求确认,是非问句末尾“是”的抽象意义都和语气副词“是”的“肯定、确认”意义直接相关。因此,毫无疑问,句尾“是”也是语气副词位移的结果。即:

(53)a你跟去也？→b* 你是跟去也？→c你跟去也是？

(54)a正月十五耍龙灯也？→b* 正月十五是耍龙灯也？→c正月十五耍龙灯也是？

这类是非问句可以简称为“C类是尾句”。

句尾的“是”是句中表肯定、确认的语气副词位移的结果。但在实际口语中,句中的“是”往往并不出现。这一点很好解释,神木话的语气副词“是”在句中充当状语时可以自由隐现,不须强调时一般不出现。当说话人要将它安排到句尾时,就自然是必须出现的了。

① 陕北晋语没有专表是非问的语气词,一般用上升句调表达是非问的语气。

强调语调也颇值得注意。当句子读强调语调,通过重音来突显语义焦点时,“是”读轻声,但不能去掉,探究的意义也略有弱化。例如:

(55)a你买炭去也是? b你买炭去也是?

(56)a你报陕师大也是? b你报陕师大也是? c你报陕师大也是?

尽管在书面上,这类句子同读作常态语调的是非问句难以区分;但语调并不相同,口语中实属另一小类。可以称之为“D类是尾句”。

在D类句中,由于问话人关注的焦点由整个疑问句转移到句中某一成分,原本倒装在句尾的“是”也失去了其语用上的作用,变成了句法层面的成分。也就是说,针对“是”之外的其他成分的语用操作使“是”的地位“升格”了。这说明,“是”在是非问句末尾也具有了某种语气词的功能,处在由倒装的语气副词向“准语气词”过渡的进程中。

2.3 “是$_1$”的语法化程度的差异

上文将“是”置于特指问句、是非问句末尾的句子简称为A类句、B类句、C类句、D类句。从“是”对语气的影响和与句法结构及其“原型”的关系来看,B类句和C类句中,“是”对句子的语气没有产生质的影响,主要是在疑问中增加了追究的意味,要求对方确认所提的问题,因此与结构段的关系也相对松散一些,语感上对它们的“意识”比在A类句、D类句中的“是”强;“是”与“确认”义的联系较为明显,语法化程度较低。A类句中,句尾带“是”后导致整个句子由表真性问变为主要表反问,“是”表确认的意义已经严重虚化,代之以强化反问的语气,与句子结构段的关系最紧密,使用时最自然、最不经意。尤其是省略疑问代词的用法,跟一般的语气词几无差别。D类句中,“是”与其“原型”语气副词开始分离,使用时十分自然，已由语用上的倒装成分语法化为句法上的语气成分，并有可能进一步变为是非问语气词。所以，尽管同样是在疑问句末尾，但“是”的语法化程度并不相同。在B类句、C类句中，“是”仍然是表确认的语气副词，属于“倒装”在句尾的语用成分。在A类句、D类句中，“是”已经语法化为句法层面的“准语气词”。

2.4　副词的语气词化

“$是_1$”由句中位移到句尾，由语气副词演变为语气词的过程，可以叫做“副词的语气词化”。副词的语气词化伴随着句法、语义、形式的平行变化。句法和语义上，“$是_1$”由句中位置后移到B类句、C类句的句尾，原来的可有成分变成了必有成分，句子的表达重心随之后移至句尾的“是”，使其“断定、确认”语气得到强调，变成了“探询、追究”的口气。在A类句、D类句中，为了强调句中的语义焦点，句子的表达重心前移，“是”进一步由被强调的成分变成无标记的语气成分。形式上，B类句、C类句末尾的“是”须重读，A类句、D类句中“是”要轻读；B类句“是”前一般有语气词“嘞”，C类句全句读升调，而A类句则不带“嘞”，D类句不能读升调。这个过程，反映了一种语用变化逐渐演化为句法形式的具体途径和条件。

在特指问句和是非问句中，“$是_1$”的语法化“同归而殊途”：前者主要依赖于特殊的疑问代词“为甚/咋嘞”，后者主要依赖于逻辑重音的变化，同时，两者又都是在特定的句法结构中实现语气词化的。概而言之，虚词的语法化是和特定结构、形式的语法化互为因果、同步实现的。

三 祈使句尾的"是$_2$"和感叹句尾的"是$_3$"

3.1 "是$_2$"用于祈使句

"是$_2$"用在由疑问句形式构成的祈使句末尾，表示催促、警告等。句调为降调，重音在"赶紧"之类情态状语上，没有情态状语时则在动词上，"是"轻读。例如：

(57) 你噌噌发球嘞（也 iɛ^{21}）是你赶快发球！

(58)（你）赶紧走嘞（也）是你赶快走！

(59)（你）赶紧念嘞（也）是赶快念！

(60) 你而吃嘞（也）是你现在马上吃！

(61) 你是听话嘞（也）是警告：听话！

(62) 你是交代嘞（也）是警告：你必须交代！

句子主语只能是"你"，而且经常省略，动词前常用表催促的"赶紧"等和表确认的"是"等副词。这些都完全符合祈使句的句法特点。不过，"是$_2$"前必须用"嘞"则与一般的祈使句不同。

从形成看，该类句子是由"VP_1嘞（也）是VP_2"隐含后面的部分构成的。即：

(63) 你好好儿念嘞（也）是叫我拾掇打你也？→你好好儿念嘞（也）是！

(64) 你立马马上来嘞（也）是想倒霉了？→你立马来嘞（也）是！

从句法结构看，其"原型"是选择问句，从意义看，前后两部分是反义关系，但不是"V不V"式的反复问，因为陕北晋语口语中并不常用"VP嘞（也）是不VP"式的反复问格式，神木话完全不用（邢向东2005a）。后面的部分往往是威胁、警告的话。其中"嘞"是表断定的语气词，属前部，"（也）是"是连接前后两部分的连词（吕叔湘1999：255）。而位于选择问句A、B两部分之间的连词“是”又是语气副词虚化的结果。该句式通过隐含后部，一方面使句子变得简短有力，另一方面将“嘞（也）是”留到了句尾。后半句话不说出来，语用效果就是使警告、催促斩截有力，不容对方迟疑、怠慢，再加上句尾的“嘞（也）是”，这种效果就更加明显、强烈。这就是“VP嘞（也）是”格式构成祈使句的原理。可见，从来源上说“是$_2$”原本是表选择问的连词，由于语用的需要被留在了句尾。但句式的长期高频使用，使祈使意义逐渐转移到句尾的“是”上，本非语气词的“是”吸收了语气词的功能，由语用层面进入了句法层面。从功能上看，它是由复句中的连接成分变为语气成分，即由篇章功能转化为表达功能的。这是句式义感染句末虚词的一个例证。

值得注意的是，并不是每一个带“是$_2$”的句子都能在后面补出警告、威胁的话来，说明这种句式已经脱离其原型，具有了独立的表祈使功能，成为一种独立的祈使句式。但从语感上，我们还是能感觉到隐含部分的力量。就目前的情况来分析，这里的“是$_2$”也当是一个准语气词。

该句式和另外一些句式的形成过程表明，复句的后一分句或单句的后部隐含是语气词形成的重要途径之一（邢向东2005b、2006a）。

3.2　“是$_3$”用于感叹句

“是$_3$”放在“V他/你不V去kəʔ^{21}是”句式末尾，同义句式是“V他/你V去kəʔ^{21}”。句式表示若无其事、漠不关心的意义，是一种感叹句。动词大多是单音节。例如：

(65) 走他不走去是随他走去！（=走他走去！）

(66) 扔他不扔去是随他扔去！（=扔他扔去！）

(67) 嚎他不嚎去是让他嚎去！（=嚎他嚎去！）

(68) 超$^{=}$贱他不超$^{=}$贱去是随他骂去！（=超$^{=}$贱他超$^{=}$贱去！）

(69) 告你不告去是随你告去！（=告你告去！）

(70) 寻你不寻去是随你找去！（=寻你寻去！）

该句式中的“去kəʔ^{21}”本是连动式后段，这里已经虚化成后置于动词的助词，相当于北京话“让他骂去！”“随你说去！”中的“去”，说得快时可以省略。“是$_3$”则不能去掉，否则句子就站不住。可见，“是$_3$”当是成句因素之一，也已成为一个帮助表达感叹语气的“准语气词”。

关于这种句式及“是$_3$”的形成，笔者以为，既然它是“V他/你V去kəʔ^{21}”的同义否定形式，就应当是在该句式中嵌入“不……是”构成的。由于这是一种高度凝缩的结构，省缩的成分太多，其“原型”已经难以恢复。初步推断，“是$_3$”和“是$_1$、是$_2$”不是同一个来源。具体分析还须在更广泛的基础上进行。

四　余论

4.1　“是$_1$、是$_2$”的形成过程

在上面讨论到的三个“是”中，“是$_1$”和“是$_2$”的形成可以图示如下：

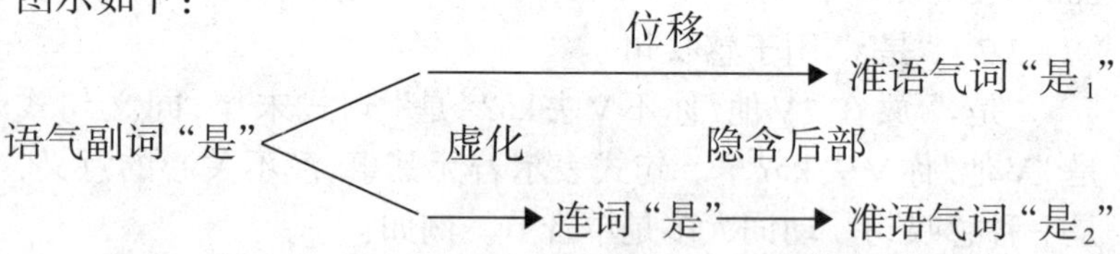

两者殊途同归，从不同的途径语法化为“准语气词”，不过使用的句子类型不同，“是$_1$”用于反问句，“是$_2$”用于祈使句。

4.2 “是”的后移与焦点突显的结果

刘勋宁(1999)指出:“汉语的句子焦点在句尾上;‘了’用于焦点动词,是焦点动词的标志。”就表达语气来说,汉语也最重视句尾的位置。一是多通过句尾语气词与语调的结合来表达特定的语气,如北京话的语气词“啊、吗、呢、吧”;一是通过将句中成分位移到句尾实现语气的表达,如陕北晋语多用否定副词“不、没”的后置来构成反复问句(邢向东2005a)。神木话“是”的后移并语气词化,也充分证明了这一点。

徐杰(2004)指出:“辖域涵盖整句的‘句范畴’有三种:‘虚拟’、‘疑问’、‘否定’;对全句功能范畴敏感的‘句位置’有三个:‘句首’、‘谓头’、‘句尾’,在线形语序上进行操作的‘句手段’有三类:‘添加’、‘移位’、‘重叠’。”神木话“是”的后移并语气词化证明了句尾在表达疑问范畴上的重要性。

4.3 副词语气词化的两种途径

由本章所论的现象以及陕北晋语中的同类现象,我们可以总结一下“副词语气词化”的两个重要途径:一是“位移”式,为了语用的需要将句中语气副词位移到句尾,在一些特定的句式里向语气词的方向演化。二是“歇后”式,出于表达“言外之意”的需要而隐含副词后的成分,导致该副词成为结句成分,向句尾语气词转化(邢向东2005b、2006a)。

以上两种途径归结为一点,说明句尾是语气表达的重心。要强调某个语气副词及其所表语气,就通过后移或隐含后部的方式使该副词居于句子、分句末尾,从而达到强调的目的,最终引发语气副词的语气词化。同时也证明,功能词的语法化过程,总是先从表达的需要开始,由语用层面进入句法层面的。

余论

通过神木方言的研究，我们对语音演变及汉语方言研究的几个理论问题做了一些思考，简述如下。

一　从神木方言看语音演变的规律

1.1　提取“最大公约数”是方音系统整合的形式之一

属于同一大方言的不同方言共处一地且人口变动较大，不同方音系统之间必然要发生冲突，这就要进行整合，整合的结果可能是互相让步，简化或放弃一部分过于复杂的方音特点，保留“最大公约数”，从而形成一种音系相对单一的方言。尤其是处于移民中间站的方言，往往带有经过整合的痕迹。其典型特征是：音系与周边地区的主要方言一致性较强，但比后者简单；没有成系统的文白异读；音变较为简单。不过，这个经过整合形成的语音系统不可能是铁板一块，不同居民所操的母方言的个别特点可能借助于某些词语，顽强地保留下来，个别来源不同的语音特点则以叠置的方式并存着，从而形成古今对应中的许多例外。神木话就是这种经过整合的方言的典型标本。

比如，神木话的声母、声调系统与其他陕北晋语一致，韵母系统则比绥德、佳县等方言简单，不存在果假摄与臻宕江曾梗摄韵母间的复杂纠葛，也没有入声字的系统舒化；其入声韵的类型与晋语吕梁片相同，但又没有吕梁片阴声韵、阳声韵那样复杂的文白异读。在周边方言中，绥德有24个卷舌儿化韵，佳县有22个卷舌儿化韵，榆林有20个卷舌儿化韵，唯独神木、府谷只有4个不卷舌的儿化韵。在陕北晋语中，神木话在某些方面显得很保守（如全部保留古入声字），某些方面又变化很快（如儿化韵），总特点是音系相对单一、“规整”，面貌独特。神木话例外字较多，以《方言调查字表》为基础进行统计，声母有150个以上，韵母有130个以上，单字调有210个以上（不包括清平与清上之间的“窜调”）。

神木话如此，比神木话形成更晚、区域更大的内蒙古晋语也集中体现了这种整合形式的特点。内蒙古晋语除个别字外没有文白异读，儿化韵简单，连读变调简单，消除了山西晋语、陕北晋语中许多流行区域不太广的、过于复杂的特点，当然也有新的发展。呼和浩特片、临河片、包头片内部的一致性很强。同时，方言词汇极其丰富，保留了山西晋语、陕北晋语的许多特殊词语。这显然是来自山西晋语、陕北晋语及西北、河北等地的方言，在移居地经过剧烈整合后形成的（邢向东1998c）。

李如龙（1999）认为，文白异读是方音系统整合的结果。看来，方音系统的整合有不同的形式。一种是如李如龙说的，形成有系统的文白异读，闽语、晋语并州片、吕梁片（含神木南乡）均属此类。另一种是提取“最大公约数”，神木话、内蒙古晋语即属此类。人口来源最杂乱无序的地方，经过较长时期的整合以后，方音系统可能是最单一的。

1.2 音系的各个子系统发展不平衡

语言的语音、词汇、语法发展不平衡，语音系统内各个子系统的发展也不平衡。具体表现为：声母、韵母、声调的演变不同步，连读调与单字调发展不同步，变韵与本韵变化不同步，等等。这一点可以从两方面出发来观察。

一是就本音系来看。如万镇话的声调，清平与清上、次浊上单字调合流，全浊上并入去声，浊平、去声、入声则相对稳定；声母按开合口、韵等（今洪细）发生了较复杂的合流、分化；韵母则依摄、等、声母系组的不同，发生了更为复杂、剧烈的演变，包括阴声韵和阳声韵的混并，文白异读的叠置。这就表现出声、韵、调系统演变速度、演变复杂程度的不平衡性。相对来说，声调的变化不如声母、韵母剧烈，韵母的变化最为复杂。神木儿化韵变化神速，按照四呼进行了大合并；高家堡平舌韵ɔ iɔ与əu iəu分立，儿化韵则合并为ɔr iɔr组，“歌、个”不儿化读uo韵，儿化时读õr韵，反映了本韵和变韵的发展不同步。神木话清平和清上、次浊上单字调合流，儿化变调相同，连读变调仍有区别，反映了连读调和单字调变化不同步。

二是从不同音系的共时差异来看，如南乡方言的声母与神木话几乎完全相同，声调除入声分阴阳外基本相同，但韵母系统则存在很大差异。神木与高家堡基本韵母相同，儿化韵相差甚远。扩大范围来看，整个陕北晋语的声母、声调系统的一致性较强，与它们在词汇、语法上的一致性同步，但韵母系统却相差甚远，尤其突出地表现在白读层上。共时差异的不平衡反映了历时演变的不平衡，这是语音演变投影在共时平面上的另外一种体现。

1.3　几种语音演变理论在方言语音发展中的体现

在语音系统发展演变的考察中，“语音渐变理论”和“词汇扩散理论”并不对立，而是相辅相成的。从不同的理论背景、观察视角出发，所看到的音变图景也往往有所不同。在神木及整个晋语语音的演变中，从音值的角度看，一些音类显然经历过语音的渐变，如精组见系字声母在细音前腭化；复元音韵母单元音化；果假遇止开等摄韵母主元音高化；清平字与清上、次浊上单字调合并。从音类的角度看，有些音变又表现为词汇扩散，如精组见系字声母的腭化在神木话中有不少“剩余”；古浊塞音、塞擦音声母仄声字今大部分不送气,少部分送气;南乡方言的阳入字部分并入阴入,部分保留阳入。这是两种语音演变规律互相补充的明证。而且在县境内,不管是音值变化还是词汇扩散,均呈渐变的态势。如万镇→贺家川→神木,蟹摄一二等文读由复元音→单元音,且舌位逐渐抬高,流摄韵母由ou→əu→əɯ北乡→ɯ伊盟,咸山摄一二等文读鼻化色彩逐渐减弱至彻底消失,阳入字逐渐减少至彻底消失,儿化韵逐渐减少,等等。因此,只有把两种理论结合起来,才能全面认识语音的演变规律。

“叠置式音变”和“词汇扩散理论”也是互相补充的。在共同语或强势方言对某一保守的弱势方言施加强大影响的时候,很容易形成文白叠置。南乡方言蟹效两摄的文白异读正在演绎这个过程。神木方言韵母的文读系统共性很强,正是叠置式音变的结果。方言区人民放弃白读、采用文读的过程,表现为词汇扩散过程——一个词音、一个词音地弃旧从新。

文白异读可能和新老派差异交织在一起,形成复杂的语音叠置。也就是说,新老派读音的新陈代谢,也同样采取了文白异读的方式——有的以字为单位变,有的以词或词素为单位变。神木话的新老派差异、南乡方言较晚产生的文白异读,情况就是如此。这种叠置模糊了文白异读和新老派差异的界限。其实,从纵向的角度看,今天的文白异读在文读音刚刚渗入方言的时期,可能就表现为新老派差异,同理,现在的新老派差异也可能变为日后的文白异读。

二 方言中语言成分的历史层次

2.1 方言语音系统中存在不同的历史层次

“最能反映方言的历史层次的是文白异读。”(李如龙1999)在文白异读复杂的方言中,可能叠置着三个以上的语音层次，所以文白异读本身也有历史层次问题。由于白读音是口语音，所以它一般比文读音演变得快。如南乡方言曾三等梗摄舒声韵的白读音为纯口韵，文读音为鼻化韵。单从一个方言出发来看，白读层代表较早期的读音，而从整个汉语的宏观演变来说，有的可能代表较早期的层次，有的则可能代表较晚期的读音，甚至预示着语音演变的趋势。如南乡方言蟹咸山白读一二等分立，反映中古汉语的音类特点，代表中古音层次，而曾梗摄的白读则反映了汉语大多数方言的阳声韵由带鼻尾→鼻化→鼻化消失的演变趋势。放到整个汉语语音演变的宏观格局中来看，恰恰属于较晚期的层次。

例外字音往往能够反映方言的历史层次。某些成系统的演变在词汇中遇到个别高频词或语法成分的强有力的抵制，从而形成演变规律的例外（不能排除方言间互相影响的因素），造成“特字”。我们能够透过特字音来窥测方言较早时期的语音面貌。如将来时助词“也”读ia，是假开三韵母早期读音的遗留，属于中古音层次。不同的是：①例外字音反映语音历史层次是零散的、个别的，只能透露一点信息，文白异读反映历史层次则是系统的、严整的。②放到汉语发展的宏观格局中来看，例外字音反映的一般是演变中剩余的早期的语音层次，白读音到底是反映早期的语音层次还是演变较快的语音层次，则须要作具体分析。两者的共同之处是，都可以作为重建该方言和汉语史上某一时期语音系统的重要参考。

例外和文白异读是相通的。有些字音仅就某一方言来看是例外，放到更大的方言范围内看，则是白读音。如北方许多方言“堡”音ᶜpu，实际上是晋语效摄一等字白读音的流播，内蒙古晋语和部分兰银官话“精明”读tɕi mi，是晋语梗开三白读音的流播，神木、内蒙古晋语、西北方言“扔”读ᶜər类音，是晋语曾开三日母白读音的流播。这些字音当然也能反映语音的历史层次，而且对于考察方言之间的关系具有重要价值。

根据本文的考察,在神木方言语音中,沉积着以下几个历史层次。①上古语音层次。如"鼻臂秘泌厕帜挚"等中古去声字读入声,是上古汉语长入字的遗存;"爹"读t声母,是"古无舌上音"的反映;"匾"无介音,是四等字上古无介音的反映。②中古语音层次。如"酿黏碾万镇"等娘母字读ʐ母,是中古时期泥娘母有区别的反映;部分见系开口二等字白读音声母为舌根音,是见系字中古读音的遗留;万镇话"砚"读ŋ母,是疑母二等字中古读音的反映;"爹徒可切他大哪那"读a韵,是歌韵字早期读音的遗留;南乡方言的文白异读叠置着中古与近现代两个语音层次,属于中古语音层次的如蟹开一主元音高于二等,咸山摄一等开口见系字主元音高于二等,效开一三四主元音高于二等。③唐五代西北方言的语音层次。仅从时间来说,唐五代西北方音仅比《切韵》音系略晚,但目前的研究证明,它的语音系统与《切韵》音系存在较大差异,而神木方言中恰恰沉积着这一系方言的语音特点。如鼻音声母带塞音成分,塞音的送气成分较强,继承了唐五代西北方音的重要发音特征;古全浊声母今仄声字部分送气,与唐五代西北方音全浊混入次清的特点吻合;梗二白读韵母鼻尾消失,读iɛ yɛ,南乡方言梗摄白读韵母鼻音尾消失,果宕合流,梗开三四曾开三蟹开三四止开三合流,则是唐五代西北方音宕梗摄字鼻尾消减,唐与模、清青与齐韵"对转"的进一步发展,也属于那个语音层次(罗常培1961)。④近现代北方汉语的语音层次。如蟹效咸山摄一二等韵合流,咸山摄舒声鼻尾弱化以至消失,深臻宕江曾梗文通舒声鼻尾消减为鼻化色彩,等等。

2.2　方言词汇系统中沉积着不同的历史层次

词汇的历史层次和语音的历史层次有联系,但不一定对应。如通常所说的古语词就包含了上古、中古两个时期,而语音上是严格区分上古和中古时期的。当然,如果有必要,古语词也可划分为上古、中古两个层次。这种不对应,一方面是由语音、词汇的不同特点和发展的不平衡造成的,一方面与文献资料有关。

同义词语中往往叠置着不同历史层次的词汇成分。如神木话“爹 / 爸爸”“老老 / 叔叔”“婶婶 / 姨姨”“挑担 / 连襟”“脑 / 骷子 / 头”“超$^{=}$贱 / 骂”“圪仰 / 躺”“打 tiɛ^{213} / 打 ta^{213}”“嫽 / 好”“妙 / 苗条”等,在本方言中,“ / ”前的词属于较早的历史层次。通过考证确定同义词语中哪些是本方言原有的,哪些词是从共同语或强势方言吸收的,对于考察方言词汇的互相渗透,考察方言之间语音、词汇、语法的影响是否平衡,考察方言之间的历史、现实关系,具有重要价值。

然而,笔者认为,方言词汇的历史层次更集中地体现在方言词汇系统的不同词汇层上,即古语词、近代汉语词、新词三个层次,它们构成了某一方言词汇的整体。其中,古语词必要时可以进一步分为上古、中古两个层次,近代汉语词则可按照唐五代、宋、元、明清作更细的划分。总体上看,这三大层次之间不是叠置关系,而是互补关系,但其中来源不同或产生时期不同的同义词语之间则是叠置关系,包括文白叠置。搞清楚某一方言词汇系统的历史层次,对于汉语方言词汇的宏观研究很有意义。考本字就是在探求词汇的历史层次。当然,由于方言词汇数量巨大,方言以口语的形式存在,所以有些词可能永远无法探知来源。

2.3　方言语法中也存在不同的历史层次

方言语法中存在的不同历史层次,反映在同义语法手段的叠置和特殊语法现象等方面。如“那个 / 他”“那些 / 他每”“这搭儿 / 这里”“那搭儿 / 那里”“亲属称谓+的 / 人称代词+亲属称谓”,就本方言来说,“ / ”前的语法形式属于较早的历史层次,后者则属于较晚的历史层次,可能是从共同语进入本方言的。

在神木方言中,我们可以看到属于古代汉语层次的语法手段。如"V / A+不"的反复问格式,就属于上古汉语的历史层次,"家"表领属的用法出现于汉乐府。助词"地""的(底)"的区分,"动 / 形+得来+补"结构,直接继承自唐五代西北方言,疑问代词"甚 / 什摩""咋 / 怎摩",前者继承自唐五代西北方言,后者继承自宋以后的北方汉语。而"着"置于句末表祈使语气,南乡方言人称代词复数后缀"弭",均始见于唐代口语;"嘞"表疑问语气始于宋代,过去时助词"来"、将来时助词"也",人称代词"咱"表复数,人称代词复数后缀"每",是从金元口语中继承下来,总起来说,都属于近代汉语的层次。至于像"V不V"的反复问格式等,则是在现代才进入本方言的。从语音和语法来看,神木方言同唐五代西北方言有着极为密切的关系。循语音的历史层次之例,可以专列唐五代西北方言语法的层次。

由于语法的系统性和历史稳固性很强,所以旧的语法手段的消失、变化和新的语法手段的产生或渗入需要很长的时期,而且它在不同方言中的表现可能是零散、参差的。因此,确定某些语法范畴、语法形式的历史层次比较困难。方言学在这方面应当更多地借助和吸收汉语史的研究成果。

三　关于方言的调查对象和研究方法

3.1　方言调查应深入到乡村

方言的宝藏深藏于社会的末梢地带,方言调查应当充分关注农村乡镇、偏远地区。由于诸方面的原因,目前的方言调查主要着力于县城以上的代表点。以中国之大,汉语方言之复杂,这样做是无可厚非的。不过,在方言的宏观研究、比较研究渐成热门的状况下，微观研究应当更加深入。对人口、文化、地理、行政、方言复杂的地区，田野调查应当尽量扩展到县城以下的乡镇农村，深入到微观层次，“解剖麻雀”（徐通锵语），才能为宏观研究提供更加扎实的基础。比如，对晋语的特点、晋语的分区这样的重要问题，须要在宏观、全局上加以把握，但前提必须是微观层次的深入挖掘。有人曾把古全浊平声字不送气作为晋语的重要语音特点。但是，吕梁片有一个相反的现象：古全浊仄声字（尤其入声字）部分送气。现在，我们在神木方言中也发现了这种现象，而且在很小的地域范围内，读送气音的字即呈现逐渐减少的趋势（贺家川的送气字占全浊入的54.8%，万镇占50.7%，神木占32.9%），表明这些方言历史上全浊仄声字读送气音。这一事实证明罗常培对唐五代西北方音的考察结论是符合事实的，同时说明把全浊平声字不送气作为晋语的特点缺乏概括力。在笔者看来，白读系统中，有些地区全浊平声字读不送气，有些地区全浊仄声字读送气，有些地区全浊声母按照平、仄分读送气和不送气，全浊声母字今声母不一致，这才是晋语的重要特点之一！这是经过对方言的微观考察，并进行共时、历时比较后得出的结论。再比如，神木方言中丰富的代词及其内部差异，各类助词、语气词的大量存在及其用法的复杂性，不仅为方言语法的宏观研究，而且为方言历史的探求提供了材料，许多语法事实不止一次地提示神木方言（尤其南乡方言）与唐五代西北方言的联系。总之，只有微观研究真正进入微观层次，宏观研究才能取得更加丰硕的成果。

3.2 方言的宏观研究、微观研究都应注重比较

不仅方言的宏观研究要运用比较的方法，而且对一个小方言的研究，也要开阔视野，进行横向的比较和历时的观照。只有立足一点，胸有全局，把研究对象放到方言区或者汉语方言的整体格局当中，放到语言的横纵两轴的节点上，才能对该方言的

共性和个性了然于胸，对其特殊现象既知其然，更知其所以然，对疑难问题作出合理的解释。比如，南乡方言的指示代词“这□꜀tie｜那□꜀tie”，单就神木方言本身难以确定本字为何，只有把它与清涧的“这得个｜那得个”，吴堡的“这底个｜那底个”和并州片、吕梁片的类似说法进行比较，并追寻到近代汉语指代事物的“这底｜那底”，才能认定它们是“这底价｜那底价”的合音词。再如，许多方言的助词“着”可以表先事、暂且（主要用于祈使句）的语法意义。最近有人根据武汉方言的语音、用法特点，推断“着”是“再说”的合音词。武汉方言不分舌尖前后音，这样说似乎符合音理。但只要稍稍扩大一下视野，就能发现这种推论是行不通的。神木、大同、洪洞、丰镇“着”均有类似用法，而这些方言或者区分舌尖前后音，或者“着”读同端母，“着”与“再（说）”声母不同，“再说”合音为“着”与音理不合。从时间先后看，“着”表祈使始于唐五代，“再说”始见于宋代苏轼的《甘露寺》诗，而且是表示“接着谈论”的实义词组，用为一个词只能更晚，怎么可能合音为比它早的“着”呢？如果不作比较，仅从一时一地出发，就很容易做出类似的轻率判断来。相反，只要有比较，就会有新的发现、新的突破。

参考文献

北大中文系语言学教研室编　1989《汉语方音字汇》(第二版),文字改革出版社
北大中文系语言学教研室编　1995《汉语方言词汇》(第二版),语文出版社
曹广顺　1995《近代汉语助词》,语文出版社
陈昌仪　1991《赣方言概要》,江西教育出版社
陈庆延　1996《晋语的源与流》,《首届晋方言国际学术研讨会论文集》,山西高校联合出版社
陈淑梅　2001《鄂东方言语法研究》,江苏教育出版社
陈章太、李如龙　1991《闽语研究》,语文出版社
陈章太、李行健主编　1996《普通话基础方言基本词汇集》,语文出版社
丁邦新　1982(1998)《汉语方言分区的条件》,《丁邦新语言学论文集》,商务印书馆
———　1987(1998)《论官话方言研究中的几个问题》,《丁邦新语言学论文集》,商务印书馆
丁声树、李荣　1981《古今字音对照手册》,中华书局
范慧琴　2007《定襄方言语法研究》,语文出版社
冯爱珍　1998《从闽南方言看现代汉语的"敢"字》,《方言》第4期

高本汉[瑞典] 1940(1995) 《中国音韵学研究》,商务印书馆
——— 1954(1987) 《中上古汉语音韵纲要》,齐鲁书社
高福生 1999 《〈金瓶梅〉里的句尾"着"》,《语言文字论稿》,江西高校出版社
高增霞 2003 《汉语的担心——认识情态词"怕""看"和"别"》,《语法研究和探索》(十二),商务印书馆
葛建雄、曹树基、吴松弟 1993 《简明中国移民史》,福建人民出版社
龚煌城 1981 《十二世纪末汉语的西北方音(声母部分)》,台湾《史语所集刊》第52本第一分
——— 1989 《十二世纪末汉语的西北方音(韵尾问题)》,《第二届国际汉学会议论文集(语言与文字组)》,史语所
郭利霞 2011 《山西方言疑问句中的"敢"》,《语文研究》第2期
郭锡良 1986 《汉字古音手册》,北京大学出版社
郭校珍 2008 《山西晋语语法专题研究》,华东师范大学出版社
贺 巍 1989 《获嘉方言研究》,商务印书馆
——— 1991 《汉语方言研究的现状与展望》,《语文研究》第3期
——— 1996 《晋语舒声促化的类别》,《方言》第1期
黄伯荣主编 1996 《汉语方言语法类编》,青岛出版社
侯精一 1986a 《内蒙古晋语记略》,《中国语文》第2期
——— 1986b 《晋语的分区(稿)》,《方言》第4期
——— 1996 《晋语总论》,《首届晋方言国际学术研讨会论文集》,山西高校联合出版社
——— 1999a 《晋语入声韵母的区别性特征与晋语区的分立》,《中国语文》第2期
——— 1999b 《现代晋语的研究》,商务印书馆

侯精一、温端政主编　1993　《山西方言调查研究报告》，山西高校联合出版社
江蓝生　1995　《吴语助词“来”“得来”溯源》，《中国语言学报》第5期
———　2002　《时间词“时”和“後”的语法化》，《中国语文》第4期
江蓝生、曹广顺　1997　《唐五代语言词典》，上海教育出版社
蒋绍愚　1994　《近代汉语研究概况》，北京大学出版社
柯理思［法］　1995　《北方官话里表示可能的动词词尾“了”》，《中国语文》第4期
———　2003　《汉语空间位移事件的语言表达——兼论述趋式的几个问题》，《现代中国语研究》第5期
———　2008　《北方话的“动词+趋向补语+处所名词”格式》，《晋方言研究》，希望出版社
———　2009　《十八世纪以来“往+谓词（里）”式副词性成分的发展》，第五届汉语语法化问题国际学术讨论会论文，上海师范大学
柯理思［法］、刘淑学　2001　《河北冀州方言“拿不了走”一类的格式》，《中国语文》第5期
李崇兴、黄树先、邵则遂　1998　《元语言词典》，上海教育出版社
李方桂　1980　《上古音研究》，商务印书馆
李会荣　2008　《山西娄烦方言之情态动词“敢”》，《晋中学院学报》第6期
李　倩　2001　《中宁方言的虚词“着”》，李树俨、李倩《宁夏方言研究论集》，当代中国出版社
李　荣　1957（1982）　《陆法言的〈切韵〉》，《音韵存稿》，商务印书馆

——— 1965a(1982) 《语音演变规律的例外》,《音韵存稿》,商务印书馆
——— 1965b(1982) 《方言语音对应关系的例外》,《音韵存稿》,商务印书馆
——— 1979(1985) 《温岭方言的连读变调》,《语文论衡》,商务印书馆
——— 1982a(1985) 《论北京话“荣”字的音》,《语文论衡》,商务印书馆
——— 1982b(1985) 《论“入”字的音》,《语文论衡》,商务印书馆
——— 1983(1985) 《〈切韵〉与方言》,《语文论衡》,商务印书馆
——— 1985 《关于汉语方言分区的几点意见》,《方言》第2—3期
——— 1997 《考本字甘苦》,《方言》第1期
李 荣主编 2002 《现代汉语方言大词典》,江苏教育出版社
李如龙 1982 《论汉语方言的词汇差异》,《语文研究》第2期
——— 1984 《自闽方言证四等韵无-i-说》,《音韵学研究》第一辑,中华书局
——— 1996 《〈动词的体〉前言》,张双庆主编《中国东南部方言比较研究丛书·动词的体》,香港中文大学中国文化研究所吴多泰中国语文研究中心
——— 1999 《论汉语方音异读》,《语言教学与研究》第1期
李如龙、辛世彪 1999 《晋南、关中的“全浊送气”与唐宋西北方音》,《中国语文》第3期
李如龙、张双庆主编 1999 《代词》,暨南大学出版社
李泰洙[韩] 2003 《〈老乞大〉四种版本语言研究》,语文出版社
李小凡 1998 《苏州方言语法研究》,北京大学出版社

李小平 1999 《山西临县方言亲属领格代词“弭”的复数性》，《中国语文》第4期
李新魁、黄家教、施其生、麦耘、陈定方 1995《广州方言研究》，广东人民出版社
廖秋忠 1989《〈语气与情态〉评介》，《国外语言学》第4期
梁银峰 2007 《汉语趋向动词的语法化》，学林出版社
林语堂 1924 《古有复辅音说》，《晨报》六周年纪念增刊
刘丹青 1996 《东南方言的体貌标记》，张双庆主编《中国东南部方言比较研究丛书·动词的体》，香港中文大学中国文化研究所吴多泰中国语文研究中心
——— 2001 《语法化中的更新、强化与叠加》，《语言研究》第2期
——— 2004 《话题标记从何而来？——语法化中的共性与个性》，《乐在其中：王士元教授70华诞庆祝文集》，南开大学出版社
刘坚、江蓝生、白维国、曹广顺 1992 《近代汉语虚词研究》，语文出版社
刘坚、曹广顺、吴福祥 1995 《论诱发汉语词汇语法化的若干因素》，《中国语文》第3期
刘俐李 1993 《焉耆汉语方言研究》，新疆大学出版社
刘太杰、张玉来 1998 《普通话不规则字音产生的原因》，《语言教学与研究》第1期
刘勋宁 1983 《陕北清涧方言的文白异读》，《中国语文》第1期
——— 1985 《现代汉语句尾“了”的来源》，《方言》第2期
——— 1988 《现代汉语词尾“了”的语法意义》，《中国语文》第5期
——— 1990 《现代汉语句尾“了”的语法意义及其与词尾

"了"的联系》,《世界汉语教学》第2期
——— 1995 《再论汉语北方话的分区》,《中国语文》第6期
——— 1998 《现代汉语研究》,北京语言文化大学出版社
——— 1999 《现代汉语的句子构造与词尾"了"的语法位置》,《语言教学与研究》第3期
刘一之 2001 《北京话中的"着(·zhe)"字新探》,北京大学出版社
刘育林 1990 《陕西省志·方言志(陕北部分)》,陕西人民出版社
刘育林、安宇柱 1991 《陕北方言词典》,陕西人民出版社
刘育林、张子刚 1988 《陕北方言本字考》,《延安大学学报(社会科学版)》第2期
陆俭明 2002 《动词后趋向补语和宾语的位置问题》,《世界汉语教学》第1期
卢烈红 1998 《〈古尊宿语要〉代词助词研究》,武汉大学出版社
卢芸生 1988a 《呼和浩特汉语方言本字考》,《内蒙古社会科学》第2—3期
——— 1988b 《呼和浩特市汉语方言本字续考》,《内蒙古大学学报(哲学社会科学版)》第3期
卢芸生、道尔吉 1995 《内蒙古西部地区汉语方言里的蒙语借词》,《内蒙古大学学报(哲学社会科学版)》第4期
罗常培 1933(1961)《唐五代西北方音》,科学出版社
罗福腾 1998 《胶辽官话研究》,山东大学博士学位论文
罗自群 2004 《西北方言持续标记浅谈》,邢向东主编《西北方言与民俗研究论丛》,中国社会科学出版社
吕叔湘 1940(1984)《释"您""俺""咱""喒",附论"们"字》,《汉语语法论文集》(增订本),商务印书馆

——— 1941(1984)《释〈景德传灯录〉中“在”“著”二助词》,《汉语语法论文集》(增订本),商务印书馆
——— 1984 《语文杂记》,上海教育出版社
吕叔湘主编 1999《现代汉语八百词》(增订本),商务印书馆
吕叔湘著、江蓝生补 1985 《近代汉语指代词》,学林出版社
马文忠 1996 《晋方言里的“圪”字》,《首届晋方言国际学术研讨会论文集》,山西高校联合出版社
马晓琴 2004 《绥德方言的副词》,《唐都学刊》第3期
梅祖麟 1988 《汉语方言里虚词“著”字三种用法的来源》,《中国语言学报》第3期,商务印书馆
孟庆泰、罗福腾 1994 《淄川方言志》,语文出版社
彭利贞 2007 《论情态与情状的互动关系》,《浙江大学学报(人文社会科学版)》第5期
齐佩瑢 1984 《训诂学概论》,中华书局
钱乃荣 1992 《当代吴语研究》,上海教育出版社
钱曾怡 1987 《汉语方言学方法论初探》,《中国语文》第4期
——— 1990 《简评〈语文研究〉创刊10年来的方言论文》,《语文研究》第4期
——— 1993 《博山方言研究》,社会科学文献出版社
——— 1995 《论儿化》,《中国语言学报》第5期
强星娜 2009 《汉语话题标记的类型学研究》,中国社会科学院研究生院博士学位论文
——— 2011 《话题标记与句类限制》,《语言科学》第2期
乔全生 1989 《洪洞话的“VX着”结构》,《语文研究》第2期
——— 1992 《山西方言的“V+将+来/去”结构》,《中国语文》第1期
——— 1996 《山西方言人称代词的几个特点》,《中国语文》第1期

——— 2000 《晋方言语法研究》,商务印书馆
山西省方言志丛书:侯精一 1982 《平遥方言简志》;侯精一 1985 《长治方言志》;温端政 1985 《忻州方言志》;马文忠、梁述中 1986 《大同方言志》;胡双宝 1984 《文水方言志》;杨述祖 1983 《太谷方言志》;杨述祖、王艾录 1984 《祁县方言志》;谢自立 1990 《天镇方言志》;李小平 1991 《临县方言志》;江荫禔 1991 《朔县方言志》;潘耀武 1990 《清徐方言志》;杨增武 1990 《山阴方言志》
神木县志编纂委员会 1990 《神木县志》,经济日报出版社
沈家煊 1994 《"语法化"研究综观》,《外语教学与研究》第4期
——— 2001 《语言的"主观性"和"主观化"》,《外语教学与研究》第4期
沈 明 1999 《山西方言韵母一二等的区别》,《中国语文》第6期
石汝杰 1988 《说轻声》,《语言研究》第1期
——— 1996 《苏州方言的体和貌》,张双庆主编《中国东南部方言比较研究丛书·动词的体》,香港中文大学中国文化研究所吴多泰中国语文研究中心
石毓智 1992 《论现代汉语的"体"范畴》,《中国社会科学》第6期
宋秀令 1992 《汾阳方言的人称代词》,《语文研究》第1期
宋永圭[韩] 2007 《现代汉语情态动词否定研究》,中国社会科学出版社
孙立新 2004 《陕西户县方言的助词"着"》,戴昭铭主编《汉语方言语法研究和探索——首届国际汉语方言语法学术研讨会论文集》,黑龙江人民出版社

孙锡信 1999 《近代汉语语气词》,语文出版社
太田辰夫[日] 1987 《中国语历史文法》,北京大学出版社
唐正大 2008 《关中方言趋向表达的句法语义类型》,《语言科学》第2期
田希诚 1996 《晋中方言的时态助词“动了”和“时”》,《首届晋方言国际学术研讨会论文集》,山西高校联合出版社
王福堂 1999 《汉语方言语音的演变和层次》,语文出版社
王洪君 1987 《山西闻喜方言的白读层与宋西北方音》,《中国语文》第1期
——— 1990 《入声韵在山西方言中的演变》,《语文研究》第1期
——— 1991 《阳声韵在山西方言中的演变(上)》,《语文研究》第4期
——— 1992a 《阳声韵在山西方言中的演变(下)》,《语文研究》第1期
——— 1992b 《文白异读和叠置式音变——山西闻喜方言文白异读初探》,《语言学论丛》第十七辑,商务印书馆
——— 1994a 《什么是音系的基本单位——说本音与变音》,《现代语言学》,语文出版社
——— 1994b 《汉语常用的两种语音构词法——从平定儿化和太原嵌l词谈起》,《语言研究》第1期
王锦慧 2004 《“往”“来”“去”历时演变综论》,台湾里仁书局
王军虎 1997 《西安方言的几个句法特点》,《西北大学学报(哲学社会科学版)》第3期
王 力 1985 《汉语语音史》,中国社会科学出版社
王 力主编 2000 《王力古汉语字典》,中华书局
王鹏翔 2002 《陕北方言的动态类型》,《延安教育学院学

报》第4期
——— 2009 《陕北志丹方言的“敢”》,《咸阳师范学院学报》第5期
王鹏翔、王雷 2008 《陕北志丹方言的语气副词“该”》,《广西民族大学学报(哲学社会科学版)》第3期
王毅、王晓煜、王森 2004《甘宁青方言“着”字新探》,邢向东主编《西北方言与民俗研究论丛》,中国社会科学出版社
王致云[清] 1842(1982) 道光《神木县志》 神木县县志党史红军史编纂委员会
吴福祥 1996 《敦煌变文语法研究》,岳麓书社
五 臺 1986 《关于“连读变调”的再认识》,《语言研究》第1期
毋效智 2005 《扶风方言》,新疆大学出版社
香坂顺一[日] 1997 《白话语汇研究》,中华书局
项梦冰 1997 《连城客家话语法研究》,语文出版社
萧国政 2000 《武汉方言“着”字与“着”字句》,《方言》第1期
谢留文 1998 《南昌县(蒋巷)方言的两个虚词“是”与“着”》,《中国语文》第2期
辛永芬 2006 《浚县方言语法研究》,中华书局
邢向东 1985 《神木方言的语法特点》,《内蒙古师大学报(哲学社会科学版)》第4期
——— 1986 《神木方言的语法特点(续)》,《内蒙古师大学报(哲学社会科学版)》第3期
——— 1987 《晋语圪头词流变论》,《内蒙古师大学报(哲学社会科学版)》第2期
——— 1991 《神木话表过去时的“来”》,《延安大学学报(社会科学版)》第1期

——— 1992 《书面语中记载的分音词》,《语文研究》第4期
——— 1993a 《神木话的"尝试补语"和"短时补语"》,《中国语文》第2期
——— 1993b 《神木话表将来时的"呀"》,《延安大学学报(社会科学版)》第4期
——— 1994 《神木话的结构助词"得来/来"》,《中国语文》第3期
——— 1996 《神木方言的儿化变调》,《方言》第1期
——— 1997a 《陕北神木话的助词"着"》,《中国语文》第4期
——— 1997b 《神木方言表虚拟的语气词》,日本早稻田大学《中国语学研究·开篇》第16期
——— 1998a 《试论时空观在汉语方言研究中的体现》,《山东大学学报(哲学社会科学版)》第4期
——— 1998b 《神木县的汉语、蒙语地名及其特点》,《汉字文化》第3期
——— 1998c 《呼和浩特话音档》,上海教育出版社
——— 1999 《神木方言的两字组连读变调和轻声》,《语言研究》第2期
——— 2000a 《说"我咱"和"你咱"》,《中国语文》第2期
——— 2000b 《小议部分"舒声促化字"》,《语文研究》第2期
——— 2000c 《试解"疙瘩"》,《汉字文化》第1期
——— 2001a 《陕北神木话的助词"得"》,《中国语文》第5期
——— 2001b 《神木方言的代词》,《方言》第4期
——— 2002 《论加强汉语方言语法的历时比较研究》,《陕西师范大学学报(哲学社会科学版)》第5期

——— 2005a 《陕北晋语沿河方言的反复问句》,《汉语学报》第2期

——— 2005b 《陕北晋语沿河方言愿望类虚拟语气的表达手段》,《语文研究》第2期

——— 2006a 《论句子后部的隐含与句中虚词的语气词化》,中国语言学会第13届年会论文

——— 2006b 《陕北晋语语法比较研究》,商务印书馆

——— 2007 《移位和隐含:论晋语句中虚词的语气词化》,《语言暨语言学》第4期

——— 2011 《陕北神木话的趋向动词及其语法化》,《语言暨语言学》第3期

——— 2012 《陕北神木话的助动词“敢”及其语法化》,《陕西师范大学学报(哲学社会科学版)》第3期

——— 2015 《论晋语时制标记的语气功能——晋语时制范畴研究之一》,《安徽大学学报(哲学社会科学版)》第4期

邢向东、张永胜 1997 《内蒙古西部方言语法研究》,内蒙古人民出版社

熊正辉 1990 《官话区方言分ts tʂ的类型》,《方言》第1期

许宝华 1984 《论入声》,《音韵学研究》第一辑,中华书局

许宝华、宫田一郎[日]主编 1999 《汉语方言大词典》,中华书局

徐 杰 2004 《句子的三个敏感位置与句子的虚拟范畴——跨语言的类型比较》,第12届国际中国语言学会论文

徐烈炯、刘丹青 1998(2007) 《话题的结构与功能》,上海教育出版社

徐沁君校点 1980 《新校元刊杂剧三十种》,中华书局

徐征、张月中、张圣洁、奚海主编 1998 《全元曲》,河北教育出版社

徐通锵 1981 《山西平定方言的"儿化"和晋中的所谓"嵌l词"》,《中国语文》第6期
——— 1991 《历史语言学》,商务印书馆
——— 1997 《语言论》,东北师范大学出版社
燕京大学图书馆 1934 《神木乡土志》,宣纸本
杨碧菀 2006 《四种版本〈老乞大〉中"待"、"敢"的使用情况的考察》,《甘肃高师学报》第4期
杨荣祥 1997 《中古音和现代音对应中的变例现象》,《语言学论丛》第十九辑,商务印书馆
杨永龙 2002 《汉语方言先时助词"着"的来源》,《语言研究》第2期
袁宾、段晓华、徐时仪、曹澂明 1997 《宋语言词典》,上海教育出版社
张安生 2000 《同心方言研究》,宁夏人民出版社
张伯江 1997 《认识观的语法表现》,《国外语言学》第2期
张伯江、方梅 1996 《汉语功能语法研究》,江西教育出版社
张成材、朱世奎 1987 《西宁方言志》,青海人民出版社
张 崇 1990 《延川县方言志》,语文出版社
——— 1993a 《陕西方言古今谈》,陕西人民教育出版社
——— 1993b 《"嵌l词"探源》,《中国语文》第3期
张 琨 1985 《〈切韵〉的前*a和后*ɑ在现代方言中的演变》,《史语所集刊》第56本第一分
张林林 1991 《九江话里的"着"》,《中国语文》第5期
张美兰 2003 《〈祖堂集〉语法研究》,商务印书馆
张廷兴 1999 《沂水方言志》,语文出版社
张 相 1997 《诗词曲语辞汇释》,中华书局
张 兴 2012 《子长话的拷贝式话题结构》,陕西师范大学硕士学位论文

张谊生　2000　《现代汉语副词研究》,学林出版社
赵秉璇　1987(1998)　《汉语、瑶语复辅音同源例证》,赵秉璇、竺家宁编《古汉语复声母论文集》,北京语言文化大学出版社
赵金铭　1979　《敦煌变文中所见的"了"和"着"》,《中国语文》第1期
赵日新　1998　《徽语研究》,山东大学博士学位论文
赵日新、沈明、扈长举等　1991　《即墨方言志》,语文出版社
赵元任　1979　《汉语口语语法》,商务印书馆
郑　光[韩]　2002　《原本老乞大》,外语教学与研究出版社
郑　縈　2003　《从方言比较看情态词的历史演变》,《台湾语文研究》第1期
郑张尚芳　1995　《方言中的舒声促化现象》,《中国语言学报》第5期,商务印书馆
志村良治[日]　1995　《中国中世语法史研究》,中华书局
中国社会科学院语言研究所　1996　《现代汉语词典》,商务印书馆
周　磊　1995　《乌鲁木齐方言词典》(李荣主编),江苏教育出版社
周利芳　2008　《内蒙古丰镇话的语气副词"管(兀)"和"敢情"》,《语文研究》第4期
朱德熙　1982　《语法讲义》,商务印书馆
朱冠明　2005　《情态与汉语情态动词》,《山东外语教学》第2期

附录　移位和隐含：论晋语句中虚词的语气词化

提要　晋语方言中，不少句中的虚词经过句子隐含后部的途径实现语气词化。隐含后部往往是为了表达某种特定的语气。发生语气词化的句中虚词包括：语气副词“还”，情态补语标记“得来”，选择连词“是”，句中语气词“吧（哇）”“时价（嗲）”“起／咾哒”等。句中虚词的语气词化与该词获得结句功能、相关结构的固化是同步实现的。移位和隐含是句中虚词语气词化的两种主要途径。

关键词　晋语　句子后部　隐含　移位　虚词　语气词化

语气词是汉语表达语气的重要手段，但许多语气词并不是“与生俱来”的。现代汉语方言的不少语气词都是以其他虚词为基础，经历语法化的过程，逐渐演变为语气词的。尤其是一些与特定格式、特定语气相联系的语气词，往往要通过特殊的途径演化。我们把这种现象叫做句中虚词的语气词化。

“句子后部隐含”是句中虚词语气词化的重要途径之一。本文所说“隐含”，既包括可以确切补出的句中成分的省略，也包括一些成分未出现却又难以补出的情况。之所以不用“省略”，是为了避免因概念的纠葛引起不必要的争议。

句子后部的隐含大多发生在对话中。这是因为，对话是一种互动（inter action）交际，是一个动态过程。对话双方不断进行话轮转换，甲方的话即为乙方的语言环境（context），甲方提供的新信息在乙方的话语中即成为旧信息，往往可以省略，反之亦然；同时，双方对谈论的话题存在默契，对此话题及其连带的内容可以隐含不说。再加上言语情境的帮助，可以隐含的成分是很多的。不过，这种在特定语境中发生的隐含，不可能都向句法层面转化。只有那些表达特定意义、特定语气，跟特定格式相联系的隐含形式，经过言语中的高频使用，当句式本身和被置于句尾的虚词的功能扩展以后，才有可能逐步向语气词演化。所以，功能扩展与否是检验句中虚词是否向句末语气词演化的首要标准。

本文以晋语为主，联系其他方言和汉语史的有关现象，讨论句子后部的隐含在句中虚词语气词化中的作用。

一　实现句中虚词语气词化的语用、语法机制

本文的句中虚词，包括语气副词、结构助词、选择连词、表停顿和虚拟的句中语气词等。这些句中虚词是语法结构中表达结构关系、意义关系的重要手段。

言语表达中，尤其是在对话语境中，有些意思不说出来比说出来更有力量，有些意思不必或不能直接说出来。这就须要隐含一部分说话内容。隐含部分说话内容还可以帮助说话人表达某种特殊的意思、语气和感情，增强语势，达到特殊的表达效果。从结构上看，隐含的部分或者是较长句子的后半部分，或者是复句的后一分句，本文统称为"句子后部"。而隐含后部时剩余的部分，往往以句中虚词来结尾。这就为句中虚词产生结句功能、逐渐语气词化创造了条件。

隐含本来是一种为达到语用目的而采取的表达手段，但这

种手段的反复使用，会使隐含以后的结构变成常态。久而久之，语言使用者对其中结尾的虚词的认知也会发生变化，将隐含后部带来的特殊语气及表达作用落实到这个词上，从而造成这个句中虚词被重新分析为结句的语气成分，随着使用环境和功能进一步泛化，它作为具有结句功能的语气词或准语气词的地位就可能逐渐巩固下来。

句中虚词产生结句功能并语气词化的过程是渐进的。在常规表达中，一部分句中虚词可能只是句子中可以拖长、停顿的地方。由于这类虚词总是协助表达一定的结构意义、语气意义，实际上是前后两个意思之间或话题与陈述之间的连接处，即语义上前后两部分（不一定与句子结构上的直接成分相吻合）之间的枢纽和节点，因此，在说话时，这个成分往往可以拖长或在其后有较长的停顿。如果是语气副词，拖长可以强调它所表达的语气意义，如果是结构助词、连词，则通过拖长、停顿可以为其后成分的出现蓄势，从而使后部得到强调，进而就可能为了某种特殊的目的而隐含后部。隐含后部时，剩余的语表部分往往会带着这个语气副词、结构助词或连词（指复句中的连词，这个连词本身也是由副词变来的）。从句法结构看，该虚词本来大都是属后的，本身并不负载全句的语气意义。但句子后部的隐含使它失去依托，成为“悬空”的成分。这时，说话人在使用这种隐含句式时，就容易逐渐地把这个虚词与该句式表达的特定语气联系起来，将它当作表达这种语气的手段之一，与句式共同发挥作用。而对它在此位置上的基本功能的认识则变得模糊起来。经过长期使用，该虚词自然会逐渐吸收这种特定的语气意义，从语用平面进入语法平面，获得结句功能，从而语法化为语气词或准语气词。经过隐含的结构也语法化为表达特定语气、感情的特定格式。

在不同方言和不同句式中，句中虚词的语法化程度差异很大。语法化程度不高的句式，隐含的后部能够确切地补出来；而语法化程度较高的句式，要在该虚词之后补出隐去的部分，往往有多种可能性。这是这类格式和虚词语法化以后的自然结果，说明这时位于句末（原来位于句中）的虚词跟特定格式、特定语气的联系已经固定下来，功能已经扩展，成为该方言语法中的常规手段。正因如此，我们才把这种过程叫做后部的隐含，而不叫做省略。

二 语气副词“还”的语气词化

在晋语方言中，语气副词“还”可构成“NP+还”“VP+还”等隐含结构，表达感叹语气。

2.1 “还”用于感叹句末尾

单句中，语气副词之后是谓语的中心成分，表达未知信息，本来在句子中是不可或缺的。另一方面，副词状语又是结构中受强调的成分，是连接前后意思的枢纽。尤其是语气副词，其作用是涵盖全句的。如果这时说话人的目的主要不是表达陈述，而是要就主语所指称的话题发出感叹，以表达感情为主要目的，那么在对话中，就可以不把后面的中心成分说出来，将句子的表达重心转移到剩余的部分以及语气副词上来，留下充分的空间和余地任听话人想象，达到此时无声胜有声的语用效果。

在陕北晋语中，有一种对对话中提到的对象表示不满的感叹句，用“还”结尾。从结构上看，是一种“NP+还”的格式。例如神木话：

(1) 你而着现在还！

(2) 钱儿还！

(3) 我们这种人还！

(4) 神木人这嗒会儿现在把那钱还！

上述各例都是用反问形式表达的感叹句，结构上隐含了谓语。如例(1)可能是："你而着现在还愿意跟我们这些人打交道嘞？""你而着现在还用骑自行车嘞？""你而着现在还用各儿自己买的吃烟嘞？"隐含的成分因谈话对象和上下文而异。结果都可以省缩为"你而着还！"其中的"还"本来是结构上属后的状语，协助表达反问语气，但它的语义则涵盖全句（张谊生2000：46—74），而且是话题和述题之间的界线所在。如果将全句说完整，那么引发感叹的事实就十分具体，但表达不够简约、有力。说话人此处的表达重点并不是说明事实，而是要就这一事实（在结构上是主语和状语，在话语功能上是话题）发表感叹，所以说明事实的内容反而在表达上变得可有可无了。只要带上语气副词"还"，就可以表达感叹。而且在对话语境中，后面的部分即使不说，听话人也可以明白说话人所指为何。因此，完全可能将后面的话隐去。总之，"还"后的部分之所以能被隐含，其根源在于，语气副词是一种"评注性副词"，属于句子层面，对全句的语气起作用。由此处截取，尽管句法结构上"悬空"了，但语气上并不悬空。由于句法上悬空，它表示语气的负担加重，就有可能发展成为"准语气词"。

那么，为什么在主语之外还要剩余语气副词状语呢？因为此处的状语尽管在句法上是附加成分，对谓语加以修饰，但在语义上却是受强调的成分，语音上要重读。当隐含句子的谓语时，只有将原结构中被强调的状语保留下来，才能表达某种复杂的感情和特殊的意思，而不会造成残缺的感觉。如果将语义上起强调作用的副词状语也隐含掉，那么该句子就只剩一个话题主语，靠一个主语加上语调，所能表达的意思和感情就十分有限了。所以，在隐含后部时，保留语气副词状语是结构上最经济、表义上最丰富的手段，"性价比最高"。

在神木话中，句中的"还"读阳平 $x\varepsilon^{44}$，在句尾则读轻声。

这是语气词化在语音形式上的表现。

在内蒙古晋语丰镇话中，不仅有与神木话相同的隐含结构，而且当表达赞同对方、毫无疑问、理所当然等语气时，往往采用一种“那还”的特殊结构，也是“还”后成分隐含、功能扩展并固化的结果。例如：

(5) 甲：火腿肠还能往菜里头烩嘞？ 乙：那还那当然！

(6) 甲：这点点儿营生，一阵儿□tsɔ[53]做完了这点活儿一会儿就干完了。乙：那还那还用说！

2.2　“还”在推论因果句中的作用

在神木话中，表推论因果关系的因果复句，也往往隐含后面的结果分句，这时，要保留其中的副词“还”，形成“VP+还”格式。例如：

(7) 枣花儿也朽落了还！（还想吃枣儿嘞？）

(8) 甲：不用走了，就在我们家行吃吧。乙：你连饭也没做上还！（假装让人家吃嘞！）

(9) 甲：要不咱们商量给下儿商量商量？ 乙：你东西也买下了还！（有甚商量的嘞？）

(10) 甲：早知道那个他身体不好时价的话，敢在工作上照顾给下儿。乙：人也死了还！（说这些话顶甚嘞！）

从来源看，“还”本属后一分句的状语，表示轻微的反问语气，跟在单句中作用相同。说话人为了表达特殊的语气，没有在复句的分界处——“还”的前面停顿，而是将“还”拖长，有时甚至隐含后面表反问的内容，借此表达对事情或对方的不满、无奈等。值得注意的是，许多句子“还”后补不出合适的成分来，如果要还原为复句，必须将“还”放回后分句：

(11) 你也不去了还！（我去做甚去嘞？ <你也不去了么，我还去做甚去嘞？）

(12) 把胃也喝坏了还！（<把胃也喝坏了么，你还没喝

够？）

(13) 反正人也惹下了还！（＜反正人也惹下了么，你这阵儿说甚吧还顶甚嘞？）

(14) 十个人喝二斤酒还！（＜十个人喝二斤酒么，还能喝醉个人嘞？）

这说明，在当地人的意识里，“还”的后头并未省略、隐含什么东西，只要是表达不可能、无奈、不满、追悔等意思，就可以用“VP+还”的格式，而完全不必考虑其后是否存在表结果的部分。联系到单句中“还”的用法，可以说，句末的“还”在神木话中的语法化程度已经很高，功能严重泛化，已经是一个准语气词了。

在内蒙古丰镇话中，“还”的语法化程度也很高，既可位于前分句末尾，也可独立构成感叹句，后者如：

(15) □nəu^{53}那么老了还都那么老了！（看不看也无所谓了。）

(16) □nəu^{53}那么有钱了还都那么有钱了！（一天就捞钱嘞。）

(17) 要也不会要还不会玩就别玩了！

(18) 考试也考不及格还考试都不及格！

从结构看，丰镇话用“还”结尾时，后头在许多情况下补不出相应的成分来。从意义看，“还”字句是完全自足的，“要也不会要还！”义为“不会玩就别玩了！”从语音形式看，句末的“还”已经促化，读xəʔ^{43}，与句中副词“还xæ̃^{31}”读音不同。形式的弱化反映出句末的“还”与句中副词“还”正在分离，逐渐演化成为独立的句末语气词。

并不是所有的晋语方言都可以隐含“还”后的分句。如陕北清涧话，不但独立的句子不能用“还”结尾，而且前分句末也不能用“还”。“还”仍然停留在充当状语的阶段，比神木话“落后”了许多（邢向东2006a：202）。而陕北延川话则可用“还”充当分句的结尾：

(19) 你这阵儿把窑也箍起了还，愁啥嘞？

(20) 连个米也淘不净还，说什摩嘞！

可见在晋语中，“还”的语法化程度存在很大的差异。把这几个方言排列起来，反映出副词“还”语气词化的过程：①在后分句中作状语，表语气；②移位至前分句末尾，其后可拖长、停顿；③隐含后分句，逐渐获得结句功能。

凡是能用“还”结句的方言，都存在分句末用“还”的用法，即前者蕴含后者。

2.3 “还”语气词化的诱因

不论是单句还是复句中，“还”语气词化的诱因和方向都是一致的，即为了表达的需要对句子结构所作的调整，使“还”位于句末的位置，由于高频使用而导致其功能扩展，逐步向句尾语气词演化。

三　情态补语标记“得来”的语气词化

3.1 “得来”在方言中的用法和分布

在陕北晋语、内蒙古晋语中，有一个情态补语标记“得来”，既可用于句中，又可用于句尾。位于句中时表陈述，位于句尾时表感叹，感叹某对象因某种原因出现了某种强烈的情状，这种情状达到了难以言说的程度。神木话在“得来”后加“了”表当事时的已然态，例如：

(21) 我这想孩伢儿想得来（了／是），一满不行了我想孩子想得实在不行了。

(22) 我这想孩伢儿想得来（了）！

(23) 夜黑地昨晚上把我瞌睡得来（了／是），甚响动也没听见。

(24) 夜黑地昨晚上把我瞌睡得来（了）！

其中的“得来”是助词“得”和“来”叠加以后形成的，语音特点是说话时一定要拖长，作用是连接谓语中心动词、形容词与情态补语（刘坚等1992：156—157，邢向东1994）。

用“得来”结尾的感叹句再如呼和浩特话：

(25) 叫伢他把我打得来！

(26) 婷婷叫他欺负得来！

(27) 把小张听得来！（甚也顾不上了。）

(28) 把香香愁得来！

显然，“得来”结尾的句子是它连接谓语中心语和情态补语的用法加以隐含的结果。在常规语境下，要说明谓语中心语的情态、程度和受事对象的状态，必须将后面的补语说出来，如呼市话“把我愁得来一夜一夜睡不着”“婷婷叫伢他气得来哭了一天”“把娃娃爱得来颔水口水也快流出来了”（神木话往往在“得来”后加上“是”并拖长，再带补语，“是”是副词，表强调，但已虚化为引导结果补语、宾语从句的标记）。但是，要想强调助词后补语的程度极高，难以言说的时候，就可以只拖长助词“得来（了）”，后面的部分不再说出。随着后部隐含的频率日渐增加，人们对“得来”及其前部内容的认知也发生了变化，将它重新分析为结句成分，赋予它表达语气的作用。在北京话中也有类似的现象：“看把你高兴得！”“看他得意得！”也是隐含“得”后的补语形成的。

在山西晋语中，也存在“得来”连接情态补语和中心语的用法，如郭校珍（2003：181）记录了山西晋语的两个句子，语音、结构特点与陕北、内蒙古完全相同：

(29) 今年夏天热得来，衣裳也穿不地今年夏天热得很，衣服也穿不住。

(30) 夜儿黑夜我怕得来，就是睡不着昨天晚上我怕得睡不着觉。

郭校珍博士在给笔者的信中补充说："我文章中的例句娄烦、静乐、汾阳、文水、交城、平鲁、太原（南郊）、离石等地都有……我最有发言权的是我的母语娄烦话。不说出'得来'后面的小句，娄烦话是成立且自然的，但需要说话人双方都知晓的语境、场景。如：外面正在下大雨时，站在屋里的娄烦人会说：'这雨大得来。''来'是重音，且时长明显增长（与单念的'来'对比）。该句是成立的也是自然的，但有雨大得'尽在不言中'的意味。"又蒙李建校博士告知，他的家乡山西晋语的静乐也使用这类句子，但后部不能隐含。这说明山西晋语也有这类后部隐含的句子，其语音特点、使用环境与神木等一致；同时，"得来"的语法化程度并不一致。

在晋语中，用"得来"结尾的句子，结构上颇有特点，它们大多是特殊的把字句、叫字句。因此，在"得来、来"的功能进一步语法化的过程中，某些特殊的句式也起过重要的作用。

这个助词在吴语、西南官话中也存在。据许宝华、汤珍珠(1988)，上海话既可用"来"，也可用"得来"连接情态补语。"与'得'和'来'比较，'得来'有更强调结果或程度的倾向。当补语是一个小句或较长的词组时，更倾向于用'得来'"（同上：465）；同时，"'得来'可以单独附在动词或形容词后头表程度"，如"重得来！｜热得来！｜做得来！｜笑得来！"（同上：465）这种用法和晋语相同，从语气看同样是感叹句（上海话"'来'可以用在形容词后表程度"，晋语则不能这样用）。据张一舟、张清源、邓英树(2001)，成都话"得来、来"能够引进状态补语或程度补语，如"醉得来东倒西歪""羞得来脸没处搁""唱得来忘乎所以""逼得来不好生病了""大家都吵来睡不着""他一听，顿时气来木起发呆"（同上：386—387）。但成都话不能省略后头的补语，用"得来、来"单独结句。

3.2 "得来"的来源

"来"作为连接情态补语和谓语中心语的结构助词始见于唐代,"'得来'用作结构助词最早见于金代的两种诸宫调和南宋的《朱子语类》……这两种资料里无论'来'还是'得来'也只有A式(即未隐含式——引者)"(刘坚等1992:156);"所不同的是,以上时地里的用例只有A式,而吴语里A、B二式并用"(同上:157)。刘坚等正确地指出,"吴语里的B式应是A的省略形式"(同上:157)。关于省略的原因,刘坚等认为,"当这些描述成为一种套话时,人们就不看重或细究它的具体内容了,光从这种句式就可以获得程度深、情况严重的信息。在这种情况下,补语部分就显得不是那么重要了,就有可能被省略"(同上:157)。

从汉语史文献看,"得来"是个曾经被南方方言、唐五代西北方言、金元燕京一带方言广泛使用过的助词。经过一千多年时间,大多数方言已经不再使用了,有的方言却仍然保留了过去的用法,有的方言不但使用,而且进一步演化出了充当"准语气词"的功能。把不同方言的用法连缀起来,可以看到"得来、来"的语法化过程的不同阶段。在这些方言中,西南官话代表较早期的阶段,晋语、吴语代表进一步发展的阶段。

四 选择连词"是"的语气词化

陕北晋语的选择问句,一般是用"是ʂʅ˚"连接两个选择项。不过,在神木话中,人们也经常隐含后部,形成独特的疑问句格式。如询问未然情状的选择问句:

(31) 你走也是?↘(+谁走呀?)

(32) 你推也是?↘(+他们推也?)

(33) □niε$^{213-24}$家你们请人也是？↘(+做甚也？)

(34) 你而现在吃嘞也是？↘(+不吃？)

在上述句子中，"也"是后事时助词，"是"本是表选择的连词（它的连接功能又是从表确认、断定的功能演化出来），读轻声，语调下降。后半部分隐含以后，形成了只包含前分句的特殊选择问格式，这正是陕北晋语倾向于使用简单形式表达较复杂的疑问语气的体现。它与"VP+(也)不/没"的反复问格式恰好形成平行关系，体现了句法结构演变中类推作用的效果。

值得注意的是，由于"VP+也是"已经构成固定的格式，所以，在表示催促、警告、威胁等强烈语气的时候，人们非常喜欢用它，并可省略"也"：

(35) 你赶紧走嘞（也）是？↘（催促）

(36) 你嗗嗗写嘞（也）是赶快写！↘（催促）

(37) 你（是）听话嘞（也）是！↘（警告）

(38) 你（是）交代嘞（也）是！↘（警告）

这里在"是"后边已经很难补出其他成分，事实上也没有人会在后头再说多余的话。可见"是"的功能和使用范围都已发生了转移和扩展。该句式已不再是选择问句的简略形式，而是一种表达强烈的祈使语气的特殊句式。句式独立性的增强和虚词用法的扩展相互作用，促使句末的"是"脱离了选择问句连接标记的行列，成为一个语气成分。

至此，由选择问句隐含后项形成的"是"字句，和由移位造成的"是"字句（小燕为甚不跟去是？给也给了还，咋嘞不花是[钱]给都给了嘛，干吗不花！）汇聚到一起，形成了神木话中使用频率很高的准语气词"是"（关于移位造成的准语气词"是"，详见邢向东2006b）。

五 句中语气词向句末语气词的转化

在句中虚词的语气词化过程中，还有一种比较特殊的现象，那就是原本在句中表语气的词语，逐渐向全句的语气词演化。

5.1 无条件的虚拟条件句

在晋语中，“吧（哇）”可以在让步、转折复句的前分句末表示无条件的让步关系。如神木话：

(39) 你再能行吧还不是个老百姓？

(40) 他再会说吧能把死人说活嘞？

(41) 我吃不吃吧能咋？

(42) 他去不去吧能咋？

上举各例，前分句用“再”或肯定、否定相叠表让步的假设，用“吧”强化让步语气。带“吧”后全句只能构成反问句。其中让步分句肯定、否定相叠的句子，转折分句已形成固定格式，即用“能咋”表示任何条件都无所谓。这时，“能咋”可以省略，直接用“吧（哇）”结尾，从而构成“V不V吧（哇）”句式，表示做不做某事无所谓，并倾向于否定。例如：

(43) 甲：你再吃上一碗吧。乙：饱了，吃不吃吧吃不吃都无所谓。（神木）

(44) 他喝不喝吧他不喝就算了。（神木）

(45) 甲：把这点儿饭割杀吃完剩余的饭菜了哇。乙：割杀不割杀哇吃不吃都无所谓。（丰镇）

(46) 他去不去哇他不去就算了。（丰镇）

“吧（哇）”是晋语中使用频率很高的祈使语气词，表示劝告、请求、命令等。随着“V不V吧（哇）”句式的普遍运用和逐渐固定化，“吧（哇）”在祈使语气之外中又增加了一个用法，表示随意、无所谓的感叹语气（邢向东1995；邢向东、张永胜

1997：166—167）。因此，"V不V吧（哇）"其实是"V不V吧能咋"隐含后部形成的一种固定格式。

晋语的"吧（哇）"用法非常复杂，既可作表祈使的句末语气词，又可作表让步的句中语气词（实际上是充当条件类话题标记。刘丹青2005）。此处由于语用上的隐含，它又"回归"到句尾的位置，但所表语气已是偏于否定的随意、无所谓的感叹语气。从句中到句尾，它的语气意义更加虚化了，使"吧（哇）"本已十分多样的用法更加复杂。

5.2　愿望类虚拟条件句

在表达愿望类虚拟条件的条件复句中，神木话在表示希望、遗憾、追悔的感情时，经常可以隐含后面的结果分句，用愿望类虚拟语气词"时价 sɿ^{53} tɕiɛ^{21}"结尾。例如：

(47) 我夜里也去时价我昨天也去就好了！

(48) 我那阵儿好好儿念书时价我那时候好好儿读书就好了！

(49) 刘振不要去内蒙时价刘振不去内蒙就好了！

(50) 你不要炒股票时价你不买股票就好了！

(51) 明儿能下上场雨时价明天能下场雨就好了！

(52) 你明年也能考上北大时价你明年也能考上北大就好了！

这种句子的独立性很强，几乎不依赖什么特殊的语言环境，只要想表达对某事的遗憾、愿望，都可以使用该句式。"时价"在陕北晋语的榆林、横山、绥德等方言中合音为"嗲 sɛ˚"，在榆林、横山话中随时随地可以听到"嗲"结尾的句子。说明"时价/嗲"的语法化程度非常之高。

不过，山西晋语中未见"sæ"类词（田希诚先生写作"时"）独立用于句尾的现象（田希诚1996）。可见"时价"类语气词的语法化程度并不相同。关于它的语法化机制，笔者曾指出，"虚拟语气词用于单句末尾表达带遗憾的愿望，是其在分句末尾表假设的用法的进一步语法化。在这两者中，假设分句末尾显然是早期的位置……'时价'等本来不能独立表达全句的虚拟语气,而是用于条件分句,假设某种已然情状。由于该分句所含虚拟语气十分明显、强烈,当说话人认为结果自明或不便明言的情况下,就可能隐去结果分句,用高降语调结束该句,从而造成以表达带遗憾的愿望为主要功能的虚拟句。从语言心理来说,遗憾就意味着还有未尽之意,只是说话人觉得没有必要或不愿意说出来罢了。久而久之,原来位于分句末的语气词便产生了结句功能和独立表达愿望类虚拟语气的作用"(邢向东2006a:157)。

5.3 假设类虚拟条件句

陕北晋语中表假设类虚拟条件关系的条件复句,在表达反诘和争辩语气的对话中,可以隐含后面的部分,构成虚拟句。能这样用的句中语气词,在神木、府谷是"起tɕʰi˚";佳县、吴堡是"价tɕiɛ˚/tɕiɑ˚";绥德是"嘞ləʔ˚";清涧是"咾lɔ˚";延川是"咾哒lɔ⁵³ ta³¹"。有的要和语气词"嘞/哩/咧"连用。其中又有两种情况。一种是在反诘对方的时候,句首可以带"要",如(53)(54)。另一种是在争辩的场合,句首必须带"要",而且须重读,如(55)(56)。不管哪一种情况,语调都是高降调。例如:

(53)甲:我说下什麽就是什麽。乙:你说下不算数儿咾哒?(延川)

(54)甲:我真个走也我真的要走了。乙:你要不走起嘞你要不走怎么办?(神木)

(55)甲:你吃不了兀来多。乙:要能吃咾哒!(延川)

(56)甲:这个水不能喝。乙:要能喝起!(神木)

如果没有对方的话作为语境,此处的后部隐含就不能实现,所以这里省略的部分就是表反问的"咋价也"(邢向东2006a:172—173)。从对语境的依赖性可以看出,陕北晋语中这种格式及句中虚词的语法化程度并不高，比5.2所讨论的“时价 / 嗲”类语气词的语法化程度低得多，基本上还处于语用层面向语法层面过渡的阶段。

关于上述用法的形成，笔者曾指出，“当对对方表示不相信、不同意，提出质疑时，用‘虚拟＋嘞’提问，‘嘞’加强反问的语气，说话人认为结论不言自明，后半段自然可以隐含，虚拟语气词可用‘咋价也’替换就说明了这一点。第二种用法则是在第一种用法的基础上形成的。第一种用法由于虚拟语气的作用，总是带着不相信、不同意的言外之意，实际上已介乎真性问和反问之间了。第二种进一步通过重音和某些成分的调整，构成完全的反问句，用‘虚拟＋反问’的复合语气来表明坚决的态度”（同上173—174）。“起 / 咾哒”所在句式的意义从表质疑到表争辩是进一步的虚化，句尾的语气词的功能也随之扩展了，“由于这种虚拟句是由隐含结果分句加上反问形成的，因此独立性不强，只能用于特定的语境”（同上）。有时还须要和“嘞”连用，也反映这些虚词的结句功能还不够强，须要语气词“嘞”来协同完成任务。

其他晋语中也存在同类的隐含现象。郭校珍（2003）举了山西晋语的两个疑问句，句尾也带着“嘞”（郭文作“勒”）[①]：

(57) 下雨佬勒要是下雨呢？

(58) 他们要是都想圪佬勒要是他们都想去呢？

郭校珍说，“但晋语的这种话题结构明显省略了述题……”（郭校珍2003：200）；“话题结构中，述题虽然很重要，

① 郭校珍博士来信说：“‘下雨佬勒’和‘他们要是都想圪佬勒（以‘勒’为准）’，娄烦话肯定也有。翻我的调查记录，离石、长治也有。我以为这是实现体标记‘了’在非现实句中的用法。”据此将郭（2003）文中的句尾“呢”改为“勒”。在此深谢郭博士的帮助。

但在特定的情况下,也可省略。这种情况通常在由假设分句充当话题成分的疑问句中,在问话人对说话人所说的事件有所否定,提醒听话人可能会出现相反情况的语境下出现”(同上:201)。她把这种句子分析为省略述题,从形成机制上说是比较允当的。

此外,山西大同方言表虚拟的“动咾”(田希诚作“动了”)还可用在表示劝阻意义的祈使句末尾,下面的例子是从田希诚(1996)转引的:

(59) 甭往前走了,小心狗咬动了。

(60) 甭嚷嚷了,小心他骂动了。

尽管此处的“动了”还不能表祈使语气,但如果句子的使用频率增加,使用地域扩大,它也很可能向句尾语气词的方向发展。田希诚先生说:“晋中方言里还没有发现此类用例。”说明这种用法还只是大同方言的创新。

六 结语

句中虚词语气词化的现象大都发生在表示感叹、祈使和反问语气的对话中,因此,对话是句中虚词语气词化的语境,表达比较强烈的感叹、祈使、反问语气是句中虚词语气词化的具体动因。

上文讨论的句子后部隐含,其共同点是将句中的虚词留在句尾,成为句法结构上“悬空”的成分,在隐含句的使用过程中,留在句尾的虚词逐渐吸收句式的意义,获得结句和表达某种语气的功能,向语气词的方向演化。因此,与句中虚词的语气词化相伴随的,是该虚词结句功能的获得和带有这个虚词的结构逐渐固化。也就是说,某种特定结构的固化和某个虚词向更虚的用法演化是互为因果、同步实现的。

句中虚词的语气词化，是虚词在用法上的进一步虚化。发生语气词化的同一虚词，其语气词化的程度在不同的方言之间差异很大，处在不同的语法化阶段。这是语法成分、语法手段演变中的常见现象。就本文讨论的事实来看，不同方言之间，即使是同样的演变现象，也会因为发生的时间、功能扩展的范围和速度等方面的差异，导致语法化程度的差异，从而形成演变速度的不同。这是方言之间语法演变不平衡性的根源之一。

笔者曾经考察过移位在"是"的语气词化过程中的作用（邢向东2006b）。结合本文的讨论，可以得出结论：移位和隐含是句中虚词语气词化的两种主要途径。

引用文献

郭校珍　2003　《晋语的提顿词与话题结构》，徐烈炯、刘丹青主编《话题与焦点新论》第176—219页，上海教育出版社

刘丹青　2005　《话题标记从何而来？——语法化中的共性与个性续论》，沈家煊、吴福祥、马贝加主编《语法化与语法研究》（二）第107—130页，商务印书馆

刘坚、江蓝生、白维国、曹广顺　1992　《近代汉语虚词研究》，语文出版社

田希诚　1996　《晋中方言的时态助词"动了"和"时"》，《首届晋方言国际学术研讨会论文集》第240—244页，山西高校联合出版社

邢向东　1994　《神木话的结构助词"得来／来"》，《中国语文》第3期

邢向东　1995　《内蒙古西部汉语方言祈使句的常用格式和语气词》，《内蒙古大学学报》第2期

邢向东　2006a　《陕北晋语语法比较研究》，商务印书馆

邢向东　2006b　《陕北神木话的准语气词"是"》，《方言》

第4期
邢向东、张永胜 1997 《内蒙古西部方言语法研究》,内蒙古人民出版社
许宝华、汤珍珠 1988 《上海市区方言志》,上海教育出版社
张一舟、张清源、邓英树 2001 《成都方言语法研究》,巴蜀书社
张谊生 2000 《现代汉语副词研究》,学林出版社

后 记

我开始对方言学和家乡神木话发生兴趣是在陕西师大上学的时候。吴士勋、辛介夫老师把语言课讲得出神入化，引得班里不少同学都对语言课情有独钟，还成立了一个“汉语兴趣小组”。我逐渐感觉到自己的母语和普通话、西安话都有很大差异，于是产生了把这一切都搞清楚的冲动。写毕业论文时，便以《神木话和普通话的语音对应规律》为题。由于不知道方言和普通话对照的方法，所以把论文的内容写反了，弄成了“普通话和神木话的语音对应规律”，结果只得了个“良好”。考取研究生以后的专业方向是现代汉语词汇、语法，马国凡老师特意为我安排了“国际音标与方言调查”课，我在课程结束后不久就写了一本十来万字的《神木方言志》，寄给教这门课的宋学先生看。宋先生竟大加赞赏，回信中写了不少鼓励的话。在这期间和以后，李荣先生提出“晋语”分立的主张，山西方言研究迅猛发展，先后参加《普通话基础方言基本词汇集》和《现代汉语方言音库》两个全国性大项目，对我产生了极大的激励作用。我把教学之外的主要精力都放到了内蒙古晋语和神木方言的调查研究上。但由于条件的限制，只能在一种半封闭的环境中摸索。1997年，我有幸考入山东大学，跟钱曾怡师攻读汉语方言学博士学位。这一刻成了自己人生道路上的新起点。在确定博士论文题目时，我选择了《神木方言研究》，目的是在系统的语言学、方言学理论指导下，对多年积累的材料进行尽可能深入的分析、考察，拿出一个有分量的地点方言研究报告来。既是对十几年来关注神木方言的一个小结，又作为下一步开拓研究领域的基础。论文得到了答辩委员会的肯定，并荣获山东省优秀博士论文奖。2001年，我进入南开大学，在马庆株先生指导下做博士后研究，修改论文也是在站期间的一项任务。本书就是在博士论文的基础上修改、增删而成的。

在读博期间和本书的写作、修改过程中，许多先生曾慷慨赐教。指导组成员杨端志、徐超、张树铮、罗福腾先生在开题报告会上对论文大纲提出了中肯的意见。论文评阅专家陈章太、李行健、马国凡先生，答辩委员会成员张振兴、曹志耘、杨端志、徐超、张树铮、罗福腾先生就论文的一些观点与我进行了讨论，提出不少具体的修改意见。马庆株先生也就方言研究的有关问题与我讨论过多次。先生们的意见和建议，使我修正了原文中的不少错漏之处。在调查过程中，我的中学老师王凤琴女士热情地联系发音人，车文蔚、高玉璠、贺万海等先生不厌其烦地给以最大限度的配合。父母亲患病在身，仍然全力支持和关心着我的学业，并自告奋勇，充当了高家堡话的发音人。所有这些帮助，我将永远铭记在心。

妻子周利芳女士为了支持我的学业，承担了过多的物质和精神的重负，毕业后又随我辗转流离，过着居无定所的生活。没有她的支持，我可能永远圆不了自己的博士梦。说到这里，要特别提到天津师大的陈昌娟老师。她对人才的爱惜，她的真诚、正直、豁达、宽容，足以榨出人们皮袍下面藏着的“小”来。在最困难的时刻，她给了我们宝贵的鼓励与关心，使我能够顺利完成论文的修改。我们全家为有这样一位充满活力的忘年朋友而倍感欣慰。

母校陕西师大及文学院领导“两顾蜗居”，用真诚和大度包容了我的年轻,又全力支持本书的出版。以我之驽钝和平凡,能够报答这种知遇之恩的只有十二分的努力。

在本书即将付梓之际,不禁想起自己入语言学之门近二十年来所得到的许多指教和关怀。吴士勋、辛介夫、马国凡先生把我领进了语言学的殿堂。陈章太、侯精一、李行健、张振兴等前辈,曾经不遗余力地给我以指点和提携。曹志耘、罗福腾、沈明、赵日新、王临惠、冯爱珍、吴建生、彭小川、周磊、伍巍等同门和朋友,曾经用各种方式给我以真诚的帮助。这些前辈、师友的关心和爱护,永远是我不断进取的动力。

最深的感激和敬意献给恩师钱曾怡教授。钱老师为学生付出的心血是超常的,她润物无声,不图回报,只是用自己的一言一行教我怎样做学问、做老师、做人。对我的毕业论文,钱老师花费了巨大的精力。本书数易其稿,她每看一稿都亲自作卡片、划表格,提出高屋建瓴、极富启发性的修改建议。在毕业前后的几年里,她还时时为我的将来牵肠挂肚。就像子女在父母面前羞于言谢一样,我深知,用一个“谢”字来表达自己的心情是多么苍白。能够在语言学事业和教学生涯中把有限的天分发挥到十分,那将是对恩师的最好报答。

邢向东

2002年6月20日于南开大学

增订后记

《神木方言研究》于2002年在中华书局出版。出版后蒙专家和读者厚爱，获得不少殊荣。2004年，本书的原稿（2000年山东大学博士论文稿）获得教育部全国优秀博士论文奖。2006年，本书获得全国普通高校人文社会科学优秀成果奖二等奖。这两个奖项，奠定了作者后来专业发展的基础。

原书出版后的十几年间，我又陆续在《中国语文》《方言》《语言暨语言学》《陕西师范大学学报》等期刊发表了十来篇考察神木方言或以神木方言为引子考察晋语中某一语法专题的论文，同时，我们在研究中也发现原书中个别的说法存在问题，或不够准确。一些朋友、学生也先后指出原书的笔误和排印错误。所以，早就想增订一次，可惜实在挤不出时间来。这次终于能实现增订的愿望，笔者由衷地感到高兴。

本次增订主要包括以下内容：

一、最大限度地改正了原书中的笔误、标音错误和排印错误。

二、有些地方原书的看法或不够深入，或不够准确，经过后来的研究，对问题的认识有所提高或改变，本次作了修正。如神木话中有一个重要的民俗词语，表示给孩子过12岁生日，原书第玖章“分类词表”中误作“说升”，这次改为“赎身”；表示坏蛋的詈词“哈僫”改为“瞎僫”。

三、增补了一些内容。例如第伍章“同音字汇”，补充了不少原书中没有的口语用字。或者原书中认为找不到本字,用“□”代替,后来找到了本字,这次将“□”换成了本字。

四、“语法篇”增加了5章,还增加了一个附录。分别是:“拾陆　神木话的助动词‘敢’及其语法化”“拾柒　神木话的语气副词‘敢’及其来源”“拾捌　神木话的趋向动词及其语法化”“拾玖　神木话的话题标记‘来’和‘去’及其由来”“贰拾　神木话的准语气词‘是’及其形成”“附录　移位和隐含:论晋语句中虚词的语气词化”。

五、与第四点相关的是,原书“语法篇”的个别内容与新增加的部分重复,有些语法问题,后来的考察更深入,本次修改或删减了原书的有关内容。同时还增补了不少内容。

本书在增订过程得到不少师友、学生的帮助。我第一个想到的就是当年胡安顺先生的硕士生郭丽(现在上海外国语大学任教),她在上《汉语方言学》课时,经常拿着《神木方言研究》问其中的问题,并把发现的笔误和标音错误一一记下来抄给我,令我十分感动。好友黑维强教授、博士生高峰副教授通读过全书,详细指出了书中的笔误,对一些分析提出质疑,让我们在枯燥的研究中体会到“疑义相与析”的乐趣。这次增订重排,硕士生庄佳重新录入了全部音标;博士生曹兴隆不厌其烦地校对书稿,统一了体例,又发现了不少疏漏之处;二位弟子为本书所付出的心力,值得在此特别地记上一笔。还有一些朋友和学生,分别来信或口头指出书中某些地方的大小问题,不能一一尽述。中华书局的秦淑华女士、张可女士为本书的出版和质量的提高贡献良多,在此一并表示诚挚的谢意。

在增订本出版之际,我们特别感谢和怀念当年把《神木方言研究》推荐给中华书局的周磊先生。他以推动西北方言研究为己任,为此付出了一切,直至生命。西北地区汉语方言的研究能达到今天的水平,周磊先生是最关键的人物。

最后，我要把这部凝聚了最多心血的书献给恩师钱曾怡先生。可以说，没有钱老师，就没有作者今天的一切。尽管老师对毕业的学生非常宽容，但她却用自己的身体力行点亮了一盏明灯，烛照着弟子的行为和灵魂，使我们不敢有丝毫的懈怠、自满，永远保持对纯净、美好的追求。

邢向东

2019年3月27日，西安俗雅斋